# How To Become

# Billionaire with Bitcoin

*This book is the result of 7 years of trading experience in crypto, during which I've experimented with numerous trading strategies. It encapsulates all of my experiences, and I can confidently say that this technique works with a 100% guarantee.*

Hiren Kavad

## Dedication

*This book is dedicated to all the cryptocurrencies in which I have incurred significant losses. It serves as a testament to the lessons learned and experiences gained throughout my journey in the crypto world.*

# Table of Contents

# INTRODUCTION

As you embark on this journey of trading, allow me to share with you the raw essence of emotion that pulsates through every transaction, every decision, and every moment spent navigating the exhilarating yet tumultuous seas of the digital market.

Picture this: the adrenaline rush as you witness the market charts dance before your eyes, each candlestick representing a story of triumph or tribulation. In this world of volatility and uncertainty, emotions run high – hope, fear, excitement, and despair intertwine like threads in a tapestry of financial exploration.

But amidst the chaos lies a profound beauty – the opportunity to seize upon innovation, to be at the forefront of a digital revolution that transcends borders and reshapes the very fabric of our financial landscape. It's not just about numbers on a screen; it's about the dreams we dare to chase, the risks we dare to take, and the resilience we summon in the face of adversity.

So, as you immerse yourself in the world of crypto trading, remember that behind every transaction lies a story – a story of ambition, of perseverance, and of the unwavering belief in the transformative power of blockchain technology. Welcome to a journey where emotions run deep and possibilities are limitless.

# What is Bitcoin

*Bitcoin is a decentralized digital currency that enables peer-to-peer transactions on a global scale without the need for intermediaries like banks or governments. It was created in 2009 by an unknown person or group of people using the pseudonym Satoshi Nakamoto and operates on a technology called blockchain.*

# Chapter 1

+———————•———————+

## BUY THE FUCKING BITCOIN

**B**uying a bitcoin is first step to in your journey to bitcoin. Bitcoin ride you don't want to miss. You missed in 2009, you missed in 2016, you missed in 2020, you missed in 2023. Don't miss now. Buy the fucking bitcoin.

# Chapter 2

+•————————•————————•+

## GREAT BUY

Ongratulations on buying your first bitcoin or may be fractions of bitcoin. It doesn't matter it's a small buying. Having bitcoin in your wallet is enough, it means you are on the correct path. In next chapter I am going to give you ultimate strategy to make billions with bitcoin. What you need to do is just read one page of this book every day and follow that instruction. That's it.

# Chapter 3

•┣━━━━━━━━━━•━━━━━━━━━━┫•

## ULTIMATE STRATEGY

H Odl, Hodl, Hodl, Hodl, Hodl, Hodl, Hodl, Hodl, Hodl,
Hodl, Hodl, Hodl, Hodl, Hodl, Hodl, Hodl, Hodl, Hodl,
Hodl, Hodl, Hodl, Hodl, Hodl, Hodl, Hodl, Hodl, Hodl,
Hodl, Hodl, Hodl, Hodl, Hodl, Hodl, Hodl, Hodl, Hodl,
Hodl, Hodl, Hodl, Hodl, Hodl, Hodl, Hodl, Hodl, Hodl, Hodl, Hodl,
Hodl, Hodl, Hodl, Hodl, Hodl, Hodl, Hodl, Hodl, Hodl, Hodl, Hodl,
Hodl, Hodl, Hodl, Hodl, Hodl, Hodl, Hodl, Hodl, Hodl, Hodl, Hodl,
Hodl, Hodl, Hodl, Hodl, Hodl, Hodl, Hodl, Hodl, Hodl, Hodl, Hodl,
Hodl, Hodl, Hodl, Hodl, Hodl, Hodl, Hodl, Hodl, Hodl, Hodl, Hodl,
Hodl, Hodl, Hodl, Hodl, Hodl, Hodl, Hodl, Hodl, Hodl, Hodl, Hodl,
Hodl, Hodl, Hodl, Hodl, Hodl, Hodl, Hodl, Hodl, Hodl, Hodl, Hodl,
Hodl, Hodl, Hodl, Hodl, Hodl, Hodl, Hodl, Hodl, Hodl, Hodl, Hodl,
Hodl, Hodl, Hodl, Hodl, Hodl, Hodl, Hodl, Hodl, Hodl, Hodl, Hodl,
Hodl, Hodl, Hodl, Hodl, Hodl, Hodl, Hodl, Hodl, Hodl, Hodl, Hodl,
Hodl, Hodl, Hodl, Hodl, Hodl, Hodl, Hodl, Hodl, Hodl, Hodl, Hodl,
Hodl, Hodl, Hodl, Hodl, Hodl, Hodl, Hodl, Hodl, Hodl, Hodl, Hodl,
Hodl, Hodl, Hodl, Hodl, Hodl, Hodl, Hodl, Hodl, Hodl, Hodl, Hodl,
Hodl, Hodl, Hodl, Hodl, Hodl, Hodl, Hodl, Hodl, Hodl, Hodl, Hodl,
Hodl, Hodl, Hodl, Hodl, Hodl, Hodl, Hodl, Hodl, Hodl, Hodl, Hodl,
Hodl, Hodl, Hodl, Hodl, Hodl, Hodl, Hodl, Hodl, Hodl, Hodl, Hodl,
Hodl, Hodl, Hodl, Hodl, Hodl, Hodl, Hodl, Hodl, Hodl, Hodl, Hodl,
Hodl, Hodl, Hodl, Hodl, Hodl, Hodl, Hodl, Hodl, Hodl, Hodl, Hodl,
Hodl, Hodl, Hodl, Hodl, Hodl, Hodl, Hodl, Hodl, Hodl, Hodl, Hodl,
Hodl, Hodl, Hodl, Hodl, Hodl, Hodl, Hodl, Hodl, Hodl, Hodl, Hodl,
Hodl, Hodl, Hodl, Hodl, Hodl, Hodl, Hodl, Hodl, Hodl, Hodl, Hodl,
Hodl, Hodl, Hodl, Hodl, Hodl, Hodl, Hodl, Hodl, Hodl, Hodl, Hodl,
Hodl, Hodl, Hodl, Hodl, Hodl, Hodl, Hodl, Hodl, Hodl, Hodl, Hodl,
Hodl, Hodl, Hodl, Hodl, Hodl, Hodl, Hodl, Hodl, Hodl, Hodl, Hodl,

Hodl, Hodl, Hodl, Hodl, Hodl, Hodl, Hodl, Hodl, Hodl, Hodl, Hodl,
Hodl, Hodl, Hodl, Hodl, Hodl, Hodl, Hodl, Hodl, Hodl, Hodl, Hodl,
Hodl, Hodl, Hodl, Hodl, Hodl, Hodl, Hodl, Hodl, Hodl, Hodl, Hodl,
Hodl, Hodl, Hodl, Hodl, Hodl, Hodl, Hodl, Hodl, Hodl, Hodl, Hodl,
Hodl, Hodl, Hodl, Hodl, Hodl, Hodl, Hodl, Hodl, Hodl, Hodl, Hodl,
Hodl, Hodl, Hodl, Hodl, Hodl, Hodl, Hodl, Hodl, Hodl, Hodl, Hodl,
Hodl, Hodl, Hodl, Hodl, Hodl, Hodl, Hodl, Hodl, Hodl, Hodl, Hodl,
Hodl, Hodl, Hodl, Hodl, Hodl, Hodl, Hodl, Hodl, Hodl, Hodl, Hodl,
Hodl, Hodl, Hodl, Hodl, Hodl, Hodl, Hodl, Hodl, Hodl, Hodl, Hodl,
Hodl, Hodl, Hodl, Hodl, Hodl, Hodl, Hodl, Hodl, Hodl, Hodl, Hodl,
Hodl, Hodl, Hodl, Hodl, Hodl, Hodl, Hodl, Hodl, Hodl, Hodl, Hodl,
Hodl, Hodl, Hodl, Hodl, Hodl, Hodl, Hodl, Hodl, Hodl, Hodl, Hodl,
Hodl, Hodl, Hodl, Hodl, Hodl, Hodl, Hodl, Hodl, Hodl, Hodl, Hodl,
Hodl, Hodl, Hodl, Hodl, Hodl, Hodl, Hodl, Hodl, Hodl, Hodl, Hodl,
Hodl, Hodl, Hodl, Hodl, Hodl, Hodl, Hodl, Hodl, Hodl, Hodl, Hodl,
Hodl, Hodl, Hodl, Hodl, Hodl, Hodl, Hodl, Hodl, Hodl, Hodl, Hodl,
Hodl, Hodl, Hodl, Hodl, Hodl, Hodl, Hodl, Hodl, Hodl, Hodl, Hodl,
Hodl, Hodl, Hodl, Hodl, Hodl, Hodl, Hodl, Hodl, Hodl, Hodl, Hodl,
Hodl, Hodl, Hodl, Hodl, Hodl, Hodl, Hodl, Hodl, Hodl, Hodl, Hodl,
Hodl, Hodl, Hodl, Hodl, Hodl, Hodl, Hodl, Hodl, Hodl, Hodl, Hodl,
Hodl, Hodl, Hodl, Hodl, Hodl, Hodl, Hodl, Hodl, Hodl, Hodl, Hodl,
Hodl, Hodl, Hodl, Hodl, Hodl, Hodl, Hodl, Hodl, Hodl, Hodl, Hodl,
Hodl, Hodl, Hodl, Hodl, Hodl, Hodl, Hodl, Hodl, Hodl, Hodl, Hodl,
Hodl, Hodl, Hodl, Hodl, Hodl, Hodl, Hodl, Hodl, Hodl, Hodl, Hodl,
Hodl, Hodl, Hodl, Hodl, Hodl, Hodl, Hodl, Hodl, Hodl, Hodl, Hodl,
Hodl, Hodl, Hodl, Hodl, Hodl, Hodl, Hodl, Hodl, Hodl, Hodl, Hodl,
Hodl, Hodl, Hodl, Hodl, Hodl, Hodl, Hodl, Hodl, Hodl, Hodl, Hodl,
Hodl, Hodl, Hodl, Hodl, Hodl, Hodl, Hodl, Hodl, Hodl, Hodl, Hodl,
Hodl, Hodl, Hodl, Hodl, Hodl, Hodl, Hodl, Hodl, Hodl, Hodl, Hodl,
Hodl, Hodl, Hodl, Hodl, Hodl, Hodl, Hodl, Hodl, Hodl, Hodl, Hodl,
Hodl, Hodl, Hodl, Hodl, Hodl, Hodl, Hodl, Hodl, Hodl, Hodl, Hodl,
Hodl, Hodl, Hodl, Hodl, Hodl, Hodl, Hodl, Hodl, Hodl, Hodl, Hodl,
Hodl, Hodl, Hodl, Hodl, Hodl, Hodl, Hodl, Hodl, Hodl, Hodl, Hodl,
Hodl, Hodl, Hodl, Hodl, Hodl, Hodl, Hodl, Hodl, Hodl, Hodl, Hodl,
Hodl, Hodl, Hodl, Hodl, Hodl, Hodl, Hodl, Hodl, Hodl, Hodl, Hodl,
Hodl, Hodl, Hodl, Hodl, Hodl, Hodl, Hodl, Hodl, Hodl, Hodl, Hodl,
Hodl, Hodl, Hodl, Hodl, Hodl, Hodl, Hodl, Hodl, Hodl, Hodl, Hodl,

Hodl, Hodl, Hodl, Hodl, Hodl, Hodl, Hodl, Hodl, Hodl, Hodl, Hodl,
Hodl, Hodl, Hodl, Hodl, Hodl, Hodl, Hodl, Hodl, Hodl, Hodl, Hodl,
Hodl, Hodl, Hodl, Hodl, Hodl, Hodl, Hodl, Hodl, Hodl, Hodl, Hodl,
Hodl, Hodl, Hodl, Hodl, Hodl, Hodl, Hodl, Hodl, Hodl, Hodl, Hodl,
Hodl, Hodl, Hodl, Hodl, Hodl, Hodl, Hodl, Hodl, Hodl, Hodl, Hodl,
Hodl, Hodl, Hodl, Hodl, Hodl, Hodl, Hodl, Hodl, Hodl, Hodl, Hodl,
Hodl, Hodl, Hodl, Hodl, Hodl, Hodl, Hodl, Hodl, Hodl, Hodl, Hodl,
Hodl, Hodl, Hodl, Hodl, Hodl, Hodl, Hodl, Hodl, Hodl, Hodl, Hodl,
Hodl, Hodl, Hodl, Hodl, Hodl, Hodl, Hodl, Hodl, Hodl, Hodl, Hodl,
Hodl, Hodl, Hodl, Hodl, Hodl, Hodl, Hodl, Hodl, Hodl, Hodl, Hodl,
Hodl, Hodl, Hodl, Hodl, Hodl, Hodl, Hodl, Hodl, Hodl, Hodl, Hodl,
Hodl, Hodl, Hodl, Hodl, Hodl, Hodl, Hodl, Hodl, Hodl, Hodl, Hodl,
Hodl, Hodl, Hodl, Hodl, Hodl, Hodl, Hodl, Hodl, Hodl, Hodl, Hodl,
Hodl, Hodl, Hodl, Hodl, Hodl, Hodl, Hodl, Hodl, Hodl, Hodl, Hodl,
Hodl, Hodl, Hodl, Hodl, Hodl, Hodl, Hodl, Hodl, Hodl, Hodl, Hodl,
Hodl, Hodl, Hodl, Hodl, Hodl, Hodl, Hodl, Hodl, Hodl, Hodl, Hodl,
Hodl, Hodl, Hodl, Hodl, Hodl, Hodl, Hodl, Hodl, Hodl, Hodl, Hodl,
Hodl, Hodl, Hodl, Hodl, Hodl, Hodl, Hodl, Hodl, Hodl, Hodl, Hodl,
Hodl, Hodl, Hodl, Hodl, Hodl, Hodl, Hodl, Hodl, Hodl, Hodl, Hodl,
Hodl, Hodl, Hodl, Hodl, Hodl, Hodl, Hodl, Hodl, Hodl, Hodl, Hodl,
Hodl, Hodl, Hodl, Hodl, Hodl, Hodl, Hodl, Hodl, Hodl, Hodl, Hodl,
Hodl, Hodl, Hodl, Hodl, Hodl, Hodl, Hodl, Hodl, Hodl, Hodl, Hodl,
Hodl, Hodl, Hodl, Hodl, Hodl, Hodl, Hodl, Hodl, Hodl, Hodl, Hodl,
Hodl, Hodl, Hodl, Hodl, Hodl, Hodl, Hodl, Hodl, Hodl, Hodl, Hodl,
Hodl, Hodl, Hodl, Hodl, Hodl, Hodl, Hodl, Hodl, Hodl, Hodl, Hodl,
Hodl, Hodl, Hodl, Hodl, Hodl, Hodl, Hodl, Hodl, Hodl, Hodl, Hodl,
Hodl, Hodl, Hodl, Hodl, Hodl, Hodl, Hodl, Hodl, Hodl, Hodl, Hodl,
Hodl, Hodl, Hodl, Hodl, Hodl, Hodl, Hodl, Hodl, Hodl, Hodl, Hodl,
Hodl, Hodl, Hodl, Hodl, Hodl, Hodl, Hodl, Hodl, Hodl, Hodl, Hodl,
Hodl, Hodl, Hodl, Hodl, Hodl, Hodl, Hodl, Hodl, Hodl, Hodl, Hodl,
Hodl, Hodl, Hodl, Hodl, Hodl, Hodl, Hodl, Hodl, Hodl, Hodl, Hodl,
Hodl, Hodl, Hodl, Hodl, Hodl, Hodl, Hodl, Hodl, Hodl, Hodl, Hodl,
Hodl Hodl, Hodl, Hodl, Hodl, Hodl, Hodl, Hodl, Hodl, Hodl, Hodl,
Hodl, Hodl, Hodl, Hodl, Hodl, Hodl, Hodl, Hodl, Hodl, Hodl, Hodl,
Hodl, Hodl, Hodl, Hodl, Hodl, Hodl, Hodl, Hodl, Hodl, Hodl, Hodl,
Hodl, Hodl Hodl, Hodl, Hodl, Hodl, Hodl, Hodl, Hodl, Hodl, Hodl,
Hodl, Hodl, Hodl, Hodl, Hodl, Hodl, Hodl, Hodl, Hodl, Hodl.

Hodl, Hodl, Hodl, Hodl, Hodl, Hodl, Hodl, Hodl, Hodl,
Hodl, Hodl, Hodl, Hodl, Hodl, Hodl, Hodl, Hodl, Hodl, Hodl, Hodl,
Hodl, Hodl, Hodl, Hodl, Hodl, Hodl, Hodl, Hodl, Hodl, Hodl, Hodl,
Hodl, Hodl, Hodl, Hodl, Hodl, Hodl, Hodl, Hodl, Hodl, Hodl, Hodl,
Hodl, Hodl, Hodl, Hodl, Hodl, Hodl, Hodl, Hodl, Hodl, Hodl, Hodl,
Hodl, Hodl, Hodl, Hodl, Hodl, Hodl, Hodl, Hodl, Hodl, Hodl, Hodl,
Hodl, Hodl, Hodl, Hodl, Hodl, Hodl, Hodl, Hodl, Hodl, Hodl, Hodl,
Hodl, Hodl, Hodl, Hodl, Hodl, Hodl, Hodl, Hodl, Hodl, Hodl, Hodl,
Hodl, Hodl, Hodl, Hodl, Hodl, Hodl, Hodl, Hodl, Hodl, Hodl, Hodl,
Hodl, Hodl, Hodl, Hodl, Hodl, Hodl, Hodl, Hodl, Hodl, Hodl, Hodl,
Hodl, Hodl, Hodl, Hodl, Hodl, Hodl, Hodl, Hodl, Hodl, Hodl, Hodl,
Hodl, Hodl, Hodl, Hodl, Hodl, Hodl, Hodl, Hodl, Hodl, Hodl, Hodl,
Hodl, Hodl, Hodl, Hodl, Hodl, Hodl, Hodl, Hodl, Hodl, Hodl, Hodl,
Hodl, Hodl, Hodl, Hodl, Hodl, Hodl, Hodl, Hodl, Hodl, Hodl, Hodl,
Hodl, Hodl, Hodl, Hodl, Hodl, Hodl, Hodl, Hodl, Hodl, Hodl, Hodl,
Hodl, Hodl, Hodl, Hodl, Hodl, Hodl, Hodl, Hodl, Hodl, Hodl, Hodl,
Hodl, Hodl, Hodl, Hodl, Hodl, Hodl, Hodl, Hodl, Hodl, Hodl, Hodl,
Hodl, Hodl, Hodl, Hodl, Hodl, Hodl, Hodl, Hodl, Hodl, Hodl, Hodl,
Hodl, Hodl, Hodl, Hodl, Hodl, Hodl, Hodl, Hodl, Hodl, Hodl, Hodl,
Hodl, Hodl, Hodl, Hodl, Hodl, Hodl, Hodl, Hodl, Hodl, Hodl, Hodl,
Hodl, Hodl, Hodl, Hodl, Hodl, Hodl, Hodl, Hodl, Hodl, Hodl, Hodl,
Hodl, Hodl, Hodl, Hodl, Hodl, Hodl, Hodl, Hodl, Hodl, Hodl, Hodl,
Hodl, Hodl, Hodl, Hodl, Hodl, Hodl, Hodl, Hodl, Hodl, Hodl, Hodl,
Hodl, Hodl, Hodl, Hodl, Hodl, Hodl, Hodl, Hodl, Hodl, Hodl, Hodl,
Hodl, Hodl, Hodl, Hodl, Hodl, Hodl, Hodl, Hodl, Hodl, Hodl, Hodl,
Hodl, Hodl, Hodl, Hodl, Hodl, Hodl, Hodl, Hodl, Hodl, Hodl, Hodl,
Hodl, Hodl, Hodl, Hodl, Hodl, Hodl, Hodl, Hodl, Hodl, Hodl, Hodl,
Hodl, Hodl, Hodl, Hodl, Hodl, Hodl, Hodl, Hodl, Hodl, Hodl, Hodl,
Hodl, Hodl, Hodl, Hodl, Hodl, Hodl, Hodl, Hodl, Hodl, Hodl, Hodl,
Hodl, Hodl, Hodl, Hodl, Hodl, Hodl, Hodl, Hodl, Hodl, Hodl, Hodl,
Hodl, Hodl, Hodl, Hodl, Hodl, Hodl, Hodl, Hodl, Hodl, Hodl, Hodl,
Hodl, Hodl, Hodl, Hodl, Hodl, Hodl, Hodl, Hodl, Hodl, Hodl, Hodl,
Hodl, Hodl, Hodl, Hodl, Hodl, Hodl.

Hodl, Hodl, Hodl, Hodl, Hodl, Hodl, Hodl, Hodl, Hodl,
Hodl, Hodl, Hodl, Hodl, Hodl, Hodl, Hodl, Hodl, Hodl, Hodl, Hodl,
Hodl, Hodl, Hodl, Hodl, Hodl, Hodl, Hodl, Hodl, Hodl, Hodl, Hodl,
Hodl, Hodl, Hodl, Hodl, Hodl, Hodl, Hodl, Hodl, Hodl, Hodl, Hodl,
Hodl, Hodl, Hodl, Hodl, Hodl, Hodl, Hodl, Hodl, Hodl, Hodl, Hodl,
Hodl, Hodl, Hodl, Hodl, Hodl, Hodl, Hodl, Hodl, Hodl, Hodl, Hodl,
Hodl, Hodl, Hodl, Hodl, Hodl, Hodl, Hodl, Hodl, Hodl, Hodl, Hodl,
Hodl, Hodl, Hodl, Hodl, Hodl, Hodl, Hodl, Hodl, Hodl, Hodl, Hodl,
Hodl, Hodl, Hodl, Hodl, Hodl, Hodl, Hodl, Hodl, Hodl, Hodl, Hodl,
Hodl, Hodl, Hodl, Hodl, Hodl, Hodl, Hodl, Hodl, Hodl, Hodl, Hodl,
Hodl, Hodl, Hodl, Hodl, Hodl, Hodl, Hodl, Hodl, Hodl, Hodl, Hodl,
Hodl, Hodl, Hodl, Hodl, Hodl, Hodl, Hodl, Hodl, Hodl, Hodl, Hodl,
Hodl, Hodl, Hodl, Hodl, Hodl, Hodl, Hodl, Hodl, Hodl, Hodl, Hodl,
Hodl, Hodl, Hodl, Hodl, Hodl, Hodl, Hodl, Hodl, Hodl, Hodl, Hodl,
Hodl, Hodl, Hodl, Hodl, Hodl, Hodl, Hodl, Hodl, Hodl, Hodl, Hodl,
Hodl, Hodl, Hodl, Hodl, Hodl, Hodl, Hodl, Hodl, Hodl, Hodl, Hodl,
Hodl, Hodl, Hodl, Hodl, Hodl, Hodl, Hodl, Hodl, Hodl, Hodl, Hodl,
Hodl, Hodl, Hodl, Hodl, Hodl, Hodl, Hodl, Hodl, Hodl, Hodl, Hodl,
Hodl, Hodl, Hodl, Hodl, Hodl, Hodl, Hodl, Hodl, Hodl, Hodl, Hodl,
Hodl, Hodl, Hodl, Hodl, Hodl, Hodl, Hodl, Hodl, Hodl, Hodl, Hodl,
Hodl, Hodl, Hodl, Hodl, Hodl, Hodl, Hodl, Hodl, Hodl, Hodl, Hodl,
Hodl, Hodl, Hodl, Hodl, Hodl, Hodl, Hodl, Hodl, Hodl, Hodl, Hodl,
Hodl, Hodl, Hodl, Hodl, Hodl, Hodl, Hodl, Hodl, Hodl, Hodl, Hodl,
Hodl, Hodl, Hodl, Hodl, Hodl, Hodl, Hodl, Hodl, Hodl, Hodl, Hodl,
Hodl, Hodl, Hodl, Hodl, Hodl, Hodl, Hodl, Hodl, Hodl, Hodl, Hodl,
Hodl, Hodl, Hodl, Hodl, Hodl, Hodl, Hodl, Hodl, Hodl, Hodl, Hodl,
Hodl, Hodl, Hodl, Hodl, Hodl, Hodl, Hodl, Hodl, Hodl, Hodl, Hodl,
Hodl, Hodl, Hodl, Hodl, Hodl, Hodl, Hodl, Hodl, Hodl, Hodl, Hodl,
Hodl, Hodl, Hodl, Hodl, Hodl, Hodl, Hodl, Hodl, Hodl, Hodl, Hodl,
Hodl, Hodl, Hodl, Hodl, Hodl, Hodl, Hodl, Hodl, Hodl, Hodl, Hodl,
Hodl, Hodl, Hodl, Hodl, Hodl, Hodl, Hodl, Hodl, Hodl, Hodl, Hodl,
Hodl, Hodl, Hodl, Hodl, Hodl, Hodl, Hodl, Hodl, Hodl, Hodl, Hodl,
Hodl, Hodl, Hodl, Hodl, Hodl, Hodl, Hodl, Hodl, Hodl, Hodl, Hodl,
Hodl, Hodl, Hodl, Hodl, Hodl, Hodl, Hodl, Hodl, Hodl, Hodl, Hodl,
Hodl, Hodl, Hodl, Hodl, Hodl, Hodl.

Hodl, Hodl, Hodl, Hodl, Hodl, Hodl, Hodl, Hodl, Hodl,
Hodl, Hodl, Hodl, Hodl, Hodl, Hodl, Hodl, Hodl, Hodl, Hodl, Hodl,
Hodl, Hodl, Hodl, Hodl, Hodl, Hodl, Hodl, Hodl, Hodl, Hodl, Hodl,
Hodl, Hodl, Hodl, Hodl, Hodl, Hodl, Hodl, Hodl, Hodl, Hodl, Hodl,
Hodl, Hodl, Hodl, Hodl, Hodl, Hodl, Hodl, Hodl, Hodl, Hodl, Hodl,
Hodl, Hodl, Hodl, Hodl, Hodl, Hodl, Hodl, Hodl, Hodl, Hodl, Hodl,
Hodl, Hodl, Hodl, Hodl, Hodl, Hodl, Hodl, Hodl, Hodl, Hodl, Hodl,
Hodl, Hodl, Hodl, Hodl, Hodl, Hodl, Hodl, Hodl, Hodl, Hodl, Hodl,
Hodl, Hodl, Hodl, Hodl, Hodl, Hodl, Hodl, Hodl, Hodl, Hodl, Hodl,
Hodl, Hodl, Hodl, Hodl, Hodl, Hodl, Hodl, Hodl, Hodl, Hodl, Hodl,
Hodl, Hodl, Hodl, Hodl, Hodl, Hodl, Hodl, Hodl, Hodl, Hodl, Hodl,
Hodl, Hodl, Hodl, Hodl, Hodl, Hodl, Hodl, Hodl, Hodl, Hodl, Hodl,
Hodl, Hodl, Hodl, Hodl, Hodl, Hodl, Hodl, Hodl, Hodl, Hodl, Hodl,
Hodl, Hodl, Hodl, Hodl, Hodl, Hodl, Hodl, Hodl, Hodl, Hodl, Hodl,
Hodl, Hodl, Hodl, Hodl, Hodl, Hodl, Hodl, Hodl, Hodl, Hodl, Hodl,
Hodl, Hodl, Hodl, Hodl, Hodl, Hodl, Hodl, Hodl, Hodl, Hodl, Hodl,
Hodl, Hodl, Hodl, Hodl, Hodl, Hodl, Hodl, Hodl, Hodl, Hodl, Hodl,
Hodl, Hodl, Hodl, Hodl, Hodl, Hodl, Hodl, Hodl, Hodl, Hodl, Hodl,
Hodl, Hodl, Hodl, Hodl, Hodl, Hodl, Hodl, Hodl, Hodl, Hodl, Hodl,
Hodl, Hodl, Hodl, Hodl, Hodl, Hodl, Hodl, Hodl, Hodl, Hodl, Hodl,
Hodl, Hodl, Hodl, Hodl, Hodl, Hodl, Hodl, Hodl, Hodl, Hodl, Hodl,
Hodl, Hodl, Hodl, Hodl, Hodl, Hodl, Hodl, Hodl, Hodl, Hodl, Hodl,
Hodl, Hodl, Hodl, Hodl, Hodl, Hodl, Hodl, Hodl, Hodl, Hodl, Hodl,
Hodl, Hodl, Hodl, Hodl, Hodl, Hodl, Hodl, Hodl, Hodl, Hodl, Hodl,
Hodl, Hodl, Hodl, Hodl, Hodl, Hodl, Hodl, Hodl, Hodl, Hodl, Hodl,
Hodl, Hodl, Hodl, Hodl, Hodl, Hodl, Hodl, Hodl, Hodl, Hodl, Hodl,
Hodl, Hodl, Hodl, Hodl, Hodl, Hodl, Hodl, Hodl, Hodl, Hodl, Hodl,
Hodl, Hodl, Hodl, Hodl, Hodl, Hodl, Hodl, Hodl, Hodl, Hodl, Hodl,
Hodl, Hodl, Hodl, Hodl, Hodl, Hodl, Hodl, Hodl, Hodl, Hodl, Hodl,
Hodl, Hodl, Hodl, Hodl, Hodl, Hodl, Hodl, Hodl, Hodl, Hodl, Hodl,
Hodl, Hodl, Hodl, Hodl, Hodl, Hodl, Hodl, Hodl, Hodl, Hodl, Hodl,
Hodl, Hodl, Hodl, Hodl, Hodl, Hodl.

Hodl, Hodl, Hodl, Hodl, Hodl, Hodl, Hodl, Hodl, Hodl,
Hodl, Hodl, Hodl, Hodl, Hodl, Hodl, Hodl, Hodl, Hodl, Hodl, Hodl,
Hodl, Hodl, Hodl, Hodl, Hodl, Hodl, Hodl, Hodl, Hodl, Hodl, Hodl,
Hodl, Hodl, Hodl, Hodl, Hodl, Hodl, Hodl, Hodl, Hodl, Hodl, Hodl,
Hodl, Hodl, Hodl, Hodl, Hodl, Hodl, Hodl, Hodl, Hodl, Hodl, Hodl,
Hodl, Hodl, Hodl, Hodl, Hodl, Hodl, Hodl, Hodl, Hodl, Hodl, Hodl,
Hodl, Hodl, Hodl, Hodl, Hodl, Hodl, Hodl, Hodl, Hodl, Hodl, Hodl,
Hodl, Hodl, Hodl, Hodl, Hodl, Hodl, Hodl, Hodl, Hodl, Hodl, Hodl,
Hodl, Hodl, Hodl, Hodl, Hodl, Hodl, Hodl, Hodl, Hodl, Hodl, Hodl,
Hodl, Hodl, Hodl, Hodl, Hodl, Hodl, Hodl, Hodl, Hodl, Hodl, Hodl,
Hodl, Hodl, Hodl, Hodl, Hodl, Hodl, Hodl, Hodl, Hodl, Hodl, Hodl,
Hodl, Hodl, Hodl, Hodl, Hodl, Hodl, Hodl, Hodl, Hodl, Hodl, Hodl,
Hodl, Hodl, Hodl, Hodl, Hodl, Hodl, Hodl, Hodl, Hodl, Hodl, Hodl,
Hodl, Hodl, Hodl, Hodl, Hodl, Hodl, Hodl, Hodl, Hodl, Hodl, Hodl,
Hodl, Hodl, Hodl, Hodl, Hodl, Hodl, Hodl, Hodl, Hodl, Hodl, Hodl,
Hodl, Hodl, Hodl, Hodl, Hodl, Hodl, Hodl, Hodl, Hodl, Hodl, Hodl,
Hodl, Hodl, Hodl, Hodl, Hodl, Hodl, Hodl, Hodl, Hodl, Hodl, Hodl,
Hodl, Hodl, Hodl, Hodl, Hodl, Hodl, Hodl, Hodl, Hodl, Hodl, Hodl,
Hodl, Hodl, Hodl, Hodl, Hodl, Hodl, Hodl, Hodl, Hodl, Hodl, Hodl,
Hodl, Hodl, Hodl, Hodl, Hodl, Hodl, Hodl, Hodl, Hodl, Hodl, Hodl,
Hodl, Hodl, Hodl, Hodl, Hodl, Hodl, Hodl, Hodl, Hodl, Hodl, Hodl,
Hodl, Hodl, Hodl, Hodl, Hodl, Hodl, Hodl, Hodl, Hodl, Hodl, Hodl,
Hodl, Hodl, Hodl, Hodl, Hodl, Hodl, Hodl, Hodl, Hodl, Hodl, Hodl,
Hodl, Hodl, Hodl, Hodl, Hodl, Hodl, Hodl, Hodl, Hodl, Hodl, Hodl,
Hodl, Hodl, Hodl, Hodl, Hodl, Hodl, Hodl, Hodl, Hodl, Hodl, Hodl,
Hodl, Hodl, Hodl, Hodl, Hodl, Hodl, Hodl, Hodl, Hodl, Hodl, Hodl,
Hodl, Hodl, Hodl, Hodl, Hodl, Hodl, Hodl, Hodl, Hodl, Hodl, Hodl,
Hodl, Hodl, Hodl, Hodl, Hodl, Hodl, Hodl, Hodl, Hodl, Hodl, Hodl,
Hodl, Hodl, Hodl, Hodl, Hodl, Hodl, Hodl, Hodl, Hodl, Hodl, Hodl,
Hodl, Hodl, Hodl, Hodl, Hodl, Hodl, Hodl, Hodl, Hodl, Hodl, Hodl,
Hodl, Hodl, Hodl, Hodl, Hodl, Hodl, Hodl, Hodl, Hodl, Hodl, Hodl,
Hodl, Hodl, Hodl, Hodl, Hodl, Hodl, Hodl, Hodl, Hodl, Hodl, Hodl,
Hodl, Hodl, Hodl, Hodl, Hodl, Hodl, Hodl, Hodl, Hodl, Hodl, Hodl,
Hodl, Hodl, Hodl, Hodl, Hodl, Hodl.

Hodl, Hodl, Hodl, Hodl, Hodl, Hodl, Hodl, Hodl, Hodl,
Hodl, Hodl, Hodl, Hodl, Hodl, Hodl, Hodl, Hodl, Hodl, Hodl, Hodl,
Hodl, Hodl, Hodl, Hodl, Hodl, Hodl, Hodl, Hodl, Hodl, Hodl, Hodl,
Hodl, Hodl, Hodl, Hodl, Hodl, Hodl, Hodl, Hodl, Hodl, Hodl, Hodl,
Hodl, Hodl, Hodl, Hodl, Hodl, Hodl, Hodl, Hodl, Hodl, Hodl, Hodl,
Hodl, Hodl, Hodl, Hodl, Hodl, Hodl, Hodl, Hodl, Hodl, Hodl, Hodl,
Hodl, Hodl, Hodl, Hodl, Hodl, Hodl, Hodl, Hodl, Hodl, Hodl, Hodl,
Hodl, Hodl, Hodl, Hodl, Hodl, Hodl, Hodl, Hodl, Hodl, Hodl, Hodl,
Hodl, Hodl, Hodl, Hodl, Hodl, Hodl, Hodl, Hodl, Hodl, Hodl, Hodl,
Hodl, Hodl, Hodl, Hodl, Hodl, Hodl, Hodl, Hodl, Hodl, Hodl, Hodl,
Hodl, Hodl, Hodl, Hodl, Hodl, Hodl, Hodl, Hodl, Hodl, Hodl, Hodl,
Hodl, Hodl, Hodl, Hodl, Hodl, Hodl, Hodl, Hodl, Hodl, Hodl, Hodl,
Hodl, Hodl, Hodl, Hodl, Hodl, Hodl, Hodl, Hodl, Hodl, Hodl, Hodl,
Hodl, Hodl, Hodl, Hodl, Hodl, Hodl, Hodl, Hodl, Hodl, Hodl, Hodl,
Hodl, Hodl, Hodl, Hodl, Hodl, Hodl, Hodl, Hodl, Hodl, Hodl, Hodl,
Hodl, Hodl, Hodl, Hodl, Hodl, Hodl, Hodl, Hodl, Hodl, Hodl, Hodl,
Hodl, Hodl, Hodl, Hodl, Hodl, Hodl, Hodl, Hodl, Hodl, Hodl, Hodl,
Hodl, Hodl, Hodl, Hodl, Hodl, Hodl, Hodl, Hodl, Hodl, Hodl, Hodl,
Hodl, Hodl, Hodl, Hodl, Hodl, Hodl, Hodl, Hodl, Hodl, Hodl, Hodl,
Hodl, Hodl, Hodl, Hodl, Hodl, Hodl, Hodl, Hodl, Hodl, Hodl, Hodl,
Hodl, Hodl, Hodl, Hodl, Hodl, Hodl, Hodl, Hodl, Hodl, Hodl, Hodl,
Hodl, Hodl, Hodl, Hodl, Hodl, Hodl, Hodl, Hodl, Hodl, Hodl, Hodl,
Hodl, Hodl, Hodl, Hodl, Hodl, Hodl, Hodl, Hodl, Hodl, Hodl, Hodl,
Hodl, Hodl, Hodl, Hodl, Hodl, Hodl, Hodl, Hodl, Hodl, Hodl, Hodl,
Hodl, Hodl, Hodl, Hodl, Hodl, Hodl, Hodl, Hodl, Hodl, Hodl, Hodl,
Hodl, Hodl, Hodl, Hodl, Hodl, Hodl, Hodl, Hodl, Hodl, Hodl, Hodl,
Hodl, Hodl, Hodl, Hodl, Hodl, Hodl, Hodl, Hodl, Hodl, Hodl, Hodl,
Hodl, Hodl, Hodl, Hodl, Hodl, Hodl, Hodl, Hodl, Hodl, Hodl, Hodl,
Hodl, Hodl, Hodl, Hodl, Hodl, Hodl, Hodl, Hodl, Hodl, Hodl, Hodl,
Hodl, Hodl, Hodl, Hodl, Hodl, Hodl, Hodl, Hodl, Hodl, Hodl, Hodl,
Hodl, Hodl, Hodl, Hodl, Hodl, Hodl, Hodl, Hodl, Hodl, Hodl, Hodl,
Hodl, Hodl, Hodl, Hodl, Hodl, Hodl, Hodl, Hodl, Hodl, Hodl, Hodl,
Hodl, Hodl, Hodl, Hodl, Hodl, Hodl.

Hodl, Hodl, Hodl, Hodl, Hodl, Hodl, Hodl, Hodl, Hodl,
Hodl, Hodl, Hodl, Hodl, Hodl, Hodl, Hodl, Hodl, Hodl, Hodl, Hodl,
Hodl, Hodl, Hodl, Hodl, Hodl, Hodl, Hodl, Hodl, Hodl, Hodl, Hodl,
Hodl, Hodl, Hodl, Hodl, Hodl, Hodl, Hodl, Hodl, Hodl, Hodl, Hodl,
Hodl, Hodl, Hodl, Hodl, Hodl, Hodl, Hodl, Hodl, Hodl, Hodl, Hodl,
Hodl, Hodl, Hodl, Hodl, Hodl, Hodl, Hodl, Hodl, Hodl, Hodl, Hodl,
Hodl, Hodl, Hodl, Hodl, Hodl, Hodl, Hodl, Hodl, Hodl, Hodl, Hodl,
Hodl, Hodl, Hodl, Hodl, Hodl, Hodl, Hodl, Hodl, Hodl, Hodl, Hodl,
Hodl, Hodl, Hodl, Hodl, Hodl, Hodl, Hodl, Hodl, Hodl, Hodl, Hodl,
Hodl, Hodl, Hodl, Hodl, Hodl, Hodl, Hodl, Hodl, Hodl, Hodl, Hodl,
Hodl, Hodl, Hodl, Hodl, Hodl, Hodl, Hodl, Hodl, Hodl, Hodl, Hodl,
Hodl, Hodl, Hodl, Hodl, Hodl, Hodl, Hodl, Hodl, Hodl, Hodl, Hodl,
Hodl, Hodl, Hodl, Hodl, Hodl, Hodl, Hodl, Hodl, Hodl, Hodl, Hodl,
Hodl, Hodl, Hodl, Hodl, Hodl, Hodl, Hodl, Hodl, Hodl, Hodl, Hodl,
Hodl, Hodl, Hodl, Hodl, Hodl, Hodl, Hodl, Hodl, Hodl, Hodl, Hodl,
Hodl, Hodl, Hodl, Hodl, Hodl, Hodl, Hodl, Hodl, Hodl, Hodl, Hodl,
Hodl, Hodl, Hodl, Hodl, Hodl, Hodl, Hodl, Hodl, Hodl, Hodl, Hodl,
Hodl, Hodl, Hodl, Hodl, Hodl, Hodl, Hodl, Hodl, Hodl, Hodl, Hodl,
Hodl, Hodl, Hodl, Hodl, Hodl, Hodl, Hodl, Hodl, Hodl, Hodl, Hodl,
Hodl, Hodl, Hodl, Hodl, Hodl, Hodl, Hodl, Hodl, Hodl, Hodl, Hodl,
Hodl, Hodl, Hodl, Hodl, Hodl, Hodl, Hodl, Hodl, Hodl, Hodl, Hodl,
Hodl, Hodl, Hodl, Hodl, Hodl, Hodl, Hodl, Hodl, Hodl, Hodl, Hodl,
Hodl, Hodl, Hodl, Hodl, Hodl, Hodl, Hodl, Hodl, Hodl, Hodl, Hodl,
Hodl, Hodl, Hodl, Hodl, Hodl, Hodl, Hodl, Hodl, Hodl, Hodl, Hodl,
Hodl, Hodl, Hodl, Hodl, Hodl, Hodl, Hodl, Hodl, Hodl, Hodl, Hodl,
Hodl, Hodl, Hodl, Hodl, Hodl, Hodl, Hodl, Hodl, Hodl, Hodl, Hodl,
Hodl, Hodl, Hodl, Hodl, Hodl, Hodl, Hodl, Hodl, Hodl, Hodl, Hodl,
Hodl, Hodl, Hodl, Hodl, Hodl, Hodl, Hodl, Hodl, Hodl, Hodl, Hodl,
Hodl, Hodl, Hodl, Hodl, Hodl, Hodl, Hodl, Hodl, Hodl, Hodl, Hodl,
Hodl, Hodl, Hodl, Hodl, Hodl, Hodl, Hodl, Hodl, Hodl, Hodl, Hodl,
Hodl, Hodl, Hodl, Hodl, Hodl, Hodl, Hodl, Hodl, Hodl, Hodl, Hodl,
Hodl, Hodl, Hodl, Hodl, Hodl, Hodl, Hodl, Hodl, Hodl, Hodl, Hodl,
Hodl, Hodl, Hodl, Hodl, Hodl, Hodl, Hodl, Hodl, Hodl, Hodl, Hodl,
Hodl, Hodl, Hodl, Hodl, Hodl, Hodl.

Hodl, Hodl, Hodl, Hodl, Hodl, Hodl, Hodl, Hodl, Hodl, Hodl, Hodl, Hodl, Hodl, Hodl, Hodl, Hodl, Hodl, Hodl, Hodl, Hodl, Hodl, Hodl, Hodl, Hodl, Hodl, Hodl, Hodl, Hodl, Hodl, Hodl, Hodl, Hodl, Hodl, Hodl, Hodl, Hodl, Hodl, Hodl, Hodl, Hodl, Hodl, Hodl, Hodl, Hodl, Hodl, Hodl, Hodl, Hodl, Hodl, Hodl, Hodl, Hodl, Hodl, Hodl, Hodl, Hodl, Hodl, Hodl, Hodl, Hodl, Hodl, Hodl, Hodl, Hodl, Hodl, Hodl, Hodl, Hodl, Hodl, Hodl, Hodl, Hodl, Hodl, Hodl, Hodl, Hodl, Hodl, Hodl, Hodl, Hodl, Hodl, Hodl, Hodl, Hodl, Hodl, Hodl, Hodl, Hodl, Hodl, Hodl, Hodl, Hodl, Hodl, Hodl, Hodl, Hodl, Hodl, Hodl, Hodl, Hodl, Hodl, Hodl, Hodl, Hodl, Hodl, Hodl, Hodl, Hodl, Hodl, Hodl, Hodl, Hodl, Hodl, Hodl, Hodl, Hodl, Hodl, Hodl, Hodl, Hodl, Hodl, Hodl, Hodl, Hodl, Hodl, Hodl, Hodl, Hodl, Hodl, Hodl, Hodl, Hodl, Hodl, Hodl, Hodl, Hodl, Hodl, Hodl, Hodl, Hodl, Hodl, Hodl, Hodl, Hodl, Hodl, Hodl, Hodl, Hodl, Hodl, Hodl, Hodl, Hodl, Hodl, Hodl, Hodl, Hodl, Hodl, Hodl, Hodl, Hodl, Hodl, Hodl, Hodl, Hodl, Hodl, Hodl, Hodl, Hodl, Hodl, Hodl, Hodl, Hodl, Hodl, Hodl, Hodl, Hodl, Hodl, Hodl, Hodl, Hodl, Hodl, Hodl, Hodl, Hodl, Hodl, Hodl, Hodl, Hodl, Hodl, Hodl, Hodl, Hodl, Hodl, Hodl, Hodl, Hodl, Hodl, Hodl, Hodl, Hodl, Hodl, Hodl, Hodl, Hodl, Hodl, Hodl, Hodl, Hodl, Hodl, Hodl, Hodl, Hodl, Hodl, Hodl, Hodl, Hodl, Hodl, Hodl, Hodl, Hodl, Hodl, Hodl, Hodl, Hodl, Hodl, Hodl, Hodl, Hodl, Hodl, Hodl, Hodl, Hodl, Hodl, Hodl, Hodl, Hodl, Hodl, Hodl, Hodl, Hodl, Hodl, Hodl, Hodl, Hodl, Hodl, Hodl, Hodl, Hodl, Hodl, Hodl, Hodl, Hodl, Hodl, Hodl, Hodl, Hodl, Hodl, Hodl, Hodl, Hodl, Hodl, Hodl, Hodl, Hodl, Hodl, Hodl, Hodl, Hodl, Hodl, Hodl, Hodl, Hodl, Hodl, Hodl, Hodl, Hodl, Hodl, Hodl, Hodl, Hodl, Hodl, Hodl, Hodl, Hodl, Hodl, Hodl, Hodl, Hodl, Hodl, Hodl, Hodl, Hodl, Hodl, Hodl, Hodl, Hodl, Hodl, Hodl, Hodl, Hodl, Hodl, Hodl, Hodl, Hodl, Hodl, Hodl, Hodl, Hodl, Hodl, Hodl, Hodl, Hodl, Hodl, Hodl, Hodl, Hodl, Hodl, Hodl, Hodl, Hodl, Hodl, Hodl, Hodl, Hodl, Hodl, Hodl, Hodl, Hodl, Hodl, Hodl, Hodl, Hodl, Hodl, Hodl, Hodl, Hodl, Hodl, Hodl, Hodl, Hodl, Hodl, Hodl, Hodl, Hodl, Hodl, Hodl, Hodl, Hodl, Hodl, Hodl, Hodl, Hodl, Hodl, Hodl, Hodl, Hodl, Hodl, Hodl, Hodl, Hodl, Hodl, Hodl, Hodl, Hodl, Hodl, Hodl, Hodl, Hodl, Hodl, Hodl.

Hodl, Hodl, Hodl, Hodl, Hodl, Hodl, Hodl, Hodl, Hodl,
Hodl, Hodl, Hodl, Hodl, Hodl, Hodl, Hodl, Hodl, Hodl, Hodl, Hodl,
Hodl, Hodl, Hodl, Hodl, Hodl, Hodl, Hodl, Hodl, Hodl, Hodl, Hodl,
Hodl, Hodl, Hodl, Hodl, Hodl, Hodl, Hodl, Hodl, Hodl, Hodl, Hodl,
Hodl, Hodl, Hodl, Hodl, Hodl, Hodl, Hodl, Hodl, Hodl, Hodl, Hodl,
Hodl, Hodl, Hodl, Hodl, Hodl, Hodl, Hodl, Hodl, Hodl, Hodl, Hodl,
Hodl, Hodl, Hodl, Hodl, Hodl, Hodl, Hodl, Hodl, Hodl, Hodl, Hodl,
Hodl, Hodl, Hodl, Hodl, Hodl, Hodl, Hodl, Hodl, Hodl, Hodl, Hodl,
Hodl, Hodl, Hodl, Hodl, Hodl, Hodl, Hodl, Hodl, Hodl, Hodl, Hodl,
Hodl, Hodl, Hodl, Hodl, Hodl, Hodl, Hodl, Hodl, Hodl, Hodl, Hodl,
Hodl, Hodl, Hodl, Hodl, Hodl, Hodl, Hodl, Hodl, Hodl, Hodl, Hodl,
Hodl, Hodl, Hodl, Hodl, Hodl, Hodl, Hodl, Hodl, Hodl, Hodl, Hodl,
Hodl, Hodl, Hodl, Hodl, Hodl, Hodl, Hodl, Hodl, Hodl, Hodl, Hodl,
Hodl, Hodl, Hodl, Hodl, Hodl, Hodl, Hodl, Hodl, Hodl, Hodl, Hodl,
Hodl, Hodl, Hodl, Hodl, Hodl, Hodl, Hodl, Hodl, Hodl, Hodl, Hodl,
Hodl, Hodl, Hodl, Hodl, Hodl, Hodl, Hodl, Hodl, Hodl, Hodl, Hodl,
Hodl, Hodl, Hodl, Hodl, Hodl, Hodl, Hodl, Hodl, Hodl, Hodl, Hodl,
Hodl, Hodl, Hodl, Hodl, Hodl, Hodl, Hodl, Hodl, Hodl, Hodl, Hodl,
Hodl, Hodl, Hodl, Hodl, Hodl, Hodl, Hodl, Hodl, Hodl, Hodl, Hodl,
Hodl, Hodl, Hodl, Hodl, Hodl, Hodl, Hodl, Hodl, Hodl, Hodl, Hodl,
Hodl, Hodl, Hodl, Hodl, Hodl, Hodl, Hodl, Hodl, Hodl, Hodl, Hodl,
Hodl, Hodl, Hodl, Hodl, Hodl, Hodl, Hodl, Hodl, Hodl, Hodl, Hodl,
Hodl, Hodl, Hodl, Hodl, Hodl, Hodl, Hodl, Hodl, Hodl, Hodl, Hodl,
Hodl, Hodl, Hodl, Hodl, Hodl, Hodl, Hodl, Hodl, Hodl, Hodl, Hodl,
Hodl, Hodl, Hodl, Hodl, Hodl, Hodl, Hodl, Hodl, Hodl, Hodl, Hodl,
Hodl, Hodl, Hodl, Hodl, Hodl, Hodl, Hodl, Hodl, Hodl, Hodl, Hodl,
Hodl, Hodl, Hodl, Hodl, Hodl, Hodl, Hodl, Hodl, Hodl, Hodl, Hodl,
Hodl, Hodl, Hodl, Hodl, Hodl, Hodl, Hodl, Hodl, Hodl, Hodl, Hodl,
Hodl, Hodl, Hodl, Hodl, Hodl, Hodl, Hodl, Hodl, Hodl, Hodl, Hodl,
Hodl, Hodl, Hodl, Hodl, Hodl, Hodl, Hodl, Hodl, Hodl, Hodl, Hodl,
Hodl, Hodl, Hodl, Hodl, Hodl, Hodl, Hodl, Hodl, Hodl, Hodl, Hodl,
Hodl, Hodl, Hodl, Hodl, Hodl, Hodl, Hodl, Hodl, Hodl, Hodl, Hodl,
Hodl, Hodl, Hodl, Hodl, Hodl, Hodl, Hodl, Hodl, Hodl, Hodl, Hodl,
Hodl, Hodl, Hodl, Hodl, Hodl, Hodl, Hodl, Hodl, Hodl, Hodl, Hodl,
Hodl, Hodl, Hodl, Hodl, Hodl, Hodl.

Hodl, Hodl, Hodl, Hodl, Hodl, Hodl, Hodl, Hodl, Hodl,
Hodl, Hodl, Hodl, Hodl, Hodl, Hodl, Hodl, Hodl, Hodl, Hodl, Hodl,
Hodl, Hodl, Hodl, Hodl, Hodl, Hodl, Hodl, Hodl, Hodl, Hodl, Hodl,
Hodl, Hodl, Hodl, Hodl, Hodl, Hodl, Hodl, Hodl, Hodl, Hodl, Hodl,
Hodl, Hodl, Hodl, Hodl, Hodl, Hodl, Hodl, Hodl, Hodl, Hodl, Hodl,
Hodl, Hodl, Hodl, Hodl, Hodl, Hodl, Hodl, Hodl, Hodl, Hodl, Hodl,
Hodl, Hodl, Hodl, Hodl, Hodl, Hodl, Hodl, Hodl, Hodl, Hodl, Hodl,
Hodl, Hodl, Hodl, Hodl, Hodl, Hodl, Hodl, Hodl, Hodl, Hodl, Hodl,
Hodl, Hodl, Hodl, Hodl, Hodl, Hodl, Hodl, Hodl, Hodl, Hodl, Hodl,
Hodl, Hodl, Hodl, Hodl, Hodl, Hodl, Hodl, Hodl, Hodl, Hodl, Hodl,
Hodl, Hodl, Hodl, Hodl, Hodl, Hodl, Hodl, Hodl, Hodl, Hodl, Hodl,
Hodl, Hodl, Hodl, Hodl, Hodl, Hodl, Hodl, Hodl, Hodl, Hodl, Hodl,
Hodl, Hodl, Hodl, Hodl, Hodl, Hodl, Hodl, Hodl, Hodl, Hodl, Hodl,
Hodl, Hodl, Hodl, Hodl, Hodl, Hodl, Hodl, Hodl, Hodl, Hodl, Hodl,
Hodl, Hodl, Hodl, Hodl, Hodl, Hodl, Hodl, Hodl, Hodl, Hodl, Hodl,
Hodl, Hodl, Hodl, Hodl, Hodl, Hodl, Hodl, Hodl, Hodl, Hodl, Hodl,
Hodl, Hodl, Hodl, Hodl, Hodl, Hodl, Hodl, Hodl, Hodl, Hodl, Hodl,
Hodl, Hodl, Hodl, Hodl, Hodl, Hodl, Hodl, Hodl, Hodl, Hodl, Hodl,
Hodl, Hodl, Hodl, Hodl, Hodl, Hodl, Hodl, Hodl, Hodl, Hodl, Hodl,
Hodl, Hodl, Hodl, Hodl, Hodl, Hodl, Hodl, Hodl, Hodl, Hodl, Hodl,
Hodl, Hodl, Hodl, Hodl, Hodl, Hodl, Hodl, Hodl, Hodl, Hodl, Hodl,
Hodl, Hodl, Hodl, Hodl, Hodl, Hodl, Hodl, Hodl, Hodl, Hodl, Hodl,
Hodl, Hodl, Hodl, Hodl, Hodl, Hodl, Hodl, Hodl, Hodl, Hodl, Hodl,
Hodl, Hodl, Hodl, Hodl, Hodl, Hodl, Hodl, Hodl, Hodl, Hodl, Hodl,
Hodl, Hodl, Hodl, Hodl, Hodl, Hodl, Hodl, Hodl, Hodl, Hodl, Hodl,
Hodl, Hodl, Hodl, Hodl, Hodl, Hodl, Hodl, Hodl, Hodl, Hodl, Hodl,
Hodl, Hodl, Hodl, Hodl, Hodl, Hodl, Hodl, Hodl, Hodl, Hodl, Hodl,
Hodl, Hodl, Hodl, Hodl, Hodl, Hodl, Hodl, Hodl, Hodl, Hodl, Hodl,
Hodl, Hodl, Hodl, Hodl, Hodl, Hodl, Hodl, Hodl, Hodl, Hodl, Hodl,
Hodl, Hodl, Hodl, Hodl, Hodl, Hodl, Hodl, Hodl, Hodl, Hodl, Hodl,
Hodl, Hodl, Hodl, Hodl, Hodl, Hodl, Hodl, Hodl, Hodl, Hodl, Hodl,
Hodl, Hodl, Hodl, Hodl, Hodl, Hodl, Hodl, Hodl, Hodl, Hodl, Hodl,
Hodl, Hodl, Hodl, Hodl, Hodl, Hodl, Hodl, Hodl, Hodl, Hodl, Hodl,
Hodl, Hodl, Hodl, Hodl, Hodl, Hodl.

Hodl, Hodl, Hodl, Hodl, Hodl, Hodl, Hodl, Hodl, Hodl,
Hodl, Hodl, Hodl, Hodl, Hodl, Hodl, Hodl, Hodl, Hodl, Hodl, Hodl,
Hodl, Hodl, Hodl, Hodl, Hodl, Hodl, Hodl, Hodl, Hodl, Hodl, Hodl,
Hodl, Hodl, Hodl, Hodl, Hodl, Hodl, Hodl, Hodl, Hodl, Hodl, Hodl,
Hodl, Hodl, Hodl, Hodl, Hodl, Hodl, Hodl, Hodl, Hodl, Hodl, Hodl,
Hodl, Hodl, Hodl, Hodl, Hodl, Hodl, Hodl, Hodl, Hodl, Hodl, Hodl,
Hodl, Hodl, Hodl, Hodl, Hodl, Hodl, Hodl, Hodl, Hodl, Hodl, Hodl,
Hodl, Hodl, Hodl, Hodl, Hodl, Hodl, Hodl, Hodl, Hodl, Hodl, Hodl,
Hodl, Hodl, Hodl, Hodl, Hodl, Hodl, Hodl, Hodl, Hodl, Hodl, Hodl,
Hodl, Hodl, Hodl, Hodl, Hodl, Hodl, Hodl, Hodl, Hodl, Hodl, Hodl,
Hodl, Hodl, Hodl, Hodl, Hodl, Hodl, Hodl, Hodl, Hodl, Hodl, Hodl,
Hodl, Hodl, Hodl, Hodl, Hodl, Hodl, Hodl, Hodl, Hodl, Hodl, Hodl,
Hodl, Hodl, Hodl, Hodl, Hodl, Hodl, Hodl, Hodl, Hodl, Hodl, Hodl,
Hodl, Hodl, Hodl, Hodl, Hodl, Hodl, Hodl, Hodl, Hodl, Hodl, Hodl,
Hodl, Hodl, Hodl, Hodl, Hodl, Hodl, Hodl, Hodl, Hodl, Hodl, Hodl,
Hodl, Hodl, Hodl, Hodl, Hodl, Hodl, Hodl, Hodl, Hodl, Hodl, Hodl,
Hodl, Hodl, Hodl, Hodl, Hodl, Hodl, Hodl, Hodl, Hodl, Hodl, Hodl,
Hodl, Hodl, Hodl, Hodl, Hodl, Hodl, Hodl, Hodl, Hodl, Hodl, Hodl,
Hodl, Hodl, Hodl, Hodl, Hodl, Hodl, Hodl, Hodl, Hodl, Hodl, Hodl,
Hodl, Hodl, Hodl, Hodl, Hodl, Hodl, Hodl, Hodl, Hodl, Hodl, Hodl,
Hodl, Hodl, Hodl, Hodl, Hodl, Hodl, Hodl, Hodl, Hodl, Hodl, Hodl,
Hodl, Hodl, Hodl, Hodl, Hodl, Hodl, Hodl, Hodl, Hodl, Hodl, Hodl,
Hodl, Hodl, Hodl, Hodl, Hodl, Hodl, Hodl, Hodl, Hodl, Hodl, Hodl,
Hodl, Hodl, Hodl, Hodl, Hodl, Hodl, Hodl, Hodl, Hodl, Hodl, Hodl,
Hodl, Hodl, Hodl, Hodl, Hodl, Hodl, Hodl, Hodl, Hodl, Hodl, Hodl,
Hodl, Hodl, Hodl, Hodl, Hodl, Hodl, Hodl, Hodl, Hodl, Hodl, Hodl,
Hodl, Hodl, Hodl, Hodl, Hodl, Hodl, Hodl, Hodl, Hodl, Hodl, Hodl,
Hodl, Hodl, Hodl, Hodl, Hodl, Hodl, Hodl, Hodl, Hodl, Hodl, Hodl,
Hodl, Hodl, Hodl, Hodl, Hodl, Hodl, Hodl, Hodl, Hodl, Hodl, Hodl,
Hodl, Hodl, Hodl, Hodl, Hodl, Hodl, Hodl, Hodl, Hodl, Hodl, Hodl,
Hodl, Hodl, Hodl, Hodl, Hodl, Hodl, Hodl, Hodl, Hodl, Hodl, Hodl,
Hodl, Hodl, Hodl, Hodl, Hodl, Hodl, Hodl, Hodl, Hodl, Hodl, Hodl,
Hodl, Hodl, Hodl, Hodl, Hodl, Hodl, Hodl, Hodl, Hodl, Hodl, Hodl,
Hodl, Hodl, Hodl, Hodl, Hodl, Hodl, Hodl, Hodl, Hodl, Hodl, Hodl,
Hodl, Hodl, Hodl, Hodl, Hodl, Hodl.

Hodl, Hodl, Hodl, Hodl, Hodl, Hodl, Hodl, Hodl, Hodl, Hodl, Hodl, Hodl, Hodl, Hodl, Hodl, Hodl, Hodl, Hodl, Hodl, Hodl, Hodl, Hodl, Hodl, Hodl, Hodl, Hodl, Hodl, Hodl, Hodl, Hodl, Hodl, Hodl, Hodl, Hodl, Hodl, Hodl, Hodl, Hodl, Hodl, Hodl, Hodl, Hodl, Hodl, Hodl, Hodl, Hodl, Hodl, Hodl, Hodl, Hodl, Hodl, Hodl, Hodl, Hodl, Hodl, Hodl, Hodl, Hodl, Hodl, Hodl, Hodl, Hodl, Hodl, Hodl, Hodl, Hodl, Hodl, Hodl, Hodl, Hodl, Hodl, Hodl, Hodl, Hodl, Hodl, Hodl, Hodl, Hodl, Hodl, Hodl, Hodl, Hodl, Hodl, Hodl, Hodl, Hodl, Hodl, Hodl, Hodl, Hodl, Hodl, Hodl, Hodl, Hodl, Hodl, Hodl, Hodl, Hodl, Hodl, Hodl, Hodl, Hodl, Hodl, Hodl, Hodl, Hodl, Hodl, Hodl, Hodl, Hodl, Hodl, Hodl, Hodl, Hodl, Hodl, Hodl, Hodl, Hodl, Hodl, Hodl, Hodl, Hodl, Hodl, Hodl, Hodl, Hodl, Hodl, Hodl, Hodl, Hodl, Hodl, Hodl, Hodl, Hodl, Hodl, Hodl, Hodl, Hodl, Hodl, Hodl, Hodl, Hodl, Hodl, Hodl, Hodl, Hodl, Hodl, Hodl, Hodl, Hodl, Hodl, Hodl, Hodl, Hodl, Hodl, Hodl, Hodl, Hodl, Hodl, Hodl, Hodl, Hodl, Hodl, Hodl, Hodl, Hodl, Hodl, Hodl, Hodl, Hodl, Hodl, Hodl, Hodl, Hodl, Hodl, Hodl, Hodl, Hodl, Hodl, Hodl, Hodl, Hodl, Hodl, Hodl, Hodl, Hodl, Hodl, Hodl, Hodl, Hodl, Hodl, Hodl, Hodl, Hodl, Hodl, Hodl, Hodl, Hodl, Hodl, Hodl, Hodl, Hodl, Hodl, Hodl, Hodl, Hodl, Hodl, Hodl, Hodl, Hodl, Hodl, Hodl, Hodl, Hodl, Hodl, Hodl, Hodl, Hodl, Hodl, Hodl, Hodl, Hodl, Hodl, Hodl, Hodl, Hodl, Hodl, Hodl, Hodl, Hodl, Hodl, Hodl, Hodl, Hodl, Hodl, Hodl, Hodl, Hodl, Hodl, Hodl, Hodl, Hodl, Hodl, Hodl, Hodl, Hodl, Hodl, Hodl, Hodl, Hodl, Hodl, Hodl, Hodl, Hodl, Hodl, Hodl, Hodl, Hodl, Hodl, Hodl, Hodl, Hodl, Hodl, Hodl, Hodl, Hodl, Hodl, Hodl, Hodl, Hodl, Hodl, Hodl, Hodl, Hodl, Hodl, Hodl, Hodl, Hodl, Hodl, Hodl, Hodl, Hodl, Hodl, Hodl, Hodl, Hodl, Hodl, Hodl, Hodl, Hodl, Hodl, Hodl, Hodl, Hodl, Hodl, Hodl, Hodl, Hodl, Hodl, Hodl, Hodl, Hodl, Hodl, Hodl, Hodl, Hodl, Hodl, Hodl, Hodl, Hodl, Hodl, Hodl, Hodl, Hodl, Hodl, Hodl, Hodl, Hodl, Hodl, Hodl, Hodl, Hodl, Hodl, Hodl, Hodl, Hodl, Hodl, Hodl, Hodl, Hodl, Hodl, Hodl, Hodl, Hodl, Hodl, Hodl, Hodl, Hodl, Hodl, Hodl, Hodl, Hodl, Hodl, Hodl, Hodl, Hodl, Hodl, Hodl, Hodl, Hodl, Hodl, Hodl, Hodl, Hodl, Hodl, Hodl, Hodl, Hodl, Hodl, Hodl, Hodl, Hodl, Hodl, Hodl, Hodl, Hodl, Hodl, Hodl, Hodl, Hodl, Hodl, Hodl, Hodl, Hodl, Hodl, Hodl, Hodl, Hodl, Hodl, Hodl, Hodl, Hodl, Hodl, Hodl, Hodl, Hodl, Hodl, Hodl, Hodl, Hodl, Hodl, Hodl, Hodl, Hodl, Hodl, Hodl, Hodl, Hodl, Hodl, Hodl, Hodl, Hodl, Hodl, Hodl, Hodl, Hodl, Hodl, Hodl, Hodl, Hodl, Hodl, Hodl, Hodl, Hodl, Hodl, Hodl, Hodl, Hodl, Hodl, Hodl, Hodl, Hodl, Hodl, Hodl, Hodl, Hodl, Hodl, Hodl, Hodl, Hodl, Hodl, Hodl, Hodl, Hodl, Hodl, Hodl, Hodl, Hodl, Hodl, Hodl, Hodl.

Hodl, Hodl, Hodl, Hodl, Hodl, Hodl, Hodl, Hodl, Hodl,
Hodl, Hodl, Hodl, Hodl, Hodl, Hodl, Hodl, Hodl, Hodl, Hodl, Hodl,
Hodl, Hodl, Hodl, Hodl, Hodl, Hodl, Hodl, Hodl, Hodl, Hodl, Hodl,
Hodl, Hodl, Hodl, Hodl, Hodl, Hodl, Hodl, Hodl, Hodl, Hodl, Hodl,
Hodl, Hodl, Hodl, Hodl, Hodl, Hodl, Hodl, Hodl, Hodl, Hodl, Hodl,
Hodl, Hodl, Hodl, Hodl, Hodl, Hodl, Hodl, Hodl, Hodl, Hodl, Hodl,
Hodl, Hodl, Hodl, Hodl, Hodl, Hodl, Hodl, Hodl, Hodl, Hodl, Hodl,
Hodl, Hodl, Hodl, Hodl, Hodl, Hodl, Hodl, Hodl, Hodl, Hodl, Hodl,
Hodl, Hodl, Hodl, Hodl, Hodl, Hodl, Hodl, Hodl, Hodl, Hodl, Hodl,
Hodl, Hodl, Hodl, Hodl, Hodl, Hodl, Hodl, Hodl, Hodl, Hodl, Hodl,
Hodl, Hodl, Hodl, Hodl, Hodl, Hodl, Hodl, Hodl, Hodl, Hodl, Hodl,
Hodl, Hodl, Hodl, Hodl, Hodl, Hodl, Hodl, Hodl, Hodl, Hodl, Hodl,
Hodl, Hodl, Hodl, Hodl, Hodl, Hodl, Hodl, Hodl, Hodl, Hodl, Hodl,
Hodl, Hodl, Hodl, Hodl, Hodl, Hodl, Hodl, Hodl, Hodl, Hodl, Hodl,
Hodl, Hodl, Hodl, Hodl, Hodl, Hodl, Hodl, Hodl, Hodl, Hodl, Hodl,
Hodl, Hodl, Hodl, Hodl, Hodl, Hodl, Hodl, Hodl, Hodl, Hodl, Hodl,
Hodl, Hodl, Hodl, Hodl, Hodl, Hodl, Hodl, Hodl, Hodl, Hodl, Hodl,
Hodl, Hodl, Hodl, Hodl, Hodl, Hodl, Hodl, Hodl, Hodl, Hodl, Hodl,
Hodl, Hodl, Hodl, Hodl, Hodl, Hodl, Hodl, Hodl, Hodl, Hodl, Hodl,
Hodl, Hodl, Hodl, Hodl, Hodl, Hodl, Hodl, Hodl, Hodl, Hodl, Hodl,
Hodl, Hodl, Hodl, Hodl, Hodl, Hodl, Hodl, Hodl, Hodl, Hodl, Hodl,
Hodl, Hodl, Hodl, Hodl, Hodl, Hodl, Hodl, Hodl, Hodl, Hodl, Hodl,
Hodl, Hodl, Hodl, Hodl, Hodl, Hodl, Hodl, Hodl, Hodl, Hodl, Hodl,
Hodl, Hodl, Hodl, Hodl, Hodl, Hodl, Hodl, Hodl, Hodl, Hodl, Hodl,
Hodl, Hodl, Hodl, Hodl, Hodl, Hodl, Hodl, Hodl, Hodl, Hodl, Hodl,
Hodl, Hodl, Hodl, Hodl, Hodl, Hodl, Hodl, Hodl, Hodl, Hodl, Hodl,
Hodl, Hodl, Hodl, Hodl, Hodl, Hodl, Hodl, Hodl, Hodl, Hodl, Hodl,
Hodl, Hodl, Hodl, Hodl, Hodl, Hodl, Hodl, Hodl, Hodl, Hodl, Hodl,
Hodl, Hodl, Hodl, Hodl, Hodl, Hodl, Hodl, Hodl, Hodl, Hodl, Hodl,
Hodl, Hodl, Hodl, Hodl, Hodl, Hodl, Hodl, Hodl, Hodl, Hodl, Hodl,
Hodl, Hodl, Hodl, Hodl, Hodl, Hodl, Hodl, Hodl, Hodl, Hodl, Hodl,
Hodl, Hodl, Hodl, Hodl, Hodl, Hodl, Hodl, Hodl, Hodl, Hodl, Hodl,
Hodl, Hodl, Hodl, Hodl, Hodl, Hodl.

Hodl, Hodl, Hodl, Hodl, Hodl, Hodl, Hodl, Hodl, Hodl,
Hodl, Hodl, Hodl, Hodl, Hodl, Hodl, Hodl, Hodl, Hodl, Hodl, Hodl,
Hodl, Hodl, Hodl, Hodl, Hodl, Hodl, Hodl, Hodl, Hodl, Hodl, Hodl,
Hodl, Hodl, Hodl, Hodl, Hodl, Hodl, Hodl, Hodl, Hodl, Hodl, Hodl,
Hodl, Hodl, Hodl, Hodl, Hodl, Hodl, Hodl, Hodl, Hodl, Hodl, Hodl,
Hodl, Hodl, Hodl, Hodl, Hodl, Hodl, Hodl, Hodl, Hodl, Hodl, Hodl,
Hodl, Hodl, Hodl, Hodl, Hodl, Hodl, Hodl, Hodl, Hodl, Hodl, Hodl,
Hodl, Hodl, Hodl, Hodl, Hodl, Hodl, Hodl, Hodl, Hodl, Hodl, Hodl,
Hodl, Hodl, Hodl, Hodl, Hodl, Hodl, Hodl, Hodl, Hodl, Hodl, Hodl,
Hodl, Hodl, Hodl, Hodl, Hodl, Hodl, Hodl, Hodl, Hodl, Hodl, Hodl,
Hodl, Hodl, Hodl, Hodl, Hodl, Hodl, Hodl, Hodl, Hodl, Hodl, Hodl,
Hodl, Hodl, Hodl, Hodl, Hodl, Hodl, Hodl, Hodl, Hodl, Hodl, Hodl,
Hodl, Hodl, Hodl, Hodl, Hodl, Hodl, Hodl, Hodl, Hodl, Hodl, Hodl,
Hodl, Hodl, Hodl, Hodl, Hodl, Hodl, Hodl, Hodl, Hodl, Hodl, Hodl,
Hodl, Hodl, Hodl, Hodl, Hodl, Hodl, Hodl, Hodl, Hodl, Hodl, Hodl,
Hodl, Hodl, Hodl, Hodl, Hodl, Hodl, Hodl, Hodl, Hodl, Hodl, Hodl,
Hodl, Hodl, Hodl, Hodl, Hodl, Hodl, Hodl, Hodl, Hodl, Hodl, Hodl,
Hodl, Hodl, Hodl, Hodl, Hodl, Hodl, Hodl, Hodl, Hodl, Hodl, Hodl,
Hodl, Hodl, Hodl, Hodl, Hodl, Hodl, Hodl, Hodl, Hodl, Hodl, Hodl,
Hodl, Hodl, Hodl, Hodl, Hodl, Hodl, Hodl, Hodl, Hodl, Hodl, Hodl,
Hodl, Hodl, Hodl, Hodl, Hodl, Hodl, Hodl, Hodl, Hodl, Hodl, Hodl,
Hodl, Hodl, Hodl, Hodl, Hodl, Hodl, Hodl, Hodl, Hodl, Hodl, Hodl,
Hodl, Hodl, Hodl, Hodl, Hodl, Hodl, Hodl, Hodl, Hodl, Hodl, Hodl,
Hodl, Hodl, Hodl, Hodl, Hodl, Hodl, Hodl, Hodl, Hodl, Hodl, Hodl,
Hodl, Hodl, Hodl, Hodl, Hodl, Hodl, Hodl, Hodl, Hodl, Hodl, Hodl,
Hodl, Hodl, Hodl, Hodl, Hodl, Hodl, Hodl, Hodl, Hodl, Hodl, Hodl,
Hodl, Hodl, Hodl, Hodl, Hodl, Hodl, Hodl, Hodl, Hodl, Hodl, Hodl,
Hodl, Hodl, Hodl, Hodl, Hodl, Hodl, Hodl, Hodl, Hodl, Hodl, Hodl,
Hodl, Hodl, Hodl, Hodl, Hodl, Hodl, Hodl, Hodl, Hodl, Hodl, Hodl,
Hodl, Hodl, Hodl, Hodl, Hodl, Hodl, Hodl, Hodl, Hodl, Hodl, Hodl,
Hodl, Hodl, Hodl, Hodl, Hodl, Hodl, Hodl, Hodl, Hodl, Hodl, Hodl,
Hodl, Hodl, Hodl, Hodl, Hodl, Hodl, Hodl, Hodl, Hodl, Hodl, Hodl,
Hodl, Hodl, Hodl, Hodl, Hodl, Hodl, Hodl, Hodl, Hodl, Hodl, Hodl,
Hodl, Hodl, Hodl, Hodl, Hodl, Hodl.

Hodl, Hodl, Hodl, Hodl, Hodl, Hodl, Hodl, Hodl, Hodl,
Hodl, Hodl, Hodl, Hodl, Hodl, Hodl, Hodl, Hodl, Hodl, Hodl, Hodl,
Hodl, Hodl, Hodl, Hodl, Hodl, Hodl, Hodl, Hodl, Hodl, Hodl, Hodl,
Hodl, Hodl, Hodl, Hodl, Hodl, Hodl, Hodl, Hodl, Hodl, Hodl, Hodl,
Hodl, Hodl, Hodl, Hodl, Hodl, Hodl, Hodl, Hodl, Hodl, Hodl, Hodl,
Hodl, Hodl, Hodl, Hodl, Hodl, Hodl, Hodl, Hodl, Hodl, Hodl, Hodl,
Hodl, Hodl, Hodl, Hodl, Hodl, Hodl, Hodl, Hodl, Hodl, Hodl, Hodl,
Hodl, Hodl, Hodl, Hodl, Hodl, Hodl, Hodl, Hodl, Hodl, Hodl, Hodl,
Hodl, Hodl, Hodl, Hodl, Hodl, Hodl, Hodl, Hodl, Hodl, Hodl, Hodl,
Hodl, Hodl, Hodl, Hodl, Hodl, Hodl, Hodl, Hodl, Hodl, Hodl, Hodl,
Hodl, Hodl, Hodl, Hodl, Hodl, Hodl, Hodl, Hodl, Hodl, Hodl, Hodl,
Hodl, Hodl, Hodl, Hodl, Hodl, Hodl, Hodl, Hodl, Hodl, Hodl, Hodl,
Hodl, Hodl, Hodl, Hodl, Hodl, Hodl, Hodl, Hodl, Hodl, Hodl, Hodl,
Hodl, Hodl, Hodl, Hodl, Hodl, Hodl, Hodl, Hodl, Hodl, Hodl, Hodl,
Hodl, Hodl, Hodl, Hodl, Hodl, Hodl, Hodl, Hodl, Hodl, Hodl, Hodl,
Hodl, Hodl, Hodl, Hodl, Hodl, Hodl, Hodl, Hodl, Hodl, Hodl, Hodl,
Hodl, Hodl, Hodl, Hodl, Hodl, Hodl, Hodl, Hodl, Hodl, Hodl, Hodl,
Hodl, Hodl, Hodl, Hodl, Hodl, Hodl, Hodl, Hodl, Hodl, Hodl, Hodl,
Hodl, Hodl, Hodl, Hodl, Hodl, Hodl, Hodl, Hodl, Hodl, Hodl, Hodl,
Hodl, Hodl, Hodl, Hodl, Hodl, Hodl, Hodl, Hodl, Hodl, Hodl, Hodl,
Hodl, Hodl, Hodl, Hodl, Hodl, Hodl, Hodl, Hodl, Hodl, Hodl, Hodl,
Hodl, Hodl, Hodl, Hodl, Hodl, Hodl, Hodl, Hodl, Hodl, Hodl, Hodl,
Hodl, Hodl, Hodl, Hodl, Hodl, Hodl, Hodl, Hodl, Hodl, Hodl, Hodl,
Hodl, Hodl, Hodl, Hodl, Hodl, Hodl, Hodl, Hodl, Hodl, Hodl, Hodl,
Hodl, Hodl, Hodl, Hodl, Hodl, Hodl, Hodl, Hodl, Hodl, Hodl, Hodl,
Hodl, Hodl, Hodl, Hodl, Hodl, Hodl, Hodl, Hodl, Hodl, Hodl, Hodl,
Hodl, Hodl, Hodl, Hodl, Hodl, Hodl, Hodl, Hodl, Hodl, Hodl, Hodl,
Hodl, Hodl, Hodl, Hodl, Hodl, Hodl, Hodl, Hodl, Hodl, Hodl, Hodl,
Hodl, Hodl, Hodl, Hodl, Hodl, Hodl, Hodl, Hodl, Hodl, Hodl, Hodl,
Hodl, Hodl, Hodl, Hodl, Hodl, Hodl, Hodl, Hodl, Hodl, Hodl, Hodl,
Hodl, Hodl, Hodl, Hodl, Hodl, Hodl, Hodl, Hodl, Hodl, Hodl, Hodl,
Hodl, Hodl, Hodl, Hodl, Hodl, Hodl, Hodl, Hodl, Hodl, Hodl, Hodl,
Hodl, Hodl, Hodl, Hodl, Hodl, Hodl, Hodl, Hodl, Hodl, Hodl, Hodl,
Hodl, Hodl, Hodl, Hodl, Hodl, Hodl, Hodl, Hodl, Hodl, Hodl, Hodl,
Hodl, Hodl, Hodl, Hodl, Hodl, Hodl.

Hodl, Hodl, Hodl, Hodl, Hodl, Hodl, Hodl, Hodl, Hodl,
Hodl, Hodl, Hodl, Hodl, Hodl, Hodl, Hodl, Hodl, Hodl, Hodl, Hodl,
Hodl, Hodl, Hodl, Hodl, Hodl, Hodl, Hodl, Hodl, Hodl, Hodl, Hodl,
Hodl, Hodl, Hodl, Hodl, Hodl, Hodl, Hodl, Hodl, Hodl, Hodl, Hodl,
Hodl, Hodl, Hodl, Hodl, Hodl, Hodl, Hodl, Hodl, Hodl, Hodl, Hodl,
Hodl, Hodl, Hodl, Hodl, Hodl, Hodl, Hodl, Hodl, Hodl, Hodl, Hodl,
Hodl, Hodl, Hodl, Hodl, Hodl, Hodl, Hodl, Hodl, Hodl, Hodl, Hodl,
Hodl, Hodl, Hodl, Hodl, Hodl, Hodl, Hodl, Hodl, Hodl, Hodl, Hodl,
Hodl, Hodl, Hodl, Hodl, Hodl, Hodl, Hodl, Hodl, Hodl, Hodl, Hodl,
Hodl, Hodl, Hodl, Hodl, Hodl, Hodl, Hodl, Hodl, Hodl, Hodl, Hodl,
Hodl, Hodl, Hodl, Hodl, Hodl, Hodl, Hodl, Hodl, Hodl, Hodl, Hodl,
Hodl, Hodl, Hodl, Hodl, Hodl, Hodl, Hodl, Hodl, Hodl, Hodl, Hodl,
Hodl, Hodl, Hodl, Hodl, Hodl, Hodl, Hodl, Hodl, Hodl, Hodl, Hodl,
Hodl, Hodl, Hodl, Hodl, Hodl, Hodl, Hodl, Hodl, Hodl, Hodl, Hodl,
Hodl, Hodl, Hodl, Hodl, Hodl, Hodl, Hodl, Hodl, Hodl, Hodl, Hodl,
Hodl, Hodl, Hodl, Hodl, Hodl, Hodl, Hodl, Hodl, Hodl, Hodl, Hodl,
Hodl, Hodl, Hodl, Hodl, Hodl, Hodl, Hodl, Hodl, Hodl, Hodl, Hodl,
Hodl, Hodl, Hodl, Hodl, Hodl, Hodl, Hodl, Hodl, Hodl, Hodl, Hodl,
Hodl, Hodl, Hodl, Hodl, Hodl, Hodl, Hodl, Hodl, Hodl, Hodl, Hodl,
Hodl, Hodl, Hodl, Hodl, Hodl, Hodl, Hodl, Hodl, Hodl, Hodl, Hodl,
Hodl, Hodl, Hodl, Hodl, Hodl, Hodl, Hodl, Hodl, Hodl, Hodl, Hodl,
Hodl, Hodl, Hodl, Hodl, Hodl, Hodl, Hodl, Hodl, Hodl, Hodl, Hodl,
Hodl, Hodl, Hodl, Hodl, Hodl, Hodl, Hodl, Hodl, Hodl, Hodl, Hodl,
Hodl, Hodl, Hodl, Hodl, Hodl, Hodl, Hodl, Hodl, Hodl, Hodl, Hodl,
Hodl, Hodl, Hodl, Hodl, Hodl, Hodl, Hodl, Hodl, Hodl, Hodl, Hodl,
Hodl, Hodl, Hodl, Hodl, Hodl, Hodl, Hodl, Hodl, Hodl, Hodl, Hodl,
Hodl, Hodl, Hodl, Hodl, Hodl, Hodl, Hodl, Hodl, Hodl, Hodl, Hodl,
Hodl, Hodl, Hodl, Hodl, Hodl, Hodl, Hodl, Hodl, Hodl, Hodl, Hodl,
Hodl, Hodl, Hodl, Hodl, Hodl, Hodl, Hodl, Hodl, Hodl, Hodl, Hodl,
Hodl, Hodl, Hodl, Hodl, Hodl, Hodl, Hodl, Hodl, Hodl, Hodl, Hodl,
Hodl, Hodl, Hodl, Hodl, Hodl, Hodl, Hodl, Hodl, Hodl, Hodl, Hodl,
Hodl, Hodl, Hodl, Hodl, Hodl, Hodl, Hodl, Hodl, Hodl, Hodl, Hodl,
Hodl, Hodl, Hodl, Hodl, Hodl, Hodl.

Hodl, Hodl, Hodl, Hodl, Hodl, Hodl, Hodl, Hodl, Hodl,
Hodl, Hodl, Hodl, Hodl, Hodl, Hodl, Hodl, Hodl, Hodl, Hodl, Hodl,
Hodl, Hodl, Hodl, Hodl, Hodl, Hodl, Hodl, Hodl, Hodl, Hodl, Hodl,
Hodl, Hodl, Hodl, Hodl, Hodl, Hodl, Hodl, Hodl, Hodl, Hodl, Hodl,
Hodl, Hodl, Hodl, Hodl, Hodl, Hodl, Hodl, Hodl, Hodl, Hodl, Hodl,
Hodl, Hodl, Hodl, Hodl, Hodl, Hodl, Hodl, Hodl, Hodl, Hodl, Hodl,
Hodl, Hodl, Hodl, Hodl, Hodl, Hodl, Hodl, Hodl, Hodl, Hodl, Hodl,
Hodl, Hodl, Hodl, Hodl, Hodl, Hodl, Hodl, Hodl, Hodl, Hodl, Hodl,
Hodl, Hodl, Hodl, Hodl, Hodl, Hodl, Hodl, Hodl, Hodl, Hodl, Hodl,
Hodl, Hodl, Hodl, Hodl, Hodl, Hodl, Hodl, Hodl, Hodl, Hodl, Hodl,
Hodl, Hodl, Hodl, Hodl, Hodl, Hodl, Hodl, Hodl, Hodl, Hodl, Hodl,
Hodl, Hodl, Hodl, Hodl, Hodl, Hodl, Hodl, Hodl, Hodl, Hodl, Hodl,
Hodl, Hodl, Hodl, Hodl, Hodl, Hodl, Hodl, Hodl, Hodl, Hodl, Hodl,
Hodl, Hodl, Hodl, Hodl, Hodl, Hodl, Hodl, Hodl, Hodl, Hodl, Hodl,
Hodl, Hodl, Hodl, Hodl, Hodl, Hodl, Hodl, Hodl, Hodl, Hodl, Hodl,
Hodl, Hodl, Hodl, Hodl, Hodl, Hodl, Hodl, Hodl, Hodl, Hodl, Hodl,
Hodl, Hodl, Hodl, Hodl, Hodl, Hodl, Hodl, Hodl, Hodl, Hodl, Hodl,
Hodl, Hodl, Hodl, Hodl, Hodl, Hodl, Hodl, Hodl, Hodl, Hodl, Hodl,
Hodl, Hodl, Hodl, Hodl, Hodl, Hodl, Hodl, Hodl, Hodl, Hodl, Hodl,
Hodl, Hodl, Hodl, Hodl, Hodl, Hodl, Hodl, Hodl, Hodl, Hodl, Hodl,
Hodl, Hodl, Hodl, Hodl, Hodl, Hodl, Hodl, Hodl, Hodl, Hodl, Hodl,
Hodl, Hodl, Hodl, Hodl, Hodl, Hodl, Hodl, Hodl, Hodl, Hodl, Hodl,
Hodl, Hodl, Hodl, Hodl, Hodl, Hodl, Hodl, Hodl, Hodl, Hodl, Hodl,
Hodl, Hodl, Hodl, Hodl, Hodl, Hodl, Hodl, Hodl, Hodl, Hodl, Hodl,
Hodl, Hodl, Hodl, Hodl, Hodl, Hodl, Hodl, Hodl, Hodl, Hodl, Hodl,
Hodl, Hodl, Hodl, Hodl, Hodl, Hodl, Hodl, Hodl, Hodl, Hodl, Hodl,
Hodl, Hodl, Hodl, Hodl, Hodl, Hodl, Hodl, Hodl, Hodl, Hodl, Hodl,
Hodl, Hodl, Hodl, Hodl, Hodl, Hodl, Hodl, Hodl, Hodl, Hodl, Hodl,
Hodl, Hodl, Hodl, Hodl, Hodl, Hodl, Hodl, Hodl, Hodl, Hodl, Hodl,
Hodl, Hodl, Hodl, Hodl, Hodl, Hodl, Hodl, Hodl, Hodl, Hodl, Hodl,
Hodl, Hodl, Hodl, Hodl, Hodl, Hodl, Hodl, Hodl, Hodl, Hodl, Hodl,
Hodl, Hodl, Hodl, Hodl, Hodl, Hodl, Hodl, Hodl, Hodl, Hodl, Hodl,
Hodl, Hodl, Hodl, Hodl, Hodl, Hodl.

Hodl, Hodl, Hodl, Hodl, Hodl, Hodl, Hodl, Hodl, Hodl,
Hodl, Hodl, Hodl, Hodl, Hodl, Hodl, Hodl, Hodl, Hodl, Hodl, Hodl,
Hodl, Hodl, Hodl, Hodl, Hodl, Hodl, Hodl, Hodl, Hodl, Hodl, Hodl,
Hodl, Hodl, Hodl, Hodl, Hodl, Hodl, Hodl, Hodl, Hodl, Hodl, Hodl,
Hodl, Hodl, Hodl, Hodl, Hodl, Hodl, Hodl, Hodl, Hodl, Hodl, Hodl,
Hodl, Hodl, Hodl, Hodl, Hodl, Hodl, Hodl, Hodl, Hodl, Hodl, Hodl,
Hodl, Hodl, Hodl, Hodl, Hodl, Hodl, Hodl, Hodl, Hodl, Hodl, Hodl,
Hodl, Hodl, Hodl, Hodl, Hodl, Hodl, Hodl, Hodl, Hodl, Hodl, Hodl,
Hodl, Hodl, Hodl, Hodl, Hodl, Hodl, Hodl, Hodl, Hodl, Hodl, Hodl,
Hodl, Hodl, Hodl, Hodl, Hodl, Hodl, Hodl, Hodl, Hodl, Hodl, Hodl,
Hodl, Hodl, Hodl, Hodl, Hodl, Hodl, Hodl, Hodl, Hodl, Hodl, Hodl,
Hodl, Hodl, Hodl, Hodl, Hodl, Hodl, Hodl, Hodl, Hodl, Hodl, Hodl,
Hodl, Hodl, Hodl, Hodl, Hodl, Hodl, Hodl, Hodl, Hodl, Hodl, Hodl,
Hodl, Hodl, Hodl, Hodl, Hodl, Hodl, Hodl, Hodl, Hodl, Hodl, Hodl,
Hodl, Hodl, Hodl, Hodl, Hodl, Hodl, Hodl, Hodl, Hodl, Hodl, Hodl,
Hodl, Hodl, Hodl, Hodl, Hodl, Hodl, Hodl, Hodl, Hodl, Hodl, Hodl,
Hodl, Hodl, Hodl, Hodl, Hodl, Hodl, Hodl, Hodl, Hodl, Hodl, Hodl,
Hodl, Hodl, Hodl, Hodl, Hodl, Hodl, Hodl, Hodl, Hodl, Hodl, Hodl,
Hodl, Hodl, Hodl, Hodl, Hodl, Hodl, Hodl, Hodl, Hodl, Hodl, Hodl,
Hodl, Hodl, Hodl, Hodl, Hodl, Hodl, Hodl, Hodl, Hodl, Hodl, Hodl,
Hodl, Hodl, Hodl, Hodl, Hodl, Hodl, Hodl, Hodl, Hodl, Hodl, Hodl,
Hodl, Hodl, Hodl, Hodl, Hodl, Hodl, Hodl, Hodl, Hodl, Hodl, Hodl,
Hodl, Hodl, Hodl, Hodl, Hodl, Hodl, Hodl, Hodl, Hodl, Hodl, Hodl,
Hodl, Hodl, Hodl, Hodl, Hodl, Hodl, Hodl, Hodl, Hodl, Hodl, Hodl,
Hodl, Hodl, Hodl, Hodl, Hodl, Hodl, Hodl, Hodl, Hodl, Hodl, Hodl,
Hodl, Hodl, Hodl, Hodl, Hodl, Hodl, Hodl, Hodl, Hodl, Hodl, Hodl,
Hodl, Hodl, Hodl, Hodl, Hodl, Hodl, Hodl, Hodl, Hodl, Hodl, Hodl,
Hodl, Hodl, Hodl, Hodl, Hodl, Hodl, Hodl, Hodl, Hodl, Hodl, Hodl,
Hodl, Hodl, Hodl, Hodl, Hodl, Hodl, Hodl, Hodl, Hodl, Hodl, Hodl,
Hodl, Hodl, Hodl, Hodl, Hodl, Hodl, Hodl, Hodl, Hodl, Hodl, Hodl,
Hodl, Hodl, Hodl, Hodl, Hodl, Hodl, Hodl, Hodl, Hodl, Hodl, Hodl,
Hodl, Hodl, Hodl, Hodl, Hodl, Hodl, Hodl, Hodl, Hodl, Hodl, Hodl,
Hodl, Hodl, Hodl, Hodl, Hodl, Hodl, Hodl, Hodl, Hodl, Hodl, Hodl,
Hodl, Hodl, Hodl, Hodl, Hodl, Hodl, Hodl, Hodl, Hodl, Hodl, Hodl,
Hodl, Hodl, Hodl, Hodl, Hodl, Hodl.

Hodl, Hodl, Hodl, Hodl, Hodl, Hodl, Hodl, Hodl, Hodl,
Hodl, Hodl, Hodl, Hodl, Hodl, Hodl, Hodl, Hodl, Hodl, Hodl, Hodl,
Hodl, Hodl, Hodl, Hodl, Hodl, Hodl, Hodl, Hodl, Hodl, Hodl, Hodl,
Hodl, Hodl, Hodl, Hodl, Hodl, Hodl, Hodl, Hodl, Hodl, Hodl, Hodl,
Hodl, Hodl, Hodl, Hodl, Hodl, Hodl, Hodl, Hodl, Hodl, Hodl, Hodl,
Hodl, Hodl, Hodl, Hodl, Hodl, Hodl, Hodl, Hodl, Hodl, Hodl, Hodl,
Hodl, Hodl, Hodl, Hodl, Hodl, Hodl, Hodl, Hodl, Hodl, Hodl, Hodl,
Hodl, Hodl, Hodl, Hodl, Hodl, Hodl, Hodl, Hodl, Hodl, Hodl, Hodl,
Hodl, Hodl, Hodl, Hodl, Hodl, Hodl, Hodl, Hodl, Hodl, Hodl, Hodl,
Hodl, Hodl, Hodl, Hodl, Hodl, Hodl, Hodl, Hodl, Hodl, Hodl, Hodl,
Hodl, Hodl, Hodl, Hodl, Hodl, Hodl, Hodl, Hodl, Hodl, Hodl, Hodl,
Hodl, Hodl, Hodl, Hodl, Hodl, Hodl, Hodl, Hodl, Hodl, Hodl, Hodl,
Hodl, Hodl, Hodl, Hodl, Hodl, Hodl, Hodl, Hodl, Hodl, Hodl, Hodl,
Hodl, Hodl, Hodl, Hodl, Hodl, Hodl, Hodl, Hodl, Hodl, Hodl, Hodl,
Hodl, Hodl, Hodl, Hodl, Hodl, Hodl, Hodl, Hodl, Hodl, Hodl, Hodl,
Hodl, Hodl, Hodl, Hodl, Hodl, Hodl, Hodl, Hodl, Hodl, Hodl, Hodl,
Hodl, Hodl, Hodl, Hodl, Hodl, Hodl, Hodl, Hodl, Hodl, Hodl, Hodl,
Hodl, Hodl, Hodl, Hodl, Hodl, Hodl, Hodl, Hodl, Hodl, Hodl, Hodl,
Hodl, Hodl, Hodl, Hodl, Hodl, Hodl, Hodl, Hodl, Hodl, Hodl, Hodl,
Hodl, Hodl, Hodl, Hodl, Hodl, Hodl, Hodl, Hodl, Hodl, Hodl, Hodl,
Hodl, Hodl, Hodl, Hodl, Hodl, Hodl, Hodl, Hodl, Hodl, Hodl, Hodl,
Hodl, Hodl, Hodl, Hodl, Hodl, Hodl, Hodl, Hodl, Hodl, Hodl, Hodl,
Hodl, Hodl, Hodl, Hodl, Hodl, Hodl, Hodl, Hodl, Hodl, Hodl, Hodl,
Hodl, Hodl, Hodl, Hodl, Hodl, Hodl, Hodl, Hodl, Hodl, Hodl, Hodl,
Hodl, Hodl, Hodl, Hodl, Hodl, Hodl, Hodl, Hodl, Hodl, Hodl, Hodl,
Hodl, Hodl, Hodl, Hodl, Hodl, Hodl, Hodl, Hodl, Hodl, Hodl, Hodl,
Hodl, Hodl, Hodl, Hodl, Hodl, Hodl, Hodl, Hodl, Hodl, Hodl, Hodl,
Hodl, Hodl, Hodl, Hodl, Hodl, Hodl, Hodl, Hodl, Hodl, Hodl, Hodl,
Hodl, Hodl, Hodl, Hodl, Hodl, Hodl, Hodl, Hodl, Hodl, Hodl, Hodl,
Hodl, Hodl, Hodl, Hodl, Hodl, Hodl, Hodl, Hodl, Hodl, Hodl, Hodl,
Hodl, Hodl, Hodl, Hodl, Hodl, Hodl, Hodl, Hodl, Hodl, Hodl, Hodl,
Hodl, Hodl, Hodl, Hodl, Hodl, Hodl, Hodl, Hodl, Hodl, Hodl, Hodl,
Hodl, Hodl, Hodl, Hodl, Hodl, Hodl, Hodl, Hodl, Hodl, Hodl, Hodl,
Hodl, Hodl, Hodl, Hodl, Hodl, Hodl, Hodl, Hodl, Hodl, Hodl, Hodl,
Hodl, Hodl, Hodl, Hodl, Hodl, Hodl, Hodl, Hodl, Hodl, Hodl, Hodl,
Hodl, Hodl, Hodl, Hodl, Hodl, Hodl, Hodl, Hodl, Hodl, Hodl, Hodl,
Hodl, Hodl, Hodl, Hodl, Hodl, Hodl.

Hodl, Hodl, Hodl, Hodl, Hodl, Hodl, Hodl, Hodl, Hodl,
Hodl, Hodl, Hodl, Hodl, Hodl, Hodl, Hodl, Hodl, Hodl, Hodl, Hodl,
Hodl, Hodl, Hodl, Hodl, Hodl, Hodl, Hodl, Hodl, Hodl, Hodl, Hodl,
Hodl, Hodl, Hodl, Hodl, Hodl, Hodl, Hodl, Hodl, Hodl, Hodl, Hodl,
Hodl, Hodl, Hodl, Hodl, Hodl, Hodl, Hodl, Hodl, Hodl, Hodl, Hodl,
Hodl, Hodl, Hodl, Hodl, Hodl, Hodl, Hodl, Hodl, Hodl, Hodl, Hodl,
Hodl, Hodl, Hodl, Hodl, Hodl, Hodl, Hodl, Hodl, Hodl, Hodl, Hodl,
Hodl, Hodl, Hodl, Hodl, Hodl, Hodl, Hodl, Hodl, Hodl, Hodl, Hodl,
Hodl, Hodl, Hodl, Hodl, Hodl, Hodl, Hodl, Hodl, Hodl, Hodl, Hodl,
Hodl, Hodl, Hodl, Hodl, Hodl, Hodl, Hodl, Hodl, Hodl, Hodl, Hodl,
Hodl, Hodl, Hodl, Hodl, Hodl, Hodl, Hodl, Hodl, Hodl, Hodl, Hodl,
Hodl, Hodl, Hodl, Hodl, Hodl, Hodl, Hodl, Hodl, Hodl, Hodl, Hodl,
Hodl, Hodl, Hodl, Hodl, Hodl, Hodl, Hodl, Hodl, Hodl, Hodl, Hodl,
Hodl, Hodl, Hodl, Hodl, Hodl, Hodl, Hodl, Hodl, Hodl, Hodl, Hodl,
Hodl, Hodl, Hodl, Hodl, Hodl, Hodl, Hodl, Hodl, Hodl, Hodl, Hodl,
Hodl, Hodl, Hodl, Hodl, Hodl, Hodl, Hodl, Hodl, Hodl, Hodl, Hodl,
Hodl, Hodl, Hodl, Hodl, Hodl, Hodl, Hodl, Hodl, Hodl, Hodl, Hodl,
Hodl, Hodl, Hodl, Hodl, Hodl, Hodl, Hodl, Hodl, Hodl, Hodl, Hodl,
Hodl, Hodl, Hodl, Hodl, Hodl, Hodl, Hodl, Hodl, Hodl, Hodl, Hodl,
Hodl, Hodl, Hodl, Hodl, Hodl, Hodl, Hodl, Hodl, Hodl, Hodl, Hodl,
Hodl, Hodl, Hodl, Hodl, Hodl, Hodl, Hodl, Hodl, Hodl, Hodl, Hodl,
Hodl, Hodl, Hodl, Hodl, Hodl, Hodl, Hodl, Hodl, Hodl, Hodl, Hodl,
Hodl, Hodl, Hodl, Hodl, Hodl, Hodl, Hodl, Hodl, Hodl, Hodl, Hodl,
Hodl, Hodl, Hodl, Hodl, Hodl, Hodl, Hodl, Hodl, Hodl, Hodl, Hodl,
Hodl, Hodl, Hodl, Hodl, Hodl, Hodl, Hodl, Hodl, Hodl, Hodl, Hodl,
Hodl, Hodl, Hodl, Hodl, Hodl, Hodl, Hodl, Hodl, Hodl, Hodl, Hodl,
Hodl, Hodl, Hodl, Hodl, Hodl, Hodl, Hodl, Hodl, Hodl, Hodl, Hodl,
Hodl, Hodl, Hodl, Hodl, Hodl, Hodl, Hodl, Hodl, Hodl, Hodl, Hodl,
Hodl, Hodl, Hodl, Hodl, Hodl, Hodl, Hodl, Hodl, Hodl, Hodl, Hodl,
Hodl, Hodl, Hodl, Hodl, Hodl, Hodl, Hodl, Hodl, Hodl, Hodl, Hodl,
Hodl, Hodl, Hodl, Hodl, Hodl, Hodl, Hodl, Hodl, Hodl, Hodl, Hodl,
Hodl, Hodl, Hodl, Hodl, Hodl, Hodl, Hodl, Hodl, Hodl, Hodl, Hodl,
Hodl, Hodl, Hodl, Hodl, Hodl, Hodl.

Hodl, Hodl, Hodl, Hodl, Hodl, Hodl, Hodl, Hodl, Hodl,
Hodl, Hodl, Hodl, Hodl, Hodl, Hodl, Hodl, Hodl, Hodl, Hodl, Hodl,
Hodl, Hodl, Hodl, Hodl, Hodl, Hodl, Hodl, Hodl, Hodl, Hodl, Hodl,
Hodl, Hodl, Hodl, Hodl, Hodl, Hodl, Hodl, Hodl, Hodl, Hodl, Hodl,
Hodl, Hodl, Hodl, Hodl, Hodl, Hodl, Hodl, Hodl, Hodl, Hodl, Hodl,
Hodl, Hodl, Hodl, Hodl, Hodl, Hodl, Hodl, Hodl, Hodl, Hodl, Hodl,
Hodl, Hodl, Hodl, Hodl, Hodl, Hodl, Hodl, Hodl, Hodl, Hodl, Hodl,
Hodl, Hodl, Hodl, Hodl, Hodl, Hodl, Hodl, Hodl, Hodl, Hodl, Hodl,
Hodl, Hodl, Hodl, Hodl, Hodl, Hodl, Hodl, Hodl, Hodl, Hodl, Hodl,
Hodl, Hodl, Hodl, Hodl, Hodl, Hodl, Hodl, Hodl, Hodl, Hodl, Hodl,
Hodl, Hodl, Hodl, Hodl, Hodl, Hodl, Hodl, Hodl, Hodl, Hodl, Hodl,
Hodl, Hodl, Hodl, Hodl, Hodl, Hodl, Hodl, Hodl, Hodl, Hodl, Hodl,
Hodl, Hodl, Hodl, Hodl, Hodl, Hodl, Hodl, Hodl, Hodl, Hodl, Hodl,
Hodl, Hodl, Hodl, Hodl, Hodl, Hodl, Hodl, Hodl, Hodl, Hodl, Hodl,
Hodl, Hodl, Hodl, Hodl, Hodl, Hodl, Hodl, Hodl, Hodl, Hodl, Hodl,
Hodl, Hodl, Hodl, Hodl, Hodl, Hodl, Hodl, Hodl, Hodl, Hodl, Hodl,
Hodl, Hodl, Hodl, Hodl, Hodl, Hodl, Hodl, Hodl, Hodl, Hodl, Hodl,
Hodl, Hodl, Hodl, Hodl, Hodl, Hodl, Hodl, Hodl, Hodl, Hodl, Hodl,
Hodl, Hodl, Hodl, Hodl, Hodl, Hodl, Hodl, Hodl, Hodl, Hodl, Hodl,
Hodl, Hodl, Hodl, Hodl, Hodl, Hodl, Hodl, Hodl, Hodl, Hodl, Hodl,
Hodl, Hodl, Hodl, Hodl, Hodl, Hodl, Hodl, Hodl, Hodl, Hodl, Hodl,
Hodl, Hodl, Hodl, Hodl, Hodl, Hodl, Hodl, Hodl, Hodl, Hodl, Hodl,
Hodl, Hodl, Hodl, Hodl, Hodl, Hodl, Hodl, Hodl, Hodl, Hodl, Hodl,
Hodl, Hodl, Hodl, Hodl, Hodl, Hodl, Hodl, Hodl, Hodl, Hodl, Hodl,
Hodl, Hodl, Hodl, Hodl, Hodl, Hodl, Hodl, Hodl, Hodl, Hodl, Hodl,
Hodl, Hodl, Hodl, Hodl, Hodl, Hodl, Hodl, Hodl, Hodl, Hodl, Hodl,
Hodl, Hodl, Hodl, Hodl, Hodl, Hodl, Hodl, Hodl, Hodl, Hodl, Hodl,
Hodl, Hodl, Hodl, Hodl, Hodl, Hodl, Hodl, Hodl, Hodl, Hodl, Hodl,
Hodl, Hodl, Hodl, Hodl, Hodl, Hodl, Hodl, Hodl, Hodl, Hodl, Hodl,
Hodl, Hodl, Hodl, Hodl, Hodl, Hodl, Hodl, Hodl, Hodl, Hodl, Hodl,
Hodl, Hodl, Hodl, Hodl, Hodl, Hodl, Hodl, Hodl, Hodl, Hodl, Hodl,
Hodl, Hodl, Hodl, Hodl, Hodl, Hodl.

Hodl, Hodl, Hodl, Hodl, Hodl, Hodl, Hodl, Hodl, Hodl, Hodl, Hodl, Hodl, Hodl, Hodl, Hodl, Hodl, Hodl, Hodl, Hodl, Hodl, Hodl, Hodl, Hodl, Hodl, Hodl, Hodl, Hodl, Hodl, Hodl, Hodl, Hodl, Hodl, Hodl, Hodl, Hodl, Hodl, Hodl, Hodl, Hodl, Hodl, Hodl, Hodl, Hodl, Hodl, Hodl, Hodl, Hodl, Hodl, Hodl, Hodl, Hodl, Hodl, Hodl, Hodl, Hodl, Hodl, Hodl, Hodl, Hodl, Hodl, Hodl, Hodl, Hodl, Hodl, Hodl, Hodl, Hodl, Hodl, Hodl, Hodl, Hodl, Hodl, Hodl, Hodl, Hodl, Hodl, Hodl, Hodl, Hodl, Hodl, Hodl, Hodl, Hodl, Hodl, Hodl, Hodl, Hodl, Hodl, Hodl, Hodl, Hodl, Hodl, Hodl, Hodl, Hodl, Hodl, Hodl, Hodl, Hodl, Hodl, Hodl, Hodl, Hodl, Hodl, Hodl, Hodl, Hodl, Hodl, Hodl, Hodl, Hodl, Hodl, Hodl, Hodl, Hodl, Hodl, Hodl, Hodl, Hodl, Hodl, Hodl, Hodl, Hodl, Hodl, Hodl, Hodl, Hodl, Hodl, Hodl, Hodl, Hodl, Hodl, Hodl, Hodl, Hodl, Hodl, Hodl, Hodl, Hodl, Hodl, Hodl, Hodl, Hodl, Hodl, Hodl, Hodl, Hodl, Hodl, Hodl, Hodl, Hodl, Hodl, Hodl, Hodl, Hodl, Hodl, Hodl, Hodl, Hodl, Hodl, Hodl, Hodl, Hodl, Hodl, Hodl, Hodl, Hodl, Hodl, Hodl, Hodl, Hodl, Hodl, Hodl, Hodl, Hodl, Hodl, Hodl, Hodl, Hodl, Hodl, Hodl, Hodl, Hodl, Hodl, Hodl, Hodl, Hodl, Hodl, Hodl, Hodl, Hodl, Hodl, Hodl, Hodl, Hodl, Hodl, Hodl, Hodl, Hodl, Hodl, Hodl, Hodl, Hodl, Hodl, Hodl, Hodl, Hodl, Hodl, Hodl, Hodl, Hodl, Hodl, Hodl, Hodl, Hodl, Hodl, Hodl, Hodl, Hodl, Hodl, Hodl, Hodl, Hodl, Hodl, Hodl, Hodl, Hodl, Hodl, Hodl, Hodl, Hodl, Hodl, Hodl, Hodl, Hodl, Hodl, Hodl, Hodl, Hodl, Hodl, Hodl, Hodl, Hodl, Hodl, Hodl, Hodl, Hodl, Hodl, Hodl, Hodl, Hodl, Hodl, Hodl, Hodl, Hodl, Hodl, Hodl, Hodl, Hodl, Hodl, Hodl, Hodl, Hodl, Hodl, Hodl, Hodl, Hodl, Hodl, Hodl, Hodl, Hodl, Hodl, Hodl, Hodl, Hodl, Hodl, Hodl, Hodl, Hodl, Hodl, Hodl, Hodl, Hodl, Hodl, Hodl, Hodl, Hodl, Hodl, Hodl, Hodl, Hodl, Hodl, Hodl, Hodl, Hodl, Hodl, Hodl, Hodl, Hodl, Hodl, Hodl, Hodl, Hodl, Hodl, Hodl, Hodl, Hodl, Hodl, Hodl, Hodl, Hodl, Hodl, Hodl, Hodl, Hodl, Hodl, Hodl, Hodl, Hodl, Hodl, Hodl, Hodl, Hodl, Hodl, Hodl, Hodl, Hodl, Hodl, Hodl, Hodl, Hodl, Hodl, Hodl, Hodl, Hodl, Hodl, Hodl, Hodl, Hodl, Hodl, Hodl, Hodl, Hodl, Hodl, Hodl, Hodl, Hodl, Hodl, Hodl, Hodl, Hodl, Hodl, Hodl, Hodl, Hodl, Hodl, Hodl, Hodl, Hodl, Hodl, Hodl, Hodl, Hodl, Hodl, Hodl, Hodl, Hodl, Hodl, Hodl, Hodl, Hodl, Hodl, Hodl, Hodl, Hodl, Hodl, Hodl, Hodl, Hodl, Hodl, Hodl, Hodl, Hodl, Hodl, Hodl, Hodl, Hodl, Hodl, Hodl, Hodl, Hodl, Hodl, Hodl, Hodl, Hodl, Hodl, Hodl, Hodl, Hodl, Hodl, Hodl, Hodl, Hodl, Hodl, Hodl, Hodl, Hodl, Hodl, Hodl, Hodl, Hodl, Hodl, Hodl, Hodl, Hodl, Hodl, Hodl, Hodl, Hodl, Hodl, Hodl, Hodl, Hodl, Hodl, Hodl, Hodl, Hodl, Hodl, Hodl, Hodl, Hodl, Hodl, Hodl, Hodl, Hodl, Hodl.

Hodl, Hodl, Hodl, Hodl, Hodl, Hodl, Hodl, Hodl, Hodl,
Hodl, Hodl, Hodl, Hodl, Hodl, Hodl, Hodl, Hodl, Hodl, Hodl, Hodl,
Hodl, Hodl, Hodl, Hodl, Hodl, Hodl, Hodl, Hodl, Hodl, Hodl, Hodl,
Hodl, Hodl, Hodl, Hodl, Hodl, Hodl, Hodl, Hodl, Hodl, Hodl, Hodl,
Hodl, Hodl, Hodl, Hodl, Hodl, Hodl, Hodl, Hodl, Hodl, Hodl, Hodl,
Hodl, Hodl, Hodl, Hodl, Hodl, Hodl, Hodl, Hodl, Hodl, Hodl, Hodl,
Hodl, Hodl, Hodl, Hodl, Hodl, Hodl, Hodl, Hodl, Hodl, Hodl, Hodl,
Hodl, Hodl, Hodl, Hodl, Hodl, Hodl, Hodl, Hodl, Hodl, Hodl, Hodl,
Hodl, Hodl, Hodl, Hodl, Hodl, Hodl, Hodl, Hodl, Hodl, Hodl, Hodl,
Hodl, Hodl, Hodl, Hodl, Hodl, Hodl, Hodl, Hodl, Hodl, Hodl, Hodl,
Hodl, Hodl, Hodl, Hodl, Hodl, Hodl, Hodl, Hodl, Hodl, Hodl, Hodl,
Hodl, Hodl, Hodl, Hodl, Hodl, Hodl, Hodl, Hodl, Hodl, Hodl, Hodl,
Hodl, Hodl, Hodl, Hodl, Hodl, Hodl, Hodl, Hodl, Hodl, Hodl, Hodl,
Hodl, Hodl, Hodl, Hodl, Hodl, Hodl, Hodl, Hodl, Hodl, Hodl, Hodl,
Hodl, Hodl, Hodl, Hodl, Hodl, Hodl, Hodl, Hodl, Hodl, Hodl, Hodl,
Hodl, Hodl, Hodl, Hodl, Hodl, Hodl, Hodl, Hodl, Hodl, Hodl, Hodl,
Hodl, Hodl, Hodl, Hodl, Hodl, Hodl, Hodl, Hodl, Hodl, Hodl, Hodl,
Hodl, Hodl, Hodl, Hodl, Hodl, Hodl, Hodl, Hodl, Hodl, Hodl, Hodl,
Hodl, Hodl, Hodl, Hodl, Hodl, Hodl, Hodl, Hodl, Hodl, Hodl, Hodl,
Hodl, Hodl, Hodl, Hodl, Hodl, Hodl, Hodl, Hodl, Hodl, Hodl, Hodl,
Hodl, Hodl, Hodl, Hodl, Hodl, Hodl, Hodl, Hodl, Hodl, Hodl, Hodl,
Hodl, Hodl, Hodl, Hodl, Hodl, Hodl, Hodl, Hodl, Hodl, Hodl, Hodl,
Hodl, Hodl, Hodl, Hodl, Hodl, Hodl, Hodl, Hodl, Hodl, Hodl, Hodl,
Hodl, Hodl, Hodl, Hodl, Hodl, Hodl, Hodl, Hodl, Hodl, Hodl, Hodl,
Hodl, Hodl, Hodl, Hodl, Hodl, Hodl, Hodl, Hodl, Hodl, Hodl, Hodl,
Hodl, Hodl, Hodl, Hodl, Hodl, Hodl, Hodl, Hodl, Hodl, Hodl, Hodl,
Hodl, Hodl, Hodl, Hodl, Hodl, Hodl, Hodl, Hodl, Hodl, Hodl, Hodl,
Hodl, Hodl, Hodl, Hodl, Hodl, Hodl, Hodl, Hodl, Hodl, Hodl, Hodl,
Hodl, Hodl, Hodl, Hodl, Hodl, Hodl, Hodl, Hodl, Hodl, Hodl, Hodl,
Hodl, Hodl, Hodl, Hodl, Hodl, Hodl, Hodl, Hodl, Hodl, Hodl, Hodl,
Hodl, Hodl, Hodl, Hodl, Hodl, Hodl, Hodl, Hodl, Hodl, Hodl, Hodl,
Hodl, Hodl, Hodl, Hodl, Hodl, Hodl, Hodl, Hodl, Hodl, Hodl, Hodl,
Hodl, Hodl, Hodl, Hodl, Hodl, Hodl, Hodl, Hodl, Hodl, Hodl, Hodl,
Hodl, Hodl, Hodl, Hodl, Hodl, Hodl.

Hodl, Hodl, Hodl, Hodl, Hodl, Hodl, Hodl, Hodl, Hodl,
Hodl, Hodl, Hodl, Hodl, Hodl, Hodl, Hodl, Hodl, Hodl, Hodl, Hodl,
Hodl, Hodl, Hodl, Hodl, Hodl, Hodl, Hodl, Hodl, Hodl, Hodl, Hodl,
Hodl, Hodl, Hodl, Hodl, Hodl, Hodl, Hodl, Hodl, Hodl, Hodl, Hodl,
Hodl, Hodl, Hodl, Hodl, Hodl, Hodl, Hodl, Hodl, Hodl, Hodl, Hodl,
Hodl, Hodl, Hodl, Hodl, Hodl, Hodl, Hodl, Hodl, Hodl, Hodl, Hodl,
Hodl, Hodl, Hodl, Hodl, Hodl, Hodl, Hodl, Hodl, Hodl, Hodl, Hodl,
Hodl, Hodl, Hodl, Hodl, Hodl, Hodl, Hodl, Hodl, Hodl, Hodl, Hodl,
Hodl, Hodl, Hodl, Hodl, Hodl, Hodl, Hodl, Hodl, Hodl, Hodl, Hodl,
Hodl, Hodl, Hodl, Hodl, Hodl, Hodl, Hodl, Hodl, Hodl, Hodl, Hodl,
Hodl, Hodl, Hodl, Hodl, Hodl, Hodl, Hodl, Hodl, Hodl, Hodl, Hodl,
Hodl, Hodl, Hodl, Hodl, Hodl, Hodl, Hodl, Hodl, Hodl, Hodl, Hodl,
Hodl, Hodl, Hodl, Hodl, Hodl, Hodl, Hodl, Hodl, Hodl, Hodl, Hodl,
Hodl, Hodl, Hodl, Hodl, Hodl, Hodl, Hodl, Hodl, Hodl, Hodl, Hodl,
Hodl, Hodl, Hodl, Hodl, Hodl, Hodl, Hodl, Hodl, Hodl, Hodl, Hodl,
Hodl, Hodl, Hodl, Hodl, Hodl, Hodl, Hodl, Hodl, Hodl, Hodl, Hodl,
Hodl, Hodl, Hodl, Hodl, Hodl, Hodl, Hodl, Hodl, Hodl, Hodl, Hodl,
Hodl, Hodl, Hodl, Hodl, Hodl, Hodl, Hodl, Hodl, Hodl, Hodl, Hodl,
Hodl, Hodl, Hodl, Hodl, Hodl, Hodl, Hodl, Hodl, Hodl, Hodl, Hodl,
Hodl, Hodl, Hodl, Hodl, Hodl, Hodl, Hodl, Hodl, Hodl, Hodl, Hodl,
Hodl, Hodl, Hodl, Hodl, Hodl, Hodl, Hodl, Hodl, Hodl, Hodl, Hodl,
Hodl, Hodl, Hodl, Hodl, Hodl, Hodl, Hodl, Hodl, Hodl, Hodl, Hodl,
Hodl, Hodl, Hodl, Hodl, Hodl, Hodl, Hodl, Hodl, Hodl, Hodl, Hodl,
Hodl, Hodl, Hodl, Hodl, Hodl, Hodl, Hodl, Hodl, Hodl, Hodl, Hodl,
Hodl, Hodl, Hodl, Hodl, Hodl, Hodl, Hodl, Hodl, Hodl, Hodl, Hodl,
Hodl, Hodl, Hodl, Hodl, Hodl, Hodl, Hodl, Hodl, Hodl, Hodl, Hodl,
Hodl, Hodl, Hodl, Hodl, Hodl, Hodl, Hodl, Hodl, Hodl, Hodl, Hodl,
Hodl, Hodl, Hodl, Hodl, Hodl, Hodl, Hodl, Hodl, Hodl, Hodl, Hodl,
Hodl, Hodl, Hodl, Hodl, Hodl, Hodl, Hodl, Hodl, Hodl, Hodl, Hodl,
Hodl, Hodl, Hodl, Hodl, Hodl, Hodl, Hodl, Hodl, Hodl, Hodl, Hodl,
Hodl, Hodl, Hodl, Hodl, Hodl, Hodl, Hodl, Hodl, Hodl, Hodl, Hodl,
Hodl, Hodl, Hodl, Hodl, Hodl, Hodl, Hodl, Hodl, Hodl, Hodl, Hodl,
Hodl, Hodl, Hodl, Hodl, Hodl, Hodl.

Hodl, Hodl, Hodl, Hodl, Hodl, Hodl, Hodl, Hodl, Hodl,
Hodl, Hodl, Hodl, Hodl, Hodl, Hodl, Hodl, Hodl, Hodl, Hodl, Hodl,
Hodl, Hodl, Hodl, Hodl, Hodl, Hodl, Hodl, Hodl, Hodl, Hodl, Hodl,
Hodl, Hodl, Hodl, Hodl, Hodl, Hodl, Hodl, Hodl, Hodl, Hodl, Hodl,
Hodl, Hodl, Hodl, Hodl, Hodl, Hodl, Hodl, Hodl, Hodl, Hodl, Hodl,
Hodl, Hodl, Hodl, Hodl, Hodl, Hodl, Hodl, Hodl, Hodl, Hodl, Hodl,
Hodl, Hodl, Hodl, Hodl, Hodl, Hodl, Hodl, Hodl, Hodl, Hodl, Hodl,
Hodl, Hodl, Hodl, Hodl, Hodl, Hodl, Hodl, Hodl, Hodl, Hodl, Hodl,
Hodl, Hodl, Hodl, Hodl, Hodl, Hodl, Hodl, Hodl, Hodl, Hodl, Hodl,
Hodl, Hodl, Hodl, Hodl, Hodl, Hodl, Hodl, Hodl, Hodl, Hodl, Hodl,
Hodl, Hodl, Hodl, Hodl, Hodl, Hodl, Hodl, Hodl, Hodl, Hodl, Hodl,
Hodl, Hodl, Hodl, Hodl, Hodl, Hodl, Hodl, Hodl, Hodl, Hodl, Hodl,
Hodl, Hodl, Hodl, Hodl, Hodl, Hodl, Hodl, Hodl, Hodl, Hodl, Hodl,
Hodl, Hodl, Hodl, Hodl, Hodl, Hodl, Hodl, Hodl, Hodl, Hodl, Hodl,
Hodl, Hodl, Hodl, Hodl, Hodl, Hodl, Hodl, Hodl, Hodl, Hodl, Hodl,
Hodl, Hodl, Hodl, Hodl, Hodl, Hodl, Hodl, Hodl, Hodl, Hodl, Hodl,
Hodl, Hodl, Hodl, Hodl, Hodl, Hodl, Hodl, Hodl, Hodl, Hodl, Hodl,
Hodl, Hodl, Hodl, Hodl, Hodl, Hodl, Hodl, Hodl, Hodl, Hodl, Hodl,
Hodl, Hodl, Hodl, Hodl, Hodl, Hodl, Hodl, Hodl, Hodl, Hodl, Hodl,
Hodl, Hodl, Hodl, Hodl, Hodl, Hodl, Hodl, Hodl, Hodl, Hodl, Hodl,
Hodl, Hodl, Hodl, Hodl, Hodl, Hodl, Hodl, Hodl, Hodl, Hodl, Hodl,
Hodl, Hodl, Hodl, Hodl, Hodl, Hodl, Hodl, Hodl, Hodl, Hodl, Hodl,
Hodl, Hodl, Hodl, Hodl, Hodl, Hodl, Hodl, Hodl, Hodl, Hodl, Hodl,
Hodl, Hodl, Hodl, Hodl, Hodl, Hodl, Hodl, Hodl, Hodl, Hodl, Hodl,
Hodl, Hodl, Hodl, Hodl, Hodl, Hodl, Hodl, Hodl, Hodl, Hodl, Hodl,
Hodl, Hodl, Hodl, Hodl, Hodl, Hodl, Hodl, Hodl, Hodl, Hodl, Hodl,
Hodl, Hodl, Hodl, Hodl, Hodl, Hodl, Hodl, Hodl, Hodl, Hodl, Hodl,
Hodl, Hodl, Hodl, Hodl, Hodl, Hodl, Hodl, Hodl, Hodl, Hodl, Hodl,
Hodl, Hodl, Hodl, Hodl, Hodl, Hodl, Hodl, Hodl, Hodl, Hodl, Hodl,
Hodl, Hodl, Hodl, Hodl, Hodl, Hodl, Hodl, Hodl, Hodl, Hodl, Hodl,
Hodl, Hodl, Hodl, Hodl, Hodl, Hodl, Hodl, Hodl, Hodl, Hodl,
Hodl, Hodl, Hodl, Hodl, Hodl, Hodl, Hodl, Hodl, Hodl, Hodl, Hodl,
Hodl, Hodl, Hodl, Hodl, Hodl, Hodl, Hodl, Hodl, Hodl, Hodl, Hodl,
Hodl, Hodl, Hodl, Hodl, Hodl, Hodl, Hodl, Hodl, Hodl, Hodl, Hodl,
Hodl, Hodl, Hodl, Hodl, Hodl, Hodl, Hodl, Hodl, Hodl, Hodl, Hodl,
Hodl, Hodl, Hodl, Hodl, Hodl, Hodl, Hodl, Hodl, Hodl, Hodl, Hodl,
Hodl, Hodl, Hodl, Hodl, Hodl, Hodl, Hodl, Hodl, Hodl, Hodl, Hodl,
Hodl, Hodl, Hodl, Hodl, Hodl, Hodl.

Hodl, Hodl, Hodl, Hodl, Hodl, Hodl, Hodl, Hodl, Hodl,
Hodl, Hodl, Hodl, Hodl, Hodl, Hodl, Hodl, Hodl, Hodl, Hodl, Hodl,
Hodl, Hodl, Hodl, Hodl, Hodl, Hodl, Hodl, Hodl, Hodl, Hodl, Hodl,
Hodl, Hodl, Hodl, Hodl, Hodl, Hodl, Hodl, Hodl, Hodl, Hodl, Hodl,
Hodl, Hodl, Hodl, Hodl, Hodl, Hodl, Hodl, Hodl, Hodl, Hodl, Hodl,
Hodl, Hodl, Hodl, Hodl, Hodl, Hodl, Hodl, Hodl, Hodl, Hodl, Hodl,
Hodl, Hodl, Hodl, Hodl, Hodl, Hodl, Hodl, Hodl, Hodl, Hodl, Hodl,
Hodl, Hodl, Hodl, Hodl, Hodl, Hodl, Hodl, Hodl, Hodl, Hodl, Hodl,
Hodl, Hodl, Hodl, Hodl, Hodl, Hodl, Hodl, Hodl, Hodl, Hodl, Hodl,
Hodl, Hodl, Hodl, Hodl, Hodl, Hodl, Hodl, Hodl, Hodl, Hodl, Hodl,
Hodl, Hodl, Hodl, Hodl, Hodl, Hodl, Hodl, Hodl, Hodl, Hodl, Hodl,
Hodl, Hodl, Hodl, Hodl, Hodl, Hodl, Hodl, Hodl, Hodl, Hodl, Hodl,
Hodl, Hodl, Hodl, Hodl, Hodl, Hodl, Hodl, Hodl, Hodl, Hodl, Hodl,
Hodl, Hodl, Hodl, Hodl, Hodl, Hodl, Hodl, Hodl, Hodl, Hodl, Hodl,
Hodl, Hodl, Hodl, Hodl, Hodl, Hodl, Hodl, Hodl, Hodl, Hodl, Hodl,
Hodl, Hodl, Hodl, Hodl, Hodl, Hodl, Hodl, Hodl, Hodl, Hodl, Hodl,
Hodl, Hodl, Hodl, Hodl, Hodl, Hodl, Hodl, Hodl, Hodl, Hodl, Hodl,
Hodl, Hodl, Hodl, Hodl, Hodl, Hodl, Hodl, Hodl, Hodl, Hodl, Hodl,
Hodl, Hodl, Hodl, Hodl, Hodl, Hodl, Hodl, Hodl, Hodl, Hodl, Hodl,
Hodl, Hodl, Hodl, Hodl, Hodl, Hodl, Hodl, Hodl, Hodl, Hodl, Hodl,
Hodl, Hodl, Hodl, Hodl, Hodl, Hodl, Hodl, Hodl, Hodl, Hodl, Hodl,
Hodl, Hodl, Hodl, Hodl, Hodl, Hodl, Hodl, Hodl, Hodl, Hodl, Hodl,
Hodl, Hodl, Hodl, Hodl, Hodl, Hodl, Hodl, Hodl, Hodl, Hodl, Hodl,
Hodl, Hodl, Hodl, Hodl, Hodl, Hodl, Hodl, Hodl, Hodl, Hodl, Hodl,
Hodl, Hodl, Hodl, Hodl, Hodl, Hodl, Hodl, Hodl, Hodl, Hodl, Hodl,
Hodl, Hodl, Hodl, Hodl, Hodl, Hodl, Hodl, Hodl, Hodl, Hodl, Hodl,
Hodl, Hodl, Hodl, Hodl, Hodl, Hodl, Hodl, Hodl, Hodl, Hodl, Hodl,
Hodl, Hodl, Hodl, Hodl, Hodl, Hodl, Hodl, Hodl, Hodl, Hodl, Hodl,
Hodl, Hodl, Hodl, Hodl, Hodl, Hodl, Hodl, Hodl, Hodl, Hodl, Hodl,
Hodl, Hodl, Hodl, Hodl, Hodl, Hodl, Hodl, Hodl, Hodl, Hodl, Hodl,
Hodl, Hodl, Hodl, Hodl, Hodl, Hodl, Hodl, Hodl, Hodl, Hodl, Hodl,
Hodl, Hodl, Hodl, Hodl, Hodl, Hodl, Hodl, Hodl, Hodl, Hodl, Hodl,
Hodl, Hodl, Hodl, Hodl, Hodl, Hodl.

Hodl, Hodl, Hodl, Hodl, Hodl, Hodl, Hodl, Hodl, Hodl,
Hodl, Hodl, Hodl, Hodl, Hodl, Hodl, Hodl, Hodl, Hodl, Hodl, Hodl,
Hodl, Hodl, Hodl, Hodl, Hodl, Hodl, Hodl, Hodl, Hodl, Hodl, Hodl,
Hodl, Hodl, Hodl, Hodl, Hodl, Hodl, Hodl, Hodl, Hodl, Hodl, Hodl,
Hodl, Hodl, Hodl, Hodl, Hodl, Hodl, Hodl, Hodl, Hodl, Hodl, Hodl,
Hodl, Hodl, Hodl, Hodl, Hodl, Hodl, Hodl, Hodl, Hodl, Hodl, Hodl,
Hodl, Hodl, Hodl, Hodl, Hodl, Hodl, Hodl, Hodl, Hodl, Hodl, Hodl,
Hodl, Hodl, Hodl, Hodl, Hodl, Hodl, Hodl, Hodl, Hodl, Hodl, Hodl,
Hodl, Hodl, Hodl, Hodl, Hodl, Hodl, Hodl, Hodl, Hodl, Hodl, Hodl,
Hodl, Hodl, Hodl, Hodl, Hodl, Hodl, Hodl, Hodl, Hodl, Hodl, Hodl,
Hodl, Hodl, Hodl, Hodl, Hodl, Hodl, Hodl, Hodl, Hodl, Hodl, Hodl,
Hodl, Hodl, Hodl, Hodl, Hodl, Hodl, Hodl, Hodl, Hodl, Hodl, Hodl,
Hodl, Hodl, Hodl, Hodl, Hodl, Hodl, Hodl, Hodl, Hodl, Hodl, Hodl,
Hodl, Hodl, Hodl, Hodl, Hodl, Hodl, Hodl, Hodl, Hodl, Hodl, Hodl,
Hodl, Hodl, Hodl, Hodl, Hodl, Hodl, Hodl, Hodl, Hodl, Hodl, Hodl,
Hodl, Hodl, Hodl, Hodl, Hodl, Hodl, Hodl, Hodl, Hodl, Hodl, Hodl,
Hodl, Hodl, Hodl, Hodl, Hodl, Hodl, Hodl, Hodl, Hodl, Hodl, Hodl,
Hodl, Hodl, Hodl, Hodl, Hodl, Hodl, Hodl, Hodl, Hodl, Hodl, Hodl,
Hodl, Hodl, Hodl, Hodl, Hodl, Hodl, Hodl, Hodl, Hodl, Hodl, Hodl,
Hodl, Hodl, Hodl, Hodl, Hodl, Hodl, Hodl, Hodl, Hodl, Hodl, Hodl,
Hodl, Hodl, Hodl, Hodl, Hodl, Hodl, Hodl, Hodl, Hodl, Hodl, Hodl,
Hodl, Hodl, Hodl, Hodl, Hodl, Hodl, Hodl, Hodl, Hodl, Hodl, Hodl,
Hodl, Hodl, Hodl, Hodl, Hodl, Hodl, Hodl, Hodl, Hodl, Hodl, Hodl,
Hodl, Hodl, Hodl, Hodl, Hodl, Hodl, Hodl, Hodl, Hodl, Hodl, Hodl,
Hodl, Hodl, Hodl, Hodl, Hodl, Hodl, Hodl, Hodl, Hodl, Hodl, Hodl,
Hodl, Hodl, Hodl, Hodl, Hodl, Hodl, Hodl, Hodl, Hodl, Hodl, Hodl,
Hodl, Hodl, Hodl, Hodl, Hodl, Hodl, Hodl, Hodl, Hodl, Hodl, Hodl,
Hodl, Hodl, Hodl, Hodl, Hodl, Hodl, Hodl, Hodl, Hodl, Hodl, Hodl,
Hodl, Hodl, Hodl, Hodl, Hodl, Hodl, Hodl, Hodl, Hodl, Hodl, Hodl,
Hodl, Hodl, Hodl, Hodl, Hodl, Hodl, Hodl, Hodl, Hodl, Hodl, Hodl,
Hodl, Hodl, Hodl, Hodl, Hodl, Hodl, Hodl, Hodl, Hodl, Hodl, Hodl,
Hodl, Hodl, Hodl, Hodl, Hodl, Hodl, Hodl, Hodl, Hodl, Hodl, Hodl,
Hodl, Hodl, Hodl, Hodl, Hodl, Hodl.

Hodl, Hodl, Hodl, Hodl, Hodl, Hodl, Hodl, Hodl, Hodl,
Hodl, Hodl, Hodl, Hodl, Hodl, Hodl, Hodl, Hodl, Hodl, Hodl, Hodl,
Hodl, Hodl, Hodl, Hodl, Hodl, Hodl, Hodl, Hodl, Hodl, Hodl, Hodl,
Hodl, Hodl, Hodl, Hodl, Hodl, Hodl, Hodl, Hodl, Hodl, Hodl, Hodl,
Hodl, Hodl, Hodl, Hodl, Hodl, Hodl, Hodl, Hodl, Hodl, Hodl, Hodl,
Hodl, Hodl, Hodl, Hodl, Hodl, Hodl, Hodl, Hodl, Hodl, Hodl, Hodl,
Hodl, Hodl, Hodl, Hodl, Hodl, Hodl, Hodl, Hodl, Hodl, Hodl, Hodl,
Hodl, Hodl, Hodl, Hodl, Hodl, Hodl, Hodl, Hodl, Hodl, Hodl, Hodl,
Hodl, Hodl, Hodl, Hodl, Hodl, Hodl, Hodl, Hodl, Hodl, Hodl, Hodl,
Hodl, Hodl, Hodl, Hodl, Hodl, Hodl, Hodl, Hodl, Hodl, Hodl, Hodl,
Hodl, Hodl, Hodl, Hodl, Hodl, Hodl, Hodl, Hodl, Hodl, Hodl, Hodl,
Hodl, Hodl, Hodl, Hodl, Hodl, Hodl, Hodl, Hodl, Hodl, Hodl, Hodl,
Hodl, Hodl, Hodl, Hodl, Hodl, Hodl, Hodl, Hodl, Hodl, Hodl, Hodl,
Hodl, Hodl, Hodl, Hodl, Hodl, Hodl, Hodl, Hodl, Hodl, Hodl, Hodl,
Hodl, Hodl, Hodl, Hodl, Hodl, Hodl, Hodl, Hodl, Hodl, Hodl, Hodl,
Hodl, Hodl, Hodl, Hodl, Hodl, Hodl, Hodl, Hodl, Hodl, Hodl, Hodl,
Hodl, Hodl, Hodl, Hodl, Hodl, Hodl, Hodl, Hodl, Hodl, Hodl, Hodl,
Hodl, Hodl, Hodl, Hodl, Hodl, Hodl, Hodl, Hodl, Hodl, Hodl, Hodl,
Hodl, Hodl, Hodl, Hodl, Hodl, Hodl, Hodl, Hodl, Hodl, Hodl, Hodl,
Hodl, Hodl, Hodl, Hodl, Hodl, Hodl, Hodl, Hodl, Hodl, Hodl, Hodl,
Hodl, Hodl, Hodl, Hodl, Hodl, Hodl, Hodl, Hodl, Hodl, Hodl, Hodl,
Hodl, Hodl, Hodl, Hodl, Hodl, Hodl, Hodl, Hodl, Hodl, Hodl, Hodl,
Hodl, Hodl, Hodl, Hodl, Hodl, Hodl, Hodl, Hodl, Hodl, Hodl, Hodl,
Hodl, Hodl, Hodl, Hodl, Hodl, Hodl, Hodl, Hodl, Hodl, Hodl, Hodl,
Hodl, Hodl, Hodl, Hodl, Hodl, Hodl, Hodl, Hodl, Hodl, Hodl, Hodl,
Hodl, Hodl, Hodl, Hodl, Hodl, Hodl, Hodl, Hodl, Hodl, Hodl, Hodl,
Hodl, Hodl, Hodl, Hodl, Hodl, Hodl, Hodl, Hodl, Hodl, Hodl, Hodl,
Hodl, Hodl, Hodl, Hodl, Hodl, Hodl, Hodl, Hodl, Hodl, Hodl, Hodl,
Hodl, Hodl, Hodl, Hodl, Hodl, Hodl, Hodl, Hodl, Hodl, Hodl, Hodl,
Hodl, Hodl, Hodl, Hodl, Hodl, Hodl, Hodl, Hodl, Hodl, Hodl, Hodl,
Hodl, Hodl, Hodl, Hodl, Hodl, Hodl, Hodl, Hodl, Hodl, Hodl, Hodl,
Hodl, Hodl, Hodl, Hodl, Hodl, Hodl, Hodl, Hodl, Hodl, Hodl, Hodl,
Hodl, Hodl, Hodl, Hodl, Hodl, Hodl, Hodl, Hodl, Hodl, Hodl, Hodl,
Hodl, Hodl, Hodl, Hodl, Hodl, Hodl.

Hodl, Hodl, Hodl, Hodl, Hodl, Hodl, Hodl, Hodl, Hodl,
Hodl, Hodl, Hodl, Hodl, Hodl, Hodl, Hodl, Hodl, Hodl, Hodl, Hodl,
Hodl, Hodl, Hodl, Hodl, Hodl, Hodl, Hodl, Hodl, Hodl, Hodl, Hodl,
Hodl, Hodl, Hodl, Hodl, Hodl, Hodl, Hodl, Hodl, Hodl, Hodl, Hodl,
Hodl, Hodl, Hodl, Hodl, Hodl, Hodl, Hodl, Hodl, Hodl, Hodl, Hodl,
Hodl, Hodl, Hodl, Hodl, Hodl, Hodl, Hodl, Hodl, Hodl, Hodl, Hodl,
Hodl, Hodl, Hodl, Hodl, Hodl, Hodl, Hodl, Hodl, Hodl, Hodl, Hodl,
Hodl, Hodl, Hodl, Hodl, Hodl, Hodl, Hodl, Hodl, Hodl, Hodl, Hodl,
Hodl, Hodl, Hodl, Hodl, Hodl, Hodl, Hodl, Hodl, Hodl, Hodl, Hodl,
Hodl, Hodl, Hodl, Hodl, Hodl, Hodl, Hodl, Hodl, Hodl, Hodl, Hodl,
Hodl, Hodl, Hodl, Hodl, Hodl, Hodl, Hodl, Hodl, Hodl, Hodl, Hodl,
Hodl, Hodl, Hodl, Hodl, Hodl, Hodl, Hodl, Hodl, Hodl, Hodl, Hodl,
Hodl, Hodl, Hodl, Hodl, Hodl, Hodl, Hodl, Hodl, Hodl, Hodl, Hodl,
Hodl, Hodl, Hodl, Hodl, Hodl, Hodl, Hodl, Hodl, Hodl, Hodl, Hodl,
Hodl, Hodl, Hodl, Hodl, Hodl, Hodl, Hodl, Hodl, Hodl, Hodl, Hodl,
Hodl, Hodl, Hodl, Hodl, Hodl, Hodl, Hodl, Hodl, Hodl, Hodl, Hodl,
Hodl, Hodl, Hodl, Hodl, Hodl, Hodl, Hodl, Hodl, Hodl, Hodl, Hodl,
Hodl, Hodl, Hodl, Hodl, Hodl, Hodl, Hodl, Hodl, Hodl, Hodl, Hodl,
Hodl, Hodl, Hodl, Hodl, Hodl, Hodl, Hodl, Hodl, Hodl, Hodl, Hodl,
Hodl, Hodl, Hodl, Hodl, Hodl, Hodl, Hodl, Hodl, Hodl, Hodl, Hodl,
Hodl, Hodl, Hodl, Hodl, Hodl, Hodl, Hodl, Hodl, Hodl, Hodl, Hodl,
Hodl, Hodl, Hodl, Hodl, Hodl, Hodl, Hodl, Hodl, Hodl, Hodl, Hodl,
Hodl, Hodl, Hodl, Hodl, Hodl, Hodl, Hodl, Hodl, Hodl, Hodl, Hodl,
Hodl, Hodl, Hodl, Hodl, Hodl, Hodl, Hodl, Hodl, Hodl, Hodl, Hodl,
Hodl, Hodl, Hodl, Hodl, Hodl, Hodl, Hodl, Hodl, Hodl, Hodl, Hodl,
Hodl, Hodl, Hodl, Hodl, Hodl, Hodl, Hodl, Hodl, Hodl, Hodl, Hodl,
Hodl, Hodl, Hodl, Hodl, Hodl, Hodl, Hodl, Hodl, Hodl, Hodl, Hodl,
Hodl, Hodl, Hodl, Hodl, Hodl, Hodl, Hodl, Hodl, Hodl, Hodl, Hodl,
Hodl, Hodl, Hodl, Hodl, Hodl, Hodl, Hodl, Hodl, Hodl, Hodl, Hodl,
Hodl, Hodl, Hodl, Hodl, Hodl, Hodl, Hodl, Hodl, Hodl, Hodl, Hodl,
Hodl, Hodl, Hodl, Hodl, Hodl, Hodl, Hodl, Hodl, Hodl, Hodl, Hodl,
Hodl, Hodl, Hodl, Hodl, Hodl, Hodl, Hodl, Hodl, Hodl, Hodl, Hodl,
Hodl, Hodl, Hodl, Hodl, Hodl, Hodl, Hodl, Hodl, Hodl, Hodl, Hodl,
Hodl, Hodl, Hodl, Hodl, Hodl, Hodl.

Hodl, Hodl, Hodl, Hodl, Hodl, Hodl, Hodl, Hodl, Hodl,
Hodl, Hodl, Hodl, Hodl, Hodl, Hodl, Hodl, Hodl, Hodl, Hodl, Hodl,
Hodl, Hodl, Hodl, Hodl, Hodl, Hodl, Hodl, Hodl, Hodl, Hodl, Hodl,
Hodl, Hodl, Hodl, Hodl, Hodl, Hodl, Hodl, Hodl, Hodl, Hodl, Hodl,
Hodl, Hodl, Hodl, Hodl, Hodl, Hodl, Hodl, Hodl, Hodl, Hodl, Hodl,
Hodl, Hodl, Hodl, Hodl, Hodl, Hodl, Hodl, Hodl, Hodl, Hodl, Hodl,
Hodl, Hodl, Hodl, Hodl, Hodl, Hodl, Hodl, Hodl, Hodl, Hodl, Hodl,
Hodl, Hodl, Hodl, Hodl, Hodl, Hodl, Hodl, Hodl, Hodl, Hodl, Hodl,
Hodl, Hodl, Hodl, Hodl, Hodl, Hodl, Hodl, Hodl, Hodl, Hodl, Hodl,
Hodl, Hodl, Hodl, Hodl, Hodl, Hodl, Hodl, Hodl, Hodl, Hodl, Hodl,
Hodl, Hodl, Hodl, Hodl, Hodl, Hodl, Hodl, Hodl, Hodl, Hodl, Hodl,
Hodl, Hodl, Hodl, Hodl, Hodl, Hodl, Hodl, Hodl, Hodl, Hodl, Hodl,
Hodl, Hodl, Hodl, Hodl, Hodl, Hodl, Hodl, Hodl, Hodl, Hodl, Hodl,
Hodl, Hodl, Hodl, Hodl, Hodl, Hodl, Hodl, Hodl, Hodl, Hodl, Hodl,
Hodl, Hodl, Hodl, Hodl, Hodl, Hodl, Hodl, Hodl, Hodl, Hodl, Hodl,
Hodl, Hodl, Hodl, Hodl, Hodl, Hodl, Hodl, Hodl, Hodl, Hodl, Hodl,
Hodl, Hodl, Hodl, Hodl, Hodl, Hodl, Hodl, Hodl, Hodl, Hodl, Hodl,
Hodl, Hodl, Hodl, Hodl, Hodl, Hodl, Hodl, Hodl, Hodl, Hodl, Hodl,
Hodl, Hodl, Hodl, Hodl, Hodl, Hodl, Hodl, Hodl, Hodl, Hodl, Hodl,
Hodl, Hodl, Hodl, Hodl, Hodl, Hodl, Hodl, Hodl, Hodl, Hodl, Hodl,
Hodl, Hodl, Hodl, Hodl, Hodl, Hodl, Hodl, Hodl, Hodl, Hodl, Hodl,
Hodl, Hodl, Hodl, Hodl, Hodl, Hodl, Hodl, Hodl, Hodl, Hodl, Hodl,
Hodl, Hodl, Hodl, Hodl, Hodl, Hodl, Hodl, Hodl, Hodl, Hodl, Hodl,
Hodl, Hodl, Hodl, Hodl, Hodl, Hodl, Hodl, Hodl, Hodl, Hodl, Hodl,
Hodl, Hodl, Hodl, Hodl, Hodl, Hodl, Hodl, Hodl, Hodl, Hodl, Hodl,
Hodl, Hodl, Hodl, Hodl, Hodl, Hodl, Hodl, Hodl, Hodl, Hodl, Hodl,
Hodl, Hodl, Hodl, Hodl, Hodl, Hodl, Hodl, Hodl, Hodl, Hodl, Hodl,
Hodl, Hodl, Hodl, Hodl, Hodl, Hodl, Hodl, Hodl, Hodl, Hodl, Hodl,
Hodl, Hodl, Hodl, Hodl, Hodl, Hodl, Hodl, Hodl, Hodl, Hodl, Hodl,
Hodl, Hodl, Hodl, Hodl, Hodl, Hodl, Hodl, Hodl, Hodl, Hodl, Hodl,
Hodl, Hodl, Hodl, Hodl, Hodl, Hodl, Hodl, Hodl, Hodl, Hodl, Hodl,
Hodl, Hodl, Hodl, Hodl, Hodl, Hodl, Hodl, Hodl, Hodl, Hodl, Hodl,
Hodl, Hodl, Hodl, Hodl, Hodl, Hodl, Hodl, Hodl, Hodl, Hodl, Hodl,
Hodl, Hodl, Hodl, Hodl, Hodl, Hodl.

Hodl, Hodl, Hodl, Hodl, Hodl, Hodl, Hodl, Hodl, Hodl,
Hodl, Hodl, Hodl, Hodl, Hodl, Hodl, Hodl, Hodl, Hodl, Hodl, Hodl,
Hodl, Hodl, Hodl, Hodl, Hodl, Hodl, Hodl, Hodl, Hodl, Hodl, Hodl,
Hodl, Hodl, Hodl, Hodl, Hodl, Hodl, Hodl, Hodl, Hodl, Hodl, Hodl,
Hodl, Hodl, Hodl, Hodl, Hodl, Hodl, Hodl, Hodl, Hodl, Hodl, Hodl,
Hodl, Hodl, Hodl, Hodl, Hodl, Hodl, Hodl, Hodl, Hodl, Hodl, Hodl,
Hodl, Hodl, Hodl, Hodl, Hodl, Hodl, Hodl, Hodl, Hodl, Hodl, Hodl,
Hodl, Hodl, Hodl, Hodl, Hodl, Hodl, Hodl, Hodl, Hodl, Hodl, Hodl,
Hodl, Hodl, Hodl, Hodl, Hodl, Hodl, Hodl, Hodl, Hodl, Hodl, Hodl,
Hodl, Hodl, Hodl, Hodl, Hodl, Hodl, Hodl, Hodl, Hodl, Hodl, Hodl,
Hodl, Hodl, Hodl, Hodl, Hodl, Hodl, Hodl, Hodl, Hodl, Hodl, Hodl,
Hodl, Hodl, Hodl, Hodl, Hodl, Hodl, Hodl, Hodl, Hodl, Hodl, Hodl,
Hodl, Hodl, Hodl, Hodl, Hodl, Hodl, Hodl, Hodl, Hodl, Hodl, Hodl,
Hodl, Hodl, Hodl, Hodl, Hodl, Hodl, Hodl, Hodl, Hodl, Hodl, Hodl,
Hodl, Hodl, Hodl, Hodl, Hodl, Hodl, Hodl, Hodl, Hodl, Hodl, Hodl,
Hodl, Hodl, Hodl, Hodl, Hodl, Hodl, Hodl, Hodl, Hodl, Hodl, Hodl,
Hodl, Hodl, Hodl, Hodl, Hodl, Hodl, Hodl, Hodl, Hodl, Hodl, Hodl,
Hodl, Hodl, Hodl, Hodl, Hodl, Hodl, Hodl, Hodl, Hodl, Hodl, Hodl,
Hodl, Hodl, Hodl, Hodl, Hodl, Hodl, Hodl, Hodl, Hodl, Hodl, Hodl,
Hodl, Hodl, Hodl, Hodl, Hodl, Hodl, Hodl, Hodl, Hodl, Hodl, Hodl,
Hodl, Hodl, Hodl, Hodl, Hodl, Hodl, Hodl, Hodl, Hodl, Hodl, Hodl,
Hodl, Hodl, Hodl, Hodl, Hodl, Hodl, Hodl, Hodl, Hodl, Hodl, Hodl,
Hodl, Hodl, Hodl, Hodl, Hodl, Hodl, Hodl, Hodl, Hodl, Hodl, Hodl,
Hodl, Hodl, Hodl, Hodl, Hodl, Hodl, Hodl, Hodl, Hodl, Hodl, Hodl,
Hodl, Hodl, Hodl, Hodl, Hodl, Hodl, Hodl, Hodl, Hodl, Hodl, Hodl,
Hodl, Hodl, Hodl, Hodl, Hodl, Hodl, Hodl, Hodl, Hodl, Hodl, Hodl,
Hodl, Hodl, Hodl, Hodl, Hodl, Hodl, Hodl, Hodl, Hodl, Hodl, Hodl,
Hodl, Hodl, Hodl, Hodl, Hodl, Hodl, Hodl, Hodl, Hodl, Hodl, Hodl,
Hodl, Hodl, Hodl, Hodl, Hodl, Hodl, Hodl, Hodl, Hodl, Hodl, Hodl,
Hodl, Hodl, Hodl, Hodl, Hodl, Hodl, Hodl, Hodl, Hodl, Hodl, Hodl,
Hodl, Hodl, Hodl, Hodl, Hodl, Hodl, Hodl, Hodl, Hodl, Hodl, Hodl,
Hodl, Hodl, Hodl, Hodl, Hodl, Hodl, Hodl, Hodl, Hodl, Hodl, Hodl,
Hodl, Hodl, Hodl, Hodl, Hodl, Hodl, Hodl, Hodl, Hodl, Hodl, Hodl,
Hodl, Hodl, Hodl, Hodl, Hodl, Hodl, Hodl, Hodl, Hodl, Hodl, Hodl,
Hodl, Hodl, Hodl, Hodl, Hodl, Hodl, Hodl, Hodl, Hodl, Hodl, Hodl,
Hodl, Hodl, Hodl, Hodl, Hodl, Hodl.

Hodl, Hodl, Hodl, Hodl, Hodl, Hodl, Hodl, Hodl, Hodl,
Hodl, Hodl, Hodl, Hodl, Hodl, Hodl, Hodl, Hodl, Hodl, Hodl, Hodl,
Hodl, Hodl, Hodl, Hodl, Hodl, Hodl, Hodl, Hodl, Hodl, Hodl, Hodl,
Hodl, Hodl, Hodl, Hodl, Hodl, Hodl, Hodl, Hodl, Hodl, Hodl, Hodl,
Hodl, Hodl, Hodl, Hodl, Hodl, Hodl, Hodl, Hodl, Hodl, Hodl, Hodl,
Hodl, Hodl, Hodl, Hodl, Hodl, Hodl, Hodl, Hodl, Hodl, Hodl, Hodl,
Hodl, Hodl, Hodl, Hodl, Hodl, Hodl, Hodl, Hodl, Hodl, Hodl, Hodl,
Hodl, Hodl, Hodl, Hodl, Hodl, Hodl, Hodl, Hodl, Hodl, Hodl, Hodl,
Hodl, Hodl, Hodl, Hodl, Hodl, Hodl, Hodl, Hodl, Hodl, Hodl, Hodl,
Hodl, Hodl, Hodl, Hodl, Hodl, Hodl, Hodl, Hodl, Hodl, Hodl, Hodl,
Hodl, Hodl, Hodl, Hodl, Hodl, Hodl, Hodl, Hodl, Hodl, Hodl, Hodl,
Hodl, Hodl, Hodl, Hodl, Hodl, Hodl, Hodl, Hodl, Hodl, Hodl, Hodl,
Hodl, Hodl, Hodl, Hodl, Hodl, Hodl, Hodl, Hodl, Hodl, Hodl, Hodl,
Hodl, Hodl, Hodl, Hodl, Hodl, Hodl, Hodl, Hodl, Hodl, Hodl, Hodl,
Hodl, Hodl, Hodl, Hodl, Hodl, Hodl, Hodl, Hodl, Hodl, Hodl, Hodl,
Hodl, Hodl, Hodl, Hodl, Hodl, Hodl, Hodl, Hodl, Hodl, Hodl, Hodl,
Hodl, Hodl, Hodl, Hodl, Hodl, Hodl, Hodl, Hodl, Hodl, Hodl, Hodl,
Hodl, Hodl, Hodl, Hodl, Hodl, Hodl, Hodl, Hodl, Hodl, Hodl, Hodl,
Hodl, Hodl, Hodl, Hodl, Hodl, Hodl, Hodl, Hodl, Hodl, Hodl, Hodl,
Hodl, Hodl, Hodl, Hodl, Hodl, Hodl, Hodl, Hodl, Hodl, Hodl, Hodl,
Hodl, Hodl, Hodl, Hodl, Hodl, Hodl, Hodl, Hodl, Hodl, Hodl, Hodl,
Hodl, Hodl, Hodl, Hodl, Hodl, Hodl, Hodl, Hodl, Hodl, Hodl, Hodl,
Hodl, Hodl, Hodl, Hodl, Hodl, Hodl, Hodl, Hodl, Hodl, Hodl, Hodl,
Hodl, Hodl, Hodl, Hodl, Hodl, Hodl, Hodl, Hodl, Hodl, Hodl, Hodl,
Hodl, Hodl, Hodl, Hodl, Hodl, Hodl, Hodl, Hodl, Hodl, Hodl, Hodl,
Hodl, Hodl, Hodl, Hodl, Hodl, Hodl, Hodl, Hodl, Hodl, Hodl, Hodl,
Hodl, Hodl, Hodl, Hodl, Hodl, Hodl, Hodl, Hodl, Hodl, Hodl, Hodl,
Hodl, Hodl, Hodl, Hodl, Hodl, Hodl, Hodl, Hodl, Hodl, Hodl, Hodl,
Hodl, Hodl, Hodl, Hodl, Hodl, Hodl, Hodl, Hodl, Hodl, Hodl, Hodl,
Hodl, Hodl, Hodl, Hodl, Hodl, Hodl, Hodl, Hodl, Hodl, Hodl, Hodl,
Hodl, Hodl, Hodl, Hodl, Hodl, Hodl, Hodl, Hodl, Hodl, Hodl, Hodl,
Hodl, Hodl, Hodl, Hodl, Hodl, Hodl, Hodl, Hodl, Hodl, Hodl, Hodl,
Hodl, Hodl, Hodl, Hodl, Hodl, Hodl, Hodl, Hodl, Hodl, Hodl, Hodl,
Hodl, Hodl, Hodl, Hodl, Hodl, Hodl, Hodl, Hodl, Hodl, Hodl, Hodl,
Hodl, Hodl, Hodl, Hodl, Hodl, Hodl.

Hodl, Hodl, Hodl, Hodl, Hodl, Hodl, Hodl, Hodl, Hodl,
Hodl, Hodl, Hodl, Hodl, Hodl, Hodl, Hodl, Hodl, Hodl, Hodl, Hodl,
Hodl, Hodl, Hodl, Hodl, Hodl, Hodl, Hodl, Hodl, Hodl, Hodl, Hodl,
Hodl, Hodl, Hodl, Hodl, Hodl, Hodl, Hodl, Hodl, Hodl, Hodl, Hodl,
Hodl, Hodl, Hodl, Hodl, Hodl, Hodl, Hodl, Hodl, Hodl, Hodl, Hodl,
Hodl, Hodl, Hodl, Hodl, Hodl, Hodl, Hodl, Hodl, Hodl, Hodl, Hodl,
Hodl, Hodl, Hodl, Hodl, Hodl, Hodl, Hodl, Hodl, Hodl, Hodl, Hodl,
Hodl, Hodl, Hodl, Hodl, Hodl, Hodl, Hodl, Hodl, Hodl, Hodl, Hodl,
Hodl, Hodl, Hodl, Hodl, Hodl, Hodl, Hodl, Hodl, Hodl, Hodl, Hodl,
Hodl, Hodl, Hodl, Hodl, Hodl, Hodl, Hodl, Hodl, Hodl, Hodl, Hodl,
Hodl, Hodl, Hodl, Hodl, Hodl, Hodl, Hodl, Hodl, Hodl, Hodl, Hodl,
Hodl, Hodl, Hodl, Hodl, Hodl, Hodl, Hodl, Hodl, Hodl, Hodl, Hodl,
Hodl, Hodl, Hodl, Hodl, Hodl, Hodl, Hodl, Hodl, Hodl, Hodl, Hodl,
Hodl, Hodl, Hodl, Hodl, Hodl, Hodl, Hodl, Hodl, Hodl, Hodl, Hodl,
Hodl, Hodl, Hodl, Hodl, Hodl, Hodl, Hodl, Hodl, Hodl, Hodl, Hodl,
Hodl, Hodl, Hodl, Hodl, Hodl, Hodl, Hodl, Hodl, Hodl, Hodl, Hodl,
Hodl, Hodl, Hodl, Hodl, Hodl, Hodl, Hodl, Hodl, Hodl, Hodl, Hodl,
Hodl, Hodl, Hodl, Hodl, Hodl, Hodl, Hodl, Hodl, Hodl, Hodl, Hodl,
Hodl, Hodl, Hodl, Hodl, Hodl, Hodl, Hodl, Hodl, Hodl, Hodl, Hodl,
Hodl, Hodl, Hodl, Hodl, Hodl, Hodl, Hodl, Hodl, Hodl, Hodl, Hodl,
Hodl, Hodl, Hodl, Hodl, Hodl, Hodl, Hodl, Hodl, Hodl, Hodl, Hodl,
Hodl, Hodl, Hodl, Hodl, Hodl, Hodl, Hodl, Hodl, Hodl, Hodl, Hodl,
Hodl, Hodl, Hodl, Hodl, Hodl, Hodl, Hodl, Hodl, Hodl, Hodl, Hodl,
Hodl, Hodl, Hodl, Hodl, Hodl, Hodl, Hodl, Hodl, Hodl, Hodl, Hodl,
Hodl, Hodl, Hodl, Hodl, Hodl, Hodl, Hodl, Hodl, Hodl, Hodl, Hodl,
Hodl, Hodl, Hodl, Hodl, Hodl, Hodl, Hodl, Hodl, Hodl, Hodl, Hodl,
Hodl, Hodl, Hodl, Hodl, Hodl, Hodl, Hodl, Hodl, Hodl, Hodl, Hodl,
Hodl, Hodl, Hodl, Hodl, Hodl, Hodl, Hodl, Hodl, Hodl, Hodl, Hodl,
Hodl, Hodl, Hodl, Hodl, Hodl, Hodl, Hodl, Hodl, Hodl, Hodl, Hodl,
Hodl, Hodl, Hodl, Hodl, Hodl, Hodl, Hodl, Hodl, Hodl, Hodl, Hodl,
Hodl, Hodl, Hodl, Hodl, Hodl, Hodl, Hodl, Hodl, Hodl, Hodl, Hodl,
Hodl, Hodl, Hodl, Hodl, Hodl, Hodl, Hodl, Hodl, Hodl, Hodl, Hodl,
Hodl, Hodl, Hodl, Hodl, Hodl, Hodl, Hodl, Hodl, Hodl, Hodl, Hodl,
Hodl, Hodl, Hodl, Hodl, Hodl, Hodl, Hodl, Hodl, Hodl, Hodl, Hodl,
Hodl, Hodl, Hodl, Hodl, Hodl, Hodl, Hodl, Hodl, Hodl, Hodl, Hodl,
Hodl, Hodl, Hodl, Hodl, Hodl, Hodl, Hodl, Hodl, Hodl, Hodl, Hodl,
Hodl, Hodl, Hodl, Hodl, Hodl, Hodl, Hodl, Hodl, Hodl, Hodl, Hodl,
Hodl, Hodl, Hodl, Hodl, Hodl, Hodl.

Hodl, Hodl, Hodl, Hodl, Hodl, Hodl, Hodl, Hodl, Hodl, Hodl, Hodl, Hodl, Hodl, Hodl, Hodl, Hodl, Hodl, Hodl, Hodl, Hodl, Hodl, Hodl, Hodl, Hodl, Hodl, Hodl, Hodl, Hodl, Hodl, Hodl, Hodl, Hodl, Hodl, Hodl, Hodl, Hodl, Hodl, Hodl, Hodl, Hodl, Hodl, Hodl, Hodl, Hodl, Hodl, Hodl, Hodl, Hodl, Hodl, Hodl, Hodl, Hodl, Hodl, Hodl, Hodl, Hodl, Hodl, Hodl, Hodl, Hodl, Hodl, Hodl, Hodl, Hodl, Hodl, Hodl, Hodl, Hodl, Hodl, Hodl, Hodl, Hodl, Hodl, Hodl, Hodl, Hodl, Hodl, Hodl, Hodl, Hodl, Hodl, Hodl, Hodl, Hodl, Hodl, Hodl, Hodl, Hodl, Hodl, Hodl, Hodl, Hodl, Hodl, Hodl, Hodl, Hodl, Hodl, Hodl, Hodl, Hodl, Hodl, Hodl, Hodl, Hodl, Hodl, Hodl, Hodl, Hodl, Hodl, Hodl, Hodl, Hodl, Hodl, Hodl, Hodl, Hodl, Hodl, Hodl, Hodl, Hodl, Hodl, Hodl, Hodl, Hodl, Hodl, Hodl, Hodl, Hodl, Hodl, Hodl, Hodl, Hodl, Hodl, Hodl, Hodl, Hodl, Hodl, Hodl, Hodl, Hodl, Hodl, Hodl, Hodl, Hodl, Hodl, Hodl, Hodl, Hodl, Hodl, Hodl, Hodl, Hodl, Hodl, Hodl, Hodl, Hodl, Hodl, Hodl, Hodl, Hodl, Hodl, Hodl, Hodl, Hodl, Hodl, Hodl, Hodl, Hodl, Hodl, Hodl, Hodl, Hodl, Hodl, Hodl, Hodl, Hodl, Hodl, Hodl, Hodl, Hodl, Hodl, Hodl, Hodl, Hodl, Hodl, Hodl, Hodl, Hodl, Hodl, Hodl, Hodl, Hodl, Hodl, Hodl, Hodl, Hodl, Hodl, Hodl, Hodl, Hodl, Hodl, Hodl, Hodl, Hodl, Hodl, Hodl, Hodl, Hodl, Hodl, Hodl, Hodl, Hodl, Hodl, Hodl, Hodl, Hodl, Hodl, Hodl, Hodl, Hodl, Hodl, Hodl, Hodl, Hodl, Hodl, Hodl, Hodl, Hodl, Hodl, Hodl, Hodl, Hodl, Hodl, Hodl, Hodl, Hodl, Hodl, Hodl, Hodl, Hodl, Hodl, Hodl, Hodl, Hodl, Hodl, Hodl, Hodl, Hodl, Hodl, Hodl, Hodl, Hodl, Hodl, Hodl, Hodl, Hodl, Hodl, Hodl, Hodl, Hodl, Hodl, Hodl, Hodl, Hodl, Hodl, Hodl, Hodl, Hodl, Hodl, Hodl, Hodl, Hodl, Hodl, Hodl, Hodl, Hodl, Hodl, Hodl, Hodl, Hodl, Hodl, Hodl, Hodl, Hodl, Hodl, Hodl, Hodl, Hodl, Hodl, Hodl, Hodl, Hodl, Hodl, Hodl, Hodl, Hodl, Hodl, Hodl, Hodl, Hodl, Hodl, Hodl, Hodl, Hodl, Hodl, Hodl, Hodl, Hodl, Hodl, Hodl, Hodl, Hodl, Hodl, Hodl, Hodl, Hodl, Hodl, Hodl, Hodl, Hodl, Hodl, Hodl, Hodl, Hodl, Hodl, Hodl, Hodl, Hodl, Hodl, Hodl, Hodl, Hodl, Hodl, Hodl, Hodl, Hodl, Hodl, Hodl, Hodl, Hodl, Hodl, Hodl, Hodl, Hodl, Hodl, Hodl, Hodl, Hodl, Hodl, Hodl, Hodl, Hodl, Hodl, Hodl, Hodl, Hodl, Hodl, Hodl, Hodl, Hodl, Hodl, Hodl, Hodl, Hodl, Hodl, Hodl, Hodl, Hodl, Hodl, Hodl, Hodl, Hodl, Hodl, Hodl, Hodl, Hodl, Hodl, Hodl, Hodl, Hodl, Hodl, Hodl, Hodl, Hodl, Hodl, Hodl, Hodl, Hodl, Hodl, Hodl, Hodl, Hodl, Hodl, Hodl, Hodl, Hodl, Hodl, Hodl, Hodl, Hodl, Hodl, Hodl, Hodl, Hodl, Hodl, Hodl, Hodl, Hodl, Hodl, Hodl.

Hodl, Hodl, Hodl, Hodl, Hodl, Hodl, Hodl, Hodl, Hodl,
Hodl, Hodl, Hodl, Hodl, Hodl, Hodl, Hodl, Hodl, Hodl, Hodl, Hodl,
Hodl, Hodl, Hodl, Hodl, Hodl, Hodl, Hodl, Hodl, Hodl, Hodl, Hodl,
Hodl, Hodl, Hodl, Hodl, Hodl, Hodl, Hodl, Hodl, Hodl, Hodl, Hodl,
Hodl, Hodl, Hodl, Hodl, Hodl, Hodl, Hodl, Hodl, Hodl, Hodl, Hodl,
Hodl, Hodl, Hodl, Hodl, Hodl, Hodl, Hodl, Hodl, Hodl, Hodl, Hodl,
Hodl, Hodl, Hodl, Hodl, Hodl, Hodl, Hodl, Hodl, Hodl, Hodl, Hodl,
Hodl, Hodl, Hodl, Hodl, Hodl, Hodl, Hodl, Hodl, Hodl, Hodl, Hodl,
Hodl, Hodl, Hodl, Hodl, Hodl, Hodl, Hodl, Hodl, Hodl, Hodl, Hodl,
Hodl, Hodl, Hodl, Hodl, Hodl, Hodl, Hodl, Hodl, Hodl, Hodl, Hodl,
Hodl, Hodl, Hodl, Hodl, Hodl, Hodl, Hodl, Hodl, Hodl, Hodl, Hodl,
Hodl, Hodl, Hodl, Hodl, Hodl, Hodl, Hodl, Hodl, Hodl, Hodl, Hodl,
Hodl, Hodl, Hodl, Hodl, Hodl, Hodl, Hodl, Hodl, Hodl, Hodl, Hodl,
Hodl, Hodl, Hodl, Hodl, Hodl, Hodl, Hodl, Hodl, Hodl, Hodl, Hodl,
Hodl, Hodl, Hodl, Hodl, Hodl, Hodl, Hodl, Hodl, Hodl, Hodl, Hodl,
Hodl, Hodl, Hodl, Hodl, Hodl, Hodl, Hodl, Hodl, Hodl, Hodl, Hodl,
Hodl, Hodl, Hodl, Hodl, Hodl, Hodl, Hodl, Hodl, Hodl, Hodl, Hodl,
Hodl, Hodl, Hodl, Hodl, Hodl, Hodl, Hodl, Hodl, Hodl, Hodl, Hodl,
Hodl, Hodl, Hodl, Hodl, Hodl, Hodl, Hodl, Hodl, Hodl, Hodl, Hodl,
Hodl, Hodl, Hodl, Hodl, Hodl, Hodl, Hodl, Hodl, Hodl, Hodl, Hodl,
Hodl, Hodl, Hodl, Hodl, Hodl, Hodl, Hodl, Hodl, Hodl, Hodl, Hodl,
Hodl, Hodl, Hodl, Hodl, Hodl, Hodl, Hodl, Hodl, Hodl, Hodl, Hodl,
Hodl, Hodl, Hodl, Hodl, Hodl, Hodl, Hodl, Hodl, Hodl, Hodl, Hodl,
Hodl, Hodl, Hodl, Hodl, Hodl, Hodl, Hodl, Hodl, Hodl, Hodl, Hodl,
Hodl, Hodl, Hodl, Hodl, Hodl, Hodl, Hodl, Hodl, Hodl, Hodl, Hodl,
Hodl, Hodl, Hodl, Hodl, Hodl, Hodl, Hodl, Hodl, Hodl, Hodl, Hodl,
Hodl, Hodl, Hodl, Hodl, Hodl, Hodl, Hodl, Hodl, Hodl, Hodl, Hodl,
Hodl, Hodl, Hodl, Hodl, Hodl, Hodl, Hodl, Hodl, Hodl, Hodl, Hodl,
Hodl, Hodl, Hodl, Hodl, Hodl, Hodl, Hodl, Hodl, Hodl, Hodl, Hodl,
Hodl, Hodl, Hodl, Hodl, Hodl, Hodl, Hodl, Hodl, Hodl, Hodl, Hodl,
Hodl, Hodl, Hodl, Hodl, Hodl, Hodl, Hodl, Hodl, Hodl, Hodl, Hodl,
Hodl, Hodl, Hodl, Hodl, Hodl, Hodl, Hodl, Hodl, Hodl, Hodl, Hodl,
Hodl, Hodl, Hodl, Hodl, Hodl, Hodl.

Hodl, Hodl, Hodl, Hodl, Hodl, Hodl, Hodl, Hodl, Hodl,
Hodl, Hodl, Hodl, Hodl, Hodl, Hodl, Hodl, Hodl, Hodl, Hodl, Hodl,
Hodl, Hodl, Hodl, Hodl, Hodl, Hodl, Hodl, Hodl, Hodl, Hodl, Hodl,
Hodl, Hodl, Hodl, Hodl, Hodl, Hodl, Hodl, Hodl, Hodl, Hodl, Hodl,
Hodl, Hodl, Hodl, Hodl, Hodl, Hodl, Hodl, Hodl, Hodl, Hodl, Hodl,
Hodl, Hodl, Hodl, Hodl, Hodl, Hodl, Hodl, Hodl, Hodl, Hodl, Hodl,
Hodl, Hodl, Hodl, Hodl, Hodl, Hodl, Hodl, Hodl, Hodl, Hodl, Hodl,
Hodl, Hodl, Hodl, Hodl, Hodl, Hodl, Hodl, Hodl, Hodl, Hodl, Hodl,
Hodl, Hodl, Hodl, Hodl, Hodl, Hodl, Hodl, Hodl, Hodl, Hodl, Hodl,
Hodl, Hodl, Hodl, Hodl, Hodl, Hodl, Hodl, Hodl, Hodl, Hodl, Hodl,
Hodl, Hodl, Hodl, Hodl, Hodl, Hodl, Hodl, Hodl, Hodl, Hodl, Hodl,
Hodl, Hodl, Hodl, Hodl, Hodl, Hodl, Hodl, Hodl, Hodl, Hodl, Hodl,
Hodl, Hodl, Hodl, Hodl, Hodl, Hodl, Hodl, Hodl, Hodl, Hodl, Hodl,
Hodl, Hodl, Hodl, Hodl, Hodl, Hodl, Hodl, Hodl, Hodl, Hodl, Hodl,
Hodl, Hodl, Hodl, Hodl, Hodl, Hodl, Hodl, Hodl, Hodl, Hodl, Hodl,
Hodl, Hodl, Hodl, Hodl, Hodl, Hodl, Hodl, Hodl, Hodl, Hodl, Hodl,
Hodl, Hodl, Hodl, Hodl, Hodl, Hodl, Hodl, Hodl, Hodl, Hodl, Hodl,
Hodl, Hodl, Hodl, Hodl, Hodl, Hodl, Hodl, Hodl, Hodl, Hodl, Hodl,
Hodl, Hodl, Hodl, Hodl, Hodl, Hodl, Hodl, Hodl, Hodl, Hodl, Hodl,
Hodl, Hodl, Hodl, Hodl, Hodl, Hodl, Hodl, Hodl, Hodl, Hodl, Hodl,
Hodl, Hodl, Hodl, Hodl, Hodl, Hodl, Hodl, Hodl, Hodl, Hodl, Hodl,
Hodl, Hodl, Hodl, Hodl, Hodl, Hodl, Hodl, Hodl, Hodl, Hodl, Hodl,
Hodl, Hodl, Hodl, Hodl, Hodl, Hodl, Hodl, Hodl, Hodl, Hodl, Hodl,
Hodl, Hodl, Hodl, Hodl, Hodl, Hodl, Hodl, Hodl, Hodl, Hodl, Hodl,
Hodl, Hodl, Hodl, Hodl, Hodl, Hodl, Hodl, Hodl, Hodl, Hodl, Hodl,
Hodl, Hodl, Hodl, Hodl, Hodl, Hodl, Hodl, Hodl, Hodl, Hodl, Hodl,
Hodl, Hodl, Hodl, Hodl, Hodl, Hodl, Hodl, Hodl, Hodl, Hodl, Hodl,
Hodl, Hodl, Hodl, Hodl, Hodl, Hodl, Hodl, Hodl, Hodl, Hodl, Hodl,
Hodl, Hodl, Hodl, Hodl, Hodl, Hodl, Hodl, Hodl, Hodl, Hodl, Hodl,
Hodl, Hodl, Hodl, Hodl, Hodl, Hodl, Hodl, Hodl, Hodl, Hodl, Hodl,
Hodl, Hodl, Hodl, Hodl, Hodl, Hodl, Hodl, Hodl, Hodl, Hodl, Hodl,
Hodl, Hodl, Hodl, Hodl, Hodl, Hodl, Hodl, Hodl, Hodl, Hodl, Hodl,
Hodl, Hodl, Hodl, Hodl, Hodl, Hodl, Hodl, Hodl, Hodl, Hodl, Hodl,
Hodl, Hodl, Hodl, Hodl, Hodl, Hodl.

Hodl, Hodl, Hodl, Hodl, Hodl, Hodl, Hodl, Hodl, Hodl,
Hodl, Hodl, Hodl, Hodl, Hodl, Hodl, Hodl, Hodl, Hodl, Hodl, Hodl,
Hodl, Hodl, Hodl, Hodl, Hodl, Hodl, Hodl, Hodl, Hodl, Hodl, Hodl,
Hodl, Hodl, Hodl, Hodl, Hodl, Hodl, Hodl, Hodl, Hodl, Hodl, Hodl,
Hodl, Hodl, Hodl, Hodl, Hodl, Hodl, Hodl, Hodl, Hodl, Hodl, Hodl,
Hodl, Hodl, Hodl, Hodl, Hodl, Hodl, Hodl, Hodl, Hodl, Hodl, Hodl,
Hodl, Hodl, Hodl, Hodl, Hodl, Hodl, Hodl, Hodl, Hodl, Hodl, Hodl,
Hodl, Hodl, Hodl, Hodl, Hodl, Hodl, Hodl, Hodl, Hodl, Hodl, Hodl,
Hodl, Hodl, Hodl, Hodl, Hodl, Hodl, Hodl, Hodl, Hodl, Hodl, Hodl,
Hodl, Hodl, Hodl, Hodl, Hodl, Hodl, Hodl, Hodl, Hodl, Hodl, Hodl,
Hodl, Hodl, Hodl, Hodl, Hodl, Hodl, Hodl, Hodl, Hodl, Hodl, Hodl,
Hodl, Hodl, Hodl, Hodl, Hodl, Hodl, Hodl, Hodl, Hodl, Hodl, Hodl,
Hodl, Hodl, Hodl, Hodl, Hodl, Hodl, Hodl, Hodl, Hodl, Hodl, Hodl,
Hodl, Hodl, Hodl, Hodl, Hodl, Hodl, Hodl, Hodl, Hodl, Hodl, Hodl,
Hodl, Hodl, Hodl, Hodl, Hodl, Hodl, Hodl, Hodl, Hodl, Hodl, Hodl,
Hodl, Hodl, Hodl, Hodl, Hodl, Hodl, Hodl, Hodl, Hodl, Hodl, Hodl,
Hodl, Hodl, Hodl, Hodl, Hodl, Hodl, Hodl, Hodl, Hodl, Hodl, Hodl,
Hodl, Hodl, Hodl, Hodl, Hodl, Hodl, Hodl, Hodl, Hodl, Hodl, Hodl,
Hodl, Hodl, Hodl, Hodl, Hodl, Hodl, Hodl, Hodl, Hodl, Hodl, Hodl,
Hodl, Hodl, Hodl, Hodl, Hodl, Hodl, Hodl, Hodl, Hodl, Hodl, Hodl,
Hodl, Hodl, Hodl, Hodl, Hodl, Hodl, Hodl, Hodl, Hodl, Hodl, Hodl,
Hodl, Hodl, Hodl, Hodl, Hodl, Hodl, Hodl, Hodl, Hodl, Hodl, Hodl,
Hodl, Hodl, Hodl, Hodl, Hodl, Hodl, Hodl, Hodl, Hodl, Hodl, Hodl,
Hodl, Hodl, Hodl, Hodl, Hodl, Hodl, Hodl, Hodl, Hodl, Hodl, Hodl,
Hodl, Hodl, Hodl, Hodl, Hodl, Hodl, Hodl, Hodl, Hodl, Hodl, Hodl,
Hodl, Hodl, Hodl, Hodl, Hodl, Hodl, Hodl, Hodl, Hodl, Hodl, Hodl,
Hodl, Hodl, Hodl, Hodl, Hodl, Hodl, Hodl, Hodl, Hodl, Hodl, Hodl,
Hodl, Hodl, Hodl, Hodl, Hodl, Hodl, Hodl, Hodl, Hodl, Hodl, Hodl,
Hodl, Hodl, Hodl, Hodl, Hodl, Hodl, Hodl, Hodl, Hodl, Hodl, Hodl,
Hodl, Hodl, Hodl, Hodl, Hodl, Hodl, Hodl, Hodl, Hodl, Hodl, Hodl,
Hodl, Hodl, Hodl, Hodl, Hodl, Hodl, Hodl, Hodl, Hodl, Hodl, Hodl,
Hodl, Hodl, Hodl, Hodl, Hodl, Hodl, Hodl, Hodl, Hodl, Hodl, Hodl,
Hodl, Hodl, Hodl, Hodl, Hodl, Hodl, Hodl, Hodl, Hodl, Hodl, Hodl,
Hodl, Hodl, Hodl, Hodl, Hodl, Hodl, Hodl, Hodl, Hodl, Hodl, Hodl,
Hodl, Hodl, Hodl, Hodl, Hodl, Hodl.

Hodl, Hodl, Hodl, Hodl, Hodl, Hodl, Hodl, Hodl, Hodl,
Hodl, Hodl, Hodl, Hodl, Hodl, Hodl, Hodl, Hodl, Hodl, Hodl, Hodl,
Hodl, Hodl, Hodl, Hodl, Hodl, Hodl, Hodl, Hodl, Hodl, Hodl, Hodl,
Hodl, Hodl, Hodl, Hodl, Hodl, Hodl, Hodl, Hodl, Hodl, Hodl, Hodl,
Hodl, Hodl, Hodl, Hodl, Hodl, Hodl, Hodl, Hodl, Hodl, Hodl, Hodl,
Hodl, Hodl, Hodl, Hodl, Hodl, Hodl, Hodl, Hodl, Hodl, Hodl, Hodl,
Hodl, Hodl, Hodl, Hodl, Hodl, Hodl, Hodl, Hodl, Hodl, Hodl, Hodl,
Hodl, Hodl, Hodl, Hodl, Hodl, Hodl, Hodl, Hodl, Hodl, Hodl, Hodl,
Hodl, Hodl, Hodl, Hodl, Hodl, Hodl, Hodl, Hodl, Hodl, Hodl, Hodl,
Hodl, Hodl, Hodl, Hodl, Hodl, Hodl, Hodl, Hodl, Hodl, Hodl, Hodl,
Hodl, Hodl, Hodl, Hodl, Hodl, Hodl, Hodl, Hodl, Hodl, Hodl, Hodl,
Hodl, Hodl, Hodl, Hodl, Hodl, Hodl, Hodl, Hodl, Hodl, Hodl, Hodl,
Hodl, Hodl, Hodl, Hodl, Hodl, Hodl, Hodl, Hodl, Hodl, Hodl, Hodl,
Hodl, Hodl, Hodl, Hodl, Hodl, Hodl, Hodl, Hodl, Hodl, Hodl, Hodl,
Hodl, Hodl, Hodl, Hodl, Hodl, Hodl, Hodl, Hodl, Hodl, Hodl, Hodl,
Hodl, Hodl, Hodl, Hodl, Hodl, Hodl, Hodl, Hodl, Hodl, Hodl, Hodl,
Hodl, Hodl, Hodl, Hodl, Hodl, Hodl, Hodl, Hodl, Hodl, Hodl, Hodl,
Hodl, Hodl, Hodl, Hodl, Hodl, Hodl, Hodl, Hodl, Hodl, Hodl, Hodl,
Hodl, Hodl, Hodl, Hodl, Hodl, Hodl, Hodl, Hodl, Hodl, Hodl, Hodl,
Hodl, Hodl, Hodl, Hodl, Hodl, Hodl, Hodl, Hodl, Hodl, Hodl, Hodl,
Hodl, Hodl, Hodl, Hodl, Hodl, Hodl, Hodl, Hodl, Hodl, Hodl, Hodl,
Hodl, Hodl, Hodl, Hodl, Hodl, Hodl, Hodl, Hodl, Hodl, Hodl, Hodl,
Hodl, Hodl, Hodl, Hodl, Hodl, Hodl, Hodl, Hodl, Hodl, Hodl, Hodl,
Hodl, Hodl, Hodl, Hodl, Hodl, Hodl, Hodl, Hodl, Hodl, Hodl, Hodl,
Hodl, Hodl, Hodl, Hodl, Hodl, Hodl, Hodl, Hodl, Hodl, Hodl, Hodl,
Hodl, Hodl, Hodl, Hodl, Hodl, Hodl, Hodl, Hodl, Hodl, Hodl, Hodl,
Hodl, Hodl, Hodl, Hodl, Hodl, Hodl, Hodl, Hodl, Hodl, Hodl, Hodl,
Hodl, Hodl, Hodl, Hodl, Hodl, Hodl, Hodl, Hodl, Hodl, Hodl, Hodl,
Hodl, Hodl, Hodl, Hodl, Hodl, Hodl, Hodl, Hodl, Hodl, Hodl, Hodl,
Hodl, Hodl, Hodl, Hodl, Hodl, Hodl, Hodl, Hodl, Hodl, Hodl, Hodl,
Hodl, Hodl, Hodl, Hodl, Hodl, Hodl, Hodl, Hodl, Hodl, Hodl, Hodl,
Hodl, Hodl, Hodl, Hodl, Hodl, Hodl, Hodl, Hodl, Hodl, Hodl, Hodl,
Hodl, Hodl, Hodl, Hodl, Hodl, Hodl, Hodl, Hodl, Hodl, Hodl, Hodl,
Hodl, Hodl, Hodl, Hodl, Hodl, Hodl.

Hodl, Hodl, Hodl, Hodl, Hodl, Hodl, Hodl, Hodl, Hodl,
Hodl, Hodl, Hodl, Hodl, Hodl, Hodl, Hodl, Hodl, Hodl, Hodl, Hodl,
Hodl, Hodl, Hodl, Hodl, Hodl, Hodl, Hodl, Hodl, Hodl, Hodl, Hodl,
Hodl, Hodl, Hodl, Hodl, Hodl, Hodl, Hodl, Hodl, Hodl, Hodl, Hodl,
Hodl, Hodl, Hodl, Hodl, Hodl, Hodl, Hodl, Hodl, Hodl, Hodl, Hodl,
Hodl, Hodl, Hodl, Hodl, Hodl, Hodl, Hodl, Hodl, Hodl, Hodl, Hodl,
Hodl, Hodl, Hodl, Hodl, Hodl, Hodl, Hodl, Hodl, Hodl, Hodl, Hodl,
Hodl, Hodl, Hodl, Hodl, Hodl, Hodl, Hodl, Hodl, Hodl, Hodl, Hodl,
Hodl, Hodl, Hodl, Hodl, Hodl, Hodl, Hodl, Hodl, Hodl, Hodl, Hodl,
Hodl, Hodl, Hodl, Hodl, Hodl, Hodl, Hodl, Hodl, Hodl, Hodl, Hodl,
Hodl, Hodl, Hodl, Hodl, Hodl, Hodl, Hodl, Hodl, Hodl, Hodl, Hodl,
Hodl, Hodl, Hodl, Hodl, Hodl, Hodl, Hodl, Hodl, Hodl, Hodl, Hodl,
Hodl, Hodl, Hodl, Hodl, Hodl, Hodl, Hodl, Hodl, Hodl, Hodl, Hodl,
Hodl, Hodl, Hodl, Hodl, Hodl, Hodl, Hodl, Hodl, Hodl, Hodl, Hodl,
Hodl, Hodl, Hodl, Hodl, Hodl, Hodl, Hodl, Hodl, Hodl, Hodl, Hodl,
Hodl, Hodl, Hodl, Hodl, Hodl, Hodl, Hodl, Hodl, Hodl, Hodl, Hodl,
Hodl, Hodl, Hodl, Hodl, Hodl, Hodl, Hodl, Hodl, Hodl, Hodl, Hodl,
Hodl, Hodl, Hodl, Hodl, Hodl, Hodl, Hodl, Hodl, Hodl, Hodl, Hodl,
Hodl, Hodl, Hodl, Hodl, Hodl, Hodl, Hodl, Hodl, Hodl, Hodl, Hodl,
Hodl, Hodl, Hodl, Hodl, Hodl, Hodl, Hodl, Hodl, Hodl, Hodl, Hodl,
Hodl, Hodl, Hodl, Hodl, Hodl, Hodl, Hodl, Hodl, Hodl, Hodl, Hodl,
Hodl, Hodl, Hodl, Hodl, Hodl, Hodl, Hodl, Hodl, Hodl, Hodl, Hodl,
Hodl, Hodl, Hodl, Hodl, Hodl, Hodl, Hodl, Hodl, Hodl, Hodl, Hodl,
Hodl, Hodl, Hodl, Hodl, Hodl, Hodl, Hodl, Hodl, Hodl, Hodl, Hodl,
Hodl, Hodl, Hodl, Hodl, Hodl, Hodl, Hodl, Hodl, Hodl, Hodl, Hodl,
Hodl, Hodl, Hodl, Hodl, Hodl, Hodl, Hodl, Hodl, Hodl, Hodl, Hodl,
Hodl, Hodl, Hodl, Hodl, Hodl, Hodl, Hodl, Hodl, Hodl, Hodl, Hodl,
Hodl, Hodl, Hodl, Hodl, Hodl, Hodl, Hodl, Hodl, Hodl, Hodl, Hodl,
Hodl, Hodl, Hodl, Hodl, Hodl, Hodl, Hodl, Hodl, Hodl, Hodl, Hodl,
Hodl, Hodl, Hodl, Hodl, Hodl, Hodl, Hodl, Hodl, Hodl, Hodl, Hodl,
Hodl, Hodl, Hodl, Hodl, Hodl, Hodl, Hodl, Hodl, Hodl, Hodl, Hodl,
Hodl, Hodl, Hodl, Hodl, Hodl, Hodl, Hodl, Hodl, Hodl, Hodl, Hodl,
Hodl, Hodl, Hodl, Hodl, Hodl, Hodl.

Hodl, Hodl, Hodl, Hodl, Hodl, Hodl, Hodl, Hodl, Hodl,
Hodl, Hodl, Hodl, Hodl, Hodl, Hodl, Hodl, Hodl, Hodl, Hodl, Hodl,
Hodl, Hodl, Hodl, Hodl, Hodl, Hodl, Hodl, Hodl, Hodl, Hodl, Hodl,
Hodl, Hodl, Hodl, Hodl, Hodl, Hodl, Hodl, Hodl, Hodl, Hodl, Hodl,
Hodl, Hodl, Hodl, Hodl, Hodl, Hodl, Hodl, Hodl, Hodl, Hodl, Hodl,
Hodl, Hodl, Hodl, Hodl, Hodl, Hodl, Hodl, Hodl, Hodl, Hodl, Hodl,
Hodl, Hodl, Hodl, Hodl, Hodl, Hodl, Hodl, Hodl, Hodl, Hodl, Hodl,
Hodl, Hodl, Hodl, Hodl, Hodl, Hodl, Hodl, Hodl, Hodl, Hodl, Hodl,
Hodl, Hodl, Hodl, Hodl, Hodl, Hodl, Hodl, Hodl, Hodl, Hodl, Hodl,
Hodl, Hodl, Hodl, Hodl, Hodl, Hodl, Hodl, Hodl, Hodl, Hodl, Hodl,
Hodl, Hodl, Hodl, Hodl, Hodl, Hodl, Hodl, Hodl, Hodl, Hodl, Hodl,
Hodl, Hodl, Hodl, Hodl, Hodl, Hodl, Hodl, Hodl, Hodl, Hodl, Hodl,
Hodl, Hodl, Hodl, Hodl, Hodl, Hodl, Hodl, Hodl, Hodl, Hodl, Hodl,
Hodl, Hodl, Hodl, Hodl, Hodl, Hodl, Hodl, Hodl, Hodl, Hodl, Hodl,
Hodl, Hodl, Hodl, Hodl, Hodl, Hodl, Hodl, Hodl, Hodl, Hodl, Hodl,
Hodl, Hodl, Hodl, Hodl, Hodl, Hodl, Hodl, Hodl, Hodl, Hodl, Hodl,
Hodl, Hodl, Hodl, Hodl, Hodl, Hodl, Hodl, Hodl, Hodl, Hodl, Hodl,
Hodl, Hodl, Hodl, Hodl, Hodl, Hodl, Hodl, Hodl, Hodl, Hodl, Hodl,
Hodl, Hodl, Hodl, Hodl, Hodl, Hodl, Hodl, Hodl, Hodl, Hodl, Hodl,
Hodl, Hodl, Hodl, Hodl, Hodl, Hodl, Hodl, Hodl, Hodl, Hodl, Hodl,
Hodl, Hodl, Hodl, Hodl, Hodl, Hodl, Hodl, Hodl, Hodl, Hodl, Hodl,
Hodl, Hodl, Hodl, Hodl, Hodl, Hodl, Hodl, Hodl, Hodl, Hodl, Hodl,
Hodl, Hodl, Hodl, Hodl, Hodl, Hodl, Hodl, Hodl, Hodl, Hodl, Hodl,
Hodl, Hodl, Hodl, Hodl, Hodl, Hodl, Hodl, Hodl, Hodl, Hodl, Hodl,
Hodl, Hodl, Hodl, Hodl, Hodl, Hodl, Hodl, Hodl, Hodl, Hodl, Hodl,
Hodl, Hodl, Hodl, Hodl, Hodl, Hodl, Hodl, Hodl, Hodl, Hodl, Hodl,
Hodl, Hodl, Hodl, Hodl, Hodl, Hodl, Hodl, Hodl, Hodl, Hodl, Hodl,
Hodl, Hodl, Hodl, Hodl, Hodl, Hodl, Hodl, Hodl, Hodl, Hodl, Hodl,
Hodl, Hodl, Hodl, Hodl, Hodl, Hodl, Hodl, Hodl, Hodl, Hodl, Hodl,
Hodl, Hodl, Hodl, Hodl, Hodl, Hodl, Hodl, Hodl, Hodl, Hodl, Hodl,
Hodl, Hodl, Hodl, Hodl, Hodl, Hodl, Hodl, Hodl, Hodl, Hodl, Hodl,
Hodl, Hodl, Hodl, Hodl, Hodl, Hodl, Hodl, Hodl, Hodl, Hodl, Hodl,
Hodl, Hodl, Hodl, Hodl, Hodl, Hodl.

Hodl, Hodl, Hodl, Hodl, Hodl, Hodl, Hodl, Hodl, Hodl,
Hodl, Hodl, Hodl, Hodl, Hodl, Hodl, Hodl, Hodl, Hodl, Hodl, Hodl,
Hodl, Hodl, Hodl, Hodl, Hodl, Hodl, Hodl, Hodl, Hodl, Hodl, Hodl,
Hodl, Hodl, Hodl, Hodl, Hodl, Hodl, Hodl, Hodl, Hodl, Hodl, Hodl,
Hodl, Hodl, Hodl, Hodl, Hodl, Hodl, Hodl, Hodl, Hodl, Hodl, Hodl,
Hodl, Hodl, Hodl, Hodl, Hodl, Hodl, Hodl, Hodl, Hodl, Hodl, Hodl,
Hodl, Hodl, Hodl, Hodl, Hodl, Hodl, Hodl, Hodl, Hodl, Hodl, Hodl,
Hodl, Hodl, Hodl, Hodl, Hodl, Hodl, Hodl, Hodl, Hodl, Hodl, Hodl,
Hodl, Hodl, Hodl, Hodl, Hodl, Hodl, Hodl, Hodl, Hodl, Hodl, Hodl,
Hodl, Hodl, Hodl, Hodl, Hodl, Hodl, Hodl, Hodl, Hodl, Hodl, Hodl,
Hodl, Hodl, Hodl, Hodl, Hodl, Hodl, Hodl, Hodl, Hodl, Hodl, Hodl,
Hodl, Hodl, Hodl, Hodl, Hodl, Hodl, Hodl, Hodl, Hodl, Hodl, Hodl,
Hodl, Hodl, Hodl, Hodl, Hodl, Hodl, Hodl, Hodl, Hodl, Hodl, Hodl,
Hodl, Hodl, Hodl, Hodl, Hodl, Hodl, Hodl, Hodl, Hodl, Hodl, Hodl,
Hodl, Hodl, Hodl, Hodl, Hodl, Hodl, Hodl, Hodl, Hodl, Hodl, Hodl,
Hodl, Hodl, Hodl, Hodl, Hodl, Hodl, Hodl, Hodl, Hodl, Hodl, Hodl,
Hodl, Hodl, Hodl, Hodl, Hodl, Hodl, Hodl, Hodl, Hodl, Hodl, Hodl,
Hodl, Hodl, Hodl, Hodl, Hodl, Hodl, Hodl, Hodl, Hodl, Hodl, Hodl,
Hodl, Hodl, Hodl, Hodl, Hodl, Hodl, Hodl, Hodl, Hodl, Hodl, Hodl,
Hodl, Hodl, Hodl, Hodl, Hodl, Hodl, Hodl, Hodl, Hodl, Hodl, Hodl,
Hodl, Hodl, Hodl, Hodl, Hodl, Hodl, Hodl, Hodl, Hodl, Hodl, Hodl,
Hodl, Hodl, Hodl, Hodl, Hodl, Hodl, Hodl, Hodl, Hodl, Hodl, Hodl,
Hodl, Hodl, Hodl, Hodl, Hodl, Hodl, Hodl, Hodl, Hodl, Hodl, Hodl,
Hodl, Hodl, Hodl, Hodl, Hodl, Hodl, Hodl, Hodl, Hodl, Hodl, Hodl,
Hodl, Hodl, Hodl, Hodl, Hodl, Hodl, Hodl, Hodl, Hodl, Hodl, Hodl,
Hodl, Hodl, Hodl, Hodl, Hodl, Hodl, Hodl, Hodl, Hodl, Hodl, Hodl,
Hodl, Hodl, Hodl, Hodl, Hodl, Hodl, Hodl, Hodl, Hodl, Hodl, Hodl,
Hodl, Hodl, Hodl, Hodl, Hodl, Hodl, Hodl, Hodl, Hodl, Hodl, Hodl,
Hodl, Hodl, Hodl, Hodl, Hodl, Hodl, Hodl, Hodl, Hodl, Hodl, Hodl,
Hodl, Hodl, Hodl, Hodl, Hodl, Hodl, Hodl, Hodl, Hodl, Hodl, Hodl,
Hodl, Hodl, Hodl, Hodl, Hodl, Hodl, Hodl, Hodl, Hodl, Hodl, Hodl,
Hodl, Hodl, Hodl, Hodl, Hodl, Hodl, Hodl, Hodl, Hodl, Hodl, Hodl,
Hodl, Hodl, Hodl, Hodl, Hodl, Hodl, Hodl, Hodl, Hodl, Hodl, Hodl,
Hodl, Hodl, Hodl, Hodl, Hodl, Hodl, Hodl, Hodl, Hodl, Hodl, Hodl,
Hodl, Hodl, Hodl, Hodl, Hodl, Hodl.

Hodl, Hodl, Hodl, Hodl, Hodl, Hodl, Hodl, Hodl, Hodl,
Hodl, Hodl, Hodl, Hodl, Hodl, Hodl, Hodl, Hodl, Hodl, Hodl, Hodl,
Hodl, Hodl, Hodl, Hodl, Hodl, Hodl, Hodl, Hodl, Hodl, Hodl, Hodl,
Hodl, Hodl, Hodl, Hodl, Hodl, Hodl, Hodl, Hodl, Hodl, Hodl, Hodl,
Hodl, Hodl, Hodl, Hodl, Hodl, Hodl, Hodl, Hodl, Hodl, Hodl, Hodl,
Hodl, Hodl, Hodl, Hodl, Hodl, Hodl, Hodl, Hodl, Hodl, Hodl, Hodl,
Hodl, Hodl, Hodl, Hodl, Hodl, Hodl, Hodl, Hodl, Hodl, Hodl, Hodl,
Hodl, Hodl, Hodl, Hodl, Hodl, Hodl, Hodl, Hodl, Hodl, Hodl, Hodl,
Hodl, Hodl, Hodl, Hodl, Hodl, Hodl, Hodl, Hodl, Hodl, Hodl, Hodl,
Hodl, Hodl, Hodl, Hodl, Hodl, Hodl, Hodl, Hodl, Hodl, Hodl, Hodl,
Hodl, Hodl, Hodl, Hodl, Hodl, Hodl, Hodl, Hodl, Hodl, Hodl, Hodl,
Hodl, Hodl, Hodl, Hodl, Hodl, Hodl, Hodl, Hodl, Hodl, Hodl, Hodl,
Hodl, Hodl, Hodl, Hodl, Hodl, Hodl, Hodl, Hodl, Hodl, Hodl, Hodl,
Hodl, Hodl, Hodl, Hodl, Hodl, Hodl, Hodl, Hodl, Hodl, Hodl, Hodl,
Hodl, Hodl, Hodl, Hodl, Hodl, Hodl, Hodl, Hodl, Hodl, Hodl, Hodl,
Hodl, Hodl, Hodl, Hodl, Hodl, Hodl, Hodl, Hodl, Hodl, Hodl, Hodl,
Hodl, Hodl, Hodl, Hodl, Hodl, Hodl, Hodl, Hodl, Hodl, Hodl, Hodl,
Hodl, Hodl, Hodl, Hodl, Hodl, Hodl, Hodl, Hodl, Hodl, Hodl, Hodl,
Hodl, Hodl, Hodl, Hodl, Hodl, Hodl, Hodl, Hodl, Hodl, Hodl, Hodl,
Hodl, Hodl, Hodl, Hodl, Hodl, Hodl, Hodl, Hodl, Hodl, Hodl, Hodl,
Hodl, Hodl, Hodl, Hodl, Hodl, Hodl, Hodl, Hodl, Hodl, Hodl, Hodl,
Hodl, Hodl, Hodl, Hodl, Hodl, Hodl, Hodl, Hodl, Hodl, Hodl, Hodl,
Hodl, Hodl, Hodl, Hodl, Hodl, Hodl, Hodl, Hodl, Hodl, Hodl, Hodl,
Hodl, Hodl, Hodl, Hodl, Hodl, Hodl, Hodl, Hodl, Hodl, Hodl, Hodl,
Hodl, Hodl, Hodl, Hodl, Hodl, Hodl, Hodl, Hodl, Hodl, Hodl, Hodl,
Hodl, Hodl, Hodl, Hodl, Hodl, Hodl, Hodl, Hodl, Hodl, Hodl, Hodl,
Hodl, Hodl, Hodl, Hodl, Hodl, Hodl, Hodl, Hodl, Hodl, Hodl, Hodl,
Hodl, Hodl, Hodl, Hodl, Hodl, Hodl, Hodl, Hodl, Hodl, Hodl, Hodl,
Hodl, Hodl, Hodl, Hodl, Hodl, Hodl, Hodl, Hodl, Hodl, Hodl, Hodl,
Hodl, Hodl, Hodl, Hodl, Hodl, Hodl, Hodl, Hodl, Hodl, Hodl, Hodl,
Hodl, Hodl, Hodl, Hodl, Hodl, Hodl, Hodl, Hodl, Hodl, Hodl, Hodl,
Hodl, Hodl, Hodl, Hodl, Hodl, Hodl, Hodl, Hodl, Hodl, Hodl, Hodl,
Hodl, Hodl, Hodl, Hodl, Hodl, Hodl, Hodl, Hodl, Hodl, Hodl, Hodl,
Hodl, Hodl, Hodl, Hodl, Hodl, Hodl.

Hodl, Hodl, Hodl, Hodl, Hodl, Hodl, Hodl, Hodl, Hodl,
Hodl, Hodl, Hodl, Hodl, Hodl, Hodl, Hodl, Hodl, Hodl, Hodl, Hodl,
Hodl, Hodl, Hodl, Hodl, Hodl, Hodl, Hodl, Hodl, Hodl, Hodl, Hodl,
Hodl, Hodl, Hodl, Hodl, Hodl, Hodl, Hodl, Hodl, Hodl, Hodl, Hodl,
Hodl, Hodl, Hodl, Hodl, Hodl, Hodl, Hodl, Hodl, Hodl, Hodl, Hodl,
Hodl, Hodl, Hodl, Hodl, Hodl, Hodl, Hodl, Hodl, Hodl, Hodl, Hodl,
Hodl, Hodl, Hodl, Hodl, Hodl, Hodl, Hodl, Hodl, Hodl, Hodl, Hodl,
Hodl, Hodl, Hodl, Hodl, Hodl, Hodl, Hodl, Hodl, Hodl, Hodl, Hodl,
Hodl, Hodl, Hodl, Hodl, Hodl, Hodl, Hodl, Hodl, Hodl, Hodl, Hodl,
Hodl, Hodl, Hodl, Hodl, Hodl, Hodl, Hodl, Hodl, Hodl, Hodl, Hodl,
Hodl, Hodl, Hodl, Hodl, Hodl, Hodl, Hodl, Hodl, Hodl, Hodl, Hodl,
Hodl, Hodl, Hodl, Hodl, Hodl, Hodl, Hodl, Hodl, Hodl, Hodl, Hodl,
Hodl, Hodl, Hodl, Hodl, Hodl, Hodl, Hodl, Hodl, Hodl, Hodl, Hodl,
Hodl, Hodl, Hodl, Hodl, Hodl, Hodl, Hodl, Hodl, Hodl, Hodl, Hodl,
Hodl, Hodl, Hodl, Hodl, Hodl, Hodl, Hodl, Hodl, Hodl, Hodl, Hodl,
Hodl, Hodl, Hodl, Hodl, Hodl, Hodl, Hodl, Hodl, Hodl, Hodl, Hodl,
Hodl, Hodl, Hodl, Hodl, Hodl, Hodl, Hodl, Hodl, Hodl, Hodl, Hodl,
Hodl, Hodl, Hodl, Hodl, Hodl, Hodl, Hodl, Hodl, Hodl, Hodl, Hodl,
Hodl, Hodl, Hodl, Hodl, Hodl, Hodl, Hodl, Hodl, Hodl, Hodl, Hodl,
Hodl, Hodl, Hodl, Hodl, Hodl, Hodl, Hodl, Hodl, Hodl, Hodl, Hodl,
Hodl, Hodl, Hodl, Hodl, Hodl, Hodl, Hodl, Hodl, Hodl, Hodl, Hodl,
Hodl, Hodl, Hodl, Hodl, Hodl, Hodl, Hodl, Hodl, Hodl, Hodl, Hodl,
Hodl, Hodl, Hodl, Hodl, Hodl, Hodl, Hodl, Hodl, Hodl, Hodl, Hodl,
Hodl, Hodl, Hodl, Hodl, Hodl, Hodl, Hodl, Hodl, Hodl, Hodl, Hodl,
Hodl, Hodl, Hodl, Hodl, Hodl, Hodl, Hodl, Hodl, Hodl, Hodl, Hodl,
Hodl, Hodl, Hodl, Hodl, Hodl, Hodl, Hodl, Hodl, Hodl, Hodl, Hodl,
Hodl, Hodl, Hodl, Hodl, Hodl, Hodl, Hodl, Hodl, Hodl, Hodl, Hodl,
Hodl, Hodl, Hodl, Hodl, Hodl, Hodl, Hodl, Hodl, Hodl, Hodl, Hodl,
Hodl, Hodl, Hodl, Hodl, Hodl, Hodl, Hodl, Hodl, Hodl, Hodl, Hodl,
Hodl, Hodl, Hodl, Hodl, Hodl, Hodl, Hodl, Hodl, Hodl, Hodl, Hodl,
Hodl, Hodl, Hodl, Hodl, Hodl, Hodl, Hodl, Hodl, Hodl, Hodl, Hodl,
Hodl, Hodl, Hodl, Hodl, Hodl, Hodl, Hodl, Hodl, Hodl, Hodl, Hodl,
Hodl, Hodl, Hodl, Hodl, Hodl, Hodl, Hodl, Hodl, Hodl, Hodl, Hodl,
Hodl, Hodl, Hodl, Hodl, Hodl, Hodl.

Hodl, Hodl, Hodl, Hodl, Hodl, Hodl, Hodl, Hodl, Hodl, Hodl, Hodl, Hodl, Hodl, Hodl, Hodl, Hodl, Hodl, Hodl, Hodl, Hodl, Hodl, Hodl, Hodl, Hodl, Hodl, Hodl, Hodl, Hodl, Hodl, Hodl, Hodl, Hodl, Hodl, Hodl, Hodl, Hodl, Hodl, Hodl, Hodl, Hodl, Hodl, Hodl, Hodl, Hodl, Hodl, Hodl, Hodl, Hodl, Hodl, Hodl, Hodl, Hodl, Hodl, Hodl, Hodl, Hodl, Hodl, Hodl, Hodl, Hodl, Hodl, Hodl, Hodl, Hodl, Hodl, Hodl, Hodl, Hodl, Hodl, Hodl, Hodl, Hodl, Hodl, Hodl, Hodl, Hodl, Hodl, Hodl, Hodl, Hodl, Hodl, Hodl, Hodl, Hodl, Hodl, Hodl, Hodl, Hodl, Hodl, Hodl, Hodl, Hodl, Hodl, Hodl, Hodl, Hodl, Hodl, Hodl, Hodl, Hodl, Hodl, Hodl, Hodl, Hodl, Hodl, Hodl, Hodl, Hodl, Hodl, Hodl, Hodl, Hodl, Hodl, Hodl, Hodl, Hodl, Hodl, Hodl, Hodl, Hodl, Hodl, Hodl, Hodl, Hodl, Hodl, Hodl, Hodl, Hodl, Hodl, Hodl, Hodl, Hodl, Hodl, Hodl, Hodl, Hodl, Hodl, Hodl, Hodl, Hodl, Hodl, Hodl, Hodl, Hodl, Hodl, Hodl, Hodl, Hodl, Hodl, Hodl, Hodl, Hodl, Hodl, Hodl, Hodl, Hodl, Hodl, Hodl, Hodl, Hodl, Hodl, Hodl, Hodl, Hodl, Hodl, Hodl, Hodl, Hodl, Hodl, Hodl, Hodl, Hodl, Hodl, Hodl, Hodl, Hodl, Hodl, Hodl, Hodl, Hodl, Hodl, Hodl, Hodl, Hodl, Hodl, Hodl, Hodl, Hodl, Hodl, Hodl, Hodl, Hodl, Hodl, Hodl, Hodl, Hodl, Hodl, Hodl, Hodl, Hodl, Hodl, Hodl, Hodl, Hodl, Hodl, Hodl, Hodl, Hodl, Hodl, Hodl, Hodl, Hodl, Hodl, Hodl, Hodl, Hodl, Hodl, Hodl, Hodl, Hodl, Hodl, Hodl, Hodl, Hodl, Hodl, Hodl, Hodl, Hodl, Hodl, Hodl, Hodl, Hodl, Hodl, Hodl, Hodl, Hodl, Hodl, Hodl, Hodl, Hodl, Hodl, Hodl, Hodl, Hodl, Hodl, Hodl, Hodl, Hodl, Hodl, Hodl, Hodl, Hodl, Hodl, Hodl, Hodl, Hodl, Hodl, Hodl, Hodl, Hodl, Hodl, Hodl, Hodl, Hodl, Hodl, Hodl, Hodl, Hodl, Hodl, Hodl, Hodl, Hodl, Hodl, Hodl, Hodl, Hodl, Hodl, Hodl, Hodl, Hodl, Hodl, Hodl, Hodl, Hodl, Hodl, Hodl, Hodl, Hodl, Hodl, Hodl, Hodl, Hodl, Hodl, Hodl, Hodl, Hodl, Hodl, Hodl, Hodl, Hodl, Hodl, Hodl, Hodl, Hodl, Hodl, Hodl, Hodl, Hodl, Hodl, Hodl, Hodl, Hodl, Hodl, Hodl, Hodl, Hodl, Hodl, Hodl, Hodl, Hodl, Hodl, Hodl, Hodl, Hodl, Hodl, Hodl, Hodl, Hodl, Hodl, Hodl, Hodl, Hodl, Hodl, Hodl, Hodl, Hodl, Hodl, Hodl, Hodl, Hodl, Hodl, Hodl, Hodl, Hodl, Hodl, Hodl, Hodl, Hodl, Hodl, Hodl, Hodl, Hodl, Hodl, Hodl, Hodl, Hodl, Hodl, Hodl, Hodl, Hodl, Hodl, Hodl, Hodl, Hodl, Hodl, Hodl, Hodl, Hodl, Hodl, Hodl, Hodl, Hodl, Hodl, Hodl, Hodl, Hodl, Hodl, Hodl, Hodl, Hodl, Hodl, Hodl, Hodl, Hodl, Hodl, Hodl, Hodl, Hodl, Hodl, Hodl, Hodl, Hodl, Hodl.

Hodl, Hodl, Hodl, Hodl, Hodl, Hodl, Hodl, Hodl, Hodl,
Hodl, Hodl, Hodl, Hodl, Hodl, Hodl, Hodl, Hodl, Hodl, Hodl, Hodl,
Hodl, Hodl, Hodl, Hodl, Hodl, Hodl, Hodl, Hodl, Hodl, Hodl, Hodl,
Hodl, Hodl, Hodl, Hodl, Hodl, Hodl, Hodl, Hodl, Hodl, Hodl, Hodl,
Hodl, Hodl, Hodl, Hodl, Hodl, Hodl, Hodl, Hodl, Hodl, Hodl, Hodl,
Hodl, Hodl, Hodl, Hodl, Hodl, Hodl, Hodl, Hodl, Hodl, Hodl, Hodl,
Hodl, Hodl, Hodl, Hodl, Hodl, Hodl, Hodl, Hodl, Hodl, Hodl, Hodl,
Hodl, Hodl, Hodl, Hodl, Hodl, Hodl, Hodl, Hodl, Hodl, Hodl, Hodl,
Hodl, Hodl, Hodl, Hodl, Hodl, Hodl, Hodl, Hodl, Hodl, Hodl, Hodl,
Hodl, Hodl, Hodl, Hodl, Hodl, Hodl, Hodl, Hodl, Hodl, Hodl, Hodl,
Hodl, Hodl, Hodl, Hodl, Hodl, Hodl, Hodl, Hodl, Hodl, Hodl, Hodl,
Hodl, Hodl, Hodl, Hodl, Hodl, Hodl, Hodl, Hodl, Hodl, Hodl, Hodl,
Hodl, Hodl, Hodl, Hodl, Hodl, Hodl, Hodl, Hodl, Hodl, Hodl, Hodl,
Hodl, Hodl, Hodl, Hodl, Hodl, Hodl, Hodl, Hodl, Hodl, Hodl, Hodl,
Hodl, Hodl, Hodl, Hodl, Hodl, Hodl, Hodl, Hodl, Hodl, Hodl, Hodl,
Hodl, Hodl, Hodl, Hodl, Hodl, Hodl, Hodl, Hodl, Hodl, Hodl, Hodl,
Hodl, Hodl, Hodl, Hodl, Hodl, Hodl, Hodl, Hodl, Hodl, Hodl, Hodl,
Hodl, Hodl, Hodl, Hodl, Hodl, Hodl, Hodl, Hodl, Hodl, Hodl, Hodl,
Hodl, Hodl, Hodl, Hodl, Hodl, Hodl, Hodl, Hodl, Hodl, Hodl, Hodl,
Hodl, Hodl, Hodl, Hodl, Hodl, Hodl, Hodl, Hodl, Hodl, Hodl, Hodl,
Hodl, Hodl, Hodl, Hodl, Hodl, Hodl, Hodl, Hodl, Hodl, Hodl, Hodl,
Hodl, Hodl, Hodl, Hodl, Hodl, Hodl, Hodl, Hodl, Hodl, Hodl, Hodl,
Hodl, Hodl, Hodl, Hodl, Hodl, Hodl, Hodl, Hodl, Hodl, Hodl, Hodl,
Hodl, Hodl, Hodl, Hodl, Hodl, Hodl, Hodl, Hodl, Hodl, Hodl, Hodl,
Hodl, Hodl, Hodl, Hodl, Hodl, Hodl, Hodl, Hodl, Hodl, Hodl, Hodl,
Hodl, Hodl, Hodl, Hodl, Hodl, Hodl, Hodl, Hodl, Hodl, Hodl, Hodl,
Hodl, Hodl, Hodl, Hodl, Hodl, Hodl, Hodl, Hodl, Hodl, Hodl, Hodl,
Hodl, Hodl, Hodl, Hodl, Hodl, Hodl, Hodl, Hodl, Hodl, Hodl, Hodl,
Hodl, Hodl, Hodl, Hodl, Hodl, Hodl, Hodl, Hodl, Hodl, Hodl, Hodl,
Hodl, Hodl, Hodl, Hodl, Hodl, Hodl, Hodl, Hodl, Hodl, Hodl, Hodl,
Hodl, Hodl, Hodl, Hodl, Hodl, Hodl, Hodl, Hodl, Hodl, Hodl, Hodl,
Hodl, Hodl, Hodl, Hodl, Hodl, Hodl, Hodl, Hodl, Hodl, Hodl, Hodl,
Hodl, Hodl, Hodl, Hodl, Hodl, Hodl, Hodl, Hodl, Hodl, Hodl, Hodl,
Hodl, Hodl, Hodl, Hodl, Hodl, Hodl.

Hodl, Hodl, Hodl, Hodl, Hodl, Hodl, Hodl, Hodl, Hodl,
Hodl, Hodl, Hodl, Hodl, Hodl, Hodl, Hodl, Hodl, Hodl, Hodl, Hodl,
Hodl, Hodl, Hodl, Hodl, Hodl, Hodl, Hodl, Hodl, Hodl, Hodl, Hodl,
Hodl, Hodl, Hodl, Hodl, Hodl, Hodl, Hodl, Hodl, Hodl, Hodl, Hodl,
Hodl, Hodl, Hodl, Hodl, Hodl, Hodl, Hodl, Hodl, Hodl, Hodl, Hodl,
Hodl, Hodl, Hodl, Hodl, Hodl, Hodl, Hodl, Hodl, Hodl, Hodl, Hodl,
Hodl, Hodl, Hodl, Hodl, Hodl, Hodl, Hodl, Hodl, Hodl, Hodl, Hodl,
Hodl, Hodl, Hodl, Hodl, Hodl, Hodl, Hodl, Hodl, Hodl, Hodl, Hodl,
Hodl, Hodl, Hodl, Hodl, Hodl, Hodl, Hodl, Hodl, Hodl, Hodl, Hodl,
Hodl, Hodl, Hodl, Hodl, Hodl, Hodl, Hodl, Hodl, Hodl, Hodl, Hodl,
Hodl, Hodl, Hodl, Hodl, Hodl, Hodl, Hodl, Hodl, Hodl, Hodl, Hodl,
Hodl, Hodl, Hodl, Hodl, Hodl, Hodl, Hodl, Hodl, Hodl, Hodl, Hodl,
Hodl, Hodl, Hodl, Hodl, Hodl, Hodl, Hodl, Hodl, Hodl, Hodl, Hodl,
Hodl, Hodl, Hodl, Hodl, Hodl, Hodl, Hodl, Hodl, Hodl, Hodl, Hodl,
Hodl, Hodl, Hodl, Hodl, Hodl, Hodl, Hodl, Hodl, Hodl, Hodl, Hodl,
Hodl, Hodl, Hodl, Hodl, Hodl, Hodl, Hodl, Hodl, Hodl, Hodl, Hodl,
Hodl, Hodl, Hodl, Hodl, Hodl, Hodl, Hodl, Hodl, Hodl, Hodl, Hodl,
Hodl, Hodl, Hodl, Hodl, Hodl, Hodl, Hodl, Hodl, Hodl, Hodl, Hodl,
Hodl, Hodl, Hodl, Hodl, Hodl, Hodl, Hodl, Hodl, Hodl, Hodl, Hodl,
Hodl, Hodl, Hodl, Hodl, Hodl, Hodl, Hodl, Hodl, Hodl, Hodl, Hodl,
Hodl, Hodl, Hodl, Hodl, Hodl, Hodl, Hodl, Hodl, Hodl, Hodl, Hodl,
Hodl, Hodl, Hodl, Hodl, Hodl, Hodl, Hodl, Hodl, Hodl, Hodl, Hodl,
Hodl, Hodl, Hodl, Hodl, Hodl, Hodl, Hodl, Hodl, Hodl, Hodl, Hodl,
Hodl, Hodl, Hodl, Hodl, Hodl, Hodl, Hodl, Hodl, Hodl, Hodl, Hodl,
Hodl, Hodl, Hodl, Hodl, Hodl, Hodl, Hodl, Hodl, Hodl, Hodl, Hodl,
Hodl, Hodl, Hodl, Hodl, Hodl, Hodl, Hodl, Hodl, Hodl, Hodl, Hodl,
Hodl, Hodl, Hodl, Hodl, Hodl, Hodl, Hodl, Hodl, Hodl, Hodl, Hodl,
Hodl, Hodl, Hodl, Hodl, Hodl, Hodl, Hodl, Hodl, Hodl, Hodl, Hodl,
Hodl, Hodl, Hodl, Hodl, Hodl, Hodl, Hodl, Hodl, Hodl, Hodl, Hodl,
Hodl, Hodl, Hodl, Hodl, Hodl, Hodl, Hodl, Hodl, Hodl, Hodl, Hodl,
Hodl, Hodl, Hodl, Hodl, Hodl, Hodl, Hodl, Hodl, Hodl, Hodl, Hodl,
Hodl, Hodl, Hodl, Hodl, Hodl, Hodl, Hodl, Hodl, Hodl, Hodl, Hodl,
Hodl, Hodl, Hodl, Hodl, Hodl, Hodl, Hodl, Hodl, Hodl, Hodl, Hodl,
Hodl, Hodl, Hodl, Hodl, Hodl, Hodl.

Hodl, Hodl, Hodl, Hodl, Hodl, Hodl, Hodl, Hodl, Hodl,
Hodl, Hodl, Hodl, Hodl, Hodl, Hodl, Hodl, Hodl, Hodl, Hodl, Hodl,
Hodl, Hodl, Hodl, Hodl, Hodl, Hodl, Hodl, Hodl, Hodl, Hodl, Hodl,
Hodl, Hodl, Hodl, Hodl, Hodl, Hodl, Hodl, Hodl, Hodl, Hodl, Hodl,
Hodl, Hodl, Hodl, Hodl, Hodl, Hodl, Hodl, Hodl, Hodl, Hodl, Hodl,
Hodl, Hodl, Hodl, Hodl, Hodl, Hodl, Hodl, Hodl, Hodl, Hodl, Hodl,
Hodl, Hodl, Hodl, Hodl, Hodl, Hodl, Hodl, Hodl, Hodl, Hodl, Hodl,
Hodl, Hodl, Hodl, Hodl, Hodl, Hodl, Hodl, Hodl, Hodl, Hodl, Hodl,
Hodl, Hodl, Hodl, Hodl, Hodl, Hodl, Hodl, Hodl, Hodl, Hodl, Hodl,
Hodl, Hodl, Hodl, Hodl, Hodl, Hodl, Hodl, Hodl, Hodl, Hodl, Hodl,
Hodl, Hodl, Hodl, Hodl, Hodl, Hodl, Hodl, Hodl, Hodl, Hodl, Hodl,
Hodl, Hodl, Hodl, Hodl, Hodl, Hodl, Hodl, Hodl, Hodl, Hodl, Hodl,
Hodl, Hodl, Hodl, Hodl, Hodl, Hodl, Hodl, Hodl, Hodl, Hodl, Hodl,
Hodl, Hodl, Hodl, Hodl, Hodl, Hodl, Hodl, Hodl, Hodl, Hodl, Hodl,
Hodl, Hodl, Hodl, Hodl, Hodl, Hodl, Hodl, Hodl, Hodl, Hodl, Hodl,
Hodl, Hodl, Hodl, Hodl, Hodl, Hodl, Hodl, Hodl, Hodl, Hodl, Hodl,
Hodl, Hodl, Hodl, Hodl, Hodl, Hodl, Hodl, Hodl, Hodl, Hodl, Hodl,
Hodl, Hodl, Hodl, Hodl, Hodl, Hodl, Hodl, Hodl, Hodl, Hodl, Hodl,
Hodl, Hodl, Hodl, Hodl, Hodl, Hodl, Hodl, Hodl, Hodl, Hodl, Hodl,
Hodl, Hodl, Hodl, Hodl, Hodl, Hodl, Hodl, Hodl, Hodl, Hodl, Hodl,
Hodl, Hodl, Hodl, Hodl, Hodl, Hodl, Hodl, Hodl, Hodl, Hodl, Hodl,
Hodl, Hodl, Hodl, Hodl, Hodl, Hodl, Hodl, Hodl, Hodl, Hodl, Hodl,
Hodl, Hodl, Hodl, Hodl, Hodl, Hodl, Hodl, Hodl, Hodl, Hodl, Hodl,
Hodl, Hodl, Hodl, Hodl, Hodl, Hodl, Hodl, Hodl, Hodl, Hodl, Hodl,
Hodl, Hodl, Hodl, Hodl, Hodl, Hodl, Hodl, Hodl, Hodl, Hodl, Hodl,
Hodl, Hodl, Hodl, Hodl, Hodl, Hodl, Hodl, Hodl, Hodl, Hodl, Hodl,
Hodl, Hodl, Hodl, Hodl, Hodl, Hodl, Hodl, Hodl, Hodl, Hodl, Hodl,
Hodl, Hodl, Hodl, Hodl, Hodl, Hodl, Hodl, Hodl, Hodl, Hodl, Hodl,
Hodl, Hodl, Hodl, Hodl, Hodl, Hodl, Hodl, Hodl, Hodl, Hodl, Hodl,
Hodl, Hodl, Hodl, Hodl, Hodl, Hodl, Hodl, Hodl, Hodl, Hodl, Hodl,
Hodl, Hodl, Hodl, Hodl, Hodl, Hodl, Hodl, Hodl, Hodl, Hodl, Hodl,
Hodl, Hodl, Hodl, Hodl, Hodl, Hodl, Hodl, Hodl, Hodl, Hodl, Hodl,
Hodl, Hodl, Hodl, Hodl, Hodl, Hodl, Hodl, Hodl, Hodl, Hodl, Hodl,
Hodl, Hodl, Hodl, Hodl, Hodl, Hodl, Hodl, Hodl, Hodl, Hodl, Hodl,
Hodl, Hodl, Hodl, Hodl, Hodl, Hodl, Hodl, Hodl, Hodl, Hodl, Hodl,
Hodl, Hodl, Hodl, Hodl, Hodl, Hodl.

Hodl, Hodl, Hodl, Hodl, Hodl, Hodl, Hodl, Hodl, Hodl,
Hodl, Hodl, Hodl, Hodl, Hodl, Hodl, Hodl, Hodl, Hodl, Hodl, Hodl,
Hodl, Hodl, Hodl, Hodl, Hodl, Hodl, Hodl, Hodl, Hodl, Hodl, Hodl,
Hodl, Hodl, Hodl, Hodl, Hodl, Hodl, Hodl, Hodl, Hodl, Hodl, Hodl,
Hodl, Hodl, Hodl, Hodl, Hodl, Hodl, Hodl, Hodl, Hodl, Hodl, Hodl,
Hodl, Hodl, Hodl, Hodl, Hodl, Hodl, Hodl, Hodl, Hodl, Hodl, Hodl,
Hodl, Hodl, Hodl, Hodl, Hodl, Hodl, Hodl, Hodl, Hodl, Hodl, Hodl,
Hodl, Hodl, Hodl, Hodl, Hodl, Hodl, Hodl, Hodl, Hodl, Hodl, Hodl,
Hodl, Hodl, Hodl, Hodl, Hodl, Hodl, Hodl, Hodl, Hodl, Hodl, Hodl,
Hodl, Hodl, Hodl, Hodl, Hodl, Hodl, Hodl, Hodl, Hodl, Hodl, Hodl,
Hodl, Hodl, Hodl, Hodl, Hodl, Hodl, Hodl, Hodl, Hodl, Hodl, Hodl,
Hodl, Hodl, Hodl, Hodl, Hodl, Hodl, Hodl, Hodl, Hodl, Hodl, Hodl,
Hodl, Hodl, Hodl, Hodl, Hodl, Hodl, Hodl, Hodl, Hodl, Hodl, Hodl,
Hodl, Hodl, Hodl, Hodl, Hodl, Hodl, Hodl, Hodl, Hodl, Hodl, Hodl,
Hodl, Hodl, Hodl, Hodl, Hodl, Hodl, Hodl, Hodl, Hodl, Hodl, Hodl,
Hodl, Hodl, Hodl, Hodl, Hodl, Hodl, Hodl, Hodl, Hodl, Hodl, Hodl,
Hodl, Hodl, Hodl, Hodl, Hodl, Hodl, Hodl, Hodl, Hodl, Hodl, Hodl,
Hodl, Hodl, Hodl, Hodl, Hodl, Hodl, Hodl, Hodl, Hodl, Hodl, Hodl,
Hodl, Hodl, Hodl, Hodl, Hodl, Hodl, Hodl, Hodl, Hodl, Hodl, Hodl,
Hodl, Hodl, Hodl, Hodl, Hodl, Hodl, Hodl, Hodl, Hodl, Hodl, Hodl,
Hodl, Hodl, Hodl, Hodl, Hodl, Hodl, Hodl, Hodl, Hodl, Hodl, Hodl,
Hodl, Hodl, Hodl, Hodl, Hodl, Hodl, Hodl, Hodl, Hodl, Hodl, Hodl,
Hodl, Hodl, Hodl, Hodl, Hodl, Hodl, Hodl, Hodl, Hodl, Hodl, Hodl,
Hodl, Hodl, Hodl, Hodl, Hodl, Hodl, Hodl, Hodl, Hodl, Hodl, Hodl,
Hodl, Hodl, Hodl, Hodl, Hodl, Hodl, Hodl, Hodl, Hodl, Hodl, Hodl,
Hodl, Hodl, Hodl, Hodl, Hodl, Hodl, Hodl, Hodl, Hodl, Hodl, Hodl,
Hodl, Hodl, Hodl, Hodl, Hodl, Hodl, Hodl, Hodl, Hodl, Hodl, Hodl,
Hodl, Hodl, Hodl, Hodl, Hodl, Hodl, Hodl, Hodl, Hodl, Hodl, Hodl,
Hodl, Hodl, Hodl, Hodl, Hodl, Hodl, Hodl, Hodl, Hodl, Hodl, Hodl,
Hodl, Hodl, Hodl, Hodl, Hodl, Hodl, Hodl, Hodl, Hodl, Hodl, Hodl,
Hodl, Hodl, Hodl, Hodl, Hodl, Hodl, Hodl, Hodl, Hodl, Hodl, Hodl,
Hodl, Hodl, Hodl, Hodl, Hodl, Hodl, Hodl, Hodl, Hodl, Hodl, Hodl,
Hodl, Hodl, Hodl, Hodl, Hodl, Hodl, Hodl, Hodl, Hodl, Hodl, Hodl,
Hodl, Hodl, Hodl, Hodl, Hodl, Hodl, Hodl, Hodl, Hodl, Hodl, Hodl,
Hodl, Hodl, Hodl, Hodl, Hodl, Hodl.

Hodl, Hodl, Hodl, Hodl, Hodl, Hodl, Hodl, Hodl, Hodl,
Hodl, Hodl, Hodl, Hodl, Hodl, Hodl, Hodl, Hodl, Hodl, Hodl, Hodl,
Hodl, Hodl, Hodl, Hodl, Hodl, Hodl, Hodl, Hodl, Hodl, Hodl, Hodl,
Hodl, Hodl, Hodl, Hodl, Hodl, Hodl, Hodl, Hodl, Hodl, Hodl, Hodl,
Hodl, Hodl, Hodl, Hodl, Hodl, Hodl, Hodl, Hodl, Hodl, Hodl, Hodl,
Hodl, Hodl, Hodl, Hodl, Hodl, Hodl, Hodl, Hodl, Hodl, Hodl, Hodl,
Hodl, Hodl, Hodl, Hodl, Hodl, Hodl, Hodl, Hodl, Hodl, Hodl, Hodl,
Hodl, Hodl, Hodl, Hodl, Hodl, Hodl, Hodl, Hodl, Hodl, Hodl, Hodl,
Hodl, Hodl, Hodl, Hodl, Hodl, Hodl, Hodl, Hodl, Hodl, Hodl, Hodl,
Hodl, Hodl, Hodl, Hodl, Hodl, Hodl, Hodl, Hodl, Hodl, Hodl, Hodl,
Hodl, Hodl, Hodl, Hodl, Hodl, Hodl, Hodl, Hodl, Hodl, Hodl, Hodl,
Hodl, Hodl, Hodl, Hodl, Hodl, Hodl, Hodl, Hodl, Hodl, Hodl, Hodl,
Hodl, Hodl, Hodl, Hodl, Hodl, Hodl, Hodl, Hodl, Hodl, Hodl, Hodl,
Hodl, Hodl, Hodl, Hodl, Hodl, Hodl, Hodl, Hodl, Hodl, Hodl, Hodl,
Hodl, Hodl, Hodl, Hodl, Hodl, Hodl, Hodl, Hodl, Hodl, Hodl, Hodl,
Hodl, Hodl, Hodl, Hodl, Hodl, Hodl, Hodl, Hodl, Hodl, Hodl, Hodl,
Hodl, Hodl, Hodl, Hodl, Hodl, Hodl, Hodl, Hodl, Hodl, Hodl, Hodl,
Hodl, Hodl, Hodl, Hodl, Hodl, Hodl, Hodl, Hodl, Hodl, Hodl, Hodl,
Hodl, Hodl, Hodl, Hodl, Hodl, Hodl, Hodl, Hodl, Hodl, Hodl, Hodl,
Hodl, Hodl, Hodl, Hodl, Hodl, Hodl, Hodl, Hodl, Hodl, Hodl, Hodl,
Hodl, Hodl, Hodl, Hodl, Hodl, Hodl, Hodl, Hodl, Hodl, Hodl, Hodl,
Hodl, Hodl, Hodl, Hodl, Hodl, Hodl, Hodl, Hodl, Hodl, Hodl, Hodl,
Hodl, Hodl, Hodl, Hodl, Hodl, Hodl, Hodl, Hodl, Hodl, Hodl, Hodl,
Hodl, Hodl, Hodl, Hodl, Hodl, Hodl, Hodl, Hodl, Hodl, Hodl, Hodl,
Hodl, Hodl, Hodl, Hodl, Hodl, Hodl, Hodl, Hodl, Hodl, Hodl, Hodl,
Hodl, Hodl, Hodl, Hodl, Hodl, Hodl, Hodl, Hodl, Hodl, Hodl, Hodl,
Hodl, Hodl, Hodl, Hodl, Hodl, Hodl, Hodl, Hodl, Hodl, Hodl, Hodl,
Hodl, Hodl, Hodl, Hodl, Hodl, Hodl, Hodl, Hodl, Hodl, Hodl, Hodl,
Hodl, Hodl, Hodl, Hodl, Hodl, Hodl, Hodl, Hodl, Hodl, Hodl, Hodl,
Hodl, Hodl, Hodl, Hodl, Hodl, Hodl, Hodl, Hodl, Hodl, Hodl, Hodl,
Hodl, Hodl, Hodl, Hodl, Hodl, Hodl, Hodl, Hodl, Hodl, Hodl, Hodl,
Hodl, Hodl, Hodl, Hodl, Hodl, Hodl, Hodl, Hodl, Hodl, Hodl, Hodl,
Hodl, Hodl, Hodl, Hodl, Hodl, Hodl, Hodl, Hodl, Hodl, Hodl, Hodl,
Hodl, Hodl, Hodl, Hodl, Hodl, Hodl, Hodl, Hodl, Hodl, Hodl, Hodl,
Hodl, Hodl, Hodl, Hodl, Hodl, Hodl.

Hodl, Hodl, Hodl, Hodl, Hodl, Hodl, Hodl, Hodl, Hodl,
Hodl, Hodl, Hodl, Hodl, Hodl, Hodl, Hodl, Hodl, Hodl, Hodl, Hodl,
Hodl, Hodl, Hodl, Hodl, Hodl, Hodl, Hodl, Hodl, Hodl, Hodl, Hodl,
Hodl, Hodl, Hodl, Hodl, Hodl, Hodl, Hodl, Hodl, Hodl, Hodl, Hodl,
Hodl, Hodl, Hodl, Hodl, Hodl, Hodl, Hodl, Hodl, Hodl, Hodl, Hodl,
Hodl, Hodl, Hodl, Hodl, Hodl, Hodl, Hodl, Hodl, Hodl, Hodl, Hodl,
Hodl, Hodl, Hodl, Hodl, Hodl, Hodl, Hodl, Hodl, Hodl, Hodl, Hodl,
Hodl, Hodl, Hodl, Hodl, Hodl, Hodl, Hodl, Hodl, Hodl, Hodl, Hodl,
Hodl, Hodl, Hodl, Hodl, Hodl, Hodl, Hodl, Hodl, Hodl, Hodl, Hodl,
Hodl, Hodl, Hodl, Hodl, Hodl, Hodl, Hodl, Hodl, Hodl, Hodl, Hodl,
Hodl, Hodl, Hodl, Hodl, Hodl, Hodl, Hodl, Hodl, Hodl, Hodl, Hodl,
Hodl, Hodl, Hodl, Hodl, Hodl, Hodl, Hodl, Hodl, Hodl, Hodl, Hodl,
Hodl, Hodl, Hodl, Hodl, Hodl, Hodl, Hodl, Hodl, Hodl, Hodl, Hodl,
Hodl, Hodl, Hodl, Hodl, Hodl, Hodl, Hodl, Hodl, Hodl, Hodl, Hodl,
Hodl, Hodl, Hodl, Hodl, Hodl, Hodl, Hodl, Hodl, Hodl, Hodl, Hodl,
Hodl, Hodl, Hodl, Hodl, Hodl, Hodl, Hodl, Hodl, Hodl, Hodl, Hodl,
Hodl, Hodl, Hodl, Hodl, Hodl, Hodl, Hodl, Hodl, Hodl, Hodl, Hodl,
Hodl, Hodl, Hodl, Hodl, Hodl, Hodl, Hodl, Hodl, Hodl, Hodl, Hodl,
Hodl, Hodl, Hodl, Hodl, Hodl, Hodl, Hodl, Hodl, Hodl, Hodl, Hodl,
Hodl, Hodl, Hodl, Hodl, Hodl, Hodl, Hodl, Hodl, Hodl, Hodl, Hodl,
Hodl, Hodl, Hodl, Hodl, Hodl, Hodl, Hodl, Hodl, Hodl, Hodl, Hodl,
Hodl, Hodl, Hodl, Hodl, Hodl, Hodl, Hodl, Hodl, Hodl, Hodl, Hodl,
Hodl, Hodl, Hodl, Hodl, Hodl, Hodl, Hodl, Hodl, Hodl, Hodl, Hodl,
Hodl, Hodl, Hodl, Hodl, Hodl, Hodl, Hodl, Hodl, Hodl, Hodl, Hodl,
Hodl, Hodl, Hodl, Hodl, Hodl, Hodl, Hodl, Hodl, Hodl, Hodl, Hodl,
Hodl, Hodl, Hodl, Hodl, Hodl, Hodl, Hodl, Hodl, Hodl, Hodl, Hodl,
Hodl, Hodl, Hodl, Hodl, Hodl, Hodl, Hodl, Hodl, Hodl, Hodl, Hodl,
Hodl, Hodl, Hodl, Hodl, Hodl, Hodl, Hodl, Hodl, Hodl, Hodl, Hodl,
Hodl, Hodl, Hodl, Hodl, Hodl, Hodl, Hodl, Hodl, Hodl, Hodl, Hodl,
Hodl, Hodl, Hodl, Hodl, Hodl, Hodl, Hodl, Hodl, Hodl, Hodl, Hodl,
Hodl, Hodl, Hodl, Hodl, Hodl, Hodl, Hodl, Hodl, Hodl, Hodl, Hodl,
Hodl, Hodl, Hodl, Hodl, Hodl, Hodl, Hodl, Hodl, Hodl, Hodl, Hodl,
Hodl, Hodl, Hodl, Hodl, Hodl, Hodl, Hodl, Hodl, Hodl, Hodl, Hodl,
Hodl, Hodl, Hodl, Hodl, Hodl, Hodl, Hodl, Hodl, Hodl, Hodl, Hodl,
Hodl, Hodl, Hodl, Hodl, Hodl, Hodl.

Hodl, Hodl, Hodl, Hodl, Hodl, Hodl, Hodl, Hodl, Hodl,
Hodl, Hodl, Hodl, Hodl, Hodl, Hodl, Hodl, Hodl, Hodl, Hodl, Hodl,
Hodl, Hodl, Hodl, Hodl, Hodl, Hodl, Hodl, Hodl, Hodl, Hodl, Hodl,
Hodl, Hodl, Hodl, Hodl, Hodl, Hodl, Hodl, Hodl, Hodl, Hodl, Hodl,
Hodl, Hodl, Hodl, Hodl, Hodl, Hodl, Hodl, Hodl, Hodl, Hodl, Hodl,
Hodl, Hodl, Hodl, Hodl, Hodl, Hodl, Hodl, Hodl, Hodl, Hodl, Hodl,
Hodl, Hodl, Hodl, Hodl, Hodl, Hodl, Hodl, Hodl, Hodl, Hodl, Hodl,
Hodl, Hodl, Hodl, Hodl, Hodl, Hodl, Hodl, Hodl, Hodl, Hodl, Hodl,
Hodl, Hodl, Hodl, Hodl, Hodl, Hodl, Hodl, Hodl, Hodl, Hodl, Hodl,
Hodl, Hodl, Hodl, Hodl, Hodl, Hodl, Hodl, Hodl, Hodl, Hodl, Hodl,
Hodl, Hodl, Hodl, Hodl, Hodl, Hodl, Hodl, Hodl, Hodl, Hodl, Hodl,
Hodl, Hodl, Hodl, Hodl, Hodl, Hodl, Hodl, Hodl, Hodl, Hodl, Hodl,
Hodl, Hodl, Hodl, Hodl, Hodl, Hodl, Hodl, Hodl, Hodl, Hodl, Hodl,
Hodl, Hodl, Hodl, Hodl, Hodl, Hodl, Hodl, Hodl, Hodl, Hodl, Hodl,
Hodl, Hodl, Hodl, Hodl, Hodl, Hodl, Hodl, Hodl, Hodl, Hodl, Hodl,
Hodl, Hodl, Hodl, Hodl, Hodl, Hodl, Hodl, Hodl, Hodl, Hodl, Hodl,
Hodl, Hodl, Hodl, Hodl, Hodl, Hodl, Hodl, Hodl, Hodl, Hodl, Hodl,
Hodl, Hodl, Hodl, Hodl, Hodl, Hodl, Hodl, Hodl, Hodl, Hodl, Hodl,
Hodl, Hodl, Hodl, Hodl, Hodl, Hodl, Hodl, Hodl, Hodl, Hodl, Hodl,
Hodl, Hodl, Hodl, Hodl, Hodl, Hodl, Hodl, Hodl, Hodl, Hodl, Hodl,
Hodl, Hodl, Hodl, Hodl, Hodl, Hodl, Hodl, Hodl, Hodl, Hodl, Hodl,
Hodl, Hodl, Hodl, Hodl, Hodl, Hodl, Hodl, Hodl, Hodl, Hodl, Hodl,
Hodl, Hodl, Hodl, Hodl, Hodl, Hodl, Hodl, Hodl, Hodl, Hodl, Hodl,
Hodl, Hodl, Hodl, Hodl, Hodl, Hodl, Hodl, Hodl, Hodl, Hodl, Hodl,
Hodl, Hodl, Hodl, Hodl, Hodl, Hodl, Hodl, Hodl, Hodl, Hodl, Hodl,
Hodl, Hodl, Hodl, Hodl, Hodl, Hodl, Hodl, Hodl, Hodl, Hodl, Hodl,
Hodl, Hodl, Hodl, Hodl, Hodl, Hodl, Hodl, Hodl, Hodl, Hodl, Hodl,
Hodl, Hodl, Hodl, Hodl, Hodl, Hodl, Hodl, Hodl, Hodl, Hodl, Hodl,
Hodl, Hodl, Hodl, Hodl, Hodl, Hodl, Hodl, Hodl, Hodl, Hodl, Hodl,
Hodl, Hodl, Hodl, Hodl, Hodl, Hodl, Hodl, Hodl, Hodl, Hodl, Hodl,
Hodl, Hodl, Hodl, Hodl, Hodl, Hodl, Hodl, Hodl, Hodl, Hodl, Hodl,
Hodl, Hodl, Hodl, Hodl, Hodl, Hodl, Hodl, Hodl, Hodl, Hodl, Hodl,
Hodl, Hodl, Hodl, Hodl, Hodl, Hodl, Hodl, Hodl, Hodl, Hodl, Hodl,
Hodl, Hodl, Hodl, Hodl.

Hodl, Hodl, Hodl, Hodl, Hodl, Hodl, Hodl, Hodl, Hodl,
Hodl, Hodl, Hodl, Hodl, Hodl, Hodl, Hodl, Hodl, Hodl, Hodl, Hodl,
Hodl, Hodl, Hodl, Hodl, Hodl, Hodl, Hodl, Hodl, Hodl, Hodl, Hodl,
Hodl, Hodl, Hodl, Hodl, Hodl, Hodl, Hodl, Hodl, Hodl, Hodl, Hodl,
Hodl, Hodl, Hodl, Hodl, Hodl, Hodl, Hodl, Hodl, Hodl, Hodl, Hodl,
Hodl, Hodl, Hodl, Hodl, Hodl, Hodl, Hodl, Hodl, Hodl, Hodl, Hodl,
Hodl, Hodl, Hodl, Hodl, Hodl, Hodl, Hodl, Hodl, Hodl, Hodl, Hodl,
Hodl, Hodl, Hodl, Hodl, Hodl, Hodl, Hodl, Hodl, Hodl, Hodl, Hodl,
Hodl, Hodl, Hodl, Hodl, Hodl, Hodl, Hodl, Hodl, Hodl, Hodl, Hodl,
Hodl, Hodl, Hodl, Hodl, Hodl, Hodl, Hodl, Hodl, Hodl, Hodl, Hodl,
Hodl, Hodl, Hodl, Hodl, Hodl, Hodl, Hodl, Hodl, Hodl, Hodl, Hodl,
Hodl, Hodl, Hodl, Hodl, Hodl, Hodl, Hodl, Hodl, Hodl, Hodl, Hodl,
Hodl, Hodl, Hodl, Hodl, Hodl, Hodl, Hodl, Hodl, Hodl, Hodl, Hodl,
Hodl, Hodl, Hodl, Hodl, Hodl, Hodl, Hodl, Hodl, Hodl, Hodl, Hodl,
Hodl, Hodl, Hodl, Hodl, Hodl, Hodl, Hodl, Hodl, Hodl, Hodl, Hodl,
Hodl, Hodl, Hodl, Hodl, Hodl, Hodl, Hodl, Hodl, Hodl, Hodl, Hodl,
Hodl, Hodl, Hodl, Hodl, Hodl, Hodl, Hodl, Hodl, Hodl, Hodl, Hodl,
Hodl, Hodl, Hodl, Hodl, Hodl, Hodl, Hodl, Hodl, Hodl, Hodl, Hodl,
Hodl, Hodl, Hodl, Hodl, Hodl, Hodl, Hodl, Hodl, Hodl, Hodl, Hodl,
Hodl, Hodl, Hodl, Hodl, Hodl, Hodl, Hodl, Hodl, Hodl, Hodl, Hodl,
Hodl, Hodl, Hodl, Hodl, Hodl, Hodl, Hodl, Hodl, Hodl, Hodl, Hodl,
Hodl, Hodl, Hodl, Hodl, Hodl, Hodl, Hodl, Hodl, Hodl, Hodl, Hodl,
Hodl, Hodl, Hodl, Hodl, Hodl, Hodl, Hodl, Hodl, Hodl, Hodl, Hodl,
Hodl, Hodl, Hodl, Hodl, Hodl, Hodl, Hodl, Hodl, Hodl, Hodl, Hodl,
Hodl, Hodl, Hodl, Hodl, Hodl, Hodl, Hodl, Hodl, Hodl, Hodl, Hodl,
Hodl, Hodl, Hodl, Hodl, Hodl, Hodl, Hodl, Hodl, Hodl, Hodl, Hodl,
Hodl, Hodl, Hodl, Hodl, Hodl, Hodl, Hodl, Hodl, Hodl, Hodl, Hodl,
Hodl, Hodl, Hodl, Hodl, Hodl, Hodl, Hodl, Hodl, Hodl, Hodl, Hodl,
Hodl, Hodl, Hodl, Hodl, Hodl, Hodl, Hodl, Hodl, Hodl, Hodl, Hodl,
Hodl, Hodl, Hodl, Hodl, Hodl, Hodl, Hodl, Hodl, Hodl, Hodl, Hodl,
Hodl, Hodl, Hodl, Hodl, Hodl, Hodl, Hodl, Hodl, Hodl, Hodl, Hodl,
Hodl, Hodl, Hodl, Hodl, Hodl, Hodl, Hodl, Hodl, Hodl, Hodl, Hodl,
Hodl, Hodl, Hodl, Hodl, Hodl, Hodl.

Hodl, Hodl, Hodl, Hodl, Hodl, Hodl, Hodl, Hodl, Hodl,
Hodl, Hodl, Hodl, Hodl, Hodl, Hodl, Hodl, Hodl, Hodl, Hodl, Hodl,
Hodl, Hodl, Hodl, Hodl, Hodl, Hodl, Hodl, Hodl, Hodl, Hodl, Hodl,
Hodl, Hodl, Hodl, Hodl, Hodl, Hodl, Hodl, Hodl, Hodl, Hodl, Hodl,
Hodl, Hodl, Hodl, Hodl, Hodl, Hodl, Hodl, Hodl, Hodl, Hodl, Hodl,
Hodl, Hodl, Hodl, Hodl, Hodl, Hodl, Hodl, Hodl, Hodl, Hodl, Hodl,
Hodl, Hodl, Hodl, Hodl, Hodl, Hodl, Hodl, Hodl, Hodl, Hodl, Hodl,
Hodl, Hodl, Hodl, Hodl, Hodl, Hodl, Hodl, Hodl, Hodl, Hodl, Hodl,
Hodl, Hodl, Hodl, Hodl, Hodl, Hodl, Hodl, Hodl, Hodl, Hodl, Hodl,
Hodl, Hodl, Hodl, Hodl, Hodl, Hodl, Hodl, Hodl, Hodl, Hodl, Hodl,
Hodl, Hodl, Hodl, Hodl, Hodl, Hodl, Hodl, Hodl, Hodl, Hodl, Hodl,
Hodl, Hodl, Hodl, Hodl, Hodl, Hodl, Hodl, Hodl, Hodl, Hodl, Hodl,
Hodl, Hodl, Hodl, Hodl, Hodl, Hodl, Hodl, Hodl, Hodl, Hodl, Hodl,
Hodl, Hodl, Hodl, Hodl, Hodl, Hodl, Hodl, Hodl, Hodl, Hodl, Hodl,
Hodl, Hodl, Hodl, Hodl, Hodl, Hodl, Hodl, Hodl, Hodl, Hodl, Hodl,
Hodl, Hodl, Hodl, Hodl, Hodl, Hodl, Hodl, Hodl, Hodl, Hodl, Hodl,
Hodl, Hodl, Hodl, Hodl, Hodl, Hodl, Hodl, Hodl, Hodl, Hodl, Hodl,
Hodl, Hodl, Hodl, Hodl, Hodl, Hodl, Hodl, Hodl, Hodl, Hodl, Hodl,
Hodl, Hodl, Hodl, Hodl, Hodl, Hodl, Hodl, Hodl, Hodl, Hodl, Hodl,
Hodl, Hodl, Hodl, Hodl, Hodl, Hodl, Hodl, Hodl, Hodl, Hodl, Hodl,
Hodl, Hodl, Hodl, Hodl, Hodl, Hodl, Hodl, Hodl, Hodl, Hodl, Hodl,
Hodl, Hodl, Hodl, Hodl, Hodl, Hodl, Hodl, Hodl, Hodl, Hodl, Hodl,
Hodl, Hodl, Hodl, Hodl, Hodl, Hodl, Hodl, Hodl, Hodl, Hodl, Hodl,
Hodl, Hodl, Hodl, Hodl, Hodl, Hodl, Hodl, Hodl, Hodl, Hodl, Hodl,
Hodl, Hodl, Hodl, Hodl, Hodl, Hodl, Hodl, Hodl, Hodl, Hodl, Hodl,
Hodl, Hodl, Hodl, Hodl, Hodl, Hodl, Hodl, Hodl, Hodl, Hodl, Hodl,
Hodl, Hodl, Hodl, Hodl, Hodl, Hodl, Hodl, Hodl, Hodl, Hodl, Hodl,
Hodl, Hodl, Hodl, Hodl, Hodl, Hodl, Hodl, Hodl, Hodl, Hodl, Hodl,
Hodl, Hodl, Hodl, Hodl, Hodl, Hodl, Hodl, Hodl, Hodl, Hodl, Hodl,
Hodl, Hodl, Hodl, Hodl, Hodl, Hodl, Hodl, Hodl, Hodl, Hodl, Hodl,
Hodl, Hodl, Hodl, Hodl, Hodl, Hodl, Hodl, Hodl, Hodl, Hodl, Hodl,
Hodl, Hodl, Hodl, Hodl, Hodl, Hodl, Hodl, Hodl, Hodl, Hodl, Hodl,
Hodl, Hodl, Hodl, Hodl, Hodl, Hodl, Hodl, Hodl, Hodl, Hodl, Hodl,
Hodl, Hodl, Hodl, Hodl, Hodl, Hodl.

Hodl, Hodl, Hodl, Hodl, Hodl, Hodl, Hodl, Hodl, Hodl,
Hodl, Hodl, Hodl, Hodl, Hodl, Hodl, Hodl, Hodl, Hodl, Hodl, Hodl,
Hodl, Hodl, Hodl, Hodl, Hodl, Hodl, Hodl, Hodl, Hodl, Hodl, Hodl,
Hodl, Hodl, Hodl, Hodl, Hodl, Hodl, Hodl, Hodl, Hodl, Hodl, Hodl,
Hodl, Hodl, Hodl, Hodl, Hodl, Hodl, Hodl, Hodl, Hodl, Hodl, Hodl,
Hodl, Hodl, Hodl, Hodl, Hodl, Hodl, Hodl, Hodl, Hodl, Hodl, Hodl,
Hodl, Hodl, Hodl, Hodl, Hodl, Hodl, Hodl, Hodl, Hodl, Hodl, Hodl,
Hodl, Hodl, Hodl, Hodl, Hodl, Hodl, Hodl, Hodl, Hodl, Hodl, Hodl,
Hodl, Hodl, Hodl, Hodl, Hodl, Hodl, Hodl, Hodl, Hodl, Hodl, Hodl,
Hodl, Hodl, Hodl, Hodl, Hodl, Hodl, Hodl, Hodl, Hodl, Hodl, Hodl,
Hodl, Hodl, Hodl, Hodl, Hodl, Hodl, Hodl, Hodl, Hodl, Hodl, Hodl,
Hodl, Hodl, Hodl, Hodl, Hodl, Hodl, Hodl, Hodl, Hodl, Hodl, Hodl,
Hodl, Hodl, Hodl, Hodl, Hodl, Hodl, Hodl, Hodl, Hodl, Hodl, Hodl,
Hodl, Hodl, Hodl, Hodl, Hodl, Hodl, Hodl, Hodl, Hodl, Hodl, Hodl,
Hodl, Hodl, Hodl, Hodl, Hodl, Hodl, Hodl, Hodl, Hodl, Hodl, Hodl,
Hodl, Hodl, Hodl, Hodl, Hodl, Hodl, Hodl, Hodl, Hodl, Hodl, Hodl,
Hodl, Hodl, Hodl, Hodl, Hodl, Hodl, Hodl, Hodl, Hodl, Hodl, Hodl,
Hodl, Hodl, Hodl, Hodl, Hodl, Hodl, Hodl, Hodl, Hodl, Hodl, Hodl,
Hodl, Hodl, Hodl, Hodl, Hodl, Hodl, Hodl, Hodl, Hodl, Hodl, Hodl,
Hodl, Hodl, Hodl, Hodl, Hodl, Hodl, Hodl, Hodl, Hodl, Hodl, Hodl,
Hodl, Hodl, Hodl, Hodl, Hodl, Hodl, Hodl, Hodl, Hodl, Hodl, Hodl,
Hodl, Hodl, Hodl, Hodl, Hodl, Hodl, Hodl, Hodl, Hodl, Hodl, Hodl,
Hodl, Hodl, Hodl, Hodl, Hodl, Hodl, Hodl, Hodl, Hodl, Hodl, Hodl,
Hodl, Hodl, Hodl, Hodl, Hodl, Hodl, Hodl, Hodl, Hodl, Hodl, Hodl,
Hodl, Hodl, Hodl, Hodl, Hodl, Hodl, Hodl, Hodl, Hodl, Hodl, Hodl,
Hodl, Hodl, Hodl, Hodl, Hodl, Hodl, Hodl, Hodl, Hodl, Hodl, Hodl,
Hodl, Hodl, Hodl, Hodl, Hodl, Hodl, Hodl, Hodl, Hodl, Hodl, Hodl,
Hodl, Hodl, Hodl, Hodl, Hodl, Hodl, Hodl, Hodl, Hodl, Hodl, Hodl,
Hodl, Hodl, Hodl, Hodl, Hodl, Hodl, Hodl, Hodl, Hodl, Hodl, Hodl,
Hodl, Hodl, Hodl, Hodl, Hodl, Hodl, Hodl, Hodl, Hodl, Hodl, Hodl,
Hodl, Hodl, Hodl, Hodl, Hodl, Hodl, Hodl, Hodl, Hodl, Hodl, Hodl,
Hodl, Hodl, Hodl, Hodl, Hodl, Hodl, Hodl, Hodl, Hodl, Hodl, Hodl,
Hodl, Hodl, Hodl, Hodl, Hodl, Hodl, Hodl, Hodl, Hodl, Hodl, Hodl,
Hodl, Hodl, Hodl, Hodl, Hodl, Hodl, Hodl, Hodl, Hodl, Hodl, Hodl,
Hodl, Hodl, Hodl, Hodl, Hodl, Hodl.

Hodl, Hodl, Hodl, Hodl, Hodl, Hodl, Hodl, Hodl, Hodl,
Hodl, Hodl, Hodl, Hodl, Hodl, Hodl, Hodl, Hodl, Hodl, Hodl, Hodl,
Hodl, Hodl, Hodl, Hodl, Hodl, Hodl, Hodl, Hodl, Hodl, Hodl, Hodl,
Hodl, Hodl, Hodl, Hodl, Hodl, Hodl, Hodl, Hodl, Hodl, Hodl, Hodl,
Hodl, Hodl, Hodl, Hodl, Hodl, Hodl, Hodl, Hodl, Hodl, Hodl, Hodl,
Hodl, Hodl, Hodl, Hodl, Hodl, Hodl, Hodl, Hodl, Hodl, Hodl, Hodl,
Hodl, Hodl, Hodl, Hodl, Hodl, Hodl, Hodl, Hodl, Hodl, Hodl, Hodl,
Hodl, Hodl, Hodl, Hodl, Hodl, Hodl, Hodl, Hodl, Hodl, Hodl, Hodl,
Hodl, Hodl, Hodl, Hodl, Hodl, Hodl, Hodl, Hodl, Hodl, Hodl, Hodl,
Hodl, Hodl, Hodl, Hodl, Hodl, Hodl, Hodl, Hodl, Hodl, Hodl, Hodl,
Hodl, Hodl, Hodl, Hodl, Hodl, Hodl, Hodl, Hodl, Hodl, Hodl, Hodl,
Hodl, Hodl, Hodl, Hodl, Hodl, Hodl, Hodl, Hodl, Hodl, Hodl, Hodl,
Hodl, Hodl, Hodl, Hodl, Hodl, Hodl, Hodl, Hodl, Hodl, Hodl, Hodl,
Hodl, Hodl, Hodl, Hodl, Hodl, Hodl, Hodl, Hodl, Hodl, Hodl, Hodl,
Hodl, Hodl, Hodl, Hodl, Hodl, Hodl, Hodl, Hodl, Hodl, Hodl, Hodl,
Hodl, Hodl, Hodl, Hodl, Hodl, Hodl, Hodl, Hodl, Hodl, Hodl, Hodl,
Hodl, Hodl, Hodl, Hodl, Hodl, Hodl, Hodl, Hodl, Hodl, Hodl, Hodl,
Hodl, Hodl, Hodl, Hodl, Hodl, Hodl, Hodl, Hodl, Hodl, Hodl, Hodl,
Hodl, Hodl, Hodl, Hodl, Hodl, Hodl, Hodl, Hodl, Hodl, Hodl, Hodl,
Hodl, Hodl, Hodl, Hodl, Hodl, Hodl, Hodl, Hodl, Hodl, Hodl, Hodl,
Hodl, Hodl, Hodl, Hodl, Hodl, Hodl, Hodl, Hodl, Hodl, Hodl, Hodl,
Hodl, Hodl, Hodl, Hodl, Hodl, Hodl, Hodl, Hodl, Hodl, Hodl, Hodl,
Hodl, Hodl, Hodl, Hodl, Hodl, Hodl, Hodl, Hodl, Hodl, Hodl, Hodl,
Hodl, Hodl, Hodl, Hodl, Hodl, Hodl, Hodl, Hodl, Hodl, Hodl, Hodl,
Hodl, Hodl, Hodl, Hodl, Hodl, Hodl, Hodl, Hodl, Hodl, Hodl, Hodl,
Hodl, Hodl, Hodl, Hodl, Hodl, Hodl, Hodl, Hodl, Hodl, Hodl, Hodl,
Hodl, Hodl, Hodl, Hodl, Hodl, Hodl, Hodl, Hodl, Hodl, Hodl, Hodl,
Hodl, Hodl, Hodl, Hodl, Hodl, Hodl, Hodl, Hodl, Hodl, Hodl, Hodl,
Hodl, Hodl, Hodl, Hodl, Hodl, Hodl, Hodl, Hodl, Hodl, Hodl, Hodl,
Hodl, Hodl, Hodl, Hodl, Hodl, Hodl, Hodl, Hodl, Hodl, Hodl, Hodl,
Hodl, Hodl, Hodl, Hodl, Hodl, Hodl, Hodl, Hodl, Hodl, Hodl, Hodl,
Hodl, Hodl, Hodl, Hodl, Hodl, Hodl, Hodl, Hodl, Hodl, Hodl, Hodl,
Hodl, Hodl, Hodl, Hodl, Hodl, Hodl, Hodl, Hodl, Hodl, Hodl, Hodl,
Hodl, Hodl, Hodl, Hodl, Hodl, Hodl, Hodl, Hodl, Hodl, Hodl, Hodl,
Hodl, Hodl, Hodl, Hodl, Hodl, Hodl.

Hodl, Hodl, Hodl, Hodl, Hodl, Hodl, Hodl, Hodl, Hodl,
Hodl, Hodl, Hodl, Hodl, Hodl, Hodl, Hodl, Hodl, Hodl, Hodl, Hodl,
Hodl, Hodl, Hodl, Hodl, Hodl, Hodl, Hodl, Hodl, Hodl, Hodl, Hodl,
Hodl, Hodl, Hodl, Hodl, Hodl, Hodl, Hodl, Hodl, Hodl, Hodl, Hodl,
Hodl, Hodl, Hodl, Hodl, Hodl, Hodl, Hodl, Hodl, Hodl, Hodl, Hodl,
Hodl, Hodl, Hodl, Hodl, Hodl, Hodl, Hodl, Hodl, Hodl, Hodl, Hodl,
Hodl, Hodl, Hodl, Hodl, Hodl, Hodl, Hodl, Hodl, Hodl, Hodl, Hodl,
Hodl, Hodl, Hodl, Hodl, Hodl, Hodl, Hodl, Hodl, Hodl, Hodl, Hodl,
Hodl, Hodl, Hodl, Hodl, Hodl, Hodl, Hodl, Hodl, Hodl, Hodl, Hodl,
Hodl, Hodl, Hodl, Hodl, Hodl, Hodl, Hodl, Hodl, Hodl, Hodl, Hodl,
Hodl, Hodl, Hodl, Hodl, Hodl, Hodl, Hodl, Hodl, Hodl, Hodl, Hodl,
Hodl, Hodl, Hodl, Hodl, Hodl, Hodl, Hodl, Hodl, Hodl, Hodl, Hodl,
Hodl, Hodl, Hodl, Hodl, Hodl, Hodl, Hodl, Hodl, Hodl, Hodl, Hodl,
Hodl, Hodl, Hodl, Hodl, Hodl, Hodl, Hodl, Hodl, Hodl, Hodl, Hodl,
Hodl, Hodl, Hodl, Hodl, Hodl, Hodl, Hodl, Hodl, Hodl, Hodl, Hodl,
Hodl, Hodl, Hodl, Hodl, Hodl, Hodl, Hodl, Hodl, Hodl, Hodl, Hodl,
Hodl, Hodl, Hodl, Hodl, Hodl, Hodl, Hodl, Hodl, Hodl, Hodl, Hodl,
Hodl, Hodl, Hodl, Hodl, Hodl, Hodl, Hodl, Hodl, Hodl, Hodl, Hodl,
Hodl, Hodl, Hodl, Hodl, Hodl, Hodl, Hodl, Hodl, Hodl, Hodl, Hodl,
Hodl, Hodl, Hodl, Hodl, Hodl, Hodl, Hodl, Hodl, Hodl, Hodl, Hodl,
Hodl, Hodl, Hodl, Hodl, Hodl, Hodl, Hodl, Hodl, Hodl, Hodl, Hodl,
Hodl, Hodl, Hodl, Hodl, Hodl, Hodl, Hodl, Hodl, Hodl, Hodl, Hodl,
Hodl, Hodl, Hodl, Hodl, Hodl, Hodl, Hodl, Hodl, Hodl, Hodl, Hodl,
Hodl, Hodl, Hodl, Hodl, Hodl, Hodl, Hodl, Hodl, Hodl, Hodl, Hodl,
Hodl, Hodl, Hodl, Hodl, Hodl, Hodl, Hodl, Hodl, Hodl, Hodl, Hodl,
Hodl, Hodl, Hodl, Hodl, Hodl, Hodl, Hodl, Hodl, Hodl, Hodl, Hodl,
Hodl, Hodl, Hodl, Hodl, Hodl, Hodl, Hodl, Hodl, Hodl, Hodl, Hodl,
Hodl, Hodl, Hodl, Hodl, Hodl, Hodl, Hodl, Hodl, Hodl, Hodl, Hodl,
Hodl, Hodl, Hodl, Hodl, Hodl, Hodl, Hodl, Hodl, Hodl, Hodl, Hodl,
Hodl, Hodl, Hodl, Hodl, Hodl, Hodl, Hodl, Hodl, Hodl, Hodl, Hodl,
Hodl, Hodl, Hodl, Hodl, Hodl, Hodl, Hodl, Hodl, Hodl, Hodl, Hodl,
Hodl, Hodl, Hodl, Hodl, Hodl, Hodl, Hodl, Hodl, Hodl, Hodl, Hodl,
Hodl, Hodl, Hodl, Hodl, Hodl, Hodl, Hodl, Hodl, Hodl, Hodl, Hodl,
Hodl, Hodl, Hodl, Hodl, Hodl, Hodl, Hodl, Hodl, Hodl, Hodl, Hodl,
Hodl, Hodl, Hodl, Hodl, Hodl, Hodl.

Hodl, Hodl, Hodl, Hodl, Hodl, Hodl, Hodl, Hodl, Hodl,
Hodl, Hodl, Hodl, Hodl, Hodl, Hodl, Hodl, Hodl, Hodl, Hodl, Hodl,
Hodl, Hodl, Hodl, Hodl, Hodl, Hodl, Hodl, Hodl, Hodl, Hodl, Hodl,
Hodl, Hodl, Hodl, Hodl, Hodl, Hodl, Hodl, Hodl, Hodl, Hodl, Hodl,
Hodl, Hodl, Hodl, Hodl, Hodl, Hodl, Hodl, Hodl, Hodl, Hodl, Hodl,
Hodl, Hodl, Hodl, Hodl, Hodl, Hodl, Hodl, Hodl, Hodl, Hodl, Hodl,
Hodl, Hodl, Hodl, Hodl, Hodl, Hodl, Hodl, Hodl, Hodl, Hodl, Hodl,
Hodl, Hodl, Hodl, Hodl, Hodl, Hodl, Hodl, Hodl, Hodl, Hodl, Hodl,
Hodl, Hodl, Hodl, Hodl, Hodl, Hodl, Hodl, Hodl, Hodl, Hodl, Hodl,
Hodl, Hodl, Hodl, Hodl, Hodl, Hodl, Hodl, Hodl, Hodl, Hodl, Hodl,
Hodl, Hodl, Hodl, Hodl, Hodl, Hodl, Hodl, Hodl, Hodl, Hodl, Hodl,
Hodl, Hodl, Hodl, Hodl, Hodl, Hodl, Hodl, Hodl, Hodl, Hodl, Hodl,
Hodl, Hodl, Hodl, Hodl, Hodl, Hodl, Hodl, Hodl, Hodl, Hodl, Hodl,
Hodl, Hodl, Hodl, Hodl, Hodl, Hodl, Hodl, Hodl, Hodl, Hodl, Hodl,
Hodl, Hodl, Hodl, Hodl, Hodl, Hodl, Hodl, Hodl, Hodl, Hodl, Hodl,
Hodl, Hodl, Hodl, Hodl, Hodl, Hodl, Hodl, Hodl, Hodl, Hodl, Hodl,
Hodl, Hodl, Hodl, Hodl, Hodl, Hodl, Hodl, Hodl, Hodl, Hodl, Hodl,
Hodl, Hodl, Hodl, Hodl, Hodl, Hodl, Hodl, Hodl, Hodl, Hodl, Hodl,
Hodl, Hodl, Hodl, Hodl, Hodl, Hodl, Hodl, Hodl, Hodl, Hodl, Hodl,
Hodl, Hodl, Hodl, Hodl, Hodl, Hodl, Hodl, Hodl, Hodl, Hodl, Hodl,
Hodl, Hodl, Hodl, Hodl, Hodl, Hodl, Hodl, Hodl, Hodl, Hodl, Hodl,
Hodl, Hodl, Hodl, Hodl, Hodl, Hodl, Hodl, Hodl, Hodl, Hodl, Hodl,
Hodl, Hodl, Hodl, Hodl, Hodl, Hodl, Hodl, Hodl, Hodl, Hodl, Hodl,
Hodl, Hodl, Hodl, Hodl, Hodl, Hodl, Hodl, Hodl, Hodl, Hodl, Hodl,
Hodl, Hodl, Hodl, Hodl, Hodl, Hodl, Hodl, Hodl, Hodl, Hodl, Hodl,
Hodl, Hodl, Hodl, Hodl, Hodl, Hodl, Hodl, Hodl, Hodl, Hodl, Hodl,
Hodl, Hodl, Hodl, Hodl, Hodl, Hodl, Hodl, Hodl, Hodl, Hodl, Hodl,
Hodl, Hodl, Hodl, Hodl, Hodl, Hodl, Hodl, Hodl, Hodl, Hodl, Hodl,
Hodl, Hodl, Hodl, Hodl, Hodl, Hodl, Hodl, Hodl, Hodl, Hodl, Hodl,
Hodl, Hodl, Hodl, Hodl, Hodl, Hodl, Hodl, Hodl, Hodl, Hodl, Hodl,
Hodl, Hodl, Hodl, Hodl, Hodl, Hodl, Hodl, Hodl, Hodl, Hodl, Hodl,
Hodl, Hodl, Hodl, Hodl, Hodl, Hodl, Hodl, Hodl, Hodl, Hodl, Hodl,
Hodl, Hodl, Hodl, Hodl, Hodl, Hodl, Hodl, Hodl, Hodl, Hodl, Hodl,
Hodl, Hodl, Hodl, Hodl, Hodl, Hodl.

Hodl, Hodl, Hodl, Hodl, Hodl, Hodl, Hodl, Hodl, Hodl,
Hodl, Hodl, Hodl, Hodl, Hodl, Hodl, Hodl, Hodl, Hodl, Hodl, Hodl,
Hodl, Hodl, Hodl, Hodl, Hodl, Hodl, Hodl, Hodl, Hodl, Hodl, Hodl,
Hodl, Hodl, Hodl, Hodl, Hodl, Hodl, Hodl, Hodl, Hodl, Hodl, Hodl,
Hodl, Hodl, Hodl, Hodl, Hodl, Hodl, Hodl, Hodl, Hodl, Hodl, Hodl,
Hodl, Hodl, Hodl, Hodl, Hodl, Hodl, Hodl, Hodl, Hodl, Hodl, Hodl,
Hodl, Hodl, Hodl, Hodl, Hodl, Hodl, Hodl, Hodl, Hodl, Hodl, Hodl,
Hodl, Hodl, Hodl, Hodl, Hodl, Hodl, Hodl, Hodl, Hodl, Hodl, Hodl,
Hodl, Hodl, Hodl, Hodl, Hodl, Hodl, Hodl, Hodl, Hodl, Hodl, Hodl,
Hodl, Hodl, Hodl, Hodl, Hodl, Hodl, Hodl, Hodl, Hodl, Hodl, Hodl,
Hodl, Hodl, Hodl, Hodl, Hodl, Hodl, Hodl, Hodl, Hodl, Hodl, Hodl,
Hodl, Hodl, Hodl, Hodl, Hodl, Hodl, Hodl, Hodl, Hodl, Hodl, Hodl,
Hodl, Hodl, Hodl, Hodl, Hodl, Hodl, Hodl, Hodl, Hodl, Hodl, Hodl,
Hodl, Hodl, Hodl, Hodl, Hodl, Hodl, Hodl, Hodl, Hodl, Hodl, Hodl,
Hodl, Hodl, Hodl, Hodl, Hodl, Hodl, Hodl, Hodl, Hodl, Hodl, Hodl,
Hodl, Hodl, Hodl, Hodl, Hodl, Hodl, Hodl, Hodl, Hodl, Hodl, Hodl,
Hodl, Hodl, Hodl, Hodl, Hodl, Hodl, Hodl, Hodl, Hodl, Hodl, Hodl,
Hodl, Hodl, Hodl, Hodl, Hodl, Hodl, Hodl, Hodl, Hodl, Hodl, Hodl,
Hodl, Hodl, Hodl, Hodl, Hodl, Hodl, Hodl, Hodl, Hodl, Hodl, Hodl,
Hodl, Hodl, Hodl, Hodl, Hodl, Hodl, Hodl, Hodl, Hodl, Hodl, Hodl,
Hodl, Hodl, Hodl, Hodl, Hodl, Hodl, Hodl, Hodl, Hodl, Hodl, Hodl,
Hodl, Hodl, Hodl, Hodl, Hodl, Hodl, Hodl, Hodl, Hodl, Hodl, Hodl,
Hodl, Hodl, Hodl, Hodl, Hodl, Hodl, Hodl, Hodl, Hodl, Hodl, Hodl,
Hodl, Hodl, Hodl, Hodl, Hodl, Hodl, Hodl, Hodl, Hodl, Hodl, Hodl,
Hodl, Hodl, Hodl, Hodl, Hodl, Hodl, Hodl, Hodl, Hodl, Hodl, Hodl,
Hodl, Hodl, Hodl, Hodl, Hodl, Hodl, Hodl, Hodl, Hodl, Hodl, Hodl,
Hodl, Hodl, Hodl, Hodl, Hodl, Hodl, Hodl, Hodl, Hodl, Hodl, Hodl,
Hodl, Hodl, Hodl, Hodl, Hodl, Hodl, Hodl, Hodl, Hodl, Hodl, Hodl,
Hodl, Hodl, Hodl, Hodl, Hodl, Hodl, Hodl, Hodl, Hodl, Hodl, Hodl,
Hodl, Hodl, Hodl, Hodl, Hodl, Hodl, Hodl, Hodl, Hodl, Hodl, Hodl,
Hodl, Hodl, Hodl, Hodl, Hodl, Hodl, Hodl, Hodl, Hodl, Hodl, Hodl,
Hodl, Hodl, Hodl, Hodl, Hodl, Hodl, Hodl, Hodl, Hodl, Hodl, Hodl,
Hodl, Hodl, Hodl, Hodl, Hodl, Hodl.

Hodl, Hodl, Hodl, Hodl, Hodl, Hodl, Hodl, Hodl, Hodl,
Hodl, Hodl, Hodl, Hodl, Hodl, Hodl, Hodl, Hodl, Hodl, Hodl, Hodl,
Hodl, Hodl, Hodl, Hodl, Hodl, Hodl, Hodl, Hodl, Hodl, Hodl, Hodl,
Hodl, Hodl, Hodl, Hodl, Hodl, Hodl, Hodl, Hodl, Hodl, Hodl, Hodl,
Hodl, Hodl, Hodl, Hodl, Hodl, Hodl, Hodl, Hodl, Hodl, Hodl, Hodl,
Hodl, Hodl, Hodl, Hodl, Hodl, Hodl, Hodl, Hodl, Hodl, Hodl, Hodl,
Hodl, Hodl, Hodl, Hodl, Hodl, Hodl, Hodl, Hodl, Hodl, Hodl, Hodl,
Hodl, Hodl, Hodl, Hodl, Hodl, Hodl, Hodl, Hodl, Hodl, Hodl, Hodl,
Hodl, Hodl, Hodl, Hodl, Hodl, Hodl, Hodl, Hodl, Hodl, Hodl, Hodl,
Hodl, Hodl, Hodl, Hodl, Hodl, Hodl, Hodl, Hodl, Hodl, Hodl, Hodl,
Hodl, Hodl, Hodl, Hodl, Hodl, Hodl, Hodl, Hodl, Hodl, Hodl, Hodl,
Hodl, Hodl, Hodl, Hodl, Hodl, Hodl, Hodl, Hodl, Hodl, Hodl, Hodl,
Hodl, Hodl, Hodl, Hodl, Hodl, Hodl, Hodl, Hodl, Hodl, Hodl, Hodl,
Hodl, Hodl, Hodl, Hodl, Hodl, Hodl, Hodl, Hodl, Hodl, Hodl, Hodl,
Hodl, Hodl, Hodl, Hodl, Hodl, Hodl, Hodl, Hodl, Hodl, Hodl, Hodl,
Hodl, Hodl, Hodl, Hodl, Hodl, Hodl, Hodl, Hodl, Hodl, Hodl, Hodl,
Hodl, Hodl, Hodl, Hodl, Hodl, Hodl, Hodl, Hodl, Hodl, Hodl, Hodl,
Hodl, Hodl, Hodl, Hodl, Hodl, Hodl, Hodl, Hodl, Hodl, Hodl, Hodl,
Hodl, Hodl, Hodl, Hodl, Hodl, Hodl, Hodl, Hodl, Hodl, Hodl, Hodl,
Hodl, Hodl, Hodl, Hodl, Hodl, Hodl, Hodl, Hodl, Hodl, Hodl, Hodl,
Hodl, Hodl, Hodl, Hodl, Hodl, Hodl, Hodl, Hodl, Hodl, Hodl, Hodl,
Hodl, Hodl, Hodl, Hodl, Hodl, Hodl, Hodl, Hodl, Hodl, Hodl, Hodl,
Hodl, Hodl, Hodl, Hodl, Hodl, Hodl, Hodl, Hodl, Hodl, Hodl, Hodl,
Hodl, Hodl, Hodl, Hodl, Hodl, Hodl, Hodl, Hodl, Hodl, Hodl, Hodl,
Hodl, Hodl, Hodl, Hodl, Hodl, Hodl, Hodl, Hodl, Hodl, Hodl, Hodl,
Hodl, Hodl, Hodl, Hodl, Hodl, Hodl, Hodl, Hodl, Hodl, Hodl, Hodl,
Hodl, Hodl, Hodl, Hodl, Hodl, Hodl, Hodl, Hodl, Hodl, Hodl, Hodl,
Hodl, Hodl, Hodl, Hodl, Hodl, Hodl, Hodl, Hodl, Hodl, Hodl, Hodl,
Hodl, Hodl, Hodl, Hodl, Hodl, Hodl, Hodl, Hodl, Hodl, Hodl, Hodl,
Hodl, Hodl, Hodl, Hodl, Hodl, Hodl, Hodl, Hodl, Hodl, Hodl, Hodl,
Hodl, Hodl, Hodl, Hodl, Hodl, Hodl, Hodl, Hodl, Hodl, Hodl, Hodl,
Hodl, Hodl, Hodl, Hodl, Hodl, Hodl, Hodl, Hodl, Hodl, Hodl, Hodl,
Hodl, Hodl, Hodl, Hodl, Hodl, Hodl, Hodl, Hodl, Hodl, Hodl, Hodl,
Hodl, Hodl, Hodl, Hodl, Hodl, Hodl, Hodl, Hodl, Hodl, Hodl, Hodl,
Hodl, Hodl, Hodl, Hodl, Hodl, Hodl, Hodl, Hodl, Hodl, Hodl, Hodl,
Hodl, Hodl, Hodl, Hodl, Hodl, Hodl, Hodl, Hodl, Hodl, Hodl, Hodl,
Hodl, Hodl, Hodl, Hodl, Hodl, Hodl.

Hodl, Hodl, Hodl, Hodl, Hodl, Hodl, Hodl, Hodl, Hodl,
Hodl, Hodl, Hodl, Hodl, Hodl, Hodl, Hodl, Hodl, Hodl, Hodl, Hodl,
Hodl, Hodl, Hodl, Hodl, Hodl, Hodl, Hodl, Hodl, Hodl, Hodl, Hodl,
Hodl, Hodl, Hodl, Hodl, Hodl, Hodl, Hodl, Hodl, Hodl, Hodl, Hodl,
Hodl, Hodl, Hodl, Hodl, Hodl, Hodl, Hodl, Hodl, Hodl, Hodl, Hodl,
Hodl, Hodl, Hodl, Hodl, Hodl, Hodl, Hodl, Hodl, Hodl, Hodl, Hodl,
Hodl, Hodl, Hodl, Hodl, Hodl, Hodl, Hodl, Hodl, Hodl, Hodl, Hodl,
Hodl, Hodl, Hodl, Hodl, Hodl, Hodl, Hodl, Hodl, Hodl, Hodl, Hodl,
Hodl, Hodl, Hodl, Hodl, Hodl, Hodl, Hodl, Hodl, Hodl, Hodl, Hodl,
Hodl, Hodl, Hodl, Hodl, Hodl, Hodl, Hodl, Hodl, Hodl, Hodl, Hodl,
Hodl, Hodl, Hodl, Hodl, Hodl, Hodl, Hodl, Hodl, Hodl, Hodl, Hodl,
Hodl, Hodl, Hodl, Hodl, Hodl, Hodl, Hodl, Hodl, Hodl, Hodl, Hodl,
Hodl, Hodl, Hodl, Hodl, Hodl, Hodl, Hodl, Hodl, Hodl, Hodl, Hodl,
Hodl, Hodl, Hodl, Hodl, Hodl, Hodl, Hodl, Hodl, Hodl, Hodl, Hodl,
Hodl, Hodl, Hodl, Hodl, Hodl, Hodl, Hodl, Hodl, Hodl, Hodl, Hodl,
Hodl, Hodl, Hodl, Hodl, Hodl, Hodl, Hodl, Hodl, Hodl, Hodl, Hodl,
Hodl, Hodl, Hodl, Hodl, Hodl, Hodl, Hodl, Hodl, Hodl, Hodl, Hodl,
Hodl, Hodl, Hodl, Hodl, Hodl, Hodl, Hodl, Hodl, Hodl, Hodl, Hodl,
Hodl, Hodl, Hodl, Hodl, Hodl, Hodl, Hodl, Hodl, Hodl, Hodl, Hodl,
Hodl, Hodl, Hodl, Hodl, Hodl, Hodl, Hodl, Hodl, Hodl, Hodl, Hodl,
Hodl, Hodl, Hodl, Hodl, Hodl, Hodl, Hodl, Hodl, Hodl, Hodl, Hodl,
Hodl, Hodl, Hodl, Hodl, Hodl, Hodl, Hodl, Hodl, Hodl, Hodl, Hodl,
Hodl, Hodl, Hodl, Hodl, Hodl, Hodl, Hodl, Hodl, Hodl, Hodl, Hodl,
Hodl, Hodl, Hodl, Hodl, Hodl, Hodl, Hodl, Hodl, Hodl, Hodl, Hodl,
Hodl, Hodl, Hodl, Hodl, Hodl, Hodl, Hodl, Hodl, Hodl, Hodl, Hodl,
Hodl, Hodl, Hodl, Hodl, Hodl, Hodl, Hodl, Hodl, Hodl, Hodl, Hodl,
Hodl, Hodl, Hodl, Hodl, Hodl, Hodl, Hodl, Hodl, Hodl, Hodl, Hodl,
Hodl, Hodl, Hodl, Hodl, Hodl, Hodl, Hodl, Hodl, Hodl, Hodl, Hodl,
Hodl, Hodl, Hodl, Hodl, Hodl, Hodl, Hodl, Hodl, Hodl, Hodl, Hodl,
Hodl, Hodl, Hodl, Hodl, Hodl, Hodl, Hodl, Hodl, Hodl, Hodl, Hodl,
Hodl, Hodl, Hodl, Hodl, Hodl, Hodl, Hodl, Hodl, Hodl, Hodl, Hodl,
Hodl, Hodl, Hodl, Hodl, Hodl, Hodl, Hodl, Hodl, Hodl, Hodl, Hodl,
Hodl, Hodl, Hodl, Hodl, Hodl, Hodl, Hodl, Hodl, Hodl, Hodl, Hodl,
Hodl, Hodl, Hodl, Hodl, Hodl, Hodl, Hodl, Hodl, Hodl, Hodl, Hodl,
Hodl, Hodl, Hodl, Hodl, Hodl, Hodl.

Hodl, Hodl, Hodl, Hodl, Hodl, Hodl, Hodl, Hodl, Hodl,
Hodl, Hodl, Hodl, Hodl, Hodl, Hodl, Hodl, Hodl, Hodl, Hodl, Hodl,
Hodl, Hodl, Hodl, Hodl, Hodl, Hodl, Hodl, Hodl, Hodl, Hodl, Hodl,
Hodl, Hodl, Hodl, Hodl, Hodl, Hodl, Hodl, Hodl, Hodl, Hodl, Hodl,
Hodl, Hodl, Hodl, Hodl, Hodl, Hodl, Hodl, Hodl, Hodl, Hodl, Hodl,
Hodl, Hodl, Hodl, Hodl, Hodl, Hodl, Hodl, Hodl, Hodl, Hodl, Hodl,
Hodl, Hodl, Hodl, Hodl, Hodl, Hodl, Hodl, Hodl, Hodl, Hodl, Hodl,
Hodl, Hodl, Hodl, Hodl, Hodl, Hodl, Hodl, Hodl, Hodl, Hodl, Hodl,
Hodl, Hodl, Hodl, Hodl, Hodl, Hodl, Hodl, Hodl, Hodl, Hodl, Hodl,
Hodl, Hodl, Hodl, Hodl, Hodl, Hodl, Hodl, Hodl, Hodl, Hodl, Hodl,
Hodl, Hodl, Hodl, Hodl, Hodl, Hodl, Hodl, Hodl, Hodl, Hodl, Hodl,
Hodl, Hodl, Hodl, Hodl, Hodl, Hodl, Hodl, Hodl, Hodl, Hodl, Hodl,
Hodl, Hodl, Hodl, Hodl, Hodl, Hodl, Hodl, Hodl, Hodl, Hodl, Hodl,
Hodl, Hodl, Hodl, Hodl, Hodl, Hodl, Hodl, Hodl, Hodl, Hodl, Hodl,
Hodl, Hodl, Hodl, Hodl, Hodl, Hodl, Hodl, Hodl, Hodl, Hodl, Hodl,
Hodl, Hodl, Hodl, Hodl, Hodl, Hodl, Hodl, Hodl, Hodl, Hodl, Hodl,
Hodl, Hodl, Hodl, Hodl, Hodl, Hodl, Hodl, Hodl, Hodl, Hodl, Hodl,
Hodl, Hodl, Hodl, Hodl, Hodl, Hodl, Hodl, Hodl, Hodl, Hodl, Hodl,
Hodl, Hodl, Hodl, Hodl, Hodl, Hodl, Hodl, Hodl, Hodl, Hodl, Hodl,
Hodl, Hodl, Hodl, Hodl, Hodl, Hodl, Hodl, Hodl, Hodl, Hodl, Hodl,
Hodl, Hodl, Hodl, Hodl, Hodl, Hodl, Hodl, Hodl, Hodl, Hodl, Hodl,
Hodl, Hodl, Hodl, Hodl, Hodl, Hodl, Hodl, Hodl, Hodl, Hodl, Hodl,
Hodl, Hodl, Hodl, Hodl, Hodl, Hodl, Hodl, Hodl, Hodl, Hodl, Hodl,
Hodl, Hodl, Hodl, Hodl, Hodl, Hodl, Hodl, Hodl, Hodl, Hodl, Hodl,
Hodl, Hodl, Hodl, Hodl, Hodl, Hodl, Hodl, Hodl, Hodl, Hodl, Hodl,
Hodl, Hodl, Hodl, Hodl, Hodl, Hodl, Hodl, Hodl, Hodl, Hodl, Hodl,
Hodl, Hodl, Hodl, Hodl, Hodl, Hodl, Hodl, Hodl, Hodl, Hodl, Hodl,
Hodl, Hodl, Hodl, Hodl, Hodl, Hodl, Hodl, Hodl, Hodl, Hodl, Hodl,
Hodl, Hodl, Hodl, Hodl, Hodl, Hodl, Hodl, Hodl, Hodl, Hodl, Hodl,
Hodl, Hodl, Hodl, Hodl, Hodl, Hodl, Hodl, Hodl, Hodl, Hodl, Hodl,
Hodl, Hodl, Hodl, Hodl, Hodl, Hodl, Hodl, Hodl, Hodl, Hodl, Hodl,
Hodl, Hodl, Hodl, Hodl, Hodl, Hodl, Hodl, Hodl, Hodl, Hodl, Hodl,
Hodl, Hodl, Hodl, Hodl, Hodl, Hodl, Hodl, Hodl, Hodl, Hodl, Hodl,
Hodl, Hodl, Hodl, Hodl, Hodl, Hodl, Hodl, Hodl, Hodl, Hodl, Hodl,
Hodl, Hodl, Hodl, Hodl, Hodl, Hodl.

Hodl, Hodl, Hodl, Hodl, Hodl, Hodl, Hodl, Hodl, Hodl,
Hodl, Hodl, Hodl, Hodl, Hodl, Hodl, Hodl, Hodl, Hodl, Hodl, Hodl,
Hodl, Hodl, Hodl, Hodl, Hodl, Hodl, Hodl, Hodl, Hodl, Hodl, Hodl,
Hodl, Hodl, Hodl, Hodl, Hodl, Hodl, Hodl, Hodl, Hodl, Hodl, Hodl,
Hodl, Hodl, Hodl, Hodl, Hodl, Hodl, Hodl, Hodl, Hodl, Hodl, Hodl,
Hodl, Hodl, Hodl, Hodl, Hodl, Hodl, Hodl, Hodl, Hodl, Hodl, Hodl,
Hodl, Hodl, Hodl, Hodl, Hodl, Hodl, Hodl, Hodl, Hodl, Hodl, Hodl,
Hodl, Hodl, Hodl, Hodl, Hodl, Hodl, Hodl, Hodl, Hodl, Hodl, Hodl,
Hodl, Hodl, Hodl, Hodl, Hodl, Hodl, Hodl, Hodl, Hodl, Hodl, Hodl,
Hodl, Hodl, Hodl, Hodl, Hodl, Hodl, Hodl, Hodl, Hodl, Hodl, Hodl,
Hodl, Hodl, Hodl, Hodl, Hodl, Hodl, Hodl, Hodl, Hodl, Hodl, Hodl,
Hodl, Hodl, Hodl, Hodl, Hodl, Hodl, Hodl, Hodl, Hodl, Hodl, Hodl,
Hodl, Hodl, Hodl, Hodl, Hodl, Hodl, Hodl, Hodl, Hodl, Hodl, Hodl,
Hodl, Hodl, Hodl, Hodl, Hodl, Hodl, Hodl, Hodl, Hodl, Hodl, Hodl,
Hodl, Hodl, Hodl, Hodl, Hodl, Hodl, Hodl, Hodl, Hodl, Hodl, Hodl,
Hodl, Hodl, Hodl, Hodl, Hodl, Hodl, Hodl, Hodl, Hodl, Hodl, Hodl,
Hodl, Hodl, Hodl, Hodl, Hodl, Hodl, Hodl, Hodl, Hodl, Hodl, Hodl,
Hodl, Hodl, Hodl, Hodl, Hodl, Hodl, Hodl, Hodl, Hodl, Hodl, Hodl,
Hodl, Hodl, Hodl, Hodl, Hodl, Hodl, Hodl, Hodl, Hodl, Hodl, Hodl,
Hodl, Hodl, Hodl, Hodl, Hodl, Hodl, Hodl, Hodl, Hodl, Hodl, Hodl,
Hodl, Hodl, Hodl, Hodl, Hodl, Hodl, Hodl, Hodl, Hodl, Hodl, Hodl,
Hodl, Hodl, Hodl, Hodl, Hodl, Hodl, Hodl, Hodl, Hodl, Hodl, Hodl,
Hodl, Hodl, Hodl, Hodl, Hodl, Hodl, Hodl, Hodl, Hodl, Hodl, Hodl,
Hodl, Hodl, Hodl, Hodl, Hodl, Hodl, Hodl, Hodl, Hodl, Hodl, Hodl,
Hodl, Hodl, Hodl, Hodl, Hodl, Hodl, Hodl, Hodl, Hodl, Hodl, Hodl,
Hodl, Hodl, Hodl, Hodl, Hodl, Hodl, Hodl, Hodl, Hodl, Hodl, Hodl,
Hodl, Hodl, Hodl, Hodl, Hodl, Hodl, Hodl, Hodl, Hodl, Hodl, Hodl,
Hodl, Hodl, Hodl, Hodl, Hodl, Hodl, Hodl, Hodl, Hodl, Hodl, Hodl,
Hodl, Hodl, Hodl, Hodl, Hodl, Hodl, Hodl, Hodl, Hodl, Hodl, Hodl,
Hodl, Hodl, Hodl, Hodl, Hodl, Hodl, Hodl, Hodl, Hodl, Hodl, Hodl,
Hodl, Hodl, Hodl, Hodl, Hodl, Hodl, Hodl, Hodl, Hodl, Hodl, Hodl,
Hodl, Hodl, Hodl, Hodl, Hodl, Hodl, Hodl, Hodl, Hodl, Hodl, Hodl,
Hodl, Hodl, Hodl, Hodl, Hodl, Hodl, Hodl, Hodl, Hodl, Hodl, Hodl,
Hodl, Hodl, Hodl, Hodl, Hodl, Hodl.

Hodl, Hodl, Hodl, Hodl, Hodl, Hodl, Hodl, Hodl, Hodl,
Hodl, Hodl, Hodl, Hodl, Hodl, Hodl, Hodl, Hodl, Hodl, Hodl, Hodl,
Hodl, Hodl, Hodl, Hodl, Hodl, Hodl, Hodl, Hodl, Hodl, Hodl, Hodl,
Hodl, Hodl, Hodl, Hodl, Hodl, Hodl, Hodl, Hodl, Hodl, Hodl, Hodl,
Hodl, Hodl, Hodl, Hodl, Hodl, Hodl, Hodl, Hodl, Hodl, Hodl, Hodl,
Hodl, Hodl, Hodl, Hodl, Hodl, Hodl, Hodl, Hodl, Hodl, Hodl, Hodl,
Hodl, Hodl, Hodl, Hodl, Hodl, Hodl, Hodl, Hodl, Hodl, Hodl, Hodl,
Hodl, Hodl, Hodl, Hodl, Hodl, Hodl, Hodl, Hodl, Hodl, Hodl, Hodl,
Hodl, Hodl, Hodl, Hodl, Hodl, Hodl, Hodl, Hodl, Hodl, Hodl, Hodl,
Hodl, Hodl, Hodl, Hodl, Hodl, Hodl, Hodl, Hodl, Hodl, Hodl, Hodl,
Hodl, Hodl, Hodl, Hodl, Hodl, Hodl, Hodl, Hodl, Hodl, Hodl, Hodl,
Hodl, Hodl, Hodl, Hodl, Hodl, Hodl, Hodl, Hodl, Hodl, Hodl, Hodl,
Hodl, Hodl, Hodl, Hodl, Hodl, Hodl, Hodl, Hodl, Hodl, Hodl, Hodl,
Hodl, Hodl, Hodl, Hodl, Hodl, Hodl, Hodl, Hodl, Hodl, Hodl, Hodl,
Hodl, Hodl, Hodl, Hodl, Hodl, Hodl, Hodl, Hodl, Hodl, Hodl, Hodl,
Hodl, Hodl, Hodl, Hodl, Hodl, Hodl, Hodl, Hodl, Hodl, Hodl, Hodl,
Hodl, Hodl, Hodl, Hodl, Hodl, Hodl, Hodl, Hodl, Hodl, Hodl, Hodl,
Hodl, Hodl, Hodl, Hodl, Hodl, Hodl, Hodl, Hodl, Hodl, Hodl, Hodl,
Hodl, Hodl, Hodl, Hodl, Hodl, Hodl, Hodl, Hodl, Hodl, Hodl, Hodl,
Hodl, Hodl, Hodl, Hodl, Hodl, Hodl, Hodl, Hodl, Hodl, Hodl, Hodl,
Hodl, Hodl, Hodl, Hodl, Hodl, Hodl, Hodl, Hodl, Hodl, Hodl, Hodl,
Hodl, Hodl, Hodl, Hodl, Hodl, Hodl, Hodl, Hodl, Hodl, Hodl, Hodl,
Hodl, Hodl, Hodl, Hodl, Hodl, Hodl, Hodl, Hodl, Hodl, Hodl, Hodl,
Hodl, Hodl, Hodl, Hodl, Hodl, Hodl, Hodl, Hodl, Hodl, Hodl, Hodl,
Hodl, Hodl, Hodl, Hodl, Hodl, Hodl, Hodl, Hodl, Hodl, Hodl, Hodl,
Hodl, Hodl, Hodl, Hodl, Hodl, Hodl, Hodl, Hodl, Hodl, Hodl, Hodl,
Hodl, Hodl, Hodl, Hodl, Hodl, Hodl, Hodl, Hodl, Hodl, Hodl, Hodl,
Hodl, Hodl, Hodl, Hodl, Hodl, Hodl, Hodl, Hodl, Hodl, Hodl, Hodl,
Hodl, Hodl, Hodl, Hodl, Hodl, Hodl, Hodl, Hodl, Hodl, Hodl, Hodl,
Hodl, Hodl, Hodl, Hodl, Hodl, Hodl, Hodl, Hodl, Hodl, Hodl, Hodl,
Hodl, Hodl, Hodl, Hodl, Hodl, Hodl, Hodl, Hodl, Hodl, Hodl, Hodl,
Hodl, Hodl, Hodl, Hodl, Hodl, Hodl, Hodl, Hodl, Hodl, Hodl, Hodl,
Hodl, Hodl, Hodl, Hodl, Hodl, Hodl.

Hodl, Hodl, Hodl, Hodl, Hodl, Hodl, Hodl, Hodl, Hodl,
Hodl, Hodl, Hodl, Hodl, Hodl, Hodl, Hodl, Hodl, Hodl, Hodl, Hodl,
Hodl, Hodl, Hodl, Hodl, Hodl, Hodl, Hodl, Hodl, Hodl, Hodl, Hodl,
Hodl, Hodl, Hodl, Hodl, Hodl, Hodl, Hodl, Hodl, Hodl, Hodl, Hodl,
Hodl, Hodl, Hodl, Hodl, Hodl, Hodl, Hodl, Hodl, Hodl, Hodl, Hodl,
Hodl, Hodl, Hodl, Hodl, Hodl, Hodl, Hodl, Hodl, Hodl, Hodl, Hodl,
Hodl, Hodl, Hodl, Hodl, Hodl, Hodl, Hodl, Hodl, Hodl, Hodl, Hodl,
Hodl, Hodl, Hodl, Hodl, Hodl, Hodl, Hodl, Hodl, Hodl, Hodl, Hodl,
Hodl, Hodl, Hodl, Hodl, Hodl, Hodl, Hodl, Hodl, Hodl, Hodl, Hodl,
Hodl, Hodl, Hodl, Hodl, Hodl, Hodl, Hodl, Hodl, Hodl, Hodl, Hodl,
Hodl, Hodl, Hodl, Hodl, Hodl, Hodl, Hodl, Hodl, Hodl, Hodl, Hodl,
Hodl, Hodl, Hodl, Hodl, Hodl, Hodl, Hodl, Hodl, Hodl, Hodl, Hodl,
Hodl, Hodl, Hodl, Hodl, Hodl, Hodl, Hodl, Hodl, Hodl, Hodl, Hodl,
Hodl, Hodl, Hodl, Hodl, Hodl, Hodl, Hodl, Hodl, Hodl, Hodl, Hodl,
Hodl, Hodl, Hodl, Hodl, Hodl, Hodl, Hodl, Hodl, Hodl, Hodl, Hodl,
Hodl, Hodl, Hodl, Hodl, Hodl, Hodl, Hodl, Hodl, Hodl, Hodl, Hodl,
Hodl, Hodl, Hodl, Hodl, Hodl, Hodl, Hodl, Hodl, Hodl, Hodl, Hodl,
Hodl, Hodl, Hodl, Hodl, Hodl, Hodl, Hodl, Hodl, Hodl, Hodl, Hodl,
Hodl, Hodl, Hodl, Hodl, Hodl, Hodl, Hodl, Hodl, Hodl, Hodl, Hodl,
Hodl, Hodl, Hodl, Hodl, Hodl, Hodl, Hodl, Hodl, Hodl, Hodl, Hodl,
Hodl, Hodl, Hodl, Hodl, Hodl, Hodl, Hodl, Hodl, Hodl, Hodl, Hodl,
Hodl, Hodl, Hodl, Hodl, Hodl, Hodl, Hodl, Hodl, Hodl, Hodl, Hodl,
Hodl, Hodl, Hodl, Hodl, Hodl, Hodl, Hodl, Hodl, Hodl, Hodl, Hodl,
Hodl, Hodl, Hodl, Hodl, Hodl, Hodl, Hodl, Hodl, Hodl, Hodl, Hodl,
Hodl, Hodl, Hodl, Hodl, Hodl, Hodl, Hodl, Hodl, Hodl, Hodl, Hodl,
Hodl, Hodl, Hodl, Hodl, Hodl, Hodl, Hodl, Hodl, Hodl, Hodl, Hodl,
Hodl, Hodl, Hodl, Hodl, Hodl, Hodl, Hodl, Hodl, Hodl, Hodl, Hodl,
Hodl, Hodl, Hodl, Hodl, Hodl, Hodl, Hodl, Hodl, Hodl, Hodl, Hodl,
Hodl, Hodl, Hodl, Hodl, Hodl, Hodl, Hodl, Hodl, Hodl, Hodl, Hodl,
Hodl, Hodl, Hodl, Hodl, Hodl, Hodl, Hodl, Hodl, Hodl, Hodl, Hodl,
Hodl, Hodl, Hodl, Hodl, Hodl, Hodl, Hodl, Hodl, Hodl, Hodl, Hodl,
Hodl, Hodl, Hodl, Hodl, Hodl, Hodl, Hodl, Hodl, Hodl, Hodl, Hodl,
Hodl, Hodl, Hodl, Hodl, Hodl, Hodl, Hodl, Hodl, Hodl, Hodl, Hodl,
Hodl, Hodl, Hodl, Hodl, Hodl, Hodl.

Hodl, Hodl, Hodl, Hodl, Hodl, Hodl, Hodl, Hodl, Hodl,
Hodl, Hodl, Hodl, Hodl, Hodl, Hodl, Hodl, Hodl, Hodl, Hodl, Hodl,
Hodl, Hodl, Hodl, Hodl, Hodl, Hodl, Hodl, Hodl, Hodl, Hodl, Hodl,
Hodl, Hodl, Hodl, Hodl, Hodl, Hodl, Hodl, Hodl, Hodl, Hodl, Hodl,
Hodl, Hodl, Hodl, Hodl, Hodl, Hodl, Hodl, Hodl, Hodl, Hodl, Hodl,
Hodl, Hodl, Hodl, Hodl, Hodl, Hodl, Hodl, Hodl, Hodl, Hodl, Hodl,
Hodl, Hodl, Hodl, Hodl, Hodl, Hodl, Hodl, Hodl, Hodl, Hodl, Hodl,
Hodl, Hodl, Hodl, Hodl, Hodl, Hodl, Hodl, Hodl, Hodl, Hodl, Hodl,
Hodl, Hodl, Hodl, Hodl, Hodl, Hodl, Hodl, Hodl, Hodl, Hodl, Hodl,
Hodl, Hodl, Hodl, Hodl, Hodl, Hodl, Hodl, Hodl, Hodl, Hodl, Hodl,
Hodl, Hodl, Hodl, Hodl, Hodl, Hodl, Hodl, Hodl, Hodl, Hodl, Hodl,
Hodl, Hodl, Hodl, Hodl, Hodl, Hodl, Hodl, Hodl, Hodl, Hodl, Hodl,
Hodl, Hodl, Hodl, Hodl, Hodl, Hodl, Hodl, Hodl, Hodl, Hodl, Hodl,
Hodl, Hodl, Hodl, Hodl, Hodl, Hodl, Hodl, Hodl, Hodl, Hodl, Hodl,
Hodl, Hodl, Hodl, Hodl, Hodl, Hodl, Hodl, Hodl, Hodl, Hodl, Hodl,
Hodl, Hodl, Hodl, Hodl, Hodl, Hodl, Hodl, Hodl, Hodl, Hodl, Hodl,
Hodl, Hodl, Hodl, Hodl, Hodl, Hodl, Hodl, Hodl, Hodl, Hodl, Hodl,
Hodl, Hodl, Hodl, Hodl, Hodl, Hodl, Hodl, Hodl, Hodl, Hodl, Hodl,
Hodl, Hodl, Hodl, Hodl, Hodl, Hodl, Hodl, Hodl, Hodl, Hodl, Hodl,
Hodl, Hodl, Hodl, Hodl, Hodl, Hodl, Hodl, Hodl, Hodl, Hodl, Hodl,
Hodl, Hodl, Hodl, Hodl, Hodl, Hodl, Hodl, Hodl, Hodl, Hodl, Hodl,
Hodl, Hodl, Hodl, Hodl, Hodl, Hodl, Hodl, Hodl, Hodl, Hodl, Hodl,
Hodl, Hodl, Hodl, Hodl, Hodl, Hodl, Hodl, Hodl, Hodl, Hodl, Hodl,
Hodl, Hodl, Hodl, Hodl, Hodl, Hodl, Hodl, Hodl, Hodl, Hodl, Hodl,
Hodl, Hodl, Hodl, Hodl, Hodl, Hodl, Hodl, Hodl, Hodl, Hodl, Hodl,
Hodl, Hodl, Hodl, Hodl, Hodl, Hodl, Hodl, Hodl, Hodl, Hodl, Hodl,
Hodl, Hodl, Hodl, Hodl, Hodl, Hodl, Hodl, Hodl, Hodl, Hodl, Hodl,
Hodl, Hodl, Hodl, Hodl, Hodl, Hodl, Hodl, Hodl, Hodl, Hodl, Hodl,
Hodl, Hodl, Hodl, Hodl, Hodl, Hodl, Hodl, Hodl, Hodl, Hodl, Hodl,
Hodl, Hodl, Hodl, Hodl, Hodl, Hodl, Hodl, Hodl, Hodl, Hodl, Hodl,
Hodl, Hodl, Hodl, Hodl, Hodl, Hodl, Hodl, Hodl, Hodl, Hodl, Hodl,
Hodl, Hodl, Hodl, Hodl, Hodl, Hodl, Hodl, Hodl, Hodl, Hodl, Hodl,
Hodl, Hodl, Hodl, Hodl, Hodl, Hodl, Hodl, Hodl, Hodl, Hodl, Hodl,
Hodl, Hodl, Hodl, Hodl, Hodl, Hodl, Hodl, Hodl, Hodl, Hodl, Hodl,
Hodl, Hodl, Hodl, Hodl, Hodl, Hodl.

Hodl, Hodl, Hodl, Hodl, Hodl, Hodl, Hodl, Hodl, Hodl,
Hodl, Hodl, Hodl, Hodl, Hodl, Hodl, Hodl, Hodl, Hodl, Hodl, Hodl,
Hodl, Hodl, Hodl, Hodl, Hodl, Hodl, Hodl, Hodl, Hodl, Hodl, Hodl,
Hodl, Hodl, Hodl, Hodl, Hodl, Hodl, Hodl, Hodl, Hodl, Hodl, Hodl,
Hodl, Hodl, Hodl, Hodl, Hodl, Hodl, Hodl, Hodl, Hodl, Hodl, Hodl,
Hodl, Hodl, Hodl, Hodl, Hodl, Hodl, Hodl, Hodl, Hodl, Hodl, Hodl,
Hodl, Hodl, Hodl, Hodl, Hodl, Hodl, Hodl, Hodl, Hodl, Hodl, Hodl,
Hodl, Hodl, Hodl, Hodl, Hodl, Hodl, Hodl, Hodl, Hodl, Hodl, Hodl,
Hodl, Hodl, Hodl, Hodl, Hodl, Hodl, Hodl, Hodl, Hodl, Hodl, Hodl,
Hodl, Hodl, Hodl, Hodl, Hodl, Hodl, Hodl, Hodl, Hodl, Hodl, Hodl,
Hodl, Hodl, Hodl, Hodl, Hodl, Hodl, Hodl, Hodl, Hodl, Hodl, Hodl,
Hodl, Hodl, Hodl, Hodl, Hodl, Hodl, Hodl, Hodl, Hodl, Hodl, Hodl,
Hodl, Hodl, Hodl, Hodl, Hodl, Hodl, Hodl, Hodl, Hodl, Hodl, Hodl,
Hodl, Hodl, Hodl, Hodl, Hodl, Hodl, Hodl, Hodl, Hodl, Hodl, Hodl,
Hodl, Hodl, Hodl, Hodl, Hodl, Hodl, Hodl, Hodl, Hodl, Hodl, Hodl,
Hodl, Hodl, Hodl, Hodl, Hodl, Hodl, Hodl, Hodl, Hodl, Hodl, Hodl,
Hodl, Hodl, Hodl, Hodl, Hodl, Hodl, Hodl, Hodl, Hodl, Hodl, Hodl,
Hodl, Hodl, Hodl, Hodl, Hodl, Hodl, Hodl, Hodl, Hodl, Hodl, Hodl,
Hodl, Hodl, Hodl, Hodl, Hodl, Hodl, Hodl, Hodl, Hodl, Hodl, Hodl,
Hodl, Hodl, Hodl, Hodl, Hodl, Hodl, Hodl, Hodl, Hodl, Hodl, Hodl,
Hodl, Hodl, Hodl, Hodl, Hodl, Hodl, Hodl, Hodl, Hodl, Hodl, Hodl,
Hodl, Hodl, Hodl, Hodl, Hodl, Hodl, Hodl, Hodl, Hodl, Hodl, Hodl,
Hodl, Hodl, Hodl, Hodl, Hodl, Hodl, Hodl, Hodl, Hodl, Hodl, Hodl,
Hodl, Hodl, Hodl, Hodl, Hodl, Hodl, Hodl, Hodl, Hodl, Hodl, Hodl,
Hodl, Hodl, Hodl, Hodl, Hodl, Hodl, Hodl, Hodl, Hodl, Hodl, Hodl,
Hodl, Hodl, Hodl, Hodl, Hodl, Hodl, Hodl, Hodl, Hodl, Hodl, Hodl,
Hodl, Hodl, Hodl, Hodl, Hodl, Hodl, Hodl, Hodl, Hodl, Hodl, Hodl,
Hodl, Hodl, Hodl, Hodl, Hodl, Hodl, Hodl, Hodl, Hodl, Hodl, Hodl,
Hodl, Hodl, Hodl, Hodl, Hodl, Hodl, Hodl, Hodl, Hodl, Hodl, Hodl,
Hodl, Hodl, Hodl, Hodl, Hodl, Hodl, Hodl, Hodl, Hodl, Hodl, Hodl,
Hodl, Hodl, Hodl, Hodl, Hodl, Hodl, Hodl, Hodl, Hodl, Hodl, Hodl,
Hodl, Hodl, Hodl, Hodl, Hodl, Hodl, Hodl, Hodl, Hodl, Hodl, Hodl,
Hodl, Hodl, Hodl, Hodl, Hodl, Hodl.

Hodl, Hodl, Hodl, Hodl, Hodl, Hodl, Hodl, Hodl, Hodl,
Hodl, Hodl, Hodl, Hodl, Hodl, Hodl, Hodl, Hodl, Hodl, Hodl, Hodl,
Hodl, Hodl, Hodl, Hodl, Hodl, Hodl, Hodl, Hodl, Hodl, Hodl, Hodl,
Hodl, Hodl, Hodl, Hodl, Hodl, Hodl, Hodl, Hodl, Hodl, Hodl, Hodl,
Hodl, Hodl, Hodl, Hodl, Hodl, Hodl, Hodl, Hodl, Hodl, Hodl, Hodl,
Hodl, Hodl, Hodl, Hodl, Hodl, Hodl, Hodl, Hodl, Hodl, Hodl, Hodl,
Hodl, Hodl, Hodl, Hodl, Hodl, Hodl, Hodl, Hodl, Hodl, Hodl, Hodl,
Hodl, Hodl, Hodl, Hodl, Hodl, Hodl, Hodl, Hodl, Hodl, Hodl, Hodl,
Hodl, Hodl, Hodl, Hodl, Hodl, Hodl, Hodl, Hodl, Hodl, Hodl, Hodl,
Hodl, Hodl, Hodl, Hodl, Hodl, Hodl, Hodl, Hodl, Hodl, Hodl, Hodl,
Hodl, Hodl, Hodl, Hodl, Hodl, Hodl, Hodl, Hodl, Hodl, Hodl, Hodl,
Hodl, Hodl, Hodl, Hodl, Hodl, Hodl, Hodl, Hodl, Hodl, Hodl, Hodl,
Hodl, Hodl, Hodl, Hodl, Hodl, Hodl, Hodl, Hodl, Hodl, Hodl, Hodl,
Hodl, Hodl, Hodl, Hodl, Hodl, Hodl, Hodl, Hodl, Hodl, Hodl, Hodl,
Hodl, Hodl, Hodl, Hodl, Hodl, Hodl, Hodl, Hodl, Hodl, Hodl, Hodl,
Hodl, Hodl, Hodl, Hodl, Hodl, Hodl, Hodl, Hodl, Hodl, Hodl, Hodl,
Hodl, Hodl, Hodl, Hodl, Hodl, Hodl, Hodl, Hodl, Hodl, Hodl, Hodl,
Hodl, Hodl, Hodl, Hodl, Hodl, Hodl, Hodl, Hodl, Hodl, Hodl, Hodl,
Hodl, Hodl, Hodl, Hodl, Hodl, Hodl, Hodl, Hodl, Hodl, Hodl, Hodl,
Hodl, Hodl, Hodl, Hodl, Hodl, Hodl, Hodl, Hodl, Hodl, Hodl, Hodl,
Hodl, Hodl, Hodl, Hodl, Hodl, Hodl, Hodl, Hodl, Hodl, Hodl, Hodl,
Hodl, Hodl, Hodl, Hodl, Hodl, Hodl, Hodl, Hodl, Hodl, Hodl, Hodl,
Hodl, Hodl, Hodl, Hodl, Hodl, Hodl, Hodl, Hodl, Hodl, Hodl, Hodl,
Hodl, Hodl, Hodl, Hodl, Hodl, Hodl, Hodl, Hodl, Hodl, Hodl, Hodl,
Hodl, Hodl, Hodl, Hodl, Hodl, Hodl, Hodl, Hodl, Hodl, Hodl, Hodl,
Hodl, Hodl, Hodl, Hodl, Hodl, Hodl, Hodl, Hodl, Hodl, Hodl, Hodl,
Hodl, Hodl, Hodl, Hodl, Hodl, Hodl, Hodl, Hodl, Hodl, Hodl, Hodl,
Hodl, Hodl, Hodl, Hodl, Hodl, Hodl, Hodl, Hodl, Hodl, Hodl, Hodl,
Hodl, Hodl, Hodl, Hodl, Hodl, Hodl, Hodl, Hodl, Hodl, Hodl, Hodl,
Hodl, Hodl, Hodl, Hodl, Hodl, Hodl, Hodl, Hodl, Hodl, Hodl, Hodl,
Hodl, Hodl, Hodl, Hodl, Hodl, Hodl, Hodl, Hodl, Hodl, Hodl, Hodl,
Hodl, Hodl, Hodl, Hodl, Hodl, Hodl, Hodl, Hodl, Hodl, Hodl, Hodl,
Hodl, Hodl, Hodl, Hodl, Hodl, Hodl, Hodl, Hodl, Hodl, Hodl, Hodl,
Hodl, Hodl, Hodl, Hodl, Hodl, Hodl.

Hodl, Hodl, Hodl, Hodl, Hodl, Hodl, Hodl, Hodl, Hodl, Hodl, Hodl, Hodl, Hodl, Hodl, Hodl, Hodl, Hodl, Hodl, Hodl, Hodl, Hodl, Hodl, Hodl, Hodl, Hodl, Hodl, Hodl, Hodl, Hodl, Hodl, Hodl, Hodl, Hodl, Hodl, Hodl, Hodl, Hodl, Hodl, Hodl, Hodl, Hodl, Hodl, Hodl, Hodl, Hodl, Hodl, Hodl, Hodl, Hodl, Hodl, Hodl, Hodl, Hodl, Hodl, Hodl, Hodl, Hodl, Hodl, Hodl, Hodl, Hodl, Hodl, Hodl, Hodl, Hodl, Hodl, Hodl, Hodl, Hodl, Hodl, Hodl, Hodl, Hodl, Hodl, Hodl, Hodl, Hodl, Hodl, Hodl, Hodl, Hodl, Hodl, Hodl, Hodl, Hodl, Hodl, Hodl, Hodl, Hodl, Hodl, Hodl, Hodl, Hodl, Hodl, Hodl, Hodl, Hodl, Hodl, Hodl, Hodl, Hodl, Hodl, Hodl, Hodl, Hodl, Hodl, Hodl, Hodl, Hodl, Hodl, Hodl, Hodl, Hodl, Hodl, Hodl, Hodl, Hodl, Hodl, Hodl, Hodl, Hodl, Hodl, Hodl, Hodl, Hodl, Hodl, Hodl, Hodl, Hodl, Hodl, Hodl, Hodl, Hodl, Hodl, Hodl, Hodl, Hodl, Hodl, Hodl, Hodl, Hodl, Hodl, Hodl, Hodl, Hodl, Hodl, Hodl, Hodl, Hodl, Hodl, Hodl, Hodl, Hodl, Hodl, Hodl, Hodl, Hodl, Hodl, Hodl, Hodl, Hodl, Hodl, Hodl, Hodl, Hodl, Hodl, Hodl, Hodl, Hodl, Hodl, Hodl, Hodl, Hodl, Hodl, Hodl, Hodl, Hodl, Hodl, Hodl, Hodl, Hodl, Hodl, Hodl, Hodl, Hodl, Hodl, Hodl, Hodl, Hodl, Hodl, Hodl, Hodl, Hodl, Hodl, Hodl, Hodl, Hodl, Hodl, Hodl, Hodl, Hodl, Hodl, Hodl, Hodl, Hodl, Hodl, Hodl, Hodl, Hodl, Hodl, Hodl, Hodl, Hodl, Hodl, Hodl, Hodl, Hodl, Hodl, Hodl, Hodl, Hodl, Hodl, Hodl, Hodl, Hodl, Hodl, Hodl, Hodl, Hodl, Hodl, Hodl, Hodl, Hodl, Hodl, Hodl, Hodl, Hodl, Hodl, Hodl, Hodl, Hodl, Hodl, Hodl, Hodl, Hodl, Hodl, Hodl, Hodl, Hodl, Hodl, Hodl, Hodl, Hodl, Hodl, Hodl, Hodl, Hodl, Hodl, Hodl, Hodl, Hodl, Hodl, Hodl, Hodl, Hodl, Hodl, Hodl, Hodl, Hodl, Hodl, Hodl, Hodl, Hodl, Hodl, Hodl, Hodl, Hodl, Hodl, Hodl, Hodl, Hodl, Hodl, Hodl, Hodl, Hodl, Hodl, Hodl, Hodl, Hodl, Hodl, Hodl, Hodl, Hodl, Hodl, Hodl, Hodl, Hodl, Hodl, Hodl, Hodl, Hodl, Hodl, Hodl, Hodl, Hodl, Hodl, Hodl, Hodl, Hodl, Hodl, Hodl, Hodl, Hodl, Hodl, Hodl, Hodl, Hodl, Hodl, Hodl, Hodl, Hodl, Hodl, Hodl, Hodl, Hodl, Hodl, Hodl, Hodl, Hodl, Hodl, Hodl, Hodl, Hodl, Hodl, Hodl, Hodl, Hodl, Hodl, Hodl, Hodl, Hodl, Hodl, Hodl, Hodl, Hodl, Hodl, Hodl, Hodl, Hodl, Hodl, Hodl, Hodl, Hodl, Hodl, Hodl, Hodl, Hodl, Hodl, Hodl, Hodl, Hodl, Hodl, Hodl, Hodl, Hodl.

Hodl, Hodl, Hodl, Hodl, Hodl, Hodl, Hodl, Hodl, Hodl,
Hodl, Hodl, Hodl, Hodl, Hodl, Hodl, Hodl, Hodl, Hodl, Hodl, Hodl,
Hodl, Hodl, Hodl, Hodl, Hodl, Hodl, Hodl, Hodl, Hodl, Hodl, Hodl,
Hodl, Hodl, Hodl, Hodl, Hodl, Hodl, Hodl, Hodl, Hodl, Hodl, Hodl,
Hodl, Hodl, Hodl, Hodl, Hodl, Hodl, Hodl, Hodl, Hodl, Hodl, Hodl,
Hodl, Hodl, Hodl, Hodl, Hodl, Hodl, Hodl, Hodl, Hodl, Hodl, Hodl,
Hodl, Hodl, Hodl, Hodl, Hodl, Hodl, Hodl, Hodl, Hodl, Hodl, Hodl,
Hodl, Hodl, Hodl, Hodl, Hodl, Hodl, Hodl, Hodl, Hodl, Hodl, Hodl,
Hodl, Hodl, Hodl, Hodl, Hodl, Hodl, Hodl, Hodl, Hodl, Hodl, Hodl,
Hodl, Hodl, Hodl, Hodl, Hodl, Hodl, Hodl, Hodl, Hodl, Hodl, Hodl,
Hodl, Hodl, Hodl, Hodl, Hodl, Hodl, Hodl, Hodl, Hodl, Hodl, Hodl,
Hodl, Hodl, Hodl, Hodl, Hodl, Hodl, Hodl, Hodl, Hodl, Hodl, Hodl,
Hodl, Hodl, Hodl, Hodl, Hodl, Hodl, Hodl, Hodl, Hodl, Hodl, Hodl,
Hodl, Hodl, Hodl, Hodl, Hodl, Hodl, Hodl, Hodl, Hodl, Hodl, Hodl,
Hodl, Hodl, Hodl, Hodl, Hodl, Hodl, Hodl, Hodl, Hodl, Hodl, Hodl,
Hodl, Hodl, Hodl, Hodl, Hodl, Hodl, Hodl, Hodl, Hodl, Hodl, Hodl,
Hodl, Hodl, Hodl, Hodl, Hodl, Hodl, Hodl, Hodl, Hodl, Hodl, Hodl,
Hodl, Hodl, Hodl, Hodl, Hodl, Hodl, Hodl, Hodl, Hodl, Hodl, Hodl,
Hodl, Hodl, Hodl, Hodl, Hodl, Hodl, Hodl, Hodl, Hodl, Hodl, Hodl,
Hodl, Hodl, Hodl, Hodl, Hodl, Hodl, Hodl, Hodl, Hodl, Hodl, Hodl,
Hodl, Hodl, Hodl, Hodl, Hodl, Hodl, Hodl, Hodl, Hodl, Hodl, Hodl,
Hodl, Hodl, Hodl, Hodl, Hodl, Hodl, Hodl, Hodl, Hodl, Hodl, Hodl,
Hodl, Hodl, Hodl, Hodl, Hodl, Hodl, Hodl, Hodl, Hodl, Hodl, Hodl,
Hodl, Hodl, Hodl, Hodl, Hodl, Hodl, Hodl, Hodl, Hodl, Hodl, Hodl,
Hodl, Hodl, Hodl, Hodl, Hodl, Hodl, Hodl, Hodl, Hodl, Hodl, Hodl,
Hodl, Hodl, Hodl, Hodl, Hodl, Hodl, Hodl, Hodl, Hodl, Hodl, Hodl,
Hodl, Hodl, Hodl, Hodl, Hodl, Hodl, Hodl, Hodl, Hodl, Hodl, Hodl,
Hodl, Hodl, Hodl, Hodl, Hodl, Hodl, Hodl, Hodl, Hodl, Hodl, Hodl,
Hodl, Hodl, Hodl, Hodl, Hodl, Hodl, Hodl, Hodl, Hodl, Hodl, Hodl,
Hodl, Hodl, Hodl, Hodl, Hodl, Hodl, Hodl, Hodl, Hodl, Hodl, Hodl,
Hodl, Hodl, Hodl, Hodl, Hodl, Hodl, Hodl, Hodl, Hodl, Hodl, Hodl,
Hodl, Hodl, Hodl, Hodl, Hodl, Hodl, Hodl, Hodl, Hodl, Hodl, Hodl,
Hodl, Hodl, Hodl, Hodl, Hodl, Hodl, Hodl, Hodl, Hodl, Hodl, Hodl,
Hodl, Hodl, Hodl, Hodl, Hodl, Hodl.

Hodl, Hodl, Hodl, Hodl, Hodl, Hodl, Hodl, Hodl, Hodl,
Hodl, Hodl, Hodl, Hodl, Hodl, Hodl, Hodl, Hodl, Hodl, Hodl, Hodl,
Hodl, Hodl, Hodl, Hodl, Hodl, Hodl, Hodl, Hodl, Hodl, Hodl, Hodl,
Hodl, Hodl, Hodl, Hodl, Hodl, Hodl, Hodl, Hodl, Hodl, Hodl, Hodl,
Hodl, Hodl, Hodl, Hodl, Hodl, Hodl, Hodl, Hodl, Hodl, Hodl, Hodl,
Hodl, Hodl, Hodl, Hodl, Hodl, Hodl, Hodl, Hodl, Hodl, Hodl, Hodl,
Hodl, Hodl, Hodl, Hodl, Hodl, Hodl, Hodl, Hodl, Hodl, Hodl, Hodl,
Hodl, Hodl, Hodl, Hodl, Hodl, Hodl, Hodl, Hodl, Hodl, Hodl, Hodl,
Hodl, Hodl, Hodl, Hodl, Hodl, Hodl, Hodl, Hodl, Hodl, Hodl, Hodl,
Hodl, Hodl, Hodl, Hodl, Hodl, Hodl, Hodl, Hodl, Hodl, Hodl, Hodl,
Hodl, Hodl, Hodl, Hodl, Hodl, Hodl, Hodl, Hodl, Hodl, Hodl, Hodl,
Hodl, Hodl, Hodl, Hodl, Hodl, Hodl, Hodl, Hodl, Hodl, Hodl, Hodl,
Hodl, Hodl, Hodl, Hodl, Hodl, Hodl, Hodl, Hodl, Hodl, Hodl, Hodl,
Hodl, Hodl, Hodl, Hodl, Hodl, Hodl, Hodl, Hodl, Hodl, Hodl, Hodl,
Hodl, Hodl, Hodl, Hodl, Hodl, Hodl, Hodl, Hodl, Hodl, Hodl, Hodl,
Hodl, Hodl, Hodl, Hodl, Hodl, Hodl, Hodl, Hodl, Hodl, Hodl, Hodl,
Hodl, Hodl, Hodl, Hodl, Hodl, Hodl, Hodl, Hodl, Hodl, Hodl, Hodl,
Hodl, Hodl, Hodl, Hodl, Hodl, Hodl, Hodl, Hodl, Hodl, Hodl, Hodl,
Hodl, Hodl, Hodl, Hodl, Hodl, Hodl, Hodl, Hodl, Hodl, Hodl, Hodl,
Hodl, Hodl, Hodl, Hodl, Hodl, Hodl, Hodl, Hodl, Hodl, Hodl, Hodl,
Hodl, Hodl, Hodl, Hodl, Hodl, Hodl, Hodl, Hodl, Hodl, Hodl, Hodl,
Hodl, Hodl, Hodl, Hodl, Hodl, Hodl, Hodl, Hodl, Hodl, Hodl, Hodl,
Hodl, Hodl, Hodl, Hodl, Hodl, Hodl, Hodl, Hodl, Hodl, Hodl, Hodl,
Hodl, Hodl, Hodl, Hodl, Hodl, Hodl, Hodl, Hodl, Hodl, Hodl, Hodl,
Hodl, Hodl, Hodl, Hodl, Hodl, Hodl, Hodl, Hodl, Hodl, Hodl, Hodl,
Hodl, Hodl, Hodl, Hodl, Hodl, Hodl, Hodl, Hodl, Hodl, Hodl, Hodl,
Hodl, Hodl, Hodl, Hodl, Hodl, Hodl, Hodl, Hodl, Hodl, Hodl, Hodl,
Hodl, Hodl, Hodl, Hodl, Hodl, Hodl, Hodl, Hodl, Hodl, Hodl, Hodl,
Hodl, Hodl, Hodl, Hodl, Hodl, Hodl, Hodl, Hodl, Hodl, Hodl, Hodl,
Hodl, Hodl, Hodl, Hodl, Hodl, Hodl, Hodl, Hodl, Hodl, Hodl, Hodl,
Hodl, Hodl, Hodl, Hodl, Hodl, Hodl, Hodl, Hodl, Hodl, Hodl, Hodl,
Hodl, Hodl, Hodl, Hodl, Hodl, Hodl, Hodl, Hodl, Hodl, Hodl, Hodl,
Hodl, Hodl, Hodl, Hodl, Hodl, Hodl, Hodl, Hodl, Hodl, Hodl, Hodl,
Hodl, Hodl, Hodl, Hodl, Hodl, Hodl, Hodl, Hodl, Hodl, Hodl, Hodl,
Hodl, Hodl, Hodl, Hodl, Hodl, Hodl.

Hodl, Hodl, Hodl, Hodl, Hodl, Hodl, Hodl, Hodl, Hodl,
Hodl, Hodl, Hodl, Hodl, Hodl, Hodl, Hodl, Hodl, Hodl, Hodl, Hodl,
Hodl, Hodl, Hodl, Hodl, Hodl, Hodl, Hodl, Hodl, Hodl, Hodl, Hodl,
Hodl, Hodl, Hodl, Hodl, Hodl, Hodl, Hodl, Hodl, Hodl, Hodl, Hodl,
Hodl, Hodl, Hodl, Hodl, Hodl, Hodl, Hodl, Hodl, Hodl, Hodl, Hodl,
Hodl, Hodl, Hodl, Hodl, Hodl, Hodl, Hodl, Hodl, Hodl, Hodl, Hodl,
Hodl, Hodl, Hodl, Hodl, Hodl, Hodl, Hodl, Hodl, Hodl, Hodl, Hodl,
Hodl, Hodl, Hodl, Hodl, Hodl, Hodl, Hodl, Hodl, Hodl, Hodl, Hodl,
Hodl, Hodl, Hodl, Hodl, Hodl, Hodl, Hodl, Hodl, Hodl, Hodl, Hodl,
Hodl, Hodl, Hodl, Hodl, Hodl, Hodl, Hodl, Hodl, Hodl, Hodl, Hodl,
Hodl, Hodl, Hodl, Hodl, Hodl, Hodl, Hodl, Hodl, Hodl, Hodl, Hodl,
Hodl, Hodl, Hodl, Hodl, Hodl, Hodl, Hodl, Hodl, Hodl, Hodl, Hodl,
Hodl, Hodl, Hodl, Hodl, Hodl, Hodl, Hodl, Hodl, Hodl, Hodl, Hodl,
Hodl, Hodl, Hodl, Hodl, Hodl, Hodl, Hodl, Hodl, Hodl, Hodl, Hodl,
Hodl, Hodl, Hodl, Hodl, Hodl, Hodl, Hodl, Hodl, Hodl, Hodl, Hodl,
Hodl, Hodl, Hodl, Hodl, Hodl, Hodl, Hodl, Hodl, Hodl, Hodl, Hodl,
Hodl, Hodl, Hodl, Hodl, Hodl, Hodl, Hodl, Hodl, Hodl, Hodl, Hodl,
Hodl, Hodl, Hodl, Hodl, Hodl, Hodl, Hodl, Hodl, Hodl, Hodl, Hodl,
Hodl, Hodl, Hodl, Hodl, Hodl, Hodl, Hodl, Hodl, Hodl, Hodl, Hodl,
Hodl, Hodl, Hodl, Hodl, Hodl, Hodl, Hodl, Hodl, Hodl, Hodl, Hodl,
Hodl, Hodl, Hodl, Hodl, Hodl, Hodl, Hodl, Hodl, Hodl, Hodl, Hodl,
Hodl, Hodl, Hodl, Hodl, Hodl, Hodl, Hodl, Hodl, Hodl, Hodl, Hodl,
Hodl, Hodl, Hodl, Hodl, Hodl, Hodl, Hodl, Hodl, Hodl, Hodl, Hodl,
Hodl, Hodl, Hodl, Hodl, Hodl, Hodl, Hodl, Hodl, Hodl, Hodl, Hodl,
Hodl, Hodl, Hodl, Hodl, Hodl, Hodl, Hodl, Hodl, Hodl, Hodl, Hodl,
Hodl, Hodl, Hodl, Hodl, Hodl, Hodl, Hodl, Hodl, Hodl, Hodl, Hodl,
Hodl, Hodl, Hodl, Hodl, Hodl, Hodl, Hodl, Hodl, Hodl, Hodl, Hodl,
Hodl, Hodl, Hodl, Hodl, Hodl, Hodl, Hodl, Hodl, Hodl, Hodl, Hodl,
Hodl, Hodl, Hodl, Hodl, Hodl, Hodl, Hodl, Hodl, Hodl, Hodl, Hodl,
Hodl, Hodl, Hodl, Hodl, Hodl, Hodl, Hodl, Hodl, Hodl, Hodl, Hodl,
Hodl, Hodl, Hodl, Hodl, Hodl, Hodl.

Hodl, Hodl, Hodl, Hodl, Hodl, Hodl, Hodl, Hodl, Hodl, Hodl, Hodl, Hodl, Hodl, Hodl, Hodl, Hodl, Hodl, Hodl, Hodl, Hodl, Hodl, Hodl, Hodl, Hodl, Hodl, Hodl, Hodl, Hodl, Hodl, Hodl, Hodl, Hodl, Hodl, Hodl, Hodl, Hodl, Hodl, Hodl, Hodl, Hodl, Hodl, Hodl, Hodl, Hodl, Hodl, Hodl, Hodl, Hodl, Hodl, Hodl, Hodl, Hodl, Hodl, Hodl, Hodl, Hodl, Hodl, Hodl, Hodl, Hodl, Hodl, Hodl, Hodl, Hodl, Hodl, Hodl, Hodl, Hodl, Hodl, Hodl, Hodl, Hodl, Hodl, Hodl, Hodl, Hodl, Hodl, Hodl, Hodl, Hodl, Hodl, Hodl, Hodl, Hodl, Hodl, Hodl, Hodl, Hodl, Hodl, Hodl, Hodl, Hodl, Hodl, Hodl, Hodl, Hodl, Hodl, Hodl, Hodl, Hodl, Hodl, Hodl, Hodl, Hodl, Hodl, Hodl, Hodl, Hodl, Hodl, Hodl, Hodl, Hodl, Hodl, Hodl, Hodl, Hodl, Hodl, Hodl, Hodl, Hodl, Hodl, Hodl, Hodl, Hodl, Hodl, Hodl, Hodl, Hodl, Hodl, Hodl, Hodl, Hodl, Hodl, Hodl, Hodl, Hodl, Hodl, Hodl, Hodl, Hodl, Hodl, Hodl, Hodl, Hodl, Hodl, Hodl, Hodl, Hodl, Hodl, Hodl, Hodl, Hodl, Hodl, Hodl, Hodl, Hodl, Hodl, Hodl, Hodl, Hodl, Hodl, Hodl, Hodl, Hodl, Hodl, Hodl, Hodl, Hodl, Hodl, Hodl, Hodl, Hodl, Hodl, Hodl, Hodl, Hodl, Hodl, Hodl, Hodl, Hodl, Hodl, Hodl, Hodl, Hodl, Hodl, Hodl, Hodl, Hodl, Hodl, Hodl, Hodl, Hodl, Hodl, Hodl, Hodl, Hodl, Hodl, Hodl, Hodl, Hodl, Hodl, Hodl, Hodl, Hodl, Hodl, Hodl, Hodl, Hodl, Hodl, Hodl, Hodl, Hodl, Hodl, Hodl, Hodl, Hodl, Hodl, Hodl, Hodl, Hodl, Hodl, Hodl, Hodl, Hodl, Hodl, Hodl, Hodl, Hodl, Hodl, Hodl, Hodl, Hodl, Hodl, Hodl, Hodl, Hodl, Hodl, Hodl, Hodl, Hodl, Hodl, Hodl, Hodl, Hodl, Hodl, Hodl, Hodl, Hodl, Hodl, Hodl, Hodl, Hodl, Hodl, Hodl, Hodl, Hodl, Hodl, Hodl, Hodl, Hodl, Hodl, Hodl, Hodl, Hodl, Hodl, Hodl, Hodl, Hodl, Hodl, Hodl, Hodl, Hodl, Hodl, Hodl, Hodl, Hodl, Hodl, Hodl, Hodl, Hodl, Hodl, Hodl, Hodl, Hodl, Hodl, Hodl, Hodl, Hodl, Hodl, Hodl, Hodl, Hodl, Hodl, Hodl, Hodl, Hodl, Hodl, Hodl, Hodl, Hodl, Hodl, Hodl, Hodl, Hodl, Hodl, Hodl, Hodl, Hodl, Hodl, Hodl, Hodl, Hodl, Hodl, Hodl, Hodl, Hodl, Hodl, Hodl, Hodl, Hodl, Hodl, Hodl, Hodl, Hodl, Hodl, Hodl, Hodl, Hodl, Hodl, Hodl, Hodl, Hodl, Hodl, Hodl, Hodl, Hodl, Hodl, Hodl, Hodl, Hodl, Hodl, Hodl, Hodl, Hodl, Hodl, Hodl, Hodl, Hodl, Hodl, Hodl, Hodl, Hodl, Hodl, Hodl, Hodl, Hodl, Hodl, Hodl, Hodl, Hodl, Hodl, Hodl, Hodl, Hodl, Hodl, Hodl, Hodl, Hodl, Hodl, Hodl, Hodl, Hodl, Hodl, Hodl, Hodl, Hodl, Hodl, Hodl, Hodl, Hodl, Hodl, Hodl, Hodl, Hodl, Hodl, Hodl, Hodl, Hodl, Hodl, Hodl, Hodl, Hodl, Hodl, Hodl, Hodl, Hodl, Hodl, Hodl, Hodl, Hodl, Hodl, Hodl, Hodl, Hodl, Hodl, Hodl, Hodl, Hodl, Hodl, Hodl, Hodl, Hodl, Hodl, Hodl, Hodl, Hodl, Hodl, Hodl, Hodl, Hodl, Hodl, Hodl, Hodl, Hodl, Hodl, Hodl, Hodl, Hodl, Hodl, Hodl, Hodl, Hodl, Hodl, Hodl, Hodl, Hodl, Hodl, Hodl, Hodl, Hodl, Hodl, Hodl, Hodl, Hodl, Hodl, Hodl, Hodl, Hodl, Hodl.

Hodl, Hodl, Hodl, Hodl, Hodl, Hodl, Hodl, Hodl, Hodl,
Hodl, Hodl, Hodl, Hodl, Hodl, Hodl, Hodl, Hodl, Hodl, Hodl, Hodl,
Hodl, Hodl, Hodl, Hodl, Hodl, Hodl, Hodl, Hodl, Hodl, Hodl, Hodl,
Hodl, Hodl, Hodl, Hodl, Hodl, Hodl, Hodl, Hodl, Hodl, Hodl, Hodl,
Hodl, Hodl, Hodl, Hodl, Hodl, Hodl, Hodl, Hodl, Hodl, Hodl, Hodl,
Hodl, Hodl, Hodl, Hodl, Hodl, Hodl, Hodl, Hodl, Hodl, Hodl, Hodl,
Hodl, Hodl, Hodl, Hodl, Hodl, Hodl, Hodl, Hodl, Hodl, Hodl, Hodl,
Hodl, Hodl, Hodl, Hodl, Hodl, Hodl, Hodl, Hodl, Hodl, Hodl, Hodl,
Hodl, Hodl, Hodl, Hodl, Hodl, Hodl, Hodl, Hodl, Hodl, Hodl, Hodl,
Hodl, Hodl, Hodl, Hodl, Hodl, Hodl, Hodl, Hodl, Hodl, Hodl, Hodl,
Hodl, Hodl, Hodl, Hodl, Hodl, Hodl, Hodl, Hodl, Hodl, Hodl, Hodl,
Hodl, Hodl, Hodl, Hodl, Hodl, Hodl, Hodl, Hodl, Hodl, Hodl, Hodl,
Hodl, Hodl, Hodl, Hodl, Hodl, Hodl, Hodl, Hodl, Hodl, Hodl, Hodl,
Hodl, Hodl, Hodl, Hodl, Hodl, Hodl, Hodl, Hodl, Hodl, Hodl, Hodl,
Hodl, Hodl, Hodl, Hodl, Hodl, Hodl, Hodl, Hodl, Hodl, Hodl, Hodl,
Hodl, Hodl, Hodl, Hodl, Hodl, Hodl, Hodl, Hodl, Hodl, Hodl, Hodl,
Hodl, Hodl, Hodl, Hodl, Hodl, Hodl, Hodl, Hodl, Hodl, Hodl, Hodl,
Hodl, Hodl, Hodl, Hodl, Hodl, Hodl, Hodl, Hodl, Hodl, Hodl, Hodl,
Hodl, Hodl, Hodl, Hodl, Hodl, Hodl, Hodl, Hodl, Hodl, Hodl, Hodl,
Hodl, Hodl, Hodl, Hodl, Hodl, Hodl, Hodl, Hodl, Hodl, Hodl, Hodl,
Hodl, Hodl, Hodl, Hodl, Hodl, Hodl, Hodl, Hodl, Hodl, Hodl, Hodl,
Hodl, Hodl, Hodl, Hodl, Hodl, Hodl, Hodl, Hodl, Hodl, Hodl, Hodl,
Hodl, Hodl, Hodl, Hodl, Hodl, Hodl, Hodl, Hodl, Hodl, Hodl, Hodl,
Hodl, Hodl, Hodl, Hodl, Hodl, Hodl, Hodl, Hodl, Hodl, Hodl, Hodl,
Hodl, Hodl, Hodl, Hodl, Hodl, Hodl, Hodl, Hodl, Hodl, Hodl, Hodl,
Hodl, Hodl, Hodl, Hodl, Hodl, Hodl, Hodl, Hodl, Hodl, Hodl, Hodl,
Hodl, Hodl, Hodl, Hodl, Hodl, Hodl, Hodl, Hodl, Hodl, Hodl, Hodl,
Hodl, Hodl, Hodl, Hodl, Hodl, Hodl, Hodl, Hodl, Hodl, Hodl, Hodl,
Hodl, Hodl, Hodl, Hodl, Hodl, Hodl, Hodl, Hodl, Hodl, Hodl, Hodl,
Hodl, Hodl, Hodl, Hodl, Hodl, Hodl, Hodl, Hodl, Hodl, Hodl, Hodl,
Hodl, Hodl, Hodl, Hodl, Hodl, Hodl, Hodl, Hodl, Hodl, Hodl, Hodl,
Hodl, Hodl, Hodl, Hodl, Hodl, Hodl, Hodl, Hodl, Hodl, Hodl, Hodl,
Hodl, Hodl, Hodl, Hodl, Hodl, Hodl, Hodl, Hodl, Hodl, Hodl, Hodl,
Hodl, Hodl, Hodl, Hodl, Hodl, Hodl.

Hodl, Hodl, Hodl, Hodl, Hodl, Hodl, Hodl, Hodl, Hodl, Hodl, Hodl, Hodl, Hodl, Hodl, Hodl, Hodl, Hodl, Hodl, Hodl, Hodl, Hodl, Hodl, Hodl, Hodl, Hodl, Hodl, Hodl, Hodl, Hodl, Hodl, Hodl, Hodl, Hodl, Hodl, Hodl, Hodl, Hodl, Hodl, Hodl, Hodl, Hodl, Hodl, Hodl, Hodl, Hodl, Hodl, Hodl, Hodl, Hodl, Hodl, Hodl, Hodl, Hodl, Hodl, Hodl, Hodl, Hodl, Hodl, Hodl, Hodl, Hodl, Hodl, Hodl, Hodl, Hodl, Hodl, Hodl, Hodl, Hodl, Hodl, Hodl, Hodl, Hodl, Hodl, Hodl, Hodl, Hodl, Hodl, Hodl, Hodl, Hodl, Hodl, Hodl, Hodl, Hodl, Hodl, Hodl, Hodl, Hodl, Hodl, Hodl, Hodl, Hodl, Hodl, Hodl, Hodl, Hodl, Hodl, Hodl, Hodl, Hodl, Hodl, Hodl, Hodl, Hodl, Hodl, Hodl, Hodl, Hodl, Hodl, Hodl, Hodl, Hodl, Hodl, Hodl, Hodl, Hodl, Hodl, Hodl, Hodl, Hodl, Hodl, Hodl, Hodl, Hodl, Hodl, Hodl, Hodl, Hodl, Hodl, Hodl, Hodl, Hodl, Hodl, Hodl, Hodl, Hodl, Hodl, Hodl, Hodl, Hodl, Hodl, Hodl, Hodl, Hodl, Hodl, Hodl, Hodl, Hodl, Hodl, Hodl, Hodl, Hodl, Hodl, Hodl, Hodl, Hodl, Hodl, Hodl, Hodl, Hodl, Hodl, Hodl, Hodl, Hodl, Hodl, Hodl, Hodl, Hodl, Hodl, Hodl, Hodl, Hodl, Hodl, Hodl, Hodl, Hodl, Hodl, Hodl, Hodl, Hodl, Hodl, Hodl, Hodl, Hodl, Hodl, Hodl, Hodl, Hodl, Hodl, Hodl, Hodl, Hodl, Hodl, Hodl, Hodl, Hodl, Hodl, Hodl, Hodl, Hodl, Hodl, Hodl, Hodl, Hodl, Hodl, Hodl, Hodl, Hodl, Hodl, Hodl, Hodl, Hodl, Hodl, Hodl, Hodl, Hodl, Hodl, Hodl, Hodl, Hodl, Hodl, Hodl, Hodl, Hodl, Hodl, Hodl, Hodl, Hodl, Hodl, Hodl, Hodl, Hodl, Hodl, Hodl, Hodl, Hodl, Hodl, Hodl, Hodl, Hodl, Hodl, Hodl, Hodl, Hodl, Hodl, Hodl, Hodl, Hodl, Hodl, Hodl, Hodl, Hodl, Hodl, Hodl, Hodl, Hodl, Hodl, Hodl, Hodl, Hodl, Hodl, Hodl, Hodl, Hodl, Hodl, Hodl, Hodl, Hodl, Hodl, Hodl, Hodl, Hodl, Hodl, Hodl, Hodl, Hodl, Hodl, Hodl, Hodl, Hodl, Hodl, Hodl, Hodl, Hodl, Hodl, Hodl, Hodl, Hodl, Hodl, Hodl, Hodl, Hodl, Hodl, Hodl, Hodl, Hodl, Hodl, Hodl, Hodl, Hodl, Hodl, Hodl, Hodl, Hodl, Hodl, Hodl, Hodl, Hodl, Hodl, Hodl, Hodl, Hodl, Hodl, Hodl, Hodl, Hodl, Hodl, Hodl, Hodl, Hodl, Hodl, Hodl, Hodl, Hodl, Hodl, Hodl, Hodl, Hodl, Hodl, Hodl, Hodl, Hodl, Hodl, Hodl, Hodl, Hodl, Hodl, Hodl, Hodl, Hodl, Hodl, Hodl, Hodl, Hodl, Hodl, Hodl, Hodl, Hodl, Hodl, Hodl, Hodl, Hodl, Hodl, Hodl, Hodl, Hodl, Hodl, Hodl, Hodl, Hodl, Hodl, Hodl, Hodl, Hodl, Hodl, Hodl, Hodl, Hodl, Hodl, Hodl, Hodl, Hodl, Hodl, Hodl, Hodl, Hodl, Hodl, Hodl, Hodl, Hodl, Hodl, Hodl, Hodl, Hodl, Hodl, Hodl, Hodl, Hodl, Hodl, Hodl, Hodl.

Hodl, Hodl, Hodl, Hodl, Hodl, Hodl, Hodl, Hodl, Hodl,
Hodl, Hodl, Hodl, Hodl, Hodl, Hodl, Hodl, Hodl, Hodl, Hodl, Hodl,
Hodl, Hodl, Hodl, Hodl, Hodl, Hodl, Hodl, Hodl, Hodl, Hodl, Hodl,
Hodl, Hodl, Hodl, Hodl, Hodl, Hodl, Hodl, Hodl, Hodl, Hodl, Hodl,
Hodl, Hodl, Hodl, Hodl, Hodl, Hodl, Hodl, Hodl, Hodl, Hodl, Hodl,
Hodl, Hodl, Hodl, Hodl, Hodl, Hodl, Hodl, Hodl, Hodl, Hodl, Hodl,
Hodl, Hodl, Hodl, Hodl, Hodl, Hodl, Hodl, Hodl, Hodl, Hodl, Hodl,
Hodl, Hodl, Hodl, Hodl, Hodl, Hodl, Hodl, Hodl, Hodl, Hodl, Hodl,
Hodl, Hodl, Hodl, Hodl, Hodl, Hodl, Hodl, Hodl, Hodl, Hodl, Hodl,
Hodl, Hodl, Hodl, Hodl, Hodl, Hodl, Hodl, Hodl, Hodl, Hodl, Hodl,
Hodl, Hodl, Hodl, Hodl, Hodl, Hodl, Hodl, Hodl, Hodl, Hodl, Hodl,
Hodl, Hodl, Hodl, Hodl, Hodl, Hodl, Hodl, Hodl, Hodl, Hodl, Hodl,
Hodl, Hodl, Hodl, Hodl, Hodl, Hodl, Hodl, Hodl, Hodl, Hodl, Hodl,
Hodl, Hodl, Hodl, Hodl, Hodl, Hodl, Hodl, Hodl, Hodl, Hodl, Hodl,
Hodl, Hodl, Hodl, Hodl, Hodl, Hodl, Hodl, Hodl, Hodl, Hodl, Hodl,
Hodl, Hodl, Hodl, Hodl, Hodl, Hodl, Hodl, Hodl, Hodl, Hodl, Hodl,
Hodl, Hodl, Hodl, Hodl, Hodl, Hodl, Hodl, Hodl, Hodl, Hodl, Hodl,
Hodl, Hodl, Hodl, Hodl, Hodl, Hodl, Hodl, Hodl, Hodl, Hodl, Hodl,
Hodl, Hodl, Hodl, Hodl, Hodl, Hodl, Hodl, Hodl, Hodl, Hodl, Hodl,
Hodl, Hodl, Hodl, Hodl, Hodl, Hodl, Hodl, Hodl, Hodl, Hodl, Hodl,
Hodl, Hodl, Hodl, Hodl, Hodl, Hodl, Hodl, Hodl, Hodl, Hodl, Hodl,
Hodl, Hodl, Hodl, Hodl, Hodl, Hodl, Hodl, Hodl, Hodl, Hodl, Hodl,
Hodl, Hodl, Hodl, Hodl, Hodl, Hodl, Hodl, Hodl, Hodl, Hodl, Hodl,
Hodl, Hodl, Hodl, Hodl, Hodl, Hodl, Hodl, Hodl, Hodl, Hodl, Hodl,
Hodl, Hodl, Hodl, Hodl, Hodl, Hodl, Hodl, Hodl, Hodl, Hodl, Hodl,
Hodl, Hodl, Hodl, Hodl, Hodl, Hodl, Hodl, Hodl, Hodl, Hodl, Hodl,
Hodl, Hodl, Hodl, Hodl, Hodl, Hodl, Hodl, Hodl, Hodl, Hodl, Hodl,
Hodl, Hodl, Hodl, Hodl, Hodl, Hodl, Hodl, Hodl, Hodl, Hodl, Hodl,
Hodl, Hodl, Hodl, Hodl, Hodl, Hodl, Hodl, Hodl, Hodl, Hodl, Hodl,
Hodl, Hodl, Hodl, Hodl, Hodl, Hodl, Hodl, Hodl, Hodl, Hodl, Hodl,
Hodl, Hodl, Hodl, Hodl, Hodl, Hodl, Hodl, Hodl, Hodl, Hodl, Hodl,
Hodl, Hodl, Hodl, Hodl, Hodl, Hodl, Hodl, Hodl, Hodl, Hodl, Hodl,
Hodl, Hodl, Hodl, Hodl, Hodl, Hodl.

Hodl, Hodl, Hodl, Hodl, Hodl, Hodl, Hodl, Hodl, Hodl, Hodl, Hodl, Hodl, Hodl, Hodl, Hodl, Hodl, Hodl, Hodl, Hodl, Hodl, Hodl, Hodl, Hodl, Hodl, Hodl, Hodl, Hodl, Hodl, Hodl, Hodl, Hodl, Hodl, Hodl, Hodl, Hodl, Hodl, Hodl, Hodl, Hodl, Hodl, Hodl, Hodl, Hodl, Hodl, Hodl, Hodl, Hodl, Hodl, Hodl, Hodl, Hodl, Hodl, Hodl, Hodl, Hodl, Hodl, Hodl, Hodl, Hodl, Hodl, Hodl, Hodl, Hodl, Hodl, Hodl, Hodl, Hodl, Hodl, Hodl, Hodl, Hodl, Hodl, Hodl, Hodl, Hodl, Hodl, Hodl, Hodl, Hodl, Hodl, Hodl, Hodl, Hodl, Hodl, Hodl, Hodl, Hodl, Hodl, Hodl, Hodl, Hodl, Hodl, Hodl, Hodl, Hodl, Hodl, Hodl, Hodl, Hodl, Hodl, Hodl, Hodl, Hodl, Hodl, Hodl, Hodl, Hodl, Hodl, Hodl, Hodl, Hodl, Hodl, Hodl, Hodl, Hodl, Hodl, Hodl, Hodl, Hodl, Hodl, Hodl, Hodl, Hodl, Hodl, Hodl, Hodl, Hodl, Hodl, Hodl, Hodl, Hodl, Hodl, Hodl, Hodl, Hodl, Hodl, Hodl, Hodl, Hodl, Hodl, Hodl, Hodl, Hodl, Hodl, Hodl, Hodl, Hodl, Hodl, Hodl, Hodl, Hodl, Hodl, Hodl, Hodl, Hodl, Hodl, Hodl, Hodl, Hodl, Hodl, Hodl, Hodl, Hodl, Hodl, Hodl, Hodl, Hodl, Hodl, Hodl, Hodl, Hodl, Hodl, Hodl, Hodl, Hodl, Hodl, Hodl, Hodl, Hodl, Hodl, Hodl, Hodl, Hodl, Hodl, Hodl, Hodl, Hodl, Hodl, Hodl, Hodl, Hodl, Hodl, Hodl, Hodl, Hodl, Hodl, Hodl, Hodl, Hodl, Hodl, Hodl, Hodl, Hodl, Hodl, Hodl, Hodl, Hodl, Hodl, Hodl, Hodl, Hodl, Hodl, Hodl, Hodl, Hodl, Hodl, Hodl, Hodl, Hodl, Hodl, Hodl, Hodl, Hodl, Hodl, Hodl, Hodl, Hodl, Hodl, Hodl, Hodl, Hodl, Hodl, Hodl, Hodl, Hodl, Hodl, Hodl, Hodl, Hodl, Hodl, Hodl, Hodl, Hodl, Hodl, Hodl, Hodl, Hodl, Hodl, Hodl, Hodl, Hodl, Hodl, Hodl, Hodl, Hodl, Hodl, Hodl, Hodl, Hodl, Hodl, Hodl, Hodl, Hodl, Hodl, Hodl, Hodl, Hodl, Hodl, Hodl, Hodl, Hodl, Hodl, Hodl, Hodl, Hodl, Hodl, Hodl, Hodl, Hodl, Hodl, Hodl, Hodl, Hodl, Hodl, Hodl, Hodl, Hodl, Hodl, Hodl, Hodl, Hodl, Hodl, Hodl, Hodl, Hodl, Hodl, Hodl, Hodl, Hodl, Hodl, Hodl, Hodl, Hodl, Hodl, Hodl, Hodl, Hodl, Hodl, Hodl, Hodl, Hodl, Hodl, Hodl, Hodl, Hodl, Hodl, Hodl, Hodl, Hodl, Hodl, Hodl, Hodl, Hodl, Hodl, Hodl, Hodl, Hodl, Hodl, Hodl, Hodl, Hodl, Hodl, Hodl, Hodl, Hodl, Hodl, Hodl, Hodl, Hodl, Hodl, Hodl, Hodl, Hodl, Hodl, Hodl, Hodl, Hodl, Hodl, Hodl, Hodl, Hodl, Hodl, Hodl, Hodl, Hodl, Hodl, Hodl, Hodl, Hodl, Hodl, Hodl, Hodl, Hodl, Hodl, Hodl, Hodl, Hodl, Hodl, Hodl, Hodl, Hodl, Hodl, Hodl, Hodl, Hodl, Hodl, Hodl, Hodl, Hodl, Hodl, Hodl, Hodl, Hodl, Hodl, Hodl, Hodl, Hodl, Hodl, Hodl, Hodl, Hodl, Hodl, Hodl, Hodl, Hodl, Hodl, Hodl, Hodl, Hodl, Hodl, Hodl, Hodl, Hodl, Hodl, Hodl, Hodl, Hodl, Hodl, Hodl, Hodl, Hodl, Hodl, Hodl, Hodl, Hodl, Hodl, Hodl, Hodl.

Hodl, Hodl, Hodl, Hodl, Hodl, Hodl, Hodl, Hodl, Hodl,
Hodl, Hodl, Hodl, Hodl, Hodl, Hodl, Hodl, Hodl, Hodl, Hodl, Hodl,
Hodl, Hodl, Hodl, Hodl, Hodl, Hodl, Hodl, Hodl, Hodl, Hodl, Hodl,
Hodl, Hodl, Hodl, Hodl, Hodl, Hodl, Hodl, Hodl, Hodl, Hodl, Hodl,
Hodl, Hodl, Hodl, Hodl, Hodl, Hodl, Hodl, Hodl, Hodl, Hodl, Hodl,
Hodl, Hodl, Hodl, Hodl, Hodl, Hodl, Hodl, Hodl, Hodl, Hodl, Hodl,
Hodl, Hodl, Hodl, Hodl, Hodl, Hodl, Hodl, Hodl, Hodl, Hodl, Hodl,
Hodl, Hodl, Hodl, Hodl, Hodl, Hodl, Hodl, Hodl, Hodl, Hodl, Hodl,
Hodl, Hodl, Hodl, Hodl, Hodl, Hodl, Hodl, Hodl, Hodl, Hodl, Hodl,
Hodl, Hodl, Hodl, Hodl, Hodl, Hodl, Hodl, Hodl, Hodl, Hodl, Hodl,
Hodl, Hodl, Hodl, Hodl, Hodl, Hodl, Hodl, Hodl, Hodl, Hodl, Hodl,
Hodl, Hodl, Hodl, Hodl, Hodl, Hodl, Hodl, Hodl, Hodl, Hodl, Hodl,
Hodl, Hodl, Hodl, Hodl, Hodl, Hodl, Hodl, Hodl, Hodl, Hodl, Hodl,
Hodl, Hodl, Hodl, Hodl, Hodl, Hodl, Hodl, Hodl, Hodl, Hodl, Hodl,
Hodl, Hodl, Hodl, Hodl, Hodl, Hodl, Hodl, Hodl, Hodl, Hodl, Hodl,
Hodl, Hodl, Hodl, Hodl, Hodl, Hodl, Hodl, Hodl, Hodl, Hodl, Hodl,
Hodl, Hodl, Hodl, Hodl, Hodl, Hodl, Hodl, Hodl, Hodl, Hodl, Hodl,
Hodl, Hodl, Hodl, Hodl, Hodl, Hodl, Hodl, Hodl, Hodl, Hodl, Hodl,
Hodl, Hodl, Hodl, Hodl, Hodl, Hodl, Hodl, Hodl, Hodl, Hodl, Hodl,
Hodl, Hodl, Hodl, Hodl, Hodl, Hodl, Hodl, Hodl, Hodl, Hodl, Hodl,
Hodl, Hodl, Hodl, Hodl, Hodl, Hodl, Hodl, Hodl, Hodl, Hodl, Hodl,
Hodl, Hodl, Hodl, Hodl, Hodl, Hodl, Hodl, Hodl, Hodl, Hodl, Hodl,
Hodl, Hodl, Hodl, Hodl, Hodl, Hodl, Hodl, Hodl, Hodl, Hodl, Hodl,
Hodl, Hodl, Hodl, Hodl, Hodl, Hodl, Hodl, Hodl, Hodl, Hodl, Hodl,
Hodl, Hodl, Hodl, Hodl, Hodl, Hodl, Hodl, Hodl, Hodl, Hodl, Hodl,
Hodl, Hodl, Hodl, Hodl, Hodl, Hodl, Hodl, Hodl, Hodl, Hodl, Hodl,
Hodl, Hodl, Hodl, Hodl, Hodl, Hodl, Hodl, Hodl, Hodl, Hodl, Hodl,
Hodl, Hodl, Hodl, Hodl, Hodl, Hodl, Hodl, Hodl, Hodl, Hodl, Hodl,
Hodl, Hodl, Hodl, Hodl, Hodl, Hodl, Hodl, Hodl, Hodl, Hodl, Hodl,
Hodl, Hodl, Hodl, Hodl, Hodl, Hodl, Hodl, Hodl, Hodl, Hodl, Hodl,
Hodl, Hodl, Hodl, Hodl, Hodl, Hodl, Hodl, Hodl, Hodl, Hodl, Hodl,
Hodl, Hodl, Hodl, Hodl, Hodl, Hodl, Hodl, Hodl, Hodl, Hodl, Hodl,
Hodl, Hodl, Hodl, Hodl, Hodl, Hodl, Hodl, Hodl, Hodl, Hodl, Hodl,
Hodl, Hodl, Hodl, Hodl, Hodl, Hodl, Hodl, Hodl, Hodl, Hodl, Hodl,
Hodl, Hodl, Hodl, Hodl, Hodl, Hodl.

Hodl, Hodl, Hodl, Hodl, Hodl, Hodl, Hodl, Hodl, Hodl,
Hodl, Hodl, Hodl, Hodl, Hodl, Hodl, Hodl, Hodl, Hodl, Hodl, Hodl,
Hodl, Hodl, Hodl, Hodl, Hodl, Hodl, Hodl, Hodl, Hodl, Hodl, Hodl,
Hodl, Hodl, Hodl, Hodl, Hodl, Hodl, Hodl, Hodl, Hodl, Hodl, Hodl,
Hodl, Hodl, Hodl, Hodl, Hodl, Hodl, Hodl, Hodl, Hodl, Hodl, Hodl,
Hodl, Hodl, Hodl, Hodl, Hodl, Hodl, Hodl, Hodl, Hodl, Hodl, Hodl,
Hodl, Hodl, Hodl, Hodl, Hodl, Hodl, Hodl, Hodl, Hodl, Hodl, Hodl,
Hodl, Hodl, Hodl, Hodl, Hodl, Hodl, Hodl, Hodl, Hodl, Hodl, Hodl,
Hodl, Hodl, Hodl, Hodl, Hodl, Hodl, Hodl, Hodl, Hodl, Hodl, Hodl,
Hodl, Hodl, Hodl, Hodl, Hodl, Hodl, Hodl, Hodl, Hodl, Hodl, Hodl,
Hodl, Hodl, Hodl, Hodl, Hodl, Hodl, Hodl, Hodl, Hodl, Hodl, Hodl,
Hodl, Hodl, Hodl, Hodl, Hodl, Hodl, Hodl, Hodl, Hodl, Hodl, Hodl,
Hodl, Hodl, Hodl, Hodl, Hodl, Hodl, Hodl, Hodl, Hodl, Hodl, Hodl,
Hodl, Hodl, Hodl, Hodl, Hodl, Hodl, Hodl, Hodl, Hodl, Hodl, Hodl,
Hodl, Hodl, Hodl, Hodl, Hodl, Hodl, Hodl, Hodl, Hodl, Hodl, Hodl,
Hodl, Hodl, Hodl, Hodl, Hodl, Hodl, Hodl, Hodl, Hodl, Hodl, Hodl,
Hodl, Hodl, Hodl, Hodl, Hodl, Hodl, Hodl, Hodl, Hodl, Hodl, Hodl,
Hodl, Hodl, Hodl, Hodl, Hodl, Hodl, Hodl, Hodl, Hodl, Hodl, Hodl,
Hodl, Hodl, Hodl, Hodl, Hodl, Hodl, Hodl, Hodl, Hodl, Hodl, Hodl,
Hodl, Hodl, Hodl, Hodl, Hodl, Hodl, Hodl, Hodl, Hodl, Hodl, Hodl,
Hodl, Hodl, Hodl, Hodl, Hodl, Hodl, Hodl, Hodl, Hodl, Hodl, Hodl,
Hodl, Hodl, Hodl, Hodl, Hodl, Hodl, Hodl, Hodl, Hodl, Hodl, Hodl,
Hodl, Hodl, Hodl, Hodl, Hodl, Hodl, Hodl, Hodl, Hodl, Hodl, Hodl,
Hodl, Hodl, Hodl, Hodl, Hodl, Hodl, Hodl, Hodl, Hodl, Hodl, Hodl,
Hodl, Hodl, Hodl, Hodl, Hodl, Hodl, Hodl, Hodl, Hodl, Hodl, Hodl,
Hodl, Hodl, Hodl, Hodl, Hodl, Hodl, Hodl, Hodl, Hodl, Hodl, Hodl,
Hodl, Hodl, Hodl, Hodl, Hodl, Hodl, Hodl, Hodl, Hodl, Hodl, Hodl,
Hodl, Hodl, Hodl, Hodl, Hodl, Hodl, Hodl, Hodl, Hodl, Hodl, Hodl,
Hodl, Hodl, Hodl, Hodl, Hodl, Hodl, Hodl, Hodl, Hodl, Hodl, Hodl,
Hodl, Hodl, Hodl, Hodl, Hodl, Hodl, Hodl, Hodl, Hodl, Hodl, Hodl,
Hodl, Hodl, Hodl, Hodl, Hodl, Hodl, Hodl, Hodl, Hodl, Hodl, Hodl,
Hodl, Hodl, Hodl, Hodl, Hodl, Hodl, Hodl, Hodl, Hodl, Hodl, Hodl,
Hodl, Hodl, Hodl, Hodl, Hodl, Hodl, Hodl, Hodl, Hodl, Hodl, Hodl,
Hodl, Hodl, Hodl, Hodl, Hodl, Hodl.

Hodl, Hodl, Hodl, Hodl, Hodl, Hodl, Hodl, Hodl, Hodl,
Hodl, Hodl, Hodl, Hodl, Hodl, Hodl, Hodl, Hodl, Hodl, Hodl, Hodl,
Hodl, Hodl, Hodl, Hodl, Hodl, Hodl, Hodl, Hodl, Hodl, Hodl, Hodl,
Hodl, Hodl, Hodl, Hodl, Hodl, Hodl, Hodl, Hodl, Hodl, Hodl, Hodl,
Hodl, Hodl, Hodl, Hodl, Hodl, Hodl, Hodl, Hodl, Hodl, Hodl, Hodl,
Hodl, Hodl, Hodl, Hodl, Hodl, Hodl, Hodl, Hodl, Hodl, Hodl, Hodl,
Hodl, Hodl, Hodl, Hodl, Hodl, Hodl, Hodl, Hodl, Hodl, Hodl, Hodl,
Hodl, Hodl, Hodl, Hodl, Hodl, Hodl, Hodl, Hodl, Hodl, Hodl, Hodl,
Hodl, Hodl, Hodl, Hodl, Hodl, Hodl, Hodl, Hodl, Hodl, Hodl, Hodl,
Hodl, Hodl, Hodl, Hodl, Hodl, Hodl, Hodl, Hodl, Hodl, Hodl, Hodl,
Hodl, Hodl, Hodl, Hodl, Hodl, Hodl, Hodl, Hodl, Hodl, Hodl, Hodl,
Hodl, Hodl, Hodl, Hodl, Hodl, Hodl, Hodl, Hodl, Hodl, Hodl, Hodl,
Hodl, Hodl, Hodl, Hodl, Hodl, Hodl, Hodl, Hodl, Hodl, Hodl, Hodl,
Hodl, Hodl, Hodl, Hodl, Hodl, Hodl, Hodl, Hodl, Hodl, Hodl, Hodl,
Hodl, Hodl, Hodl, Hodl, Hodl, Hodl, Hodl, Hodl, Hodl, Hodl, Hodl,
Hodl, Hodl, Hodl, Hodl, Hodl, Hodl, Hodl, Hodl, Hodl, Hodl, Hodl,
Hodl, Hodl, Hodl, Hodl, Hodl, Hodl, Hodl, Hodl, Hodl, Hodl, Hodl,
Hodl, Hodl, Hodl, Hodl, Hodl, Hodl, Hodl, Hodl, Hodl, Hodl, Hodl,
Hodl, Hodl, Hodl, Hodl, Hodl, Hodl, Hodl, Hodl, Hodl, Hodl, Hodl,
Hodl, Hodl, Hodl, Hodl, Hodl, Hodl, Hodl, Hodl, Hodl, Hodl, Hodl,
Hodl, Hodl, Hodl, Hodl, Hodl, Hodl, Hodl, Hodl, Hodl, Hodl, Hodl,
Hodl, Hodl, Hodl, Hodl, Hodl, Hodl, Hodl, Hodl, Hodl, Hodl, Hodl,
Hodl, Hodl, Hodl, Hodl, Hodl, Hodl, Hodl, Hodl, Hodl, Hodl, Hodl,
Hodl, Hodl, Hodl, Hodl, Hodl, Hodl, Hodl, Hodl, Hodl, Hodl, Hodl,
Hodl, Hodl, Hodl, Hodl, Hodl, Hodl, Hodl, Hodl, Hodl, Hodl, Hodl,
Hodl, Hodl, Hodl, Hodl, Hodl, Hodl, Hodl, Hodl, Hodl, Hodl, Hodl,
Hodl, Hodl, Hodl, Hodl, Hodl, Hodl, Hodl, Hodl, Hodl, Hodl, Hodl,
Hodl, Hodl, Hodl, Hodl, Hodl, Hodl, Hodl, Hodl, Hodl, Hodl, Hodl,
Hodl, Hodl, Hodl, Hodl, Hodl, Hodl, Hodl, Hodl, Hodl, Hodl, Hodl,
Hodl, Hodl, Hodl, Hodl, Hodl, Hodl, Hodl, Hodl, Hodl, Hodl, Hodl,
Hodl, Hodl, Hodl, Hodl, Hodl, Hodl, Hodl, Hodl, Hodl, Hodl, Hodl,
Hodl, Hodl, Hodl, Hodl, Hodl, Hodl, Hodl, Hodl, Hodl, Hodl, Hodl,
Hodl, Hodl, Hodl, Hodl, Hodl, Hodl, Hodl, Hodl, Hodl, Hodl, Hodl,
Hodl, Hodl, Hodl, Hodl, Hodl, Hodl, Hodl, Hodl, Hodl, Hodl, Hodl,
Hodl, Hodl, Hodl, Hodl, Hodl, Hodl.

Hodl, Hodl, Hodl, Hodl, Hodl, Hodl, Hodl, Hodl, Hodl,
Hodl, Hodl, Hodl, Hodl, Hodl, Hodl, Hodl, Hodl, Hodl, Hodl, Hodl,
Hodl, Hodl, Hodl, Hodl, Hodl, Hodl, Hodl, Hodl, Hodl, Hodl, Hodl,
Hodl, Hodl, Hodl, Hodl, Hodl, Hodl, Hodl, Hodl, Hodl, Hodl, Hodl,
Hodl, Hodl, Hodl, Hodl, Hodl, Hodl, Hodl, Hodl, Hodl, Hodl, Hodl,
Hodl, Hodl, Hodl, Hodl, Hodl, Hodl, Hodl, Hodl, Hodl, Hodl, Hodl,
Hodl, Hodl, Hodl, Hodl, Hodl, Hodl, Hodl, Hodl, Hodl, Hodl, Hodl,
Hodl, Hodl, Hodl, Hodl, Hodl, Hodl, Hodl, Hodl, Hodl, Hodl, Hodl,
Hodl, Hodl, Hodl, Hodl, Hodl, Hodl, Hodl, Hodl, Hodl, Hodl, Hodl,
Hodl, Hodl, Hodl, Hodl, Hodl, Hodl, Hodl, Hodl, Hodl, Hodl, Hodl,
Hodl, Hodl, Hodl, Hodl, Hodl, Hodl, Hodl, Hodl, Hodl, Hodl, Hodl,
Hodl, Hodl, Hodl, Hodl, Hodl, Hodl, Hodl, Hodl, Hodl, Hodl, Hodl,
Hodl, Hodl, Hodl, Hodl, Hodl, Hodl, Hodl, Hodl, Hodl, Hodl, Hodl,
Hodl, Hodl, Hodl, Hodl, Hodl, Hodl, Hodl, Hodl, Hodl, Hodl, Hodl,
Hodl, Hodl, Hodl, Hodl, Hodl, Hodl, Hodl, Hodl, Hodl, Hodl, Hodl,
Hodl, Hodl, Hodl, Hodl, Hodl, Hodl, Hodl, Hodl, Hodl, Hodl, Hodl,
Hodl, Hodl, Hodl, Hodl, Hodl, Hodl, Hodl, Hodl, Hodl, Hodl, Hodl,
Hodl, Hodl, Hodl, Hodl, Hodl, Hodl, Hodl, Hodl, Hodl, Hodl, Hodl,
Hodl, Hodl, Hodl, Hodl, Hodl, Hodl, Hodl, Hodl, Hodl, Hodl, Hodl,
Hodl, Hodl, Hodl, Hodl, Hodl, Hodl, Hodl, Hodl, Hodl, Hodl, Hodl,
Hodl, Hodl, Hodl, Hodl, Hodl, Hodl, Hodl, Hodl, Hodl, Hodl, Hodl,
Hodl, Hodl, Hodl, Hodl, Hodl, Hodl, Hodl, Hodl, Hodl, Hodl, Hodl,
Hodl, Hodl, Hodl, Hodl, Hodl, Hodl, Hodl, Hodl, Hodl, Hodl, Hodl,
Hodl, Hodl, Hodl, Hodl, Hodl, Hodl, Hodl, Hodl, Hodl, Hodl, Hodl,
Hodl, Hodl, Hodl, Hodl, Hodl, Hodl, Hodl, Hodl, Hodl, Hodl, Hodl,
Hodl, Hodl, Hodl, Hodl, Hodl, Hodl, Hodl, Hodl, Hodl, Hodl, Hodl,
Hodl, Hodl, Hodl, Hodl, Hodl, Hodl, Hodl, Hodl, Hodl, Hodl, Hodl,
Hodl, Hodl, Hodl, Hodl, Hodl, Hodl, Hodl, Hodl, Hodl, Hodl, Hodl,
Hodl, Hodl, Hodl, Hodl, Hodl, Hodl, Hodl, Hodl, Hodl, Hodl, Hodl,
Hodl, Hodl, Hodl, Hodl, Hodl, Hodl, Hodl, Hodl, Hodl, Hodl, Hodl,
Hodl, Hodl, Hodl, Hodl, Hodl, Hodl, Hodl, Hodl, Hodl, Hodl, Hodl,
Hodl, Hodl, Hodl, Hodl, Hodl, Hodl, Hodl, Hodl, Hodl, Hodl, Hodl,
Hodl, Hodl, Hodl, Hodl, Hodl, Hodl, Hodl, Hodl, Hodl, Hodl, Hodl,
Hodl, Hodl, Hodl, Hodl, Hodl, Hodl.

Hodl, Hodl, Hodl, Hodl, Hodl, Hodl, Hodl, Hodl, Hodl,
Hodl, Hodl, Hodl, Hodl, Hodl, Hodl, Hodl, Hodl, Hodl, Hodl, Hodl,
Hodl, Hodl, Hodl, Hodl, Hodl, Hodl, Hodl, Hodl, Hodl, Hodl, Hodl,
Hodl, Hodl, Hodl, Hodl, Hodl, Hodl, Hodl, Hodl, Hodl, Hodl, Hodl,
Hodl, Hodl, Hodl, Hodl, Hodl, Hodl, Hodl, Hodl, Hodl, Hodl, Hodl,
Hodl, Hodl, Hodl, Hodl, Hodl, Hodl, Hodl, Hodl, Hodl, Hodl, Hodl,
Hodl, Hodl, Hodl, Hodl, Hodl, Hodl, Hodl, Hodl, Hodl, Hodl, Hodl,
Hodl, Hodl, Hodl, Hodl, Hodl, Hodl, Hodl, Hodl, Hodl, Hodl, Hodl,
Hodl, Hodl, Hodl, Hodl, Hodl, Hodl, Hodl, Hodl, Hodl, Hodl, Hodl,
Hodl, Hodl, Hodl, Hodl, Hodl, Hodl, Hodl, Hodl, Hodl, Hodl, Hodl,
Hodl, Hodl, Hodl, Hodl, Hodl, Hodl, Hodl, Hodl, Hodl, Hodl, Hodl,
Hodl, Hodl, Hodl, Hodl, Hodl, Hodl, Hodl, Hodl, Hodl, Hodl, Hodl,
Hodl, Hodl, Hodl, Hodl, Hodl, Hodl, Hodl, Hodl, Hodl, Hodl, Hodl,
Hodl, Hodl, Hodl, Hodl, Hodl, Hodl, Hodl, Hodl, Hodl, Hodl, Hodl,
Hodl, Hodl, Hodl, Hodl, Hodl, Hodl, Hodl, Hodl, Hodl, Hodl, Hodl,
Hodl, Hodl, Hodl, Hodl, Hodl, Hodl, Hodl, Hodl, Hodl, Hodl, Hodl,
Hodl, Hodl, Hodl, Hodl, Hodl, Hodl, Hodl, Hodl, Hodl, Hodl, Hodl,
Hodl, Hodl, Hodl, Hodl, Hodl, Hodl, Hodl, Hodl, Hodl, Hodl, Hodl,
Hodl, Hodl, Hodl, Hodl, Hodl, Hodl, Hodl, Hodl, Hodl, Hodl, Hodl,
Hodl, Hodl, Hodl, Hodl, Hodl, Hodl, Hodl, Hodl, Hodl, Hodl, Hodl,
Hodl, Hodl, Hodl, Hodl, Hodl, Hodl, Hodl, Hodl, Hodl, Hodl, Hodl,
Hodl, Hodl, Hodl, Hodl, Hodl, Hodl, Hodl, Hodl, Hodl, Hodl, Hodl,
Hodl, Hodl, Hodl, Hodl, Hodl, Hodl, Hodl, Hodl, Hodl, Hodl, Hodl,
Hodl, Hodl, Hodl, Hodl, Hodl, Hodl, Hodl, Hodl, Hodl, Hodl, Hodl,
Hodl, Hodl, Hodl, Hodl, Hodl, Hodl, Hodl, Hodl, Hodl, Hodl, Hodl,
Hodl, Hodl, Hodl, Hodl, Hodl, Hodl, Hodl, Hodl, Hodl, Hodl, Hodl,
Hodl, Hodl, Hodl, Hodl, Hodl, Hodl, Hodl, Hodl, Hodl, Hodl, Hodl,
Hodl, Hodl, Hodl, Hodl, Hodl, Hodl, Hodl, Hodl, Hodl, Hodl, Hodl,
Hodl, Hodl, Hodl, Hodl, Hodl, Hodl, Hodl, Hodl, Hodl, Hodl, Hodl,
Hodl, Hodl, Hodl, Hodl, Hodl, Hodl, Hodl, Hodl, Hodl, Hodl, Hodl,
Hodl, Hodl, Hodl, Hodl, Hodl, Hodl, Hodl, Hodl, Hodl, Hodl, Hodl,
Hodl, Hodl, Hodl, Hodl, Hodl, Hodl, Hodl, Hodl, Hodl, Hodl, Hodl,
Hodl, Hodl, Hodl, Hodl, Hodl, Hodl.

Hodl, Hodl, Hodl, Hodl, Hodl, Hodl, Hodl, Hodl, Hodl, Hodl, Hodl, Hodl, Hodl, Hodl, Hodl, Hodl, Hodl, Hodl, Hodl, Hodl, Hodl, Hodl, Hodl, Hodl, Hodl, Hodl, Hodl, Hodl, Hodl, Hodl, Hodl, Hodl, Hodl, Hodl, Hodl, Hodl, Hodl, Hodl, Hodl, Hodl, Hodl, Hodl, Hodl, Hodl, Hodl, Hodl, Hodl, Hodl, Hodl, Hodl, Hodl, Hodl, Hodl, Hodl, Hodl, Hodl, Hodl, Hodl, Hodl, Hodl, Hodl, Hodl, Hodl, Hodl, Hodl, Hodl, Hodl, Hodl, Hodl, Hodl, Hodl, Hodl, Hodl, Hodl, Hodl, Hodl, Hodl, Hodl, Hodl, Hodl, Hodl, Hodl, Hodl, Hodl, Hodl, Hodl, Hodl, Hodl, Hodl, Hodl, Hodl, Hodl, Hodl, Hodl, Hodl, Hodl, Hodl, Hodl, Hodl, Hodl, Hodl, Hodl, Hodl, Hodl, Hodl, Hodl, Hodl, Hodl, Hodl, Hodl, Hodl, Hodl, Hodl, Hodl, Hodl, Hodl, Hodl, Hodl, Hodl, Hodl, Hodl, Hodl, Hodl, Hodl, Hodl, Hodl, Hodl, Hodl, Hodl, Hodl, Hodl, Hodl, Hodl, Hodl, Hodl, Hodl, Hodl, Hodl, Hodl, Hodl, Hodl, Hodl, Hodl, Hodl, Hodl, Hodl, Hodl, Hodl, Hodl, Hodl, Hodl, Hodl, Hodl, Hodl, Hodl, Hodl, Hodl, Hodl, Hodl, Hodl, Hodl, Hodl, Hodl, Hodl, Hodl, Hodl, Hodl, Hodl, Hodl, Hodl, Hodl, Hodl, Hodl, Hodl, Hodl, Hodl, Hodl, Hodl, Hodl, Hodl, Hodl, Hodl, Hodl, Hodl, Hodl, Hodl, Hodl, Hodl, Hodl, Hodl, Hodl, Hodl, Hodl, Hodl, Hodl, Hodl, Hodl, Hodl, Hodl, Hodl, Hodl, Hodl, Hodl, Hodl, Hodl, Hodl, Hodl, Hodl, Hodl, Hodl, Hodl, Hodl, Hodl, Hodl, Hodl, Hodl, Hodl, Hodl, Hodl, Hodl, Hodl, Hodl, Hodl, Hodl, Hodl, Hodl, Hodl, Hodl, Hodl, Hodl, Hodl, Hodl, Hodl, Hodl, Hodl, Hodl, Hodl, Hodl, Hodl, Hodl, Hodl, Hodl, Hodl, Hodl, Hodl, Hodl, Hodl, Hodl, Hodl, Hodl, Hodl, Hodl, Hodl, Hodl, Hodl, Hodl, Hodl, Hodl, Hodl, Hodl, Hodl, Hodl, Hodl, Hodl, Hodl, Hodl, Hodl, Hodl, Hodl, Hodl, Hodl, Hodl, Hodl, Hodl, Hodl, Hodl, Hodl, Hodl, Hodl, Hodl, Hodl, Hodl, Hodl, Hodl, Hodl, Hodl, Hodl, Hodl, Hodl, Hodl, Hodl, Hodl, Hodl, Hodl, Hodl, Hodl, Hodl, Hodl, Hodl, Hodl, Hodl, Hodl, Hodl, Hodl, Hodl, Hodl, Hodl, Hodl, Hodl, Hodl, Hodl, Hodl, Hodl, Hodl, Hodl, Hodl, Hodl, Hodl, Hodl, Hodl, Hodl, Hodl, Hodl, Hodl, Hodl, Hodl, Hodl, Hodl, Hodl, Hodl, Hodl, Hodl, Hodl, Hodl, Hodl, Hodl, Hodl, Hodl, Hodl, Hodl, Hodl, Hodl, Hodl, Hodl, Hodl, Hodl, Hodl, Hodl, Hodl, Hodl, Hodl, Hodl, Hodl, Hodl, Hodl, Hodl, Hodl, Hodl, Hodl, Hodl, Hodl, Hodl, Hodl, Hodl, Hodl, Hodl, Hodl, Hodl, Hodl, Hodl, Hodl, Hodl, Hodl, Hodl, Hodl, Hodl, Hodl, Hodl, Hodl, Hodl, Hodl, Hodl, Hodl, Hodl, Hodl, Hodl, Hodl, Hodl, Hodl, Hodl, Hodl, Hodl, Hodl, Hodl, Hodl, Hodl, Hodl, Hodl, Hodl, Hodl, Hodl, Hodl, Hodl, Hodl, Hodl, Hodl, Hodl, Hodl, Hodl, Hodl, Hodl, Hodl, Hodl, Hodl, Hodl, Hodl, Hodl, Hodl, Hodl, Hodl, Hodl, Hodl, Hodl, Hodl, Hodl, Hodl, Hodl, Hodl, Hodl, Hodl, Hodl, Hodl, Hodl, Hodl, Hodl, Hodl, Hodl, Hodl, Hodl, Hodl, Hodl.

Hodl, Hodl, Hodl, Hodl, Hodl, Hodl, Hodl, Hodl, Hodl,
Hodl, Hodl, Hodl, Hodl, Hodl, Hodl, Hodl, Hodl, Hodl, Hodl, Hodl,
Hodl, Hodl, Hodl, Hodl, Hodl, Hodl, Hodl, Hodl, Hodl, Hodl, Hodl,
Hodl, Hodl, Hodl, Hodl, Hodl, Hodl, Hodl, Hodl, Hodl, Hodl, Hodl,
Hodl, Hodl, Hodl, Hodl, Hodl, Hodl, Hodl, Hodl, Hodl, Hodl, Hodl,
Hodl, Hodl, Hodl, Hodl, Hodl, Hodl, Hodl, Hodl, Hodl, Hodl, Hodl,
Hodl, Hodl, Hodl, Hodl, Hodl, Hodl, Hodl, Hodl, Hodl, Hodl, Hodl,
Hodl, Hodl, Hodl, Hodl, Hodl, Hodl, Hodl, Hodl, Hodl, Hodl, Hodl,
Hodl, Hodl, Hodl, Hodl, Hodl, Hodl, Hodl, Hodl, Hodl, Hodl, Hodl,
Hodl, Hodl, Hodl, Hodl, Hodl, Hodl, Hodl, Hodl, Hodl, Hodl, Hodl,
Hodl, Hodl, Hodl, Hodl, Hodl, Hodl, Hodl, Hodl, Hodl, Hodl, Hodl,
Hodl, Hodl, Hodl, Hodl, Hodl, Hodl, Hodl, Hodl, Hodl, Hodl, Hodl,
Hodl, Hodl, Hodl, Hodl, Hodl, Hodl, Hodl, Hodl, Hodl, Hodl, Hodl,
Hodl, Hodl, Hodl, Hodl, Hodl, Hodl, Hodl, Hodl, Hodl, Hodl, Hodl,
Hodl, Hodl, Hodl, Hodl, Hodl, Hodl, Hodl, Hodl, Hodl, Hodl, Hodl,
Hodl, Hodl, Hodl, Hodl, Hodl, Hodl, Hodl, Hodl, Hodl, Hodl, Hodl,
Hodl, Hodl, Hodl, Hodl, Hodl, Hodl, Hodl, Hodl, Hodl, Hodl, Hodl,
Hodl, Hodl, Hodl, Hodl, Hodl, Hodl, Hodl, Hodl, Hodl, Hodl, Hodl,
Hodl, Hodl, Hodl, Hodl, Hodl, Hodl, Hodl, Hodl, Hodl, Hodl, Hodl,
Hodl, Hodl, Hodl, Hodl, Hodl, Hodl, Hodl, Hodl, Hodl, Hodl, Hodl,
Hodl, Hodl, Hodl, Hodl, Hodl, Hodl, Hodl, Hodl, Hodl, Hodl, Hodl,
Hodl, Hodl, Hodl, Hodl, Hodl, Hodl, Hodl, Hodl, Hodl, Hodl, Hodl,
Hodl, Hodl, Hodl, Hodl, Hodl, Hodl, Hodl, Hodl, Hodl, Hodl, Hodl,
Hodl, Hodl, Hodl, Hodl, Hodl, Hodl, Hodl, Hodl, Hodl, Hodl, Hodl,
Hodl, Hodl, Hodl, Hodl, Hodl, Hodl, Hodl, Hodl, Hodl, Hodl, Hodl,
Hodl, Hodl, Hodl, Hodl, Hodl, Hodl, Hodl, Hodl, Hodl, Hodl, Hodl,
Hodl, Hodl, Hodl, Hodl, Hodl, Hodl, Hodl, Hodl, Hodl, Hodl, Hodl,
Hodl, Hodl, Hodl, Hodl, Hodl, Hodl, Hodl, Hodl, Hodl, Hodl, Hodl,
Hodl, Hodl, Hodl, Hodl, Hodl, Hodl, Hodl, Hodl, Hodl, Hodl, Hodl,
Hodl, Hodl, Hodl, Hodl, Hodl, Hodl, Hodl, Hodl, Hodl, Hodl, Hodl,
Hodl, Hodl, Hodl, Hodl, Hodl, Hodl, Hodl, Hodl, Hodl, Hodl, Hodl,
Hodl, Hodl, Hodl, Hodl, Hodl, Hodl, Hodl, Hodl, Hodl, Hodl, Hodl,
Hodl, Hodl, Hodl, Hodl, Hodl, Hodl, Hodl, Hodl, Hodl, Hodl, Hodl,
Hodl, Hodl, Hodl, Hodl, Hodl, Hodl.

Hodl, Hodl, Hodl, Hodl, Hodl, Hodl, Hodl, Hodl, Hodl,
Hodl, Hodl, Hodl, Hodl, Hodl, Hodl, Hodl, Hodl, Hodl, Hodl, Hodl,
Hodl, Hodl, Hodl, Hodl, Hodl, Hodl, Hodl, Hodl, Hodl, Hodl, Hodl,
Hodl, Hodl, Hodl, Hodl, Hodl, Hodl, Hodl, Hodl, Hodl, Hodl, Hodl,
Hodl, Hodl, Hodl, Hodl, Hodl, Hodl, Hodl, Hodl, Hodl, Hodl, Hodl,
Hodl, Hodl, Hodl, Hodl, Hodl, Hodl, Hodl, Hodl, Hodl, Hodl, Hodl,
Hodl, Hodl, Hodl, Hodl, Hodl, Hodl, Hodl, Hodl, Hodl, Hodl, Hodl,
Hodl, Hodl, Hodl, Hodl, Hodl, Hodl, Hodl, Hodl, Hodl, Hodl, Hodl,
Hodl, Hodl, Hodl, Hodl, Hodl, Hodl, Hodl, Hodl, Hodl, Hodl, Hodl,
Hodl, Hodl, Hodl, Hodl, Hodl, Hodl, Hodl, Hodl, Hodl, Hodl, Hodl,
Hodl, Hodl, Hodl, Hodl, Hodl, Hodl, Hodl, Hodl, Hodl, Hodl, Hodl,
Hodl, Hodl, Hodl, Hodl, Hodl, Hodl, Hodl, Hodl, Hodl, Hodl, Hodl,
Hodl, Hodl, Hodl, Hodl, Hodl, Hodl, Hodl, Hodl, Hodl, Hodl, Hodl,
Hodl, Hodl, Hodl, Hodl, Hodl, Hodl, Hodl, Hodl, Hodl, Hodl, Hodl,
Hodl, Hodl, Hodl, Hodl, Hodl, Hodl, Hodl, Hodl, Hodl, Hodl, Hodl,
Hodl, Hodl, Hodl, Hodl, Hodl, Hodl, Hodl, Hodl, Hodl, Hodl, Hodl,
Hodl, Hodl, Hodl, Hodl, Hodl, Hodl, Hodl, Hodl, Hodl, Hodl, Hodl,
Hodl, Hodl, Hodl, Hodl, Hodl, Hodl, Hodl, Hodl, Hodl, Hodl, Hodl,
Hodl, Hodl, Hodl, Hodl, Hodl, Hodl, Hodl, Hodl, Hodl, Hodl, Hodl,
Hodl, Hodl, Hodl, Hodl, Hodl, Hodl, Hodl, Hodl, Hodl, Hodl, Hodl,
Hodl, Hodl, Hodl, Hodl, Hodl, Hodl, Hodl, Hodl, Hodl, Hodl, Hodl,
Hodl, Hodl, Hodl, Hodl, Hodl, Hodl, Hodl, Hodl, Hodl, Hodl, Hodl,
Hodl, Hodl, Hodl, Hodl, Hodl, Hodl, Hodl, Hodl, Hodl, Hodl, Hodl,
Hodl, Hodl, Hodl, Hodl, Hodl, Hodl, Hodl, Hodl, Hodl, Hodl, Hodl,
Hodl, Hodl, Hodl, Hodl, Hodl, Hodl, Hodl, Hodl, Hodl, Hodl, Hodl,
Hodl, Hodl, Hodl, Hodl, Hodl, Hodl, Hodl, Hodl, Hodl, Hodl, Hodl,
Hodl, Hodl, Hodl, Hodl, Hodl, Hodl, Hodl, Hodl, Hodl, Hodl, Hodl,
Hodl, Hodl, Hodl, Hodl, Hodl, Hodl, Hodl, Hodl, Hodl, Hodl, Hodl,
Hodl, Hodl, Hodl, Hodl, Hodl, Hodl, Hodl, Hodl, Hodl, Hodl, Hodl,
Hodl, Hodl, Hodl, Hodl, Hodl, Hodl, Hodl, Hodl, Hodl, Hodl, Hodl,
Hodl, Hodl, Hodl, Hodl, Hodl, Hodl, Hodl, Hodl, Hodl, Hodl, Hodl,
Hodl, Hodl, Hodl, Hodl, Hodl, Hodl, Hodl, Hodl, Hodl, Hodl, Hodl,
Hodl, Hodl, Hodl, Hodl, Hodl, Hodl, Hodl, Hodl, Hodl, Hodl, Hodl,
Hodl, Hodl, Hodl, Hodl, Hodl, Hodl.

Hodl, Hodl, Hodl, Hodl, Hodl, Hodl, Hodl, Hodl, Hodl,
Hodl, Hodl, Hodl, Hodl, Hodl, Hodl, Hodl, Hodl, Hodl, Hodl, Hodl,
Hodl, Hodl, Hodl, Hodl, Hodl, Hodl, Hodl, Hodl, Hodl, Hodl, Hodl,
Hodl, Hodl, Hodl, Hodl, Hodl, Hodl, Hodl, Hodl, Hodl, Hodl, Hodl,
Hodl, Hodl, Hodl, Hodl, Hodl, Hodl, Hodl, Hodl, Hodl, Hodl, Hodl,
Hodl, Hodl, Hodl, Hodl, Hodl, Hodl, Hodl, Hodl, Hodl, Hodl, Hodl,
Hodl, Hodl, Hodl, Hodl, Hodl, Hodl, Hodl, Hodl, Hodl, Hodl, Hodl,
Hodl, Hodl, Hodl, Hodl, Hodl, Hodl, Hodl, Hodl, Hodl, Hodl, Hodl,
Hodl, Hodl, Hodl, Hodl, Hodl, Hodl, Hodl, Hodl, Hodl, Hodl, Hodl,
Hodl, Hodl, Hodl, Hodl, Hodl, Hodl, Hodl, Hodl, Hodl, Hodl, Hodl,
Hodl, Hodl, Hodl, Hodl, Hodl, Hodl, Hodl, Hodl, Hodl, Hodl, Hodl,
Hodl, Hodl, Hodl, Hodl, Hodl, Hodl, Hodl, Hodl, Hodl, Hodl, Hodl,
Hodl, Hodl, Hodl, Hodl, Hodl, Hodl, Hodl, Hodl, Hodl, Hodl, Hodl,
Hodl, Hodl, Hodl, Hodl, Hodl, Hodl, Hodl, Hodl, Hodl, Hodl, Hodl,
Hodl, Hodl, Hodl, Hodl, Hodl, Hodl, Hodl, Hodl, Hodl, Hodl, Hodl,
Hodl, Hodl, Hodl, Hodl, Hodl, Hodl, Hodl, Hodl, Hodl, Hodl, Hodl,
Hodl, Hodl, Hodl, Hodl, Hodl, Hodl, Hodl, Hodl, Hodl, Hodl, Hodl,
Hodl, Hodl, Hodl, Hodl, Hodl, Hodl, Hodl, Hodl, Hodl, Hodl, Hodl,
Hodl, Hodl, Hodl, Hodl, Hodl, Hodl, Hodl, Hodl, Hodl, Hodl, Hodl,
Hodl, Hodl, Hodl, Hodl, Hodl, Hodl, Hodl, Hodl, Hodl, Hodl, Hodl,
Hodl, Hodl, Hodl, Hodl, Hodl, Hodl, Hodl, Hodl, Hodl, Hodl, Hodl,
Hodl, Hodl, Hodl, Hodl, Hodl, Hodl, Hodl, Hodl, Hodl, Hodl, Hodl,
Hodl, Hodl, Hodl, Hodl, Hodl, Hodl, Hodl, Hodl, Hodl, Hodl, Hodl,
Hodl, Hodl, Hodl, Hodl, Hodl, Hodl, Hodl, Hodl, Hodl, Hodl, Hodl,
Hodl, Hodl, Hodl, Hodl, Hodl, Hodl, Hodl, Hodl, Hodl, Hodl, Hodl,
Hodl, Hodl, Hodl, Hodl, Hodl, Hodl, Hodl, Hodl, Hodl, Hodl, Hodl,
Hodl, Hodl, Hodl, Hodl, Hodl, Hodl, Hodl, Hodl, Hodl, Hodl, Hodl,
Hodl, Hodl, Hodl, Hodl, Hodl, Hodl, Hodl, Hodl, Hodl, Hodl, Hodl,
Hodl, Hodl, Hodl, Hodl, Hodl, Hodl, Hodl, Hodl, Hodl, Hodl, Hodl,
Hodl, Hodl, Hodl, Hodl, Hodl, Hodl, Hodl, Hodl, Hodl, Hodl, Hodl,
Hodl, Hodl, Hodl, Hodl, Hodl, Hodl, Hodl, Hodl, Hodl, Hodl, Hodl,
Hodl, Hodl, Hodl, Hodl, Hodl, Hodl, Hodl, Hodl, Hodl, Hodl, Hodl,
Hodl, Hodl, Hodl, Hodl, Hodl, Hodl, Hodl, Hodl, Hodl, Hodl, Hodl,
Hodl, Hodl, Hodl, Hodl, Hodl, Hodl.

Hodl, Hodl, Hodl, Hodl, Hodl, Hodl, Hodl, Hodl, Hodl,
Hodl, Hodl, Hodl, Hodl, Hodl, Hodl, Hodl, Hodl, Hodl, Hodl, Hodl,
Hodl, Hodl, Hodl, Hodl, Hodl, Hodl, Hodl, Hodl, Hodl, Hodl, Hodl,
Hodl, Hodl, Hodl, Hodl, Hodl, Hodl, Hodl, Hodl, Hodl, Hodl, Hodl,
Hodl, Hodl, Hodl, Hodl, Hodl, Hodl, Hodl, Hodl, Hodl, Hodl, Hodl,
Hodl, Hodl, Hodl, Hodl, Hodl, Hodl, Hodl, Hodl, Hodl, Hodl, Hodl,
Hodl, Hodl, Hodl, Hodl, Hodl, Hodl, Hodl, Hodl, Hodl, Hodl, Hodl,
Hodl, Hodl, Hodl, Hodl, Hodl, Hodl, Hodl, Hodl, Hodl, Hodl, Hodl,
Hodl, Hodl, Hodl, Hodl, Hodl, Hodl, Hodl, Hodl, Hodl, Hodl, Hodl,
Hodl, Hodl, Hodl, Hodl, Hodl, Hodl, Hodl, Hodl, Hodl, Hodl, Hodl,
Hodl, Hodl, Hodl, Hodl, Hodl, Hodl, Hodl, Hodl, Hodl, Hodl, Hodl,
Hodl, Hodl, Hodl, Hodl, Hodl, Hodl, Hodl, Hodl, Hodl, Hodl, Hodl,
Hodl, Hodl, Hodl, Hodl, Hodl, Hodl, Hodl, Hodl, Hodl, Hodl, Hodl,
Hodl, Hodl, Hodl, Hodl, Hodl, Hodl, Hodl, Hodl, Hodl, Hodl, Hodl,
Hodl, Hodl, Hodl, Hodl, Hodl, Hodl, Hodl, Hodl, Hodl, Hodl, Hodl,
Hodl, Hodl, Hodl, Hodl, Hodl, Hodl, Hodl, Hodl, Hodl, Hodl, Hodl,
Hodl, Hodl, Hodl, Hodl, Hodl, Hodl, Hodl, Hodl, Hodl, Hodl, Hodl,
Hodl, Hodl, Hodl, Hodl, Hodl, Hodl, Hodl, Hodl, Hodl, Hodl, Hodl,
Hodl, Hodl, Hodl, Hodl, Hodl, Hodl, Hodl, Hodl, Hodl, Hodl, Hodl,
Hodl, Hodl, Hodl, Hodl, Hodl, Hodl, Hodl, Hodl, Hodl, Hodl, Hodl,
Hodl, Hodl, Hodl, Hodl, Hodl, Hodl, Hodl, Hodl, Hodl, Hodl, Hodl,
Hodl, Hodl, Hodl, Hodl, Hodl, Hodl, Hodl, Hodl, Hodl, Hodl, Hodl,
Hodl, Hodl, Hodl, Hodl, Hodl, Hodl, Hodl, Hodl, Hodl, Hodl, Hodl,
Hodl, Hodl, Hodl, Hodl, Hodl, Hodl, Hodl, Hodl, Hodl, Hodl, Hodl,
Hodl, Hodl, Hodl, Hodl, Hodl, Hodl, Hodl, Hodl, Hodl, Hodl, Hodl,
Hodl, Hodl, Hodl, Hodl, Hodl, Hodl, Hodl, Hodl, Hodl, Hodl, Hodl,
Hodl, Hodl, Hodl, Hodl, Hodl, Hodl, Hodl, Hodl, Hodl, Hodl, Hodl,
Hodl, Hodl, Hodl, Hodl, Hodl, Hodl, Hodl, Hodl, Hodl, Hodl, Hodl,
Hodl, Hodl, Hodl, Hodl, Hodl, Hodl, Hodl, Hodl, Hodl, Hodl, Hodl,
Hodl, Hodl, Hodl, Hodl, Hodl, Hodl, Hodl, Hodl, Hodl, Hodl, Hodl,
Hodl, Hodl, Hodl, Hodl, Hodl, Hodl, Hodl, Hodl, Hodl, Hodl, Hodl,
Hodl, Hodl, Hodl, Hodl, Hodl, Hodl, Hodl, Hodl, Hodl, Hodl, Hodl,
Hodl, Hodl, Hodl, Hodl, Hodl, Hodl, Hodl, Hodl, Hodl, Hodl, Hodl,
Hodl, Hodl, Hodl, Hodl, Hodl, Hodl.

Hodl, Hodl, Hodl, Hodl, Hodl, Hodl, Hodl, Hodl, Hodl,
Hodl, Hodl, Hodl, Hodl, Hodl, Hodl, Hodl, Hodl, Hodl, Hodl, Hodl,
Hodl, Hodl, Hodl, Hodl, Hodl, Hodl, Hodl, Hodl, Hodl, Hodl, Hodl,
Hodl, Hodl, Hodl, Hodl, Hodl, Hodl, Hodl, Hodl, Hodl, Hodl, Hodl,
Hodl, Hodl, Hodl, Hodl, Hodl, Hodl, Hodl, Hodl, Hodl, Hodl, Hodl,
Hodl, Hodl, Hodl, Hodl, Hodl, Hodl, Hodl, Hodl, Hodl, Hodl, Hodl,
Hodl, Hodl, Hodl, Hodl, Hodl, Hodl, Hodl, Hodl, Hodl, Hodl, Hodl,
Hodl, Hodl, Hodl, Hodl, Hodl, Hodl, Hodl, Hodl, Hodl, Hodl, Hodl,
Hodl, Hodl, Hodl, Hodl, Hodl, Hodl, Hodl, Hodl, Hodl, Hodl, Hodl,
Hodl, Hodl, Hodl, Hodl, Hodl, Hodl, Hodl, Hodl, Hodl, Hodl, Hodl,
Hodl, Hodl, Hodl, Hodl, Hodl, Hodl, Hodl, Hodl, Hodl, Hodl, Hodl,
Hodl, Hodl, Hodl, Hodl, Hodl, Hodl, Hodl, Hodl, Hodl, Hodl, Hodl,
Hodl, Hodl, Hodl, Hodl, Hodl, Hodl, Hodl, Hodl, Hodl, Hodl, Hodl,
Hodl, Hodl, Hodl, Hodl, Hodl, Hodl, Hodl, Hodl, Hodl, Hodl, Hodl,
Hodl, Hodl, Hodl, Hodl, Hodl, Hodl, Hodl, Hodl, Hodl, Hodl, Hodl,
Hodl, Hodl, Hodl, Hodl, Hodl, Hodl, Hodl, Hodl, Hodl, Hodl, Hodl,
Hodl, Hodl, Hodl, Hodl, Hodl, Hodl, Hodl, Hodl, Hodl, Hodl, Hodl,
Hodl, Hodl, Hodl, Hodl, Hodl, Hodl, Hodl, Hodl, Hodl, Hodl, Hodl,
Hodl, Hodl, Hodl, Hodl, Hodl, Hodl, Hodl, Hodl, Hodl, Hodl, Hodl,
Hodl, Hodl, Hodl, Hodl, Hodl, Hodl, Hodl, Hodl, Hodl, Hodl, Hodl,
Hodl, Hodl, Hodl, Hodl, Hodl, Hodl, Hodl, Hodl, Hodl, Hodl, Hodl,
Hodl, Hodl, Hodl, Hodl, Hodl, Hodl, Hodl, Hodl, Hodl, Hodl, Hodl,
Hodl, Hodl, Hodl, Hodl, Hodl, Hodl, Hodl, Hodl, Hodl, Hodl, Hodl,
Hodl, Hodl, Hodl, Hodl, Hodl, Hodl, Hodl, Hodl, Hodl, Hodl, Hodl,
Hodl, Hodl, Hodl, Hodl, Hodl, Hodl, Hodl, Hodl, Hodl, Hodl, Hodl,
Hodl, Hodl, Hodl, Hodl, Hodl, Hodl, Hodl, Hodl, Hodl, Hodl, Hodl,
Hodl, Hodl, Hodl, Hodl, Hodl, Hodl, Hodl, Hodl, Hodl, Hodl, Hodl,
Hodl, Hodl, Hodl, Hodl, Hodl, Hodl, Hodl, Hodl, Hodl, Hodl, Hodl,
Hodl, Hodl, Hodl, Hodl, Hodl, Hodl, Hodl, Hodl, Hodl, Hodl, Hodl,
Hodl, Hodl, Hodl, Hodl, Hodl, Hodl, Hodl, Hodl, Hodl, Hodl, Hodl,
Hodl, Hodl, Hodl, Hodl, Hodl, Hodl.

95

Hodl, Hodl, Hodl, Hodl, Hodl, Hodl, Hodl, Hodl, Hodl,
Hodl, Hodl, Hodl, Hodl, Hodl, Hodl, Hodl, Hodl, Hodl, Hodl, Hodl,
Hodl, Hodl, Hodl, Hodl, Hodl, Hodl, Hodl, Hodl, Hodl, Hodl, Hodl,
Hodl, Hodl, Hodl, Hodl, Hodl, Hodl, Hodl, Hodl, Hodl, Hodl, Hodl,
Hodl, Hodl, Hodl, Hodl, Hodl, Hodl, Hodl, Hodl, Hodl, Hodl, Hodl,
Hodl, Hodl, Hodl, Hodl, Hodl, Hodl, Hodl, Hodl, Hodl, Hodl, Hodl,
Hodl, Hodl, Hodl, Hodl, Hodl, Hodl, Hodl, Hodl, Hodl, Hodl, Hodl,
Hodl, Hodl, Hodl, Hodl, Hodl, Hodl, Hodl, Hodl, Hodl, Hodl, Hodl,
Hodl, Hodl, Hodl, Hodl, Hodl, Hodl, Hodl, Hodl, Hodl, Hodl, Hodl,
Hodl, Hodl, Hodl, Hodl, Hodl, Hodl, Hodl, Hodl, Hodl, Hodl, Hodl,
Hodl, Hodl, Hodl, Hodl, Hodl, Hodl, Hodl, Hodl, Hodl, Hodl, Hodl,
Hodl, Hodl, Hodl, Hodl, Hodl, Hodl, Hodl, Hodl, Hodl, Hodl, Hodl,
Hodl, Hodl, Hodl, Hodl, Hodl, Hodl, Hodl, Hodl, Hodl, Hodl, Hodl,
Hodl, Hodl, Hodl, Hodl, Hodl, Hodl, Hodl, Hodl, Hodl, Hodl, Hodl,
Hodl, Hodl, Hodl, Hodl, Hodl, Hodl, Hodl, Hodl, Hodl, Hodl, Hodl,
Hodl, Hodl, Hodl, Hodl, Hodl, Hodl, Hodl, Hodl, Hodl, Hodl, Hodl,
Hodl, Hodl, Hodl, Hodl, Hodl, Hodl, Hodl, Hodl, Hodl, Hodl, Hodl,
Hodl, Hodl, Hodl, Hodl, Hodl, Hodl, Hodl, Hodl, Hodl, Hodl, Hodl,
Hodl, Hodl, Hodl, Hodl, Hodl, Hodl, Hodl, Hodl, Hodl, Hodl, Hodl,
Hodl, Hodl, Hodl, Hodl, Hodl, Hodl, Hodl, Hodl, Hodl, Hodl, Hodl,
Hodl, Hodl, Hodl, Hodl, Hodl, Hodl, Hodl, Hodl, Hodl, Hodl, Hodl,
Hodl, Hodl, Hodl, Hodl, Hodl, Hodl, Hodl, Hodl, Hodl, Hodl, Hodl,
Hodl, Hodl, Hodl, Hodl, Hodl, Hodl, Hodl, Hodl, Hodl, Hodl, Hodl,
Hodl, Hodl, Hodl, Hodl, Hodl, Hodl, Hodl, Hodl, Hodl, Hodl, Hodl,
Hodl, Hodl, Hodl, Hodl, Hodl, Hodl, Hodl, Hodl, Hodl, Hodl, Hodl,
Hodl, Hodl, Hodl, Hodl, Hodl, Hodl, Hodl, Hodl, Hodl, Hodl, Hodl,
Hodl, Hodl, Hodl, Hodl, Hodl, Hodl, Hodl, Hodl, Hodl, Hodl, Hodl,
Hodl, Hodl, Hodl, Hodl, Hodl, Hodl, Hodl, Hodl, Hodl, Hodl, Hodl,
Hodl, Hodl, Hodl, Hodl, Hodl, Hodl, Hodl, Hodl, Hodl, Hodl, Hodl,
Hodl, Hodl, Hodl, Hodl, Hodl, Hodl, Hodl, Hodl, Hodl, Hodl, Hodl,
Hodl, Hodl, Hodl, Hodl, Hodl, Hodl, Hodl, Hodl, Hodl, Hodl, Hodl,
Hodl, Hodl, Hodl, Hodl, Hodl, Hodl, Hodl, Hodl, Hodl, Hodl, Hodl,
Hodl, Hodl, Hodl, Hodl, Hodl, Hodl.

Hodl, Hodl, Hodl, Hodl, Hodl, Hodl, Hodl, Hodl, Hodl,
Hodl, Hodl, Hodl, Hodl, Hodl, Hodl, Hodl, Hodl, Hodl, Hodl, Hodl,
Hodl, Hodl, Hodl, Hodl, Hodl, Hodl, Hodl, Hodl, Hodl, Hodl, Hodl,
Hodl, Hodl, Hodl, Hodl, Hodl, Hodl, Hodl, Hodl, Hodl, Hodl, Hodl,
Hodl, Hodl, Hodl, Hodl, Hodl, Hodl, Hodl, Hodl, Hodl, Hodl, Hodl,
Hodl, Hodl, Hodl, Hodl, Hodl, Hodl, Hodl, Hodl, Hodl, Hodl, Hodl,
Hodl, Hodl, Hodl, Hodl, Hodl, Hodl, Hodl, Hodl, Hodl, Hodl, Hodl,
Hodl, Hodl, Hodl, Hodl, Hodl, Hodl, Hodl, Hodl, Hodl, Hodl, Hodl,
Hodl, Hodl, Hodl, Hodl, Hodl, Hodl, Hodl, Hodl, Hodl, Hodl, Hodl,
Hodl, Hodl, Hodl, Hodl, Hodl, Hodl, Hodl, Hodl, Hodl, Hodl, Hodl,
Hodl, Hodl, Hodl, Hodl, Hodl, Hodl, Hodl, Hodl, Hodl, Hodl, Hodl,
Hodl, Hodl, Hodl, Hodl, Hodl, Hodl, Hodl, Hodl, Hodl, Hodl, Hodl,
Hodl, Hodl, Hodl, Hodl, Hodl, Hodl, Hodl, Hodl, Hodl, Hodl, Hodl,
Hodl, Hodl, Hodl, Hodl, Hodl, Hodl, Hodl, Hodl, Hodl, Hodl, Hodl,
Hodl, Hodl, Hodl, Hodl, Hodl, Hodl, Hodl, Hodl, Hodl, Hodl, Hodl,
Hodl, Hodl, Hodl, Hodl, Hodl, Hodl, Hodl, Hodl, Hodl, Hodl, Hodl,
Hodl, Hodl, Hodl, Hodl, Hodl, Hodl, Hodl, Hodl, Hodl, Hodl, Hodl,
Hodl, Hodl, Hodl, Hodl, Hodl, Hodl, Hodl, Hodl, Hodl, Hodl, Hodl,
Hodl, Hodl, Hodl, Hodl, Hodl, Hodl, Hodl, Hodl, Hodl, Hodl, Hodl,
Hodl, Hodl, Hodl, Hodl, Hodl, Hodl, Hodl, Hodl, Hodl, Hodl, Hodl,
Hodl, Hodl, Hodl, Hodl, Hodl, Hodl, Hodl, Hodl, Hodl, Hodl, Hodl,
Hodl, Hodl, Hodl, Hodl, Hodl, Hodl, Hodl, Hodl, Hodl, Hodl, Hodl,
Hodl, Hodl, Hodl, Hodl, Hodl, Hodl, Hodl, Hodl, Hodl, Hodl, Hodl,
Hodl, Hodl, Hodl, Hodl, Hodl, Hodl, Hodl, Hodl, Hodl, Hodl, Hodl,
Hodl, Hodl, Hodl, Hodl, Hodl, Hodl, Hodl, Hodl, Hodl, Hodl, Hodl,
Hodl, Hodl, Hodl, Hodl, Hodl, Hodl, Hodl, Hodl, Hodl, Hodl, Hodl,
Hodl, Hodl, Hodl, Hodl, Hodl, Hodl, Hodl, Hodl, Hodl, Hodl, Hodl,
Hodl, Hodl, Hodl, Hodl, Hodl, Hodl, Hodl, Hodl, Hodl, Hodl, Hodl,
Hodl, Hodl, Hodl, Hodl, Hodl, Hodl, Hodl, Hodl, Hodl, Hodl, Hodl,
Hodl, Hodl, Hodl, Hodl, Hodl, Hodl, Hodl, Hodl, Hodl, Hodl, Hodl,
Hodl, Hodl, Hodl, Hodl, Hodl, Hodl, Hodl, Hodl, Hodl, Hodl, Hodl,
Hodl, Hodl, Hodl, Hodl, Hodl, Hodl, Hodl, Hodl, Hodl, Hodl, Hodl,
Hodl, Hodl, Hodl, Hodl, Hodl, Hodl, Hodl, Hodl, Hodl, Hodl, Hodl,
Hodl, Hodl, Hodl, Hodl, Hodl, Hodl, Hodl, Hodl, Hodl, Hodl, Hodl,
Hodl, Hodl, Hodl, Hodl, Hodl, Hodl.

Hodl, Hodl, Hodl, Hodl, Hodl, Hodl, Hodl, Hodl, Hodl,
Hodl, Hodl, Hodl, Hodl, Hodl, Hodl, Hodl, Hodl, Hodl, Hodl, Hodl,
Hodl, Hodl, Hodl, Hodl, Hodl, Hodl, Hodl, Hodl, Hodl, Hodl, Hodl,
Hodl, Hodl, Hodl, Hodl, Hodl, Hodl, Hodl, Hodl, Hodl, Hodl, Hodl,
Hodl, Hodl, Hodl, Hodl, Hodl, Hodl, Hodl, Hodl, Hodl, Hodl, Hodl,
Hodl, Hodl, Hodl, Hodl, Hodl, Hodl, Hodl, Hodl, Hodl, Hodl, Hodl,
Hodl, Hodl, Hodl, Hodl, Hodl, Hodl, Hodl, Hodl, Hodl, Hodl, Hodl,
Hodl, Hodl, Hodl, Hodl, Hodl, Hodl, Hodl, Hodl, Hodl, Hodl, Hodl,
Hodl, Hodl, Hodl, Hodl, Hodl, Hodl, Hodl, Hodl, Hodl, Hodl, Hodl,
Hodl, Hodl, Hodl, Hodl, Hodl, Hodl, Hodl, Hodl, Hodl, Hodl, Hodl,
Hodl, Hodl, Hodl, Hodl, Hodl, Hodl, Hodl, Hodl, Hodl, Hodl, Hodl,
Hodl, Hodl, Hodl, Hodl, Hodl, Hodl, Hodl, Hodl, Hodl, Hodl, Hodl,
Hodl, Hodl, Hodl, Hodl, Hodl, Hodl, Hodl, Hodl, Hodl, Hodl, Hodl,
Hodl, Hodl, Hodl, Hodl, Hodl, Hodl, Hodl, Hodl, Hodl, Hodl, Hodl,
Hodl, Hodl, Hodl, Hodl, Hodl, Hodl, Hodl, Hodl, Hodl, Hodl, Hodl,
Hodl, Hodl, Hodl, Hodl, Hodl, Hodl, Hodl, Hodl, Hodl, Hodl, Hodl,
Hodl, Hodl, Hodl, Hodl, Hodl, Hodl, Hodl, Hodl, Hodl, Hodl, Hodl,
Hodl, Hodl, Hodl, Hodl, Hodl, Hodl, Hodl, Hodl, Hodl, Hodl, Hodl,
Hodl, Hodl, Hodl, Hodl, Hodl, Hodl, Hodl, Hodl, Hodl, Hodl, Hodl,
Hodl, Hodl, Hodl, Hodl, Hodl, Hodl, Hodl, Hodl, Hodl, Hodl, Hodl,
Hodl, Hodl, Hodl, Hodl, Hodl, Hodl, Hodl, Hodl, Hodl, Hodl, Hodl,
Hodl, Hodl, Hodl, Hodl, Hodl, Hodl, Hodl, Hodl, Hodl, Hodl, Hodl,
Hodl, Hodl, Hodl, Hodl, Hodl, Hodl, Hodl, Hodl, Hodl, Hodl, Hodl,
Hodl, Hodl, Hodl, Hodl, Hodl, Hodl, Hodl, Hodl, Hodl, Hodl, Hodl,
Hodl, Hodl, Hodl, Hodl, Hodl, Hodl, Hodl, Hodl, Hodl, Hodl, Hodl,
Hodl, Hodl, Hodl, Hodl, Hodl, Hodl, Hodl, Hodl, Hodl, Hodl, Hodl,
Hodl, Hodl, Hodl, Hodl, Hodl, Hodl, Hodl, Hodl, Hodl, Hodl, Hodl,
Hodl, Hodl, Hodl, Hodl, Hodl, Hodl, Hodl, Hodl, Hodl, Hodl, Hodl,
Hodl, Hodl, Hodl, Hodl, Hodl, Hodl, Hodl, Hodl, Hodl, Hodl, Hodl,
Hodl, Hodl, Hodl, Hodl, Hodl, Hodl, Hodl, Hodl, Hodl, Hodl, Hodl,
Hodl, Hodl, Hodl, Hodl, Hodl, Hodl, Hodl, Hodl, Hodl, Hodl, Hodl,
Hodl, Hodl, Hodl, Hodl, Hodl, Hodl, Hodl, Hodl, Hodl, Hodl, Hodl,
Hodl, Hodl, Hodl, Hodl, Hodl, Hodl, Hodl, Hodl, Hodl, Hodl, Hodl,
Hodl, Hodl, Hodl, Hodl, Hodl, Hodl.

Hodl, Hodl, Hodl, Hodl, Hodl, Hodl, Hodl, Hodl, Hodl,
Hodl, Hodl, Hodl, Hodl, Hodl, Hodl, Hodl, Hodl, Hodl, Hodl, Hodl,
Hodl, Hodl, Hodl, Hodl, Hodl, Hodl, Hodl, Hodl, Hodl, Hodl, Hodl,
Hodl, Hodl, Hodl, Hodl, Hodl, Hodl, Hodl, Hodl, Hodl, Hodl, Hodl,
Hodl, Hodl, Hodl, Hodl, Hodl, Hodl, Hodl, Hodl, Hodl, Hodl, Hodl,
Hodl, Hodl, Hodl, Hodl, Hodl, Hodl, Hodl, Hodl, Hodl, Hodl, Hodl,
Hodl, Hodl, Hodl, Hodl, Hodl, Hodl, Hodl, Hodl, Hodl, Hodl, Hodl,
Hodl, Hodl, Hodl, Hodl, Hodl, Hodl, Hodl, Hodl, Hodl, Hodl, Hodl,
Hodl, Hodl, Hodl, Hodl, Hodl, Hodl, Hodl, Hodl, Hodl, Hodl, Hodl,
Hodl, Hodl, Hodl, Hodl, Hodl, Hodl, Hodl, Hodl, Hodl, Hodl, Hodl,
Hodl, Hodl, Hodl, Hodl, Hodl, Hodl, Hodl, Hodl, Hodl, Hodl, Hodl,
Hodl, Hodl, Hodl, Hodl, Hodl, Hodl, Hodl, Hodl, Hodl, Hodl, Hodl,
Hodl, Hodl, Hodl, Hodl, Hodl, Hodl, Hodl, Hodl, Hodl, Hodl, Hodl,
Hodl, Hodl, Hodl, Hodl, Hodl, Hodl, Hodl, Hodl, Hodl, Hodl, Hodl,
Hodl, Hodl, Hodl, Hodl, Hodl, Hodl, Hodl, Hodl, Hodl, Hodl, Hodl,
Hodl, Hodl, Hodl, Hodl, Hodl, Hodl, Hodl, Hodl, Hodl, Hodl, Hodl,
Hodl, Hodl, Hodl, Hodl, Hodl, Hodl, Hodl, Hodl, Hodl, Hodl, Hodl,
Hodl, Hodl, Hodl, Hodl, Hodl, Hodl, Hodl, Hodl, Hodl, Hodl, Hodl,
Hodl, Hodl, Hodl, Hodl, Hodl, Hodl, Hodl, Hodl, Hodl, Hodl, Hodl,
Hodl, Hodl, Hodl, Hodl, Hodl, Hodl, Hodl, Hodl, Hodl, Hodl, Hodl,
Hodl, Hodl, Hodl, Hodl, Hodl, Hodl, Hodl, Hodl, Hodl, Hodl, Hodl,
Hodl, Hodl, Hodl, Hodl, Hodl, Hodl, Hodl, Hodl, Hodl, Hodl, Hodl,
Hodl, Hodl, Hodl, Hodl, Hodl, Hodl, Hodl, Hodl, Hodl, Hodl, Hodl,
Hodl, Hodl, Hodl, Hodl, Hodl, Hodl, Hodl, Hodl, Hodl, Hodl, Hodl,
Hodl, Hodl, Hodl, Hodl, Hodl, Hodl, Hodl, Hodl, Hodl, Hodl, Hodl,
Hodl, Hodl, Hodl, Hodl, Hodl, Hodl, Hodl, Hodl, Hodl, Hodl, Hodl,
Hodl, Hodl, Hodl, Hodl, Hodl, Hodl, Hodl, Hodl, Hodl, Hodl, Hodl,
Hodl, Hodl, Hodl, Hodl, Hodl, Hodl, Hodl, Hodl, Hodl, Hodl, Hodl,
Hodl, Hodl, Hodl, Hodl, Hodl, Hodl, Hodl, Hodl, Hodl, Hodl, Hodl,
Hodl, Hodl, Hodl, Hodl, Hodl, Hodl, Hodl, Hodl, Hodl, Hodl, Hodl,
Hodl, Hodl, Hodl, Hodl, Hodl, Hodl, Hodl, Hodl, Hodl, Hodl, Hodl,
Hodl, Hodl, Hodl, Hodl, Hodl, Hodl, Hodl, Hodl, Hodl, Hodl, Hodl,
Hodl, Hodl, Hodl, Hodl, Hodl, Hodl, Hodl, Hodl, Hodl, Hodl, Hodl,
Hodl, Hodl, Hodl, Hodl, Hodl, Hodl.

Hodl, Hodl, Hodl, Hodl, Hodl, Hodl, Hodl, Hodl, Hodl,
Hodl, Hodl, Hodl, Hodl, Hodl, Hodl, Hodl, Hodl, Hodl, Hodl, Hodl,
Hodl, Hodl, Hodl, Hodl, Hodl, Hodl, Hodl, Hodl, Hodl, Hodl, Hodl,
Hodl, Hodl, Hodl, Hodl, Hodl, Hodl, Hodl, Hodl, Hodl, Hodl, Hodl,
Hodl, Hodl, Hodl, Hodl, Hodl, Hodl, Hodl, Hodl, Hodl, Hodl, Hodl,
Hodl, Hodl, Hodl, Hodl, Hodl, Hodl, Hodl, Hodl, Hodl, Hodl, Hodl,
Hodl, Hodl, Hodl, Hodl, Hodl, Hodl, Hodl, Hodl, Hodl, Hodl, Hodl,
Hodl, Hodl, Hodl, Hodl, Hodl, Hodl, Hodl, Hodl, Hodl, Hodl, Hodl,
Hodl, Hodl, Hodl, Hodl, Hodl, Hodl, Hodl, Hodl, Hodl, Hodl, Hodl,
Hodl, Hodl, Hodl, Hodl, Hodl, Hodl, Hodl, Hodl, Hodl, Hodl, Hodl,
Hodl, Hodl, Hodl, Hodl, Hodl, Hodl, Hodl, Hodl, Hodl, Hodl, Hodl,
Hodl, Hodl, Hodl, Hodl, Hodl, Hodl, Hodl, Hodl, Hodl, Hodl, Hodl,
Hodl, Hodl, Hodl, Hodl, Hodl, Hodl, Hodl, Hodl, Hodl, Hodl, Hodl,
Hodl, Hodl, Hodl, Hodl, Hodl, Hodl, Hodl, Hodl, Hodl, Hodl, Hodl,
Hodl, Hodl, Hodl, Hodl, Hodl, Hodl, Hodl, Hodl, Hodl, Hodl, Hodl,
Hodl, Hodl, Hodl, Hodl, Hodl, Hodl, Hodl, Hodl, Hodl, Hodl, Hodl,
Hodl, Hodl, Hodl, Hodl, Hodl, Hodl, Hodl, Hodl, Hodl, Hodl, Hodl,
Hodl, Hodl, Hodl, Hodl, Hodl, Hodl, Hodl, Hodl, Hodl, Hodl, Hodl,
Hodl, Hodl, Hodl, Hodl, Hodl, Hodl, Hodl, Hodl, Hodl, Hodl, Hodl,
Hodl, Hodl, Hodl, Hodl, Hodl, Hodl, Hodl, Hodl, Hodl, Hodl, Hodl,
Hodl, Hodl, Hodl, Hodl, Hodl, Hodl, Hodl, Hodl, Hodl, Hodl, Hodl,
Hodl, Hodl, Hodl, Hodl, Hodl, Hodl, Hodl, Hodl, Hodl, Hodl, Hodl,
Hodl, Hodl, Hodl, Hodl, Hodl, Hodl, Hodl, Hodl, Hodl, Hodl, Hodl,
Hodl, Hodl, Hodl, Hodl, Hodl, Hodl, Hodl, Hodl, Hodl, Hodl, Hodl,
Hodl, Hodl, Hodl, Hodl, Hodl, Hodl, Hodl, Hodl, Hodl, Hodl, Hodl,
Hodl, Hodl, Hodl, Hodl, Hodl, Hodl, Hodl, Hodl, Hodl, Hodl, Hodl,
Hodl, Hodl, Hodl, Hodl, Hodl, Hodl, Hodl, Hodl, Hodl, Hodl, Hodl,
Hodl, Hodl, Hodl, Hodl, Hodl, Hodl, Hodl, Hodl, Hodl, Hodl, Hodl,
Hodl, Hodl, Hodl, Hodl, Hodl, Hodl, Hodl, Hodl, Hodl, Hodl, Hodl,
Hodl, Hodl, Hodl, Hodl, Hodl, Hodl, Hodl, Hodl, Hodl, Hodl, Hodl,
Hodl, Hodl, Hodl, Hodl, Hodl, Hodl, Hodl, Hodl, Hodl, Hodl, Hodl,
Hodl, Hodl, Hodl, Hodl, Hodl, Hodl, Hodl, Hodl, Hodl, Hodl, Hodl,
Hodl, Hodl, Hodl, Hodl, Hodl, Hodl, Hodl, Hodl, Hodl, Hodl, Hodl,
Hodl, Hodl, Hodl, Hodl, Hodl, Hodl.

Hodl, Hodl, Hodl, Hodl, Hodl, Hodl, Hodl, Hodl, Hodl,
Hodl, Hodl, Hodl, Hodl, Hodl, Hodl, Hodl, Hodl, Hodl, Hodl, Hodl,
Hodl, Hodl, Hodl, Hodl, Hodl, Hodl, Hodl, Hodl, Hodl, Hodl, Hodl,
Hodl, Hodl, Hodl, Hodl, Hodl, Hodl, Hodl, Hodl, Hodl, Hodl, Hodl,
Hodl, Hodl, Hodl, Hodl, Hodl, Hodl, Hodl, Hodl, Hodl, Hodl, Hodl,
Hodl, Hodl, Hodl, Hodl, Hodl, Hodl, Hodl, Hodl, Hodl, Hodl, Hodl,
Hodl, Hodl, Hodl, Hodl, Hodl, Hodl, Hodl, Hodl, Hodl, Hodl, Hodl,
Hodl, Hodl, Hodl, Hodl, Hodl, Hodl, Hodl, Hodl, Hodl, Hodl, Hodl,
Hodl, Hodl, Hodl, Hodl, Hodl, Hodl, Hodl, Hodl, Hodl, Hodl, Hodl,
Hodl, Hodl, Hodl, Hodl, Hodl, Hodl, Hodl, Hodl, Hodl, Hodl, Hodl,
Hodl, Hodl, Hodl, Hodl, Hodl, Hodl, Hodl, Hodl, Hodl, Hodl, Hodl,
Hodl, Hodl, Hodl, Hodl, Hodl, Hodl, Hodl, Hodl, Hodl, Hodl, Hodl,
Hodl, Hodl, Hodl, Hodl, Hodl, Hodl, Hodl, Hodl, Hodl, Hodl, Hodl,
Hodl, Hodl, Hodl, Hodl, Hodl, Hodl, Hodl, Hodl, Hodl, Hodl, Hodl,
Hodl, Hodl, Hodl, Hodl, Hodl, Hodl, Hodl, Hodl, Hodl, Hodl, Hodl,
Hodl, Hodl, Hodl, Hodl, Hodl, Hodl, Hodl, Hodl, Hodl, Hodl, Hodl,
Hodl, Hodl, Hodl, Hodl, Hodl, Hodl, Hodl, Hodl, Hodl, Hodl, Hodl,
Hodl, Hodl, Hodl, Hodl, Hodl, Hodl, Hodl, Hodl, Hodl, Hodl, Hodl,
Hodl, Hodl, Hodl, Hodl, Hodl, Hodl, Hodl, Hodl, Hodl, Hodl, Hodl,
Hodl, Hodl, Hodl, Hodl, Hodl, Hodl, Hodl, Hodl, Hodl, Hodl, Hodl,
Hodl, Hodl, Hodl, Hodl, Hodl, Hodl, Hodl, Hodl, Hodl, Hodl, Hodl,
Hodl, Hodl, Hodl, Hodl, Hodl, Hodl, Hodl, Hodl, Hodl, Hodl, Hodl,
Hodl, Hodl, Hodl, Hodl, Hodl, Hodl, Hodl, Hodl, Hodl, Hodl, Hodl,
Hodl, Hodl, Hodl, Hodl, Hodl, Hodl, Hodl, Hodl, Hodl, Hodl, Hodl,
Hodl, Hodl, Hodl, Hodl, Hodl, Hodl, Hodl, Hodl, Hodl, Hodl, Hodl,
Hodl, Hodl, Hodl, Hodl, Hodl, Hodl, Hodl, Hodl, Hodl, Hodl, Hodl,
Hodl, Hodl, Hodl, Hodl, Hodl, Hodl, Hodl, Hodl, Hodl, Hodl, Hodl,
Hodl, Hodl, Hodl, Hodl, Hodl, Hodl, Hodl, Hodl, Hodl, Hodl, Hodl,
Hodl, Hodl, Hodl, Hodl, Hodl, Hodl, Hodl, Hodl, Hodl, Hodl, Hodl,
Hodl, Hodl, Hodl, Hodl, Hodl, Hodl, Hodl, Hodl, Hodl, Hodl, Hodl,
Hodl, Hodl, Hodl, Hodl, Hodl, Hodl, Hodl, Hodl, Hodl, Hodl, Hodl,
Hodl, Hodl, Hodl, Hodl, Hodl, Hodl, Hodl, Hodl, Hodl, Hodl, Hodl,
Hodl, Hodl, Hodl, Hodl, Hodl, Hodl, Hodl, Hodl, Hodl, Hodl, Hodl,
Hodl, Hodl, Hodl, Hodl, Hodl, Hodl, Hodl, Hodl, Hodl, Hodl, Hodl,
Hodl, Hodl, Hodl, Hodl, Hodl, Hodl.

Hodl, Hodl, Hodl, Hodl, Hodl, Hodl, Hodl, Hodl, Hodl,
Hodl, Hodl, Hodl, Hodl, Hodl, Hodl, Hodl, Hodl, Hodl, Hodl, Hodl,
Hodl, Hodl, Hodl, Hodl, Hodl, Hodl, Hodl, Hodl, Hodl, Hodl, Hodl,
Hodl, Hodl, Hodl, Hodl, Hodl, Hodl, Hodl, Hodl, Hodl, Hodl, Hodl,
Hodl, Hodl, Hodl, Hodl, Hodl, Hodl, Hodl, Hodl, Hodl, Hodl, Hodl,
Hodl, Hodl, Hodl, Hodl, Hodl, Hodl, Hodl, Hodl, Hodl, Hodl, Hodl,
Hodl, Hodl, Hodl, Hodl, Hodl, Hodl, Hodl, Hodl, Hodl, Hodl, Hodl,
Hodl, Hodl, Hodl, Hodl, Hodl, Hodl, Hodl, Hodl, Hodl, Hodl, Hodl,
Hodl, Hodl, Hodl, Hodl, Hodl, Hodl, Hodl, Hodl, Hodl, Hodl, Hodl,
Hodl, Hodl, Hodl, Hodl, Hodl, Hodl, Hodl, Hodl, Hodl, Hodl, Hodl,
Hodl, Hodl, Hodl, Hodl, Hodl, Hodl, Hodl, Hodl, Hodl, Hodl, Hodl,
Hodl, Hodl, Hodl, Hodl, Hodl, Hodl, Hodl, Hodl, Hodl, Hodl, Hodl,
Hodl, Hodl, Hodl, Hodl, Hodl, Hodl, Hodl, Hodl, Hodl, Hodl, Hodl,
Hodl, Hodl, Hodl, Hodl, Hodl, Hodl, Hodl, Hodl, Hodl, Hodl, Hodl,
Hodl, Hodl, Hodl, Hodl, Hodl, Hodl, Hodl, Hodl, Hodl, Hodl, Hodl,
Hodl, Hodl, Hodl, Hodl, Hodl, Hodl, Hodl, Hodl, Hodl, Hodl, Hodl,
Hodl, Hodl, Hodl, Hodl, Hodl, Hodl, Hodl, Hodl, Hodl, Hodl, Hodl,
Hodl, Hodl, Hodl, Hodl, Hodl, Hodl, Hodl, Hodl, Hodl, Hodl, Hodl,
Hodl, Hodl, Hodl, Hodl, Hodl, Hodl, Hodl, Hodl, Hodl, Hodl, Hodl,
Hodl, Hodl, Hodl, Hodl, Hodl, Hodl, Hodl, Hodl, Hodl, Hodl, Hodl,
Hodl, Hodl, Hodl, Hodl, Hodl, Hodl, Hodl, Hodl, Hodl, Hodl, Hodl,
Hodl, Hodl, Hodl, Hodl, Hodl, Hodl, Hodl, Hodl, Hodl, Hodl, Hodl,
Hodl, Hodl, Hodl, Hodl, Hodl, Hodl, Hodl, Hodl, Hodl, Hodl, Hodl,
Hodl, Hodl, Hodl, Hodl, Hodl, Hodl, Hodl, Hodl, Hodl, Hodl, Hodl,
Hodl, Hodl, Hodl, Hodl, Hodl, Hodl, Hodl, Hodl, Hodl, Hodl, Hodl,
Hodl, Hodl, Hodl, Hodl, Hodl, Hodl, Hodl, Hodl, Hodl, Hodl, Hodl,
Hodl, Hodl, Hodl, Hodl, Hodl, Hodl, Hodl, Hodl, Hodl, Hodl, Hodl,
Hodl, Hodl, Hodl, Hodl, Hodl, Hodl, Hodl, Hodl, Hodl, Hodl, Hodl,
Hodl, Hodl, Hodl, Hodl, Hodl, Hodl, Hodl, Hodl, Hodl, Hodl, Hodl,
Hodl, Hodl, Hodl, Hodl, Hodl, Hodl, Hodl, Hodl, Hodl, Hodl, Hodl,
Hodl, Hodl, Hodl, Hodl, Hodl, Hodl, Hodl, Hodl, Hodl, Hodl, Hodl,
Hodl, Hodl, Hodl, Hodl, Hodl, Hodl, Hodl, Hodl, Hodl, Hodl, Hodl,
Hodl, Hodl, Hodl, Hodl, Hodl, Hodl.

Hodl, Hodl, Hodl, Hodl, Hodl, Hodl, Hodl, Hodl, Hodl,
Hodl, Hodl, Hodl, Hodl, Hodl, Hodl, Hodl, Hodl, Hodl, Hodl, Hodl,
Hodl, Hodl, Hodl, Hodl, Hodl, Hodl, Hodl, Hodl, Hodl, Hodl, Hodl,
Hodl, Hodl, Hodl, Hodl, Hodl, Hodl, Hodl, Hodl, Hodl, Hodl, Hodl,
Hodl, Hodl, Hodl, Hodl, Hodl, Hodl, Hodl, Hodl, Hodl, Hodl, Hodl,
Hodl, Hodl, Hodl, Hodl, Hodl, Hodl, Hodl, Hodl, Hodl, Hodl, Hodl,
Hodl, Hodl, Hodl, Hodl, Hodl, Hodl, Hodl, Hodl, Hodl, Hodl, Hodl,
Hodl, Hodl, Hodl, Hodl, Hodl, Hodl, Hodl, Hodl, Hodl, Hodl, Hodl,
Hodl, Hodl, Hodl, Hodl, Hodl, Hodl, Hodl, Hodl, Hodl, Hodl, Hodl,
Hodl, Hodl, Hodl, Hodl, Hodl, Hodl, Hodl, Hodl, Hodl, Hodl, Hodl,
Hodl, Hodl, Hodl, Hodl, Hodl, Hodl, Hodl, Hodl, Hodl, Hodl, Hodl,
Hodl, Hodl, Hodl, Hodl, Hodl, Hodl, Hodl, Hodl, Hodl, Hodl, Hodl,
Hodl, Hodl, Hodl, Hodl, Hodl, Hodl, Hodl, Hodl, Hodl, Hodl, Hodl,
Hodl, Hodl, Hodl, Hodl, Hodl, Hodl, Hodl, Hodl, Hodl, Hodl, Hodl,
Hodl, Hodl, Hodl, Hodl, Hodl, Hodl, Hodl, Hodl, Hodl, Hodl, Hodl,
Hodl, Hodl, Hodl, Hodl, Hodl, Hodl, Hodl, Hodl, Hodl, Hodl, Hodl,
Hodl, Hodl, Hodl, Hodl, Hodl, Hodl, Hodl, Hodl, Hodl, Hodl, Hodl,
Hodl, Hodl, Hodl, Hodl, Hodl, Hodl, Hodl, Hodl, Hodl, Hodl, Hodl,
Hodl, Hodl, Hodl, Hodl, Hodl, Hodl, Hodl, Hodl, Hodl, Hodl, Hodl,
Hodl, Hodl, Hodl, Hodl, Hodl, Hodl, Hodl, Hodl, Hodl, Hodl, Hodl,
Hodl, Hodl, Hodl, Hodl, Hodl, Hodl, Hodl, Hodl, Hodl, Hodl, Hodl,
Hodl, Hodl, Hodl, Hodl, Hodl, Hodl, Hodl, Hodl, Hodl, Hodl, Hodl,
Hodl, Hodl, Hodl, Hodl, Hodl, Hodl, Hodl, Hodl, Hodl, Hodl, Hodl,
Hodl, Hodl, Hodl, Hodl, Hodl, Hodl, Hodl, Hodl, Hodl, Hodl, Hodl,
Hodl, Hodl, Hodl, Hodl, Hodl, Hodl, Hodl, Hodl, Hodl, Hodl, Hodl,
Hodl, Hodl, Hodl, Hodl, Hodl, Hodl, Hodl, Hodl, Hodl, Hodl, Hodl,
Hodl, Hodl, Hodl, Hodl, Hodl, Hodl, Hodl, Hodl, Hodl, Hodl, Hodl,
Hodl, Hodl, Hodl, Hodl, Hodl, Hodl, Hodl, Hodl, Hodl, Hodl, Hodl,
Hodl, Hodl, Hodl, Hodl, Hodl, Hodl, Hodl, Hodl, Hodl, Hodl, Hodl,
Hodl, Hodl, Hodl, Hodl, Hodl, Hodl, Hodl, Hodl, Hodl, Hodl, Hodl,
Hodl, Hodl, Hodl, Hodl, Hodl, Hodl, Hodl, Hodl, Hodl, Hodl, Hodl,
Hodl, Hodl, Hodl, Hodl, Hodl, Hodl, Hodl, Hodl, Hodl, Hodl, Hodl,
Hodl, Hodl, Hodl, Hodl, Hodl, Hodl, Hodl, Hodl, Hodl, Hodl, Hodl,
Hodl, Hodl, Hodl, Hodl, Hodl, Hodl, Hodl, Hodl, Hodl, Hodl, Hodl,
Hodl, Hodl, Hodl, Hodl, Hodl, Hodl.

Hodl, Hodl, Hodl, Hodl, Hodl, Hodl, Hodl, Hodl, Hodl, Hodl, Hodl, Hodl, Hodl, Hodl, Hodl, Hodl, Hodl, Hodl, Hodl, Hodl, Hodl, Hodl, Hodl, Hodl, Hodl, Hodl, Hodl, Hodl, Hodl, Hodl, Hodl, Hodl, Hodl, Hodl, Hodl, Hodl, Hodl, Hodl, Hodl, Hodl, Hodl, Hodl, Hodl, Hodl, Hodl, Hodl, Hodl, Hodl, Hodl, Hodl, Hodl, Hodl, Hodl, Hodl, Hodl, Hodl, Hodl, Hodl, Hodl, Hodl, Hodl, Hodl, Hodl, Hodl, Hodl, Hodl, Hodl, Hodl, Hodl, Hodl, Hodl, Hodl, Hodl, Hodl, Hodl, Hodl, Hodl, Hodl, Hodl, Hodl, Hodl, Hodl, Hodl, Hodl, Hodl, Hodl, Hodl, Hodl, Hodl, Hodl, Hodl, Hodl, Hodl, Hodl, Hodl, Hodl, Hodl, Hodl, Hodl, Hodl, Hodl, Hodl, Hodl, Hodl, Hodl, Hodl, Hodl, Hodl, Hodl, Hodl, Hodl, Hodl, Hodl, Hodl, Hodl, Hodl, Hodl, Hodl, Hodl, Hodl, Hodl, Hodl, Hodl, Hodl, Hodl, Hodl, Hodl, Hodl, Hodl, Hodl, Hodl, Hodl, Hodl, Hodl, Hodl, Hodl, Hodl, Hodl, Hodl, Hodl, Hodl, Hodl, Hodl, Hodl, Hodl, Hodl, Hodl, Hodl, Hodl, Hodl, Hodl, Hodl, Hodl, Hodl, Hodl, Hodl, Hodl, Hodl, Hodl, Hodl, Hodl, Hodl, Hodl, Hodl, Hodl, Hodl, Hodl, Hodl, Hodl, Hodl, Hodl, Hodl, Hodl, Hodl, Hodl, Hodl, Hodl, Hodl, Hodl, Hodl, Hodl, Hodl, Hodl, Hodl, Hodl, Hodl, Hodl, Hodl, Hodl, Hodl, Hodl, Hodl, Hodl, Hodl, Hodl, Hodl, Hodl, Hodl, Hodl, Hodl, Hodl, Hodl, Hodl, Hodl, Hodl, Hodl, Hodl, Hodl, Hodl, Hodl, Hodl, Hodl, Hodl, Hodl, Hodl, Hodl, Hodl, Hodl, Hodl, Hodl, Hodl, Hodl, Hodl, Hodl, Hodl, Hodl, Hodl, Hodl, Hodl, Hodl, Hodl, Hodl, Hodl, Hodl, Hodl, Hodl, Hodl, Hodl, Hodl, Hodl, Hodl, Hodl, Hodl, Hodl, Hodl, Hodl, Hodl, Hodl, Hodl, Hodl, Hodl, Hodl, Hodl, Hodl, Hodl, Hodl, Hodl, Hodl, Hodl, Hodl, Hodl, Hodl, Hodl, Hodl, Hodl, Hodl, Hodl, Hodl, Hodl, Hodl, Hodl, Hodl, Hodl, Hodl, Hodl, Hodl, Hodl, Hodl, Hodl, Hodl, Hodl, Hodl, Hodl, Hodl, Hodl, Hodl, Hodl, Hodl, Hodl, Hodl, Hodl, Hodl, Hodl, Hodl, Hodl, Hodl, Hodl, Hodl, Hodl, Hodl, Hodl, Hodl, Hodl, Hodl, Hodl, Hodl, Hodl, Hodl, Hodl, Hodl, Hodl, Hodl, Hodl, Hodl, Hodl, Hodl, Hodl, Hodl, Hodl, Hodl, Hodl, Hodl, Hodl, Hodl, Hodl, Hodl, Hodl, Hodl, Hodl, Hodl, Hodl, Hodl, Hodl, Hodl, Hodl, Hodl, Hodl, Hodl, Hodl, Hodl, Hodl, Hodl, Hodl, Hodl, Hodl, Hodl, Hodl, Hodl, Hodl, Hodl, Hodl, Hodl, Hodl, Hodl, Hodl, Hodl, Hodl, Hodl, Hodl, Hodl, Hodl, Hodl, Hodl, Hodl, Hodl, Hodl, Hodl, Hodl, Hodl, Hodl, Hodl, Hodl, Hodl, Hodl, Hodl, Hodl, Hodl, Hodl, Hodl, Hodl, Hodl, Hodl, Hodl, Hodl, Hodl.

Hodl, Hodl, Hodl, Hodl, Hodl, Hodl, Hodl, Hodl, Hodl,
Hodl, Hodl, Hodl, Hodl, Hodl, Hodl, Hodl, Hodl, Hodl, Hodl, Hodl,
Hodl, Hodl, Hodl, Hodl, Hodl, Hodl, Hodl, Hodl, Hodl, Hodl, Hodl,
Hodl, Hodl, Hodl, Hodl, Hodl, Hodl, Hodl, Hodl, Hodl, Hodl, Hodl,
Hodl, Hodl, Hodl, Hodl, Hodl, Hodl, Hodl, Hodl, Hodl, Hodl, Hodl,
Hodl, Hodl, Hodl, Hodl, Hodl, Hodl, Hodl, Hodl, Hodl, Hodl, Hodl,
Hodl, Hodl, Hodl, Hodl, Hodl, Hodl, Hodl, Hodl, Hodl, Hodl, Hodl,
Hodl, Hodl, Hodl, Hodl, Hodl, Hodl, Hodl, Hodl, Hodl, Hodl, Hodl,
Hodl, Hodl, Hodl, Hodl, Hodl, Hodl, Hodl, Hodl, Hodl, Hodl, Hodl,
Hodl, Hodl, Hodl, Hodl, Hodl, Hodl, Hodl, Hodl, Hodl, Hodl, Hodl,
Hodl, Hodl, Hodl, Hodl, Hodl, Hodl, Hodl, Hodl, Hodl, Hodl, Hodl,
Hodl, Hodl, Hodl, Hodl, Hodl, Hodl, Hodl, Hodl, Hodl, Hodl, Hodl,
Hodl, Hodl, Hodl, Hodl, Hodl, Hodl, Hodl, Hodl, Hodl, Hodl, Hodl,
Hodl, Hodl, Hodl, Hodl, Hodl, Hodl, Hodl, Hodl, Hodl, Hodl, Hodl,
Hodl, Hodl, Hodl, Hodl, Hodl, Hodl, Hodl, Hodl, Hodl, Hodl, Hodl,
Hodl, Hodl, Hodl, Hodl, Hodl, Hodl, Hodl, Hodl, Hodl, Hodl, Hodl,
Hodl, Hodl, Hodl, Hodl, Hodl, Hodl, Hodl, Hodl, Hodl, Hodl, Hodl,
Hodl, Hodl, Hodl, Hodl, Hodl, Hodl, Hodl, Hodl, Hodl, Hodl, Hodl,
Hodl, Hodl, Hodl, Hodl, Hodl, Hodl, Hodl, Hodl, Hodl, Hodl, Hodl,
Hodl, Hodl, Hodl, Hodl, Hodl, Hodl, Hodl, Hodl, Hodl, Hodl, Hodl,
Hodl, Hodl, Hodl, Hodl, Hodl, Hodl, Hodl, Hodl, Hodl, Hodl, Hodl,
Hodl, Hodl, Hodl, Hodl, Hodl, Hodl, Hodl, Hodl, Hodl, Hodl, Hodl,
Hodl, Hodl, Hodl, Hodl, Hodl, Hodl, Hodl, Hodl, Hodl, Hodl, Hodl,
Hodl, Hodl, Hodl, Hodl, Hodl, Hodl, Hodl, Hodl, Hodl, Hodl, Hodl,
Hodl, Hodl, Hodl, Hodl, Hodl, Hodl, Hodl, Hodl, Hodl, Hodl, Hodl,
Hodl, Hodl, Hodl, Hodl, Hodl, Hodl, Hodl, Hodl, Hodl, Hodl, Hodl,
Hodl, Hodl, Hodl, Hodl, Hodl, Hodl, Hodl, Hodl, Hodl, Hodl, Hodl,
Hodl, Hodl, Hodl, Hodl, Hodl, Hodl, Hodl, Hodl, Hodl, Hodl, Hodl,
Hodl, Hodl, Hodl, Hodl, Hodl, Hodl, Hodl, Hodl, Hodl, Hodl, Hodl,
Hodl, Hodl, Hodl, Hodl, Hodl, Hodl, Hodl, Hodl, Hodl, Hodl, Hodl,
Hodl, Hodl, Hodl, Hodl, Hodl, Hodl, Hodl, Hodl, Hodl, Hodl, Hodl,
Hodl, Hodl, Hodl, Hodl, Hodl, Hodl, Hodl, Hodl, Hodl, Hodl, Hodl,
Hodl, Hodl, Hodl, Hodl, Hodl, Hodl.

Hodl, Hodl, Hodl, Hodl, Hodl, Hodl, Hodl, Hodl, Hodl,
Hodl, Hodl, Hodl, Hodl, Hodl, Hodl, Hodl, Hodl, Hodl, Hodl, Hodl,
Hodl, Hodl, Hodl, Hodl, Hodl, Hodl, Hodl, Hodl, Hodl, Hodl, Hodl,
Hodl, Hodl, Hodl, Hodl, Hodl, Hodl, Hodl, Hodl, Hodl, Hodl, Hodl,
Hodl, Hodl, Hodl, Hodl, Hodl, Hodl, Hodl, Hodl, Hodl, Hodl, Hodl,
Hodl, Hodl, Hodl, Hodl, Hodl, Hodl, Hodl, Hodl, Hodl, Hodl, Hodl,
Hodl, Hodl, Hodl, Hodl, Hodl, Hodl, Hodl, Hodl, Hodl, Hodl, Hodl,
Hodl, Hodl, Hodl, Hodl, Hodl, Hodl, Hodl, Hodl, Hodl, Hodl, Hodl,
Hodl, Hodl, Hodl, Hodl, Hodl, Hodl, Hodl, Hodl, Hodl, Hodl, Hodl,
Hodl, Hodl, Hodl, Hodl, Hodl, Hodl, Hodl, Hodl, Hodl, Hodl, Hodl,
Hodl, Hodl, Hodl, Hodl, Hodl, Hodl, Hodl, Hodl, Hodl, Hodl, Hodl,
Hodl, Hodl, Hodl, Hodl, Hodl, Hodl, Hodl, Hodl, Hodl, Hodl, Hodl,
Hodl, Hodl, Hodl, Hodl, Hodl, Hodl, Hodl, Hodl, Hodl, Hodl, Hodl,
Hodl, Hodl, Hodl, Hodl, Hodl, Hodl, Hodl, Hodl, Hodl, Hodl, Hodl,
Hodl, Hodl, Hodl, Hodl, Hodl, Hodl, Hodl, Hodl, Hodl, Hodl, Hodl,
Hodl, Hodl, Hodl, Hodl, Hodl, Hodl, Hodl, Hodl, Hodl, Hodl, Hodl,
Hodl, Hodl, Hodl, Hodl, Hodl, Hodl, Hodl, Hodl, Hodl, Hodl, Hodl,
Hodl, Hodl, Hodl, Hodl, Hodl, Hodl, Hodl, Hodl, Hodl, Hodl, Hodl,
Hodl, Hodl, Hodl, Hodl, Hodl, Hodl, Hodl, Hodl, Hodl, Hodl, Hodl,
Hodl, Hodl, Hodl, Hodl, Hodl, Hodl, Hodl, Hodl, Hodl, Hodl, Hodl,
Hodl, Hodl, Hodl, Hodl, Hodl, Hodl, Hodl, Hodl, Hodl, Hodl, Hodl,
Hodl, Hodl, Hodl, Hodl, Hodl, Hodl, Hodl, Hodl, Hodl, Hodl, Hodl,
Hodl, Hodl, Hodl, Hodl, Hodl, Hodl, Hodl, Hodl, Hodl, Hodl, Hodl,
Hodl, Hodl, Hodl, Hodl, Hodl, Hodl, Hodl, Hodl, Hodl, Hodl, Hodl,
Hodl, Hodl, Hodl, Hodl, Hodl, Hodl, Hodl, Hodl, Hodl, Hodl, Hodl,
Hodl, Hodl, Hodl, Hodl, Hodl, Hodl, Hodl, Hodl, Hodl, Hodl, Hodl,
Hodl, Hodl, Hodl, Hodl, Hodl, Hodl, Hodl, Hodl, Hodl, Hodl, Hodl,
Hodl, Hodl, Hodl, Hodl, Hodl, Hodl, Hodl, Hodl, Hodl, Hodl, Hodl,
Hodl, Hodl, Hodl, Hodl, Hodl, Hodl, Hodl, Hodl, Hodl, Hodl, Hodl,
Hodl, Hodl, Hodl, Hodl, Hodl, Hodl, Hodl, Hodl, Hodl, Hodl, Hodl,
Hodl, Hodl, Hodl, Hodl, Hodl, Hodl, Hodl, Hodl, Hodl, Hodl, Hodl,
Hodl, Hodl, Hodl, Hodl, Hodl, Hodl, Hodl, Hodl, Hodl, Hodl, Hodl,
Hodl, Hodl, Hodl, Hodl, Hodl, Hodl.

Hodl, Hodl, Hodl, Hodl, Hodl, Hodl, Hodl, Hodl, Hodl,
Hodl, Hodl, Hodl, Hodl, Hodl, Hodl, Hodl, Hodl, Hodl, Hodl, Hodl,
Hodl, Hodl, Hodl, Hodl, Hodl, Hodl, Hodl, Hodl, Hodl, Hodl, Hodl,
Hodl, Hodl, Hodl, Hodl, Hodl, Hodl, Hodl, Hodl, Hodl, Hodl, Hodl,
Hodl, Hodl, Hodl, Hodl, Hodl, Hodl, Hodl, Hodl, Hodl, Hodl, Hodl,
Hodl, Hodl, Hodl, Hodl, Hodl, Hodl, Hodl, Hodl, Hodl, Hodl, Hodl,
Hodl, Hodl, Hodl, Hodl, Hodl, Hodl, Hodl, Hodl, Hodl, Hodl, Hodl,
Hodl, Hodl, Hodl, Hodl, Hodl, Hodl, Hodl, Hodl, Hodl, Hodl, Hodl,
Hodl, Hodl, Hodl, Hodl, Hodl, Hodl, Hodl, Hodl, Hodl, Hodl, Hodl,
Hodl, Hodl, Hodl, Hodl, Hodl, Hodl, Hodl, Hodl, Hodl, Hodl, Hodl,
Hodl, Hodl, Hodl, Hodl, Hodl, Hodl, Hodl, Hodl, Hodl, Hodl, Hodl,
Hodl, Hodl, Hodl, Hodl, Hodl, Hodl, Hodl, Hodl, Hodl, Hodl, Hodl,
Hodl, Hodl, Hodl, Hodl, Hodl, Hodl, Hodl, Hodl, Hodl, Hodl, Hodl,
Hodl, Hodl, Hodl, Hodl, Hodl, Hodl, Hodl, Hodl, Hodl, Hodl, Hodl,
Hodl, Hodl, Hodl, Hodl, Hodl, Hodl, Hodl, Hodl, Hodl, Hodl, Hodl,
Hodl, Hodl, Hodl, Hodl, Hodl, Hodl, Hodl, Hodl, Hodl, Hodl, Hodl,
Hodl, Hodl, Hodl, Hodl, Hodl, Hodl, Hodl, Hodl, Hodl, Hodl, Hodl,
Hodl, Hodl, Hodl, Hodl, Hodl, Hodl, Hodl, Hodl, Hodl, Hodl, Hodl,
Hodl, Hodl, Hodl, Hodl, Hodl, Hodl, Hodl, Hodl, Hodl, Hodl, Hodl,
Hodl, Hodl, Hodl, Hodl, Hodl, Hodl, Hodl, Hodl, Hodl, Hodl, Hodl,
Hodl, Hodl, Hodl, Hodl, Hodl, Hodl, Hodl, Hodl, Hodl, Hodl, Hodl,
Hodl, Hodl, Hodl, Hodl, Hodl, Hodl, Hodl, Hodl, Hodl, Hodl, Hodl,
Hodl, Hodl, Hodl, Hodl, Hodl, Hodl, Hodl, Hodl, Hodl, Hodl, Hodl,
Hodl, Hodl, Hodl, Hodl, Hodl, Hodl, Hodl, Hodl, Hodl, Hodl, Hodl,
Hodl, Hodl, Hodl, Hodl, Hodl, Hodl, Hodl, Hodl, Hodl, Hodl, Hodl,
Hodl, Hodl, Hodl, Hodl, Hodl, Hodl, Hodl, Hodl, Hodl, Hodl, Hodl,
Hodl, Hodl, Hodl, Hodl, Hodl, Hodl, Hodl, Hodl, Hodl, Hodl, Hodl,
Hodl, Hodl, Hodl, Hodl, Hodl, Hodl, Hodl, Hodl, Hodl, Hodl, Hodl,
Hodl, Hodl, Hodl, Hodl, Hodl, Hodl, Hodl, Hodl, Hodl, Hodl, Hodl,
Hodl, Hodl, Hodl, Hodl, Hodl, Hodl, Hodl, Hodl, Hodl, Hodl, Hodl,
Hodl, Hodl, Hodl, Hodl, Hodl, Hodl, Hodl, Hodl, Hodl, Hodl, Hodl,
Hodl, Hodl, Hodl, Hodl, Hodl, Hodl, Hodl, Hodl, Hodl, Hodl, Hodl,
Hodl, Hodl, Hodl, Hodl, Hodl, Hodl, Hodl, Hodl, Hodl, Hodl, Hodl,
Hodl, Hodl, Hodl, Hodl, Hodl, Hodl, Hodl, Hodl, Hodl, Hodl, Hodl,
Hodl, Hodl, Hodl, Hodl, Hodl, Hodl, Hodl, Hodl, Hodl, Hodl, Hodl,
Hodl, Hodl, Hodl, Hodl, Hodl, Hodl.

Hodl, Hodl, Hodl, Hodl, Hodl, Hodl, Hodl, Hodl, Hodl, Hodl, Hodl, Hodl, Hodl, Hodl, Hodl, Hodl, Hodl, Hodl, Hodl, Hodl, Hodl, Hodl, Hodl, Hodl, Hodl, Hodl, Hodl, Hodl, Hodl, Hodl, Hodl, Hodl, Hodl, Hodl, Hodl, Hodl, Hodl, Hodl, Hodl, Hodl, Hodl, Hodl, Hodl, Hodl, Hodl, Hodl, Hodl, Hodl, Hodl, Hodl, Hodl, Hodl, Hodl, Hodl, Hodl, Hodl, Hodl, Hodl, Hodl, Hodl, Hodl, Hodl, Hodl, Hodl, Hodl, Hodl, Hodl, Hodl, Hodl, Hodl, Hodl, Hodl, Hodl, Hodl, Hodl, Hodl, Hodl, Hodl, Hodl, Hodl, Hodl, Hodl, Hodl, Hodl, Hodl, Hodl, Hodl, Hodl, Hodl, Hodl, Hodl, Hodl, Hodl, Hodl, Hodl, Hodl, Hodl, Hodl, Hodl, Hodl, Hodl, Hodl, Hodl, Hodl, Hodl, Hodl, Hodl, Hodl, Hodl, Hodl, Hodl, Hodl, Hodl, Hodl, Hodl, Hodl, Hodl, Hodl, Hodl, Hodl, Hodl, Hodl, Hodl, Hodl, Hodl, Hodl, Hodl, Hodl, Hodl, Hodl, Hodl, Hodl, Hodl, Hodl, Hodl, Hodl, Hodl, Hodl, Hodl, Hodl, Hodl, Hodl, Hodl, Hodl, Hodl, Hodl, Hodl, Hodl, Hodl, Hodl, Hodl, Hodl, Hodl, Hodl, Hodl, Hodl, Hodl, Hodl, Hodl, Hodl, Hodl, Hodl, Hodl, Hodl, Hodl, Hodl, Hodl, Hodl, Hodl, Hodl, Hodl, Hodl, Hodl, Hodl, Hodl, Hodl, Hodl, Hodl, Hodl, Hodl, Hodl, Hodl, Hodl, Hodl, Hodl, Hodl, Hodl, Hodl, Hodl, Hodl, Hodl, Hodl, Hodl, Hodl, Hodl, Hodl, Hodl, Hodl, Hodl, Hodl, Hodl, Hodl, Hodl, Hodl, Hodl, Hodl, Hodl, Hodl, Hodl, Hodl, Hodl, Hodl, Hodl, Hodl, Hodl, Hodl, Hodl, Hodl, Hodl, Hodl, Hodl, Hodl, Hodl, Hodl, Hodl, Hodl, Hodl, Hodl, Hodl, Hodl, Hodl, Hodl, Hodl, Hodl, Hodl, Hodl, Hodl, Hodl, Hodl, Hodl, Hodl, Hodl, Hodl, Hodl, Hodl, Hodl, Hodl, Hodl, Hodl, Hodl, Hodl, Hodl, Hodl, Hodl, Hodl, Hodl, Hodl, Hodl, Hodl, Hodl, Hodl, Hodl, Hodl, Hodl, Hodl, Hodl, Hodl, Hodl, Hodl, Hodl, Hodl, Hodl, Hodl, Hodl, Hodl, Hodl, Hodl, Hodl, Hodl, Hodl, Hodl, Hodl, Hodl, Hodl, Hodl, Hodl, Hodl, Hodl, Hodl, Hodl, Hodl, Hodl, Hodl, Hodl, Hodl, Hodl, Hodl, Hodl, Hodl, Hodl, Hodl, Hodl, Hodl, Hodl, Hodl, Hodl, Hodl, Hodl, Hodl, Hodl, Hodl, Hodl, Hodl, Hodl, Hodl, Hodl, Hodl, Hodl, Hodl, Hodl, Hodl, Hodl, Hodl, Hodl, Hodl, Hodl, Hodl, Hodl, Hodl, Hodl, Hodl, Hodl, Hodl, Hodl, Hodl, Hodl, Hodl, Hodl, Hodl, Hodl, Hodl, Hodl, Hodl, Hodl, Hodl, Hodl, Hodl, Hodl, Hodl, Hodl, Hodl, Hodl, Hodl.

Hodl, Hodl, Hodl, Hodl, Hodl, Hodl, Hodl, Hodl, Hodl,
Hodl, Hodl, Hodl, Hodl, Hodl, Hodl, Hodl, Hodl, Hodl, Hodl, Hodl,
Hodl, Hodl, Hodl, Hodl, Hodl, Hodl, Hodl, Hodl, Hodl, Hodl, Hodl,
Hodl, Hodl, Hodl, Hodl, Hodl, Hodl, Hodl, Hodl, Hodl, Hodl, Hodl,
Hodl, Hodl, Hodl, Hodl, Hodl, Hodl, Hodl, Hodl, Hodl, Hodl, Hodl,
Hodl, Hodl, Hodl, Hodl, Hodl, Hodl, Hodl, Hodl, Hodl, Hodl, Hodl,
Hodl, Hodl, Hodl, Hodl, Hodl, Hodl, Hodl, Hodl, Hodl, Hodl, Hodl,
Hodl, Hodl, Hodl, Hodl, Hodl, Hodl, Hodl, Hodl, Hodl, Hodl, Hodl,
Hodl, Hodl, Hodl, Hodl, Hodl, Hodl, Hodl, Hodl, Hodl, Hodl, Hodl,
Hodl, Hodl, Hodl, Hodl, Hodl, Hodl, Hodl, Hodl, Hodl, Hodl, Hodl,
Hodl, Hodl, Hodl, Hodl, Hodl, Hodl, Hodl, Hodl, Hodl, Hodl, Hodl,
Hodl, Hodl, Hodl, Hodl, Hodl, Hodl, Hodl, Hodl, Hodl, Hodl, Hodl,
Hodl, Hodl, Hodl, Hodl, Hodl, Hodl, Hodl, Hodl, Hodl, Hodl, Hodl,
Hodl, Hodl, Hodl, Hodl, Hodl, Hodl, Hodl, Hodl, Hodl, Hodl, Hodl,
Hodl, Hodl, Hodl, Hodl, Hodl, Hodl, Hodl, Hodl, Hodl, Hodl, Hodl,
Hodl, Hodl, Hodl, Hodl, Hodl, Hodl, Hodl, Hodl, Hodl, Hodl, Hodl,
Hodl, Hodl, Hodl, Hodl, Hodl, Hodl, Hodl, Hodl, Hodl, Hodl, Hodl,
Hodl, Hodl, Hodl, Hodl, Hodl, Hodl, Hodl, Hodl, Hodl, Hodl, Hodl,
Hodl, Hodl, Hodl, Hodl, Hodl, Hodl, Hodl, Hodl, Hodl, Hodl, Hodl,
Hodl, Hodl, Hodl, Hodl, Hodl, Hodl, Hodl, Hodl, Hodl, Hodl, Hodl,
Hodl, Hodl, Hodl, Hodl, Hodl, Hodl, Hodl, Hodl, Hodl, Hodl, Hodl,
Hodl, Hodl, Hodl, Hodl, Hodl, Hodl, Hodl, Hodl, Hodl, Hodl, Hodl,
Hodl, Hodl, Hodl, Hodl, Hodl, Hodl, Hodl, Hodl, Hodl, Hodl, Hodl,
Hodl, Hodl, Hodl, Hodl, Hodl, Hodl, Hodl, Hodl, Hodl, Hodl, Hodl,
Hodl, Hodl, Hodl, Hodl, Hodl, Hodl, Hodl, Hodl, Hodl, Hodl, Hodl,
Hodl, Hodl, Hodl, Hodl, Hodl, Hodl, Hodl, Hodl, Hodl, Hodl, Hodl,
Hodl, Hodl, Hodl, Hodl, Hodl, Hodl, Hodl, Hodl, Hodl, Hodl, Hodl,
Hodl, Hodl, Hodl, Hodl, Hodl, Hodl, Hodl, Hodl, Hodl, Hodl, Hodl,
Hodl, Hodl, Hodl, Hodl, Hodl, Hodl, Hodl, Hodl, Hodl, Hodl, Hodl,
Hodl, Hodl, Hodl, Hodl, Hodl, Hodl, Hodl, Hodl, Hodl, Hodl, Hodl,
Hodl, Hodl, Hodl, Hodl, Hodl, Hodl, Hodl, Hodl, Hodl, Hodl, Hodl,
Hodl, Hodl, Hodl, Hodl, Hodl, Hodl, Hodl, Hodl, Hodl, Hodl, Hodl,
Hodl, Hodl, Hodl, Hodl, Hodl, Hodl, Hodl, Hodl, Hodl, Hodl, Hodl,
Hodl, Hodl, Hodl, Hodl, Hodl, Hodl.

Hodl, Hodl, Hodl, Hodl, Hodl, Hodl, Hodl, Hodl, Hodl,
Hodl, Hodl, Hodl, Hodl, Hodl, Hodl, Hodl, Hodl, Hodl, Hodl, Hodl,
Hodl, Hodl, Hodl, Hodl, Hodl, Hodl, Hodl, Hodl, Hodl, Hodl, Hodl,
Hodl, Hodl, Hodl, Hodl, Hodl, Hodl, Hodl, Hodl, Hodl, Hodl, Hodl,
Hodl, Hodl, Hodl, Hodl, Hodl, Hodl, Hodl, Hodl, Hodl, Hodl, Hodl,
Hodl, Hodl, Hodl, Hodl, Hodl, Hodl, Hodl, Hodl, Hodl, Hodl, Hodl,
Hodl, Hodl, Hodl, Hodl, Hodl, Hodl, Hodl, Hodl, Hodl, Hodl, Hodl,
Hodl, Hodl, Hodl, Hodl, Hodl, Hodl, Hodl, Hodl, Hodl, Hodl, Hodl,
Hodl, Hodl, Hodl, Hodl, Hodl, Hodl, Hodl, Hodl, Hodl, Hodl, Hodl,
Hodl, Hodl, Hodl, Hodl, Hodl, Hodl, Hodl, Hodl, Hodl, Hodl, Hodl,
Hodl, Hodl, Hodl, Hodl, Hodl, Hodl, Hodl, Hodl, Hodl, Hodl, Hodl,
Hodl, Hodl, Hodl, Hodl, Hodl, Hodl, Hodl, Hodl, Hodl, Hodl, Hodl,
Hodl, Hodl, Hodl, Hodl, Hodl, Hodl, Hodl, Hodl, Hodl, Hodl, Hodl,
Hodl, Hodl, Hodl, Hodl, Hodl, Hodl, Hodl, Hodl, Hodl, Hodl, Hodl,
Hodl, Hodl, Hodl, Hodl, Hodl, Hodl, Hodl, Hodl, Hodl, Hodl, Hodl,
Hodl, Hodl, Hodl, Hodl, Hodl, Hodl, Hodl, Hodl, Hodl, Hodl, Hodl,
Hodl, Hodl, Hodl, Hodl, Hodl, Hodl, Hodl, Hodl, Hodl, Hodl, Hodl,
Hodl, Hodl, Hodl, Hodl, Hodl, Hodl, Hodl, Hodl, Hodl, Hodl, Hodl,
Hodl, Hodl, Hodl, Hodl, Hodl, Hodl, Hodl, Hodl, Hodl, Hodl, Hodl,
Hodl, Hodl, Hodl, Hodl, Hodl, Hodl, Hodl, Hodl, Hodl, Hodl, Hodl,
Hodl, Hodl, Hodl, Hodl, Hodl, Hodl, Hodl, Hodl, Hodl, Hodl, Hodl,
Hodl, Hodl, Hodl, Hodl, Hodl, Hodl, Hodl, Hodl, Hodl, Hodl, Hodl,
Hodl, Hodl, Hodl, Hodl, Hodl, Hodl, Hodl, Hodl, Hodl, Hodl, Hodl,
Hodl, Hodl, Hodl, Hodl, Hodl, Hodl, Hodl, Hodl, Hodl, Hodl, Hodl,
Hodl, Hodl, Hodl, Hodl, Hodl, Hodl, Hodl, Hodl, Hodl, Hodl, Hodl,
Hodl, Hodl, Hodl, Hodl, Hodl, Hodl, Hodl, Hodl, Hodl, Hodl, Hodl,
Hodl, Hodl, Hodl, Hodl, Hodl, Hodl, Hodl, Hodl, Hodl, Hodl, Hodl,
Hodl, Hodl, Hodl, Hodl, Hodl, Hodl, Hodl, Hodl, Hodl, Hodl, Hodl,
Hodl, Hodl, Hodl, Hodl, Hodl, Hodl, Hodl, Hodl, Hodl, Hodl, Hodl,
Hodl, Hodl, Hodl, Hodl, Hodl, Hodl, Hodl, Hodl, Hodl, Hodl, Hodl,
Hodl, Hodl, Hodl, Hodl, Hodl, Hodl, Hodl, Hodl, Hodl, Hodl, Hodl,
Hodl, Hodl, Hodl, Hodl, Hodl, Hodl, Hodl, Hodl, Hodl, Hodl, Hodl,
Hodl, Hodl, Hodl, Hodl, Hodl, Hodl, Hodl, Hodl, Hodl, Hodl, Hodl,
Hodl, Hodl, Hodl, Hodl, Hodl, Hodl.

Hodl, Hodl, Hodl, Hodl, Hodl, Hodl, Hodl, Hodl, Hodl,
Hodl, Hodl, Hodl, Hodl, Hodl, Hodl, Hodl, Hodl, Hodl, Hodl, Hodl,
Hodl, Hodl, Hodl, Hodl, Hodl, Hodl, Hodl, Hodl, Hodl, Hodl, Hodl,
Hodl, Hodl, Hodl, Hodl, Hodl, Hodl, Hodl, Hodl, Hodl, Hodl, Hodl,
Hodl, Hodl, Hodl, Hodl, Hodl, Hodl, Hodl, Hodl, Hodl, Hodl, Hodl,
Hodl, Hodl, Hodl, Hodl, Hodl, Hodl, Hodl, Hodl, Hodl, Hodl, Hodl,
Hodl, Hodl, Hodl, Hodl, Hodl, Hodl, Hodl, Hodl, Hodl, Hodl, Hodl,
Hodl, Hodl, Hodl, Hodl, Hodl, Hodl, Hodl, Hodl, Hodl, Hodl, Hodl,
Hodl, Hodl, Hodl, Hodl, Hodl, Hodl, Hodl, Hodl, Hodl, Hodl, Hodl,
Hodl, Hodl, Hodl, Hodl, Hodl, Hodl, Hodl, Hodl, Hodl, Hodl, Hodl,
Hodl, Hodl, Hodl, Hodl, Hodl, Hodl, Hodl, Hodl, Hodl, Hodl, Hodl,
Hodl, Hodl, Hodl, Hodl, Hodl, Hodl, Hodl, Hodl, Hodl, Hodl, Hodl,
Hodl, Hodl, Hodl, Hodl, Hodl, Hodl, Hodl, Hodl, Hodl, Hodl, Hodl,
Hodl, Hodl, Hodl, Hodl, Hodl, Hodl, Hodl, Hodl, Hodl, Hodl, Hodl,
Hodl, Hodl, Hodl, Hodl, Hodl, Hodl, Hodl, Hodl, Hodl, Hodl, Hodl,
Hodl, Hodl, Hodl, Hodl, Hodl, Hodl, Hodl, Hodl, Hodl, Hodl, Hodl,
Hodl, Hodl, Hodl, Hodl, Hodl, Hodl, Hodl, Hodl, Hodl, Hodl, Hodl,
Hodl, Hodl, Hodl, Hodl, Hodl, Hodl, Hodl, Hodl, Hodl, Hodl, Hodl,
Hodl, Hodl, Hodl, Hodl, Hodl, Hodl, Hodl, Hodl, Hodl, Hodl, Hodl,
Hodl, Hodl, Hodl, Hodl, Hodl, Hodl, Hodl, Hodl, Hodl, Hodl, Hodl,
Hodl, Hodl, Hodl, Hodl, Hodl, Hodl, Hodl, Hodl, Hodl, Hodl, Hodl,
Hodl, Hodl, Hodl, Hodl, Hodl, Hodl, Hodl, Hodl, Hodl, Hodl, Hodl,
Hodl, Hodl, Hodl, Hodl, Hodl, Hodl, Hodl, Hodl, Hodl, Hodl, Hodl,
Hodl, Hodl, Hodl, Hodl, Hodl, Hodl, Hodl, Hodl, Hodl, Hodl, Hodl,
Hodl, Hodl, Hodl, Hodl, Hodl, Hodl, Hodl, Hodl, Hodl, Hodl, Hodl,
Hodl, Hodl, Hodl, Hodl, Hodl, Hodl, Hodl, Hodl, Hodl, Hodl, Hodl,
Hodl, Hodl, Hodl, Hodl, Hodl, Hodl, Hodl, Hodl, Hodl, Hodl, Hodl,
Hodl, Hodl, Hodl, Hodl, Hodl, Hodl, Hodl, Hodl, Hodl, Hodl, Hodl,
Hodl, Hodl, Hodl, Hodl, Hodl, Hodl, Hodl, Hodl, Hodl, Hodl, Hodl,
Hodl, Hodl, Hodl, Hodl, Hodl, Hodl, Hodl, Hodl, Hodl, Hodl, Hodl,
Hodl, Hodl, Hodl, Hodl, Hodl, Hodl, Hodl, Hodl, Hodl, Hodl, Hodl,
Hodl, Hodl, Hodl, Hodl, Hodl, Hodl, Hodl, Hodl, Hodl, Hodl, Hodl,
Hodl, Hodl, Hodl, Hodl, Hodl, Hodl, Hodl, Hodl, Hodl, Hodl, Hodl,
Hodl, Hodl, Hodl, Hodl, Hodl, Hodl, Hodl, Hodl, Hodl, Hodl,
Hodl, Hodl, Hodl, Hodl, Hodl, Hodl.

Hodl, Hodl, Hodl, Hodl, Hodl, Hodl, Hodl, Hodl, Hodl,
Hodl, Hodl, Hodl, Hodl, Hodl, Hodl, Hodl, Hodl, Hodl, Hodl, Hodl,
Hodl, Hodl, Hodl, Hodl, Hodl, Hodl, Hodl, Hodl, Hodl, Hodl, Hodl,
Hodl, Hodl, Hodl, Hodl, Hodl, Hodl, Hodl, Hodl, Hodl, Hodl, Hodl,
Hodl, Hodl, Hodl, Hodl, Hodl, Hodl, Hodl, Hodl, Hodl, Hodl, Hodl,
Hodl, Hodl, Hodl, Hodl, Hodl, Hodl, Hodl, Hodl, Hodl, Hodl, Hodl,
Hodl, Hodl, Hodl, Hodl, Hodl, Hodl, Hodl, Hodl, Hodl, Hodl, Hodl,
Hodl, Hodl, Hodl, Hodl, Hodl, Hodl, Hodl, Hodl, Hodl, Hodl, Hodl,
Hodl, Hodl, Hodl, Hodl, Hodl, Hodl, Hodl, Hodl, Hodl, Hodl, Hodl,
Hodl, Hodl, Hodl, Hodl, Hodl, Hodl, Hodl, Hodl, Hodl, Hodl, Hodl,
Hodl, Hodl, Hodl, Hodl, Hodl, Hodl, Hodl, Hodl, Hodl, Hodl, Hodl,
Hodl, Hodl, Hodl, Hodl, Hodl, Hodl, Hodl, Hodl, Hodl, Hodl, Hodl,
Hodl, Hodl, Hodl, Hodl, Hodl, Hodl, Hodl, Hodl, Hodl, Hodl, Hodl,
Hodl, Hodl, Hodl, Hodl, Hodl, Hodl, Hodl, Hodl, Hodl, Hodl, Hodl,
Hodl, Hodl, Hodl, Hodl, Hodl, Hodl, Hodl, Hodl, Hodl, Hodl, Hodl,
Hodl, Hodl, Hodl, Hodl, Hodl, Hodl, Hodl, Hodl, Hodl, Hodl, Hodl,
Hodl, Hodl, Hodl, Hodl, Hodl, Hodl, Hodl, Hodl, Hodl, Hodl, Hodl,
Hodl, Hodl, Hodl, Hodl, Hodl, Hodl, Hodl, Hodl, Hodl, Hodl, Hodl,
Hodl, Hodl, Hodl, Hodl, Hodl, Hodl, Hodl, Hodl, Hodl, Hodl, Hodl,
Hodl, Hodl, Hodl, Hodl, Hodl, Hodl, Hodl, Hodl, Hodl, Hodl, Hodl,
Hodl, Hodl, Hodl, Hodl, Hodl, Hodl, Hodl, Hodl, Hodl, Hodl, Hodl,
Hodl, Hodl, Hodl, Hodl, Hodl, Hodl, Hodl, Hodl, Hodl, Hodl, Hodl,
Hodl, Hodl, Hodl, Hodl, Hodl, Hodl, Hodl, Hodl, Hodl, Hodl, Hodl,
Hodl, Hodl, Hodl, Hodl, Hodl, Hodl, Hodl, Hodl, Hodl, Hodl, Hodl,
Hodl, Hodl, Hodl, Hodl, Hodl, Hodl, Hodl, Hodl, Hodl, Hodl, Hodl,
Hodl, Hodl, Hodl, Hodl, Hodl, Hodl, Hodl, Hodl, Hodl, Hodl, Hodl,
Hodl, Hodl, Hodl, Hodl, Hodl, Hodl, Hodl, Hodl, Hodl, Hodl, Hodl,
Hodl, Hodl, Hodl, Hodl, Hodl, Hodl, Hodl, Hodl, Hodl, Hodl, Hodl,
Hodl, Hodl, Hodl, Hodl, Hodl, Hodl, Hodl, Hodl, Hodl, Hodl, Hodl,
Hodl, Hodl, Hodl, Hodl, Hodl, Hodl, Hodl, Hodl, Hodl, Hodl, Hodl,
Hodl, Hodl, Hodl, Hodl, Hodl, Hodl, Hodl, Hodl, Hodl, Hodl, Hodl,
Hodl, Hodl, Hodl, Hodl, Hodl, Hodl, Hodl, Hodl, Hodl, Hodl, Hodl,
Hodl, Hodl, Hodl, Hodl, Hodl, Hodl.

Hodl, Hodl, Hodl, Hodl, Hodl, Hodl, Hodl, Hodl, Hodl,
Hodl, Hodl, Hodl, Hodl, Hodl, Hodl, Hodl, Hodl, Hodl, Hodl, Hodl,
Hodl, Hodl, Hodl, Hodl, Hodl, Hodl, Hodl, Hodl, Hodl, Hodl, Hodl,
Hodl, Hodl, Hodl, Hodl, Hodl, Hodl, Hodl, Hodl, Hodl, Hodl, Hodl,
Hodl, Hodl, Hodl, Hodl, Hodl, Hodl, Hodl, Hodl, Hodl, Hodl, Hodl,
Hodl, Hodl, Hodl, Hodl, Hodl, Hodl, Hodl, Hodl, Hodl, Hodl, Hodl,
Hodl, Hodl, Hodl, Hodl, Hodl, Hodl, Hodl, Hodl, Hodl, Hodl, Hodl,
Hodl, Hodl, Hodl, Hodl, Hodl, Hodl, Hodl, Hodl, Hodl, Hodl, Hodl,
Hodl, Hodl, Hodl, Hodl, Hodl, Hodl, Hodl, Hodl, Hodl, Hodl, Hodl,
Hodl, Hodl, Hodl, Hodl, Hodl, Hodl, Hodl, Hodl, Hodl, Hodl, Hodl,
Hodl, Hodl, Hodl, Hodl, Hodl, Hodl, Hodl, Hodl, Hodl, Hodl, Hodl,
Hodl, Hodl, Hodl, Hodl, Hodl, Hodl, Hodl, Hodl, Hodl, Hodl, Hodl,
Hodl, Hodl, Hodl, Hodl, Hodl, Hodl, Hodl, Hodl, Hodl, Hodl, Hodl,
Hodl, Hodl, Hodl, Hodl, Hodl, Hodl, Hodl, Hodl, Hodl, Hodl, Hodl,
Hodl, Hodl, Hodl, Hodl, Hodl, Hodl, Hodl, Hodl, Hodl, Hodl, Hodl,
Hodl, Hodl, Hodl, Hodl, Hodl, Hodl, Hodl, Hodl, Hodl, Hodl, Hodl,
Hodl, Hodl, Hodl, Hodl, Hodl, Hodl, Hodl, Hodl, Hodl, Hodl, Hodl,
Hodl, Hodl, Hodl, Hodl, Hodl, Hodl, Hodl, Hodl, Hodl, Hodl, Hodl,
Hodl, Hodl, Hodl, Hodl, Hodl, Hodl, Hodl, Hodl, Hodl, Hodl, Hodl,
Hodl, Hodl, Hodl, Hodl, Hodl, Hodl, Hodl, Hodl, Hodl, Hodl, Hodl,
Hodl, Hodl, Hodl, Hodl, Hodl, Hodl, Hodl, Hodl, Hodl, Hodl, Hodl,
Hodl, Hodl, Hodl, Hodl, Hodl, Hodl, Hodl, Hodl, Hodl, Hodl, Hodl,
Hodl, Hodl, Hodl, Hodl, Hodl, Hodl, Hodl, Hodl, Hodl, Hodl, Hodl,
Hodl, Hodl, Hodl, Hodl, Hodl, Hodl, Hodl, Hodl, Hodl, Hodl, Hodl,
Hodl, Hodl, Hodl, Hodl, Hodl, Hodl, Hodl, Hodl, Hodl, Hodl, Hodl,
Hodl, Hodl, Hodl, Hodl, Hodl, Hodl, Hodl, Hodl, Hodl, Hodl, Hodl,
Hodl, Hodl, Hodl, Hodl, Hodl, Hodl, Hodl, Hodl, Hodl, Hodl, Hodl,
Hodl, Hodl, Hodl, Hodl, Hodl, Hodl, Hodl, Hodl, Hodl, Hodl, Hodl,
Hodl, Hodl, Hodl, Hodl, Hodl, Hodl, Hodl, Hodl, Hodl, Hodl, Hodl,
Hodl, Hodl, Hodl, Hodl, Hodl, Hodl, Hodl, Hodl, Hodl, Hodl, Hodl,
Hodl, Hodl, Hodl, Hodl, Hodl, Hodl, Hodl, Hodl, Hodl, Hodl, Hodl,
Hodl, Hodl, Hodl, Hodl, Hodl, Hodl, Hodl, Hodl, Hodl, Hodl, Hodl,
Hodl, Hodl, Hodl, Hodl, Hodl, Hodl, Hodl, Hodl, Hodl, Hodl, Hodl,
Hodl, Hodl, Hodl, Hodl, Hodl, Hodl.

Hodl, Hodl, Hodl, Hodl, Hodl, Hodl, Hodl, Hodl, Hodl, Hodl, Hodl, Hodl, Hodl, Hodl, Hodl, Hodl, Hodl, Hodl, Hodl, Hodl, Hodl, Hodl, Hodl, Hodl, Hodl, Hodl, Hodl, Hodl, Hodl, Hodl, Hodl, Hodl, Hodl, Hodl, Hodl, Hodl, Hodl, Hodl, Hodl, Hodl, Hodl, Hodl, Hodl, Hodl, Hodl, Hodl, Hodl, Hodl, Hodl, Hodl, Hodl, Hodl, Hodl, Hodl, Hodl, Hodl, Hodl, Hodl, Hodl, Hodl, Hodl, Hodl, Hodl, Hodl, Hodl, Hodl, Hodl, Hodl, Hodl, Hodl, Hodl, Hodl, Hodl, Hodl, Hodl, Hodl, Hodl, Hodl, Hodl, Hodl, Hodl, Hodl, Hodl, Hodl, Hodl, Hodl, Hodl, Hodl, Hodl, Hodl, Hodl, Hodl, Hodl, Hodl, Hodl, Hodl, Hodl, Hodl, Hodl, Hodl, Hodl, Hodl, Hodl, Hodl, Hodl, Hodl, Hodl, Hodl, Hodl, Hodl, Hodl, Hodl, Hodl, Hodl, Hodl, Hodl, Hodl, Hodl, Hodl, Hodl, Hodl, Hodl, Hodl, Hodl, Hodl, Hodl, Hodl, Hodl, Hodl, Hodl, Hodl, Hodl, Hodl, Hodl, Hodl, Hodl, Hodl, Hodl, Hodl, Hodl, Hodl, Hodl, Hodl, Hodl, Hodl, Hodl, Hodl, Hodl, Hodl, Hodl, Hodl, Hodl, Hodl, Hodl, Hodl, Hodl, Hodl, Hodl, Hodl, Hodl, Hodl, Hodl, Hodl, Hodl, Hodl, Hodl, Hodl, Hodl, Hodl, Hodl, Hodl, Hodl, Hodl, Hodl, Hodl, Hodl, Hodl, Hodl, Hodl, Hodl, Hodl, Hodl, Hodl, Hodl, Hodl, Hodl, Hodl, Hodl, Hodl, Hodl, Hodl, Hodl, Hodl, Hodl, Hodl, Hodl, Hodl, Hodl, Hodl, Hodl, Hodl, Hodl, Hodl, Hodl, Hodl, Hodl, Hodl, Hodl, Hodl, Hodl, Hodl, Hodl, Hodl, Hodl, Hodl, Hodl, Hodl, Hodl, Hodl, Hodl, Hodl, Hodl, Hodl, Hodl, Hodl, Hodl, Hodl, Hodl, Hodl, Hodl, Hodl, Hodl, Hodl, Hodl, Hodl, Hodl, Hodl, Hodl, Hodl, Hodl, Hodl, Hodl, Hodl, Hodl, Hodl, Hodl, Hodl, Hodl, Hodl, Hodl, Hodl, Hodl, Hodl, Hodl, Hodl, Hodl, Hodl, Hodl, Hodl, Hodl, Hodl, Hodl, Hodl, Hodl, Hodl, Hodl, Hodl, Hodl, Hodl, Hodl, Hodl, Hodl, Hodl, Hodl, Hodl, Hodl, Hodl, Hodl, Hodl, Hodl, Hodl, Hodl, Hodl, Hodl, Hodl, Hodl, Hodl, Hodl, Hodl, Hodl, Hodl, Hodl, Hodl, Hodl, Hodl, Hodl, Hodl, Hodl, Hodl, Hodl, Hodl, Hodl, Hodl, Hodl, Hodl, Hodl, Hodl, Hodl, Hodl, Hodl, Hodl, Hodl, Hodl, Hodl, Hodl, Hodl, Hodl, Hodl, Hodl, Hodl, Hodl, Hodl, Hodl, Hodl, Hodl, Hodl, Hodl, Hodl, Hodl, Hodl, Hodl, Hodl, Hodl, Hodl, Hodl, Hodl, Hodl, Hodl, Hodl, Hodl, Hodl, Hodl, Hodl, Hodl, Hodl, Hodl, Hodl, Hodl, Hodl, Hodl, Hodl, Hodl, Hodl, Hodl, Hodl, Hodl, Hodl, Hodl, Hodl, Hodl, Hodl, Hodl, Hodl, Hodl, Hodl, Hodl, Hodl, Hodl, Hodl, Hodl, Hodl, Hodl, Hodl, Hodl, Hodl, Hodl, Hodl, Hodl, Hodl, Hodl, Hodl, Hodl, Hodl, Hodl, Hodl, Hodl, Hodl, Hodl, Hodl, Hodl, Hodl, Hodl, Hodl, Hodl, Hodl, Hodl, Hodl, Hodl, Hodl, Hodl, Hodl, Hodl, Hodl, Hodl, Hodl, Hodl, Hodl, Hodl, Hodl, Hodl, Hodl, Hodl, Hodl, Hodl, Hodl, Hodl, Hodl, Hodl, Hodl, Hodl, Hodl, Hodl, Hodl, Hodl, Hodl, Hodl, Hodl, Hodl, Hodl, Hodl, Hodl, Hodl, Hodl, Hodl, Hodl, Hodl, Hodl, Hodl, Hodl, Hodl, Hodl, Hodl, Hodl, Hodl, Hodl, Hodl, Hodl, Hodl, Hodl, Hodl, Hodl.

Hodl, Hodl, Hodl, Hodl, Hodl, Hodl, Hodl, Hodl, Hodl,
Hodl, Hodl, Hodl, Hodl, Hodl, Hodl, Hodl, Hodl, Hodl, Hodl, Hodl,
Hodl, Hodl, Hodl, Hodl, Hodl, Hodl, Hodl, Hodl, Hodl, Hodl, Hodl,
Hodl, Hodl, Hodl, Hodl, Hodl, Hodl, Hodl, Hodl, Hodl, Hodl, Hodl,
Hodl, Hodl, Hodl, Hodl, Hodl, Hodl, Hodl, Hodl, Hodl, Hodl, Hodl,
Hodl, Hodl, Hodl, Hodl, Hodl, Hodl, Hodl, Hodl, Hodl, Hodl, Hodl,
Hodl, Hodl, Hodl, Hodl, Hodl, Hodl, Hodl, Hodl, Hodl, Hodl, Hodl,
Hodl, Hodl, Hodl, Hodl, Hodl, Hodl, Hodl, Hodl, Hodl, Hodl, Hodl,
Hodl, Hodl, Hodl, Hodl, Hodl, Hodl, Hodl, Hodl, Hodl, Hodl, Hodl,
Hodl, Hodl, Hodl, Hodl, Hodl, Hodl, Hodl, Hodl, Hodl, Hodl, Hodl,
Hodl, Hodl, Hodl, Hodl, Hodl, Hodl, Hodl, Hodl, Hodl, Hodl, Hodl,
Hodl, Hodl, Hodl, Hodl, Hodl, Hodl, Hodl, Hodl, Hodl, Hodl, Hodl,
Hodl, Hodl, Hodl, Hodl, Hodl, Hodl, Hodl, Hodl, Hodl, Hodl, Hodl,
Hodl, Hodl, Hodl, Hodl, Hodl, Hodl, Hodl, Hodl, Hodl, Hodl, Hodl,
Hodl, Hodl, Hodl, Hodl, Hodl, Hodl, Hodl, Hodl, Hodl, Hodl, Hodl,
Hodl, Hodl, Hodl, Hodl, Hodl, Hodl, Hodl, Hodl, Hodl, Hodl, Hodl,
Hodl, Hodl, Hodl, Hodl, Hodl, Hodl, Hodl, Hodl, Hodl, Hodl, Hodl,
Hodl, Hodl, Hodl, Hodl, Hodl, Hodl, Hodl, Hodl, Hodl, Hodl, Hodl,
Hodl, Hodl, Hodl, Hodl, Hodl, Hodl, Hodl, Hodl, Hodl, Hodl, Hodl,
Hodl, Hodl, Hodl, Hodl, Hodl, Hodl, Hodl, Hodl, Hodl, Hodl, Hodl,
Hodl, Hodl, Hodl, Hodl, Hodl, Hodl, Hodl, Hodl, Hodl, Hodl, Hodl,
Hodl, Hodl, Hodl, Hodl, Hodl, Hodl, Hodl, Hodl, Hodl, Hodl, Hodl,
Hodl, Hodl, Hodl, Hodl, Hodl, Hodl, Hodl, Hodl, Hodl, Hodl, Hodl,
Hodl, Hodl, Hodl, Hodl, Hodl, Hodl, Hodl, Hodl, Hodl, Hodl, Hodl,
Hodl, Hodl, Hodl, Hodl, Hodl, Hodl, Hodl, Hodl, Hodl, Hodl, Hodl,
Hodl, Hodl, Hodl, Hodl, Hodl, Hodl, Hodl, Hodl, Hodl, Hodl, Hodl,
Hodl, Hodl, Hodl, Hodl, Hodl, Hodl, Hodl, Hodl, Hodl, Hodl, Hodl,
Hodl, Hodl, Hodl, Hodl, Hodl, Hodl, Hodl, Hodl, Hodl, Hodl, Hodl,
Hodl, Hodl, Hodl, Hodl, Hodl, Hodl, Hodl, Hodl, Hodl, Hodl, Hodl,
Hodl, Hodl, Hodl, Hodl, Hodl, Hodl, Hodl, Hodl, Hodl, Hodl, Hodl,
Hodl, Hodl, Hodl, Hodl, Hodl, Hodl, Hodl, Hodl, Hodl, Hodl, Hodl,
Hodl, Hodl, Hodl, Hodl, Hodl, Hodl, Hodl, Hodl, Hodl, Hodl, Hodl,
Hodl, Hodl, Hodl, Hodl, Hodl, Hodl, Hodl, Hodl, Hodl, Hodl, Hodl,
Hodl, Hodl, Hodl, Hodl, Hodl, Hodl, Hodl, Hodl, Hodl, Hodl, Hodl,
Hodl, Hodl, Hodl, Hodl, Hodl, Hodl, Hodl, Hodl, Hodl, Hodl, Hodl,
Hodl, Hodl, Hodl, Hodl, Hodl, Hodl.

Hodl, Hodl, Hodl, Hodl, Hodl, Hodl, Hodl, Hodl, Hodl, Hodl, Hodl, Hodl, Hodl, Hodl, Hodl, Hodl, Hodl, Hodl, Hodl, Hodl, Hodl, Hodl, Hodl, Hodl, Hodl, Hodl, Hodl, Hodl, Hodl, Hodl, Hodl, Hodl, Hodl, Hodl, Hodl, Hodl, Hodl, Hodl, Hodl, Hodl, Hodl, Hodl, Hodl, Hodl, Hodl, Hodl, Hodl, Hodl, Hodl, Hodl, Hodl, Hodl, Hodl, Hodl, Hodl, Hodl, Hodl, Hodl, Hodl, Hodl, Hodl, Hodl, Hodl, Hodl, Hodl, Hodl, Hodl, Hodl, Hodl, Hodl, Hodl, Hodl, Hodl, Hodl, Hodl, Hodl, Hodl, Hodl, Hodl, Hodl, Hodl, Hodl, Hodl, Hodl, Hodl, Hodl, Hodl, Hodl, Hodl, Hodl, Hodl, Hodl, Hodl, Hodl, Hodl, Hodl, Hodl, Hodl, Hodl, Hodl, Hodl, Hodl, Hodl, Hodl, Hodl, Hodl, Hodl, Hodl, Hodl, Hodl, Hodl, Hodl, Hodl, Hodl, Hodl, Hodl, Hodl, Hodl, Hodl, Hodl, Hodl, Hodl, Hodl, Hodl, Hodl, Hodl, Hodl, Hodl, Hodl, Hodl, Hodl, Hodl, Hodl, Hodl, Hodl, Hodl, Hodl, Hodl, Hodl, Hodl, Hodl, Hodl, Hodl, Hodl, Hodl, Hodl, Hodl, Hodl, Hodl, Hodl, Hodl, Hodl, Hodl, Hodl, Hodl, Hodl, Hodl, Hodl, Hodl, Hodl, Hodl, Hodl, Hodl, Hodl, Hodl, Hodl, Hodl, Hodl, Hodl, Hodl, Hodl, Hodl, Hodl, Hodl, Hodl, Hodl, Hodl, Hodl, Hodl, Hodl, Hodl, Hodl, Hodl, Hodl, Hodl, Hodl, Hodl, Hodl, Hodl, Hodl, Hodl, Hodl, Hodl, Hodl, Hodl, Hodl, Hodl, Hodl, Hodl, Hodl, Hodl, Hodl, Hodl, Hodl, Hodl, Hodl, Hodl, Hodl, Hodl, Hodl, Hodl, Hodl, Hodl, Hodl, Hodl, Hodl, Hodl, Hodl, Hodl, Hodl, Hodl, Hodl, Hodl, Hodl, Hodl, Hodl, Hodl, Hodl, Hodl, Hodl, Hodl, Hodl, Hodl, Hodl, Hodl, Hodl, Hodl, Hodl, Hodl, Hodl, Hodl, Hodl, Hodl, Hodl, Hodl, Hodl, Hodl, Hodl, Hodl, Hodl, Hodl, Hodl, Hodl, Hodl, Hodl, Hodl, Hodl, Hodl, Hodl, Hodl, Hodl, Hodl, Hodl, Hodl, Hodl, Hodl, Hodl, Hodl, Hodl, Hodl, Hodl, Hodl, Hodl, Hodl, Hodl, Hodl, Hodl, Hodl, Hodl, Hodl, Hodl, Hodl, Hodl, Hodl, Hodl, Hodl, Hodl, Hodl, Hodl, Hodl, Hodl, Hodl, Hodl, Hodl, Hodl, Hodl, Hodl, Hodl, Hodl, Hodl, Hodl, Hodl, Hodl, Hodl, Hodl, Hodl, Hodl, Hodl, Hodl, Hodl, Hodl, Hodl, Hodl, Hodl, Hodl, Hodl, Hodl, Hodl, Hodl, Hodl, Hodl, Hodl, Hodl, Hodl, Hodl, Hodl, Hodl, Hodl, Hodl, Hodl, Hodl, Hodl, Hodl, Hodl, Hodl, Hodl, Hodl, Hodl, Hodl, Hodl, Hodl, Hodl, Hodl, Hodl, Hodl, Hodl, Hodl, Hodl, Hodl, Hodl, Hodl, Hodl, Hodl, Hodl, Hodl, Hodl, Hodl, Hodl, Hodl, Hodl, Hodl, Hodl, Hodl, Hodl, Hodl, Hodl, Hodl, Hodl, Hodl, Hodl, Hodl, Hodl, Hodl, Hodl, Hodl, Hodl, Hodl, Hodl, Hodl, Hodl, Hodl, Hodl, Hodl, Hodl, Hodl, Hodl, Hodl, Hodl, Hodl, Hodl, Hodl, Hodl, Hodl, Hodl, Hodl, Hodl, Hodl, Hodl, Hodl, Hodl, Hodl, Hodl, Hodl, Hodl, Hodl, Hodl, Hodl, Hodl, Hodl, Hodl, Hodl, Hodl, Hodl, Hodl, Hodl, Hodl, Hodl, Hodl, Hodl, Hodl, Hodl, Hodl, Hodl, Hodl, Hodl, Hodl, Hodl, Hodl, Hodl, Hodl, Hodl, Hodl, Hodl, Hodl, Hodl, Hodl, Hodl, Hodl, Hodl, Hodl, Hodl, Hodl, Hodl, Hodl, Hodl, Hodl, Hodl, Hodl, Hodl, Hodl, Hodl, Hodl, Hodl, Hodl, Hodl, Hodl, Hodl, Hodl, Hodl, Hodl, Hodl, Hodl, Hodl, Hodl, Hodl, Hodl, Hodl, Hodl, Hodl, Hodl, Hodl, Hodl, Hodl, Hodl, Hodl, Hodl, Hodl, Hodl, Hodl, Hodl, Hodl.

Hodl, Hodl, Hodl, Hodl, Hodl, Hodl, Hodl, Hodl, Hodl,
Hodl, Hodl, Hodl, Hodl, Hodl, Hodl, Hodl, Hodl, Hodl, Hodl, Hodl,
Hodl, Hodl, Hodl, Hodl, Hodl, Hodl, Hodl, Hodl, Hodl, Hodl, Hodl,
Hodl, Hodl, Hodl, Hodl, Hodl, Hodl, Hodl, Hodl, Hodl, Hodl, Hodl,
Hodl, Hodl, Hodl, Hodl, Hodl, Hodl, Hodl, Hodl, Hodl, Hodl, Hodl,
Hodl, Hodl, Hodl, Hodl, Hodl, Hodl, Hodl, Hodl, Hodl, Hodl, Hodl,
Hodl, Hodl, Hodl, Hodl, Hodl, Hodl, Hodl, Hodl, Hodl, Hodl, Hodl,
Hodl, Hodl, Hodl, Hodl, Hodl, Hodl, Hodl, Hodl, Hodl, Hodl, Hodl,
Hodl, Hodl, Hodl, Hodl, Hodl, Hodl, Hodl, Hodl, Hodl, Hodl, Hodl,
Hodl, Hodl, Hodl, Hodl, Hodl, Hodl, Hodl, Hodl, Hodl, Hodl, Hodl,
Hodl, Hodl, Hodl, Hodl, Hodl, Hodl, Hodl, Hodl, Hodl, Hodl, Hodl,
Hodl, Hodl, Hodl, Hodl, Hodl, Hodl, Hodl, Hodl, Hodl, Hodl, Hodl,
Hodl, Hodl, Hodl, Hodl, Hodl, Hodl, Hodl, Hodl, Hodl, Hodl, Hodl,
Hodl, Hodl, Hodl, Hodl, Hodl, Hodl, Hodl, Hodl, Hodl, Hodl, Hodl,
Hodl, Hodl, Hodl, Hodl, Hodl, Hodl, Hodl, Hodl, Hodl, Hodl, Hodl,
Hodl, Hodl, Hodl, Hodl, Hodl, Hodl, Hodl, Hodl, Hodl, Hodl, Hodl,
Hodl, Hodl, Hodl, Hodl, Hodl, Hodl, Hodl, Hodl, Hodl, Hodl, Hodl,
Hodl, Hodl, Hodl, Hodl, Hodl, Hodl, Hodl, Hodl, Hodl, Hodl, Hodl,
Hodl, Hodl, Hodl, Hodl, Hodl, Hodl, Hodl, Hodl, Hodl, Hodl, Hodl,
Hodl, Hodl, Hodl, Hodl, Hodl, Hodl, Hodl, Hodl, Hodl, Hodl, Hodl,
Hodl, Hodl, Hodl, Hodl, Hodl, Hodl, Hodl, Hodl, Hodl, Hodl, Hodl,
Hodl, Hodl, Hodl, Hodl, Hodl, Hodl, Hodl, Hodl, Hodl, Hodl, Hodl,
Hodl, Hodl, Hodl, Hodl, Hodl, Hodl, Hodl, Hodl, Hodl, Hodl, Hodl,
Hodl, Hodl, Hodl, Hodl, Hodl, Hodl, Hodl, Hodl, Hodl, Hodl, Hodl,
Hodl, Hodl, Hodl, Hodl, Hodl, Hodl, Hodl, Hodl, Hodl, Hodl, Hodl,
Hodl, Hodl, Hodl, Hodl, Hodl, Hodl, Hodl, Hodl, Hodl, Hodl, Hodl,
Hodl, Hodl, Hodl, Hodl, Hodl, Hodl, Hodl, Hodl, Hodl, Hodl, Hodl,
Hodl, Hodl, Hodl, Hodl, Hodl, Hodl, Hodl, Hodl, Hodl, Hodl, Hodl,
Hodl, Hodl, Hodl, Hodl, Hodl, Hodl, Hodl, Hodl, Hodl, Hodl, Hodl,
Hodl, Hodl, Hodl, Hodl, Hodl, Hodl, Hodl, Hodl, Hodl, Hodl, Hodl,
Hodl, Hodl, Hodl, Hodl, Hodl, Hodl, Hodl, Hodl, Hodl, Hodl, Hodl,
Hodl, Hodl, Hodl, Hodl, Hodl, Hodl, Hodl, Hodl, Hodl, Hodl, Hodl,
Hodl, Hodl, Hodl, Hodl, Hodl, Hodl, Hodl, Hodl, Hodl, Hodl, Hodl,
Hodl, Hodl, Hodl, Hodl, Hodl, Hodl.

Hodl, Hodl, Hodl, Hodl, Hodl, Hodl, Hodl, Hodl, Hodl,
Hodl, Hodl, Hodl, Hodl, Hodl, Hodl, Hodl, Hodl, Hodl, Hodl, Hodl,
Hodl, Hodl, Hodl, Hodl, Hodl, Hodl, Hodl, Hodl, Hodl, Hodl, Hodl,
Hodl, Hodl, Hodl, Hodl, Hodl, Hodl, Hodl, Hodl, Hodl, Hodl, Hodl,
Hodl, Hodl, Hodl, Hodl, Hodl, Hodl, Hodl, Hodl, Hodl, Hodl, Hodl,
Hodl, Hodl, Hodl, Hodl, Hodl, Hodl, Hodl, Hodl, Hodl, Hodl, Hodl,
Hodl, Hodl, Hodl, Hodl, Hodl, Hodl, Hodl, Hodl, Hodl, Hodl, Hodl,
Hodl, Hodl, Hodl, Hodl, Hodl, Hodl, Hodl, Hodl, Hodl, Hodl, Hodl,
Hodl, Hodl, Hodl, Hodl, Hodl, Hodl, Hodl, Hodl, Hodl, Hodl, Hodl,
Hodl, Hodl, Hodl, Hodl, Hodl, Hodl, Hodl, Hodl, Hodl, Hodl, Hodl,
Hodl, Hodl, Hodl, Hodl, Hodl, Hodl, Hodl, Hodl, Hodl, Hodl, Hodl,
Hodl, Hodl, Hodl, Hodl, Hodl, Hodl, Hodl, Hodl, Hodl, Hodl, Hodl,
Hodl, Hodl, Hodl, Hodl, Hodl, Hodl, Hodl, Hodl, Hodl, Hodl, Hodl,
Hodl, Hodl, Hodl, Hodl, Hodl, Hodl, Hodl, Hodl, Hodl, Hodl, Hodl,
Hodl, Hodl, Hodl, Hodl, Hodl, Hodl, Hodl, Hodl, Hodl, Hodl, Hodl,
Hodl, Hodl, Hodl, Hodl, Hodl, Hodl, Hodl, Hodl, Hodl, Hodl, Hodl,
Hodl, Hodl, Hodl, Hodl, Hodl, Hodl, Hodl, Hodl, Hodl, Hodl, Hodl,
Hodl, Hodl, Hodl, Hodl, Hodl, Hodl, Hodl, Hodl, Hodl, Hodl, Hodl,
Hodl, Hodl, Hodl, Hodl, Hodl, Hodl, Hodl, Hodl, Hodl, Hodl, Hodl,
Hodl, Hodl, Hodl, Hodl, Hodl, Hodl, Hodl, Hodl, Hodl, Hodl, Hodl,
Hodl, Hodl, Hodl, Hodl, Hodl, Hodl, Hodl, Hodl, Hodl, Hodl, Hodl,
Hodl, Hodl, Hodl, Hodl, Hodl, Hodl, Hodl, Hodl, Hodl, Hodl, Hodl,
Hodl, Hodl, Hodl, Hodl, Hodl, Hodl, Hodl, Hodl, Hodl, Hodl, Hodl,
Hodl, Hodl, Hodl, Hodl, Hodl, Hodl, Hodl, Hodl, Hodl, Hodl, Hodl,
Hodl, Hodl, Hodl, Hodl, Hodl, Hodl, Hodl, Hodl, Hodl, Hodl, Hodl,
Hodl, Hodl, Hodl, Hodl, Hodl, Hodl, Hodl, Hodl, Hodl, Hodl, Hodl,
Hodl, Hodl, Hodl, Hodl, Hodl, Hodl, Hodl, Hodl, Hodl, Hodl, Hodl,
Hodl, Hodl, Hodl, Hodl, Hodl, Hodl, Hodl, Hodl, Hodl, Hodl, Hodl,
Hodl, Hodl, Hodl, Hodl, Hodl, Hodl, Hodl, Hodl, Hodl, Hodl, Hodl,
Hodl, Hodl, Hodl, Hodl, Hodl, Hodl, Hodl, Hodl, Hodl, Hodl, Hodl,
Hodl, Hodl, Hodl, Hodl, Hodl, Hodl, Hodl, Hodl, Hodl, Hodl, Hodl,
Hodl, Hodl, Hodl, Hodl, Hodl, Hodl, Hodl, Hodl, Hodl, Hodl, Hodl,
Hodl, Hodl, Hodl, Hodl, Hodl, Hodl, Hodl, Hodl, Hodl, Hodl, Hodl,
Hodl, Hodl, Hodl, Hodl, Hodl, Hodl.

Hodl, Hodl, Hodl, Hodl, Hodl, Hodl, Hodl, Hodl, Hodl,
Hodl, Hodl, Hodl, Hodl, Hodl, Hodl, Hodl, Hodl, Hodl, Hodl, Hodl,
Hodl, Hodl, Hodl, Hodl, Hodl, Hodl, Hodl, Hodl, Hodl, Hodl, Hodl,
Hodl, Hodl, Hodl, Hodl, Hodl, Hodl, Hodl, Hodl, Hodl, Hodl, Hodl,
Hodl, Hodl, Hodl, Hodl, Hodl, Hodl, Hodl, Hodl, Hodl, Hodl, Hodl,
Hodl, Hodl, Hodl, Hodl, Hodl, Hodl, Hodl, Hodl, Hodl, Hodl, Hodl,
Hodl, Hodl, Hodl, Hodl, Hodl, Hodl, Hodl, Hodl, Hodl, Hodl, Hodl,
Hodl, Hodl, Hodl, Hodl, Hodl, Hodl, Hodl, Hodl, Hodl, Hodl, Hodl,
Hodl, Hodl, Hodl, Hodl, Hodl, Hodl, Hodl, Hodl, Hodl, Hodl, Hodl,
Hodl, Hodl, Hodl, Hodl, Hodl, Hodl, Hodl, Hodl, Hodl, Hodl, Hodl,
Hodl, Hodl, Hodl, Hodl, Hodl, Hodl, Hodl, Hodl, Hodl, Hodl, Hodl,
Hodl, Hodl, Hodl, Hodl, Hodl, Hodl, Hodl, Hodl, Hodl, Hodl, Hodl,
Hodl, Hodl, Hodl, Hodl, Hodl, Hodl, Hodl, Hodl, Hodl, Hodl, Hodl,
Hodl, Hodl, Hodl, Hodl, Hodl, Hodl, Hodl, Hodl, Hodl, Hodl, Hodl,
Hodl, Hodl, Hodl, Hodl, Hodl, Hodl, Hodl, Hodl, Hodl, Hodl, Hodl,
Hodl, Hodl, Hodl, Hodl, Hodl, Hodl, Hodl, Hodl, Hodl, Hodl, Hodl,
Hodl, Hodl, Hodl, Hodl, Hodl, Hodl, Hodl, Hodl, Hodl, Hodl, Hodl,
Hodl, Hodl, Hodl, Hodl, Hodl, Hodl, Hodl, Hodl, Hodl, Hodl, Hodl,
Hodl, Hodl, Hodl, Hodl, Hodl, Hodl, Hodl, Hodl, Hodl, Hodl, Hodl,
Hodl, Hodl, Hodl, Hodl, Hodl, Hodl, Hodl, Hodl, Hodl, Hodl, Hodl,
Hodl, Hodl, Hodl, Hodl, Hodl, Hodl, Hodl, Hodl, Hodl, Hodl, Hodl,
Hodl, Hodl, Hodl, Hodl, Hodl, Hodl, Hodl, Hodl, Hodl, Hodl, Hodl,
Hodl, Hodl, Hodl, Hodl, Hodl, Hodl, Hodl, Hodl, Hodl, Hodl, Hodl,
Hodl, Hodl, Hodl, Hodl, Hodl, Hodl, Hodl, Hodl, Hodl, Hodl, Hodl,
Hodl, Hodl, Hodl, Hodl, Hodl, Hodl, Hodl, Hodl, Hodl, Hodl, Hodl,
Hodl, Hodl, Hodl, Hodl, Hodl, Hodl, Hodl, Hodl, Hodl, Hodl, Hodl,
Hodl, Hodl, Hodl, Hodl, Hodl, Hodl, Hodl, Hodl, Hodl, Hodl, Hodl,
Hodl, Hodl, Hodl, Hodl, Hodl, Hodl, Hodl, Hodl, Hodl, Hodl, Hodl,
Hodl, Hodl, Hodl, Hodl, Hodl, Hodl, Hodl, Hodl, Hodl, Hodl, Hodl,
Hodl, Hodl, Hodl, Hodl, Hodl, Hodl, Hodl, Hodl, Hodl, Hodl, Hodl,
Hodl, Hodl, Hodl, Hodl, Hodl, Hodl, Hodl, Hodl, Hodl, Hodl, Hodl,
Hodl, Hodl, Hodl, Hodl, Hodl, Hodl, Hodl, Hodl, Hodl, Hodl, Hodl,
Hodl, Hodl, Hodl, Hodl, Hodl, Hodl, Hodl, Hodl, Hodl, Hodl, Hodl,
Hodl, Hodl, Hodl, Hodl, Hodl, Hodl.

Hodl, Hodl, Hodl, Hodl, Hodl, Hodl, Hodl, Hodl, Hodl, Hodl, Hodl, Hodl, Hodl, Hodl, Hodl, Hodl, Hodl, Hodl, Hodl, Hodl, Hodl, Hodl, Hodl, Hodl, Hodl, Hodl, Hodl, Hodl, Hodl, Hodl, Hodl, Hodl, Hodl, Hodl, Hodl, Hodl, Hodl, Hodl, Hodl, Hodl, Hodl, Hodl, Hodl, Hodl, Hodl, Hodl, Hodl, Hodl, Hodl, Hodl, Hodl, Hodl, Hodl, Hodl, Hodl, Hodl, Hodl, Hodl, Hodl, Hodl, Hodl, Hodl, Hodl, Hodl, Hodl, Hodl, Hodl, Hodl, Hodl, Hodl, Hodl, Hodl, Hodl, Hodl, Hodl, Hodl, Hodl, Hodl, Hodl, Hodl, Hodl, Hodl, Hodl, Hodl, Hodl, Hodl, Hodl, Hodl, Hodl, Hodl, Hodl, Hodl, Hodl, Hodl, Hodl, Hodl, Hodl, Hodl, Hodl, Hodl, Hodl, Hodl, Hodl, Hodl, Hodl, Hodl, Hodl, Hodl, Hodl, Hodl, Hodl, Hodl, Hodl, Hodl, Hodl, Hodl, Hodl, Hodl, Hodl, Hodl, Hodl, Hodl, Hodl, Hodl, Hodl, Hodl, Hodl, Hodl, Hodl, Hodl, Hodl, Hodl, Hodl, Hodl, Hodl, Hodl, Hodl, Hodl, Hodl, Hodl, Hodl, Hodl, Hodl, Hodl, Hodl, Hodl, Hodl, Hodl, Hodl, Hodl, Hodl, Hodl, Hodl, Hodl, Hodl, Hodl, Hodl, Hodl, Hodl, Hodl, Hodl, Hodl, Hodl, Hodl, Hodl, Hodl, Hodl, Hodl, Hodl, Hodl, Hodl, Hodl, Hodl, Hodl, Hodl, Hodl, Hodl, Hodl, Hodl, Hodl, Hodl, Hodl, Hodl, Hodl, Hodl, Hodl, Hodl, Hodl, Hodl, Hodl, Hodl, Hodl, Hodl, Hodl, Hodl, Hodl, Hodl, Hodl, Hodl, Hodl, Hodl, Hodl, Hodl, Hodl, Hodl, Hodl, Hodl, Hodl, Hodl, Hodl, Hodl, Hodl, Hodl, Hodl, Hodl, Hodl, Hodl, Hodl, Hodl, Hodl, Hodl, Hodl, Hodl, Hodl, Hodl, Hodl, Hodl, Hodl, Hodl, Hodl, Hodl, Hodl, Hodl, Hodl, Hodl, Hodl, Hodl, Hodl, Hodl, Hodl, Hodl, Hodl, Hodl, Hodl, Hodl, Hodl, Hodl, Hodl, Hodl, Hodl, Hodl, Hodl, Hodl, Hodl, Hodl, Hodl, Hodl, Hodl, Hodl, Hodl, Hodl, Hodl, Hodl, Hodl, Hodl, Hodl, Hodl, Hodl, Hodl, Hodl, Hodl, Hodl, Hodl, Hodl, Hodl, Hodl, Hodl, Hodl, Hodl, Hodl, Hodl, Hodl, Hodl, Hodl, Hodl, Hodl, Hodl, Hodl, Hodl, Hodl, Hodl, Hodl, Hodl, Hodl, Hodl, Hodl, Hodl, Hodl, Hodl, Hodl, Hodl, Hodl, Hodl, Hodl, Hodl, Hodl, Hodl, Hodl, Hodl, Hodl, Hodl, Hodl, Hodl, Hodl, Hodl, Hodl, Hodl, Hodl, Hodl, Hodl, Hodl, Hodl, Hodl, Hodl, Hodl, Hodl, Hodl, Hodl, Hodl, Hodl, Hodl, Hodl, Hodl, Hodl, Hodl, Hodl, Hodl, Hodl, Hodl, Hodl, Hodl, Hodl, Hodl, Hodl, Hodl, Hodl, Hodl, Hodl, Hodl, Hodl, Hodl, Hodl, Hodl, Hodl, Hodl, Hodl, Hodl, Hodl, Hodl, Hodl, Hodl, Hodl, Hodl, Hodl, Hodl, Hodl, Hodl, Hodl, Hodl, Hodl, Hodl, Hodl, Hodl, Hodl, Hodl, Hodl, Hodl, Hodl, Hodl, Hodl, Hodl, Hodl, Hodl, Hodl, Hodl, Hodl, Hodl, Hodl, Hodl, Hodl, Hodl, Hodl, Hodl, Hodl, Hodl, Hodl, Hodl, Hodl, Hodl.

Hodl, Hodl, Hodl, Hodl, Hodl, Hodl, Hodl, Hodl, Hodl,
Hodl, Hodl, Hodl, Hodl, Hodl, Hodl, Hodl, Hodl, Hodl, Hodl, Hodl,
Hodl, Hodl, Hodl, Hodl, Hodl, Hodl, Hodl, Hodl, Hodl, Hodl, Hodl,
Hodl, Hodl, Hodl, Hodl, Hodl, Hodl, Hodl, Hodl, Hodl, Hodl, Hodl,
Hodl, Hodl, Hodl, Hodl, Hodl, Hodl, Hodl, Hodl, Hodl, Hodl, Hodl,
Hodl, Hodl, Hodl, Hodl, Hodl, Hodl, Hodl, Hodl, Hodl, Hodl, Hodl,
Hodl, Hodl, Hodl, Hodl, Hodl, Hodl, Hodl, Hodl, Hodl, Hodl, Hodl,
Hodl, Hodl, Hodl, Hodl, Hodl, Hodl, Hodl, Hodl, Hodl, Hodl, Hodl,
Hodl, Hodl, Hodl, Hodl, Hodl, Hodl, Hodl, Hodl, Hodl, Hodl, Hodl,
Hodl, Hodl, Hodl, Hodl, Hodl, Hodl, Hodl, Hodl, Hodl, Hodl, Hodl,
Hodl, Hodl, Hodl, Hodl, Hodl, Hodl, Hodl, Hodl, Hodl, Hodl, Hodl,
Hodl, Hodl, Hodl, Hodl, Hodl, Hodl, Hodl, Hodl, Hodl, Hodl, Hodl,
Hodl, Hodl, Hodl, Hodl, Hodl, Hodl, Hodl, Hodl, Hodl, Hodl, Hodl,
Hodl, Hodl, Hodl, Hodl, Hodl, Hodl, Hodl, Hodl, Hodl, Hodl, Hodl,
Hodl, Hodl, Hodl, Hodl, Hodl, Hodl, Hodl, Hodl, Hodl, Hodl, Hodl,
Hodl, Hodl, Hodl, Hodl, Hodl, Hodl, Hodl, Hodl, Hodl, Hodl, Hodl,
Hodl, Hodl, Hodl, Hodl, Hodl, Hodl, Hodl, Hodl, Hodl, Hodl, Hodl,
Hodl, Hodl, Hodl, Hodl, Hodl, Hodl, Hodl, Hodl, Hodl, Hodl, Hodl,
Hodl, Hodl, Hodl, Hodl, Hodl, Hodl, Hodl, Hodl, Hodl, Hodl, Hodl,
Hodl, Hodl, Hodl, Hodl, Hodl, Hodl, Hodl, Hodl, Hodl, Hodl, Hodl,
Hodl, Hodl, Hodl, Hodl, Hodl, Hodl, Hodl, Hodl, Hodl, Hodl, Hodl,
Hodl, Hodl, Hodl, Hodl, Hodl, Hodl, Hodl, Hodl, Hodl, Hodl, Hodl,
Hodl, Hodl, Hodl, Hodl, Hodl, Hodl, Hodl, Hodl, Hodl, Hodl, Hodl,
Hodl, Hodl, Hodl, Hodl, Hodl, Hodl, Hodl, Hodl, Hodl, Hodl, Hodl,
Hodl, Hodl, Hodl, Hodl, Hodl, Hodl, Hodl, Hodl, Hodl, Hodl, Hodl,
Hodl, Hodl, Hodl, Hodl, Hodl, Hodl, Hodl, Hodl, Hodl, Hodl, Hodl,
Hodl, Hodl, Hodl, Hodl, Hodl, Hodl, Hodl, Hodl, Hodl, Hodl, Hodl,
Hodl, Hodl, Hodl, Hodl, Hodl, Hodl, Hodl, Hodl, Hodl, Hodl, Hodl,
Hodl, Hodl, Hodl, Hodl, Hodl, Hodl, Hodl, Hodl, Hodl, Hodl, Hodl,
Hodl, Hodl, Hodl, Hodl, Hodl, Hodl, Hodl, Hodl, Hodl, Hodl, Hodl,
Hodl, Hodl, Hodl, Hodl, Hodl, Hodl, Hodl, Hodl, Hodl, Hodl, Hodl,
Hodl, Hodl, Hodl, Hodl, Hodl, Hodl, Hodl, Hodl, Hodl, Hodl, Hodl,
Hodl, Hodl, Hodl, Hodl, Hodl, Hodl, Hodl, Hodl, Hodl, Hodl, Hodl,
Hodl, Hodl, Hodl, Hodl, Hodl, Hodl, Hodl, Hodl, Hodl, Hodl, Hodl,
Hodl, Hodl, Hodl, Hodl, Hodl, Hodl.

Hodl, Hodl, Hodl, Hodl, Hodl, Hodl, Hodl, Hodl, Hodl, Hodl, Hodl, Hodl, Hodl, Hodl, Hodl, Hodl, Hodl, Hodl, Hodl, Hodl, Hodl, Hodl, Hodl, Hodl, Hodl, Hodl, Hodl, Hodl, Hodl, Hodl, Hodl, Hodl, Hodl, Hodl, Hodl, Hodl, Hodl, Hodl, Hodl, Hodl, Hodl, Hodl, Hodl, Hodl, Hodl, Hodl, Hodl, Hodl, Hodl, Hodl, Hodl, Hodl, Hodl, Hodl, Hodl, Hodl, Hodl, Hodl, Hodl, Hodl, Hodl, Hodl, Hodl, Hodl, Hodl, Hodl, Hodl, Hodl, Hodl, Hodl, Hodl, Hodl, Hodl, Hodl, Hodl, Hodl, Hodl, Hodl, Hodl, Hodl, Hodl, Hodl, Hodl, Hodl, Hodl, Hodl, Hodl, Hodl, Hodl, Hodl, Hodl, Hodl, Hodl, Hodl, Hodl, Hodl, Hodl, Hodl, Hodl, Hodl, Hodl, Hodl, Hodl, Hodl, Hodl, Hodl, Hodl, Hodl, Hodl, Hodl, Hodl, Hodl, Hodl, Hodl, Hodl, Hodl, Hodl, Hodl, Hodl, Hodl, Hodl, Hodl, Hodl, Hodl, Hodl, Hodl, Hodl, Hodl, Hodl, Hodl, Hodl, Hodl, Hodl, Hodl, Hodl, Hodl, Hodl, Hodl, Hodl, Hodl, Hodl, Hodl, Hodl, Hodl, Hodl, Hodl, Hodl, Hodl, Hodl, Hodl, Hodl, Hodl, Hodl, Hodl, Hodl, Hodl, Hodl, Hodl, Hodl, Hodl, Hodl, Hodl, Hodl, Hodl, Hodl, Hodl, Hodl, Hodl, Hodl, Hodl, Hodl, Hodl, Hodl, Hodl, Hodl, Hodl, Hodl, Hodl, Hodl, Hodl, Hodl, Hodl, Hodl, Hodl, Hodl, Hodl, Hodl, Hodl, Hodl, Hodl, Hodl, Hodl, Hodl, Hodl, Hodl, Hodl, Hodl, Hodl, Hodl, Hodl, Hodl, Hodl, Hodl, Hodl, Hodl, Hodl, Hodl, Hodl, Hodl, Hodl, Hodl, Hodl, Hodl, Hodl, Hodl, Hodl, Hodl, Hodl, Hodl, Hodl, Hodl, Hodl, Hodl, Hodl, Hodl, Hodl, Hodl, Hodl, Hodl, Hodl, Hodl, Hodl, Hodl, Hodl, Hodl, Hodl, Hodl, Hodl, Hodl, Hodl, Hodl, Hodl, Hodl, Hodl, Hodl, Hodl, Hodl, Hodl, Hodl, Hodl, Hodl, Hodl, Hodl, Hodl, Hodl, Hodl, Hodl, Hodl, Hodl, Hodl, Hodl, Hodl, Hodl, Hodl, Hodl, Hodl, Hodl, Hodl, Hodl, Hodl, Hodl, Hodl, Hodl, Hodl, Hodl, Hodl, Hodl, Hodl, Hodl, Hodl, Hodl, Hodl, Hodl, Hodl, Hodl, Hodl, Hodl, Hodl, Hodl, Hodl, Hodl, Hodl, Hodl, Hodl, Hodl, Hodl, Hodl, Hodl, Hodl, Hodl, Hodl, Hodl, Hodl, Hodl, Hodl, Hodl, Hodl, Hodl, Hodl, Hodl, Hodl, Hodl, Hodl, Hodl, Hodl, Hodl, Hodl, Hodl, Hodl, Hodl, Hodl, Hodl, Hodl, Hodl, Hodl, Hodl, Hodl, Hodl, Hodl, Hodl, Hodl, Hodl, Hodl, Hodl, Hodl, Hodl, Hodl, Hodl, Hodl, Hodl, Hodl, Hodl, Hodl, Hodl, Hodl, Hodl, Hodl, Hodl, Hodl, Hodl, Hodl, Hodl, Hodl, Hodl, Hodl, Hodl, Hodl, Hodl, Hodl, Hodl, Hodl, Hodl, Hodl, Hodl, Hodl, Hodl, Hodl, Hodl, Hodl, Hodl, Hodl, Hodl, Hodl, Hodl, Hodl, Hodl, Hodl, Hodl, Hodl, Hodl, Hodl, Hodl, Hodl, Hodl, Hodl, Hodl, Hodl, Hodl, Hodl, Hodl, Hodl, Hodl, Hodl, Hodl, Hodl, Hodl, Hodl, Hodl, Hodl, Hodl, Hodl, Hodl, Hodl, Hodl, Hodl, Hodl, Hodl, Hodl, Hodl, Hodl, Hodl, Hodl, Hodl, Hodl, Hodl, Hodl, Hodl, Hodl, Hodl, Hodl, Hodl, Hodl, Hodl, Hodl, Hodl, Hodl, Hodl, Hodl, Hodl, Hodl, Hodl, Hodl, Hodl, Hodl, Hodl, Hodl, Hodl, Hodl, Hodl, Hodl, Hodl, Hodl, Hodl, Hodl, Hodl, Hodl, Hodl, Hodl, Hodl, Hodl, Hodl, Hodl, Hodl, Hodl, Hodl, Hodl, Hodl, Hodl, Hodl, Hodl, Hodl, Hodl, Hodl, Hodl, Hodl, Hodl.

Hodl, Hodl, Hodl, Hodl, Hodl, Hodl, Hodl, Hodl, Hodl,
Hodl, Hodl, Hodl, Hodl, Hodl, Hodl, Hodl, Hodl, Hodl, Hodl, Hodl,
Hodl, Hodl, Hodl, Hodl, Hodl, Hodl, Hodl, Hodl, Hodl, Hodl, Hodl,
Hodl, Hodl, Hodl, Hodl, Hodl, Hodl, Hodl, Hodl, Hodl, Hodl, Hodl,
Hodl, Hodl, Hodl, Hodl, Hodl, Hodl, Hodl, Hodl, Hodl, Hodl, Hodl,
Hodl, Hodl, Hodl, Hodl, Hodl, Hodl, Hodl, Hodl, Hodl, Hodl, Hodl,
Hodl, Hodl, Hodl, Hodl, Hodl, Hodl, Hodl, Hodl, Hodl, Hodl, Hodl,
Hodl, Hodl, Hodl, Hodl, Hodl, Hodl, Hodl, Hodl, Hodl, Hodl, Hodl,
Hodl, Hodl, Hodl, Hodl, Hodl, Hodl, Hodl, Hodl, Hodl, Hodl, Hodl,
Hodl, Hodl, Hodl, Hodl, Hodl, Hodl, Hodl, Hodl, Hodl, Hodl, Hodl,
Hodl, Hodl, Hodl, Hodl, Hodl, Hodl, Hodl, Hodl, Hodl, Hodl, Hodl,
Hodl, Hodl, Hodl, Hodl, Hodl, Hodl, Hodl, Hodl, Hodl, Hodl, Hodl,
Hodl, Hodl, Hodl, Hodl, Hodl, Hodl, Hodl, Hodl, Hodl, Hodl, Hodl,
Hodl, Hodl, Hodl, Hodl, Hodl, Hodl, Hodl, Hodl, Hodl, Hodl, Hodl,
Hodl, Hodl, Hodl, Hodl, Hodl, Hodl, Hodl, Hodl, Hodl, Hodl, Hodl,
Hodl, Hodl, Hodl, Hodl, Hodl, Hodl, Hodl, Hodl, Hodl, Hodl, Hodl,
Hodl, Hodl, Hodl, Hodl, Hodl, Hodl, Hodl, Hodl, Hodl, Hodl, Hodl,
Hodl, Hodl, Hodl, Hodl, Hodl, Hodl, Hodl, Hodl, Hodl, Hodl, Hodl,
Hodl, Hodl, Hodl, Hodl, Hodl, Hodl, Hodl, Hodl, Hodl, Hodl, Hodl,
Hodl, Hodl, Hodl, Hodl, Hodl, Hodl, Hodl, Hodl, Hodl, Hodl, Hodl,
Hodl, Hodl, Hodl, Hodl, Hodl, Hodl, Hodl, Hodl, Hodl, Hodl, Hodl,
Hodl, Hodl, Hodl, Hodl, Hodl, Hodl, Hodl, Hodl, Hodl, Hodl, Hodl,
Hodl, Hodl, Hodl, Hodl, Hodl, Hodl, Hodl, Hodl, Hodl, Hodl, Hodl,
Hodl, Hodl, Hodl, Hodl, Hodl, Hodl, Hodl, Hodl, Hodl, Hodl, Hodl,
Hodl, Hodl, Hodl, Hodl, Hodl, Hodl, Hodl, Hodl, Hodl, Hodl, Hodl,
Hodl, Hodl, Hodl, Hodl, Hodl, Hodl, Hodl, Hodl, Hodl, Hodl, Hodl,
Hodl, Hodl, Hodl, Hodl, Hodl, Hodl, Hodl, Hodl, Hodl, Hodl, Hodl,
Hodl, Hodl, Hodl, Hodl, Hodl, Hodl, Hodl, Hodl, Hodl, Hodl, Hodl,
Hodl, Hodl, Hodl, Hodl, Hodl, Hodl, Hodl, Hodl, Hodl, Hodl, Hodl,
Hodl, Hodl, Hodl, Hodl, Hodl, Hodl, Hodl, Hodl, Hodl, Hodl, Hodl,
Hodl, Hodl, Hodl, Hodl, Hodl, Hodl, Hodl, Hodl, Hodl, Hodl, Hodl,
Hodl, Hodl, Hodl, Hodl, Hodl, Hodl, Hodl, Hodl, Hodl, Hodl, Hodl,
Hodl, Hodl, Hodl, Hodl, Hodl, Hodl, Hodl, Hodl, Hodl, Hodl, Hodl,
Hodl, Hodl, Hodl, Hodl, Hodl, Hodl, Hodl, Hodl, Hodl, Hodl, Hodl,
Hodl, Hodl, Hodl, Hodl, Hodl, Hodl, Hodl, Hodl, Hodl, Hodl, Hodl,
Hodl, Hodl, Hodl, Hodl, Hodl, Hodl, Hodl, Hodl, Hodl, Hodl, Hodl,
Hodl, Hodl, Hodl, Hodl, Hodl, Hodl.

Hodl, Hodl, Hodl, Hodl, Hodl, Hodl, Hodl, Hodl, Hodl,
Hodl, Hodl, Hodl, Hodl, Hodl, Hodl, Hodl, Hodl, Hodl, Hodl, Hodl,
Hodl, Hodl, Hodl, Hodl, Hodl, Hodl, Hodl, Hodl, Hodl, Hodl, Hodl,
Hodl, Hodl, Hodl, Hodl, Hodl, Hodl, Hodl, Hodl, Hodl, Hodl, Hodl,
Hodl, Hodl, Hodl, Hodl, Hodl, Hodl, Hodl, Hodl, Hodl, Hodl, Hodl,
Hodl, Hodl, Hodl, Hodl, Hodl, Hodl, Hodl, Hodl, Hodl, Hodl, Hodl,
Hodl, Hodl, Hodl, Hodl, Hodl, Hodl, Hodl, Hodl, Hodl, Hodl, Hodl,
Hodl, Hodl, Hodl, Hodl, Hodl, Hodl, Hodl, Hodl, Hodl, Hodl, Hodl,
Hodl, Hodl, Hodl, Hodl, Hodl, Hodl, Hodl, Hodl, Hodl, Hodl, Hodl,
Hodl, Hodl, Hodl, Hodl, Hodl, Hodl, Hodl, Hodl, Hodl, Hodl, Hodl,
Hodl, Hodl, Hodl, Hodl, Hodl, Hodl, Hodl, Hodl, Hodl, Hodl, Hodl,
Hodl, Hodl, Hodl, Hodl, Hodl, Hodl, Hodl, Hodl, Hodl, Hodl, Hodl,
Hodl, Hodl, Hodl, Hodl, Hodl, Hodl, Hodl, Hodl, Hodl, Hodl, Hodl,
Hodl, Hodl, Hodl, Hodl, Hodl, Hodl, Hodl, Hodl, Hodl, Hodl, Hodl,
Hodl, Hodl, Hodl, Hodl, Hodl, Hodl, Hodl, Hodl, Hodl, Hodl, Hodl,
Hodl, Hodl, Hodl, Hodl, Hodl, Hodl, Hodl, Hodl, Hodl, Hodl, Hodl,
Hodl, Hodl, Hodl, Hodl, Hodl, Hodl, Hodl, Hodl, Hodl, Hodl, Hodl,
Hodl, Hodl, Hodl, Hodl, Hodl, Hodl, Hodl, Hodl, Hodl, Hodl, Hodl,
Hodl, Hodl, Hodl, Hodl, Hodl, Hodl, Hodl, Hodl, Hodl, Hodl, Hodl,
Hodl, Hodl, Hodl, Hodl, Hodl, Hodl, Hodl, Hodl, Hodl, Hodl, Hodl,
Hodl, Hodl, Hodl, Hodl, Hodl, Hodl, Hodl, Hodl, Hodl, Hodl, Hodl,
Hodl, Hodl, Hodl, Hodl, Hodl, Hodl, Hodl, Hodl, Hodl, Hodl, Hodl,
Hodl, Hodl, Hodl, Hodl, Hodl, Hodl, Hodl, Hodl, Hodl, Hodl, Hodl,
Hodl, Hodl, Hodl, Hodl, Hodl, Hodl, Hodl, Hodl, Hodl, Hodl, Hodl,
Hodl, Hodl, Hodl, Hodl, Hodl, Hodl, Hodl, Hodl, Hodl, Hodl, Hodl,
Hodl, Hodl, Hodl, Hodl, Hodl, Hodl, Hodl, Hodl, Hodl, Hodl, Hodl,
Hodl, Hodl, Hodl, Hodl, Hodl, Hodl, Hodl, Hodl, Hodl, Hodl, Hodl,
Hodl, Hodl, Hodl, Hodl, Hodl, Hodl, Hodl, Hodl, Hodl, Hodl, Hodl,
Hodl, Hodl, Hodl, Hodl, Hodl, Hodl, Hodl, Hodl, Hodl, Hodl, Hodl,
Hodl, Hodl, Hodl, Hodl, Hodl, Hodl, Hodl, Hodl, Hodl, Hodl, Hodl,
Hodl, Hodl, Hodl, Hodl, Hodl, Hodl, Hodl, Hodl, Hodl, Hodl, Hodl,
Hodl, Hodl, Hodl, Hodl, Hodl, Hodl, Hodl, Hodl, Hodl, Hodl, Hodl,
Hodl, Hodl, Hodl, Hodl, Hodl, Hodl.

Hodl, Hodl, Hodl, Hodl, Hodl, Hodl, Hodl, Hodl, Hodl,
Hodl, Hodl, Hodl, Hodl, Hodl, Hodl, Hodl, Hodl, Hodl, Hodl, Hodl,
Hodl, Hodl, Hodl, Hodl, Hodl, Hodl, Hodl, Hodl, Hodl, Hodl, Hodl,
Hodl, Hodl, Hodl, Hodl, Hodl, Hodl, Hodl, Hodl, Hodl, Hodl, Hodl,
Hodl, Hodl, Hodl, Hodl, Hodl, Hodl, Hodl, Hodl, Hodl, Hodl, Hodl,
Hodl, Hodl, Hodl, Hodl, Hodl, Hodl, Hodl, Hodl, Hodl, Hodl, Hodl,
Hodl, Hodl, Hodl, Hodl, Hodl, Hodl, Hodl, Hodl, Hodl, Hodl, Hodl,
Hodl, Hodl, Hodl, Hodl, Hodl, Hodl, Hodl, Hodl, Hodl, Hodl, Hodl,
Hodl, Hodl, Hodl, Hodl, Hodl, Hodl, Hodl, Hodl, Hodl, Hodl, Hodl,
Hodl, Hodl, Hodl, Hodl, Hodl, Hodl, Hodl, Hodl, Hodl, Hodl, Hodl,
Hodl, Hodl, Hodl, Hodl, Hodl, Hodl, Hodl, Hodl, Hodl, Hodl, Hodl,
Hodl, Hodl, Hodl, Hodl, Hodl, Hodl, Hodl, Hodl, Hodl, Hodl, Hodl,
Hodl, Hodl, Hodl, Hodl, Hodl, Hodl, Hodl, Hodl, Hodl, Hodl, Hodl,
Hodl, Hodl, Hodl, Hodl, Hodl, Hodl, Hodl, Hodl, Hodl, Hodl, Hodl,
Hodl, Hodl, Hodl, Hodl, Hodl, Hodl, Hodl, Hodl, Hodl, Hodl, Hodl,
Hodl, Hodl, Hodl, Hodl, Hodl, Hodl, Hodl, Hodl, Hodl, Hodl, Hodl,
Hodl, Hodl, Hodl, Hodl, Hodl, Hodl, Hodl, Hodl, Hodl, Hodl, Hodl,
Hodl, Hodl, Hodl, Hodl, Hodl, Hodl, Hodl, Hodl, Hodl, Hodl, Hodl,
Hodl, Hodl, Hodl, Hodl, Hodl, Hodl, Hodl, Hodl, Hodl, Hodl, Hodl,
Hodl, Hodl, Hodl, Hodl, Hodl, Hodl, Hodl, Hodl, Hodl, Hodl, Hodl,
Hodl, Hodl, Hodl, Hodl, Hodl, Hodl, Hodl, Hodl, Hodl, Hodl, Hodl,
Hodl, Hodl, Hodl, Hodl, Hodl, Hodl, Hodl, Hodl, Hodl, Hodl, Hodl,
Hodl, Hodl, Hodl, Hodl, Hodl, Hodl, Hodl, Hodl, Hodl, Hodl, Hodl,
Hodl, Hodl, Hodl, Hodl, Hodl, Hodl, Hodl, Hodl, Hodl, Hodl, Hodl,
Hodl, Hodl, Hodl, Hodl, Hodl, Hodl, Hodl, Hodl, Hodl, Hodl, Hodl,
Hodl, Hodl, Hodl, Hodl, Hodl, Hodl, Hodl, Hodl, Hodl, Hodl, Hodl,
Hodl, Hodl, Hodl, Hodl, Hodl, Hodl, Hodl, Hodl, Hodl, Hodl, Hodl,
Hodl, Hodl, Hodl, Hodl, Hodl, Hodl, Hodl, Hodl, Hodl, Hodl, Hodl,
Hodl, Hodl, Hodl, Hodl, Hodl, Hodl, Hodl, Hodl, Hodl, Hodl, Hodl,
Hodl, Hodl, Hodl, Hodl, Hodl, Hodl, Hodl, Hodl, Hodl, Hodl, Hodl,
Hodl, Hodl, Hodl, Hodl, Hodl, Hodl, Hodl, Hodl, Hodl, Hodl, Hodl,
Hodl, Hodl, Hodl, Hodl, Hodl, Hodl, Hodl, Hodl, Hodl, Hodl, Hodl,
Hodl, Hodl, Hodl, Hodl, Hodl, Hodl, Hodl, Hodl, Hodl, Hodl, Hodl,
Hodl, Hodl, Hodl, Hodl, Hodl, Hodl.

Hodl, Hodl, Hodl, Hodl, Hodl, Hodl, Hodl, Hodl, Hodl,
Hodl, Hodl, Hodl, Hodl, Hodl, Hodl, Hodl, Hodl, Hodl, Hodl, Hodl,
Hodl, Hodl, Hodl, Hodl, Hodl, Hodl, Hodl, Hodl, Hodl, Hodl, Hodl,
Hodl, Hodl, Hodl, Hodl, Hodl, Hodl, Hodl, Hodl, Hodl, Hodl, Hodl,
Hodl, Hodl, Hodl, Hodl, Hodl, Hodl, Hodl, Hodl, Hodl, Hodl, Hodl,
Hodl, Hodl, Hodl, Hodl, Hodl, Hodl, Hodl, Hodl, Hodl, Hodl, Hodl,
Hodl, Hodl, Hodl, Hodl, Hodl, Hodl, Hodl, Hodl, Hodl, Hodl, Hodl,
Hodl, Hodl, Hodl, Hodl, Hodl, Hodl, Hodl, Hodl, Hodl, Hodl, Hodl,
Hodl, Hodl, Hodl, Hodl, Hodl, Hodl, Hodl, Hodl, Hodl, Hodl, Hodl,
Hodl, Hodl, Hodl, Hodl, Hodl, Hodl, Hodl, Hodl, Hodl, Hodl, Hodl,
Hodl, Hodl, Hodl, Hodl, Hodl, Hodl, Hodl, Hodl, Hodl, Hodl, Hodl,
Hodl, Hodl, Hodl, Hodl, Hodl, Hodl, Hodl, Hodl, Hodl, Hodl, Hodl,
Hodl, Hodl, Hodl, Hodl, Hodl, Hodl, Hodl, Hodl, Hodl, Hodl, Hodl,
Hodl, Hodl, Hodl, Hodl, Hodl, Hodl, Hodl, Hodl, Hodl, Hodl, Hodl,
Hodl, Hodl, Hodl, Hodl, Hodl, Hodl, Hodl, Hodl, Hodl, Hodl, Hodl,
Hodl, Hodl, Hodl, Hodl, Hodl, Hodl, Hodl, Hodl, Hodl, Hodl, Hodl,
Hodl, Hodl, Hodl, Hodl, Hodl, Hodl, Hodl, Hodl, Hodl, Hodl, Hodl,
Hodl, Hodl, Hodl, Hodl, Hodl, Hodl, Hodl, Hodl, Hodl, Hodl, Hodl,
Hodl, Hodl, Hodl, Hodl, Hodl, Hodl, Hodl, Hodl, Hodl, Hodl, Hodl,
Hodl, Hodl, Hodl, Hodl, Hodl, Hodl, Hodl, Hodl, Hodl, Hodl, Hodl,
Hodl, Hodl, Hodl, Hodl, Hodl, Hodl, Hodl, Hodl, Hodl, Hodl, Hodl,
Hodl, Hodl, Hodl, Hodl, Hodl, Hodl, Hodl, Hodl, Hodl, Hodl, Hodl,
Hodl, Hodl, Hodl, Hodl, Hodl, Hodl, Hodl, Hodl, Hodl, Hodl, Hodl,
Hodl, Hodl, Hodl, Hodl, Hodl, Hodl, Hodl, Hodl, Hodl, Hodl, Hodl,
Hodl, Hodl, Hodl, Hodl, Hodl, Hodl, Hodl, Hodl, Hodl, Hodl, Hodl,
Hodl, Hodl, Hodl, Hodl, Hodl, Hodl, Hodl, Hodl, Hodl, Hodl, Hodl,
Hodl, Hodl, Hodl, Hodl, Hodl, Hodl, Hodl, Hodl, Hodl, Hodl, Hodl,
Hodl, Hodl, Hodl, Hodl, Hodl, Hodl, Hodl, Hodl, Hodl, Hodl, Hodl,
Hodl, Hodl, Hodl, Hodl, Hodl, Hodl, Hodl, Hodl, Hodl, Hodl, Hodl,
Hodl, Hodl, Hodl, Hodl, Hodl, Hodl, Hodl, Hodl, Hodl, Hodl, Hodl,
Hodl, Hodl, Hodl, Hodl, Hodl, Hodl, Hodl, Hodl, Hodl, Hodl, Hodl,
Hodl, Hodl, Hodl, Hodl, Hodl, Hodl, Hodl, Hodl, Hodl, Hodl, Hodl,
Hodl, Hodl, Hodl, Hodl, Hodl, Hodl.

Hodl, Hodl, Hodl, Hodl, Hodl, Hodl, Hodl, Hodl, Hodl, Hodl, Hodl, Hodl, Hodl, Hodl, Hodl, Hodl, Hodl, Hodl, Hodl, Hodl, Hodl, Hodl, Hodl, Hodl, Hodl, Hodl, Hodl, Hodl, Hodl, Hodl, Hodl, Hodl, Hodl, Hodl, Hodl, Hodl, Hodl, Hodl, Hodl, Hodl, Hodl, Hodl, Hodl, Hodl, Hodl, Hodl, Hodl, Hodl, Hodl, Hodl, Hodl, Hodl, Hodl, Hodl, Hodl, Hodl, Hodl, Hodl, Hodl, Hodl, Hodl, Hodl, Hodl, Hodl, Hodl, Hodl, Hodl, Hodl, Hodl, Hodl, Hodl, Hodl, Hodl, Hodl, Hodl, Hodl, Hodl, Hodl, Hodl, Hodl, Hodl, Hodl, Hodl, Hodl, Hodl, Hodl, Hodl, Hodl, Hodl, Hodl, Hodl, Hodl, Hodl, Hodl, Hodl, Hodl, Hodl, Hodl, Hodl, Hodl, Hodl, Hodl, Hodl, Hodl, Hodl, Hodl, Hodl, Hodl, Hodl, Hodl, Hodl, Hodl, Hodl, Hodl, Hodl, Hodl, Hodl, Hodl, Hodl, Hodl, Hodl, Hodl, Hodl, Hodl, Hodl, Hodl, Hodl, Hodl, Hodl, Hodl, Hodl, Hodl, Hodl, Hodl, Hodl, Hodl, Hodl, Hodl, Hodl, Hodl, Hodl, Hodl, Hodl, Hodl, Hodl, Hodl, Hodl, Hodl, Hodl, Hodl, Hodl, Hodl, Hodl, Hodl, Hodl, Hodl, Hodl, Hodl, Hodl, Hodl, Hodl, Hodl, Hodl, Hodl, Hodl, Hodl, Hodl, Hodl, Hodl, Hodl, Hodl, Hodl, Hodl, Hodl, Hodl, Hodl, Hodl, Hodl, Hodl, Hodl, Hodl, Hodl, Hodl, Hodl, Hodl, Hodl, Hodl, Hodl, Hodl, Hodl, Hodl, Hodl, Hodl, Hodl, Hodl, Hodl, Hodl, Hodl, Hodl, Hodl, Hodl, Hodl, Hodl, Hodl, Hodl, Hodl, Hodl, Hodl, Hodl, Hodl, Hodl, Hodl, Hodl, Hodl, Hodl, Hodl, Hodl, Hodl, Hodl, Hodl, Hodl, Hodl, Hodl, Hodl, Hodl, Hodl, Hodl, Hodl, Hodl, Hodl, Hodl, Hodl, Hodl, Hodl, Hodl, Hodl, Hodl, Hodl, Hodl, Hodl, Hodl, Hodl, Hodl, Hodl, Hodl, Hodl, Hodl, Hodl, Hodl, Hodl, Hodl, Hodl, Hodl, Hodl, Hodl, Hodl, Hodl, Hodl, Hodl, Hodl, Hodl, Hodl, Hodl, Hodl, Hodl, Hodl, Hodl, Hodl, Hodl, Hodl, Hodl, Hodl, Hodl, Hodl, Hodl, Hodl, Hodl, Hodl, Hodl, Hodl, Hodl, Hodl, Hodl, Hodl, Hodl, Hodl, Hodl, Hodl, Hodl, Hodl, Hodl, Hodl, Hodl, Hodl, Hodl, Hodl, Hodl, Hodl, Hodl, Hodl, Hodl, Hodl, Hodl, Hodl, Hodl, Hodl, Hodl, Hodl, Hodl, Hodl, Hodl, Hodl, Hodl, Hodl, Hodl, Hodl, Hodl, Hodl, Hodl, Hodl, Hodl, Hodl, Hodl, Hodl, Hodl, Hodl, Hodl, Hodl, Hodl, Hodl, Hodl, Hodl, Hodl, Hodl, Hodl, Hodl, Hodl, Hodl, Hodl, Hodl, Hodl, Hodl, Hodl, Hodl, Hodl, Hodl, Hodl, Hodl, Hodl, Hodl, Hodl, Hodl, Hodl, Hodl, Hodl, Hodl, Hodl, Hodl, Hodl, Hodl, Hodl, Hodl, Hodl, Hodl, Hodl, Hodl, Hodl, Hodl, Hodl, Hodl, Hodl, Hodl, Hodl, Hodl, Hodl, Hodl, Hodl, Hodl, Hodl, Hodl, Hodl, Hodl, Hodl, Hodl, Hodl, Hodl, Hodl, Hodl, Hodl, Hodl, Hodl, Hodl, Hodl, Hodl, Hodl, Hodl, Hodl, Hodl, Hodl, Hodl, Hodl, Hodl, Hodl, Hodl, Hodl, Hodl, Hodl, Hodl, Hodl, Hodl, Hodl, Hodl, Hodl, Hodl, Hodl.

Hodl, Hodl, Hodl, Hodl, Hodl, Hodl, Hodl, Hodl, Hodl,
Hodl, Hodl, Hodl, Hodl, Hodl, Hodl, Hodl, Hodl, Hodl, Hodl, Hodl,
Hodl, Hodl, Hodl, Hodl, Hodl, Hodl, Hodl, Hodl, Hodl, Hodl, Hodl,
Hodl, Hodl, Hodl, Hodl, Hodl, Hodl, Hodl, Hodl, Hodl, Hodl, Hodl,
Hodl, Hodl, Hodl, Hodl, Hodl, Hodl, Hodl, Hodl, Hodl, Hodl, Hodl,
Hodl, Hodl, Hodl, Hodl, Hodl, Hodl, Hodl, Hodl, Hodl, Hodl, Hodl,
Hodl, Hodl, Hodl, Hodl, Hodl, Hodl, Hodl, Hodl, Hodl, Hodl, Hodl,
Hodl, Hodl, Hodl, Hodl, Hodl, Hodl, Hodl, Hodl, Hodl, Hodl, Hodl,
Hodl, Hodl, Hodl, Hodl, Hodl, Hodl, Hodl, Hodl, Hodl, Hodl, Hodl,
Hodl, Hodl, Hodl, Hodl, Hodl, Hodl, Hodl, Hodl, Hodl, Hodl, Hodl,
Hodl, Hodl, Hodl, Hodl, Hodl, Hodl, Hodl, Hodl, Hodl, Hodl, Hodl,
Hodl, Hodl, Hodl, Hodl, Hodl, Hodl, Hodl, Hodl, Hodl, Hodl, Hodl,
Hodl, Hodl, Hodl, Hodl, Hodl, Hodl, Hodl, Hodl, Hodl, Hodl, Hodl,
Hodl, Hodl, Hodl, Hodl, Hodl, Hodl, Hodl, Hodl, Hodl, Hodl, Hodl,
Hodl, Hodl, Hodl, Hodl, Hodl, Hodl, Hodl, Hodl, Hodl, Hodl, Hodl,
Hodl, Hodl, Hodl, Hodl, Hodl, Hodl, Hodl, Hodl, Hodl, Hodl, Hodl,
Hodl, Hodl, Hodl, Hodl, Hodl, Hodl, Hodl, Hodl, Hodl, Hodl, Hodl,
Hodl, Hodl, Hodl, Hodl, Hodl, Hodl, Hodl, Hodl, Hodl, Hodl, Hodl,
Hodl, Hodl, Hodl, Hodl, Hodl, Hodl, Hodl, Hodl, Hodl, Hodl, Hodl,
Hodl, Hodl, Hodl, Hodl, Hodl, Hodl, Hodl, Hodl, Hodl, Hodl, Hodl,
Hodl, Hodl, Hodl, Hodl, Hodl, Hodl, Hodl, Hodl, Hodl, Hodl, Hodl,
Hodl, Hodl, Hodl, Hodl, Hodl, Hodl, Hodl, Hodl, Hodl, Hodl, Hodl,
Hodl, Hodl, Hodl, Hodl, Hodl, Hodl, Hodl, Hodl, Hodl, Hodl, Hodl,
Hodl, Hodl, Hodl, Hodl, Hodl, Hodl, Hodl, Hodl, Hodl, Hodl, Hodl,
Hodl, Hodl, Hodl, Hodl, Hodl, Hodl, Hodl, Hodl, Hodl, Hodl, Hodl,
Hodl, Hodl, Hodl, Hodl, Hodl, Hodl, Hodl, Hodl, Hodl, Hodl, Hodl,
Hodl, Hodl, Hodl, Hodl, Hodl, Hodl, Hodl, Hodl, Hodl, Hodl, Hodl,
Hodl, Hodl, Hodl, Hodl, Hodl, Hodl, Hodl, Hodl, Hodl, Hodl, Hodl,
Hodl, Hodl, Hodl, Hodl, Hodl, Hodl, Hodl, Hodl, Hodl, Hodl, Hodl,
Hodl, Hodl, Hodl, Hodl, Hodl, Hodl, Hodl, Hodl, Hodl, Hodl, Hodl,
Hodl, Hodl, Hodl, Hodl, Hodl, Hodl, Hodl, Hodl, Hodl, Hodl, Hodl,
Hodl, Hodl, Hodl, Hodl, Hodl, Hodl, Hodl, Hodl, Hodl, Hodl, Hodl,
Hodl, Hodl, Hodl, Hodl, Hodl, Hodl, Hodl, Hodl, Hodl, Hodl, Hodl,
Hodl, Hodl, Hodl, Hodl, Hodl, Hodl, Hodl, Hodl, Hodl, Hodl, Hodl,
Hodl, Hodl, Hodl, Hodl, Hodl, Hodl.

Hodl, Hodl, Hodl, Hodl, Hodl, Hodl, Hodl, Hodl, Hodl,
Hodl, Hodl, Hodl, Hodl, Hodl, Hodl, Hodl, Hodl, Hodl, Hodl, Hodl,
Hodl, Hodl, Hodl, Hodl, Hodl, Hodl, Hodl, Hodl, Hodl, Hodl, Hodl,
Hodl, Hodl, Hodl, Hodl, Hodl, Hodl, Hodl, Hodl, Hodl, Hodl, Hodl,
Hodl, Hodl, Hodl, Hodl, Hodl, Hodl, Hodl, Hodl, Hodl, Hodl, Hodl,
Hodl, Hodl, Hodl, Hodl, Hodl, Hodl, Hodl, Hodl, Hodl, Hodl, Hodl,
Hodl, Hodl, Hodl, Hodl, Hodl, Hodl, Hodl, Hodl, Hodl, Hodl, Hodl,
Hodl, Hodl, Hodl, Hodl, Hodl, Hodl, Hodl, Hodl, Hodl, Hodl, Hodl,
Hodl, Hodl, Hodl, Hodl, Hodl, Hodl, Hodl, Hodl, Hodl, Hodl, Hodl,
Hodl, Hodl, Hodl, Hodl, Hodl, Hodl, Hodl, Hodl, Hodl, Hodl, Hodl,
Hodl, Hodl, Hodl, Hodl, Hodl, Hodl, Hodl, Hodl, Hodl, Hodl, Hodl,
Hodl, Hodl, Hodl, Hodl, Hodl, Hodl, Hodl, Hodl, Hodl, Hodl, Hodl,
Hodl, Hodl, Hodl, Hodl, Hodl, Hodl, Hodl, Hodl, Hodl, Hodl, Hodl,
Hodl, Hodl, Hodl, Hodl, Hodl, Hodl, Hodl, Hodl, Hodl, Hodl, Hodl,
Hodl, Hodl, Hodl, Hodl, Hodl, Hodl, Hodl, Hodl, Hodl, Hodl, Hodl,
Hodl, Hodl, Hodl, Hodl, Hodl, Hodl, Hodl, Hodl, Hodl, Hodl, Hodl,
Hodl, Hodl, Hodl, Hodl, Hodl, Hodl, Hodl, Hodl, Hodl, Hodl, Hodl,
Hodl, Hodl, Hodl, Hodl, Hodl, Hodl, Hodl, Hodl, Hodl, Hodl, Hodl,
Hodl, Hodl, Hodl, Hodl, Hodl, Hodl, Hodl, Hodl, Hodl, Hodl, Hodl,
Hodl, Hodl, Hodl, Hodl, Hodl, Hodl, Hodl, Hodl, Hodl, Hodl, Hodl,
Hodl, Hodl, Hodl, Hodl, Hodl, Hodl, Hodl, Hodl, Hodl, Hodl, Hodl,
Hodl, Hodl, Hodl, Hodl, Hodl, Hodl, Hodl, Hodl, Hodl, Hodl, Hodl,
Hodl, Hodl, Hodl, Hodl, Hodl, Hodl, Hodl, Hodl, Hodl, Hodl, Hodl,
Hodl, Hodl, Hodl, Hodl, Hodl, Hodl, Hodl, Hodl, Hodl, Hodl, Hodl,
Hodl, Hodl, Hodl, Hodl, Hodl, Hodl, Hodl, Hodl, Hodl, Hodl, Hodl,
Hodl, Hodl, Hodl, Hodl, Hodl, Hodl, Hodl, Hodl, Hodl, Hodl, Hodl,
Hodl, Hodl, Hodl, Hodl, Hodl, Hodl, Hodl, Hodl, Hodl, Hodl, Hodl,
Hodl, Hodl, Hodl, Hodl, Hodl, Hodl, Hodl, Hodl, Hodl, Hodl, Hodl,
Hodl, Hodl, Hodl, Hodl, Hodl, Hodl, Hodl, Hodl, Hodl, Hodl, Hodl,
Hodl, Hodl, Hodl, Hodl, Hodl, Hodl, Hodl, Hodl, Hodl, Hodl, Hodl,
Hodl, Hodl, Hodl, Hodl, Hodl, Hodl, Hodl, Hodl, Hodl, Hodl, Hodl,
Hodl, Hodl, Hodl, Hodl, Hodl, Hodl, Hodl, Hodl, Hodl, Hodl, Hodl,
Hodl, Hodl, Hodl, Hodl, Hodl, Hodl, Hodl, Hodl, Hodl, Hodl, Hodl,
Hodl, Hodl, Hodl, Hodl, Hodl, Hodl, Hodl, Hodl, Hodl, Hodl, Hodl,
Hodl, Hodl, Hodl, Hodl, Hodl, Hodl, Hodl, Hodl, Hodl, Hodl, Hodl,
Hodl, Hodl, Hodl, Hodl, Hodl, Hodl.

129

Hodl, Hodl, Hodl, Hodl, Hodl, Hodl, Hodl, Hodl, Hodl,
Hodl, Hodl, Hodl, Hodl, Hodl, Hodl, Hodl, Hodl, Hodl, Hodl, Hodl,
Hodl, Hodl, Hodl, Hodl, Hodl, Hodl, Hodl, Hodl, Hodl, Hodl, Hodl,
Hodl, Hodl, Hodl, Hodl, Hodl, Hodl, Hodl, Hodl, Hodl, Hodl, Hodl,
Hodl, Hodl, Hodl, Hodl, Hodl, Hodl, Hodl, Hodl, Hodl, Hodl, Hodl,
Hodl, Hodl, Hodl, Hodl, Hodl, Hodl, Hodl, Hodl, Hodl, Hodl, Hodl,
Hodl, Hodl, Hodl, Hodl, Hodl, Hodl, Hodl, Hodl, Hodl, Hodl, Hodl,
Hodl, Hodl, Hodl, Hodl, Hodl, Hodl, Hodl, Hodl, Hodl, Hodl, Hodl,
Hodl, Hodl, Hodl, Hodl, Hodl, Hodl, Hodl, Hodl, Hodl, Hodl, Hodl,
Hodl, Hodl, Hodl, Hodl, Hodl, Hodl, Hodl, Hodl, Hodl, Hodl, Hodl,
Hodl, Hodl, Hodl, Hodl, Hodl, Hodl, Hodl, Hodl, Hodl, Hodl, Hodl,
Hodl, Hodl, Hodl, Hodl, Hodl, Hodl, Hodl, Hodl, Hodl, Hodl, Hodl,
Hodl, Hodl, Hodl, Hodl, Hodl, Hodl, Hodl, Hodl, Hodl, Hodl, Hodl,
Hodl, Hodl, Hodl, Hodl, Hodl, Hodl, Hodl, Hodl, Hodl, Hodl, Hodl,
Hodl, Hodl, Hodl, Hodl, Hodl, Hodl, Hodl, Hodl, Hodl, Hodl, Hodl,
Hodl, Hodl, Hodl, Hodl, Hodl, Hodl, Hodl, Hodl, Hodl, Hodl, Hodl,
Hodl, Hodl, Hodl, Hodl, Hodl, Hodl, Hodl, Hodl, Hodl, Hodl, Hodl,
Hodl, Hodl, Hodl, Hodl, Hodl, Hodl, Hodl, Hodl, Hodl, Hodl, Hodl,
Hodl, Hodl, Hodl, Hodl, Hodl, Hodl, Hodl, Hodl, Hodl, Hodl, Hodl,
Hodl, Hodl, Hodl, Hodl, Hodl, Hodl, Hodl, Hodl, Hodl, Hodl, Hodl,
Hodl, Hodl, Hodl, Hodl, Hodl, Hodl, Hodl, Hodl, Hodl, Hodl, Hodl,
Hodl, Hodl, Hodl, Hodl, Hodl, Hodl, Hodl, Hodl, Hodl, Hodl, Hodl,
Hodl, Hodl, Hodl, Hodl, Hodl, Hodl, Hodl, Hodl, Hodl, Hodl, Hodl,
Hodl, Hodl, Hodl, Hodl, Hodl, Hodl, Hodl, Hodl, Hodl, Hodl, Hodl,
Hodl, Hodl, Hodl, Hodl, Hodl, Hodl, Hodl, Hodl, Hodl, Hodl, Hodl,
Hodl, Hodl, Hodl, Hodl, Hodl, Hodl, Hodl, Hodl, Hodl, Hodl, Hodl,
Hodl, Hodl, Hodl, Hodl, Hodl, Hodl, Hodl, Hodl, Hodl, Hodl, Hodl,
Hodl, Hodl, Hodl, Hodl, Hodl, Hodl, Hodl, Hodl, Hodl, Hodl, Hodl,
Hodl, Hodl, Hodl, Hodl, Hodl, Hodl, Hodl, Hodl, Hodl, Hodl, Hodl,
Hodl, Hodl, Hodl, Hodl, Hodl, Hodl, Hodl, Hodl, Hodl, Hodl, Hodl,
Hodl, Hodl, Hodl, Hodl, Hodl, Hodl, Hodl, Hodl, Hodl, Hodl, Hodl,
Hodl, Hodl, Hodl, Hodl, Hodl, Hodl, Hodl, Hodl, Hodl, Hodl, Hodl,
Hodl, Hodl, Hodl, Hodl, Hodl, Hodl.

Hodl, Hodl, Hodl, Hodl, Hodl, Hodl, Hodl, Hodl, Hodl, Hodl, Hodl, Hodl, Hodl, Hodl, Hodl, Hodl, Hodl, Hodl, Hodl, Hodl, Hodl, Hodl, Hodl, Hodl, Hodl, Hodl, Hodl, Hodl, Hodl, Hodl, Hodl, Hodl, Hodl, Hodl, Hodl, Hodl, Hodl, Hodl, Hodl, Hodl, Hodl, Hodl, Hodl, Hodl, Hodl, Hodl, Hodl, Hodl, Hodl, Hodl, Hodl, Hodl, Hodl, Hodl, Hodl, Hodl, Hodl, Hodl, Hodl, Hodl, Hodl, Hodl, Hodl, Hodl, Hodl, Hodl, Hodl, Hodl, Hodl, Hodl, Hodl, Hodl, Hodl, Hodl, Hodl, Hodl, Hodl, Hodl, Hodl, Hodl, Hodl, Hodl, Hodl, Hodl, Hodl, Hodl, Hodl, Hodl, Hodl, Hodl, Hodl, Hodl, Hodl, Hodl, Hodl, Hodl, Hodl, Hodl, Hodl, Hodl, Hodl, Hodl, Hodl, Hodl, Hodl, Hodl, Hodl, Hodl, Hodl, Hodl, Hodl, Hodl, Hodl, Hodl, Hodl, Hodl, Hodl, Hodl, Hodl, Hodl, Hodl, Hodl, Hodl, Hodl, Hodl, Hodl, Hodl, Hodl, Hodl, Hodl, Hodl, Hodl, Hodl, Hodl, Hodl, Hodl, Hodl, Hodl, Hodl, Hodl, Hodl, Hodl, Hodl, Hodl, Hodl, Hodl, Hodl, Hodl, Hodl, Hodl, Hodl, Hodl, Hodl, Hodl, Hodl, Hodl, Hodl, Hodl, Hodl, Hodl, Hodl, Hodl, Hodl, Hodl, Hodl, Hodl, Hodl, Hodl, Hodl, Hodl, Hodl, Hodl, Hodl, Hodl, Hodl, Hodl, Hodl, Hodl, Hodl, Hodl, Hodl, Hodl, Hodl, Hodl, Hodl, Hodl, Hodl, Hodl, Hodl, Hodl, Hodl, Hodl, Hodl, Hodl, Hodl, Hodl, Hodl, Hodl, Hodl, Hodl, Hodl, Hodl, Hodl, Hodl, Hodl, Hodl, Hodl, Hodl, Hodl, Hodl, Hodl, Hodl, Hodl, Hodl, Hodl, Hodl, Hodl, Hodl, Hodl, Hodl, Hodl, Hodl, Hodl, Hodl, Hodl, Hodl, Hodl, Hodl, Hodl, Hodl, Hodl, Hodl, Hodl, Hodl, Hodl, Hodl, Hodl, Hodl, Hodl, Hodl, Hodl, Hodl, Hodl, Hodl, Hodl, Hodl, Hodl, Hodl, Hodl, Hodl, Hodl, Hodl, Hodl, Hodl, Hodl, Hodl, Hodl, Hodl, Hodl, Hodl, Hodl, Hodl, Hodl, Hodl, Hodl, Hodl, Hodl, Hodl, Hodl, Hodl, Hodl, Hodl, Hodl, Hodl, Hodl, Hodl, Hodl, Hodl, Hodl, Hodl, Hodl, Hodl, Hodl, Hodl, Hodl, Hodl, Hodl, Hodl, Hodl, Hodl, Hodl, Hodl, Hodl, Hodl, Hodl, Hodl, Hodl, Hodl, Hodl, Hodl, Hodl, Hodl, Hodl, Hodl, Hodl, Hodl, Hodl, Hodl, Hodl, Hodl, Hodl, Hodl, Hodl, Hodl, Hodl, Hodl, Hodl, Hodl, Hodl, Hodl, Hodl, Hodl, Hodl, Hodl, Hodl, Hodl, Hodl, Hodl, Hodl, Hodl, Hodl, Hodl, Hodl, Hodl, Hodl, Hodl, Hodl, Hodl, Hodl, Hodl, Hodl, Hodl, Hodl, Hodl, Hodl, Hodl, Hodl, Hodl, Hodl, Hodl, Hodl, Hodl, Hodl, Hodl, Hodl, Hodl, Hodl, Hodl, Hodl, Hodl, Hodl, Hodl, Hodl, Hodl, Hodl, Hodl, Hodl, Hodl, Hodl, Hodl, Hodl, Hodl, Hodl, Hodl, Hodl, Hodl, Hodl, Hodl, Hodl, Hodl, Hodl, Hodl, Hodl, Hodl, Hodl, Hodl, Hodl, Hodl, Hodl, Hodl, Hodl, Hodl, Hodl, Hodl, Hodl, Hodl, Hodl, Hodl, Hodl, Hodl, Hodl, Hodl, Hodl, Hodl, Hodl, Hodl, Hodl, Hodl, Hodl, Hodl, Hodl, Hodl, Hodl, Hodl, Hodl, Hodl, Hodl, Hodl, Hodl, Hodl, Hodl, Hodl, Hodl, Hodl, Hodl, Hodl, Hodl, Hodl, Hodl, Hodl, Hodl, Hodl, Hodl, Hodl, Hodl, Hodl, Hodl, Hodl, Hodl, Hodl, Hodl, Hodl.

Hodl, Hodl, Hodl, Hodl, Hodl, Hodl, Hodl, Hodl, Hodl,
Hodl, Hodl, Hodl, Hodl, Hodl, Hodl, Hodl, Hodl, Hodl, Hodl, Hodl,
Hodl, Hodl, Hodl, Hodl, Hodl, Hodl, Hodl, Hodl, Hodl, Hodl, Hodl,
Hodl, Hodl, Hodl, Hodl, Hodl, Hodl, Hodl, Hodl, Hodl, Hodl, Hodl,
Hodl, Hodl, Hodl, Hodl, Hodl, Hodl, Hodl, Hodl, Hodl, Hodl, Hodl,
Hodl, Hodl, Hodl, Hodl, Hodl, Hodl, Hodl, Hodl, Hodl, Hodl, Hodl,
Hodl, Hodl, Hodl, Hodl, Hodl, Hodl, Hodl, Hodl, Hodl, Hodl, Hodl,
Hodl, Hodl, Hodl, Hodl, Hodl, Hodl, Hodl, Hodl, Hodl, Hodl, Hodl,
Hodl, Hodl, Hodl, Hodl, Hodl, Hodl, Hodl, Hodl, Hodl, Hodl, Hodl,
Hodl, Hodl, Hodl, Hodl, Hodl, Hodl, Hodl, Hodl, Hodl, Hodl, Hodl,
Hodl, Hodl, Hodl, Hodl, Hodl, Hodl, Hodl, Hodl, Hodl, Hodl, Hodl,
Hodl, Hodl, Hodl, Hodl, Hodl, Hodl, Hodl, Hodl, Hodl, Hodl, Hodl,
Hodl, Hodl, Hodl, Hodl, Hodl, Hodl, Hodl, Hodl, Hodl, Hodl, Hodl,
Hodl, Hodl, Hodl, Hodl, Hodl, Hodl, Hodl, Hodl, Hodl, Hodl, Hodl,
Hodl, Hodl, Hodl, Hodl, Hodl, Hodl, Hodl, Hodl, Hodl, Hodl, Hodl,
Hodl, Hodl, Hodl, Hodl, Hodl, Hodl, Hodl, Hodl, Hodl, Hodl, Hodl,
Hodl, Hodl, Hodl, Hodl, Hodl, Hodl, Hodl, Hodl, Hodl, Hodl, Hodl,
Hodl, Hodl, Hodl, Hodl, Hodl, Hodl, Hodl, Hodl, Hodl, Hodl, Hodl,
Hodl, Hodl, Hodl, Hodl, Hodl, Hodl, Hodl, Hodl, Hodl, Hodl, Hodl,
Hodl, Hodl, Hodl, Hodl, Hodl, Hodl, Hodl, Hodl, Hodl, Hodl, Hodl,
Hodl, Hodl, Hodl, Hodl, Hodl, Hodl, Hodl, Hodl, Hodl, Hodl, Hodl,
Hodl, Hodl, Hodl, Hodl, Hodl, Hodl, Hodl, Hodl, Hodl, Hodl, Hodl,
Hodl, Hodl, Hodl, Hodl, Hodl, Hodl, Hodl, Hodl, Hodl, Hodl, Hodl,
Hodl, Hodl, Hodl, Hodl, Hodl, Hodl, Hodl, Hodl, Hodl, Hodl, Hodl,
Hodl, Hodl, Hodl, Hodl, Hodl, Hodl, Hodl, Hodl, Hodl, Hodl, Hodl,
Hodl, Hodl, Hodl, Hodl, Hodl, Hodl, Hodl, Hodl, Hodl, Hodl, Hodl,
Hodl, Hodl, Hodl, Hodl, Hodl, Hodl, Hodl, Hodl, Hodl, Hodl, Hodl,
Hodl, Hodl, Hodl, Hodl, Hodl, Hodl, Hodl, Hodl, Hodl, Hodl, Hodl,
Hodl, Hodl, Hodl, Hodl, Hodl, Hodl, Hodl, Hodl, Hodl, Hodl, Hodl,
Hodl, Hodl, Hodl, Hodl, Hodl, Hodl, Hodl, Hodl, Hodl, Hodl, Hodl,
Hodl, Hodl, Hodl, Hodl, Hodl, Hodl, Hodl, Hodl, Hodl, Hodl, Hodl,
Hodl, Hodl, Hodl, Hodl, Hodl, Hodl, Hodl, Hodl, Hodl, Hodl, Hodl,
Hodl, Hodl, Hodl, Hodl, Hodl, Hodl.

Hodl, Hodl, Hodl, Hodl, Hodl, Hodl, Hodl, Hodl, Hodl,
Hodl, Hodl, Hodl, Hodl, Hodl, Hodl, Hodl, Hodl, Hodl, Hodl, Hodl,
Hodl, Hodl, Hodl, Hodl, Hodl, Hodl, Hodl, Hodl, Hodl, Hodl, Hodl,
Hodl, Hodl, Hodl, Hodl, Hodl, Hodl, Hodl, Hodl, Hodl, Hodl, Hodl,
Hodl, Hodl, Hodl, Hodl, Hodl, Hodl, Hodl, Hodl, Hodl, Hodl, Hodl,
Hodl, Hodl, Hodl, Hodl, Hodl, Hodl, Hodl, Hodl, Hodl, Hodl, Hodl,
Hodl, Hodl, Hodl, Hodl, Hodl, Hodl, Hodl, Hodl, Hodl, Hodl, Hodl,
Hodl, Hodl, Hodl, Hodl, Hodl, Hodl, Hodl, Hodl, Hodl, Hodl, Hodl,
Hodl, Hodl, Hodl, Hodl, Hodl, Hodl, Hodl, Hodl, Hodl, Hodl, Hodl,
Hodl, Hodl, Hodl, Hodl, Hodl, Hodl, Hodl, Hodl, Hodl, Hodl, Hodl,
Hodl, Hodl, Hodl, Hodl, Hodl, Hodl, Hodl, Hodl, Hodl, Hodl, Hodl,
Hodl, Hodl, Hodl, Hodl, Hodl, Hodl, Hodl, Hodl, Hodl, Hodl, Hodl,
Hodl, Hodl, Hodl, Hodl, Hodl, Hodl, Hodl, Hodl, Hodl, Hodl, Hodl,
Hodl, Hodl, Hodl, Hodl, Hodl, Hodl, Hodl, Hodl, Hodl, Hodl, Hodl,
Hodl, Hodl, Hodl, Hodl, Hodl, Hodl, Hodl, Hodl, Hodl, Hodl, Hodl,
Hodl, Hodl, Hodl, Hodl, Hodl, Hodl, Hodl, Hodl, Hodl, Hodl, Hodl,
Hodl, Hodl, Hodl, Hodl, Hodl, Hodl, Hodl, Hodl, Hodl, Hodl, Hodl,
Hodl, Hodl, Hodl, Hodl, Hodl, Hodl, Hodl, Hodl, Hodl, Hodl, Hodl,
Hodl, Hodl, Hodl, Hodl, Hodl, Hodl, Hodl, Hodl, Hodl, Hodl, Hodl,
Hodl, Hodl, Hodl, Hodl, Hodl, Hodl, Hodl, Hodl, Hodl, Hodl, Hodl,
Hodl, Hodl, Hodl, Hodl, Hodl, Hodl, Hodl, Hodl, Hodl, Hodl, Hodl,
Hodl, Hodl, Hodl, Hodl, Hodl, Hodl, Hodl, Hodl, Hodl, Hodl, Hodl,
Hodl, Hodl, Hodl, Hodl, Hodl, Hodl, Hodl, Hodl, Hodl, Hodl, Hodl,
Hodl, Hodl, Hodl, Hodl, Hodl, Hodl, Hodl, Hodl, Hodl, Hodl, Hodl,
Hodl, Hodl, Hodl, Hodl, Hodl, Hodl, Hodl, Hodl, Hodl, Hodl, Hodl,
Hodl, Hodl, Hodl, Hodl, Hodl, Hodl, Hodl, Hodl, Hodl, Hodl, Hodl,
Hodl, Hodl, Hodl, Hodl, Hodl, Hodl, Hodl, Hodl, Hodl, Hodl, Hodl,
Hodl, Hodl, Hodl, Hodl, Hodl, Hodl, Hodl, Hodl, Hodl, Hodl, Hodl,
Hodl, Hodl, Hodl, Hodl, Hodl, Hodl, Hodl, Hodl, Hodl, Hodl, Hodl,
Hodl, Hodl, Hodl, Hodl, Hodl, Hodl, Hodl, Hodl, Hodl, Hodl, Hodl,
Hodl, Hodl, Hodl, Hodl, Hodl, Hodl.

Hodl, Hodl, Hodl, Hodl, Hodl, Hodl, Hodl, Hodl, Hodl,
Hodl, Hodl, Hodl, Hodl, Hodl, Hodl, Hodl, Hodl, Hodl, Hodl, Hodl,
Hodl, Hodl, Hodl, Hodl, Hodl, Hodl, Hodl, Hodl, Hodl, Hodl, Hodl,
Hodl, Hodl, Hodl, Hodl, Hodl, Hodl, Hodl, Hodl, Hodl, Hodl, Hodl,
Hodl, Hodl, Hodl, Hodl, Hodl, Hodl, Hodl, Hodl, Hodl, Hodl, Hodl,
Hodl, Hodl, Hodl, Hodl, Hodl, Hodl, Hodl, Hodl, Hodl, Hodl, Hodl,
Hodl, Hodl, Hodl, Hodl, Hodl, Hodl, Hodl, Hodl, Hodl, Hodl, Hodl,
Hodl, Hodl, Hodl, Hodl, Hodl, Hodl, Hodl, Hodl, Hodl, Hodl, Hodl,
Hodl, Hodl, Hodl, Hodl, Hodl, Hodl, Hodl, Hodl, Hodl, Hodl, Hodl,
Hodl, Hodl, Hodl, Hodl, Hodl, Hodl, Hodl, Hodl, Hodl, Hodl, Hodl,
Hodl, Hodl, Hodl, Hodl, Hodl, Hodl, Hodl, Hodl, Hodl, Hodl, Hodl,
Hodl, Hodl, Hodl, Hodl, Hodl, Hodl, Hodl, Hodl, Hodl, Hodl, Hodl,
Hodl, Hodl, Hodl, Hodl, Hodl, Hodl, Hodl, Hodl, Hodl, Hodl, Hodl,
Hodl, Hodl, Hodl, Hodl, Hodl, Hodl, Hodl, Hodl, Hodl, Hodl, Hodl,
Hodl, Hodl, Hodl, Hodl, Hodl, Hodl, Hodl, Hodl, Hodl, Hodl, Hodl,
Hodl, Hodl, Hodl, Hodl, Hodl, Hodl, Hodl, Hodl, Hodl, Hodl, Hodl,
Hodl, Hodl, Hodl, Hodl, Hodl, Hodl, Hodl, Hodl, Hodl, Hodl, Hodl,
Hodl, Hodl, Hodl, Hodl, Hodl, Hodl, Hodl, Hodl, Hodl, Hodl, Hodl,
Hodl, Hodl, Hodl, Hodl, Hodl, Hodl, Hodl, Hodl, Hodl, Hodl, Hodl,
Hodl, Hodl, Hodl, Hodl, Hodl, Hodl, Hodl, Hodl, Hodl, Hodl, Hodl,
Hodl, Hodl, Hodl, Hodl, Hodl, Hodl, Hodl, Hodl, Hodl, Hodl, Hodl,
Hodl, Hodl, Hodl, Hodl, Hodl, Hodl, Hodl, Hodl, Hodl, Hodl, Hodl,
Hodl, Hodl, Hodl, Hodl, Hodl, Hodl, Hodl, Hodl, Hodl, Hodl, Hodl,
Hodl, Hodl, Hodl, Hodl, Hodl, Hodl, Hodl, Hodl, Hodl, Hodl, Hodl,
Hodl, Hodl, Hodl, Hodl, Hodl, Hodl, Hodl, Hodl, Hodl, Hodl, Hodl,
Hodl, Hodl, Hodl, Hodl, Hodl, Hodl, Hodl, Hodl, Hodl, Hodl, Hodl,
Hodl, Hodl, Hodl, Hodl, Hodl, Hodl, Hodl, Hodl, Hodl, Hodl, Hodl,
Hodl, Hodl, Hodl, Hodl, Hodl, Hodl, Hodl, Hodl, Hodl, Hodl, Hodl,
Hodl, Hodl, Hodl, Hodl, Hodl, Hodl, Hodl, Hodl, Hodl, Hodl, Hodl,
Hodl, Hodl, Hodl, Hodl, Hodl, Hodl, Hodl, Hodl, Hodl, Hodl, Hodl,
Hodl, Hodl, Hodl, Hodl, Hodl, Hodl, Hodl, Hodl, Hodl, Hodl, Hodl,
Hodl, Hodl, Hodl, Hodl, Hodl, Hodl, Hodl, Hodl, Hodl, Hodl, Hodl,
Hodl, Hodl, Hodl, Hodl, Hodl, Hodl.

Hodl, Hodl, Hodl, Hodl, Hodl, Hodl, Hodl, Hodl, Hodl,
Hodl, Hodl, Hodl, Hodl, Hodl, Hodl, Hodl, Hodl, Hodl, Hodl, Hodl,
Hodl, Hodl, Hodl, Hodl, Hodl, Hodl, Hodl, Hodl, Hodl, Hodl, Hodl,
Hodl, Hodl, Hodl, Hodl, Hodl, Hodl, Hodl, Hodl, Hodl, Hodl, Hodl,
Hodl, Hodl, Hodl, Hodl, Hodl, Hodl, Hodl, Hodl, Hodl, Hodl, Hodl,
Hodl, Hodl, Hodl, Hodl, Hodl, Hodl, Hodl, Hodl, Hodl, Hodl, Hodl,
Hodl, Hodl, Hodl, Hodl, Hodl, Hodl, Hodl, Hodl, Hodl, Hodl, Hodl,
Hodl, Hodl, Hodl, Hodl, Hodl, Hodl, Hodl, Hodl, Hodl, Hodl, Hodl,
Hodl, Hodl, Hodl, Hodl, Hodl, Hodl, Hodl, Hodl, Hodl, Hodl, Hodl,
Hodl, Hodl, Hodl, Hodl, Hodl, Hodl, Hodl, Hodl, Hodl, Hodl, Hodl,
Hodl, Hodl, Hodl, Hodl, Hodl, Hodl, Hodl, Hodl, Hodl, Hodl, Hodl,
Hodl, Hodl, Hodl, Hodl, Hodl, Hodl, Hodl, Hodl, Hodl, Hodl, Hodl,
Hodl, Hodl, Hodl, Hodl, Hodl, Hodl, Hodl, Hodl, Hodl, Hodl, Hodl,
Hodl, Hodl, Hodl, Hodl, Hodl, Hodl, Hodl, Hodl, Hodl, Hodl, Hodl,
Hodl, Hodl, Hodl, Hodl, Hodl, Hodl, Hodl, Hodl, Hodl, Hodl, Hodl,
Hodl, Hodl, Hodl, Hodl, Hodl, Hodl, Hodl, Hodl, Hodl, Hodl, Hodl,
Hodl, Hodl, Hodl, Hodl, Hodl, Hodl, Hodl, Hodl, Hodl, Hodl, Hodl,
Hodl, Hodl, Hodl, Hodl, Hodl, Hodl, Hodl, Hodl, Hodl, Hodl, Hodl,
Hodl, Hodl, Hodl, Hodl, Hodl, Hodl, Hodl, Hodl, Hodl, Hodl, Hodl,
Hodl, Hodl, Hodl, Hodl, Hodl, Hodl, Hodl, Hodl, Hodl, Hodl, Hodl,
Hodl, Hodl, Hodl, Hodl, Hodl, Hodl, Hodl, Hodl, Hodl, Hodl, Hodl,
Hodl, Hodl, Hodl, Hodl, Hodl, Hodl, Hodl, Hodl, Hodl, Hodl, Hodl,
Hodl, Hodl, Hodl, Hodl, Hodl, Hodl, Hodl, Hodl, Hodl, Hodl, Hodl,
Hodl, Hodl, Hodl, Hodl, Hodl, Hodl, Hodl, Hodl, Hodl, Hodl, Hodl,
Hodl, Hodl, Hodl, Hodl, Hodl, Hodl, Hodl, Hodl, Hodl, Hodl, Hodl,
Hodl, Hodl, Hodl, Hodl, Hodl, Hodl, Hodl, Hodl, Hodl, Hodl, Hodl,
Hodl, Hodl, Hodl, Hodl, Hodl, Hodl, Hodl, Hodl, Hodl, Hodl, Hodl,
Hodl, Hodl, Hodl, Hodl, Hodl, Hodl, Hodl, Hodl, Hodl, Hodl, Hodl,
Hodl, Hodl, Hodl, Hodl, Hodl, Hodl, Hodl, Hodl, Hodl, Hodl, Hodl,
Hodl, Hodl, Hodl, Hodl, Hodl, Hodl, Hodl, Hodl, Hodl, Hodl, Hodl,
Hodl, Hodl, Hodl, Hodl, Hodl, Hodl, Hodl, Hodl, Hodl, Hodl, Hodl,
Hodl, Hodl, Hodl, Hodl, Hodl, Hodl, Hodl, Hodl, Hodl, Hodl, Hodl,
Hodl, Hodl, Hodl, Hodl, Hodl, Hodl, Hodl, Hodl, Hodl, Hodl, Hodl,
Hodl, Hodl, Hodl, Hodl, Hodl, Hodl, Hodl, Hodl, Hodl, Hodl, Hodl,
Hodl, Hodl, Hodl, Hodl, Hodl, Hodl, Hodl, Hodl, Hodl, Hodl, Hodl,
Hodl, Hodl, Hodl, Hodl, Hodl, Hodl, Hodl, Hodl, Hodl, Hodl, Hodl,
Hodl, Hodl, Hodl, Hodl, Hodl, Hodl.

Hodl, Hodl, Hodl, Hodl, Hodl, Hodl, Hodl, Hodl, Hodl,
Hodl, Hodl, Hodl, Hodl, Hodl, Hodl, Hodl, Hodl, Hodl, Hodl, Hodl,
Hodl, Hodl, Hodl, Hodl, Hodl, Hodl, Hodl, Hodl, Hodl, Hodl, Hodl,
Hodl, Hodl, Hodl, Hodl, Hodl, Hodl, Hodl, Hodl, Hodl, Hodl, Hodl,
Hodl, Hodl, Hodl, Hodl, Hodl, Hodl, Hodl, Hodl, Hodl, Hodl, Hodl,
Hodl, Hodl, Hodl, Hodl, Hodl, Hodl, Hodl, Hodl, Hodl, Hodl, Hodl,
Hodl, Hodl, Hodl, Hodl, Hodl, Hodl, Hodl, Hodl, Hodl, Hodl, Hodl,
Hodl, Hodl, Hodl, Hodl, Hodl, Hodl, Hodl, Hodl, Hodl, Hodl, Hodl,
Hodl, Hodl, Hodl, Hodl, Hodl, Hodl, Hodl, Hodl, Hodl, Hodl, Hodl,
Hodl, Hodl, Hodl, Hodl, Hodl, Hodl, Hodl, Hodl, Hodl, Hodl, Hodl,
Hodl, Hodl, Hodl, Hodl, Hodl, Hodl, Hodl, Hodl, Hodl, Hodl, Hodl,
Hodl, Hodl, Hodl, Hodl, Hodl, Hodl, Hodl, Hodl, Hodl, Hodl, Hodl,
Hodl, Hodl, Hodl, Hodl, Hodl, Hodl, Hodl, Hodl, Hodl, Hodl, Hodl,
Hodl, Hodl, Hodl, Hodl, Hodl, Hodl, Hodl, Hodl, Hodl, Hodl, Hodl,
Hodl, Hodl, Hodl, Hodl, Hodl, Hodl, Hodl, Hodl, Hodl, Hodl, Hodl,
Hodl, Hodl, Hodl, Hodl, Hodl, Hodl, Hodl, Hodl, Hodl, Hodl, Hodl,
Hodl, Hodl, Hodl, Hodl, Hodl, Hodl, Hodl, Hodl, Hodl, Hodl, Hodl,
Hodl, Hodl, Hodl, Hodl, Hodl, Hodl, Hodl, Hodl, Hodl, Hodl, Hodl,
Hodl, Hodl, Hodl, Hodl, Hodl, Hodl, Hodl, Hodl, Hodl, Hodl, Hodl,
Hodl, Hodl, Hodl, Hodl, Hodl, Hodl, Hodl, Hodl, Hodl, Hodl, Hodl,
Hodl, Hodl, Hodl, Hodl, Hodl, Hodl, Hodl, Hodl, Hodl, Hodl, Hodl,
Hodl, Hodl, Hodl, Hodl, Hodl, Hodl, Hodl, Hodl, Hodl, Hodl, Hodl,
Hodl, Hodl, Hodl, Hodl, Hodl, Hodl, Hodl, Hodl, Hodl, Hodl, Hodl,
Hodl, Hodl, Hodl, Hodl, Hodl, Hodl, Hodl, Hodl, Hodl, Hodl, Hodl,
Hodl, Hodl, Hodl, Hodl, Hodl, Hodl, Hodl, Hodl, Hodl, Hodl, Hodl,
Hodl, Hodl, Hodl, Hodl, Hodl, Hodl, Hodl, Hodl, Hodl, Hodl, Hodl,
Hodl, Hodl, Hodl, Hodl, Hodl, Hodl, Hodl, Hodl, Hodl, Hodl, Hodl,
Hodl, Hodl, Hodl, Hodl, Hodl, Hodl, Hodl, Hodl, Hodl, Hodl, Hodl,
Hodl, Hodl, Hodl, Hodl, Hodl, Hodl, Hodl, Hodl, Hodl, Hodl, Hodl,
Hodl, Hodl, Hodl, Hodl, Hodl, Hodl, Hodl, Hodl, Hodl, Hodl, Hodl,
Hodl, Hodl, Hodl, Hodl, Hodl, Hodl, Hodl, Hodl, Hodl, Hodl, Hodl,
Hodl, Hodl, Hodl, Hodl, Hodl, Hodl, Hodl, Hodl, Hodl, Hodl, Hodl,
Hodl, Hodl, Hodl, Hodl, Hodl, Hodl.

Hodl, Hodl, Hodl, Hodl, Hodl, Hodl, Hodl, Hodl, Hodl,
Hodl, Hodl, Hodl, Hodl, Hodl, Hodl, Hodl, Hodl, Hodl, Hodl, Hodl,
Hodl, Hodl, Hodl, Hodl, Hodl, Hodl, Hodl, Hodl, Hodl, Hodl, Hodl,
Hodl, Hodl, Hodl, Hodl, Hodl, Hodl, Hodl, Hodl, Hodl, Hodl, Hodl,
Hodl, Hodl, Hodl, Hodl, Hodl, Hodl, Hodl, Hodl, Hodl, Hodl, Hodl,
Hodl, Hodl, Hodl, Hodl, Hodl, Hodl, Hodl, Hodl, Hodl, Hodl, Hodl,
Hodl, Hodl, Hodl, Hodl, Hodl, Hodl, Hodl, Hodl, Hodl, Hodl, Hodl,
Hodl, Hodl, Hodl, Hodl, Hodl, Hodl, Hodl, Hodl, Hodl, Hodl, Hodl,
Hodl, Hodl, Hodl, Hodl, Hodl, Hodl, Hodl, Hodl, Hodl, Hodl, Hodl,
Hodl, Hodl, Hodl, Hodl, Hodl, Hodl, Hodl, Hodl, Hodl, Hodl, Hodl,
Hodl, Hodl, Hodl, Hodl, Hodl, Hodl, Hodl, Hodl, Hodl, Hodl, Hodl,
Hodl, Hodl, Hodl, Hodl, Hodl, Hodl, Hodl, Hodl, Hodl, Hodl, Hodl,
Hodl, Hodl, Hodl, Hodl, Hodl, Hodl, Hodl, Hodl, Hodl, Hodl, Hodl,
Hodl, Hodl, Hodl, Hodl, Hodl, Hodl, Hodl, Hodl, Hodl, Hodl, Hodl,
Hodl, Hodl, Hodl, Hodl, Hodl, Hodl, Hodl, Hodl, Hodl, Hodl, Hodl,
Hodl, Hodl, Hodl, Hodl, Hodl, Hodl, Hodl, Hodl, Hodl, Hodl, Hodl,
Hodl, Hodl, Hodl, Hodl, Hodl, Hodl, Hodl, Hodl, Hodl, Hodl, Hodl,
Hodl, Hodl, Hodl, Hodl, Hodl, Hodl, Hodl, Hodl, Hodl, Hodl, Hodl,
Hodl, Hodl, Hodl, Hodl, Hodl, Hodl, Hodl, Hodl, Hodl, Hodl, Hodl,
Hodl, Hodl, Hodl, Hodl, Hodl, Hodl, Hodl, Hodl, Hodl, Hodl, Hodl,
Hodl, Hodl, Hodl, Hodl, Hodl, Hodl, Hodl, Hodl, Hodl, Hodl, Hodl,
Hodl, Hodl, Hodl, Hodl, Hodl, Hodl, Hodl, Hodl, Hodl, Hodl, Hodl,
Hodl, Hodl, Hodl, Hodl, Hodl, Hodl, Hodl, Hodl, Hodl, Hodl, Hodl,
Hodl, Hodl, Hodl, Hodl, Hodl, Hodl, Hodl, Hodl, Hodl, Hodl, Hodl,
Hodl, Hodl, Hodl, Hodl, Hodl, Hodl, Hodl, Hodl, Hodl, Hodl, Hodl,
Hodl, Hodl, Hodl, Hodl, Hodl, Hodl, Hodl, Hodl, Hodl, Hodl, Hodl,
Hodl, Hodl, Hodl, Hodl, Hodl, Hodl, Hodl, Hodl, Hodl, Hodl, Hodl,
Hodl, Hodl, Hodl, Hodl, Hodl, Hodl, Hodl, Hodl, Hodl, Hodl, Hodl,
Hodl, Hodl, Hodl, Hodl, Hodl, Hodl, Hodl, Hodl, Hodl, Hodl, Hodl,
Hodl, Hodl, Hodl, Hodl, Hodl, Hodl, Hodl, Hodl, Hodl, Hodl, Hodl,
Hodl, Hodl, Hodl, Hodl, Hodl, Hodl, Hodl, Hodl, Hodl, Hodl, Hodl,
Hodl, Hodl, Hodl, Hodl, Hodl, Hodl, Hodl, Hodl, Hodl, Hodl, Hodl,
Hodl, Hodl, Hodl, Hodl, Hodl, Hodl, Hodl, Hodl, Hodl, Hodl, Hodl,
Hodl, Hodl, Hodl, Hodl, Hodl, Hodl, Hodl, Hodl, Hodl, Hodl, Hodl,
Hodl, Hodl, Hodl, Hodl, Hodl, Hodl.

Hodl, Hodl, Hodl, Hodl, Hodl, Hodl, Hodl, Hodl, Hodl,
Hodl, Hodl, Hodl, Hodl, Hodl, Hodl, Hodl, Hodl, Hodl, Hodl, Hodl,
Hodl, Hodl, Hodl, Hodl, Hodl, Hodl, Hodl, Hodl, Hodl, Hodl, Hodl,
Hodl, Hodl, Hodl, Hodl, Hodl, Hodl, Hodl, Hodl, Hodl, Hodl, Hodl,
Hodl, Hodl, Hodl, Hodl, Hodl, Hodl, Hodl, Hodl, Hodl, Hodl, Hodl,
Hodl, Hodl, Hodl, Hodl, Hodl, Hodl, Hodl, Hodl, Hodl, Hodl, Hodl,
Hodl, Hodl, Hodl, Hodl, Hodl, Hodl, Hodl, Hodl, Hodl, Hodl, Hodl,
Hodl, Hodl, Hodl, Hodl, Hodl, Hodl, Hodl, Hodl, Hodl, Hodl, Hodl,
Hodl, Hodl, Hodl, Hodl, Hodl, Hodl, Hodl, Hodl, Hodl, Hodl, Hodl,
Hodl, Hodl, Hodl, Hodl, Hodl, Hodl, Hodl, Hodl, Hodl, Hodl, Hodl,
Hodl, Hodl, Hodl, Hodl, Hodl, Hodl, Hodl, Hodl, Hodl, Hodl, Hodl,
Hodl, Hodl, Hodl, Hodl, Hodl, Hodl, Hodl, Hodl, Hodl, Hodl, Hodl,
Hodl, Hodl, Hodl, Hodl, Hodl, Hodl, Hodl, Hodl, Hodl, Hodl, Hodl,
Hodl, Hodl, Hodl, Hodl, Hodl, Hodl, Hodl, Hodl, Hodl, Hodl, Hodl,
Hodl, Hodl, Hodl, Hodl, Hodl, Hodl, Hodl, Hodl, Hodl, Hodl, Hodl,
Hodl, Hodl, Hodl, Hodl, Hodl, Hodl, Hodl, Hodl, Hodl, Hodl, Hodl,
Hodl, Hodl, Hodl, Hodl, Hodl, Hodl, Hodl, Hodl, Hodl, Hodl, Hodl,
Hodl, Hodl, Hodl, Hodl, Hodl, Hodl, Hodl, Hodl, Hodl, Hodl, Hodl,
Hodl, Hodl, Hodl, Hodl, Hodl, Hodl, Hodl, Hodl, Hodl, Hodl, Hodl,
Hodl, Hodl, Hodl, Hodl, Hodl, Hodl, Hodl, Hodl, Hodl, Hodl, Hodl,
Hodl, Hodl, Hodl, Hodl, Hodl, Hodl, Hodl, Hodl, Hodl, Hodl, Hodl,
Hodl, Hodl, Hodl, Hodl, Hodl, Hodl, Hodl, Hodl, Hodl, Hodl, Hodl,
Hodl, Hodl, Hodl, Hodl, Hodl, Hodl, Hodl, Hodl, Hodl, Hodl, Hodl,
Hodl, Hodl, Hodl, Hodl, Hodl, Hodl, Hodl, Hodl, Hodl, Hodl, Hodl,
Hodl, Hodl, Hodl, Hodl, Hodl, Hodl, Hodl, Hodl, Hodl, Hodl, Hodl,
Hodl, Hodl, Hodl, Hodl, Hodl, Hodl, Hodl, Hodl, Hodl, Hodl, Hodl,
Hodl, Hodl, Hodl, Hodl, Hodl, Hodl, Hodl, Hodl, Hodl, Hodl, Hodl,
Hodl, Hodl, Hodl, Hodl, Hodl, Hodl, Hodl, Hodl, Hodl, Hodl, Hodl,
Hodl, Hodl, Hodl, Hodl, Hodl, Hodl, Hodl, Hodl, Hodl, Hodl, Hodl,
Hodl, Hodl, Hodl, Hodl, Hodl, Hodl, Hodl, Hodl, Hodl, Hodl, Hodl,
Hodl, Hodl, Hodl, Hodl, Hodl, Hodl, Hodl, Hodl, Hodl, Hodl, Hodl,
Hodl, Hodl, Hodl, Hodl, Hodl, Hodl, Hodl, Hodl, Hodl, Hodl, Hodl,
Hodl, Hodl, Hodl, Hodl, Hodl, Hodl, Hodl, Hodl, Hodl, Hodl, Hodl,
Hodl, Hodl, Hodl, Hodl, Hodl, Hodl, Hodl, Hodl, Hodl, Hodl, Hodl,
Hodl, Hodl, Hodl, Hodl, Hodl, Hodl.

Hodl, Hodl, Hodl, Hodl, Hodl, Hodl, Hodl, Hodl, Hodl,
Hodl, Hodl, Hodl, Hodl, Hodl, Hodl, Hodl, Hodl, Hodl, Hodl, Hodl,
Hodl, Hodl, Hodl, Hodl, Hodl, Hodl, Hodl, Hodl, Hodl, Hodl, Hodl,
Hodl, Hodl, Hodl, Hodl, Hodl, Hodl, Hodl, Hodl, Hodl, Hodl, Hodl,
Hodl, Hodl, Hodl, Hodl, Hodl, Hodl, Hodl, Hodl, Hodl, Hodl, Hodl,
Hodl, Hodl, Hodl, Hodl, Hodl, Hodl, Hodl, Hodl, Hodl, Hodl, Hodl,
Hodl, Hodl, Hodl, Hodl, Hodl, Hodl, Hodl, Hodl, Hodl, Hodl, Hodl,
Hodl, Hodl, Hodl, Hodl, Hodl, Hodl, Hodl, Hodl, Hodl, Hodl, Hodl,
Hodl, Hodl, Hodl, Hodl, Hodl, Hodl, Hodl, Hodl, Hodl, Hodl, Hodl,
Hodl, Hodl, Hodl, Hodl, Hodl, Hodl, Hodl, Hodl, Hodl, Hodl, Hodl,
Hodl, Hodl, Hodl, Hodl, Hodl, Hodl, Hodl, Hodl, Hodl, Hodl, Hodl,
Hodl, Hodl, Hodl, Hodl, Hodl, Hodl, Hodl, Hodl, Hodl, Hodl, Hodl,
Hodl, Hodl, Hodl, Hodl, Hodl, Hodl, Hodl, Hodl, Hodl, Hodl, Hodl,
Hodl, Hodl, Hodl, Hodl, Hodl, Hodl, Hodl, Hodl, Hodl, Hodl, Hodl,
Hodl, Hodl, Hodl, Hodl, Hodl, Hodl, Hodl, Hodl, Hodl, Hodl, Hodl,
Hodl, Hodl, Hodl, Hodl, Hodl, Hodl, Hodl, Hodl, Hodl, Hodl, Hodl,
Hodl, Hodl, Hodl, Hodl, Hodl, Hodl, Hodl, Hodl, Hodl, Hodl, Hodl,
Hodl, Hodl, Hodl, Hodl, Hodl, Hodl, Hodl, Hodl, Hodl, Hodl, Hodl,
Hodl, Hodl, Hodl, Hodl, Hodl, Hodl, Hodl, Hodl, Hodl, Hodl, Hodl,
Hodl, Hodl, Hodl, Hodl, Hodl, Hodl, Hodl, Hodl, Hodl, Hodl, Hodl,
Hodl, Hodl, Hodl, Hodl, Hodl, Hodl, Hodl, Hodl, Hodl, Hodl, Hodl,
Hodl, Hodl, Hodl, Hodl, Hodl, Hodl, Hodl, Hodl, Hodl, Hodl, Hodl,
Hodl, Hodl, Hodl, Hodl, Hodl, Hodl, Hodl, Hodl, Hodl, Hodl, Hodl,
Hodl, Hodl, Hodl, Hodl, Hodl, Hodl, Hodl, Hodl, Hodl, Hodl, Hodl,
Hodl, Hodl, Hodl, Hodl, Hodl, Hodl, Hodl, Hodl, Hodl, Hodl, Hodl,
Hodl, Hodl, Hodl, Hodl, Hodl, Hodl, Hodl, Hodl, Hodl, Hodl, Hodl,
Hodl, Hodl, Hodl, Hodl, Hodl, Hodl, Hodl, Hodl, Hodl, Hodl, Hodl,
Hodl, Hodl, Hodl, Hodl, Hodl, Hodl, Hodl, Hodl, Hodl, Hodl, Hodl,
Hodl, Hodl, Hodl, Hodl, Hodl, Hodl, Hodl, Hodl, Hodl, Hodl, Hodl,
Hodl, Hodl, Hodl, Hodl, Hodl, Hodl, Hodl, Hodl, Hodl, Hodl, Hodl,
Hodl, Hodl, Hodl, Hodl, Hodl, Hodl, Hodl, Hodl, Hodl, Hodl, Hodl,
Hodl, Hodl, Hodl, Hodl, Hodl, Hodl, Hodl, Hodl, Hodl, Hodl, Hodl,
Hodl, Hodl, Hodl, Hodl, Hodl, Hodl, Hodl, Hodl, Hodl, Hodl, Hodl,
Hodl, Hodl, Hodl, Hodl, Hodl, Hodl.

Hodl, Hodl, Hodl, Hodl, Hodl, Hodl, Hodl, Hodl, Hodl, Hodl, Hodl, Hodl, Hodl, Hodl, Hodl, Hodl, Hodl, Hodl, Hodl, Hodl, Hodl, Hodl, Hodl, Hodl, Hodl, Hodl, Hodl, Hodl, Hodl, Hodl, Hodl, Hodl, Hodl, Hodl, Hodl, Hodl, Hodl, Hodl, Hodl, Hodl, Hodl, Hodl, Hodl, Hodl, Hodl, Hodl, Hodl, Hodl, Hodl, Hodl, Hodl, Hodl, Hodl, Hodl, Hodl, Hodl, Hodl, Hodl, Hodl, Hodl, Hodl, Hodl, Hodl, Hodl, Hodl, Hodl, Hodl, Hodl, Hodl, Hodl, Hodl, Hodl, Hodl, Hodl, Hodl, Hodl, Hodl, Hodl, Hodl, Hodl, Hodl, Hodl, Hodl, Hodl, Hodl, Hodl, Hodl, Hodl, Hodl, Hodl, Hodl, Hodl, Hodl, Hodl, Hodl, Hodl, Hodl, Hodl, Hodl, Hodl, Hodl, Hodl, Hodl, Hodl, Hodl, Hodl, Hodl, Hodl, Hodl, Hodl, Hodl, Hodl, Hodl, Hodl, Hodl, Hodl, Hodl, Hodl, Hodl, Hodl, Hodl, Hodl, Hodl, Hodl, Hodl, Hodl, Hodl, Hodl, Hodl, Hodl, Hodl, Hodl, Hodl, Hodl, Hodl, Hodl, Hodl, Hodl, Hodl, Hodl, Hodl, Hodl, Hodl, Hodl, Hodl, Hodl, Hodl, Hodl, Hodl, Hodl, Hodl, Hodl, Hodl, Hodl, Hodl, Hodl, Hodl, Hodl, Hodl, Hodl, Hodl, Hodl, Hodl, Hodl, Hodl, Hodl, Hodl, Hodl, Hodl, Hodl, Hodl, Hodl, Hodl, Hodl, Hodl, Hodl, Hodl, Hodl, Hodl, Hodl, Hodl, Hodl, Hodl, Hodl, Hodl, Hodl, Hodl, Hodl, Hodl, Hodl, Hodl, Hodl, Hodl, Hodl, Hodl, Hodl, Hodl, Hodl, Hodl, Hodl, Hodl, Hodl, Hodl, Hodl, Hodl, Hodl, Hodl, Hodl, Hodl, Hodl, Hodl, Hodl, Hodl, Hodl, Hodl, Hodl, Hodl, Hodl, Hodl, Hodl, Hodl, Hodl, Hodl, Hodl, Hodl, Hodl, Hodl, Hodl, Hodl, Hodl, Hodl, Hodl, Hodl, Hodl, Hodl, Hodl, Hodl, Hodl, Hodl, Hodl, Hodl, Hodl, Hodl, Hodl, Hodl, Hodl, Hodl, Hodl, Hodl, Hodl, Hodl, Hodl, Hodl, Hodl, Hodl, Hodl, Hodl, Hodl, Hodl, Hodl, Hodl, Hodl, Hodl, Hodl, Hodl, Hodl, Hodl, Hodl, Hodl, Hodl, Hodl, Hodl, Hodl, Hodl, Hodl, Hodl, Hodl, Hodl, Hodl, Hodl, Hodl, Hodl, Hodl, Hodl, Hodl, Hodl, Hodl, Hodl, Hodl, Hodl, Hodl, Hodl, Hodl, Hodl, Hodl, Hodl, Hodl, Hodl, Hodl, Hodl, Hodl, Hodl, Hodl, Hodl, Hodl, Hodl, Hodl, Hodl, Hodl, Hodl, Hodl, Hodl, Hodl, Hodl, Hodl, Hodl, Hodl, Hodl, Hodl, Hodl, Hodl, Hodl, Hodl, Hodl, Hodl, Hodl, Hodl, Hodl, Hodl, Hodl, Hodl, Hodl, Hodl, Hodl, Hodl, Hodl, Hodl, Hodl, Hodl, Hodl, Hodl, Hodl, Hodl, Hodl, Hodl, Hodl, Hodl, Hodl, Hodl, Hodl, Hodl, Hodl, Hodl, Hodl, Hodl, Hodl, Hodl, Hodl, Hodl, Hodl, Hodl, Hodl, Hodl, Hodl, Hodl, Hodl, Hodl, Hodl, Hodl, Hodl, Hodl, Hodl, Hodl, Hodl, Hodl, Hodl, Hodl, Hodl, Hodl, Hodl, Hodl, Hodl, Hodl, Hodl, Hodl, Hodl, Hodl, Hodl, Hodl, Hodl, Hodl, Hodl, Hodl, Hodl, Hodl, Hodl, Hodl, Hodl, Hodl, Hodl, Hodl, Hodl, Hodl, Hodl, Hodl, Hodl, Hodl, Hodl, Hodl, Hodl, Hodl, Hodl, Hodl, Hodl.

Hodl, Hodl, Hodl, Hodl, Hodl, Hodl, Hodl, Hodl, Hodl,
Hodl, Hodl, Hodl, Hodl, Hodl, Hodl, Hodl, Hodl, Hodl, Hodl, Hodl,
Hodl, Hodl, Hodl, Hodl, Hodl, Hodl, Hodl, Hodl, Hodl, Hodl, Hodl,
Hodl, Hodl, Hodl, Hodl, Hodl, Hodl, Hodl, Hodl, Hodl, Hodl, Hodl,
Hodl, Hodl, Hodl, Hodl, Hodl, Hodl, Hodl, Hodl, Hodl, Hodl, Hodl,
Hodl, Hodl, Hodl, Hodl, Hodl, Hodl, Hodl, Hodl, Hodl, Hodl, Hodl,
Hodl, Hodl, Hodl, Hodl, Hodl, Hodl, Hodl, Hodl, Hodl, Hodl, Hodl,
Hodl, Hodl, Hodl, Hodl, Hodl, Hodl, Hodl, Hodl, Hodl, Hodl, Hodl,
Hodl, Hodl, Hodl, Hodl, Hodl, Hodl, Hodl, Hodl, Hodl, Hodl, Hodl,
Hodl, Hodl, Hodl, Hodl, Hodl, Hodl, Hodl, Hodl, Hodl, Hodl, Hodl,
Hodl, Hodl, Hodl, Hodl, Hodl, Hodl, Hodl, Hodl, Hodl, Hodl, Hodl,
Hodl, Hodl, Hodl, Hodl, Hodl, Hodl, Hodl, Hodl, Hodl, Hodl, Hodl,
Hodl, Hodl, Hodl, Hodl, Hodl, Hodl, Hodl, Hodl, Hodl, Hodl, Hodl,
Hodl, Hodl, Hodl, Hodl, Hodl, Hodl, Hodl, Hodl, Hodl, Hodl, Hodl,
Hodl, Hodl, Hodl, Hodl, Hodl, Hodl, Hodl, Hodl, Hodl, Hodl, Hodl,
Hodl, Hodl, Hodl, Hodl, Hodl, Hodl, Hodl, Hodl, Hodl, Hodl, Hodl,
Hodl, Hodl, Hodl, Hodl, Hodl, Hodl, Hodl, Hodl, Hodl, Hodl, Hodl,
Hodl, Hodl, Hodl, Hodl, Hodl, Hodl, Hodl, Hodl, Hodl, Hodl, Hodl,
Hodl, Hodl, Hodl, Hodl, Hodl, Hodl, Hodl, Hodl, Hodl, Hodl, Hodl,
Hodl, Hodl, Hodl, Hodl, Hodl, Hodl, Hodl, Hodl, Hodl, Hodl, Hodl,
Hodl, Hodl, Hodl, Hodl, Hodl, Hodl, Hodl, Hodl, Hodl, Hodl, Hodl,
Hodl, Hodl, Hodl, Hodl, Hodl, Hodl, Hodl, Hodl, Hodl, Hodl, Hodl,
Hodl, Hodl, Hodl, Hodl, Hodl, Hodl, Hodl, Hodl, Hodl, Hodl, Hodl,
Hodl, Hodl, Hodl, Hodl, Hodl, Hodl, Hodl, Hodl, Hodl, Hodl, Hodl,
Hodl, Hodl, Hodl, Hodl, Hodl, Hodl, Hodl, Hodl, Hodl, Hodl, Hodl,
Hodl, Hodl, Hodl, Hodl, Hodl, Hodl, Hodl, Hodl, Hodl, Hodl, Hodl,
Hodl, Hodl, Hodl, Hodl, Hodl, Hodl, Hodl, Hodl, Hodl, Hodl, Hodl,
Hodl, Hodl, Hodl, Hodl, Hodl, Hodl, Hodl, Hodl, Hodl, Hodl, Hodl,
Hodl, Hodl, Hodl, Hodl, Hodl, Hodl, Hodl, Hodl, Hodl, Hodl, Hodl,
Hodl, Hodl, Hodl, Hodl, Hodl, Hodl, Hodl, Hodl, Hodl, Hodl, Hodl,
Hodl, Hodl, Hodl, Hodl, Hodl, Hodl, Hodl, Hodl, Hodl, Hodl, Hodl,
Hodl, Hodl, Hodl, Hodl, Hodl, Hodl, Hodl, Hodl, Hodl, Hodl, Hodl,
Hodl, Hodl, Hodl, Hodl, Hodl, Hodl.

Hodl, Hodl, Hodl, Hodl, Hodl, Hodl, Hodl, Hodl, Hodl,
Hodl, Hodl, Hodl, Hodl, Hodl, Hodl, Hodl, Hodl, Hodl, Hodl, Hodl,
Hodl, Hodl, Hodl, Hodl, Hodl, Hodl, Hodl, Hodl, Hodl, Hodl, Hodl,
Hodl, Hodl, Hodl, Hodl, Hodl, Hodl, Hodl, Hodl, Hodl, Hodl, Hodl,
Hodl, Hodl, Hodl, Hodl, Hodl, Hodl, Hodl, Hodl, Hodl, Hodl, Hodl,
Hodl, Hodl, Hodl, Hodl, Hodl, Hodl, Hodl, Hodl, Hodl, Hodl, Hodl,
Hodl, Hodl, Hodl, Hodl, Hodl, Hodl, Hodl, Hodl, Hodl, Hodl, Hodl,
Hodl, Hodl, Hodl, Hodl, Hodl, Hodl, Hodl, Hodl, Hodl, Hodl, Hodl,
Hodl, Hodl, Hodl, Hodl, Hodl, Hodl, Hodl, Hodl, Hodl, Hodl, Hodl,
Hodl, Hodl, Hodl, Hodl, Hodl, Hodl, Hodl, Hodl, Hodl, Hodl, Hodl,
Hodl, Hodl, Hodl, Hodl, Hodl, Hodl, Hodl, Hodl, Hodl, Hodl, Hodl,
Hodl, Hodl, Hodl, Hodl, Hodl, Hodl, Hodl, Hodl, Hodl, Hodl, Hodl,
Hodl, Hodl, Hodl, Hodl, Hodl, Hodl, Hodl, Hodl, Hodl, Hodl, Hodl,
Hodl, Hodl, Hodl, Hodl, Hodl, Hodl, Hodl, Hodl, Hodl, Hodl, Hodl,
Hodl, Hodl, Hodl, Hodl, Hodl, Hodl, Hodl, Hodl, Hodl, Hodl, Hodl,
Hodl, Hodl, Hodl, Hodl, Hodl, Hodl, Hodl, Hodl, Hodl, Hodl, Hodl,
Hodl, Hodl, Hodl, Hodl, Hodl, Hodl, Hodl, Hodl, Hodl, Hodl, Hodl,
Hodl, Hodl, Hodl, Hodl, Hodl, Hodl, Hodl, Hodl, Hodl, Hodl, Hodl,
Hodl, Hodl, Hodl, Hodl, Hodl, Hodl, Hodl, Hodl, Hodl, Hodl, Hodl,
Hodl, Hodl, Hodl, Hodl, Hodl, Hodl, Hodl, Hodl, Hodl, Hodl, Hodl,
Hodl, Hodl, Hodl, Hodl, Hodl, Hodl, Hodl, Hodl, Hodl, Hodl, Hodl,
Hodl, Hodl, Hodl, Hodl, Hodl, Hodl, Hodl, Hodl, Hodl, Hodl, Hodl,
Hodl, Hodl, Hodl, Hodl, Hodl, Hodl, Hodl, Hodl, Hodl, Hodl, Hodl,
Hodl, Hodl, Hodl, Hodl, Hodl, Hodl, Hodl, Hodl, Hodl, Hodl, Hodl,
Hodl, Hodl, Hodl, Hodl, Hodl, Hodl, Hodl, Hodl, Hodl, Hodl, Hodl,
Hodl, Hodl, Hodl, Hodl, Hodl, Hodl, Hodl, Hodl, Hodl, Hodl, Hodl,
Hodl, Hodl, Hodl, Hodl, Hodl, Hodl, Hodl, Hodl, Hodl, Hodl, Hodl,
Hodl, Hodl, Hodl, Hodl, Hodl, Hodl, Hodl, Hodl, Hodl, Hodl, Hodl,
Hodl, Hodl, Hodl, Hodl, Hodl, Hodl, Hodl, Hodl, Hodl, Hodl, Hodl,
Hodl, Hodl, Hodl, Hodl, Hodl, Hodl, Hodl, Hodl, Hodl, Hodl, Hodl,
Hodl, Hodl, Hodl, Hodl, Hodl, Hodl, Hodl, Hodl, Hodl, Hodl, Hodl,
Hodl, Hodl, Hodl, Hodl, Hodl, Hodl.

Hodl, Hodl, Hodl, Hodl, Hodl, Hodl, Hodl, Hodl, Hodl,
Hodl, Hodl, Hodl, Hodl, Hodl, Hodl, Hodl, Hodl, Hodl, Hodl, Hodl,
Hodl, Hodl, Hodl, Hodl, Hodl, Hodl, Hodl, Hodl, Hodl, Hodl, Hodl,
Hodl, Hodl, Hodl, Hodl, Hodl, Hodl, Hodl, Hodl, Hodl, Hodl, Hodl,
Hodl, Hodl, Hodl, Hodl, Hodl, Hodl, Hodl, Hodl, Hodl, Hodl, Hodl,
Hodl, Hodl, Hodl, Hodl, Hodl, Hodl, Hodl, Hodl, Hodl, Hodl, Hodl,
Hodl, Hodl, Hodl, Hodl, Hodl, Hodl, Hodl, Hodl, Hodl, Hodl, Hodl,
Hodl, Hodl, Hodl, Hodl, Hodl, Hodl, Hodl, Hodl, Hodl, Hodl, Hodl,
Hodl, Hodl, Hodl, Hodl, Hodl, Hodl, Hodl, Hodl, Hodl, Hodl, Hodl,
Hodl, Hodl, Hodl, Hodl, Hodl, Hodl, Hodl, Hodl, Hodl, Hodl, Hodl,
Hodl, Hodl, Hodl, Hodl, Hodl, Hodl, Hodl, Hodl, Hodl, Hodl, Hodl,
Hodl, Hodl, Hodl, Hodl, Hodl, Hodl, Hodl, Hodl, Hodl, Hodl, Hodl,
Hodl, Hodl, Hodl, Hodl, Hodl, Hodl, Hodl, Hodl, Hodl, Hodl, Hodl,
Hodl, Hodl, Hodl, Hodl, Hodl, Hodl, Hodl, Hodl, Hodl, Hodl, Hodl,
Hodl, Hodl, Hodl, Hodl, Hodl, Hodl, Hodl, Hodl, Hodl, Hodl, Hodl,
Hodl, Hodl, Hodl, Hodl, Hodl, Hodl, Hodl, Hodl, Hodl, Hodl, Hodl,
Hodl, Hodl, Hodl, Hodl, Hodl, Hodl, Hodl, Hodl, Hodl, Hodl, Hodl,
Hodl, Hodl, Hodl, Hodl, Hodl, Hodl, Hodl, Hodl, Hodl, Hodl, Hodl,
Hodl, Hodl, Hodl, Hodl, Hodl, Hodl, Hodl, Hodl, Hodl, Hodl, Hodl,
Hodl, Hodl, Hodl, Hodl, Hodl, Hodl, Hodl, Hodl, Hodl, Hodl, Hodl,
Hodl, Hodl, Hodl, Hodl, Hodl, Hodl, Hodl, Hodl, Hodl, Hodl, Hodl,
Hodl, Hodl, Hodl, Hodl, Hodl, Hodl, Hodl, Hodl, Hodl, Hodl, Hodl,
Hodl, Hodl, Hodl, Hodl, Hodl, Hodl, Hodl, Hodl, Hodl, Hodl, Hodl,
Hodl, Hodl, Hodl, Hodl, Hodl, Hodl, Hodl, Hodl, Hodl, Hodl, Hodl,
Hodl, Hodl, Hodl, Hodl, Hodl, Hodl, Hodl, Hodl, Hodl, Hodl, Hodl,
Hodl, Hodl, Hodl, Hodl, Hodl, Hodl, Hodl, Hodl, Hodl, Hodl, Hodl,
Hodl, Hodl, Hodl, Hodl, Hodl, Hodl, Hodl, Hodl, Hodl, Hodl, Hodl,
Hodl, Hodl, Hodl, Hodl, Hodl, Hodl, Hodl, Hodl, Hodl, Hodl, Hodl,
Hodl, Hodl, Hodl, Hodl, Hodl, Hodl, Hodl, Hodl, Hodl, Hodl, Hodl,
Hodl, Hodl, Hodl, Hodl, Hodl, Hodl, Hodl, Hodl, Hodl, Hodl, Hodl,
Hodl, Hodl, Hodl, Hodl, Hodl, Hodl, Hodl, Hodl, Hodl, Hodl, Hodl,
Hodl, Hodl, Hodl, Hodl, Hodl, Hodl, Hodl, Hodl, Hodl, Hodl, Hodl,
Hodl, Hodl, Hodl, Hodl, Hodl, Hodl.

Hodl, Hodl, Hodl, Hodl, Hodl, Hodl, Hodl, Hodl, Hodl, Hodl, Hodl, Hodl, Hodl, Hodl, Hodl, Hodl, Hodl, Hodl, Hodl, Hodl, Hodl, Hodl, Hodl, Hodl, Hodl, Hodl, Hodl, Hodl, Hodl, Hodl, Hodl, Hodl, Hodl, Hodl, Hodl, Hodl, Hodl, Hodl, Hodl, Hodl, Hodl, Hodl, Hodl, Hodl, Hodl, Hodl, Hodl, Hodl, Hodl, Hodl, Hodl, Hodl, Hodl, Hodl, Hodl, Hodl, Hodl, Hodl, Hodl, Hodl, Hodl, Hodl, Hodl, Hodl, Hodl, Hodl, Hodl, Hodl, Hodl, Hodl, Hodl, Hodl, Hodl, Hodl, Hodl, Hodl, Hodl, Hodl, Hodl, Hodl, Hodl, Hodl, Hodl, Hodl, Hodl, Hodl, Hodl, Hodl, Hodl, Hodl, Hodl, Hodl, Hodl, Hodl, Hodl, Hodl, Hodl, Hodl, Hodl, Hodl, Hodl, Hodl, Hodl, Hodl, Hodl, Hodl, Hodl, Hodl, Hodl, Hodl, Hodl, Hodl, Hodl, Hodl, Hodl, Hodl, Hodl, Hodl, Hodl, Hodl, Hodl, Hodl, Hodl, Hodl, Hodl, Hodl, Hodl, Hodl, Hodl, Hodl, Hodl, Hodl, Hodl, Hodl, Hodl, Hodl, Hodl, Hodl, Hodl, Hodl, Hodl, Hodl, Hodl, Hodl, Hodl, Hodl, Hodl, Hodl, Hodl, Hodl, Hodl, Hodl, Hodl, Hodl, Hodl, Hodl, Hodl, Hodl, Hodl, Hodl, Hodl, Hodl, Hodl, Hodl, Hodl, Hodl, Hodl, Hodl, Hodl, Hodl, Hodl, Hodl, Hodl, Hodl, Hodl, Hodl, Hodl, Hodl, Hodl, Hodl, Hodl, Hodl, Hodl, Hodl, Hodl, Hodl, Hodl, Hodl, Hodl, Hodl, Hodl, Hodl, Hodl, Hodl, Hodl, Hodl, Hodl, Hodl, Hodl, Hodl, Hodl, Hodl, Hodl, Hodl, Hodl, Hodl, Hodl, Hodl, Hodl, Hodl, Hodl, Hodl, Hodl, Hodl, Hodl, Hodl, Hodl, Hodl, Hodl, Hodl, Hodl, Hodl, Hodl, Hodl, Hodl, Hodl, Hodl, Hodl, Hodl, Hodl, Hodl, Hodl, Hodl, Hodl, Hodl, Hodl, Hodl, Hodl, Hodl, Hodl, Hodl, Hodl, Hodl, Hodl, Hodl, Hodl, Hodl, Hodl, Hodl, Hodl, Hodl, Hodl, Hodl, Hodl, Hodl, Hodl, Hodl, Hodl, Hodl, Hodl, Hodl, Hodl, Hodl, Hodl, Hodl, Hodl, Hodl, Hodl, Hodl, Hodl, Hodl, Hodl, Hodl, Hodl, Hodl, Hodl, Hodl, Hodl, Hodl, Hodl, Hodl, Hodl, Hodl, Hodl, Hodl, Hodl, Hodl, Hodl, Hodl, Hodl, Hodl, Hodl, Hodl, Hodl, Hodl, Hodl, Hodl, Hodl, Hodl, Hodl, Hodl, Hodl, Hodl, Hodl, Hodl, Hodl, Hodl, Hodl, Hodl, Hodl, Hodl, Hodl, Hodl, Hodl, Hodl, Hodl, Hodl, Hodl, Hodl, Hodl, Hodl, Hodl, Hodl, Hodl, Hodl, Hodl, Hodl, Hodl, Hodl, Hodl, Hodl, Hodl, Hodl, Hodl, Hodl, Hodl, Hodl, Hodl, Hodl, Hodl, Hodl, Hodl, Hodl, Hodl, Hodl, Hodl, Hodl, Hodl, Hodl, Hodl, Hodl, Hodl, Hodl, Hodl, Hodl, Hodl, Hodl, Hodl, Hodl, Hodl, Hodl, Hodl, Hodl, Hodl, Hodl, Hodl, Hodl, Hodl, Hodl, Hodl, Hodl, Hodl, Hodl, Hodl, Hodl, Hodl, Hodl, Hodl, Hodl, Hodl, Hodl, Hodl, Hodl, Hodl, Hodl, Hodl, Hodl, Hodl, Hodl, Hodl, Hodl, Hodl, Hodl, Hodl, Hodl, Hodl, Hodl, Hodl, Hodl, Hodl, Hodl, Hodl, Hodl, Hodl, Hodl, Hodl, Hodl, Hodl, Hodl.

Hodl, Hodl, Hodl, Hodl, Hodl, Hodl, Hodl, Hodl, Hodl,
Hodl, Hodl, Hodl, Hodl, Hodl, Hodl, Hodl, Hodl, Hodl, Hodl, Hodl,
Hodl, Hodl, Hodl, Hodl, Hodl, Hodl, Hodl, Hodl, Hodl, Hodl, Hodl,
Hodl, Hodl, Hodl, Hodl, Hodl, Hodl, Hodl, Hodl, Hodl, Hodl, Hodl,
Hodl, Hodl, Hodl, Hodl, Hodl, Hodl, Hodl, Hodl, Hodl, Hodl, Hodl,
Hodl, Hodl, Hodl, Hodl, Hodl, Hodl, Hodl, Hodl, Hodl, Hodl, Hodl,
Hodl, Hodl, Hodl, Hodl, Hodl, Hodl, Hodl, Hodl, Hodl, Hodl, Hodl,
Hodl, Hodl, Hodl, Hodl, Hodl, Hodl, Hodl, Hodl, Hodl, Hodl, Hodl,
Hodl, Hodl, Hodl, Hodl, Hodl, Hodl, Hodl, Hodl, Hodl, Hodl, Hodl,
Hodl, Hodl, Hodl, Hodl, Hodl, Hodl, Hodl, Hodl, Hodl, Hodl, Hodl,
Hodl, Hodl, Hodl, Hodl, Hodl, Hodl, Hodl, Hodl, Hodl, Hodl, Hodl,
Hodl, Hodl, Hodl, Hodl, Hodl, Hodl, Hodl, Hodl, Hodl, Hodl, Hodl,
Hodl, Hodl, Hodl, Hodl, Hodl, Hodl, Hodl, Hodl, Hodl, Hodl, Hodl,
Hodl, Hodl, Hodl, Hodl, Hodl, Hodl, Hodl, Hodl, Hodl, Hodl, Hodl,
Hodl, Hodl, Hodl, Hodl, Hodl, Hodl, Hodl, Hodl, Hodl, Hodl, Hodl,
Hodl, Hodl, Hodl, Hodl, Hodl, Hodl, Hodl, Hodl, Hodl, Hodl, Hodl,
Hodl, Hodl, Hodl, Hodl, Hodl, Hodl, Hodl, Hodl, Hodl, Hodl, Hodl,
Hodl, Hodl, Hodl, Hodl, Hodl, Hodl, Hodl, Hodl, Hodl, Hodl, Hodl,
Hodl, Hodl, Hodl, Hodl, Hodl, Hodl, Hodl, Hodl, Hodl, Hodl, Hodl,
Hodl, Hodl, Hodl, Hodl, Hodl, Hodl, Hodl, Hodl, Hodl, Hodl, Hodl,
Hodl, Hodl, Hodl, Hodl, Hodl, Hodl, Hodl, Hodl, Hodl, Hodl, Hodl,
Hodl, Hodl, Hodl, Hodl, Hodl, Hodl, Hodl, Hodl, Hodl, Hodl, Hodl,
Hodl, Hodl, Hodl, Hodl, Hodl, Hodl, Hodl, Hodl, Hodl, Hodl, Hodl,
Hodl, Hodl, Hodl, Hodl, Hodl, Hodl, Hodl, Hodl, Hodl, Hodl, Hodl,
Hodl, Hodl, Hodl, Hodl, Hodl, Hodl, Hodl, Hodl, Hodl, Hodl, Hodl,
Hodl, Hodl, Hodl, Hodl, Hodl, Hodl, Hodl, Hodl, Hodl, Hodl, Hodl,
Hodl, Hodl, Hodl, Hodl, Hodl, Hodl, Hodl, Hodl, Hodl, Hodl, Hodl,
Hodl, Hodl, Hodl, Hodl, Hodl, Hodl, Hodl, Hodl, Hodl, Hodl, Hodl,
Hodl, Hodl, Hodl, Hodl, Hodl, Hodl, Hodl, Hodl, Hodl, Hodl, Hodl,
Hodl, Hodl, Hodl, Hodl, Hodl, Hodl, Hodl, Hodl, Hodl, Hodl, Hodl,
Hodl, Hodl, Hodl, Hodl, Hodl, Hodl, Hodl, Hodl, Hodl, Hodl, Hodl,
Hodl, Hodl, Hodl, Hodl, Hodl, Hodl, Hodl, Hodl, Hodl, Hodl, Hodl,
Hodl, Hodl, Hodl, Hodl, Hodl, Hodl, Hodl, Hodl, Hodl, Hodl, Hodl,
Hodl, Hodl, Hodl, Hodl, Hodl, Hodl, Hodl, Hodl, Hodl, Hodl, Hodl,
Hodl, Hodl, Hodl, Hodl, Hodl, Hodl.

Hodl, Hodl, Hodl, Hodl, Hodl, Hodl, Hodl, Hodl, Hodl,
Hodl, Hodl, Hodl, Hodl, Hodl, Hodl, Hodl, Hodl, Hodl, Hodl, Hodl,
Hodl, Hodl, Hodl, Hodl, Hodl, Hodl, Hodl, Hodl, Hodl, Hodl, Hodl,
Hodl, Hodl, Hodl, Hodl, Hodl, Hodl, Hodl, Hodl, Hodl, Hodl, Hodl,
Hodl, Hodl, Hodl, Hodl, Hodl, Hodl, Hodl, Hodl, Hodl, Hodl, Hodl,
Hodl, Hodl, Hodl, Hodl, Hodl, Hodl, Hodl, Hodl, Hodl, Hodl, Hodl,
Hodl, Hodl, Hodl, Hodl, Hodl, Hodl, Hodl, Hodl, Hodl, Hodl, Hodl,
Hodl, Hodl, Hodl, Hodl, Hodl, Hodl, Hodl, Hodl, Hodl, Hodl, Hodl,
Hodl, Hodl, Hodl, Hodl, Hodl, Hodl, Hodl, Hodl, Hodl, Hodl, Hodl,
Hodl, Hodl, Hodl, Hodl, Hodl, Hodl, Hodl, Hodl, Hodl, Hodl, Hodl,
Hodl, Hodl, Hodl, Hodl, Hodl, Hodl, Hodl, Hodl, Hodl, Hodl, Hodl,
Hodl, Hodl, Hodl, Hodl, Hodl, Hodl, Hodl, Hodl, Hodl, Hodl, Hodl,
Hodl, Hodl, Hodl, Hodl, Hodl, Hodl, Hodl, Hodl, Hodl, Hodl, Hodl,
Hodl, Hodl, Hodl, Hodl, Hodl, Hodl, Hodl, Hodl, Hodl, Hodl, Hodl,
Hodl, Hodl, Hodl, Hodl, Hodl, Hodl, Hodl, Hodl, Hodl, Hodl, Hodl,
Hodl, Hodl, Hodl, Hodl, Hodl, Hodl, Hodl, Hodl, Hodl, Hodl, Hodl,
Hodl, Hodl, Hodl, Hodl, Hodl, Hodl, Hodl, Hodl, Hodl, Hodl, Hodl,
Hodl, Hodl, Hodl, Hodl, Hodl, Hodl, Hodl, Hodl, Hodl, Hodl, Hodl,
Hodl, Hodl, Hodl, Hodl, Hodl, Hodl, Hodl, Hodl, Hodl, Hodl, Hodl,
Hodl, Hodl, Hodl, Hodl, Hodl, Hodl, Hodl, Hodl, Hodl, Hodl, Hodl,
Hodl, Hodl, Hodl, Hodl, Hodl, Hodl, Hodl, Hodl, Hodl, Hodl, Hodl,
Hodl, Hodl, Hodl, Hodl, Hodl, Hodl, Hodl, Hodl, Hodl, Hodl, Hodl,
Hodl, Hodl, Hodl, Hodl, Hodl, Hodl, Hodl, Hodl, Hodl, Hodl, Hodl,
Hodl, Hodl, Hodl, Hodl, Hodl, Hodl, Hodl, Hodl, Hodl, Hodl, Hodl,
Hodl, Hodl, Hodl, Hodl, Hodl, Hodl, Hodl, Hodl, Hodl, Hodl, Hodl,
Hodl, Hodl, Hodl, Hodl, Hodl, Hodl, Hodl, Hodl, Hodl, Hodl, Hodl,
Hodl, Hodl, Hodl, Hodl, Hodl, Hodl, Hodl, Hodl, Hodl, Hodl, Hodl,
Hodl, Hodl, Hodl, Hodl, Hodl, Hodl, Hodl, Hodl, Hodl, Hodl, Hodl,
Hodl, Hodl, Hodl, Hodl, Hodl, Hodl, Hodl, Hodl, Hodl, Hodl, Hodl,
Hodl, Hodl, Hodl, Hodl, Hodl, Hodl, Hodl, Hodl, Hodl, Hodl, Hodl,
Hodl, Hodl, Hodl, Hodl, Hodl, Hodl, Hodl, Hodl, Hodl, Hodl, Hodl,
Hodl, Hodl, Hodl, Hodl, Hodl, Hodl, Hodl, Hodl, Hodl, Hodl, Hodl,
Hodl, Hodl, Hodl, Hodl, Hodl, Hodl, Hodl, Hodl, Hodl, Hodl, Hodl,
Hodl, Hodl, Hodl, Hodl, Hodl, Hodl.

Hodl, Hodl, Hodl, Hodl, Hodl, Hodl, Hodl, Hodl, Hodl,
Hodl, Hodl, Hodl, Hodl, Hodl, Hodl, Hodl, Hodl, Hodl, Hodl, Hodl,
Hodl, Hodl, Hodl, Hodl, Hodl, Hodl, Hodl, Hodl, Hodl, Hodl, Hodl,
Hodl, Hodl, Hodl, Hodl, Hodl, Hodl, Hodl, Hodl, Hodl, Hodl, Hodl,
Hodl, Hodl, Hodl, Hodl, Hodl, Hodl, Hodl, Hodl, Hodl, Hodl, Hodl,
Hodl, Hodl, Hodl, Hodl, Hodl, Hodl, Hodl, Hodl, Hodl, Hodl, Hodl,
Hodl, Hodl, Hodl, Hodl, Hodl, Hodl, Hodl, Hodl, Hodl, Hodl, Hodl,
Hodl, Hodl, Hodl, Hodl, Hodl, Hodl, Hodl, Hodl, Hodl, Hodl, Hodl,
Hodl, Hodl, Hodl, Hodl, Hodl, Hodl, Hodl, Hodl, Hodl, Hodl, Hodl,
Hodl, Hodl, Hodl, Hodl, Hodl, Hodl, Hodl, Hodl, Hodl, Hodl, Hodl,
Hodl, Hodl, Hodl, Hodl, Hodl, Hodl, Hodl, Hodl, Hodl, Hodl, Hodl,
Hodl, Hodl, Hodl, Hodl, Hodl, Hodl, Hodl, Hodl, Hodl, Hodl, Hodl,
Hodl, Hodl, Hodl, Hodl, Hodl, Hodl, Hodl, Hodl, Hodl, Hodl, Hodl,
Hodl, Hodl, Hodl, Hodl, Hodl, Hodl, Hodl, Hodl, Hodl, Hodl, Hodl,
Hodl, Hodl, Hodl, Hodl, Hodl, Hodl, Hodl, Hodl, Hodl, Hodl, Hodl,
Hodl, Hodl, Hodl, Hodl, Hodl, Hodl, Hodl, Hodl, Hodl, Hodl, Hodl,
Hodl, Hodl, Hodl, Hodl, Hodl, Hodl, Hodl, Hodl, Hodl, Hodl, Hodl,
Hodl, Hodl, Hodl, Hodl, Hodl, Hodl, Hodl, Hodl, Hodl, Hodl, Hodl,
Hodl, Hodl, Hodl, Hodl, Hodl, Hodl, Hodl, Hodl, Hodl, Hodl, Hodl,
Hodl, Hodl, Hodl, Hodl, Hodl, Hodl, Hodl, Hodl, Hodl, Hodl, Hodl,
Hodl, Hodl, Hodl, Hodl, Hodl, Hodl, Hodl, Hodl, Hodl, Hodl, Hodl,
Hodl, Hodl, Hodl, Hodl, Hodl, Hodl, Hodl, Hodl, Hodl, Hodl, Hodl,
Hodl, Hodl, Hodl, Hodl, Hodl, Hodl, Hodl, Hodl, Hodl, Hodl, Hodl,
Hodl, Hodl, Hodl, Hodl, Hodl, Hodl, Hodl, Hodl, Hodl, Hodl, Hodl,
Hodl, Hodl, Hodl, Hodl, Hodl, Hodl, Hodl, Hodl, Hodl, Hodl, Hodl,
Hodl, Hodl, Hodl, Hodl, Hodl, Hodl, Hodl, Hodl, Hodl, Hodl, Hodl,
Hodl, Hodl, Hodl, Hodl, Hodl, Hodl, Hodl, Hodl, Hodl, Hodl, Hodl,
Hodl, Hodl, Hodl, Hodl, Hodl, Hodl, Hodl, Hodl, Hodl, Hodl, Hodl,
Hodl, Hodl, Hodl, Hodl, Hodl, Hodl, Hodl, Hodl, Hodl, Hodl, Hodl,
Hodl, Hodl, Hodl, Hodl, Hodl, Hodl, Hodl, Hodl, Hodl, Hodl, Hodl,
Hodl, Hodl, Hodl, Hodl, Hodl, Hodl, Hodl, Hodl, Hodl, Hodl, Hodl,
Hodl, Hodl, Hodl, Hodl, Hodl, Hodl, Hodl, Hodl, Hodl, Hodl, Hodl,
Hodl, Hodl, Hodl, Hodl, Hodl, Hodl, Hodl, Hodl, Hodl, Hodl, Hodl,
Hodl, Hodl, Hodl, Hodl, Hodl, Hodl.

Hodl, Hodl, Hodl, Hodl, Hodl, Hodl, Hodl, Hodl, Hodl,
Hodl, Hodl, Hodl, Hodl, Hodl, Hodl, Hodl, Hodl, Hodl, Hodl, Hodl,
Hodl, Hodl, Hodl, Hodl, Hodl, Hodl, Hodl, Hodl, Hodl, Hodl, Hodl,
Hodl, Hodl, Hodl, Hodl, Hodl, Hodl, Hodl, Hodl, Hodl, Hodl, Hodl,
Hodl, Hodl, Hodl, Hodl, Hodl, Hodl, Hodl, Hodl, Hodl, Hodl, Hodl,
Hodl, Hodl, Hodl, Hodl, Hodl, Hodl, Hodl, Hodl, Hodl, Hodl, Hodl,
Hodl, Hodl, Hodl, Hodl, Hodl, Hodl, Hodl, Hodl, Hodl, Hodl, Hodl,
Hodl, Hodl, Hodl, Hodl, Hodl, Hodl, Hodl, Hodl, Hodl, Hodl, Hodl,
Hodl, Hodl, Hodl, Hodl, Hodl, Hodl, Hodl, Hodl, Hodl, Hodl, Hodl,
Hodl, Hodl, Hodl, Hodl, Hodl, Hodl, Hodl, Hodl, Hodl, Hodl, Hodl,
Hodl, Hodl, Hodl, Hodl, Hodl, Hodl, Hodl, Hodl, Hodl, Hodl, Hodl,
Hodl, Hodl, Hodl, Hodl, Hodl, Hodl, Hodl, Hodl, Hodl, Hodl, Hodl,
Hodl, Hodl, Hodl, Hodl, Hodl, Hodl, Hodl, Hodl, Hodl, Hodl, Hodl,
Hodl, Hodl, Hodl, Hodl, Hodl, Hodl, Hodl, Hodl, Hodl, Hodl, Hodl,
Hodl, Hodl, Hodl, Hodl, Hodl, Hodl, Hodl, Hodl, Hodl, Hodl, Hodl,
Hodl, Hodl, Hodl, Hodl, Hodl, Hodl, Hodl, Hodl, Hodl, Hodl, Hodl,
Hodl, Hodl, Hodl, Hodl, Hodl, Hodl, Hodl, Hodl, Hodl, Hodl, Hodl,
Hodl, Hodl, Hodl, Hodl, Hodl, Hodl, Hodl, Hodl, Hodl, Hodl, Hodl,
Hodl, Hodl, Hodl, Hodl, Hodl, Hodl, Hodl, Hodl, Hodl, Hodl, Hodl,
Hodl, Hodl, Hodl, Hodl, Hodl, Hodl, Hodl, Hodl, Hodl, Hodl, Hodl,
Hodl, Hodl, Hodl, Hodl, Hodl, Hodl, Hodl, Hodl, Hodl, Hodl, Hodl,
Hodl, Hodl, Hodl, Hodl, Hodl, Hodl, Hodl, Hodl, Hodl, Hodl, Hodl,
Hodl, Hodl, Hodl, Hodl, Hodl, Hodl, Hodl, Hodl, Hodl, Hodl, Hodl,
Hodl, Hodl, Hodl, Hodl, Hodl, Hodl, Hodl, Hodl, Hodl, Hodl, Hodl,
Hodl, Hodl, Hodl, Hodl, Hodl, Hodl, Hodl, Hodl, Hodl, Hodl, Hodl,
Hodl, Hodl, Hodl, Hodl, Hodl, Hodl, Hodl, Hodl, Hodl, Hodl, Hodl,
Hodl, Hodl, Hodl, Hodl, Hodl, Hodl, Hodl, Hodl, Hodl, Hodl, Hodl,
Hodl, Hodl, Hodl, Hodl, Hodl, Hodl, Hodl, Hodl, Hodl, Hodl, Hodl,
Hodl, Hodl, Hodl, Hodl, Hodl, Hodl, Hodl, Hodl, Hodl, Hodl, Hodl,
Hodl, Hodl, Hodl, Hodl, Hodl, Hodl, Hodl, Hodl, Hodl, Hodl, Hodl,
Hodl, Hodl, Hodl, Hodl, Hodl, Hodl, Hodl, Hodl, Hodl, Hodl, Hodl,
Hodl, Hodl, Hodl, Hodl, Hodl, Hodl, Hodl, Hodl, Hodl, Hodl, Hodl,
Hodl, Hodl, Hodl, Hodl, Hodl, Hodl, Hodl, Hodl, Hodl, Hodl, Hodl,
Hodl, Hodl, Hodl, Hodl, Hodl, Hodl.

Hodl, Hodl, Hodl, Hodl, Hodl, Hodl, Hodl, Hodl, Hodl,
Hodl, Hodl, Hodl, Hodl, Hodl, Hodl, Hodl, Hodl, Hodl, Hodl, Hodl,
Hodl, Hodl, Hodl, Hodl, Hodl, Hodl, Hodl, Hodl, Hodl, Hodl, Hodl,
Hodl, Hodl, Hodl, Hodl, Hodl, Hodl, Hodl, Hodl, Hodl, Hodl, Hodl,
Hodl, Hodl, Hodl, Hodl, Hodl, Hodl, Hodl, Hodl, Hodl, Hodl, Hodl,
Hodl, Hodl, Hodl, Hodl, Hodl, Hodl, Hodl, Hodl, Hodl, Hodl, Hodl,
Hodl, Hodl, Hodl, Hodl, Hodl, Hodl, Hodl, Hodl, Hodl, Hodl, Hodl,
Hodl, Hodl, Hodl, Hodl, Hodl, Hodl, Hodl, Hodl, Hodl, Hodl, Hodl,
Hodl, Hodl, Hodl, Hodl, Hodl, Hodl, Hodl, Hodl, Hodl, Hodl, Hodl,
Hodl, Hodl, Hodl, Hodl, Hodl, Hodl, Hodl, Hodl, Hodl, Hodl, Hodl,
Hodl, Hodl, Hodl, Hodl, Hodl, Hodl, Hodl, Hodl, Hodl, Hodl, Hodl,
Hodl, Hodl, Hodl, Hodl, Hodl, Hodl, Hodl, Hodl, Hodl, Hodl, Hodl,
Hodl, Hodl, Hodl, Hodl, Hodl, Hodl, Hodl, Hodl, Hodl, Hodl, Hodl,
Hodl, Hodl, Hodl, Hodl, Hodl, Hodl, Hodl, Hodl, Hodl, Hodl, Hodl,
Hodl, Hodl, Hodl, Hodl, Hodl, Hodl, Hodl, Hodl, Hodl, Hodl, Hodl,
Hodl, Hodl, Hodl, Hodl, Hodl, Hodl, Hodl, Hodl, Hodl, Hodl, Hodl,
Hodl, Hodl, Hodl, Hodl, Hodl, Hodl, Hodl, Hodl, Hodl, Hodl, Hodl,
Hodl, Hodl, Hodl, Hodl, Hodl, Hodl, Hodl, Hodl, Hodl, Hodl, Hodl,
Hodl, Hodl, Hodl, Hodl, Hodl, Hodl, Hodl, Hodl, Hodl, Hodl, Hodl,
Hodl, Hodl, Hodl, Hodl, Hodl, Hodl, Hodl, Hodl, Hodl, Hodl, Hodl,
Hodl, Hodl, Hodl, Hodl, Hodl, Hodl, Hodl, Hodl, Hodl, Hodl, Hodl,
Hodl, Hodl, Hodl, Hodl, Hodl, Hodl, Hodl, Hodl, Hodl, Hodl, Hodl,
Hodl, Hodl, Hodl, Hodl, Hodl, Hodl, Hodl, Hodl, Hodl, Hodl, Hodl,
Hodl, Hodl, Hodl, Hodl, Hodl, Hodl, Hodl, Hodl, Hodl, Hodl, Hodl,
Hodl, Hodl, Hodl, Hodl, Hodl, Hodl, Hodl, Hodl, Hodl, Hodl, Hodl,
Hodl, Hodl, Hodl, Hodl, Hodl, Hodl, Hodl, Hodl, Hodl, Hodl, Hodl,
Hodl, Hodl, Hodl, Hodl, Hodl, Hodl, Hodl, Hodl, Hodl, Hodl, Hodl,
Hodl, Hodl, Hodl, Hodl, Hodl, Hodl, Hodl, Hodl, Hodl, Hodl, Hodl,
Hodl, Hodl, Hodl, Hodl, Hodl, Hodl, Hodl, Hodl, Hodl, Hodl, Hodl,
Hodl, Hodl, Hodl, Hodl, Hodl, Hodl, Hodl, Hodl, Hodl, Hodl, Hodl,
Hodl, Hodl, Hodl, Hodl, Hodl, Hodl, Hodl, Hodl, Hodl, Hodl, Hodl,
Hodl, Hodl, Hodl, Hodl, Hodl, Hodl, Hodl, Hodl, Hodl, Hodl, Hodl,
Hodl, Hodl, Hodl, Hodl, Hodl, Hodl.

Hodl, Hodl, Hodl, Hodl, Hodl, Hodl, Hodl, Hodl, Hodl, Hodl, Hodl, Hodl, Hodl, Hodl, Hodl, Hodl, Hodl, Hodl, Hodl, Hodl, Hodl, Hodl, Hodl, Hodl, Hodl, Hodl, Hodl, Hodl, Hodl, Hodl, Hodl, Hodl, Hodl, Hodl, Hodl, Hodl, Hodl, Hodl, Hodl, Hodl, Hodl, Hodl, Hodl, Hodl, Hodl, Hodl, Hodl, Hodl, Hodl, Hodl, Hodl, Hodl, Hodl, Hodl, Hodl, Hodl, Hodl, Hodl, Hodl, Hodl, Hodl, Hodl, Hodl, Hodl, Hodl, Hodl, Hodl, Hodl, Hodl, Hodl, Hodl, Hodl, Hodl, Hodl, Hodl, Hodl, Hodl, Hodl, Hodl, Hodl, Hodl, Hodl, Hodl, Hodl, Hodl, Hodl, Hodl, Hodl, Hodl, Hodl, Hodl, Hodl, Hodl, Hodl, Hodl, Hodl, Hodl, Hodl, Hodl, Hodl, Hodl, Hodl, Hodl, Hodl, Hodl, Hodl, Hodl, Hodl, Hodl, Hodl, Hodl, Hodl, Hodl, Hodl, Hodl, Hodl, Hodl, Hodl, Hodl, Hodl, Hodl, Hodl, Hodl, Hodl, Hodl, Hodl, Hodl, Hodl, Hodl, Hodl, Hodl, Hodl, Hodl, Hodl, Hodl, Hodl, Hodl, Hodl, Hodl, Hodl, Hodl, Hodl, Hodl, Hodl, Hodl, Hodl, Hodl, Hodl, Hodl, Hodl, Hodl, Hodl, Hodl, Hodl, Hodl, Hodl, Hodl, Hodl, Hodl, Hodl, Hodl, Hodl, Hodl, Hodl, Hodl, Hodl, Hodl, Hodl, Hodl, Hodl, Hodl, Hodl, Hodl, Hodl, Hodl, Hodl, Hodl, Hodl, Hodl, Hodl, Hodl, Hodl, Hodl, Hodl, Hodl, Hodl, Hodl, Hodl, Hodl, Hodl, Hodl, Hodl, Hodl, Hodl, Hodl, Hodl, Hodl, Hodl, Hodl, Hodl, Hodl, Hodl, Hodl, Hodl, Hodl, Hodl, Hodl, Hodl, Hodl, Hodl, Hodl, Hodl, Hodl, Hodl, Hodl, Hodl, Hodl, Hodl, Hodl, Hodl, Hodl, Hodl, Hodl, Hodl, Hodl, Hodl, Hodl, Hodl, Hodl, Hodl, Hodl, Hodl, Hodl, Hodl, Hodl, Hodl, Hodl, Hodl, Hodl, Hodl, Hodl, Hodl, Hodl, Hodl, Hodl, Hodl, Hodl, Hodl, Hodl, Hodl, Hodl, Hodl, Hodl, Hodl, Hodl, Hodl, Hodl, Hodl, Hodl, Hodl, Hodl, Hodl, Hodl, Hodl, Hodl, Hodl, Hodl, Hodl, Hodl, Hodl, Hodl, Hodl, Hodl, Hodl, Hodl, Hodl, Hodl, Hodl, Hodl, Hodl, Hodl, Hodl, Hodl, Hodl, Hodl, Hodl, Hodl, Hodl, Hodl, Hodl, Hodl, Hodl, Hodl, Hodl, Hodl, Hodl, Hodl, Hodl, Hodl, Hodl, Hodl, Hodl, Hodl, Hodl, Hodl, Hodl, Hodl, Hodl, Hodl, Hodl, Hodl, Hodl, Hodl, Hodl, Hodl, Hodl, Hodl, Hodl, Hodl, Hodl, Hodl, Hodl, Hodl, Hodl, Hodl, Hodl, Hodl, Hodl, Hodl, Hodl, Hodl, Hodl, Hodl, Hodl, Hodl, Hodl, Hodl, Hodl, Hodl, Hodl, Hodl, Hodl, Hodl, Hodl, Hodl, Hodl, Hodl, Hodl, Hodl, Hodl, Hodl, Hodl, Hodl, Hodl, Hodl, Hodl, Hodl, Hodl, Hodl, Hodl, Hodl, Hodl, Hodl, Hodl, Hodl, Hodl, Hodl, Hodl, Hodl, Hodl, Hodl, Hodl, Hodl, Hodl, Hodl, Hodl, Hodl, Hodl, Hodl, Hodl, Hodl, Hodl, Hodl, Hodl, Hodl, Hodl, Hodl, Hodl, Hodl, Hodl, Hodl, Hodl, Hodl, Hodl, Hodl, Hodl, Hodl, Hodl, Hodl, Hodl, Hodl, Hodl, Hodl, Hodl, Hodl, Hodl.

Hodl, Hodl, Hodl, Hodl, Hodl, Hodl, Hodl, Hodl, Hodl,
Hodl, Hodl, Hodl, Hodl, Hodl, Hodl, Hodl, Hodl, Hodl, Hodl, Hodl,
Hodl, Hodl, Hodl, Hodl, Hodl, Hodl, Hodl, Hodl, Hodl, Hodl, Hodl,
Hodl, Hodl, Hodl, Hodl, Hodl, Hodl, Hodl, Hodl, Hodl, Hodl, Hodl,
Hodl, Hodl, Hodl, Hodl, Hodl, Hodl, Hodl, Hodl, Hodl, Hodl, Hodl,
Hodl, Hodl, Hodl, Hodl, Hodl, Hodl, Hodl, Hodl, Hodl, Hodl, Hodl,
Hodl, Hodl, Hodl, Hodl, Hodl, Hodl, Hodl, Hodl, Hodl, Hodl, Hodl,
Hodl, Hodl, Hodl, Hodl, Hodl, Hodl, Hodl, Hodl, Hodl, Hodl, Hodl,
Hodl, Hodl, Hodl, Hodl, Hodl, Hodl, Hodl, Hodl, Hodl, Hodl, Hodl,
Hodl, Hodl, Hodl, Hodl, Hodl, Hodl, Hodl, Hodl, Hodl, Hodl, Hodl,
Hodl, Hodl, Hodl, Hodl, Hodl, Hodl, Hodl, Hodl, Hodl, Hodl, Hodl,
Hodl, Hodl, Hodl, Hodl, Hodl, Hodl, Hodl, Hodl, Hodl, Hodl, Hodl,
Hodl, Hodl, Hodl, Hodl, Hodl, Hodl, Hodl, Hodl, Hodl, Hodl, Hodl,
Hodl, Hodl, Hodl, Hodl, Hodl, Hodl, Hodl, Hodl, Hodl, Hodl, Hodl,
Hodl, Hodl, Hodl, Hodl, Hodl, Hodl, Hodl, Hodl, Hodl, Hodl, Hodl,
Hodl, Hodl, Hodl, Hodl, Hodl, Hodl, Hodl, Hodl, Hodl, Hodl, Hodl,
Hodl, Hodl, Hodl, Hodl, Hodl, Hodl, Hodl, Hodl, Hodl, Hodl, Hodl,
Hodl, Hodl, Hodl, Hodl, Hodl, Hodl, Hodl, Hodl, Hodl, Hodl, Hodl,
Hodl, Hodl, Hodl, Hodl, Hodl, Hodl, Hodl, Hodl, Hodl, Hodl, Hodl,
Hodl, Hodl, Hodl, Hodl, Hodl, Hodl, Hodl, Hodl, Hodl, Hodl, Hodl,
Hodl, Hodl, Hodl, Hodl, Hodl, Hodl, Hodl, Hodl, Hodl, Hodl, Hodl,
Hodl, Hodl, Hodl, Hodl, Hodl, Hodl, Hodl, Hodl, Hodl, Hodl, Hodl,
Hodl, Hodl, Hodl, Hodl, Hodl, Hodl, Hodl, Hodl, Hodl, Hodl, Hodl,
Hodl, Hodl, Hodl, Hodl, Hodl, Hodl, Hodl, Hodl, Hodl, Hodl, Hodl,
Hodl, Hodl, Hodl, Hodl, Hodl, Hodl, Hodl, Hodl, Hodl, Hodl, Hodl,
Hodl, Hodl, Hodl, Hodl, Hodl, Hodl, Hodl, Hodl, Hodl, Hodl, Hodl,
Hodl, Hodl, Hodl, Hodl, Hodl, Hodl, Hodl, Hodl, Hodl, Hodl, Hodl,
Hodl, Hodl, Hodl, Hodl, Hodl, Hodl, Hodl, Hodl, Hodl, Hodl, Hodl,
Hodl, Hodl, Hodl, Hodl, Hodl, Hodl, Hodl, Hodl, Hodl, Hodl, Hodl,
Hodl, Hodl, Hodl, Hodl, Hodl, Hodl, Hodl, Hodl, Hodl, Hodl, Hodl,
Hodl, Hodl, Hodl, Hodl, Hodl, Hodl, Hodl, Hodl, Hodl, Hodl, Hodl,
Hodl, Hodl, Hodl, Hodl, Hodl, Hodl, Hodl, Hodl, Hodl, Hodl, Hodl,
Hodl, Hodl, Hodl, Hodl, Hodl, Hodl.

Hodl, Hodl, Hodl, Hodl, Hodl, Hodl, Hodl, Hodl, Hodl, Hodl, Hodl, Hodl, Hodl, Hodl, Hodl, Hodl, Hodl, Hodl, Hodl, Hodl, Hodl, Hodl, Hodl, Hodl, Hodl, Hodl, Hodl, Hodl, Hodl, Hodl, Hodl, Hodl, Hodl, Hodl, Hodl, Hodl, Hodl, Hodl, Hodl, Hodl, Hodl, Hodl, Hodl, Hodl, Hodl, Hodl, Hodl, Hodl, Hodl, Hodl, Hodl, Hodl, Hodl, Hodl, Hodl, Hodl, Hodl, Hodl, Hodl, Hodl, Hodl, Hodl, Hodl, Hodl, Hodl, Hodl, Hodl, Hodl, Hodl, Hodl, Hodl, Hodl, Hodl, Hodl, Hodl, Hodl, Hodl, Hodl, Hodl, Hodl, Hodl, Hodl, Hodl, Hodl, Hodl, Hodl, Hodl, Hodl, Hodl, Hodl, Hodl, Hodl, Hodl, Hodl, Hodl, Hodl, Hodl, Hodl, Hodl, Hodl, Hodl, Hodl, Hodl, Hodl, Hodl, Hodl, Hodl, Hodl, Hodl, Hodl, Hodl, Hodl, Hodl, Hodl, Hodl, Hodl, Hodl, Hodl, Hodl, Hodl, Hodl, Hodl, Hodl, Hodl, Hodl, Hodl, Hodl, Hodl, Hodl, Hodl, Hodl, Hodl, Hodl, Hodl, Hodl, Hodl, Hodl, Hodl, Hodl, Hodl, Hodl, Hodl, Hodl, Hodl, Hodl, Hodl, Hodl, Hodl, Hodl, Hodl, Hodl, Hodl, Hodl, Hodl, Hodl, Hodl, Hodl, Hodl, Hodl, Hodl, Hodl, Hodl, Hodl, Hodl, Hodl, Hodl, Hodl, Hodl, Hodl, Hodl, Hodl, Hodl, Hodl, Hodl, Hodl, Hodl, Hodl, Hodl, Hodl, Hodl, Hodl, Hodl, Hodl, Hodl, Hodl, Hodl, Hodl, Hodl, Hodl, Hodl, Hodl, Hodl, Hodl, Hodl, Hodl, Hodl, Hodl, Hodl, Hodl, Hodl, Hodl, Hodl, Hodl, Hodl, Hodl, Hodl, Hodl, Hodl, Hodl, Hodl, Hodl, Hodl, Hodl, Hodl, Hodl, Hodl, Hodl, Hodl, Hodl, Hodl, Hodl, Hodl, Hodl, Hodl, Hodl, Hodl, Hodl, Hodl, Hodl, Hodl, Hodl, Hodl, Hodl, Hodl, Hodl, Hodl, Hodl, Hodl, Hodl, Hodl, Hodl, Hodl, Hodl, Hodl, Hodl, Hodl, Hodl, Hodl, Hodl, Hodl, Hodl, Hodl, Hodl, Hodl, Hodl, Hodl, Hodl, Hodl, Hodl, Hodl, Hodl, Hodl, Hodl, Hodl, Hodl, Hodl, Hodl, Hodl, Hodl, Hodl, Hodl, Hodl, Hodl, Hodl, Hodl, Hodl, Hodl, Hodl, Hodl, Hodl, Hodl, Hodl, Hodl, Hodl, Hodl, Hodl, Hodl, Hodl, Hodl, Hodl, Hodl, Hodl, Hodl, Hodl, Hodl, Hodl, Hodl, Hodl, Hodl, Hodl, Hodl, Hodl, Hodl, Hodl, Hodl, Hodl, Hodl, Hodl, Hodl, Hodl, Hodl, Hodl, Hodl, Hodl, Hodl, Hodl, Hodl, Hodl, Hodl, Hodl, Hodl, Hodl, Hodl, Hodl, Hodl, Hodl, Hodl, Hodl, Hodl, Hodl, Hodl, Hodl, Hodl, Hodl, Hodl, Hodl, Hodl, Hodl, Hodl, Hodl, Hodl, Hodl, Hodl, Hodl, Hodl, Hodl, Hodl, Hodl, Hodl, Hodl, Hodl, Hodl, Hodl, Hodl, Hodl, Hodl, Hodl, Hodl, Hodl, Hodl, Hodl, Hodl, Hodl, Hodl, Hodl, Hodl, Hodl, Hodl, Hodl, Hodl, Hodl, Hodl, Hodl, Hodl, Hodl, Hodl, Hodl, Hodl, Hodl, Hodl, Hodl, Hodl, Hodl, Hodl, Hodl, Hodl, Hodl, Hodl, Hodl, Hodl, Hodl, Hodl, Hodl, Hodl, Hodl, Hodl, Hodl, Hodl, Hodl, Hodl, Hodl, Hodl, Hodl, Hodl, Hodl, Hodl, Hodl, Hodl, Hodl, Hodl, Hodl, Hodl, Hodl, Hodl, Hodl, Hodl, Hodl, Hodl, Hodl, Hodl, Hodl, Hodl, Hodl, Hodl, Hodl, Hodl, Hodl, Hodl, Hodl, Hodl, Hodl, Hodl, Hodl, Hodl, Hodl, Hodl, Hodl, Hodl, Hodl, Hodl, Hodl, Hodl, Hodl, Hodl, Hodl, Hodl, Hodl, Hodl, Hodl.

Hodl, Hodl, Hodl, Hodl, Hodl, Hodl, Hodl, Hodl, Hodl,
Hodl, Hodl, Hodl, Hodl, Hodl, Hodl, Hodl, Hodl, Hodl, Hodl, Hodl,
Hodl, Hodl, Hodl, Hodl, Hodl, Hodl, Hodl, Hodl, Hodl, Hodl, Hodl,
Hodl, Hodl, Hodl, Hodl, Hodl, Hodl, Hodl, Hodl, Hodl, Hodl, Hodl,
Hodl, Hodl, Hodl, Hodl, Hodl, Hodl, Hodl, Hodl, Hodl, Hodl, Hodl,
Hodl, Hodl, Hodl, Hodl, Hodl, Hodl, Hodl, Hodl, Hodl, Hodl, Hodl,
Hodl, Hodl, Hodl, Hodl, Hodl, Hodl, Hodl, Hodl, Hodl, Hodl, Hodl,
Hodl, Hodl, Hodl, Hodl, Hodl, Hodl, Hodl, Hodl, Hodl, Hodl, Hodl,
Hodl, Hodl, Hodl, Hodl, Hodl, Hodl, Hodl, Hodl, Hodl, Hodl, Hodl,
Hodl, Hodl, Hodl, Hodl, Hodl, Hodl, Hodl, Hodl, Hodl, Hodl, Hodl,
Hodl, Hodl, Hodl, Hodl, Hodl, Hodl, Hodl, Hodl, Hodl, Hodl, Hodl,
Hodl, Hodl, Hodl, Hodl, Hodl, Hodl, Hodl, Hodl, Hodl, Hodl, Hodl,
Hodl, Hodl, Hodl, Hodl, Hodl, Hodl, Hodl, Hodl, Hodl, Hodl, Hodl,
Hodl, Hodl, Hodl, Hodl, Hodl, Hodl, Hodl, Hodl, Hodl, Hodl, Hodl,
Hodl, Hodl, Hodl, Hodl, Hodl, Hodl, Hodl, Hodl, Hodl, Hodl, Hodl,
Hodl, Hodl, Hodl, Hodl, Hodl, Hodl, Hodl, Hodl, Hodl, Hodl, Hodl,
Hodl, Hodl, Hodl, Hodl, Hodl, Hodl, Hodl, Hodl, Hodl, Hodl, Hodl,
Hodl, Hodl, Hodl, Hodl, Hodl, Hodl, Hodl, Hodl, Hodl, Hodl, Hodl,
Hodl, Hodl, Hodl, Hodl, Hodl, Hodl, Hodl, Hodl, Hodl, Hodl, Hodl,
Hodl, Hodl, Hodl, Hodl, Hodl, Hodl, Hodl, Hodl, Hodl, Hodl, Hodl,
Hodl, Hodl, Hodl, Hodl, Hodl, Hodl, Hodl, Hodl, Hodl, Hodl, Hodl,
Hodl, Hodl, Hodl, Hodl, Hodl, Hodl, Hodl, Hodl, Hodl, Hodl, Hodl,
Hodl, Hodl, Hodl, Hodl, Hodl, Hodl, Hodl, Hodl, Hodl, Hodl, Hodl,
Hodl, Hodl, Hodl, Hodl, Hodl, Hodl, Hodl, Hodl, Hodl, Hodl, Hodl,
Hodl, Hodl, Hodl, Hodl, Hodl, Hodl, Hodl, Hodl, Hodl, Hodl, Hodl,
Hodl, Hodl, Hodl, Hodl, Hodl, Hodl, Hodl, Hodl, Hodl, Hodl, Hodl,
Hodl, Hodl, Hodl, Hodl, Hodl, Hodl, Hodl, Hodl, Hodl, Hodl, Hodl,
Hodl, Hodl, Hodl, Hodl, Hodl, Hodl, Hodl, Hodl, Hodl, Hodl, Hodl,
Hodl, Hodl, Hodl, Hodl, Hodl, Hodl, Hodl, Hodl, Hodl, Hodl, Hodl,
Hodl, Hodl, Hodl, Hodl, Hodl, Hodl, Hodl, Hodl, Hodl, Hodl, Hodl,
Hodl, Hodl, Hodl, Hodl, Hodl, Hodl, Hodl, Hodl, Hodl, Hodl, Hodl,
Hodl, Hodl, Hodl, Hodl, Hodl, Hodl, Hodl, Hodl, Hodl, Hodl, Hodl,
Hodl, Hodl, Hodl, Hodl, Hodl, Hodl, Hodl, Hodl, Hodl, Hodl, Hodl,
Hodl, Hodl, Hodl, Hodl, Hodl, Hodl.

Hodl, Hodl, Hodl, Hodl, Hodl, Hodl, Hodl, Hodl, Hodl,
Hodl, Hodl, Hodl, Hodl, Hodl, Hodl, Hodl, Hodl, Hodl, Hodl, Hodl,
Hodl, Hodl, Hodl, Hodl, Hodl, Hodl, Hodl, Hodl, Hodl, Hodl, Hodl,
Hodl, Hodl, Hodl, Hodl, Hodl, Hodl, Hodl, Hodl, Hodl, Hodl, Hodl,
Hodl, Hodl, Hodl, Hodl, Hodl, Hodl, Hodl, Hodl, Hodl, Hodl, Hodl,
Hodl, Hodl, Hodl, Hodl, Hodl, Hodl, Hodl, Hodl, Hodl, Hodl, Hodl,
Hodl, Hodl, Hodl, Hodl, Hodl, Hodl, Hodl, Hodl, Hodl, Hodl, Hodl,
Hodl, Hodl, Hodl, Hodl, Hodl, Hodl, Hodl, Hodl, Hodl, Hodl, Hodl,
Hodl, Hodl, Hodl, Hodl, Hodl, Hodl, Hodl, Hodl, Hodl, Hodl, Hodl,
Hodl, Hodl, Hodl, Hodl, Hodl, Hodl, Hodl, Hodl, Hodl, Hodl, Hodl,
Hodl, Hodl, Hodl, Hodl, Hodl, Hodl, Hodl, Hodl, Hodl, Hodl, Hodl,
Hodl, Hodl, Hodl, Hodl, Hodl, Hodl, Hodl, Hodl, Hodl, Hodl, Hodl,
Hodl, Hodl, Hodl, Hodl, Hodl, Hodl, Hodl, Hodl, Hodl, Hodl, Hodl,
Hodl, Hodl, Hodl, Hodl, Hodl, Hodl, Hodl, Hodl, Hodl, Hodl, Hodl,
Hodl, Hodl, Hodl, Hodl, Hodl, Hodl, Hodl, Hodl, Hodl, Hodl, Hodl,
Hodl, Hodl, Hodl, Hodl, Hodl, Hodl, Hodl, Hodl, Hodl, Hodl, Hodl,
Hodl, Hodl, Hodl, Hodl, Hodl, Hodl, Hodl, Hodl, Hodl, Hodl, Hodl,
Hodl, Hodl, Hodl, Hodl, Hodl, Hodl, Hodl, Hodl, Hodl, Hodl, Hodl,
Hodl, Hodl, Hodl, Hodl, Hodl, Hodl, Hodl, Hodl, Hodl, Hodl, Hodl,
Hodl, Hodl, Hodl, Hodl, Hodl, Hodl, Hodl, Hodl, Hodl, Hodl, Hodl,
Hodl, Hodl, Hodl, Hodl, Hodl, Hodl, Hodl, Hodl, Hodl, Hodl, Hodl,
Hodl, Hodl, Hodl, Hodl, Hodl, Hodl, Hodl, Hodl, Hodl, Hodl, Hodl,
Hodl, Hodl, Hodl, Hodl, Hodl, Hodl, Hodl, Hodl, Hodl, Hodl, Hodl,
Hodl, Hodl, Hodl, Hodl, Hodl, Hodl, Hodl, Hodl, Hodl, Hodl, Hodl,
Hodl, Hodl, Hodl, Hodl, Hodl, Hodl, Hodl, Hodl, Hodl, Hodl, Hodl,
Hodl, Hodl, Hodl, Hodl, Hodl, Hodl, Hodl, Hodl, Hodl, Hodl, Hodl,
Hodl, Hodl, Hodl, Hodl, Hodl, Hodl, Hodl, Hodl, Hodl, Hodl, Hodl,
Hodl, Hodl, Hodl, Hodl, Hodl, Hodl, Hodl, Hodl, Hodl, Hodl, Hodl,
Hodl, Hodl, Hodl, Hodl, Hodl, Hodl, Hodl, Hodl, Hodl, Hodl, Hodl,
Hodl, Hodl, Hodl, Hodl, Hodl, Hodl, Hodl, Hodl, Hodl, Hodl, Hodl,
Hodl, Hodl, Hodl, Hodl, Hodl, Hodl, Hodl, Hodl, Hodl, Hodl, Hodl,
Hodl, Hodl, Hodl, Hodl, Hodl, Hodl, Hodl, Hodl, Hodl, Hodl, Hodl,
Hodl, Hodl, Hodl, Hodl, Hodl, Hodl.

Hodl, Hodl, Hodl, Hodl, Hodl, Hodl, Hodl, Hodl, Hodl,
Hodl, Hodl, Hodl, Hodl, Hodl, Hodl, Hodl, Hodl, Hodl, Hodl, Hodl,
Hodl, Hodl, Hodl, Hodl, Hodl, Hodl, Hodl, Hodl, Hodl, Hodl, Hodl,
Hodl, Hodl, Hodl, Hodl, Hodl, Hodl, Hodl, Hodl, Hodl, Hodl, Hodl,
Hodl, Hodl, Hodl, Hodl, Hodl, Hodl, Hodl, Hodl, Hodl, Hodl, Hodl,
Hodl, Hodl, Hodl, Hodl, Hodl, Hodl, Hodl, Hodl, Hodl, Hodl, Hodl,
Hodl, Hodl, Hodl, Hodl, Hodl, Hodl, Hodl, Hodl, Hodl, Hodl, Hodl,
Hodl, Hodl, Hodl, Hodl, Hodl, Hodl, Hodl, Hodl, Hodl, Hodl, Hodl,
Hodl, Hodl, Hodl, Hodl, Hodl, Hodl, Hodl, Hodl, Hodl, Hodl, Hodl,
Hodl, Hodl, Hodl, Hodl, Hodl, Hodl, Hodl, Hodl, Hodl, Hodl, Hodl,
Hodl, Hodl, Hodl, Hodl, Hodl, Hodl, Hodl, Hodl, Hodl, Hodl, Hodl,
Hodl, Hodl, Hodl, Hodl, Hodl, Hodl, Hodl, Hodl, Hodl, Hodl, Hodl,
Hodl, Hodl, Hodl, Hodl, Hodl, Hodl, Hodl, Hodl, Hodl, Hodl, Hodl,
Hodl, Hodl, Hodl, Hodl, Hodl, Hodl, Hodl, Hodl, Hodl, Hodl, Hodl,
Hodl, Hodl, Hodl, Hodl, Hodl, Hodl, Hodl, Hodl, Hodl, Hodl, Hodl,
Hodl, Hodl, Hodl, Hodl, Hodl, Hodl, Hodl, Hodl, Hodl, Hodl, Hodl,
Hodl, Hodl, Hodl, Hodl, Hodl, Hodl, Hodl, Hodl, Hodl, Hodl, Hodl,
Hodl, Hodl, Hodl, Hodl, Hodl, Hodl, Hodl, Hodl, Hodl, Hodl, Hodl,
Hodl, Hodl, Hodl, Hodl, Hodl, Hodl, Hodl, Hodl, Hodl, Hodl, Hodl,
Hodl, Hodl, Hodl, Hodl, Hodl, Hodl, Hodl, Hodl, Hodl, Hodl, Hodl,
Hodl, Hodl, Hodl, Hodl, Hodl, Hodl, Hodl, Hodl, Hodl, Hodl, Hodl,
Hodl, Hodl, Hodl, Hodl, Hodl, Hodl, Hodl, Hodl, Hodl, Hodl, Hodl,
Hodl, Hodl, Hodl, Hodl, Hodl, Hodl, Hodl, Hodl, Hodl, Hodl, Hodl,
Hodl, Hodl, Hodl, Hodl, Hodl, Hodl, Hodl, Hodl, Hodl, Hodl, Hodl,
Hodl, Hodl, Hodl, Hodl, Hodl, Hodl, Hodl, Hodl, Hodl, Hodl, Hodl,
Hodl, Hodl, Hodl, Hodl, Hodl, Hodl, Hodl, Hodl, Hodl, Hodl, Hodl,
Hodl, Hodl, Hodl, Hodl, Hodl, Hodl, Hodl, Hodl, Hodl, Hodl, Hodl,
Hodl, Hodl, Hodl, Hodl, Hodl, Hodl, Hodl, Hodl, Hodl, Hodl, Hodl,
Hodl, Hodl, Hodl, Hodl, Hodl, Hodl, Hodl, Hodl, Hodl, Hodl, Hodl,
Hodl, Hodl, Hodl, Hodl, Hodl, Hodl, Hodl, Hodl, Hodl, Hodl, Hodl,
Hodl, Hodl, Hodl, Hodl, Hodl, Hodl, Hodl, Hodl, Hodl, Hodl, Hodl,
Hodl, Hodl, Hodl, Hodl, Hodl, Hodl, Hodl, Hodl, Hodl, Hodl, Hodl,
Hodl, Hodl, Hodl, Hodl, Hodl, Hodl.

Hodl, Hodl, Hodl, Hodl, Hodl, Hodl, Hodl, Hodl, Hodl,
Hodl, Hodl, Hodl, Hodl, Hodl, Hodl, Hodl, Hodl, Hodl, Hodl, Hodl,
Hodl, Hodl, Hodl, Hodl, Hodl, Hodl, Hodl, Hodl, Hodl, Hodl, Hodl,
Hodl, Hodl, Hodl, Hodl, Hodl, Hodl, Hodl, Hodl, Hodl, Hodl, Hodl,
Hodl, Hodl, Hodl, Hodl, Hodl, Hodl, Hodl, Hodl, Hodl, Hodl, Hodl,
Hodl, Hodl, Hodl, Hodl, Hodl, Hodl, Hodl, Hodl, Hodl, Hodl, Hodl,
Hodl, Hodl, Hodl, Hodl, Hodl, Hodl, Hodl, Hodl, Hodl, Hodl, Hodl,
Hodl, Hodl, Hodl, Hodl, Hodl, Hodl, Hodl, Hodl, Hodl, Hodl, Hodl,
Hodl, Hodl, Hodl, Hodl, Hodl, Hodl, Hodl, Hodl, Hodl, Hodl, Hodl,
Hodl, Hodl, Hodl, Hodl, Hodl, Hodl, Hodl, Hodl, Hodl, Hodl, Hodl,
Hodl, Hodl, Hodl, Hodl, Hodl, Hodl, Hodl, Hodl, Hodl, Hodl, Hodl,
Hodl, Hodl, Hodl, Hodl, Hodl, Hodl, Hodl, Hodl, Hodl, Hodl, Hodl,
Hodl, Hodl, Hodl, Hodl, Hodl, Hodl, Hodl, Hodl, Hodl, Hodl, Hodl,
Hodl, Hodl, Hodl, Hodl, Hodl, Hodl, Hodl, Hodl, Hodl, Hodl, Hodl,
Hodl, Hodl, Hodl, Hodl, Hodl, Hodl, Hodl, Hodl, Hodl, Hodl, Hodl,
Hodl, Hodl, Hodl, Hodl, Hodl, Hodl, Hodl, Hodl, Hodl, Hodl, Hodl,
Hodl, Hodl, Hodl, Hodl, Hodl, Hodl, Hodl, Hodl, Hodl, Hodl, Hodl,
Hodl, Hodl, Hodl, Hodl, Hodl, Hodl, Hodl, Hodl, Hodl, Hodl, Hodl,
Hodl, Hodl, Hodl, Hodl, Hodl, Hodl, Hodl, Hodl, Hodl, Hodl, Hodl,
Hodl, Hodl, Hodl, Hodl, Hodl, Hodl, Hodl, Hodl, Hodl, Hodl, Hodl,
Hodl, Hodl, Hodl, Hodl, Hodl, Hodl, Hodl, Hodl, Hodl, Hodl, Hodl,
Hodl, Hodl, Hodl, Hodl, Hodl, Hodl, Hodl, Hodl, Hodl, Hodl, Hodl,
Hodl, Hodl, Hodl, Hodl, Hodl, Hodl, Hodl, Hodl, Hodl, Hodl, Hodl,
Hodl, Hodl, Hodl, Hodl, Hodl, Hodl, Hodl, Hodl, Hodl, Hodl, Hodl,
Hodl, Hodl, Hodl, Hodl, Hodl, Hodl, Hodl, Hodl, Hodl, Hodl, Hodl,
Hodl, Hodl, Hodl, Hodl, Hodl, Hodl, Hodl, Hodl, Hodl, Hodl, Hodl,
Hodl, Hodl, Hodl, Hodl, Hodl, Hodl, Hodl, Hodl, Hodl, Hodl, Hodl,
Hodl, Hodl, Hodl, Hodl, Hodl, Hodl, Hodl, Hodl, Hodl, Hodl, Hodl,
Hodl, Hodl, Hodl, Hodl, Hodl, Hodl, Hodl, Hodl, Hodl, Hodl, Hodl,
Hodl, Hodl, Hodl, Hodl, Hodl, Hodl, Hodl, Hodl, Hodl, Hodl, Hodl,
Hodl, Hodl, Hodl, Hodl, Hodl, Hodl, Hodl, Hodl, Hodl, Hodl, Hodl,
Hodl, Hodl, Hodl, Hodl, Hodl, Hodl, Hodl, Hodl, Hodl, Hodl, Hodl,
Hodl, Hodl, Hodl, Hodl, Hodl, Hodl.

Hodl, Hodl, Hodl, Hodl, Hodl, Hodl, Hodl, Hodl, Hodl,
Hodl, Hodl, Hodl, Hodl, Hodl, Hodl, Hodl, Hodl, Hodl, Hodl, Hodl,
Hodl, Hodl, Hodl, Hodl, Hodl, Hodl, Hodl, Hodl, Hodl, Hodl, Hodl,
Hodl, Hodl, Hodl, Hodl, Hodl, Hodl, Hodl, Hodl, Hodl, Hodl, Hodl,
Hodl, Hodl, Hodl, Hodl, Hodl, Hodl, Hodl, Hodl, Hodl, Hodl, Hodl,
Hodl, Hodl, Hodl, Hodl, Hodl, Hodl, Hodl, Hodl, Hodl, Hodl, Hodl,
Hodl, Hodl, Hodl, Hodl, Hodl, Hodl, Hodl, Hodl, Hodl, Hodl, Hodl,
Hodl, Hodl, Hodl, Hodl, Hodl, Hodl, Hodl, Hodl, Hodl, Hodl, Hodl,
Hodl, Hodl, Hodl, Hodl, Hodl, Hodl, Hodl, Hodl, Hodl, Hodl, Hodl,
Hodl, Hodl, Hodl, Hodl, Hodl, Hodl, Hodl, Hodl, Hodl, Hodl, Hodl,
Hodl, Hodl, Hodl, Hodl, Hodl, Hodl, Hodl, Hodl, Hodl, Hodl, Hodl,
Hodl, Hodl, Hodl, Hodl, Hodl, Hodl, Hodl, Hodl, Hodl, Hodl, Hodl,
Hodl, Hodl, Hodl, Hodl, Hodl, Hodl, Hodl, Hodl, Hodl, Hodl, Hodl,
Hodl, Hodl, Hodl, Hodl, Hodl, Hodl, Hodl, Hodl, Hodl, Hodl, Hodl,
Hodl, Hodl, Hodl, Hodl, Hodl, Hodl, Hodl, Hodl, Hodl, Hodl, Hodl,
Hodl, Hodl, Hodl, Hodl, Hodl, Hodl, Hodl, Hodl, Hodl, Hodl, Hodl,
Hodl, Hodl, Hodl, Hodl, Hodl, Hodl, Hodl, Hodl, Hodl, Hodl, Hodl,
Hodl, Hodl, Hodl, Hodl, Hodl, Hodl, Hodl, Hodl, Hodl, Hodl, Hodl,
Hodl, Hodl, Hodl, Hodl, Hodl, Hodl, Hodl, Hodl, Hodl, Hodl, Hodl,
Hodl, Hodl, Hodl, Hodl, Hodl, Hodl, Hodl, Hodl, Hodl, Hodl, Hodl,
Hodl, Hodl, Hodl, Hodl, Hodl, Hodl, Hodl, Hodl, Hodl, Hodl, Hodl,
Hodl, Hodl, Hodl, Hodl, Hodl, Hodl, Hodl, Hodl, Hodl, Hodl, Hodl,
Hodl, Hodl, Hodl, Hodl, Hodl, Hodl, Hodl, Hodl, Hodl, Hodl, Hodl,
Hodl, Hodl, Hodl, Hodl, Hodl, Hodl, Hodl, Hodl, Hodl, Hodl, Hodl,
Hodl, Hodl, Hodl, Hodl, Hodl, Hodl, Hodl, Hodl, Hodl, Hodl, Hodl,
Hodl, Hodl, Hodl, Hodl, Hodl, Hodl, Hodl, Hodl, Hodl, Hodl, Hodl,
Hodl, Hodl, Hodl, Hodl, Hodl, Hodl, Hodl, Hodl, Hodl, Hodl, Hodl,
Hodl, Hodl, Hodl, Hodl, Hodl, Hodl, Hodl, Hodl, Hodl, Hodl, Hodl,
Hodl, Hodl, Hodl, Hodl, Hodl, Hodl, Hodl, Hodl, Hodl, Hodl, Hodl,
Hodl, Hodl, Hodl, Hodl, Hodl, Hodl, Hodl, Hodl, Hodl, Hodl, Hodl,
Hodl, Hodl, Hodl, Hodl, Hodl, Hodl, Hodl, Hodl, Hodl, Hodl, Hodl,
Hodl, Hodl, Hodl, Hodl, Hodl, Hodl, Hodl, Hodl, Hodl, Hodl, Hodl,
Hodl, Hodl, Hodl, Hodl, Hodl, Hodl, Hodl, Hodl, Hodl, Hodl, Hodl,
Hodl, Hodl, Hodl, Hodl, Hodl, Hodl.

Hodl, Hodl, Hodl, Hodl, Hodl, Hodl, Hodl, Hodl, Hodl, Hodl, Hodl, Hodl, Hodl, Hodl, Hodl, Hodl, Hodl, Hodl, Hodl, Hodl, Hodl, Hodl, Hodl, Hodl, Hodl, Hodl, Hodl, Hodl, Hodl, Hodl, Hodl, Hodl, Hodl, Hodl, Hodl, Hodl, Hodl, Hodl, Hodl, Hodl, Hodl, Hodl, Hodl, Hodl, Hodl, Hodl, Hodl, Hodl, Hodl, Hodl, Hodl, Hodl, Hodl, Hodl, Hodl, Hodl, Hodl, Hodl, Hodl, Hodl, Hodl, Hodl, Hodl, Hodl, Hodl, Hodl, Hodl, Hodl, Hodl, Hodl, Hodl, Hodl, Hodl, Hodl, Hodl, Hodl, Hodl, Hodl, Hodl, Hodl, Hodl, Hodl, Hodl, Hodl, Hodl, Hodl, Hodl, Hodl, Hodl, Hodl, Hodl, Hodl, Hodl, Hodl, Hodl, Hodl, Hodl, Hodl, Hodl, Hodl, Hodl, Hodl, Hodl, Hodl, Hodl, Hodl, Hodl, Hodl, Hodl, Hodl, Hodl, Hodl, Hodl, Hodl, Hodl, Hodl, Hodl, Hodl, Hodl, Hodl, Hodl, Hodl, Hodl, Hodl, Hodl, Hodl, Hodl, Hodl, Hodl, Hodl, Hodl, Hodl, Hodl, Hodl, Hodl, Hodl, Hodl, Hodl, Hodl, Hodl, Hodl, Hodl, Hodl, Hodl, Hodl, Hodl, Hodl, Hodl, Hodl, Hodl, Hodl, Hodl, Hodl, Hodl, Hodl, Hodl, Hodl, Hodl, Hodl, Hodl, Hodl, Hodl, Hodl, Hodl, Hodl, Hodl, Hodl, Hodl, Hodl, Hodl, Hodl, Hodl, Hodl, Hodl, Hodl, Hodl, Hodl, Hodl, Hodl, Hodl, Hodl, Hodl, Hodl, Hodl, Hodl, Hodl, Hodl, Hodl, Hodl, Hodl, Hodl, Hodl, Hodl, Hodl, Hodl, Hodl, Hodl, Hodl, Hodl, Hodl, Hodl, Hodl, Hodl, Hodl, Hodl, Hodl, Hodl, Hodl, Hodl, Hodl, Hodl, Hodl, Hodl, Hodl, Hodl, Hodl, Hodl, Hodl, Hodl, Hodl, Hodl, Hodl, Hodl, Hodl, Hodl, Hodl, Hodl, Hodl, Hodl, Hodl, Hodl, Hodl, Hodl, Hodl, Hodl, Hodl, Hodl, Hodl, Hodl, Hodl, Hodl, Hodl, Hodl, Hodl, Hodl, Hodl, Hodl, Hodl, Hodl, Hodl, Hodl, Hodl, Hodl, Hodl, Hodl, Hodl, Hodl, Hodl, Hodl, Hodl, Hodl, Hodl, Hodl, Hodl, Hodl, Hodl, Hodl, Hodl, Hodl, Hodl, Hodl, Hodl, Hodl, Hodl, Hodl, Hodl, Hodl, Hodl, Hodl, Hodl, Hodl, Hodl, Hodl, Hodl, Hodl, Hodl, Hodl, Hodl, Hodl, Hodl, Hodl, Hodl, Hodl, Hodl, Hodl, Hodl, Hodl, Hodl, Hodl, Hodl, Hodl, Hodl, Hodl, Hodl, Hodl, Hodl, Hodl, Hodl, Hodl, Hodl, Hodl, Hodl, Hodl, Hodl, Hodl, Hodl, Hodl, Hodl, Hodl, Hodl, Hodl, Hodl, Hodl, Hodl, Hodl, Hodl, Hodl, Hodl, Hodl, Hodl, Hodl, Hodl, Hodl, Hodl, Hodl, Hodl, Hodl, Hodl, Hodl, Hodl, Hodl, Hodl, Hodl, Hodl, Hodl, Hodl, Hodl, Hodl, Hodl, Hodl, Hodl, Hodl, Hodl, Hodl, Hodl, Hodl, Hodl, Hodl, Hodl, Hodl, Hodl, Hodl, Hodl, Hodl, Hodl, Hodl, Hodl, Hodl, Hodl, Hodl, Hodl, Hodl, Hodl, Hodl, Hodl, Hodl, Hodl, Hodl, Hodl, Hodl, Hodl, Hodl, Hodl, Hodl, Hodl, Hodl, Hodl, Hodl, Hodl, Hodl, Hodl, Hodl, Hodl, Hodl, Hodl, Hodl, Hodl, Hodl, Hodl, Hodl, Hodl, Hodl, Hodl, Hodl, Hodl, Hodl, Hodl, Hodl, Hodl, Hodl, Hodl, Hodl, Hodl, Hodl.

Hodl, Hodl, Hodl, Hodl, Hodl, Hodl, Hodl, Hodl, Hodl,
Hodl, Hodl, Hodl, Hodl, Hodl, Hodl, Hodl, Hodl, Hodl, Hodl, Hodl,
Hodl, Hodl, Hodl, Hodl, Hodl, Hodl, Hodl, Hodl, Hodl, Hodl, Hodl,
Hodl, Hodl, Hodl, Hodl, Hodl, Hodl, Hodl, Hodl, Hodl, Hodl, Hodl,
Hodl, Hodl, Hodl, Hodl, Hodl, Hodl, Hodl, Hodl, Hodl, Hodl, Hodl,
Hodl, Hodl, Hodl, Hodl, Hodl, Hodl, Hodl, Hodl, Hodl, Hodl, Hodl,
Hodl, Hodl, Hodl, Hodl, Hodl, Hodl, Hodl, Hodl, Hodl, Hodl, Hodl,
Hodl, Hodl, Hodl, Hodl, Hodl, Hodl, Hodl, Hodl, Hodl, Hodl, Hodl,
Hodl, Hodl, Hodl, Hodl, Hodl, Hodl, Hodl, Hodl, Hodl, Hodl, Hodl,
Hodl, Hodl, Hodl, Hodl, Hodl, Hodl, Hodl, Hodl, Hodl, Hodl, Hodl,
Hodl, Hodl, Hodl, Hodl, Hodl, Hodl, Hodl, Hodl, Hodl, Hodl, Hodl,
Hodl, Hodl, Hodl, Hodl, Hodl, Hodl, Hodl, Hodl, Hodl, Hodl, Hodl,
Hodl, Hodl, Hodl, Hodl, Hodl, Hodl, Hodl, Hodl, Hodl, Hodl, Hodl,
Hodl, Hodl, Hodl, Hodl, Hodl, Hodl, Hodl, Hodl, Hodl, Hodl, Hodl,
Hodl, Hodl, Hodl, Hodl, Hodl, Hodl, Hodl, Hodl, Hodl, Hodl, Hodl,
Hodl, Hodl, Hodl, Hodl, Hodl, Hodl, Hodl, Hodl, Hodl, Hodl, Hodl,
Hodl, Hodl, Hodl, Hodl, Hodl, Hodl, Hodl, Hodl, Hodl, Hodl, Hodl,
Hodl, Hodl, Hodl, Hodl, Hodl, Hodl, Hodl, Hodl, Hodl, Hodl, Hodl,
Hodl, Hodl, Hodl, Hodl, Hodl, Hodl, Hodl, Hodl, Hodl, Hodl, Hodl,
Hodl, Hodl, Hodl, Hodl, Hodl, Hodl, Hodl, Hodl, Hodl, Hodl, Hodl,
Hodl, Hodl, Hodl, Hodl, Hodl, Hodl, Hodl, Hodl, Hodl, Hodl, Hodl,
Hodl, Hodl, Hodl, Hodl, Hodl, Hodl, Hodl, Hodl, Hodl, Hodl, Hodl,
Hodl, Hodl, Hodl, Hodl, Hodl, Hodl, Hodl, Hodl, Hodl, Hodl, Hodl,
Hodl, Hodl, Hodl, Hodl, Hodl, Hodl, Hodl, Hodl, Hodl, Hodl, Hodl,
Hodl, Hodl, Hodl, Hodl, Hodl, Hodl, Hodl, Hodl, Hodl, Hodl, Hodl,
Hodl, Hodl, Hodl, Hodl, Hodl, Hodl, Hodl, Hodl, Hodl, Hodl, Hodl,
Hodl, Hodl, Hodl, Hodl, Hodl, Hodl, Hodl, Hodl, Hodl, Hodl, Hodl,
Hodl, Hodl, Hodl, Hodl, Hodl, Hodl, Hodl, Hodl, Hodl, Hodl, Hodl,
Hodl, Hodl, Hodl, Hodl, Hodl, Hodl, Hodl, Hodl, Hodl, Hodl, Hodl,
Hodl, Hodl, Hodl, Hodl, Hodl, Hodl, Hodl, Hodl, Hodl, Hodl, Hodl,
Hodl, Hodl, Hodl, Hodl, Hodl, Hodl, Hodl, Hodl, Hodl, Hodl, Hodl,
Hodl, Hodl, Hodl, Hodl, Hodl, Hodl.

Hodl, Hodl, Hodl, Hodl, Hodl, Hodl, Hodl, Hodl, Hodl,
Hodl, Hodl, Hodl, Hodl, Hodl, Hodl, Hodl, Hodl, Hodl, Hodl, Hodl,
Hodl, Hodl, Hodl, Hodl, Hodl, Hodl, Hodl, Hodl, Hodl, Hodl, Hodl,
Hodl, Hodl, Hodl, Hodl, Hodl, Hodl, Hodl, Hodl, Hodl, Hodl, Hodl,
Hodl, Hodl, Hodl, Hodl, Hodl, Hodl, Hodl, Hodl, Hodl, Hodl, Hodl,
Hodl, Hodl, Hodl, Hodl, Hodl, Hodl, Hodl, Hodl, Hodl, Hodl, Hodl,
Hodl, Hodl, Hodl, Hodl, Hodl, Hodl, Hodl, Hodl, Hodl, Hodl, Hodl,
Hodl, Hodl, Hodl, Hodl, Hodl, Hodl, Hodl, Hodl, Hodl, Hodl, Hodl,
Hodl, Hodl, Hodl, Hodl, Hodl, Hodl, Hodl, Hodl, Hodl, Hodl, Hodl,
Hodl, Hodl, Hodl, Hodl, Hodl, Hodl, Hodl, Hodl, Hodl, Hodl, Hodl,
Hodl, Hodl, Hodl, Hodl, Hodl, Hodl, Hodl, Hodl, Hodl, Hodl, Hodl,
Hodl, Hodl, Hodl, Hodl, Hodl, Hodl, Hodl, Hodl, Hodl, Hodl, Hodl,
Hodl, Hodl, Hodl, Hodl, Hodl, Hodl, Hodl, Hodl, Hodl, Hodl, Hodl,
Hodl, Hodl, Hodl, Hodl, Hodl, Hodl, Hodl, Hodl, Hodl, Hodl, Hodl,
Hodl, Hodl, Hodl, Hodl, Hodl, Hodl, Hodl, Hodl, Hodl, Hodl, Hodl,
Hodl, Hodl, Hodl, Hodl, Hodl, Hodl, Hodl, Hodl, Hodl, Hodl, Hodl,
Hodl, Hodl, Hodl, Hodl, Hodl, Hodl, Hodl, Hodl, Hodl, Hodl, Hodl,
Hodl, Hodl, Hodl, Hodl, Hodl, Hodl, Hodl, Hodl, Hodl, Hodl, Hodl,
Hodl, Hodl, Hodl, Hodl, Hodl, Hodl, Hodl, Hodl, Hodl, Hodl, Hodl,
Hodl, Hodl, Hodl, Hodl, Hodl, Hodl, Hodl, Hodl, Hodl, Hodl, Hodl,
Hodl, Hodl, Hodl, Hodl, Hodl, Hodl, Hodl, Hodl, Hodl, Hodl, Hodl,
Hodl, Hodl, Hodl, Hodl, Hodl, Hodl, Hodl, Hodl, Hodl, Hodl, Hodl,
Hodl, Hodl, Hodl, Hodl, Hodl, Hodl, Hodl, Hodl, Hodl, Hodl, Hodl,
Hodl, Hodl, Hodl, Hodl, Hodl, Hodl, Hodl, Hodl, Hodl, Hodl, Hodl,
Hodl, Hodl, Hodl, Hodl, Hodl, Hodl, Hodl, Hodl, Hodl, Hodl, Hodl,
Hodl, Hodl, Hodl, Hodl, Hodl, Hodl, Hodl, Hodl, Hodl, Hodl, Hodl,
Hodl, Hodl, Hodl, Hodl, Hodl, Hodl, Hodl, Hodl, Hodl, Hodl, Hodl,
Hodl, Hodl, Hodl, Hodl, Hodl, Hodl, Hodl, Hodl, Hodl, Hodl, Hodl,
Hodl, Hodl, Hodl, Hodl, Hodl, Hodl, Hodl, Hodl, Hodl, Hodl, Hodl,
Hodl, Hodl, Hodl, Hodl, Hodl, Hodl, Hodl, Hodl, Hodl, Hodl, Hodl,
Hodl, Hodl, Hodl, Hodl, Hodl, Hodl, Hodl, Hodl, Hodl, Hodl, Hodl,
Hodl, Hodl, Hodl, Hodl, Hodl, Hodl, Hodl, Hodl, Hodl, Hodl, Hodl,
Hodl, Hodl, Hodl, Hodl, Hodl, Hodl, Hodl, Hodl, Hodl, Hodl, Hodl,
Hodl, Hodl, Hodl, Hodl, Hodl, Hodl.

Hodl, Hodl, Hodl, Hodl, Hodl, Hodl, Hodl, Hodl, Hodl,
Hodl, Hodl, Hodl, Hodl, Hodl, Hodl, Hodl, Hodl, Hodl, Hodl, Hodl,
Hodl, Hodl, Hodl, Hodl, Hodl, Hodl, Hodl, Hodl, Hodl, Hodl, Hodl,
Hodl, Hodl, Hodl, Hodl, Hodl, Hodl, Hodl, Hodl, Hodl, Hodl, Hodl,
Hodl, Hodl, Hodl, Hodl, Hodl, Hodl, Hodl, Hodl, Hodl, Hodl, Hodl,
Hodl, Hodl, Hodl, Hodl, Hodl, Hodl, Hodl, Hodl, Hodl, Hodl, Hodl,
Hodl, Hodl, Hodl, Hodl, Hodl, Hodl, Hodl, Hodl, Hodl, Hodl, Hodl,
Hodl, Hodl, Hodl, Hodl, Hodl, Hodl, Hodl, Hodl, Hodl, Hodl, Hodl,
Hodl, Hodl, Hodl, Hodl, Hodl, Hodl, Hodl, Hodl, Hodl, Hodl, Hodl,
Hodl, Hodl, Hodl, Hodl, Hodl, Hodl, Hodl, Hodl, Hodl, Hodl, Hodl,
Hodl, Hodl, Hodl, Hodl, Hodl, Hodl, Hodl, Hodl, Hodl, Hodl, Hodl,
Hodl, Hodl, Hodl, Hodl, Hodl, Hodl, Hodl, Hodl, Hodl, Hodl, Hodl,
Hodl, Hodl, Hodl, Hodl, Hodl, Hodl, Hodl, Hodl, Hodl, Hodl, Hodl,
Hodl, Hodl, Hodl, Hodl, Hodl, Hodl, Hodl, Hodl, Hodl, Hodl, Hodl,
Hodl, Hodl, Hodl, Hodl, Hodl, Hodl, Hodl, Hodl, Hodl, Hodl, Hodl,
Hodl, Hodl, Hodl, Hodl, Hodl, Hodl, Hodl, Hodl, Hodl, Hodl, Hodl,
Hodl, Hodl, Hodl, Hodl, Hodl, Hodl, Hodl, Hodl, Hodl, Hodl, Hodl,
Hodl, Hodl, Hodl, Hodl, Hodl, Hodl, Hodl, Hodl, Hodl, Hodl, Hodl,
Hodl, Hodl, Hodl, Hodl, Hodl, Hodl, Hodl, Hodl, Hodl, Hodl, Hodl,
Hodl, Hodl, Hodl, Hodl, Hodl, Hodl, Hodl, Hodl, Hodl, Hodl, Hodl,
Hodl, Hodl, Hodl, Hodl, Hodl, Hodl, Hodl, Hodl, Hodl, Hodl, Hodl,
Hodl, Hodl, Hodl, Hodl, Hodl, Hodl, Hodl, Hodl, Hodl, Hodl, Hodl,
Hodl, Hodl, Hodl, Hodl, Hodl, Hodl, Hodl, Hodl, Hodl, Hodl, Hodl,
Hodl, Hodl, Hodl, Hodl, Hodl, Hodl, Hodl, Hodl, Hodl, Hodl, Hodl,
Hodl, Hodl, Hodl, Hodl, Hodl, Hodl, Hodl, Hodl, Hodl, Hodl, Hodl,
Hodl, Hodl, Hodl, Hodl, Hodl, Hodl, Hodl, Hodl, Hodl, Hodl, Hodl,
Hodl, Hodl, Hodl, Hodl, Hodl, Hodl, Hodl, Hodl, Hodl, Hodl, Hodl,
Hodl, Hodl, Hodl, Hodl, Hodl, Hodl, Hodl, Hodl, Hodl, Hodl, Hodl,
Hodl, Hodl, Hodl, Hodl, Hodl, Hodl, Hodl, Hodl, Hodl, Hodl, Hodl,
Hodl, Hodl, Hodl, Hodl, Hodl, Hodl, Hodl, Hodl, Hodl, Hodl, Hodl,
Hodl, Hodl, Hodl, Hodl, Hodl, Hodl, Hodl, Hodl, Hodl, Hodl, Hodl,
Hodl, Hodl, Hodl, Hodl, Hodl, Hodl, Hodl, Hodl, Hodl, Hodl, Hodl,
Hodl, Hodl, Hodl, Hodl, Hodl, Hodl, Hodl, Hodl, Hodl, Hodl, Hodl,
Hodl, Hodl, Hodl, Hodl, Hodl, Hodl, Hodl, Hodl, Hodl, Hodl, Hodl,
Hodl, Hodl, Hodl, Hodl, Hodl, Hodl.

Hodl, Hodl, Hodl, Hodl, Hodl, Hodl, Hodl, Hodl, Hodl,
Hodl, Hodl, Hodl, Hodl, Hodl, Hodl, Hodl, Hodl, Hodl, Hodl, Hodl,
Hodl, Hodl, Hodl, Hodl, Hodl, Hodl, Hodl, Hodl, Hodl, Hodl, Hodl,
Hodl, Hodl, Hodl, Hodl, Hodl, Hodl, Hodl, Hodl, Hodl, Hodl, Hodl,
Hodl, Hodl, Hodl, Hodl, Hodl, Hodl, Hodl, Hodl, Hodl, Hodl, Hodl,
Hodl, Hodl, Hodl, Hodl, Hodl, Hodl, Hodl, Hodl, Hodl, Hodl, Hodl,
Hodl, Hodl, Hodl, Hodl, Hodl, Hodl, Hodl, Hodl, Hodl, Hodl, Hodl,
Hodl, Hodl, Hodl, Hodl, Hodl, Hodl, Hodl, Hodl, Hodl, Hodl, Hodl,
Hodl, Hodl, Hodl, Hodl, Hodl, Hodl, Hodl, Hodl, Hodl, Hodl, Hodl,
Hodl, Hodl, Hodl, Hodl, Hodl, Hodl, Hodl, Hodl, Hodl, Hodl, Hodl,
Hodl, Hodl, Hodl, Hodl, Hodl, Hodl, Hodl, Hodl, Hodl, Hodl, Hodl,
Hodl, Hodl, Hodl, Hodl, Hodl, Hodl, Hodl, Hodl, Hodl, Hodl, Hodl,
Hodl, Hodl, Hodl, Hodl, Hodl, Hodl, Hodl, Hodl, Hodl, Hodl, Hodl,
Hodl, Hodl, Hodl, Hodl, Hodl, Hodl, Hodl, Hodl, Hodl, Hodl, Hodl,
Hodl, Hodl, Hodl, Hodl, Hodl, Hodl, Hodl, Hodl, Hodl, Hodl, Hodl,
Hodl, Hodl, Hodl, Hodl, Hodl, Hodl, Hodl, Hodl, Hodl, Hodl, Hodl,
Hodl, Hodl, Hodl, Hodl, Hodl, Hodl, Hodl, Hodl, Hodl, Hodl, Hodl,
Hodl, Hodl, Hodl, Hodl, Hodl, Hodl, Hodl, Hodl, Hodl, Hodl, Hodl,
Hodl, Hodl, Hodl, Hodl, Hodl, Hodl, Hodl, Hodl, Hodl, Hodl, Hodl,
Hodl, Hodl, Hodl, Hodl, Hodl, Hodl, Hodl, Hodl, Hodl, Hodl, Hodl,
Hodl, Hodl, Hodl, Hodl, Hodl, Hodl, Hodl, Hodl, Hodl, Hodl, Hodl,
Hodl, Hodl, Hodl, Hodl, Hodl, Hodl, Hodl, Hodl, Hodl, Hodl, Hodl,
Hodl, Hodl, Hodl, Hodl, Hodl, Hodl, Hodl, Hodl, Hodl, Hodl, Hodl,
Hodl, Hodl, Hodl, Hodl, Hodl, Hodl, Hodl, Hodl, Hodl, Hodl, Hodl,
Hodl, Hodl, Hodl, Hodl, Hodl, Hodl, Hodl, Hodl, Hodl, Hodl, Hodl,
Hodl, Hodl, Hodl, Hodl, Hodl, Hodl, Hodl, Hodl, Hodl, Hodl, Hodl,
Hodl, Hodl, Hodl, Hodl, Hodl, Hodl, Hodl, Hodl, Hodl, Hodl, Hodl,
Hodl, Hodl, Hodl, Hodl, Hodl, Hodl, Hodl, Hodl, Hodl, Hodl, Hodl,
Hodl, Hodl, Hodl, Hodl, Hodl, Hodl, Hodl, Hodl, Hodl, Hodl, Hodl,
Hodl, Hodl, Hodl, Hodl, Hodl, Hodl, Hodl, Hodl, Hodl, Hodl, Hodl,
Hodl, Hodl, Hodl, Hodl, Hodl, Hodl, Hodl, Hodl, Hodl, Hodl, Hodl,
Hodl, Hodl, Hodl, Hodl, Hodl, Hodl, Hodl, Hodl, Hodl, Hodl, Hodl,
Hodl, Hodl, Hodl, Hodl, Hodl, Hodl.

Hodl, Hodl, Hodl, Hodl, Hodl, Hodl, Hodl, Hodl, Hodl,
Hodl, Hodl, Hodl, Hodl, Hodl, Hodl, Hodl, Hodl, Hodl, Hodl, Hodl,
Hodl, Hodl, Hodl, Hodl, Hodl, Hodl, Hodl, Hodl, Hodl, Hodl, Hodl,
Hodl, Hodl, Hodl, Hodl, Hodl, Hodl, Hodl, Hodl, Hodl, Hodl, Hodl,
Hodl, Hodl, Hodl, Hodl, Hodl, Hodl, Hodl, Hodl, Hodl, Hodl, Hodl,
Hodl, Hodl, Hodl, Hodl, Hodl, Hodl, Hodl, Hodl, Hodl, Hodl, Hodl,
Hodl, Hodl, Hodl, Hodl, Hodl, Hodl, Hodl, Hodl, Hodl, Hodl, Hodl,
Hodl, Hodl, Hodl, Hodl, Hodl, Hodl, Hodl, Hodl, Hodl, Hodl, Hodl,
Hodl, Hodl, Hodl, Hodl, Hodl, Hodl, Hodl, Hodl, Hodl, Hodl, Hodl,
Hodl, Hodl, Hodl, Hodl, Hodl, Hodl, Hodl, Hodl, Hodl, Hodl, Hodl,
Hodl, Hodl, Hodl, Hodl, Hodl, Hodl, Hodl, Hodl, Hodl, Hodl, Hodl,
Hodl, Hodl, Hodl, Hodl, Hodl, Hodl, Hodl, Hodl, Hodl, Hodl, Hodl,
Hodl, Hodl, Hodl, Hodl, Hodl, Hodl, Hodl, Hodl, Hodl, Hodl, Hodl,
Hodl, Hodl, Hodl, Hodl, Hodl, Hodl, Hodl, Hodl, Hodl, Hodl, Hodl,
Hodl, Hodl, Hodl, Hodl, Hodl, Hodl, Hodl, Hodl, Hodl, Hodl, Hodl,
Hodl, Hodl, Hodl, Hodl, Hodl, Hodl, Hodl, Hodl, Hodl, Hodl, Hodl,
Hodl, Hodl, Hodl, Hodl, Hodl, Hodl, Hodl, Hodl, Hodl, Hodl, Hodl,
Hodl, Hodl, Hodl, Hodl, Hodl, Hodl, Hodl, Hodl, Hodl, Hodl, Hodl,
Hodl, Hodl, Hodl, Hodl, Hodl, Hodl, Hodl, Hodl, Hodl, Hodl, Hodl,
Hodl, Hodl, Hodl, Hodl, Hodl, Hodl, Hodl, Hodl, Hodl, Hodl, Hodl,
Hodl, Hodl, Hodl, Hodl, Hodl, Hodl, Hodl, Hodl, Hodl, Hodl, Hodl,
Hodl, Hodl, Hodl, Hodl, Hodl, Hodl, Hodl, Hodl, Hodl, Hodl, Hodl,
Hodl, Hodl, Hodl, Hodl, Hodl, Hodl, Hodl, Hodl, Hodl, Hodl, Hodl,
Hodl, Hodl, Hodl, Hodl, Hodl, Hodl, Hodl, Hodl, Hodl, Hodl, Hodl,
Hodl, Hodl, Hodl, Hodl, Hodl, Hodl, Hodl, Hodl, Hodl, Hodl, Hodl,
Hodl, Hodl, Hodl, Hodl, Hodl, Hodl, Hodl, Hodl, Hodl, Hodl, Hodl,
Hodl, Hodl, Hodl, Hodl, Hodl, Hodl, Hodl, Hodl, Hodl, Hodl, Hodl,
Hodl, Hodl, Hodl, Hodl, Hodl, Hodl, Hodl, Hodl, Hodl, Hodl, Hodl,
Hodl, Hodl, Hodl, Hodl, Hodl, Hodl, Hodl, Hodl, Hodl, Hodl, Hodl,
Hodl, Hodl, Hodl, Hodl, Hodl, Hodl, Hodl, Hodl, Hodl, Hodl, Hodl,
Hodl, Hodl, Hodl, Hodl, Hodl, Hodl, Hodl, Hodl, Hodl, Hodl, Hodl,
Hodl, Hodl, Hodl, Hodl, Hodl, Hodl, Hodl, Hodl, Hodl, Hodl, Hodl,
Hodl, Hodl, Hodl, Hodl, Hodl, Hodl.

Hodl, Hodl, Hodl, Hodl, Hodl, Hodl, Hodl, Hodl, Hodl,
Hodl, Hodl, Hodl, Hodl, Hodl, Hodl, Hodl, Hodl, Hodl, Hodl, Hodl,
Hodl, Hodl, Hodl, Hodl, Hodl, Hodl, Hodl, Hodl, Hodl, Hodl, Hodl,
Hodl, Hodl, Hodl, Hodl, Hodl, Hodl, Hodl, Hodl, Hodl, Hodl, Hodl,
Hodl, Hodl, Hodl, Hodl, Hodl, Hodl, Hodl, Hodl, Hodl, Hodl, Hodl,
Hodl, Hodl, Hodl, Hodl, Hodl, Hodl, Hodl, Hodl, Hodl, Hodl, Hodl,
Hodl, Hodl, Hodl, Hodl, Hodl, Hodl, Hodl, Hodl, Hodl, Hodl, Hodl,
Hodl, Hodl, Hodl, Hodl, Hodl, Hodl, Hodl, Hodl, Hodl, Hodl, Hodl,
Hodl, Hodl, Hodl, Hodl, Hodl, Hodl, Hodl, Hodl, Hodl, Hodl, Hodl,
Hodl, Hodl, Hodl, Hodl, Hodl, Hodl, Hodl, Hodl, Hodl, Hodl, Hodl,
Hodl, Hodl, Hodl, Hodl, Hodl, Hodl, Hodl, Hodl, Hodl, Hodl, Hodl,
Hodl, Hodl, Hodl, Hodl, Hodl, Hodl, Hodl, Hodl, Hodl, Hodl, Hodl,
Hodl, Hodl, Hodl, Hodl, Hodl, Hodl, Hodl, Hodl, Hodl, Hodl, Hodl,
Hodl, Hodl, Hodl, Hodl, Hodl, Hodl, Hodl, Hodl, Hodl, Hodl, Hodl,
Hodl, Hodl, Hodl, Hodl, Hodl, Hodl, Hodl, Hodl, Hodl, Hodl, Hodl,
Hodl, Hodl, Hodl, Hodl, Hodl, Hodl, Hodl, Hodl, Hodl, Hodl, Hodl,
Hodl, Hodl, Hodl, Hodl, Hodl, Hodl, Hodl, Hodl, Hodl, Hodl, Hodl,
Hodl, Hodl, Hodl, Hodl, Hodl, Hodl, Hodl, Hodl, Hodl, Hodl, Hodl,
Hodl, Hodl, Hodl, Hodl, Hodl, Hodl, Hodl, Hodl, Hodl, Hodl, Hodl,
Hodl, Hodl, Hodl, Hodl, Hodl, Hodl, Hodl, Hodl, Hodl, Hodl, Hodl,
Hodl, Hodl, Hodl, Hodl, Hodl, Hodl, Hodl, Hodl, Hodl, Hodl, Hodl,
Hodl, Hodl, Hodl, Hodl, Hodl, Hodl, Hodl, Hodl, Hodl, Hodl, Hodl,
Hodl, Hodl, Hodl, Hodl, Hodl, Hodl, Hodl, Hodl, Hodl, Hodl, Hodl,
Hodl, Hodl, Hodl, Hodl, Hodl, Hodl, Hodl, Hodl, Hodl, Hodl, Hodl,
Hodl, Hodl, Hodl, Hodl, Hodl, Hodl, Hodl, Hodl, Hodl, Hodl, Hodl,
Hodl, Hodl, Hodl, Hodl, Hodl, Hodl, Hodl, Hodl, Hodl, Hodl, Hodl,
Hodl, Hodl, Hodl, Hodl, Hodl, Hodl, Hodl, Hodl, Hodl, Hodl, Hodl,
Hodl, Hodl, Hodl, Hodl, Hodl, Hodl, Hodl, Hodl, Hodl, Hodl, Hodl,
Hodl, Hodl, Hodl, Hodl, Hodl, Hodl, Hodl, Hodl, Hodl, Hodl, Hodl,
Hodl, Hodl, Hodl, Hodl, Hodl, Hodl, Hodl, Hodl, Hodl, Hodl, Hodl,
Hodl, Hodl, Hodl, Hodl, Hodl, Hodl, Hodl, Hodl, Hodl, Hodl, Hodl,
Hodl, Hodl, Hodl, Hodl, Hodl, Hodl, Hodl, Hodl, Hodl, Hodl, Hodl,
Hodl, Hodl, Hodl, Hodl, Hodl, Hodl.

Hodl, Hodl, Hodl, Hodl, Hodl, Hodl, Hodl, Hodl, Hodl,
Hodl, Hodl, Hodl, Hodl, Hodl, Hodl, Hodl, Hodl, Hodl, Hodl, Hodl,
Hodl, Hodl, Hodl, Hodl, Hodl, Hodl, Hodl, Hodl, Hodl, Hodl, Hodl,
Hodl, Hodl, Hodl, Hodl, Hodl, Hodl, Hodl, Hodl, Hodl, Hodl, Hodl,
Hodl, Hodl, Hodl, Hodl, Hodl, Hodl, Hodl, Hodl, Hodl, Hodl, Hodl,
Hodl, Hodl, Hodl, Hodl, Hodl, Hodl, Hodl, Hodl, Hodl, Hodl, Hodl,
Hodl, Hodl, Hodl, Hodl, Hodl, Hodl, Hodl, Hodl, Hodl, Hodl, Hodl,
Hodl, Hodl, Hodl, Hodl, Hodl, Hodl, Hodl, Hodl, Hodl, Hodl, Hodl,
Hodl, Hodl, Hodl, Hodl, Hodl, Hodl, Hodl, Hodl, Hodl, Hodl, Hodl,
Hodl, Hodl, Hodl, Hodl, Hodl, Hodl, Hodl, Hodl, Hodl, Hodl, Hodl,
Hodl, Hodl, Hodl, Hodl, Hodl, Hodl, Hodl, Hodl, Hodl, Hodl, Hodl,
Hodl, Hodl, Hodl, Hodl, Hodl, Hodl, Hodl, Hodl, Hodl, Hodl, Hodl,
Hodl, Hodl, Hodl, Hodl, Hodl, Hodl, Hodl, Hodl, Hodl, Hodl, Hodl,
Hodl, Hodl, Hodl, Hodl, Hodl, Hodl, Hodl, Hodl, Hodl, Hodl, Hodl,
Hodl, Hodl, Hodl, Hodl, Hodl, Hodl, Hodl, Hodl, Hodl, Hodl, Hodl,
Hodl, Hodl, Hodl, Hodl, Hodl, Hodl, Hodl, Hodl, Hodl, Hodl, Hodl,
Hodl, Hodl, Hodl, Hodl, Hodl, Hodl, Hodl, Hodl, Hodl, Hodl, Hodl,
Hodl, Hodl, Hodl, Hodl, Hodl, Hodl, Hodl, Hodl, Hodl, Hodl, Hodl,
Hodl, Hodl, Hodl, Hodl, Hodl, Hodl, Hodl, Hodl, Hodl, Hodl, Hodl,
Hodl, Hodl, Hodl, Hodl, Hodl, Hodl, Hodl, Hodl, Hodl, Hodl, Hodl,
Hodl, Hodl, Hodl, Hodl, Hodl, Hodl, Hodl, Hodl, Hodl, Hodl, Hodl,
Hodl, Hodl, Hodl, Hodl, Hodl, Hodl, Hodl, Hodl, Hodl, Hodl, Hodl,
Hodl, Hodl, Hodl, Hodl, Hodl, Hodl, Hodl, Hodl, Hodl, Hodl, Hodl,
Hodl, Hodl, Hodl, Hodl, Hodl, Hodl, Hodl, Hodl, Hodl, Hodl, Hodl,
Hodl, Hodl, Hodl, Hodl, Hodl, Hodl, Hodl, Hodl, Hodl, Hodl, Hodl,
Hodl, Hodl, Hodl, Hodl, Hodl, Hodl, Hodl, Hodl, Hodl, Hodl, Hodl,
Hodl, Hodl, Hodl, Hodl, Hodl, Hodl, Hodl, Hodl, Hodl, Hodl, Hodl,
Hodl, Hodl, Hodl, Hodl, Hodl, Hodl, Hodl, Hodl, Hodl, Hodl, Hodl,
Hodl, Hodl, Hodl, Hodl, Hodl, Hodl, Hodl, Hodl, Hodl, Hodl, Hodl,
Hodl, Hodl, Hodl, Hodl, Hodl, Hodl, Hodl, Hodl, Hodl, Hodl, Hodl,
Hodl, Hodl, Hodl, Hodl, Hodl, Hodl, Hodl, Hodl, Hodl, Hodl, Hodl,
Hodl, Hodl, Hodl, Hodl, Hodl, Hodl, Hodl, Hodl, Hodl, Hodl, Hodl,
Hodl, Hodl, Hodl, Hodl, Hodl, Hodl, Hodl, Hodl, Hodl, Hodl, Hodl,
Hodl, Hodl, Hodl, Hodl, Hodl, Hodl, Hodl, Hodl, Hodl, Hodl, Hodl,
Hodl, Hodl, Hodl, Hodl, Hodl, Hodl, Hodl, Hodl, Hodl, Hodl, Hodl,
Hodl, Hodl, Hodl, Hodl, Hodl, Hodl.

Hodl, Hodl, Hodl, Hodl, Hodl, Hodl, Hodl, Hodl, Hodl,
Hodl, Hodl, Hodl, Hodl, Hodl, Hodl, Hodl, Hodl, Hodl, Hodl, Hodl,
Hodl, Hodl, Hodl, Hodl, Hodl, Hodl, Hodl, Hodl, Hodl, Hodl, Hodl,
Hodl, Hodl, Hodl, Hodl, Hodl, Hodl, Hodl, Hodl, Hodl, Hodl, Hodl,
Hodl, Hodl, Hodl, Hodl, Hodl, Hodl, Hodl, Hodl, Hodl, Hodl, Hodl,
Hodl, Hodl, Hodl, Hodl, Hodl, Hodl, Hodl, Hodl, Hodl, Hodl, Hodl,
Hodl, Hodl, Hodl, Hodl, Hodl, Hodl, Hodl, Hodl, Hodl, Hodl, Hodl,
Hodl, Hodl, Hodl, Hodl, Hodl, Hodl, Hodl, Hodl, Hodl, Hodl, Hodl,
Hodl, Hodl, Hodl, Hodl, Hodl, Hodl, Hodl, Hodl, Hodl, Hodl, Hodl,
Hodl, Hodl, Hodl, Hodl, Hodl, Hodl, Hodl, Hodl, Hodl, Hodl, Hodl,
Hodl, Hodl, Hodl, Hodl, Hodl, Hodl, Hodl, Hodl, Hodl, Hodl, Hodl,
Hodl, Hodl, Hodl, Hodl, Hodl, Hodl, Hodl, Hodl, Hodl, Hodl, Hodl,
Hodl, Hodl, Hodl, Hodl, Hodl, Hodl, Hodl, Hodl, Hodl, Hodl, Hodl,
Hodl, Hodl, Hodl, Hodl, Hodl, Hodl, Hodl, Hodl, Hodl, Hodl, Hodl,
Hodl, Hodl, Hodl, Hodl, Hodl, Hodl, Hodl, Hodl, Hodl, Hodl, Hodl,
Hodl, Hodl, Hodl, Hodl, Hodl, Hodl, Hodl, Hodl, Hodl, Hodl, Hodl,
Hodl, Hodl, Hodl, Hodl, Hodl, Hodl, Hodl, Hodl, Hodl, Hodl, Hodl,
Hodl, Hodl, Hodl, Hodl, Hodl, Hodl, Hodl, Hodl, Hodl, Hodl, Hodl,
Hodl, Hodl, Hodl, Hodl, Hodl, Hodl, Hodl, Hodl, Hodl, Hodl, Hodl,
Hodl, Hodl, Hodl, Hodl, Hodl, Hodl, Hodl, Hodl, Hodl, Hodl, Hodl,
Hodl, Hodl, Hodl, Hodl, Hodl, Hodl, Hodl, Hodl, Hodl, Hodl, Hodl,
Hodl, Hodl, Hodl, Hodl, Hodl, Hodl, Hodl, Hodl, Hodl, Hodl, Hodl,
Hodl, Hodl, Hodl, Hodl, Hodl, Hodl, Hodl, Hodl, Hodl, Hodl, Hodl,
Hodl, Hodl, Hodl, Hodl, Hodl, Hodl, Hodl, Hodl, Hodl, Hodl, Hodl,
Hodl, Hodl, Hodl, Hodl, Hodl, Hodl, Hodl, Hodl, Hodl, Hodl, Hodl,
Hodl, Hodl, Hodl, Hodl, Hodl, Hodl, Hodl, Hodl, Hodl, Hodl, Hodl,
Hodl, Hodl, Hodl, Hodl, Hodl, Hodl, Hodl, Hodl, Hodl, Hodl, Hodl,
Hodl, Hodl, Hodl, Hodl, Hodl, Hodl, Hodl, Hodl, Hodl, Hodl, Hodl,
Hodl, Hodl, Hodl, Hodl, Hodl, Hodl, Hodl, Hodl, Hodl, Hodl, Hodl,
Hodl, Hodl, Hodl, Hodl, Hodl, Hodl, Hodl, Hodl, Hodl, Hodl, Hodl,
Hodl, Hodl, Hodl, Hodl, Hodl, Hodl, Hodl, Hodl, Hodl, Hodl, Hodl,
Hodl, Hodl, Hodl, Hodl, Hodl, Hodl, Hodl, Hodl, Hodl, Hodl, Hodl,
Hodl, Hodl, Hodl, Hodl, Hodl, Hodl.

Hodl, Hodl, Hodl, Hodl, Hodl, Hodl, Hodl, Hodl, Hodl,
Hodl, Hodl, Hodl, Hodl, Hodl, Hodl, Hodl, Hodl, Hodl, Hodl, Hodl,
Hodl, Hodl, Hodl, Hodl, Hodl, Hodl, Hodl, Hodl, Hodl, Hodl, Hodl,
Hodl, Hodl, Hodl, Hodl, Hodl, Hodl, Hodl, Hodl, Hodl, Hodl, Hodl,
Hodl, Hodl, Hodl, Hodl, Hodl, Hodl, Hodl, Hodl, Hodl, Hodl, Hodl,
Hodl, Hodl, Hodl, Hodl, Hodl, Hodl, Hodl, Hodl, Hodl, Hodl, Hodl,
Hodl, Hodl, Hodl, Hodl, Hodl, Hodl, Hodl, Hodl, Hodl, Hodl, Hodl,
Hodl, Hodl, Hodl, Hodl, Hodl, Hodl, Hodl, Hodl, Hodl, Hodl, Hodl,
Hodl, Hodl, Hodl, Hodl, Hodl, Hodl, Hodl, Hodl, Hodl, Hodl, Hodl,
Hodl, Hodl, Hodl, Hodl, Hodl, Hodl, Hodl, Hodl, Hodl, Hodl, Hodl,
Hodl, Hodl, Hodl, Hodl, Hodl, Hodl, Hodl, Hodl, Hodl, Hodl, Hodl,
Hodl, Hodl, Hodl, Hodl, Hodl, Hodl, Hodl, Hodl, Hodl, Hodl, Hodl,
Hodl, Hodl, Hodl, Hodl, Hodl, Hodl, Hodl, Hodl, Hodl, Hodl, Hodl,
Hodl, Hodl, Hodl, Hodl, Hodl, Hodl, Hodl, Hodl, Hodl, Hodl, Hodl,
Hodl, Hodl, Hodl, Hodl, Hodl, Hodl, Hodl, Hodl, Hodl, Hodl, Hodl,
Hodl, Hodl, Hodl, Hodl, Hodl, Hodl, Hodl, Hodl, Hodl, Hodl, Hodl,
Hodl, Hodl, Hodl, Hodl, Hodl, Hodl, Hodl, Hodl, Hodl, Hodl, Hodl,
Hodl, Hodl, Hodl, Hodl, Hodl, Hodl, Hodl, Hodl, Hodl, Hodl, Hodl,
Hodl, Hodl, Hodl, Hodl, Hodl, Hodl, Hodl, Hodl, Hodl, Hodl, Hodl,
Hodl, Hodl, Hodl, Hodl, Hodl, Hodl, Hodl, Hodl, Hodl, Hodl, Hodl,
Hodl, Hodl, Hodl, Hodl, Hodl, Hodl, Hodl, Hodl, Hodl, Hodl, Hodl,
Hodl, Hodl, Hodl, Hodl, Hodl, Hodl, Hodl, Hodl, Hodl, Hodl, Hodl,
Hodl, Hodl, Hodl, Hodl, Hodl, Hodl, Hodl, Hodl, Hodl, Hodl, Hodl,
Hodl, Hodl, Hodl, Hodl, Hodl, Hodl, Hodl, Hodl, Hodl, Hodl, Hodl,
Hodl, Hodl, Hodl, Hodl, Hodl, Hodl, Hodl, Hodl, Hodl, Hodl, Hodl,
Hodl, Hodl, Hodl, Hodl, Hodl, Hodl, Hodl, Hodl, Hodl, Hodl, Hodl,
Hodl, Hodl, Hodl, Hodl, Hodl, Hodl, Hodl, Hodl, Hodl, Hodl, Hodl,
Hodl, Hodl, Hodl, Hodl, Hodl, Hodl, Hodl, Hodl, Hodl, Hodl, Hodl,
Hodl, Hodl, Hodl, Hodl, Hodl, Hodl, Hodl, Hodl, Hodl, Hodl, Hodl,
Hodl, Hodl, Hodl, Hodl, Hodl, Hodl, Hodl, Hodl, Hodl, Hodl, Hodl,
Hodl, Hodl, Hodl, Hodl, Hodl, Hodl, Hodl, Hodl, Hodl, Hodl, Hodl,
Hodl, Hodl, Hodl, Hodl, Hodl, Hodl, Hodl, Hodl, Hodl, Hodl, Hodl,
Hodl, Hodl, Hodl, Hodl, Hodl, Hodl, Hodl, Hodl, Hodl, Hodl, Hodl,
Hodl, Hodl, Hodl, Hodl, Hodl, Hodl, Hodl, Hodl, Hodl, Hodl, Hodl,
Hodl, Hodl, Hodl, Hodl, Hodl, Hodl.

Hodl, Hodl, Hodl, Hodl, Hodl, Hodl, Hodl, Hodl, Hodl,
Hodl, Hodl, Hodl, Hodl, Hodl, Hodl, Hodl, Hodl, Hodl, Hodl, Hodl,
Hodl, Hodl, Hodl, Hodl, Hodl, Hodl, Hodl, Hodl, Hodl, Hodl, Hodl,
Hodl, Hodl, Hodl, Hodl, Hodl, Hodl, Hodl, Hodl, Hodl, Hodl, Hodl,
Hodl, Hodl, Hodl, Hodl, Hodl, Hodl, Hodl, Hodl, Hodl, Hodl, Hodl,
Hodl, Hodl, Hodl, Hodl, Hodl, Hodl, Hodl, Hodl, Hodl, Hodl, Hodl,
Hodl, Hodl, Hodl, Hodl, Hodl, Hodl, Hodl, Hodl, Hodl, Hodl, Hodl,
Hodl, Hodl, Hodl, Hodl, Hodl, Hodl, Hodl, Hodl, Hodl, Hodl, Hodl,
Hodl, Hodl, Hodl, Hodl, Hodl, Hodl, Hodl, Hodl, Hodl, Hodl, Hodl,
Hodl, Hodl, Hodl, Hodl, Hodl, Hodl, Hodl, Hodl, Hodl, Hodl, Hodl,
Hodl, Hodl, Hodl, Hodl, Hodl, Hodl, Hodl, Hodl, Hodl, Hodl, Hodl,
Hodl, Hodl, Hodl, Hodl, Hodl, Hodl, Hodl, Hodl, Hodl, Hodl, Hodl,
Hodl, Hodl, Hodl, Hodl, Hodl, Hodl, Hodl, Hodl, Hodl, Hodl, Hodl,
Hodl, Hodl, Hodl, Hodl, Hodl, Hodl, Hodl, Hodl, Hodl, Hodl, Hodl,
Hodl, Hodl, Hodl, Hodl, Hodl, Hodl, Hodl, Hodl, Hodl, Hodl, Hodl,
Hodl, Hodl, Hodl, Hodl, Hodl, Hodl, Hodl, Hodl, Hodl, Hodl, Hodl,
Hodl, Hodl, Hodl, Hodl, Hodl, Hodl, Hodl, Hodl, Hodl, Hodl, Hodl,
Hodl, Hodl, Hodl, Hodl, Hodl, Hodl, Hodl, Hodl, Hodl, Hodl, Hodl,
Hodl, Hodl, Hodl, Hodl, Hodl, Hodl, Hodl, Hodl, Hodl, Hodl, Hodl,
Hodl, Hodl, Hodl, Hodl, Hodl, Hodl, Hodl, Hodl, Hodl, Hodl, Hodl,
Hodl, Hodl, Hodl, Hodl, Hodl, Hodl, Hodl, Hodl, Hodl, Hodl, Hodl,
Hodl, Hodl, Hodl, Hodl, Hodl, Hodl, Hodl, Hodl, Hodl, Hodl, Hodl,
Hodl, Hodl, Hodl, Hodl, Hodl, Hodl, Hodl, Hodl, Hodl, Hodl, Hodl,
Hodl, Hodl, Hodl, Hodl, Hodl, Hodl, Hodl, Hodl, Hodl, Hodl, Hodl,
Hodl, Hodl, Hodl, Hodl, Hodl, Hodl, Hodl, Hodl, Hodl, Hodl, Hodl,
Hodl, Hodl, Hodl, Hodl, Hodl, Hodl, Hodl, Hodl, Hodl, Hodl, Hodl,
Hodl, Hodl, Hodl, Hodl, Hodl, Hodl, Hodl, Hodl, Hodl, Hodl, Hodl,
Hodl, Hodl, Hodl, Hodl, Hodl, Hodl, Hodl, Hodl, Hodl, Hodl, Hodl,
Hodl, Hodl, Hodl, Hodl, Hodl, Hodl, Hodl, Hodl, Hodl, Hodl, Hodl,
Hodl, Hodl, Hodl, Hodl, Hodl, Hodl, Hodl, Hodl, Hodl, Hodl, Hodl,
Hodl, Hodl, Hodl, Hodl, Hodl, Hodl, Hodl, Hodl, Hodl, Hodl, Hodl,
Hodl, Hodl, Hodl, Hodl, Hodl, Hodl, Hodl, Hodl, Hodl, Hodl, Hodl,
Hodl, Hodl, Hodl, Hodl, Hodl, Hodl, Hodl, Hodl, Hodl, Hodl, Hodl,
Hodl, Hodl, Hodl, Hodl, Hodl, Hodl.

Hodl, Hodl, Hodl, Hodl, Hodl, Hodl, Hodl, Hodl, Hodl, Hodl, Hodl, Hodl, Hodl, Hodl, Hodl, Hodl, Hodl, Hodl, Hodl, Hodl, Hodl, Hodl, Hodl, Hodl, Hodl, Hodl, Hodl, Hodl, Hodl, Hodl, Hodl, Hodl, Hodl, Hodl, Hodl, Hodl, Hodl, Hodl, Hodl, Hodl, Hodl, Hodl, Hodl, Hodl, Hodl, Hodl, Hodl, Hodl, Hodl, Hodl, Hodl, Hodl, Hodl, Hodl, Hodl, Hodl, Hodl, Hodl, Hodl, Hodl, Hodl, Hodl, Hodl, Hodl, Hodl, Hodl, Hodl, Hodl, Hodl, Hodl, Hodl, Hodl, Hodl, Hodl, Hodl, Hodl, Hodl, Hodl, Hodl, Hodl, Hodl, Hodl, Hodl, Hodl, Hodl, Hodl, Hodl, Hodl, Hodl, Hodl, Hodl, Hodl, Hodl, Hodl, Hodl, Hodl, Hodl, Hodl, Hodl, Hodl, Hodl, Hodl, Hodl, Hodl, Hodl, Hodl, Hodl, Hodl, Hodl, Hodl, Hodl, Hodl, Hodl, Hodl, Hodl, Hodl, Hodl, Hodl, Hodl, Hodl, Hodl, Hodl, Hodl, Hodl, Hodl, Hodl, Hodl, Hodl, Hodl, Hodl, Hodl, Hodl, Hodl, Hodl, Hodl, Hodl, Hodl, Hodl, Hodl, Hodl, Hodl, Hodl, Hodl, Hodl, Hodl, Hodl, Hodl, Hodl, Hodl, Hodl, Hodl, Hodl, Hodl, Hodl, Hodl, Hodl, Hodl, Hodl, Hodl, Hodl, Hodl, Hodl, Hodl, Hodl, Hodl, Hodl, Hodl, Hodl, Hodl, Hodl, Hodl, Hodl, Hodl, Hodl, Hodl, Hodl, Hodl, Hodl, Hodl, Hodl, Hodl, Hodl, Hodl, Hodl, Hodl, Hodl, Hodl, Hodl, Hodl, Hodl, Hodl, Hodl, Hodl, Hodl, Hodl, Hodl, Hodl, Hodl, Hodl, Hodl, Hodl, Hodl, Hodl, Hodl, Hodl, Hodl, Hodl, Hodl, Hodl, Hodl, Hodl, Hodl, Hodl, Hodl, Hodl, Hodl, Hodl, Hodl, Hodl, Hodl, Hodl, Hodl, Hodl, Hodl, Hodl, Hodl, Hodl, Hodl, Hodl, Hodl, Hodl, Hodl, Hodl, Hodl, Hodl, Hodl, Hodl, Hodl, Hodl, Hodl, Hodl, Hodl, Hodl, Hodl, Hodl, Hodl, Hodl, Hodl, Hodl, Hodl, Hodl, Hodl, Hodl, Hodl, Hodl, Hodl, Hodl, Hodl, Hodl, Hodl, Hodl, Hodl, Hodl, Hodl, Hodl, Hodl, Hodl, Hodl, Hodl, Hodl, Hodl, Hodl, Hodl, Hodl, Hodl, Hodl, Hodl, Hodl, Hodl, Hodl, Hodl, Hodl, Hodl, Hodl, Hodl, Hodl, Hodl, Hodl, Hodl, Hodl, Hodl, Hodl, Hodl, Hodl, Hodl, Hodl, Hodl, Hodl, Hodl, Hodl, Hodl, Hodl, Hodl, Hodl, Hodl, Hodl, Hodl, Hodl, Hodl, Hodl, Hodl, Hodl, Hodl, Hodl, Hodl, Hodl, Hodl, Hodl, Hodl, Hodl, Hodl, Hodl, Hodl, Hodl, Hodl, Hodl, Hodl, Hodl, Hodl, Hodl, Hodl, Hodl, Hodl, Hodl, Hodl, Hodl, Hodl, Hodl, Hodl, Hodl, Hodl, Hodl, Hodl, Hodl, Hodl, Hodl, Hodl, Hodl, Hodl, Hodl, Hodl, Hodl, Hodl, Hodl, Hodl, Hodl, Hodl, Hodl, Hodl, Hodl, Hodl, Hodl, Hodl, Hodl, Hodl, Hodl, Hodl, Hodl, Hodl, Hodl, Hodl, Hodl, Hodl, Hodl, Hodl, Hodl, Hodl, Hodl, Hodl, Hodl, Hodl, Hodl, Hodl, Hodl, Hodl, Hodl, Hodl, Hodl, Hodl, Hodl.

Hodl, Hodl, Hodl, Hodl, Hodl, Hodl, Hodl, Hodl, Hodl,
Hodl, Hodl, Hodl, Hodl, Hodl, Hodl, Hodl, Hodl, Hodl, Hodl, Hodl,
Hodl, Hodl, Hodl, Hodl, Hodl, Hodl, Hodl, Hodl, Hodl, Hodl, Hodl,
Hodl, Hodl, Hodl, Hodl, Hodl, Hodl, Hodl, Hodl, Hodl, Hodl, Hodl,
Hodl, Hodl, Hodl, Hodl, Hodl, Hodl, Hodl, Hodl, Hodl, Hodl, Hodl,
Hodl, Hodl, Hodl, Hodl, Hodl, Hodl, Hodl, Hodl, Hodl, Hodl, Hodl,
Hodl, Hodl, Hodl, Hodl, Hodl, Hodl, Hodl, Hodl, Hodl, Hodl, Hodl,
Hodl, Hodl, Hodl, Hodl, Hodl, Hodl, Hodl, Hodl, Hodl, Hodl, Hodl,
Hodl, Hodl, Hodl, Hodl, Hodl, Hodl, Hodl, Hodl, Hodl, Hodl, Hodl,
Hodl, Hodl, Hodl, Hodl, Hodl, Hodl, Hodl, Hodl, Hodl, Hodl, Hodl,
Hodl, Hodl, Hodl, Hodl, Hodl, Hodl, Hodl, Hodl, Hodl, Hodl, Hodl,
Hodl, Hodl, Hodl, Hodl, Hodl, Hodl, Hodl, Hodl, Hodl, Hodl, Hodl,
Hodl, Hodl, Hodl, Hodl, Hodl, Hodl, Hodl, Hodl, Hodl, Hodl, Hodl,
Hodl, Hodl, Hodl, Hodl, Hodl, Hodl, Hodl, Hodl, Hodl, Hodl, Hodl,
Hodl, Hodl, Hodl, Hodl, Hodl, Hodl, Hodl, Hodl, Hodl, Hodl, Hodl,
Hodl, Hodl, Hodl, Hodl, Hodl, Hodl, Hodl, Hodl, Hodl, Hodl, Hodl,
Hodl, Hodl, Hodl, Hodl, Hodl, Hodl, Hodl, Hodl, Hodl, Hodl, Hodl,
Hodl, Hodl, Hodl, Hodl, Hodl, Hodl, Hodl, Hodl, Hodl, Hodl, Hodl,
Hodl, Hodl, Hodl, Hodl, Hodl, Hodl, Hodl, Hodl, Hodl, Hodl, Hodl,
Hodl, Hodl, Hodl, Hodl, Hodl, Hodl, Hodl, Hodl, Hodl, Hodl, Hodl,
Hodl, Hodl, Hodl, Hodl, Hodl, Hodl, Hodl, Hodl, Hodl, Hodl, Hodl,
Hodl, Hodl, Hodl, Hodl, Hodl, Hodl, Hodl, Hodl, Hodl, Hodl, Hodl,
Hodl, Hodl, Hodl, Hodl, Hodl, Hodl, Hodl, Hodl, Hodl, Hodl, Hodl,
Hodl, Hodl, Hodl, Hodl, Hodl, Hodl, Hodl, Hodl, Hodl, Hodl, Hodl,
Hodl, Hodl, Hodl, Hodl, Hodl, Hodl, Hodl, Hodl, Hodl, Hodl, Hodl,
Hodl, Hodl, Hodl, Hodl, Hodl, Hodl, Hodl, Hodl, Hodl, Hodl, Hodl,
Hodl, Hodl, Hodl, Hodl, Hodl, Hodl, Hodl, Hodl, Hodl, Hodl, Hodl,
Hodl, Hodl, Hodl, Hodl, Hodl, Hodl, Hodl, Hodl, Hodl, Hodl, Hodl,
Hodl, Hodl, Hodl, Hodl, Hodl, Hodl, Hodl, Hodl, Hodl, Hodl, Hodl,
Hodl, Hodl, Hodl, Hodl, Hodl, Hodl, Hodl, Hodl, Hodl, Hodl, Hodl,
Hodl, Hodl, Hodl, Hodl, Hodl, Hodl, Hodl, Hodl, Hodl, Hodl, Hodl,
Hodl, Hodl, Hodl, Hodl, Hodl, Hodl, Hodl, Hodl, Hodl, Hodl, Hodl,
Hodl, Hodl, Hodl, Hodl, Hodl, Hodl, Hodl, Hodl, Hodl, Hodl, Hodl,
Hodl, Hodl, Hodl, Hodl, Hodl, Hodl.

Hodl, Hodl, Hodl, Hodl, Hodl, Hodl, Hodl, Hodl, Hodl,
Hodl, Hodl, Hodl, Hodl, Hodl, Hodl, Hodl, Hodl, Hodl, Hodl, Hodl,
Hodl, Hodl, Hodl, Hodl, Hodl, Hodl, Hodl, Hodl, Hodl, Hodl, Hodl,
Hodl, Hodl, Hodl, Hodl, Hodl, Hodl, Hodl, Hodl, Hodl, Hodl, Hodl,
Hodl, Hodl, Hodl, Hodl, Hodl, Hodl, Hodl, Hodl, Hodl, Hodl, Hodl,
Hodl, Hodl, Hodl, Hodl, Hodl, Hodl, Hodl, Hodl, Hodl, Hodl, Hodl,
Hodl, Hodl, Hodl, Hodl, Hodl, Hodl, Hodl, Hodl, Hodl, Hodl, Hodl,
Hodl, Hodl, Hodl, Hodl, Hodl, Hodl, Hodl, Hodl, Hodl, Hodl, Hodl,
Hodl, Hodl, Hodl, Hodl, Hodl, Hodl, Hodl, Hodl, Hodl, Hodl, Hodl,
Hodl, Hodl, Hodl, Hodl, Hodl, Hodl, Hodl, Hodl, Hodl, Hodl, Hodl,
Hodl, Hodl, Hodl, Hodl, Hodl, Hodl, Hodl, Hodl, Hodl, Hodl, Hodl,
Hodl, Hodl, Hodl, Hodl, Hodl, Hodl, Hodl, Hodl, Hodl, Hodl, Hodl,
Hodl, Hodl, Hodl, Hodl, Hodl, Hodl, Hodl, Hodl, Hodl, Hodl, Hodl,
Hodl, Hodl, Hodl, Hodl, Hodl, Hodl, Hodl, Hodl, Hodl, Hodl, Hodl,
Hodl, Hodl, Hodl, Hodl, Hodl, Hodl, Hodl, Hodl, Hodl, Hodl, Hodl,
Hodl, Hodl, Hodl, Hodl, Hodl, Hodl, Hodl, Hodl, Hodl, Hodl, Hodl,
Hodl, Hodl, Hodl, Hodl, Hodl, Hodl, Hodl, Hodl, Hodl, Hodl, Hodl,
Hodl, Hodl, Hodl, Hodl, Hodl, Hodl, Hodl, Hodl, Hodl, Hodl, Hodl,
Hodl, Hodl, Hodl, Hodl, Hodl, Hodl, Hodl, Hodl, Hodl, Hodl, Hodl,
Hodl, Hodl, Hodl, Hodl, Hodl, Hodl, Hodl, Hodl, Hodl, Hodl, Hodl,
Hodl, Hodl, Hodl, Hodl, Hodl, Hodl, Hodl, Hodl, Hodl, Hodl, Hodl,
Hodl, Hodl, Hodl, Hodl, Hodl, Hodl, Hodl, Hodl, Hodl, Hodl, Hodl,
Hodl, Hodl, Hodl, Hodl, Hodl, Hodl, Hodl, Hodl, Hodl, Hodl, Hodl,
Hodl, Hodl, Hodl, Hodl, Hodl, Hodl, Hodl, Hodl, Hodl, Hodl, Hodl,
Hodl, Hodl, Hodl, Hodl, Hodl, Hodl, Hodl, Hodl, Hodl, Hodl, Hodl,
Hodl, Hodl, Hodl, Hodl, Hodl, Hodl, Hodl, Hodl, Hodl, Hodl, Hodl,
Hodl, Hodl, Hodl, Hodl, Hodl, Hodl, Hodl, Hodl, Hodl, Hodl, Hodl,
Hodl, Hodl, Hodl, Hodl, Hodl, Hodl, Hodl, Hodl, Hodl, Hodl, Hodl,
Hodl, Hodl, Hodl, Hodl, Hodl, Hodl, Hodl, Hodl, Hodl, Hodl, Hodl,
Hodl, Hodl, Hodl, Hodl, Hodl, Hodl, Hodl, Hodl, Hodl, Hodl, Hodl,
Hodl, Hodl, Hodl, Hodl, Hodl, Hodl.

Hodl, Hodl, Hodl, Hodl, Hodl, Hodl, Hodl, Hodl, Hodl, Hodl, Hodl, Hodl, Hodl, Hodl, Hodl, Hodl, Hodl, Hodl, Hodl, Hodl, Hodl, Hodl, Hodl, Hodl, Hodl, Hodl, Hodl, Hodl, Hodl, Hodl, Hodl, Hodl, Hodl, Hodl, Hodl, Hodl, Hodl, Hodl, Hodl, Hodl, Hodl, Hodl, Hodl, Hodl, Hodl, Hodl, Hodl, Hodl, Hodl, Hodl, Hodl, Hodl, Hodl, Hodl, Hodl, Hodl, Hodl, Hodl, Hodl, Hodl, Hodl, Hodl, Hodl, Hodl, Hodl, Hodl, Hodl, Hodl, Hodl, Hodl, Hodl, Hodl, Hodl, Hodl, Hodl, Hodl, Hodl, Hodl, Hodl, Hodl, Hodl, Hodl, Hodl, Hodl, Hodl, Hodl, Hodl, Hodl, Hodl, Hodl, Hodl, Hodl, Hodl, Hodl, Hodl, Hodl, Hodl, Hodl, Hodl, Hodl, Hodl, Hodl, Hodl, Hodl, Hodl, Hodl, Hodl, Hodl, Hodl, Hodl, Hodl, Hodl, Hodl, Hodl, Hodl, Hodl, Hodl, Hodl, Hodl, Hodl, Hodl, Hodl, Hodl, Hodl, Hodl, Hodl, Hodl, Hodl, Hodl, Hodl, Hodl, Hodl, Hodl, Hodl, Hodl, Hodl, Hodl, Hodl, Hodl, Hodl, Hodl, Hodl, Hodl, Hodl, Hodl, Hodl, Hodl, Hodl, Hodl, Hodl, Hodl, Hodl, Hodl, Hodl, Hodl, Hodl, Hodl, Hodl, Hodl, Hodl, Hodl, Hodl, Hodl, Hodl, Hodl, Hodl, Hodl, Hodl, Hodl, Hodl, Hodl, Hodl, Hodl, Hodl, Hodl, Hodl, Hodl, Hodl, Hodl, Hodl, Hodl, Hodl, Hodl, Hodl, Hodl, Hodl, Hodl, Hodl, Hodl, Hodl, Hodl, Hodl, Hodl, Hodl, Hodl, Hodl, Hodl, Hodl, Hodl, Hodl, Hodl, Hodl, Hodl, Hodl, Hodl, Hodl, Hodl, Hodl, Hodl, Hodl, Hodl, Hodl, Hodl, Hodl, Hodl, Hodl, Hodl, Hodl, Hodl, Hodl, Hodl, Hodl, Hodl, Hodl, Hodl, Hodl, Hodl, Hodl, Hodl, Hodl, Hodl, Hodl, Hodl, Hodl, Hodl, Hodl, Hodl, Hodl, Hodl, Hodl, Hodl, Hodl, Hodl, Hodl, Hodl, Hodl, Hodl, Hodl, Hodl, Hodl, Hodl, Hodl, Hodl, Hodl, Hodl, Hodl, Hodl, Hodl, Hodl, Hodl, Hodl, Hodl, Hodl, Hodl, Hodl, Hodl, Hodl, Hodl, Hodl, Hodl, Hodl, Hodl, Hodl, Hodl, Hodl, Hodl, Hodl, Hodl, Hodl, Hodl, Hodl, Hodl, Hodl, Hodl, Hodl, Hodl, Hodl, Hodl, Hodl, Hodl, Hodl, Hodl, Hodl, Hodl, Hodl, Hodl, Hodl, Hodl, Hodl, Hodl, Hodl, Hodl, Hodl, Hodl, Hodl, Hodl, Hodl, Hodl, Hodl, Hodl, Hodl, Hodl, Hodl, Hodl, Hodl, Hodl, Hodl, Hodl, Hodl, Hodl, Hodl, Hodl, Hodl, Hodl, Hodl, Hodl, Hodl, Hodl, Hodl, Hodl, Hodl, Hodl, Hodl, Hodl, Hodl, Hodl, Hodl, Hodl, Hodl, Hodl, Hodl, Hodl, Hodl, Hodl, Hodl, Hodl, Hodl, Hodl, Hodl, Hodl, Hodl, Hodl, Hodl, Hodl, Hodl, Hodl, Hodl, Hodl, Hodl, Hodl, Hodl, Hodl, Hodl, Hodl, Hodl, Hodl, Hodl, Hodl, Hodl, Hodl, Hodl, Hodl, Hodl, Hodl, Hodl, Hodl, Hodl, Hodl, Hodl, Hodl, Hodl, Hodl, Hodl, Hodl, Hodl, Hodl, Hodl, Hodl, Hodl, Hodl, Hodl, Hodl, Hodl, Hodl, Hodl, Hodl, Hodl, Hodl, Hodl, Hodl, Hodl, Hodl, Hodl, Hodl, Hodl, Hodl, Hodl, Hodl, Hodl, Hodl, Hodl, Hodl, Hodl, Hodl, Hodl, Hodl, Hodl, Hodl, Hodl, Hodl, Hodl, Hodl, Hodl, Hodl, Hodl, Hodl, Hodl, Hodl, Hodl, Hodl, Hodl, Hodl, Hodl, Hodl, Hodl, Hodl, Hodl, Hodl, Hodl, Hodl, Hodl, Hodl, Hodl, Hodl.

Hodl, Hodl, Hodl, Hodl, Hodl, Hodl, Hodl, Hodl, Hodl,
Hodl, Hodl, Hodl, Hodl, Hodl, Hodl, Hodl, Hodl, Hodl, Hodl, Hodl,
Hodl, Hodl, Hodl, Hodl, Hodl, Hodl, Hodl, Hodl, Hodl, Hodl, Hodl,
Hodl, Hodl, Hodl, Hodl, Hodl, Hodl, Hodl, Hodl, Hodl, Hodl, Hodl,
Hodl, Hodl, Hodl, Hodl, Hodl, Hodl, Hodl, Hodl, Hodl, Hodl, Hodl,
Hodl, Hodl, Hodl, Hodl, Hodl, Hodl, Hodl, Hodl, Hodl, Hodl, Hodl,
Hodl, Hodl, Hodl, Hodl, Hodl, Hodl, Hodl, Hodl, Hodl, Hodl, Hodl,
Hodl, Hodl, Hodl, Hodl, Hodl, Hodl, Hodl, Hodl, Hodl, Hodl, Hodl,
Hodl, Hodl, Hodl, Hodl, Hodl, Hodl, Hodl, Hodl, Hodl, Hodl, Hodl,
Hodl, Hodl, Hodl, Hodl, Hodl, Hodl, Hodl, Hodl, Hodl, Hodl, Hodl,
Hodl, Hodl, Hodl, Hodl, Hodl, Hodl, Hodl, Hodl, Hodl, Hodl, Hodl,
Hodl, Hodl, Hodl, Hodl, Hodl, Hodl, Hodl, Hodl, Hodl, Hodl, Hodl,
Hodl, Hodl, Hodl, Hodl, Hodl, Hodl, Hodl, Hodl, Hodl, Hodl, Hodl,
Hodl, Hodl, Hodl, Hodl, Hodl, Hodl, Hodl, Hodl, Hodl, Hodl, Hodl,
Hodl, Hodl, Hodl, Hodl, Hodl, Hodl, Hodl, Hodl, Hodl, Hodl, Hodl,
Hodl, Hodl, Hodl, Hodl, Hodl, Hodl, Hodl, Hodl, Hodl, Hodl, Hodl,
Hodl, Hodl, Hodl, Hodl, Hodl, Hodl, Hodl, Hodl, Hodl, Hodl, Hodl,
Hodl, Hodl, Hodl, Hodl, Hodl, Hodl, Hodl, Hodl, Hodl, Hodl, Hodl,
Hodl, Hodl, Hodl, Hodl, Hodl, Hodl, Hodl, Hodl, Hodl, Hodl, Hodl,
Hodl, Hodl, Hodl, Hodl, Hodl, Hodl, Hodl, Hodl, Hodl, Hodl, Hodl,
Hodl, Hodl, Hodl, Hodl, Hodl, Hodl, Hodl, Hodl, Hodl, Hodl, Hodl,
Hodl, Hodl, Hodl, Hodl, Hodl, Hodl, Hodl, Hodl, Hodl, Hodl, Hodl,
Hodl, Hodl, Hodl, Hodl, Hodl, Hodl, Hodl, Hodl, Hodl, Hodl, Hodl,
Hodl, Hodl, Hodl, Hodl, Hodl, Hodl, Hodl, Hodl, Hodl, Hodl, Hodl,
Hodl, Hodl, Hodl, Hodl, Hodl, Hodl, Hodl, Hodl, Hodl, Hodl, Hodl,
Hodl, Hodl, Hodl, Hodl, Hodl, Hodl, Hodl, Hodl, Hodl, Hodl, Hodl,
Hodl, Hodl, Hodl, Hodl, Hodl, Hodl, Hodl, Hodl, Hodl, Hodl, Hodl,
Hodl, Hodl, Hodl, Hodl, Hodl, Hodl, Hodl, Hodl, Hodl, Hodl, Hodl,
Hodl, Hodl, Hodl, Hodl, Hodl, Hodl, Hodl, Hodl, Hodl, Hodl, Hodl,
Hodl, Hodl, Hodl, Hodl, Hodl, Hodl, Hodl, Hodl, Hodl, Hodl, Hodl,
Hodl, Hodl, Hodl, Hodl, Hodl, Hodl, Hodl, Hodl, Hodl, Hodl, Hodl,
Hodl, Hodl, Hodl, Hodl, Hodl, Hodl, Hodl, Hodl, Hodl, Hodl, Hodl,
Hodl, Hodl, Hodl, Hodl, Hodl, Hodl, Hodl, Hodl, Hodl, Hodl, Hodl,
Hodl, Hodl, Hodl, Hodl, Hodl, Hodl, Hodl, Hodl, Hodl, Hodl, Hodl,
Hodl, Hodl, Hodl, Hodl, Hodl, Hodl.

Hodl, Hodl, Hodl, Hodl, Hodl, Hodl, Hodl, Hodl, Hodl,
Hodl, Hodl, Hodl, Hodl, Hodl, Hodl, Hodl, Hodl, Hodl, Hodl, Hodl,
Hodl, Hodl, Hodl, Hodl, Hodl, Hodl, Hodl, Hodl, Hodl, Hodl, Hodl,
Hodl, Hodl, Hodl, Hodl, Hodl, Hodl, Hodl, Hodl, Hodl, Hodl, Hodl,
Hodl, Hodl, Hodl, Hodl, Hodl, Hodl, Hodl, Hodl, Hodl, Hodl, Hodl,
Hodl, Hodl, Hodl, Hodl, Hodl, Hodl, Hodl, Hodl, Hodl, Hodl, Hodl,
Hodl, Hodl, Hodl, Hodl, Hodl, Hodl, Hodl, Hodl, Hodl, Hodl, Hodl,
Hodl, Hodl, Hodl, Hodl, Hodl, Hodl, Hodl, Hodl, Hodl, Hodl, Hodl,
Hodl, Hodl, Hodl, Hodl, Hodl, Hodl, Hodl, Hodl, Hodl, Hodl, Hodl,
Hodl, Hodl, Hodl, Hodl, Hodl, Hodl, Hodl, Hodl, Hodl, Hodl, Hodl,
Hodl, Hodl, Hodl, Hodl, Hodl, Hodl, Hodl, Hodl, Hodl, Hodl, Hodl,
Hodl, Hodl, Hodl, Hodl, Hodl, Hodl, Hodl, Hodl, Hodl, Hodl, Hodl,
Hodl, Hodl, Hodl, Hodl, Hodl, Hodl, Hodl, Hodl, Hodl, Hodl, Hodl,
Hodl, Hodl, Hodl, Hodl, Hodl, Hodl, Hodl, Hodl, Hodl, Hodl, Hodl,
Hodl, Hodl, Hodl, Hodl, Hodl, Hodl, Hodl, Hodl, Hodl, Hodl, Hodl,
Hodl, Hodl, Hodl, Hodl, Hodl, Hodl, Hodl, Hodl, Hodl, Hodl, Hodl,
Hodl, Hodl, Hodl, Hodl, Hodl, Hodl, Hodl, Hodl, Hodl, Hodl, Hodl,
Hodl, Hodl, Hodl, Hodl, Hodl, Hodl, Hodl, Hodl, Hodl, Hodl, Hodl,
Hodl, Hodl, Hodl, Hodl, Hodl, Hodl, Hodl, Hodl, Hodl, Hodl, Hodl,
Hodl, Hodl, Hodl, Hodl, Hodl, Hodl, Hodl, Hodl, Hodl, Hodl, Hodl,
Hodl, Hodl, Hodl, Hodl, Hodl, Hodl, Hodl, Hodl, Hodl, Hodl, Hodl,
Hodl, Hodl, Hodl, Hodl, Hodl, Hodl, Hodl, Hodl, Hodl, Hodl, Hodl,
Hodl, Hodl, Hodl, Hodl, Hodl, Hodl, Hodl, Hodl, Hodl, Hodl, Hodl,
Hodl, Hodl, Hodl, Hodl, Hodl, Hodl, Hodl, Hodl, Hodl, Hodl, Hodl,
Hodl, Hodl, Hodl, Hodl, Hodl, Hodl, Hodl, Hodl, Hodl, Hodl, Hodl,
Hodl, Hodl, Hodl, Hodl, Hodl, Hodl, Hodl, Hodl, Hodl, Hodl, Hodl,
Hodl, Hodl, Hodl, Hodl, Hodl, Hodl, Hodl, Hodl, Hodl, Hodl, Hodl,
Hodl, Hodl, Hodl, Hodl, Hodl, Hodl, Hodl, Hodl, Hodl, Hodl, Hodl,
Hodl, Hodl, Hodl, Hodl, Hodl, Hodl, Hodl, Hodl, Hodl, Hodl, Hodl,
Hodl, Hodl, Hodl, Hodl, Hodl, Hodl, Hodl, Hodl, Hodl, Hodl, Hodl,
Hodl, Hodl, Hodl, Hodl, Hodl, Hodl, Hodl, Hodl, Hodl, Hodl, Hodl,
Hodl, Hodl, Hodl, Hodl, Hodl, Hodl, Hodl, Hodl, Hodl, Hodl, Hodl,
Hodl, Hodl, Hodl, Hodl, Hodl, Hodl.

Hodl, Hodl, Hodl, Hodl, Hodl, Hodl, Hodl, Hodl, Hodl,
Hodl, Hodl, Hodl, Hodl, Hodl, Hodl, Hodl, Hodl, Hodl, Hodl, Hodl,
Hodl, Hodl, Hodl, Hodl, Hodl, Hodl, Hodl, Hodl, Hodl, Hodl, Hodl,
Hodl, Hodl, Hodl, Hodl, Hodl, Hodl, Hodl, Hodl, Hodl, Hodl, Hodl,
Hodl, Hodl, Hodl, Hodl, Hodl, Hodl, Hodl, Hodl, Hodl, Hodl, Hodl,
Hodl, Hodl, Hodl, Hodl, Hodl, Hodl, Hodl, Hodl, Hodl, Hodl, Hodl,
Hodl, Hodl, Hodl, Hodl, Hodl, Hodl, Hodl, Hodl, Hodl, Hodl, Hodl,
Hodl, Hodl, Hodl, Hodl, Hodl, Hodl, Hodl, Hodl, Hodl, Hodl, Hodl,
Hodl, Hodl, Hodl, Hodl, Hodl, Hodl, Hodl, Hodl, Hodl, Hodl, Hodl,
Hodl, Hodl, Hodl, Hodl, Hodl, Hodl, Hodl, Hodl, Hodl, Hodl, Hodl,
Hodl, Hodl, Hodl, Hodl, Hodl, Hodl, Hodl, Hodl, Hodl, Hodl, Hodl,
Hodl, Hodl, Hodl, Hodl, Hodl, Hodl, Hodl, Hodl, Hodl, Hodl, Hodl,
Hodl, Hodl, Hodl, Hodl, Hodl, Hodl, Hodl, Hodl, Hodl, Hodl, Hodl,
Hodl, Hodl, Hodl, Hodl, Hodl, Hodl, Hodl, Hodl, Hodl, Hodl, Hodl,
Hodl, Hodl, Hodl, Hodl, Hodl, Hodl, Hodl, Hodl, Hodl, Hodl, Hodl,
Hodl, Hodl, Hodl, Hodl, Hodl, Hodl, Hodl, Hodl, Hodl, Hodl, Hodl,
Hodl, Hodl, Hodl, Hodl, Hodl, Hodl, Hodl, Hodl, Hodl, Hodl, Hodl,
Hodl, Hodl, Hodl, Hodl, Hodl, Hodl, Hodl, Hodl, Hodl, Hodl, Hodl,
Hodl, Hodl, Hodl, Hodl, Hodl, Hodl, Hodl, Hodl, Hodl, Hodl, Hodl,
Hodl, Hodl, Hodl, Hodl, Hodl, Hodl, Hodl, Hodl, Hodl, Hodl, Hodl,
Hodl, Hodl, Hodl, Hodl, Hodl, Hodl, Hodl, Hodl, Hodl, Hodl, Hodl,
Hodl, Hodl, Hodl, Hodl, Hodl, Hodl, Hodl, Hodl, Hodl, Hodl, Hodl,
Hodl, Hodl, Hodl, Hodl, Hodl, Hodl, Hodl, Hodl, Hodl, Hodl, Hodl,
Hodl, Hodl, Hodl, Hodl, Hodl, Hodl, Hodl, Hodl, Hodl, Hodl, Hodl,
Hodl, Hodl, Hodl, Hodl, Hodl, Hodl, Hodl, Hodl, Hodl, Hodl, Hodl,
Hodl, Hodl, Hodl, Hodl, Hodl, Hodl, Hodl, Hodl, Hodl, Hodl, Hodl,
Hodl, Hodl, Hodl, Hodl, Hodl, Hodl, Hodl, Hodl, Hodl, Hodl, Hodl,
Hodl, Hodl, Hodl, Hodl, Hodl, Hodl, Hodl, Hodl, Hodl, Hodl, Hodl,
Hodl, Hodl, Hodl, Hodl, Hodl, Hodl, Hodl, Hodl, Hodl, Hodl, Hodl,
Hodl, Hodl, Hodl, Hodl, Hodl, Hodl, Hodl, Hodl, Hodl, Hodl, Hodl,
Hodl, Hodl, Hodl, Hodl, Hodl, Hodl, Hodl, Hodl, Hodl, Hodl, Hodl,
Hodl, Hodl, Hodl, Hodl, Hodl, Hodl, Hodl, Hodl, Hodl, Hodl, Hodl,
Hodl, Hodl, Hodl, Hodl, Hodl, Hodl.

Hodl, Hodl, Hodl, Hodl, Hodl, Hodl, Hodl, Hodl, Hodl, Hodl, Hodl, Hodl, Hodl, Hodl, Hodl, Hodl, Hodl, Hodl, Hodl, Hodl, Hodl, Hodl, Hodl, Hodl, Hodl, Hodl, Hodl, Hodl, Hodl, Hodl, Hodl, Hodl, Hodl, Hodl, Hodl, Hodl, Hodl, Hodl, Hodl, Hodl, Hodl, Hodl, Hodl, Hodl, Hodl, Hodl, Hodl, Hodl, Hodl, Hodl, Hodl, Hodl, Hodl, Hodl, Hodl, Hodl, Hodl, Hodl, Hodl, Hodl, Hodl, Hodl, Hodl, Hodl, Hodl, Hodl, Hodl, Hodl, Hodl, Hodl, Hodl, Hodl, Hodl, Hodl, Hodl, Hodl, Hodl, Hodl, Hodl, Hodl, Hodl, Hodl, Hodl, Hodl, Hodl, Hodl, Hodl, Hodl, Hodl, Hodl, Hodl, Hodl, Hodl, Hodl, Hodl, Hodl, Hodl, Hodl, Hodl, Hodl, Hodl, Hodl, Hodl, Hodl, Hodl, Hodl, Hodl, Hodl, Hodl, Hodl, Hodl, Hodl, Hodl, Hodl, Hodl, Hodl, Hodl, Hodl, Hodl, Hodl, Hodl, Hodl, Hodl, Hodl, Hodl, Hodl, Hodl, Hodl, Hodl, Hodl, Hodl, Hodl, Hodl, Hodl, Hodl, Hodl, Hodl, Hodl, Hodl, Hodl, Hodl, Hodl, Hodl, Hodl, Hodl, Hodl, Hodl, Hodl, Hodl, Hodl, Hodl, Hodl, Hodl, Hodl, Hodl, Hodl, Hodl, Hodl, Hodl, Hodl, Hodl, Hodl, Hodl, Hodl, Hodl, Hodl, Hodl, Hodl, Hodl, Hodl, Hodl, Hodl, Hodl, Hodl, Hodl, Hodl, Hodl, Hodl, Hodl, Hodl, Hodl, Hodl, Hodl, Hodl, Hodl, Hodl, Hodl, Hodl, Hodl, Hodl, Hodl, Hodl, Hodl, Hodl, Hodl, Hodl, Hodl, Hodl, Hodl, Hodl, Hodl, Hodl, Hodl, Hodl, Hodl, Hodl, Hodl, Hodl, Hodl, Hodl, Hodl, Hodl, Hodl, Hodl, Hodl, Hodl, Hodl, Hodl, Hodl, Hodl, Hodl, Hodl, Hodl, Hodl, Hodl, Hodl, Hodl, Hodl, Hodl, Hodl, Hodl, Hodl, Hodl, Hodl, Hodl, Hodl, Hodl, Hodl, Hodl, Hodl, Hodl, Hodl, Hodl, Hodl, Hodl, Hodl, Hodl, Hodl, Hodl, Hodl, Hodl, Hodl, Hodl, Hodl, Hodl, Hodl, Hodl, Hodl, Hodl, Hodl, Hodl, Hodl, Hodl, Hodl, Hodl, Hodl, Hodl, Hodl, Hodl, Hodl, Hodl, Hodl, Hodl, Hodl, Hodl, Hodl, Hodl, Hodl, Hodl, Hodl, Hodl, Hodl, Hodl, Hodl, Hodl, Hodl, Hodl, Hodl, Hodl, Hodl, Hodl, Hodl, Hodl, Hodl, Hodl, Hodl, Hodl, Hodl, Hodl, Hodl, Hodl, Hodl, Hodl, Hodl, Hodl, Hodl, Hodl, Hodl, Hodl, Hodl, Hodl, Hodl, Hodl, Hodl, Hodl, Hodl, Hodl, Hodl, Hodl, Hodl, Hodl, Hodl, Hodl, Hodl, Hodl, Hodl, Hodl, Hodl, Hodl, Hodl, Hodl, Hodl, Hodl, Hodl, Hodl, Hodl, Hodl, Hodl, Hodl, Hodl, Hodl, Hodl, Hodl, Hodl, Hodl, Hodl, Hodl, Hodl, Hodl, Hodl, Hodl, Hodl, Hodl, Hodl, Hodl, Hodl, Hodl, Hodl, Hodl, Hodl, Hodl, Hodl, Hodl, Hodl, Hodl, Hodl, Hodl, Hodl, Hodl, Hodl, Hodl, Hodl, Hodl, Hodl, Hodl, Hodl, Hodl, Hodl, Hodl, Hodl, Hodl, Hodl, Hodl, Hodl, Hodl, Hodl, Hodl, Hodl, Hodl, Hodl, Hodl, Hodl, Hodl, Hodl, Hodl, Hodl, Hodl, Hodl, Hodl, Hodl, Hodl, Hodl, Hodl, Hodl, Hodl, Hodl, Hodl, Hodl, Hodl, Hodl, Hodl, Hodl, Hodl.

Hodl, Hodl, Hodl, Hodl, Hodl, Hodl, Hodl, Hodl, Hodl,
Hodl, Hodl, Hodl, Hodl, Hodl, Hodl, Hodl, Hodl, Hodl, Hodl, Hodl,
Hodl, Hodl, Hodl, Hodl, Hodl, Hodl, Hodl, Hodl, Hodl, Hodl, Hodl,
Hodl, Hodl, Hodl, Hodl, Hodl, Hodl, Hodl, Hodl, Hodl, Hodl, Hodl,
Hodl, Hodl, Hodl, Hodl, Hodl, Hodl, Hodl, Hodl, Hodl, Hodl, Hodl,
Hodl, Hodl, Hodl, Hodl, Hodl, Hodl, Hodl, Hodl, Hodl, Hodl, Hodl,
Hodl, Hodl, Hodl, Hodl, Hodl, Hodl, Hodl, Hodl, Hodl, Hodl, Hodl,
Hodl, Hodl, Hodl, Hodl, Hodl, Hodl, Hodl, Hodl, Hodl, Hodl, Hodl,
Hodl, Hodl, Hodl, Hodl, Hodl, Hodl, Hodl, Hodl, Hodl, Hodl, Hodl,
Hodl, Hodl, Hodl, Hodl, Hodl, Hodl, Hodl, Hodl, Hodl, Hodl, Hodl,
Hodl, Hodl, Hodl, Hodl, Hodl, Hodl, Hodl, Hodl, Hodl, Hodl, Hodl,
Hodl, Hodl, Hodl, Hodl, Hodl, Hodl, Hodl, Hodl, Hodl, Hodl, Hodl,
Hodl, Hodl, Hodl, Hodl, Hodl, Hodl, Hodl, Hodl, Hodl, Hodl, Hodl,
Hodl, Hodl, Hodl, Hodl, Hodl, Hodl, Hodl, Hodl, Hodl, Hodl, Hodl,
Hodl, Hodl, Hodl, Hodl, Hodl, Hodl, Hodl, Hodl, Hodl, Hodl, Hodl,
Hodl, Hodl, Hodl, Hodl, Hodl, Hodl, Hodl, Hodl, Hodl, Hodl, Hodl,
Hodl, Hodl, Hodl, Hodl, Hodl, Hodl, Hodl, Hodl, Hodl, Hodl, Hodl,
Hodl, Hodl, Hodl, Hodl, Hodl, Hodl, Hodl, Hodl, Hodl, Hodl, Hodl,
Hodl, Hodl, Hodl, Hodl, Hodl, Hodl, Hodl, Hodl, Hodl, Hodl, Hodl,
Hodl, Hodl, Hodl, Hodl, Hodl, Hodl, Hodl, Hodl, Hodl, Hodl, Hodl,
Hodl, Hodl, Hodl, Hodl, Hodl, Hodl, Hodl, Hodl, Hodl, Hodl, Hodl,
Hodl, Hodl, Hodl, Hodl, Hodl, Hodl, Hodl, Hodl, Hodl, Hodl, Hodl,
Hodl, Hodl, Hodl, Hodl, Hodl, Hodl, Hodl, Hodl, Hodl, Hodl, Hodl,
Hodl, Hodl, Hodl, Hodl, Hodl, Hodl, Hodl, Hodl, Hodl, Hodl, Hodl,
Hodl, Hodl, Hodl, Hodl, Hodl, Hodl, Hodl, Hodl, Hodl, Hodl, Hodl,
Hodl, Hodl, Hodl, Hodl, Hodl, Hodl, Hodl, Hodl, Hodl, Hodl, Hodl,
Hodl, Hodl, Hodl, Hodl, Hodl, Hodl, Hodl, Hodl, Hodl, Hodl, Hodl,
Hodl, Hodl, Hodl, Hodl, Hodl, Hodl, Hodl, Hodl, Hodl, Hodl, Hodl,
Hodl, Hodl, Hodl, Hodl, Hodl, Hodl, Hodl, Hodl, Hodl, Hodl, Hodl,
Hodl, Hodl, Hodl, Hodl, Hodl, Hodl, Hodl, Hodl, Hodl, Hodl, Hodl,
Hodl, Hodl, Hodl, Hodl, Hodl, Hodl, Hodl, Hodl, Hodl, Hodl, Hodl,
Hodl, Hodl, Hodl, Hodl, Hodl, Hodl, Hodl, Hodl, Hodl, Hodl, Hodl,
Hodl, Hodl, Hodl, Hodl, Hodl, Hodl, Hodl, Hodl, Hodl, Hodl, Hodl,
Hodl, Hodl, Hodl, Hodl, Hodl, Hodl, Hodl, Hodl, Hodl, Hodl, Hodl,
Hodl, Hodl, Hodl, Hodl, Hodl, Hodl, Hodl, Hodl, Hodl, Hodl, Hodl,
Hodl, Hodl, Hodl, Hodl, Hodl, Hodl.

Hodl, Hodl, Hodl, Hodl, Hodl, Hodl, Hodl, Hodl, Hodl, Hodl, Hodl, Hodl, Hodl, Hodl, Hodl, Hodl, Hodl, Hodl, Hodl, Hodl, Hodl, Hodl, Hodl, Hodl, Hodl, Hodl, Hodl, Hodl, Hodl, Hodl, Hodl, Hodl, Hodl, Hodl, Hodl, Hodl, Hodl, Hodl, Hodl, Hodl, Hodl, Hodl, Hodl, Hodl, Hodl, Hodl, Hodl, Hodl, Hodl, Hodl, Hodl, Hodl, Hodl, Hodl, Hodl, Hodl, Hodl, Hodl, Hodl, Hodl, Hodl, Hodl, Hodl, Hodl, Hodl, Hodl, Hodl, Hodl, Hodl, Hodl, Hodl, Hodl, Hodl, Hodl, Hodl, Hodl, Hodl, Hodl, Hodl, Hodl, Hodl, Hodl, Hodl, Hodl, Hodl, Hodl, Hodl, Hodl, Hodl, Hodl, Hodl, Hodl, Hodl, Hodl, Hodl, Hodl, Hodl, Hodl, Hodl, Hodl, Hodl, Hodl, Hodl, Hodl, Hodl, Hodl, Hodl, Hodl, Hodl, Hodl, Hodl, Hodl, Hodl, Hodl, Hodl, Hodl, Hodl, Hodl, Hodl, Hodl, Hodl, Hodl, Hodl, Hodl, Hodl, Hodl, Hodl, Hodl, Hodl, Hodl, Hodl, Hodl, Hodl, Hodl, Hodl, Hodl, Hodl, Hodl, Hodl, Hodl, Hodl, Hodl, Hodl, Hodl, Hodl, Hodl, Hodl, Hodl, Hodl, Hodl, Hodl, Hodl, Hodl, Hodl, Hodl, Hodl, Hodl, Hodl, Hodl, Hodl, Hodl, Hodl, Hodl, Hodl, Hodl, Hodl, Hodl, Hodl, Hodl, Hodl, Hodl, Hodl, Hodl, Hodl, Hodl, Hodl, Hodl, Hodl, Hodl, Hodl, Hodl, Hodl, Hodl, Hodl, Hodl, Hodl, Hodl, Hodl, Hodl, Hodl, Hodl, Hodl, Hodl, Hodl, Hodl, Hodl, Hodl, Hodl, Hodl, Hodl, Hodl, Hodl, Hodl, Hodl, Hodl, Hodl, Hodl, Hodl, Hodl, Hodl, Hodl, Hodl, Hodl, Hodl, Hodl, Hodl, Hodl, Hodl, Hodl, Hodl, Hodl, Hodl, Hodl, Hodl, Hodl, Hodl, Hodl, Hodl, Hodl, Hodl, Hodl, Hodl, Hodl, Hodl, Hodl, Hodl, Hodl, Hodl, Hodl, Hodl, Hodl, Hodl, Hodl, Hodl, Hodl, Hodl, Hodl, Hodl, Hodl, Hodl, Hodl, Hodl, Hodl, Hodl, Hodl, Hodl, Hodl, Hodl, Hodl, Hodl, Hodl, Hodl, Hodl, Hodl, Hodl, Hodl, Hodl, Hodl, Hodl, Hodl, Hodl, Hodl, Hodl, Hodl, Hodl, Hodl, Hodl, Hodl, Hodl, Hodl, Hodl, Hodl, Hodl, Hodl, Hodl, Hodl, Hodl, Hodl, Hodl, Hodl, Hodl, Hodl, Hodl, Hodl, Hodl, Hodl, Hodl, Hodl, Hodl, Hodl, Hodl, Hodl, Hodl, Hodl, Hodl, Hodl, Hodl, Hodl, Hodl, Hodl, Hodl, Hodl, Hodl, Hodl, Hodl, Hodl, Hodl, Hodl, Hodl, Hodl, Hodl, Hodl, Hodl, Hodl, Hodl, Hodl, Hodl, Hodl, Hodl, Hodl, Hodl, Hodl, Hodl, Hodl, Hodl, Hodl, Hodl, Hodl, Hodl, Hodl, Hodl, Hodl, Hodl, Hodl, Hodl, Hodl, Hodl, Hodl, Hodl, Hodl, Hodl, Hodl, Hodl, Hodl, Hodl, Hodl, Hodl, Hodl.

Hodl, Hodl, Hodl, Hodl, Hodl, Hodl, Hodl, Hodl, Hodl,
Hodl, Hodl, Hodl, Hodl, Hodl, Hodl, Hodl, Hodl, Hodl, Hodl, Hodl,
Hodl, Hodl, Hodl, Hodl, Hodl, Hodl, Hodl, Hodl, Hodl, Hodl, Hodl,
Hodl, Hodl, Hodl, Hodl, Hodl, Hodl, Hodl, Hodl, Hodl, Hodl, Hodl,
Hodl, Hodl, Hodl, Hodl, Hodl, Hodl, Hodl, Hodl, Hodl, Hodl, Hodl,
Hodl, Hodl, Hodl, Hodl, Hodl, Hodl, Hodl, Hodl, Hodl, Hodl, Hodl,
Hodl, Hodl, Hodl, Hodl, Hodl, Hodl, Hodl, Hodl, Hodl, Hodl, Hodl,
Hodl, Hodl, Hodl, Hodl, Hodl, Hodl, Hodl, Hodl, Hodl, Hodl, Hodl,
Hodl, Hodl, Hodl, Hodl, Hodl, Hodl, Hodl, Hodl, Hodl, Hodl, Hodl,
Hodl, Hodl, Hodl, Hodl, Hodl, Hodl, Hodl, Hodl, Hodl, Hodl, Hodl,
Hodl, Hodl, Hodl, Hodl, Hodl, Hodl, Hodl, Hodl, Hodl, Hodl, Hodl,
Hodl, Hodl, Hodl, Hodl, Hodl, Hodl, Hodl, Hodl, Hodl, Hodl, Hodl,
Hodl, Hodl, Hodl, Hodl, Hodl, Hodl, Hodl, Hodl, Hodl, Hodl, Hodl,
Hodl, Hodl, Hodl, Hodl, Hodl, Hodl, Hodl, Hodl, Hodl, Hodl, Hodl,
Hodl, Hodl, Hodl, Hodl, Hodl, Hodl, Hodl, Hodl, Hodl, Hodl, Hodl,
Hodl, Hodl, Hodl, Hodl, Hodl, Hodl, Hodl, Hodl, Hodl, Hodl, Hodl,
Hodl, Hodl, Hodl, Hodl, Hodl, Hodl, Hodl, Hodl, Hodl, Hodl, Hodl,
Hodl, Hodl, Hodl, Hodl, Hodl, Hodl, Hodl, Hodl, Hodl, Hodl, Hodl,
Hodl, Hodl, Hodl, Hodl, Hodl, Hodl, Hodl, Hodl, Hodl, Hodl, Hodl,
Hodl, Hodl, Hodl, Hodl, Hodl, Hodl, Hodl, Hodl, Hodl, Hodl, Hodl,
Hodl, Hodl, Hodl, Hodl, Hodl, Hodl, Hodl, Hodl, Hodl, Hodl, Hodl,
Hodl, Hodl, Hodl, Hodl, Hodl, Hodl, Hodl, Hodl, Hodl, Hodl, Hodl,
Hodl, Hodl, Hodl, Hodl, Hodl, Hodl, Hodl, Hodl, Hodl, Hodl, Hodl,
Hodl, Hodl, Hodl, Hodl, Hodl, Hodl, Hodl, Hodl, Hodl, Hodl, Hodl,
Hodl, Hodl, Hodl, Hodl, Hodl, Hodl, Hodl, Hodl, Hodl, Hodl, Hodl,
Hodl, Hodl, Hodl, Hodl, Hodl, Hodl, Hodl, Hodl, Hodl, Hodl, Hodl,
Hodl, Hodl, Hodl, Hodl, Hodl, Hodl, Hodl, Hodl, Hodl, Hodl, Hodl,
Hodl, Hodl, Hodl, Hodl, Hodl, Hodl, Hodl, Hodl, Hodl, Hodl, Hodl,
Hodl, Hodl, Hodl, Hodl, Hodl, Hodl, Hodl, Hodl, Hodl, Hodl, Hodl,
Hodl, Hodl, Hodl, Hodl, Hodl, Hodl, Hodl, Hodl, Hodl, Hodl, Hodl,
Hodl, Hodl, Hodl, Hodl, Hodl, Hodl, Hodl, Hodl, Hodl, Hodl, Hodl,
Hodl, Hodl, Hodl, Hodl, Hodl, Hodl, Hodl, Hodl, Hodl, Hodl, Hodl,
Hodl, Hodl, Hodl, Hodl, Hodl, Hodl, Hodl, Hodl, Hodl, Hodl, Hodl,
Hodl, Hodl, Hodl, Hodl, Hodl, Hodl, Hodl, Hodl, Hodl, Hodl, Hodl,
Hodl, Hodl, Hodl, Hodl, Hodl, Hodl, Hodl, Hodl, Hodl, Hodl, Hodl,
Hodl, Hodl, Hodl, Hodl, Hodl, Hodl.

Hodl, Hodl, Hodl, Hodl, Hodl, Hodl, Hodl, Hodl, Hodl,
Hodl, Hodl, Hodl, Hodl, Hodl, Hodl, Hodl, Hodl, Hodl, Hodl, Hodl,
Hodl, Hodl, Hodl, Hodl, Hodl, Hodl, Hodl, Hodl, Hodl, Hodl, Hodl,
Hodl, Hodl, Hodl, Hodl, Hodl, Hodl, Hodl, Hodl, Hodl, Hodl, Hodl,
Hodl, Hodl, Hodl, Hodl, Hodl, Hodl, Hodl, Hodl, Hodl, Hodl, Hodl,
Hodl, Hodl, Hodl, Hodl, Hodl, Hodl, Hodl, Hodl, Hodl, Hodl, Hodl,
Hodl, Hodl, Hodl, Hodl, Hodl, Hodl, Hodl, Hodl, Hodl, Hodl, Hodl,
Hodl, Hodl, Hodl, Hodl, Hodl, Hodl, Hodl, Hodl, Hodl, Hodl, Hodl,
Hodl, Hodl, Hodl, Hodl, Hodl, Hodl, Hodl, Hodl, Hodl, Hodl, Hodl,
Hodl, Hodl, Hodl, Hodl, Hodl, Hodl, Hodl, Hodl, Hodl, Hodl, Hodl,
Hodl, Hodl, Hodl, Hodl, Hodl, Hodl, Hodl, Hodl, Hodl, Hodl, Hodl,
Hodl, Hodl, Hodl, Hodl, Hodl, Hodl, Hodl, Hodl, Hodl, Hodl, Hodl,
Hodl, Hodl, Hodl, Hodl, Hodl, Hodl, Hodl, Hodl, Hodl, Hodl, Hodl,
Hodl, Hodl, Hodl, Hodl, Hodl, Hodl, Hodl, Hodl, Hodl, Hodl, Hodl,
Hodl, Hodl, Hodl, Hodl, Hodl, Hodl, Hodl, Hodl, Hodl, Hodl, Hodl,
Hodl, Hodl, Hodl, Hodl, Hodl, Hodl, Hodl, Hodl, Hodl, Hodl, Hodl,
Hodl, Hodl, Hodl, Hodl, Hodl, Hodl, Hodl, Hodl, Hodl, Hodl, Hodl,
Hodl, Hodl, Hodl, Hodl, Hodl, Hodl, Hodl, Hodl, Hodl, Hodl, Hodl,
Hodl, Hodl, Hodl, Hodl, Hodl, Hodl, Hodl, Hodl, Hodl, Hodl, Hodl,
Hodl, Hodl, Hodl, Hodl, Hodl, Hodl, Hodl, Hodl, Hodl, Hodl, Hodl,
Hodl, Hodl, Hodl, Hodl, Hodl, Hodl, Hodl, Hodl, Hodl, Hodl, Hodl,
Hodl, Hodl, Hodl, Hodl, Hodl, Hodl, Hodl, Hodl, Hodl, Hodl, Hodl,
Hodl, Hodl, Hodl, Hodl, Hodl, Hodl, Hodl, Hodl, Hodl, Hodl, Hodl,
Hodl, Hodl, Hodl, Hodl, Hodl, Hodl, Hodl, Hodl, Hodl, Hodl, Hodl,
Hodl, Hodl, Hodl, Hodl, Hodl, Hodl, Hodl, Hodl, Hodl, Hodl, Hodl,
Hodl, Hodl, Hodl, Hodl, Hodl, Hodl, Hodl, Hodl, Hodl, Hodl, Hodl,
Hodl, Hodl, Hodl, Hodl, Hodl, Hodl, Hodl, Hodl, Hodl, Hodl, Hodl,
Hodl, Hodl, Hodl, Hodl, Hodl, Hodl, Hodl, Hodl, Hodl, Hodl, Hodl,
Hodl, Hodl, Hodl, Hodl, Hodl, Hodl, Hodl, Hodl, Hodl, Hodl, Hodl,
Hodl, Hodl, Hodl, Hodl, Hodl, Hodl, Hodl, Hodl, Hodl, Hodl, Hodl,
Hodl, Hodl, Hodl, Hodl, Hodl, Hodl, Hodl, Hodl, Hodl, Hodl, Hodl,
Hodl, Hodl, Hodl, Hodl, Hodl, Hodl.

Hodl, Hodl, Hodl, Hodl, Hodl, Hodl, Hodl, Hodl, Hodl,
Hodl, Hodl, Hodl, Hodl, Hodl, Hodl, Hodl, Hodl, Hodl, Hodl, Hodl,
Hodl, Hodl, Hodl, Hodl, Hodl, Hodl, Hodl, Hodl, Hodl, Hodl, Hodl,
Hodl, Hodl, Hodl, Hodl, Hodl, Hodl, Hodl, Hodl, Hodl, Hodl, Hodl,
Hodl, Hodl, Hodl, Hodl, Hodl, Hodl, Hodl, Hodl, Hodl, Hodl, Hodl,
Hodl, Hodl, Hodl, Hodl, Hodl, Hodl, Hodl, Hodl, Hodl, Hodl, Hodl,
Hodl, Hodl, Hodl, Hodl, Hodl, Hodl, Hodl, Hodl, Hodl, Hodl, Hodl,
Hodl, Hodl, Hodl, Hodl, Hodl, Hodl, Hodl, Hodl, Hodl, Hodl, Hodl,
Hodl, Hodl, Hodl, Hodl, Hodl, Hodl, Hodl, Hodl, Hodl, Hodl, Hodl,
Hodl, Hodl, Hodl, Hodl, Hodl, Hodl, Hodl, Hodl, Hodl, Hodl, Hodl,
Hodl, Hodl, Hodl, Hodl, Hodl, Hodl, Hodl, Hodl, Hodl, Hodl, Hodl,
Hodl, Hodl, Hodl, Hodl, Hodl, Hodl, Hodl, Hodl, Hodl, Hodl, Hodl,
Hodl, Hodl, Hodl, Hodl, Hodl, Hodl, Hodl, Hodl, Hodl, Hodl, Hodl,
Hodl, Hodl, Hodl, Hodl, Hodl, Hodl, Hodl, Hodl, Hodl, Hodl, Hodl,
Hodl, Hodl, Hodl, Hodl, Hodl, Hodl, Hodl, Hodl, Hodl, Hodl, Hodl,
Hodl, Hodl, Hodl, Hodl, Hodl, Hodl, Hodl, Hodl, Hodl, Hodl, Hodl,
Hodl, Hodl, Hodl, Hodl, Hodl, Hodl, Hodl, Hodl, Hodl, Hodl, Hodl,
Hodl, Hodl, Hodl, Hodl, Hodl, Hodl, Hodl, Hodl, Hodl, Hodl, Hodl,
Hodl, Hodl, Hodl, Hodl, Hodl, Hodl, Hodl, Hodl, Hodl, Hodl, Hodl,
Hodl, Hodl, Hodl, Hodl, Hodl, Hodl, Hodl, Hodl, Hodl, Hodl, Hodl,
Hodl, Hodl, Hodl, Hodl, Hodl, Hodl, Hodl, Hodl, Hodl, Hodl, Hodl,
Hodl, Hodl, Hodl, Hodl, Hodl, Hodl, Hodl, Hodl, Hodl, Hodl, Hodl,
Hodl, Hodl, Hodl, Hodl, Hodl, Hodl, Hodl, Hodl, Hodl, Hodl, Hodl,
Hodl, Hodl, Hodl, Hodl, Hodl, Hodl, Hodl, Hodl, Hodl, Hodl, Hodl,
Hodl, Hodl, Hodl, Hodl, Hodl, Hodl, Hodl, Hodl, Hodl, Hodl, Hodl,
Hodl, Hodl, Hodl, Hodl, Hodl, Hodl, Hodl, Hodl, Hodl, Hodl, Hodl,
Hodl, Hodl, Hodl, Hodl, Hodl, Hodl, Hodl, Hodl, Hodl, Hodl, Hodl,
Hodl, Hodl, Hodl, Hodl, Hodl, Hodl, Hodl, Hodl, Hodl, Hodl, Hodl,
Hodl, Hodl, Hodl, Hodl, Hodl, Hodl, Hodl, Hodl, Hodl, Hodl, Hodl,
Hodl, Hodl, Hodl, Hodl, Hodl, Hodl, Hodl, Hodl, Hodl, Hodl, Hodl,
Hodl, Hodl, Hodl, Hodl, Hodl, Hodl, Hodl, Hodl, Hodl, Hodl, Hodl,
Hodl, Hodl, Hodl, Hodl, Hodl, Hodl, Hodl, Hodl, Hodl, Hodl, Hodl,
Hodl, Hodl, Hodl, Hodl, Hodl, Hodl.

Hodl, Hodl, Hodl, Hodl, Hodl, Hodl, Hodl, Hodl, Hodl,
Hodl, Hodl, Hodl, Hodl, Hodl, Hodl, Hodl, Hodl, Hodl, Hodl, Hodl,
Hodl, Hodl, Hodl, Hodl, Hodl, Hodl, Hodl, Hodl, Hodl, Hodl, Hodl,
Hodl, Hodl, Hodl, Hodl, Hodl, Hodl, Hodl, Hodl, Hodl, Hodl, Hodl,
Hodl, Hodl, Hodl, Hodl, Hodl, Hodl, Hodl, Hodl, Hodl, Hodl, Hodl,
Hodl, Hodl, Hodl, Hodl, Hodl, Hodl, Hodl, Hodl, Hodl, Hodl, Hodl,
Hodl, Hodl, Hodl, Hodl, Hodl, Hodl, Hodl, Hodl, Hodl, Hodl, Hodl,
Hodl, Hodl, Hodl, Hodl, Hodl, Hodl, Hodl, Hodl, Hodl, Hodl, Hodl,
Hodl, Hodl, Hodl, Hodl, Hodl, Hodl, Hodl, Hodl, Hodl, Hodl, Hodl,
Hodl, Hodl, Hodl, Hodl, Hodl, Hodl, Hodl, Hodl, Hodl, Hodl, Hodl,
Hodl, Hodl, Hodl, Hodl, Hodl, Hodl, Hodl, Hodl, Hodl, Hodl, Hodl,
Hodl, Hodl, Hodl, Hodl, Hodl, Hodl, Hodl, Hodl, Hodl, Hodl, Hodl,
Hodl, Hodl, Hodl, Hodl, Hodl, Hodl, Hodl, Hodl, Hodl, Hodl, Hodl,
Hodl, Hodl, Hodl, Hodl, Hodl, Hodl, Hodl, Hodl, Hodl, Hodl, Hodl,
Hodl, Hodl, Hodl, Hodl, Hodl, Hodl, Hodl, Hodl, Hodl, Hodl, Hodl,
Hodl, Hodl, Hodl, Hodl, Hodl, Hodl, Hodl, Hodl, Hodl, Hodl, Hodl,
Hodl, Hodl, Hodl, Hodl, Hodl, Hodl, Hodl, Hodl, Hodl, Hodl, Hodl,
Hodl, Hodl, Hodl, Hodl, Hodl, Hodl, Hodl, Hodl, Hodl, Hodl, Hodl,
Hodl, Hodl, Hodl, Hodl, Hodl, Hodl, Hodl, Hodl, Hodl, Hodl, Hodl,
Hodl, Hodl, Hodl, Hodl, Hodl, Hodl, Hodl, Hodl, Hodl, Hodl, Hodl,
Hodl, Hodl, Hodl, Hodl, Hodl, Hodl, Hodl, Hodl, Hodl, Hodl, Hodl,
Hodl, Hodl, Hodl, Hodl, Hodl, Hodl, Hodl, Hodl, Hodl, Hodl, Hodl,
Hodl, Hodl, Hodl, Hodl, Hodl, Hodl, Hodl, Hodl, Hodl, Hodl, Hodl,
Hodl, Hodl, Hodl, Hodl, Hodl, Hodl, Hodl, Hodl, Hodl, Hodl, Hodl,
Hodl, Hodl, Hodl, Hodl, Hodl, Hodl, Hodl, Hodl, Hodl, Hodl, Hodl,
Hodl, Hodl, Hodl, Hodl, Hodl, Hodl, Hodl, Hodl, Hodl, Hodl, Hodl,
Hodl, Hodl, Hodl, Hodl, Hodl, Hodl, Hodl, Hodl, Hodl, Hodl, Hodl,
Hodl, Hodl, Hodl, Hodl, Hodl, Hodl, Hodl, Hodl, Hodl, Hodl, Hodl,
Hodl, Hodl, Hodl, Hodl, Hodl, Hodl, Hodl, Hodl, Hodl, Hodl, Hodl,
Hodl, Hodl, Hodl, Hodl, Hodl, Hodl, Hodl, Hodl, Hodl, Hodl, Hodl,
Hodl, Hodl, Hodl, Hodl, Hodl, Hodl, Hodl, Hodl, Hodl, Hodl, Hodl,
Hodl, Hodl, Hodl, Hodl, Hodl, Hodl, Hodl, Hodl, Hodl, Hodl, Hodl,
Hodl, Hodl, Hodl, Hodl, Hodl, Hodl, Hodl, Hodl, Hodl, Hodl, Hodl,
Hodl, Hodl, Hodl, Hodl, Hodl, Hodl.

Hodl, Hodl, Hodl, Hodl, Hodl, Hodl, Hodl, Hodl, Hodl,
Hodl, Hodl, Hodl, Hodl, Hodl, Hodl, Hodl, Hodl, Hodl, Hodl, Hodl,
Hodl, Hodl, Hodl, Hodl, Hodl, Hodl, Hodl, Hodl, Hodl, Hodl, Hodl,
Hodl, Hodl, Hodl, Hodl, Hodl, Hodl, Hodl, Hodl, Hodl, Hodl, Hodl,
Hodl, Hodl, Hodl, Hodl, Hodl, Hodl, Hodl, Hodl, Hodl, Hodl, Hodl,
Hodl, Hodl, Hodl, Hodl, Hodl, Hodl, Hodl, Hodl, Hodl, Hodl, Hodl,
Hodl, Hodl, Hodl, Hodl, Hodl, Hodl, Hodl, Hodl, Hodl, Hodl, Hodl,
Hodl, Hodl, Hodl, Hodl, Hodl, Hodl, Hodl, Hodl, Hodl, Hodl, Hodl,
Hodl, Hodl, Hodl, Hodl, Hodl, Hodl, Hodl, Hodl, Hodl, Hodl, Hodl,
Hodl, Hodl, Hodl, Hodl, Hodl, Hodl, Hodl, Hodl, Hodl, Hodl, Hodl,
Hodl, Hodl, Hodl, Hodl, Hodl, Hodl, Hodl, Hodl, Hodl, Hodl, Hodl,
Hodl, Hodl, Hodl, Hodl, Hodl, Hodl, Hodl, Hodl, Hodl, Hodl, Hodl,
Hodl, Hodl, Hodl, Hodl, Hodl, Hodl, Hodl, Hodl, Hodl, Hodl, Hodl,
Hodl, Hodl, Hodl, Hodl, Hodl, Hodl, Hodl, Hodl, Hodl, Hodl, Hodl,
Hodl, Hodl, Hodl, Hodl, Hodl, Hodl, Hodl, Hodl, Hodl, Hodl, Hodl,
Hodl, Hodl, Hodl, Hodl, Hodl, Hodl, Hodl, Hodl, Hodl, Hodl, Hodl,
Hodl, Hodl, Hodl, Hodl, Hodl, Hodl, Hodl, Hodl, Hodl, Hodl, Hodl,
Hodl, Hodl, Hodl, Hodl, Hodl, Hodl, Hodl, Hodl, Hodl, Hodl, Hodl,
Hodl, Hodl, Hodl, Hodl, Hodl, Hodl, Hodl, Hodl, Hodl, Hodl, Hodl,
Hodl, Hodl, Hodl, Hodl, Hodl, Hodl, Hodl, Hodl, Hodl, Hodl, Hodl,
Hodl, Hodl, Hodl, Hodl, Hodl, Hodl, Hodl, Hodl, Hodl, Hodl, Hodl,
Hodl, Hodl, Hodl, Hodl, Hodl, Hodl, Hodl, Hodl, Hodl, Hodl, Hodl,
Hodl, Hodl, Hodl, Hodl, Hodl, Hodl, Hodl, Hodl, Hodl, Hodl, Hodl,
Hodl, Hodl, Hodl, Hodl, Hodl, Hodl, Hodl, Hodl, Hodl, Hodl, Hodl,
Hodl, Hodl, Hodl, Hodl, Hodl, Hodl, Hodl, Hodl, Hodl, Hodl, Hodl,
Hodl, Hodl, Hodl, Hodl, Hodl, Hodl, Hodl, Hodl, Hodl, Hodl, Hodl,
Hodl, Hodl, Hodl, Hodl, Hodl, Hodl, Hodl, Hodl, Hodl, Hodl, Hodl,
Hodl, Hodl, Hodl, Hodl, Hodl, Hodl, Hodl, Hodl, Hodl, Hodl, Hodl,
Hodl, Hodl, Hodl, Hodl, Hodl, Hodl, Hodl, Hodl, Hodl, Hodl, Hodl,
Hodl, Hodl, Hodl, Hodl, Hodl, Hodl, Hodl, Hodl, Hodl, Hodl, Hodl,
Hodl, Hodl, Hodl, Hodl, Hodl, Hodl, Hodl, Hodl, Hodl, Hodl, Hodl,
Hodl, Hodl, Hodl, Hodl, Hodl, Hodl, Hodl, Hodl, Hodl, Hodl, Hodl,
Hodl, Hodl, Hodl, Hodl, Hodl, Hodl, Hodl, Hodl, Hodl, Hodl, Hodl,
Hodl, Hodl, Hodl, Hodl, Hodl, Hodl, Hodl, Hodl, Hodl, Hodl, Hodl,
Hodl, Hodl, Hodl, Hodl, Hodl, Hodl.

Hodl, Hodl, Hodl, Hodl, Hodl, Hodl, Hodl, Hodl, Hodl, Hodl, Hodl, Hodl, Hodl, Hodl, Hodl, Hodl, Hodl, Hodl, Hodl, Hodl, Hodl, Hodl, Hodl, Hodl, Hodl, Hodl, Hodl, Hodl, Hodl, Hodl, Hodl, Hodl, Hodl, Hodl, Hodl, Hodl, Hodl, Hodl, Hodl, Hodl, Hodl, Hodl, Hodl, Hodl, Hodl, Hodl, Hodl, Hodl, Hodl, Hodl, Hodl, Hodl, Hodl, Hodl, Hodl, Hodl, Hodl, Hodl, Hodl, Hodl, Hodl, Hodl, Hodl, Hodl, Hodl, Hodl, Hodl, Hodl, Hodl, Hodl, Hodl, Hodl, Hodl, Hodl, Hodl, Hodl, Hodl, Hodl, Hodl, Hodl, Hodl, Hodl, Hodl, Hodl, Hodl, Hodl, Hodl, Hodl, Hodl, Hodl, Hodl, Hodl, Hodl, Hodl, Hodl, Hodl, Hodl, Hodl, Hodl, Hodl, Hodl, Hodl, Hodl, Hodl, Hodl, Hodl, Hodl, Hodl, Hodl, Hodl, Hodl, Hodl, Hodl, Hodl, Hodl, Hodl, Hodl, Hodl, Hodl, Hodl, Hodl, Hodl, Hodl, Hodl, Hodl, Hodl, Hodl, Hodl, Hodl, Hodl, Hodl, Hodl, Hodl, Hodl, Hodl, Hodl, Hodl, Hodl, Hodl, Hodl, Hodl, Hodl, Hodl, Hodl, Hodl, Hodl, Hodl, Hodl, Hodl, Hodl, Hodl, Hodl, Hodl, Hodl, Hodl, Hodl, Hodl, Hodl, Hodl, Hodl, Hodl, Hodl, Hodl, Hodl, Hodl, Hodl, Hodl, Hodl, Hodl, Hodl, Hodl, Hodl, Hodl, Hodl, Hodl, Hodl, Hodl, Hodl, Hodl, Hodl, Hodl, Hodl, Hodl, Hodl, Hodl, Hodl, Hodl, Hodl, Hodl, Hodl, Hodl, Hodl, Hodl, Hodl, Hodl, Hodl, Hodl, Hodl, Hodl, Hodl, Hodl, Hodl, Hodl, Hodl, Hodl, Hodl, Hodl, Hodl, Hodl, Hodl, Hodl, Hodl, Hodl, Hodl, Hodl, Hodl, Hodl, Hodl, Hodl, Hodl, Hodl, Hodl, Hodl, Hodl, Hodl, Hodl, Hodl, Hodl, Hodl, Hodl, Hodl, Hodl, Hodl, Hodl, Hodl, Hodl, Hodl, Hodl, Hodl, Hodl, Hodl, Hodl, Hodl, Hodl, Hodl, Hodl, Hodl, Hodl, Hodl, Hodl, Hodl, Hodl, Hodl, Hodl, Hodl, Hodl, Hodl, Hodl, Hodl, Hodl, Hodl, Hodl, Hodl, Hodl, Hodl, Hodl, Hodl, Hodl, Hodl, Hodl, Hodl, Hodl, Hodl, Hodl, Hodl, Hodl, Hodl, Hodl, Hodl, Hodl, Hodl, Hodl, Hodl, Hodl, Hodl, Hodl, Hodl, Hodl, Hodl, Hodl, Hodl, Hodl, Hodl, Hodl, Hodl, Hodl, Hodl, Hodl, Hodl, Hodl, Hodl, Hodl, Hodl, Hodl, Hodl, Hodl, Hodl, Hodl, Hodl, Hodl, Hodl, Hodl, Hodl, Hodl, Hodl, Hodl, Hodl, Hodl, Hodl, Hodl, Hodl, Hodl, Hodl, Hodl, Hodl, Hodl, Hodl, Hodl, Hodl, Hodl, Hodl, Hodl, Hodl, Hodl, Hodl, Hodl, Hodl, Hodl, Hodl, Hodl, Hodl, Hodl, Hodl, Hodl, Hodl, Hodl, Hodl, Hodl, Hodl, Hodl, Hodl, Hodl, Hodl, Hodl, Hodl, Hodl, Hodl, Hodl, Hodl, Hodl, Hodl, Hodl, Hodl, Hodl, Hodl, Hodl, Hodl, Hodl, Hodl, Hodl, Hodl, Hodl, Hodl, Hodl, Hodl, Hodl, Hodl, Hodl, Hodl, Hodl, Hodl, Hodl, Hodl, Hodl, Hodl, Hodl, Hodl, Hodl, Hodl, Hodl, Hodl, Hodl, Hodl, Hodl, Hodl, Hodl, Hodl, Hodl, Hodl, Hodl, Hodl, Hodl, Hodl, Hodl, Hodl, Hodl, Hodl, Hodl, Hodl, Hodl, Hodl, Hodl, Hodl, Hodl, Hodl, Hodl, Hodl, Hodl, Hodl, Hodl, Hodl, Hodl, Hodl, Hodl, Hodl, Hodl, Hodl, Hodl, Hodl, Hodl, Hodl, Hodl, Hodl.

Hodl, Hodl, Hodl, Hodl, Hodl, Hodl, Hodl, Hodl, Hodl,
Hodl, Hodl, Hodl, Hodl, Hodl, Hodl, Hodl, Hodl, Hodl, Hodl, Hodl,
Hodl, Hodl, Hodl, Hodl, Hodl, Hodl, Hodl, Hodl, Hodl, Hodl, Hodl,
Hodl, Hodl, Hodl, Hodl, Hodl, Hodl, Hodl, Hodl, Hodl, Hodl, Hodl,
Hodl, Hodl, Hodl, Hodl, Hodl, Hodl, Hodl, Hodl, Hodl, Hodl, Hodl,
Hodl, Hodl, Hodl, Hodl, Hodl, Hodl, Hodl, Hodl, Hodl, Hodl, Hodl,
Hodl, Hodl, Hodl, Hodl, Hodl, Hodl, Hodl, Hodl, Hodl, Hodl, Hodl,
Hodl, Hodl, Hodl, Hodl, Hodl, Hodl, Hodl, Hodl, Hodl, Hodl, Hodl,
Hodl, Hodl, Hodl, Hodl, Hodl, Hodl, Hodl, Hodl, Hodl, Hodl, Hodl,
Hodl, Hodl, Hodl, Hodl, Hodl, Hodl, Hodl, Hodl, Hodl, Hodl, Hodl,
Hodl, Hodl, Hodl, Hodl, Hodl, Hodl, Hodl, Hodl, Hodl, Hodl, Hodl,
Hodl, Hodl, Hodl, Hodl, Hodl, Hodl, Hodl, Hodl, Hodl, Hodl, Hodl,
Hodl, Hodl, Hodl, Hodl, Hodl, Hodl, Hodl, Hodl, Hodl, Hodl, Hodl,
Hodl, Hodl, Hodl, Hodl, Hodl, Hodl, Hodl, Hodl, Hodl, Hodl, Hodl,
Hodl, Hodl, Hodl, Hodl, Hodl, Hodl, Hodl, Hodl, Hodl, Hodl, Hodl,
Hodl, Hodl, Hodl, Hodl, Hodl, Hodl, Hodl, Hodl, Hodl, Hodl, Hodl,
Hodl, Hodl, Hodl, Hodl, Hodl, Hodl, Hodl, Hodl, Hodl, Hodl, Hodl,
Hodl, Hodl, Hodl, Hodl, Hodl, Hodl, Hodl, Hodl, Hodl, Hodl, Hodl,
Hodl, Hodl, Hodl, Hodl, Hodl, Hodl, Hodl, Hodl, Hodl, Hodl, Hodl,
Hodl, Hodl, Hodl, Hodl, Hodl, Hodl, Hodl, Hodl, Hodl, Hodl, Hodl,
Hodl, Hodl, Hodl, Hodl, Hodl, Hodl, Hodl, Hodl, Hodl, Hodl, Hodl,
Hodl, Hodl, Hodl, Hodl, Hodl, Hodl, Hodl, Hodl, Hodl, Hodl, Hodl,
Hodl, Hodl, Hodl, Hodl, Hodl, Hodl, Hodl, Hodl, Hodl, Hodl, Hodl,
Hodl, Hodl, Hodl, Hodl, Hodl, Hodl, Hodl, Hodl, Hodl, Hodl, Hodl,
Hodl, Hodl, Hodl, Hodl, Hodl, Hodl, Hodl, Hodl, Hodl, Hodl, Hodl,
Hodl, Hodl, Hodl, Hodl, Hodl, Hodl, Hodl, Hodl, Hodl, Hodl, Hodl,
Hodl, Hodl, Hodl, Hodl, Hodl, Hodl, Hodl, Hodl, Hodl, Hodl, Hodl,
Hodl, Hodl, Hodl, Hodl, Hodl, Hodl, Hodl, Hodl, Hodl, Hodl, Hodl,
Hodl, Hodl, Hodl, Hodl, Hodl, Hodl, Hodl, Hodl, Hodl, Hodl, Hodl,
Hodl, Hodl, Hodl, Hodl, Hodl, Hodl, Hodl, Hodl, Hodl, Hodl, Hodl,
Hodl, Hodl, Hodl, Hodl, Hodl, Hodl, Hodl, Hodl, Hodl, Hodl, Hodl,
Hodl, Hodl, Hodl, Hodl, Hodl, Hodl, Hodl, Hodl, Hodl, Hodl, Hodl,
Hodl, Hodl, Hodl, Hodl, Hodl, Hodl, Hodl, Hodl, Hodl, Hodl, Hodl,
Hodl, Hodl, Hodl, Hodl, Hodl, Hodl, Hodl, Hodl, Hodl, Hodl, Hodl,
Hodl, Hodl, Hodl, Hodl, Hodl, Hodl.

Hodl, Hodl, Hodl, Hodl, Hodl, Hodl, Hodl, Hodl, Hodl,
Hodl, Hodl, Hodl, Hodl, Hodl, Hodl, Hodl, Hodl, Hodl, Hodl, Hodl,
Hodl, Hodl, Hodl, Hodl, Hodl, Hodl, Hodl, Hodl, Hodl, Hodl, Hodl,
Hodl, Hodl, Hodl, Hodl, Hodl, Hodl, Hodl, Hodl, Hodl, Hodl, Hodl,
Hodl, Hodl, Hodl, Hodl, Hodl, Hodl, Hodl, Hodl, Hodl, Hodl, Hodl,
Hodl, Hodl, Hodl, Hodl, Hodl, Hodl, Hodl, Hodl, Hodl, Hodl, Hodl,
Hodl, Hodl, Hodl, Hodl, Hodl, Hodl, Hodl, Hodl, Hodl, Hodl, Hodl,
Hodl, Hodl, Hodl, Hodl, Hodl, Hodl, Hodl, Hodl, Hodl, Hodl, Hodl,
Hodl, Hodl, Hodl, Hodl, Hodl, Hodl, Hodl, Hodl, Hodl, Hodl, Hodl,
Hodl, Hodl, Hodl, Hodl, Hodl, Hodl, Hodl, Hodl, Hodl, Hodl, Hodl,
Hodl, Hodl, Hodl, Hodl, Hodl, Hodl, Hodl, Hodl, Hodl, Hodl, Hodl,
Hodl, Hodl, Hodl, Hodl, Hodl, Hodl, Hodl, Hodl, Hodl, Hodl, Hodl,
Hodl, Hodl, Hodl, Hodl, Hodl, Hodl, Hodl, Hodl, Hodl, Hodl, Hodl,
Hodl, Hodl, Hodl, Hodl, Hodl, Hodl, Hodl, Hodl, Hodl, Hodl, Hodl,
Hodl, Hodl, Hodl, Hodl, Hodl, Hodl, Hodl, Hodl, Hodl, Hodl, Hodl,
Hodl, Hodl, Hodl, Hodl, Hodl, Hodl, Hodl, Hodl, Hodl, Hodl, Hodl,
Hodl, Hodl, Hodl, Hodl, Hodl, Hodl, Hodl, Hodl, Hodl, Hodl, Hodl,
Hodl, Hodl, Hodl, Hodl, Hodl, Hodl, Hodl, Hodl, Hodl, Hodl, Hodl,
Hodl, Hodl, Hodl, Hodl, Hodl, Hodl, Hodl, Hodl, Hodl, Hodl, Hodl,
Hodl, Hodl, Hodl, Hodl, Hodl, Hodl, Hodl, Hodl, Hodl, Hodl, Hodl,
Hodl, Hodl, Hodl, Hodl, Hodl, Hodl, Hodl, Hodl, Hodl, Hodl, Hodl,
Hodl, Hodl, Hodl, Hodl, Hodl, Hodl, Hodl, Hodl, Hodl, Hodl, Hodl,
Hodl, Hodl, Hodl, Hodl, Hodl, Hodl, Hodl, Hodl, Hodl, Hodl, Hodl,
Hodl, Hodl, Hodl, Hodl, Hodl, Hodl, Hodl, Hodl, Hodl, Hodl, Hodl,
Hodl, Hodl, Hodl, Hodl, Hodl, Hodl, Hodl, Hodl, Hodl, Hodl, Hodl,
Hodl, Hodl, Hodl, Hodl, Hodl, Hodl, Hodl, Hodl, Hodl, Hodl, Hodl,
Hodl, Hodl, Hodl, Hodl, Hodl, Hodl, Hodl, Hodl, Hodl, Hodl, Hodl,
Hodl, Hodl, Hodl, Hodl, Hodl, Hodl, Hodl, Hodl, Hodl, Hodl, Hodl,
Hodl, Hodl, Hodl, Hodl, Hodl, Hodl, Hodl, Hodl, Hodl, Hodl, Hodl,
Hodl, Hodl, Hodl, Hodl, Hodl, Hodl, Hodl, Hodl, Hodl, Hodl, Hodl,
Hodl, Hodl, Hodl, Hodl, Hodl, Hodl, Hodl, Hodl, Hodl, Hodl, Hodl,
Hodl, Hodl, Hodl, Hodl, Hodl, Hodl, Hodl, Hodl, Hodl, Hodl, Hodl,
Hodl, Hodl, Hodl, Hodl, Hodl, Hodl, Hodl, Hodl, Hodl, Hodl, Hodl,
Hodl, Hodl, Hodl, Hodl, Hodl, Hodl, Hodl, Hodl, Hodl, Hodl, Hodl,
Hodl, Hodl, Hodl, Hodl, Hodl, Hodl.

Hodl, Hodl, Hodl, Hodl, Hodl, Hodl, Hodl, Hodl, Hodl,
Hodl, Hodl, Hodl, Hodl, Hodl, Hodl, Hodl, Hodl, Hodl, Hodl, Hodl,
Hodl, Hodl, Hodl, Hodl, Hodl, Hodl, Hodl, Hodl, Hodl, Hodl, Hodl,
Hodl, Hodl, Hodl, Hodl, Hodl, Hodl, Hodl, Hodl, Hodl, Hodl, Hodl,
Hodl, Hodl, Hodl, Hodl, Hodl, Hodl, Hodl, Hodl, Hodl, Hodl, Hodl,
Hodl, Hodl, Hodl, Hodl, Hodl, Hodl, Hodl, Hodl, Hodl, Hodl, Hodl,
Hodl, Hodl, Hodl, Hodl, Hodl, Hodl, Hodl, Hodl, Hodl, Hodl, Hodl,
Hodl, Hodl, Hodl, Hodl, Hodl, Hodl, Hodl, Hodl, Hodl, Hodl, Hodl,
Hodl, Hodl, Hodl, Hodl, Hodl, Hodl, Hodl, Hodl, Hodl, Hodl, Hodl,
Hodl, Hodl, Hodl, Hodl, Hodl, Hodl, Hodl, Hodl, Hodl, Hodl, Hodl,
Hodl, Hodl, Hodl, Hodl, Hodl, Hodl, Hodl, Hodl, Hodl, Hodl, Hodl,
Hodl, Hodl, Hodl, Hodl, Hodl, Hodl, Hodl, Hodl, Hodl, Hodl, Hodl,
Hodl, Hodl, Hodl, Hodl, Hodl, Hodl, Hodl, Hodl, Hodl, Hodl, Hodl,
Hodl, Hodl, Hodl, Hodl, Hodl, Hodl, Hodl, Hodl, Hodl, Hodl, Hodl,
Hodl, Hodl, Hodl, Hodl, Hodl, Hodl, Hodl, Hodl, Hodl, Hodl, Hodl,
Hodl, Hodl, Hodl, Hodl, Hodl, Hodl, Hodl, Hodl, Hodl, Hodl, Hodl,
Hodl, Hodl, Hodl, Hodl, Hodl, Hodl, Hodl, Hodl, Hodl, Hodl, Hodl,
Hodl, Hodl, Hodl, Hodl, Hodl, Hodl, Hodl, Hodl, Hodl, Hodl, Hodl,
Hodl, Hodl, Hodl, Hodl, Hodl, Hodl, Hodl, Hodl, Hodl, Hodl, Hodl,
Hodl, Hodl, Hodl, Hodl, Hodl, Hodl, Hodl, Hodl, Hodl, Hodl, Hodl,
Hodl, Hodl, Hodl, Hodl, Hodl, Hodl, Hodl, Hodl, Hodl, Hodl, Hodl,
Hodl, Hodl, Hodl, Hodl, Hodl, Hodl, Hodl, Hodl, Hodl, Hodl, Hodl,
Hodl, Hodl, Hodl, Hodl, Hodl, Hodl, Hodl, Hodl, Hodl, Hodl, Hodl,
Hodl, Hodl, Hodl, Hodl, Hodl, Hodl, Hodl, Hodl, Hodl, Hodl, Hodl,
Hodl, Hodl, Hodl, Hodl, Hodl, Hodl, Hodl, Hodl, Hodl, Hodl, Hodl,
Hodl, Hodl, Hodl, Hodl, Hodl, Hodl, Hodl, Hodl, Hodl, Hodl, Hodl,
Hodl, Hodl, Hodl, Hodl, Hodl, Hodl, Hodl, Hodl, Hodl, Hodl, Hodl,
Hodl, Hodl, Hodl, Hodl, Hodl, Hodl, Hodl, Hodl, Hodl, Hodl, Hodl,
Hodl, Hodl, Hodl, Hodl, Hodl, Hodl, Hodl, Hodl, Hodl, Hodl, Hodl,
Hodl, Hodl, Hodl, Hodl, Hodl, Hodl, Hodl, Hodl, Hodl, Hodl, Hodl,
Hodl, Hodl, Hodl, Hodl, Hodl, Hodl, Hodl, Hodl, Hodl, Hodl, Hodl,
Hodl, Hodl, Hodl, Hodl, Hodl, Hodl, Hodl, Hodl, Hodl, Hodl, Hodl,
Hodl, Hodl, Hodl, Hodl, Hodl, Hodl, Hodl, Hodl, Hodl, Hodl, Hodl,
Hodl, Hodl, Hodl, Hodl, Hodl, Hodl, Hodl, Hodl, Hodl, Hodl, Hodl,
Hodl, Hodl, Hodl, Hodl, Hodl, Hodl.

Hodl, Hodl, Hodl, Hodl, Hodl, Hodl, Hodl, Hodl, Hodl, Hodl, Hodl, Hodl, Hodl, Hodl, Hodl, Hodl, Hodl, Hodl, Hodl, Hodl, Hodl, Hodl, Hodl, Hodl, Hodl, Hodl, Hodl, Hodl, Hodl, Hodl, Hodl, Hodl, Hodl, Hodl, Hodl, Hodl, Hodl, Hodl, Hodl, Hodl, Hodl, Hodl, Hodl, Hodl, Hodl, Hodl, Hodl, Hodl, Hodl, Hodl, Hodl, Hodl, Hodl, Hodl, Hodl, Hodl, Hodl, Hodl, Hodl, Hodl, Hodl, Hodl, Hodl, Hodl, Hodl, Hodl, Hodl, Hodl, Hodl, Hodl, Hodl, Hodl, Hodl, Hodl, Hodl, Hodl, Hodl, Hodl, Hodl, Hodl, Hodl, Hodl, Hodl, Hodl, Hodl, Hodl, Hodl, Hodl, Hodl, Hodl, Hodl, Hodl, Hodl, Hodl, Hodl, Hodl, Hodl, Hodl, Hodl, Hodl, Hodl, Hodl, Hodl, Hodl, Hodl, Hodl, Hodl, Hodl, Hodl, Hodl, Hodl, Hodl, Hodl, Hodl, Hodl, Hodl, Hodl, Hodl, Hodl, Hodl, Hodl, Hodl, Hodl, Hodl, Hodl, Hodl, Hodl, Hodl, Hodl, Hodl, Hodl, Hodl, Hodl, Hodl, Hodl, Hodl, Hodl, Hodl, Hodl, Hodl, Hodl, Hodl, Hodl, Hodl, Hodl, Hodl, Hodl, Hodl, Hodl, Hodl, Hodl, Hodl, Hodl, Hodl, Hodl, Hodl, Hodl, Hodl, Hodl, Hodl, Hodl, Hodl, Hodl, Hodl, Hodl, Hodl, Hodl, Hodl, Hodl, Hodl, Hodl, Hodl, Hodl, Hodl, Hodl, Hodl, Hodl, Hodl, Hodl, Hodl, Hodl, Hodl, Hodl, Hodl, Hodl, Hodl, Hodl, Hodl, Hodl, Hodl, Hodl, Hodl, Hodl, Hodl, Hodl, Hodl, Hodl, Hodl, Hodl, Hodl, Hodl, Hodl, Hodl, Hodl, Hodl, Hodl, Hodl, Hodl, Hodl, Hodl, Hodl, Hodl, Hodl, Hodl, Hodl, Hodl, Hodl, Hodl, Hodl, Hodl, Hodl, Hodl, Hodl, Hodl, Hodl, Hodl, Hodl, Hodl, Hodl, Hodl, Hodl, Hodl, Hodl, Hodl, Hodl, Hodl, Hodl, Hodl, Hodl, Hodl, Hodl, Hodl, Hodl, Hodl, Hodl, Hodl, Hodl, Hodl, Hodl, Hodl, Hodl, Hodl, Hodl, Hodl, Hodl, Hodl, Hodl, Hodl, Hodl, Hodl, Hodl, Hodl, Hodl, Hodl, Hodl, Hodl, Hodl, Hodl, Hodl, Hodl, Hodl, Hodl, Hodl, Hodl, Hodl, Hodl, Hodl, Hodl, Hodl, Hodl, Hodl, Hodl, Hodl, Hodl, Hodl, Hodl, Hodl, Hodl, Hodl, Hodl, Hodl, Hodl, Hodl, Hodl, Hodl, Hodl, Hodl, Hodl, Hodl, Hodl, Hodl, Hodl, Hodl, Hodl, Hodl, Hodl, Hodl, Hodl, Hodl, Hodl, Hodl, Hodl, Hodl, Hodl, Hodl, Hodl, Hodl, Hodl, Hodl, Hodl, Hodl, Hodl, Hodl, Hodl, Hodl, Hodl, Hodl, Hodl, Hodl, Hodl, Hodl, Hodl, Hodl, Hodl, Hodl, Hodl, Hodl, Hodl, Hodl, Hodl, Hodl, Hodl, Hodl, Hodl, Hodl, Hodl, Hodl, Hodl, Hodl, Hodl, Hodl, Hodl, Hodl, Hodl, Hodl, Hodl, Hodl, Hodl, Hodl, Hodl, Hodl, Hodl, Hodl, Hodl, Hodl, Hodl, Hodl, Hodl, Hodl, Hodl, Hodl, Hodl, Hodl, Hodl, Hodl, Hodl, Hodl, Hodl, Hodl, Hodl, Hodl, Hodl, Hodl, Hodl, Hodl, Hodl, Hodl, Hodl, Hodl, Hodl, Hodl, Hodl, Hodl, Hodl, Hodl, Hodl, Hodl, Hodl, Hodl, Hodl, Hodl, Hodl, Hodl, Hodl, Hodl, Hodl, Hodl, Hodl, Hodl, Hodl, Hodl, Hodl, Hodl, Hodl, Hodl, Hodl, Hodl, Hodl, Hodl, Hodl, Hodl, Hodl, Hodl, Hodl.

Hodl, Hodl, Hodl, Hodl, Hodl, Hodl, Hodl, Hodl, Hodl,
Hodl, Hodl, Hodl, Hodl, Hodl, Hodl, Hodl, Hodl, Hodl, Hodl, Hodl,
Hodl, Hodl, Hodl, Hodl, Hodl, Hodl, Hodl, Hodl, Hodl, Hodl, Hodl,
Hodl, Hodl, Hodl, Hodl, Hodl, Hodl, Hodl, Hodl, Hodl, Hodl, Hodl,
Hodl, Hodl, Hodl, Hodl, Hodl, Hodl, Hodl, Hodl, Hodl, Hodl, Hodl,
Hodl, Hodl, Hodl, Hodl, Hodl, Hodl, Hodl, Hodl, Hodl, Hodl, Hodl,
Hodl, Hodl, Hodl, Hodl, Hodl, Hodl, Hodl, Hodl, Hodl, Hodl, Hodl,
Hodl, Hodl, Hodl, Hodl, Hodl, Hodl, Hodl, Hodl, Hodl, Hodl, Hodl,
Hodl, Hodl, Hodl, Hodl, Hodl, Hodl, Hodl, Hodl, Hodl, Hodl, Hodl,
Hodl, Hodl, Hodl, Hodl, Hodl, Hodl, Hodl, Hodl, Hodl, Hodl, Hodl,
Hodl, Hodl, Hodl, Hodl, Hodl, Hodl, Hodl, Hodl, Hodl, Hodl, Hodl,
Hodl, Hodl, Hodl, Hodl, Hodl, Hodl, Hodl, Hodl, Hodl, Hodl, Hodl,
Hodl, Hodl, Hodl, Hodl, Hodl, Hodl, Hodl, Hodl, Hodl, Hodl, Hodl,
Hodl, Hodl, Hodl, Hodl, Hodl, Hodl, Hodl, Hodl, Hodl, Hodl, Hodl,
Hodl, Hodl, Hodl, Hodl, Hodl, Hodl, Hodl, Hodl, Hodl, Hodl, Hodl,
Hodl, Hodl, Hodl, Hodl, Hodl, Hodl, Hodl, Hodl, Hodl, Hodl, Hodl,
Hodl, Hodl, Hodl, Hodl, Hodl, Hodl, Hodl, Hodl, Hodl, Hodl, Hodl,
Hodl, Hodl, Hodl, Hodl, Hodl, Hodl, Hodl, Hodl, Hodl, Hodl, Hodl,
Hodl, Hodl, Hodl, Hodl, Hodl, Hodl, Hodl, Hodl, Hodl, Hodl, Hodl,
Hodl, Hodl, Hodl, Hodl, Hodl, Hodl, Hodl, Hodl, Hodl, Hodl, Hodl,
Hodl, Hodl, Hodl, Hodl, Hodl, Hodl, Hodl, Hodl, Hodl, Hodl, Hodl,
Hodl, Hodl, Hodl, Hodl, Hodl, Hodl, Hodl, Hodl, Hodl, Hodl, Hodl,
Hodl, Hodl, Hodl, Hodl, Hodl, Hodl, Hodl, Hodl, Hodl, Hodl, Hodl,
Hodl, Hodl, Hodl, Hodl, Hodl, Hodl, Hodl, Hodl, Hodl, Hodl, Hodl,
Hodl, Hodl, Hodl, Hodl, Hodl, Hodl, Hodl, Hodl, Hodl, Hodl, Hodl,
Hodl, Hodl, Hodl, Hodl, Hodl, Hodl, Hodl, Hodl, Hodl, Hodl, Hodl,
Hodl, Hodl, Hodl, Hodl, Hodl, Hodl, Hodl, Hodl, Hodl, Hodl, Hodl,
Hodl, Hodl, Hodl, Hodl, Hodl, Hodl, Hodl, Hodl, Hodl, Hodl, Hodl,
Hodl, Hodl, Hodl, Hodl, Hodl, Hodl, Hodl, Hodl, Hodl, Hodl, Hodl,
Hodl, Hodl, Hodl, Hodl, Hodl, Hodl, Hodl, Hodl, Hodl, Hodl, Hodl,
Hodl, Hodl, Hodl, Hodl, Hodl, Hodl, Hodl, Hodl, Hodl, Hodl, Hodl,
Hodl, Hodl, Hodl, Hodl, Hodl, Hodl, Hodl, Hodl, Hodl, Hodl, Hodl,
Hodl, Hodl, Hodl, Hodl, Hodl, Hodl.

Hodl, Hodl, Hodl, Hodl, Hodl, Hodl, Hodl, Hodl, Hodl,
Hodl, Hodl, Hodl, Hodl, Hodl, Hodl, Hodl, Hodl, Hodl, Hodl, Hodl,
Hodl, Hodl, Hodl, Hodl, Hodl, Hodl, Hodl, Hodl, Hodl, Hodl, Hodl,
Hodl, Hodl, Hodl, Hodl, Hodl, Hodl, Hodl, Hodl, Hodl, Hodl, Hodl,
Hodl, Hodl, Hodl, Hodl, Hodl, Hodl, Hodl, Hodl, Hodl, Hodl, Hodl,
Hodl, Hodl, Hodl, Hodl, Hodl, Hodl, Hodl, Hodl, Hodl, Hodl, Hodl,
Hodl, Hodl, Hodl, Hodl, Hodl, Hodl, Hodl, Hodl, Hodl, Hodl, Hodl,
Hodl, Hodl, Hodl, Hodl, Hodl, Hodl, Hodl, Hodl, Hodl, Hodl, Hodl,
Hodl, Hodl, Hodl, Hodl, Hodl, Hodl, Hodl, Hodl, Hodl, Hodl, Hodl,
Hodl, Hodl, Hodl, Hodl, Hodl, Hodl, Hodl, Hodl, Hodl, Hodl, Hodl,
Hodl, Hodl, Hodl, Hodl, Hodl, Hodl, Hodl, Hodl, Hodl, Hodl, Hodl,
Hodl, Hodl, Hodl, Hodl, Hodl, Hodl, Hodl, Hodl, Hodl, Hodl, Hodl,
Hodl, Hodl, Hodl, Hodl, Hodl, Hodl, Hodl, Hodl, Hodl, Hodl, Hodl,
Hodl, Hodl, Hodl, Hodl, Hodl, Hodl, Hodl, Hodl, Hodl, Hodl, Hodl,
Hodl, Hodl, Hodl, Hodl, Hodl, Hodl, Hodl, Hodl, Hodl, Hodl, Hodl,
Hodl, Hodl, Hodl, Hodl, Hodl, Hodl, Hodl, Hodl, Hodl, Hodl, Hodl,
Hodl, Hodl, Hodl, Hodl, Hodl, Hodl, Hodl, Hodl, Hodl, Hodl, Hodl,
Hodl, Hodl, Hodl, Hodl, Hodl, Hodl, Hodl, Hodl, Hodl, Hodl, Hodl,
Hodl, Hodl, Hodl, Hodl, Hodl, Hodl, Hodl, Hodl, Hodl, Hodl, Hodl,
Hodl, Hodl, Hodl, Hodl, Hodl, Hodl, Hodl, Hodl, Hodl, Hodl, Hodl,
Hodl, Hodl, Hodl, Hodl, Hodl, Hodl, Hodl, Hodl, Hodl, Hodl, Hodl,
Hodl, Hodl, Hodl, Hodl, Hodl, Hodl, Hodl, Hodl, Hodl, Hodl, Hodl,
Hodl, Hodl, Hodl, Hodl, Hodl, Hodl, Hodl, Hodl, Hodl, Hodl, Hodl,
Hodl, Hodl, Hodl, Hodl, Hodl, Hodl, Hodl, Hodl, Hodl, Hodl, Hodl,
Hodl, Hodl, Hodl, Hodl, Hodl, Hodl, Hodl, Hodl, Hodl, Hodl, Hodl,
Hodl, Hodl, Hodl, Hodl, Hodl, Hodl, Hodl, Hodl, Hodl, Hodl, Hodl,
Hodl, Hodl, Hodl, Hodl, Hodl, Hodl, Hodl, Hodl, Hodl, Hodl, Hodl,
Hodl, Hodl, Hodl, Hodl, Hodl, Hodl, Hodl, Hodl, Hodl, Hodl, Hodl,
Hodl, Hodl, Hodl, Hodl, Hodl, Hodl, Hodl, Hodl, Hodl, Hodl, Hodl,
Hodl, Hodl, Hodl, Hodl, Hodl, Hodl, Hodl, Hodl, Hodl, Hodl, Hodl,
Hodl, Hodl, Hodl, Hodl, Hodl, Hodl, Hodl, Hodl, Hodl, Hodl, Hodl,
Hodl, Hodl, Hodl, Hodl, Hodl, Hodl, Hodl, Hodl, Hodl, Hodl, Hodl,
Hodl, Hodl, Hodl, Hodl, Hodl, Hodl.

Hodl, Hodl, Hodl, Hodl, Hodl, Hodl, Hodl, Hodl, Hodl,
Hodl, Hodl, Hodl, Hodl, Hodl, Hodl, Hodl, Hodl, Hodl, Hodl, Hodl,
Hodl, Hodl, Hodl, Hodl, Hodl, Hodl, Hodl, Hodl, Hodl, Hodl, Hodl,
Hodl, Hodl, Hodl, Hodl, Hodl, Hodl, Hodl, Hodl, Hodl, Hodl, Hodl,
Hodl, Hodl, Hodl, Hodl, Hodl, Hodl, Hodl, Hodl, Hodl, Hodl, Hodl,
Hodl, Hodl, Hodl, Hodl, Hodl, Hodl, Hodl, Hodl, Hodl, Hodl, Hodl,
Hodl, Hodl, Hodl, Hodl, Hodl, Hodl, Hodl, Hodl, Hodl, Hodl, Hodl,
Hodl, Hodl, Hodl, Hodl, Hodl, Hodl, Hodl, Hodl, Hodl, Hodl, Hodl,
Hodl, Hodl, Hodl, Hodl, Hodl, Hodl, Hodl, Hodl, Hodl, Hodl, Hodl,
Hodl, Hodl, Hodl, Hodl, Hodl, Hodl, Hodl, Hodl, Hodl, Hodl, Hodl,
Hodl, Hodl, Hodl, Hodl, Hodl, Hodl, Hodl, Hodl, Hodl, Hodl, Hodl,
Hodl, Hodl, Hodl, Hodl, Hodl, Hodl, Hodl, Hodl, Hodl, Hodl, Hodl,
Hodl, Hodl, Hodl, Hodl, Hodl, Hodl, Hodl, Hodl, Hodl, Hodl, Hodl,
Hodl, Hodl, Hodl, Hodl, Hodl, Hodl, Hodl, Hodl, Hodl, Hodl, Hodl,
Hodl, Hodl, Hodl, Hodl, Hodl, Hodl, Hodl, Hodl, Hodl, Hodl, Hodl,
Hodl, Hodl, Hodl, Hodl, Hodl, Hodl, Hodl, Hodl, Hodl, Hodl, Hodl,
Hodl, Hodl, Hodl, Hodl, Hodl, Hodl, Hodl, Hodl, Hodl, Hodl, Hodl,
Hodl, Hodl, Hodl, Hodl, Hodl, Hodl, Hodl, Hodl, Hodl, Hodl, Hodl,
Hodl, Hodl, Hodl, Hodl, Hodl, Hodl, Hodl, Hodl, Hodl, Hodl, Hodl,
Hodl, Hodl, Hodl, Hodl, Hodl, Hodl, Hodl, Hodl, Hodl, Hodl, Hodl,
Hodl, Hodl, Hodl, Hodl, Hodl, Hodl, Hodl, Hodl, Hodl, Hodl, Hodl,
Hodl, Hodl, Hodl, Hodl, Hodl, Hodl, Hodl, Hodl, Hodl, Hodl, Hodl,
Hodl, Hodl, Hodl, Hodl, Hodl, Hodl, Hodl, Hodl, Hodl, Hodl, Hodl,
Hodl, Hodl, Hodl, Hodl, Hodl, Hodl, Hodl, Hodl, Hodl, Hodl, Hodl,
Hodl, Hodl, Hodl, Hodl, Hodl, Hodl, Hodl, Hodl, Hodl, Hodl, Hodl,
Hodl, Hodl, Hodl, Hodl, Hodl, Hodl, Hodl, Hodl, Hodl, Hodl, Hodl,
Hodl, Hodl, Hodl, Hodl, Hodl, Hodl, Hodl, Hodl, Hodl, Hodl, Hodl,
Hodl, Hodl, Hodl, Hodl, Hodl, Hodl, Hodl, Hodl, Hodl, Hodl, Hodl,
Hodl, Hodl, Hodl, Hodl, Hodl, Hodl, Hodl, Hodl, Hodl, Hodl, Hodl,
Hodl, Hodl, Hodl, Hodl, Hodl, Hodl, Hodl, Hodl, Hodl, Hodl, Hodl,
Hodl, Hodl, Hodl, Hodl, Hodl, Hodl, Hodl, Hodl, Hodl, Hodl, Hodl,
Hodl, Hodl, Hodl, Hodl, Hodl, Hodl, Hodl, Hodl, Hodl, Hodl, Hodl,
Hodl, Hodl, Hodl, Hodl, Hodl, Hodl, Hodl, Hodl, Hodl, Hodl, Hodl,
Hodl, Hodl, Hodl, Hodl, Hodl, Hodl, Hodl, Hodl, Hodl, Hodl, Hodl,
Hodl.

Hodl, Hodl, Hodl, Hodl, Hodl, Hodl, Hodl, Hodl, Hodl,
Hodl, Hodl, Hodl, Hodl, Hodl, Hodl, Hodl, Hodl, Hodl, Hodl, Hodl,
Hodl, Hodl, Hodl, Hodl, Hodl, Hodl, Hodl, Hodl, Hodl, Hodl, Hodl,
Hodl, Hodl, Hodl, Hodl, Hodl, Hodl, Hodl, Hodl, Hodl, Hodl, Hodl,
Hodl, Hodl, Hodl, Hodl, Hodl, Hodl, Hodl, Hodl, Hodl, Hodl, Hodl,
Hodl, Hodl, Hodl, Hodl, Hodl, Hodl, Hodl, Hodl, Hodl, Hodl, Hodl,
Hodl, Hodl, Hodl, Hodl, Hodl, Hodl, Hodl, Hodl, Hodl, Hodl, Hodl,
Hodl, Hodl, Hodl, Hodl, Hodl, Hodl, Hodl, Hodl, Hodl, Hodl, Hodl,
Hodl, Hodl, Hodl, Hodl, Hodl, Hodl, Hodl, Hodl, Hodl, Hodl, Hodl,
Hodl, Hodl, Hodl, Hodl, Hodl, Hodl, Hodl, Hodl, Hodl, Hodl, Hodl,
Hodl, Hodl, Hodl, Hodl, Hodl, Hodl, Hodl, Hodl, Hodl, Hodl, Hodl,
Hodl, Hodl, Hodl, Hodl, Hodl, Hodl, Hodl, Hodl, Hodl, Hodl, Hodl,
Hodl, Hodl, Hodl, Hodl, Hodl, Hodl, Hodl, Hodl, Hodl, Hodl, Hodl,
Hodl, Hodl, Hodl, Hodl, Hodl, Hodl, Hodl, Hodl, Hodl, Hodl, Hodl,
Hodl, Hodl, Hodl, Hodl, Hodl, Hodl, Hodl, Hodl, Hodl, Hodl, Hodl,
Hodl, Hodl, Hodl, Hodl, Hodl, Hodl, Hodl, Hodl, Hodl, Hodl, Hodl,
Hodl, Hodl, Hodl, Hodl, Hodl, Hodl, Hodl, Hodl, Hodl, Hodl, Hodl,
Hodl, Hodl, Hodl, Hodl, Hodl, Hodl, Hodl, Hodl, Hodl, Hodl, Hodl,
Hodl, Hodl, Hodl, Hodl, Hodl, Hodl, Hodl, Hodl, Hodl, Hodl, Hodl,
Hodl, Hodl, Hodl, Hodl, Hodl, Hodl, Hodl, Hodl, Hodl, Hodl, Hodl,
Hodl, Hodl, Hodl, Hodl, Hodl, Hodl, Hodl, Hodl, Hodl, Hodl, Hodl,
Hodl, Hodl, Hodl, Hodl, Hodl, Hodl, Hodl, Hodl, Hodl, Hodl, Hodl,
Hodl, Hodl, Hodl, Hodl, Hodl, Hodl, Hodl, Hodl, Hodl, Hodl, Hodl,
Hodl, Hodl, Hodl, Hodl, Hodl, Hodl, Hodl, Hodl, Hodl, Hodl, Hodl,
Hodl, Hodl, Hodl, Hodl, Hodl, Hodl, Hodl, Hodl, Hodl, Hodl, Hodl,
Hodl, Hodl, Hodl, Hodl, Hodl, Hodl, Hodl, Hodl, Hodl, Hodl, Hodl,
Hodl, Hodl, Hodl, Hodl, Hodl, Hodl, Hodl, Hodl, Hodl, Hodl, Hodl,
Hodl, Hodl, Hodl, Hodl, Hodl, Hodl, Hodl, Hodl, Hodl, Hodl, Hodl,
Hodl, Hodl, Hodl, Hodl, Hodl, Hodl, Hodl, Hodl, Hodl, Hodl, Hodl,
Hodl, Hodl, Hodl, Hodl, Hodl, Hodl, Hodl, Hodl, Hodl, Hodl, Hodl,
Hodl, Hodl, Hodl, Hodl, Hodl, Hodl, Hodl, Hodl, Hodl, Hodl, Hodl,
Hodl, Hodl, Hodl, Hodl, Hodl, Hodl, Hodl, Hodl, Hodl, Hodl, Hodl,
Hodl, Hodl, Hodl, Hodl, Hodl, Hodl, Hodl, Hodl, Hodl, Hodl, Hodl,
Hodl, Hodl, Hodl, Hodl, Hodl, Hodl.

Hodl, Hodl, Hodl, Hodl, Hodl, Hodl, Hodl, Hodl, Hodl,
Hodl, Hodl, Hodl, Hodl, Hodl, Hodl, Hodl, Hodl, Hodl, Hodl, Hodl,
Hodl, Hodl, Hodl, Hodl, Hodl, Hodl, Hodl, Hodl, Hodl, Hodl, Hodl,
Hodl, Hodl, Hodl, Hodl, Hodl, Hodl, Hodl, Hodl, Hodl, Hodl, Hodl,
Hodl, Hodl, Hodl, Hodl, Hodl, Hodl, Hodl, Hodl, Hodl, Hodl, Hodl,
Hodl, Hodl, Hodl, Hodl, Hodl, Hodl, Hodl, Hodl, Hodl, Hodl, Hodl,
Hodl, Hodl, Hodl, Hodl, Hodl, Hodl, Hodl, Hodl, Hodl, Hodl, Hodl,
Hodl, Hodl, Hodl, Hodl, Hodl, Hodl, Hodl, Hodl, Hodl, Hodl, Hodl,
Hodl, Hodl, Hodl, Hodl, Hodl, Hodl, Hodl, Hodl, Hodl, Hodl, Hodl,
Hodl, Hodl, Hodl, Hodl, Hodl, Hodl, Hodl, Hodl, Hodl, Hodl, Hodl,
Hodl, Hodl, Hodl, Hodl, Hodl, Hodl, Hodl, Hodl, Hodl, Hodl, Hodl,
Hodl, Hodl, Hodl, Hodl, Hodl, Hodl, Hodl, Hodl, Hodl, Hodl, Hodl,
Hodl, Hodl, Hodl, Hodl, Hodl, Hodl, Hodl, Hodl, Hodl, Hodl, Hodl,
Hodl, Hodl, Hodl, Hodl, Hodl, Hodl, Hodl, Hodl, Hodl, Hodl, Hodl,
Hodl, Hodl, Hodl, Hodl, Hodl, Hodl, Hodl, Hodl, Hodl, Hodl, Hodl,
Hodl, Hodl, Hodl, Hodl, Hodl, Hodl, Hodl, Hodl, Hodl, Hodl, Hodl,
Hodl, Hodl, Hodl, Hodl, Hodl, Hodl, Hodl, Hodl, Hodl, Hodl, Hodl,
Hodl, Hodl, Hodl, Hodl, Hodl, Hodl, Hodl, Hodl, Hodl, Hodl, Hodl,
Hodl, Hodl, Hodl, Hodl, Hodl, Hodl, Hodl, Hodl, Hodl, Hodl, Hodl,
Hodl, Hodl, Hodl, Hodl, Hodl, Hodl, Hodl, Hodl, Hodl, Hodl, Hodl,
Hodl, Hodl, Hodl, Hodl, Hodl, Hodl, Hodl, Hodl, Hodl, Hodl, Hodl,
Hodl, Hodl, Hodl, Hodl, Hodl, Hodl, Hodl, Hodl, Hodl, Hodl, Hodl,
Hodl, Hodl, Hodl, Hodl, Hodl, Hodl, Hodl, Hodl, Hodl, Hodl, Hodl,
Hodl, Hodl, Hodl, Hodl, Hodl, Hodl, Hodl, Hodl, Hodl, Hodl, Hodl,
Hodl, Hodl, Hodl, Hodl, Hodl, Hodl, Hodl, Hodl, Hodl, Hodl, Hodl,
Hodl, Hodl, Hodl, Hodl, Hodl, Hodl, Hodl, Hodl, Hodl, Hodl, Hodl,
Hodl, Hodl, Hodl, Hodl, Hodl, Hodl, Hodl, Hodl, Hodl, Hodl, Hodl,
Hodl, Hodl, Hodl, Hodl, Hodl, Hodl, Hodl, Hodl, Hodl, Hodl, Hodl,
Hodl, Hodl, Hodl, Hodl, Hodl, Hodl, Hodl, Hodl, Hodl, Hodl, Hodl,
Hodl, Hodl, Hodl, Hodl, Hodl, Hodl, Hodl, Hodl, Hodl, Hodl, Hodl,
Hodl, Hodl, Hodl, Hodl, Hodl, Hodl, Hodl, Hodl, Hodl, Hodl, Hodl,
Hodl, Hodl, Hodl, Hodl, Hodl, Hodl, Hodl, Hodl, Hodl, Hodl, Hodl,
Hodl, Hodl, Hodl, Hodl, Hodl, Hodl, Hodl, Hodl, Hodl, Hodl, Hodl,
Hodl, Hodl, Hodl, Hodl, Hodl, Hodl.

Hodl, Hodl, Hodl, Hodl, Hodl, Hodl, Hodl, Hodl, Hodl, Hodl, Hodl, Hodl, Hodl, Hodl, Hodl, Hodl, Hodl, Hodl, Hodl, Hodl, Hodl, Hodl, Hodl, Hodl, Hodl, Hodl, Hodl, Hodl, Hodl, Hodl, Hodl, Hodl, Hodl, Hodl, Hodl, Hodl, Hodl, Hodl, Hodl, Hodl, Hodl, Hodl, Hodl, Hodl, Hodl, Hodl, Hodl, Hodl, Hodl, Hodl, Hodl, Hodl, Hodl, Hodl, Hodl, Hodl, Hodl, Hodl, Hodl, Hodl, Hodl, Hodl, Hodl, Hodl, Hodl, Hodl, Hodl, Hodl, Hodl, Hodl, Hodl, Hodl, Hodl, Hodl, Hodl, Hodl, Hodl, Hodl, Hodl, Hodl, Hodl, Hodl, Hodl, Hodl, Hodl, Hodl, Hodl, Hodl, Hodl, Hodl, Hodl, Hodl, Hodl, Hodl, Hodl, Hodl, Hodl, Hodl, Hodl, Hodl, Hodl, Hodl, Hodl, Hodl, Hodl, Hodl, Hodl, Hodl, Hodl, Hodl, Hodl, Hodl, Hodl, Hodl, Hodl, Hodl, Hodl, Hodl, Hodl, Hodl, Hodl, Hodl, Hodl, Hodl, Hodl, Hodl, Hodl, Hodl, Hodl, Hodl, Hodl, Hodl, Hodl, Hodl, Hodl, Hodl, Hodl, Hodl, Hodl, Hodl, Hodl, Hodl, Hodl, Hodl, Hodl, Hodl, Hodl, Hodl, Hodl, Hodl, Hodl, Hodl, Hodl, Hodl, Hodl, Hodl, Hodl, Hodl, Hodl, Hodl, Hodl, Hodl, Hodl, Hodl, Hodl, Hodl, Hodl, Hodl, Hodl, Hodl, Hodl, Hodl, Hodl, Hodl, Hodl, Hodl, Hodl, Hodl, Hodl, Hodl, Hodl, Hodl, Hodl, Hodl, Hodl, Hodl, Hodl, Hodl, Hodl, Hodl, Hodl, Hodl, Hodl, Hodl, Hodl, Hodl, Hodl, Hodl, Hodl, Hodl, Hodl, Hodl, Hodl, Hodl, Hodl, Hodl, Hodl, Hodl, Hodl, Hodl, Hodl, Hodl, Hodl, Hodl, Hodl, Hodl, Hodl, Hodl, Hodl, Hodl, Hodl, Hodl, Hodl, Hodl, Hodl, Hodl, Hodl, Hodl, Hodl, Hodl, Hodl, Hodl, Hodl, Hodl, Hodl, Hodl, Hodl, Hodl, Hodl, Hodl, Hodl, Hodl, Hodl, Hodl, Hodl, Hodl, Hodl, Hodl, Hodl, Hodl, Hodl, Hodl, Hodl, Hodl, Hodl, Hodl, Hodl, Hodl, Hodl, Hodl, Hodl, Hodl, Hodl, Hodl, Hodl, Hodl, Hodl, Hodl, Hodl, Hodl, Hodl, Hodl, Hodl, Hodl, Hodl, Hodl, Hodl, Hodl, Hodl, Hodl, Hodl, Hodl, Hodl, Hodl, Hodl, Hodl, Hodl, Hodl, Hodl, Hodl, Hodl, Hodl, Hodl, Hodl, Hodl, Hodl, Hodl, Hodl, Hodl, Hodl, Hodl, Hodl, Hodl, Hodl, Hodl, Hodl, Hodl, Hodl, Hodl, Hodl, Hodl, Hodl, Hodl, Hodl, Hodl, Hodl, Hodl, Hodl, Hodl, Hodl, Hodl, Hodl, Hodl, Hodl, Hodl, Hodl, Hodl, Hodl, Hodl, Hodl, Hodl, Hodl, Hodl, Hodl, Hodl, Hodl, Hodl, Hodl, Hodl, Hodl, Hodl, Hodl, Hodl, Hodl, Hodl, Hodl, Hodl, Hodl, Hodl, Hodl, Hodl, Hodl, Hodl, Hodl, Hodl, Hodl, Hodl, Hodl, Hodl, Hodl, Hodl, Hodl, Hodl, Hodl, Hodl, Hodl, Hodl, Hodl, Hodl, Hodl, Hodl, Hodl, Hodl, Hodl, Hodl, Hodl, Hodl, Hodl, Hodl, Hodl, Hodl, Hodl, Hodl, Hodl, Hodl, Hodl, Hodl, Hodl, Hodl, Hodl, Hodl, Hodl, Hodl, Hodl, Hodl, Hodl, Hodl, Hodl, Hodl, Hodl, Hodl, Hodl, Hodl, Hodl, Hodl, Hodl, Hodl, Hodl, Hodl, Hodl, Hodl, Hodl, Hodl, Hodl, Hodl, Hodl, Hodl, Hodl, Hodl, Hodl, Hodl, Hodl, Hodl, Hodl, Hodl, Hodl, Hodl, Hodl, Hodl, Hodl, Hodl, Hodl, Hodl, Hodl, Hodl, Hodl.

Hodl, Hodl, Hodl, Hodl, Hodl, Hodl, Hodl, Hodl, Hodl,
Hodl, Hodl, Hodl, Hodl, Hodl, Hodl, Hodl, Hodl, Hodl, Hodl, Hodl,
Hodl, Hodl, Hodl, Hodl, Hodl, Hodl, Hodl, Hodl, Hodl, Hodl, Hodl,
Hodl, Hodl, Hodl, Hodl, Hodl, Hodl, Hodl, Hodl, Hodl, Hodl, Hodl,
Hodl, Hodl, Hodl, Hodl, Hodl, Hodl, Hodl, Hodl, Hodl, Hodl, Hodl,
Hodl, Hodl, Hodl, Hodl, Hodl, Hodl, Hodl, Hodl, Hodl, Hodl, Hodl,
Hodl, Hodl, Hodl, Hodl, Hodl, Hodl, Hodl, Hodl, Hodl, Hodl, Hodl,
Hodl, Hodl, Hodl, Hodl, Hodl, Hodl, Hodl, Hodl, Hodl, Hodl, Hodl,
Hodl, Hodl, Hodl, Hodl, Hodl, Hodl, Hodl, Hodl, Hodl, Hodl, Hodl,
Hodl, Hodl, Hodl, Hodl, Hodl, Hodl, Hodl, Hodl, Hodl, Hodl, Hodl,
Hodl, Hodl, Hodl, Hodl, Hodl, Hodl, Hodl, Hodl, Hodl, Hodl, Hodl,
Hodl, Hodl, Hodl, Hodl, Hodl, Hodl, Hodl, Hodl, Hodl, Hodl, Hodl,
Hodl, Hodl, Hodl, Hodl, Hodl, Hodl, Hodl, Hodl, Hodl, Hodl, Hodl,
Hodl, Hodl, Hodl, Hodl, Hodl, Hodl, Hodl, Hodl, Hodl, Hodl, Hodl,
Hodl, Hodl, Hodl, Hodl, Hodl, Hodl, Hodl, Hodl, Hodl, Hodl, Hodl,
Hodl, Hodl, Hodl, Hodl, Hodl, Hodl, Hodl, Hodl, Hodl, Hodl, Hodl,
Hodl, Hodl, Hodl, Hodl, Hodl, Hodl, Hodl, Hodl, Hodl, Hodl, Hodl,
Hodl, Hodl, Hodl, Hodl, Hodl, Hodl, Hodl, Hodl, Hodl, Hodl, Hodl,
Hodl, Hodl, Hodl, Hodl, Hodl, Hodl, Hodl, Hodl, Hodl, Hodl, Hodl,
Hodl, Hodl, Hodl, Hodl, Hodl, Hodl, Hodl, Hodl, Hodl, Hodl, Hodl,
Hodl, Hodl, Hodl, Hodl, Hodl, Hodl, Hodl, Hodl, Hodl, Hodl, Hodl,
Hodl, Hodl, Hodl, Hodl, Hodl, Hodl, Hodl, Hodl, Hodl, Hodl, Hodl,
Hodl, Hodl, Hodl, Hodl, Hodl, Hodl, Hodl, Hodl, Hodl, Hodl, Hodl,
Hodl, Hodl, Hodl, Hodl, Hodl, Hodl, Hodl, Hodl, Hodl, Hodl, Hodl,
Hodl, Hodl, Hodl, Hodl, Hodl, Hodl, Hodl, Hodl, Hodl, Hodl, Hodl,
Hodl, Hodl, Hodl, Hodl, Hodl, Hodl, Hodl, Hodl, Hodl, Hodl, Hodl,
Hodl, Hodl, Hodl, Hodl, Hodl, Hodl, Hodl, Hodl, Hodl, Hodl, Hodl,
Hodl, Hodl, Hodl, Hodl, Hodl, Hodl, Hodl, Hodl, Hodl, Hodl, Hodl,
Hodl, Hodl, Hodl, Hodl, Hodl, Hodl, Hodl, Hodl, Hodl, Hodl, Hodl,
Hodl, Hodl, Hodl, Hodl, Hodl, Hodl, Hodl, Hodl, Hodl, Hodl, Hodl,
Hodl, Hodl, Hodl, Hodl, Hodl, Hodl, Hodl, Hodl, Hodl, Hodl, Hodl,
Hodl, Hodl, Hodl, Hodl, Hodl, Hodl, Hodl, Hodl, Hodl, Hodl, Hodl,
Hodl, Hodl, Hodl, Hodl, Hodl, Hodl.

Hodl, Hodl, Hodl, Hodl, Hodl, Hodl, Hodl, Hodl, Hodl,
Hodl, Hodl, Hodl, Hodl, Hodl, Hodl, Hodl, Hodl, Hodl, Hodl, Hodl,
Hodl, Hodl, Hodl, Hodl, Hodl, Hodl, Hodl, Hodl, Hodl, Hodl, Hodl,
Hodl, Hodl, Hodl, Hodl, Hodl, Hodl, Hodl, Hodl, Hodl, Hodl, Hodl,
Hodl, Hodl, Hodl, Hodl, Hodl, Hodl, Hodl, Hodl, Hodl, Hodl, Hodl,
Hodl, Hodl, Hodl, Hodl, Hodl, Hodl, Hodl, Hodl, Hodl, Hodl, Hodl,
Hodl, Hodl, Hodl, Hodl, Hodl, Hodl, Hodl, Hodl, Hodl, Hodl, Hodl,
Hodl, Hodl, Hodl, Hodl, Hodl, Hodl, Hodl, Hodl, Hodl, Hodl, Hodl,
Hodl, Hodl, Hodl, Hodl, Hodl, Hodl, Hodl, Hodl, Hodl, Hodl, Hodl,
Hodl, Hodl, Hodl, Hodl, Hodl, Hodl, Hodl, Hodl, Hodl, Hodl, Hodl,
Hodl, Hodl, Hodl, Hodl, Hodl, Hodl, Hodl, Hodl, Hodl, Hodl, Hodl,
Hodl, Hodl, Hodl, Hodl, Hodl, Hodl, Hodl, Hodl, Hodl, Hodl, Hodl,
Hodl, Hodl, Hodl, Hodl, Hodl, Hodl, Hodl, Hodl, Hodl, Hodl, Hodl,
Hodl, Hodl, Hodl, Hodl, Hodl, Hodl, Hodl, Hodl, Hodl, Hodl, Hodl,
Hodl, Hodl, Hodl, Hodl, Hodl, Hodl, Hodl, Hodl, Hodl, Hodl, Hodl,
Hodl, Hodl, Hodl, Hodl, Hodl, Hodl, Hodl, Hodl, Hodl, Hodl, Hodl,
Hodl, Hodl, Hodl, Hodl, Hodl, Hodl, Hodl, Hodl, Hodl, Hodl, Hodl,
Hodl, Hodl, Hodl, Hodl, Hodl, Hodl, Hodl, Hodl, Hodl, Hodl, Hodl,
Hodl, Hodl, Hodl, Hodl, Hodl, Hodl, Hodl, Hodl, Hodl, Hodl, Hodl,
Hodl, Hodl, Hodl, Hodl, Hodl, Hodl, Hodl, Hodl, Hodl, Hodl, Hodl,
Hodl, Hodl, Hodl, Hodl, Hodl, Hodl, Hodl, Hodl, Hodl, Hodl, Hodl,
Hodl, Hodl, Hodl, Hodl, Hodl, Hodl, Hodl, Hodl, Hodl, Hodl, Hodl,
Hodl, Hodl, Hodl, Hodl, Hodl, Hodl, Hodl, Hodl, Hodl, Hodl, Hodl,
Hodl, Hodl, Hodl, Hodl, Hodl, Hodl, Hodl, Hodl, Hodl, Hodl, Hodl,
Hodl, Hodl, Hodl, Hodl, Hodl, Hodl, Hodl, Hodl, Hodl, Hodl, Hodl,
Hodl, Hodl, Hodl, Hodl, Hodl, Hodl, Hodl, Hodl, Hodl, Hodl, Hodl,
Hodl, Hodl, Hodl, Hodl, Hodl, Hodl, Hodl, Hodl, Hodl, Hodl, Hodl,
Hodl, Hodl, Hodl, Hodl, Hodl, Hodl, Hodl, Hodl, Hodl, Hodl, Hodl,
Hodl, Hodl, Hodl, Hodl, Hodl, Hodl, Hodl, Hodl, Hodl, Hodl, Hodl,
Hodl, Hodl, Hodl, Hodl, Hodl, Hodl, Hodl, Hodl, Hodl, Hodl, Hodl,
Hodl, Hodl, Hodl, Hodl, Hodl, Hodl, Hodl, Hodl, Hodl, Hodl, Hodl,
Hodl, Hodl, Hodl, Hodl, Hodl, Hodl, Hodl, Hodl, Hodl, Hodl, Hodl,
Hodl, Hodl, Hodl, Hodl, Hodl, Hodl.

Hodl, Hodl, Hodl, Hodl, Hodl, Hodl, Hodl, Hodl, Hodl,
Hodl, Hodl, Hodl, Hodl, Hodl, Hodl, Hodl, Hodl, Hodl, Hodl, Hodl,
Hodl, Hodl, Hodl, Hodl, Hodl, Hodl, Hodl, Hodl, Hodl, Hodl, Hodl,
Hodl, Hodl, Hodl, Hodl, Hodl, Hodl, Hodl, Hodl, Hodl, Hodl, Hodl,
Hodl, Hodl, Hodl, Hodl, Hodl, Hodl, Hodl, Hodl, Hodl, Hodl, Hodl,
Hodl, Hodl, Hodl, Hodl, Hodl, Hodl, Hodl, Hodl, Hodl, Hodl, Hodl,
Hodl, Hodl, Hodl, Hodl, Hodl, Hodl, Hodl, Hodl, Hodl, Hodl, Hodl,
Hodl, Hodl, Hodl, Hodl, Hodl, Hodl, Hodl, Hodl, Hodl, Hodl, Hodl,
Hodl, Hodl, Hodl, Hodl, Hodl, Hodl, Hodl, Hodl, Hodl, Hodl, Hodl,
Hodl, Hodl, Hodl, Hodl, Hodl, Hodl, Hodl, Hodl, Hodl, Hodl, Hodl,
Hodl, Hodl, Hodl, Hodl, Hodl, Hodl, Hodl, Hodl, Hodl, Hodl, Hodl,
Hodl, Hodl, Hodl, Hodl, Hodl, Hodl, Hodl, Hodl, Hodl, Hodl, Hodl,
Hodl, Hodl, Hodl, Hodl, Hodl, Hodl, Hodl, Hodl, Hodl, Hodl, Hodl,
Hodl, Hodl, Hodl, Hodl, Hodl, Hodl, Hodl, Hodl, Hodl, Hodl, Hodl,
Hodl, Hodl, Hodl, Hodl, Hodl, Hodl, Hodl, Hodl, Hodl, Hodl, Hodl,
Hodl, Hodl, Hodl, Hodl, Hodl, Hodl, Hodl, Hodl, Hodl, Hodl, Hodl,
Hodl, Hodl, Hodl, Hodl, Hodl, Hodl, Hodl, Hodl, Hodl, Hodl, Hodl,
Hodl, Hodl, Hodl, Hodl, Hodl, Hodl, Hodl, Hodl, Hodl, Hodl, Hodl,
Hodl, Hodl, Hodl, Hodl, Hodl, Hodl, Hodl, Hodl, Hodl, Hodl, Hodl,
Hodl, Hodl, Hodl, Hodl, Hodl, Hodl, Hodl, Hodl, Hodl, Hodl, Hodl,
Hodl, Hodl, Hodl, Hodl, Hodl, Hodl, Hodl, Hodl, Hodl, Hodl, Hodl,
Hodl, Hodl, Hodl, Hodl, Hodl, Hodl, Hodl, Hodl, Hodl, Hodl, Hodl,
Hodl, Hodl, Hodl, Hodl, Hodl, Hodl, Hodl, Hodl, Hodl, Hodl, Hodl,
Hodl, Hodl, Hodl, Hodl, Hodl, Hodl, Hodl, Hodl, Hodl, Hodl, Hodl,
Hodl, Hodl, Hodl, Hodl, Hodl, Hodl, Hodl, Hodl, Hodl, Hodl, Hodl,
Hodl, Hodl, Hodl, Hodl, Hodl, Hodl, Hodl, Hodl, Hodl, Hodl, Hodl,
Hodl, Hodl, Hodl, Hodl, Hodl, Hodl, Hodl, Hodl, Hodl, Hodl, Hodl,
Hodl, Hodl, Hodl, Hodl, Hodl, Hodl, Hodl, Hodl, Hodl, Hodl, Hodl,
Hodl, Hodl, Hodl, Hodl, Hodl, Hodl, Hodl, Hodl, Hodl, Hodl, Hodl,
Hodl, Hodl, Hodl, Hodl, Hodl, Hodl, Hodl, Hodl, Hodl, Hodl, Hodl,
Hodl, Hodl, Hodl, Hodl, Hodl, Hodl, Hodl, Hodl, Hodl, Hodl, Hodl,
Hodl, Hodl, Hodl, Hodl, Hodl, Hodl, Hodl, Hodl, Hodl, Hodl, Hodl,
Hodl, Hodl, Hodl, Hodl, Hodl, Hodl, Hodl, Hodl, Hodl, Hodl, Hodl,
Hodl, Hodl, Hodl, Hodl, Hodl, Hodl, Hodl, Hodl, Hodl, Hodl, Hodl,
Hodl, Hodl, Hodl, Hodl, Hodl, Hodl.

Hodl, Hodl, Hodl, Hodl, Hodl, Hodl, Hodl, Hodl, Hodl, Hodl, Hodl, Hodl, Hodl, Hodl, Hodl, Hodl, Hodl, Hodl, Hodl, Hodl, Hodl, Hodl, Hodl, Hodl, Hodl, Hodl, Hodl, Hodl, Hodl, Hodl, Hodl, Hodl, Hodl, Hodl, Hodl, Hodl, Hodl, Hodl, Hodl, Hodl, Hodl, Hodl, Hodl, Hodl, Hodl, Hodl, Hodl, Hodl, Hodl, Hodl, Hodl, Hodl, Hodl, Hodl, Hodl, Hodl, Hodl, Hodl, Hodl, Hodl, Hodl, Hodl, Hodl, Hodl, Hodl, Hodl, Hodl, Hodl, Hodl, Hodl, Hodl, Hodl, Hodl, Hodl, Hodl, Hodl, Hodl, Hodl, Hodl, Hodl, Hodl, Hodl, Hodl, Hodl, Hodl, Hodl, Hodl, Hodl, Hodl, Hodl, Hodl, Hodl, Hodl, Hodl, Hodl, Hodl, Hodl, Hodl, Hodl, Hodl, Hodl, Hodl, Hodl, Hodl, Hodl, Hodl, Hodl, Hodl, Hodl, Hodl, Hodl, Hodl, Hodl, Hodl, Hodl, Hodl, Hodl, Hodl, Hodl, Hodl, Hodl, Hodl, Hodl, Hodl, Hodl, Hodl, Hodl, Hodl, Hodl, Hodl, Hodl, Hodl, Hodl, Hodl, Hodl, Hodl, Hodl, Hodl, Hodl, Hodl, Hodl, Hodl, Hodl, Hodl, Hodl, Hodl, Hodl, Hodl, Hodl, Hodl, Hodl, Hodl, Hodl, Hodl, Hodl, Hodl, Hodl, Hodl, Hodl, Hodl, Hodl, Hodl, Hodl, Hodl, Hodl, Hodl, Hodl, Hodl, Hodl, Hodl, Hodl, Hodl, Hodl, Hodl, Hodl, Hodl, Hodl, Hodl, Hodl, Hodl, Hodl, Hodl, Hodl, Hodl, Hodl, Hodl, Hodl, Hodl, Hodl, Hodl, Hodl, Hodl, Hodl, Hodl, Hodl, Hodl, Hodl, Hodl, Hodl, Hodl, Hodl, Hodl, Hodl, Hodl, Hodl, Hodl, Hodl, Hodl, Hodl, Hodl, Hodl, Hodl, Hodl, Hodl, Hodl, Hodl, Hodl, Hodl, Hodl, Hodl, Hodl, Hodl, Hodl, Hodl, Hodl, Hodl, Hodl, Hodl, Hodl, Hodl, Hodl, Hodl, Hodl, Hodl, Hodl, Hodl, Hodl, Hodl, Hodl, Hodl, Hodl, Hodl, Hodl, Hodl, Hodl, Hodl, Hodl, Hodl, Hodl, Hodl, Hodl, Hodl, Hodl, Hodl, Hodl, Hodl, Hodl, Hodl, Hodl, Hodl, Hodl, Hodl, Hodl, Hodl, Hodl, Hodl, Hodl, Hodl, Hodl, Hodl, Hodl, Hodl, Hodl, Hodl, Hodl, Hodl, Hodl, Hodl, Hodl, Hodl, Hodl, Hodl, Hodl, Hodl, Hodl, Hodl, Hodl, Hodl, Hodl, Hodl, Hodl, Hodl, Hodl, Hodl, Hodl, Hodl, Hodl, Hodl, Hodl, Hodl, Hodl, Hodl, Hodl, Hodl, Hodl, Hodl, Hodl, Hodl, Hodl, Hodl, Hodl, Hodl, Hodl, Hodl, Hodl, Hodl, Hodl, Hodl, Hodl, Hodl, Hodl, Hodl, Hodl, Hodl, Hodl, Hodl, Hodl, Hodl, Hodl, Hodl, Hodl, Hodl, Hodl, Hodl, Hodl, Hodl, Hodl, Hodl, Hodl, Hodl, Hodl, Hodl, Hodl, Hodl, Hodl, Hodl, Hodl, Hodl, Hodl, Hodl, Hodl, Hodl, Hodl, Hodl, Hodl, Hodl, Hodl, Hodl, Hodl, Hodl, Hodl, Hodl, Hodl, Hodl, Hodl, Hodl, Hodl, Hodl, Hodl, Hodl, Hodl, Hodl, Hodl, Hodl, Hodl, Hodl, Hodl, Hodl, Hodl, Hodl, Hodl, Hodl, Hodl, Hodl, Hodl, Hodl, Hodl, Hodl, Hodl, Hodl, Hodl, Hodl, Hodl, Hodl, Hodl, Hodl, Hodl, Hodl, Hodl, Hodl, Hodl, Hodl, Hodl, Hodl, Hodl, Hodl, Hodl, Hodl, Hodl, Hodl, Hodl, Hodl, Hodl, Hodl, Hodl, Hodl, Hodl, Hodl, Hodl, Hodl, Hodl, Hodl, Hodl, Hodl, Hodl, Hodl, Hodl, Hodl, Hodl, Hodl, Hodl, Hodl, Hodl, Hodl, Hodl, Hodl, Hodl, Hodl, Hodl, Hodl, Hodl, Hodl, Hodl, Hodl, Hodl, Hodl, Hodl, Hodl, Hodl, Hodl, Hodl, Hodl, Hodl, Hodl, Hodl, Hodl, Hodl, Hodl, Hodl, Hodl, Hodl, Hodl, Hodl, Hodl, Hodl.

Hodl, Hodl, Hodl, Hodl, Hodl, Hodl, Hodl, Hodl, Hodl,
Hodl, Hodl, Hodl, Hodl, Hodl, Hodl, Hodl, Hodl, Hodl, Hodl, Hodl,
Hodl, Hodl, Hodl, Hodl, Hodl, Hodl, Hodl, Hodl, Hodl, Hodl, Hodl,
Hodl, Hodl, Hodl, Hodl, Hodl, Hodl, Hodl, Hodl, Hodl, Hodl, Hodl,
Hodl, Hodl, Hodl, Hodl, Hodl, Hodl, Hodl, Hodl, Hodl, Hodl, Hodl,
Hodl, Hodl, Hodl, Hodl, Hodl, Hodl, Hodl, Hodl, Hodl, Hodl, Hodl,
Hodl, Hodl, Hodl, Hodl, Hodl, Hodl, Hodl, Hodl, Hodl, Hodl, Hodl,
Hodl, Hodl, Hodl, Hodl, Hodl, Hodl, Hodl, Hodl, Hodl, Hodl, Hodl,
Hodl, Hodl, Hodl, Hodl, Hodl, Hodl, Hodl, Hodl, Hodl, Hodl, Hodl,
Hodl, Hodl, Hodl, Hodl, Hodl, Hodl, Hodl, Hodl, Hodl, Hodl, Hodl,
Hodl, Hodl, Hodl, Hodl, Hodl, Hodl, Hodl, Hodl, Hodl, Hodl, Hodl,
Hodl, Hodl, Hodl, Hodl, Hodl, Hodl, Hodl, Hodl, Hodl, Hodl, Hodl,
Hodl, Hodl, Hodl, Hodl, Hodl, Hodl, Hodl, Hodl, Hodl, Hodl, Hodl,
Hodl, Hodl, Hodl, Hodl, Hodl, Hodl, Hodl, Hodl, Hodl, Hodl, Hodl,
Hodl, Hodl, Hodl, Hodl, Hodl, Hodl, Hodl, Hodl, Hodl, Hodl, Hodl,
Hodl, Hodl, Hodl, Hodl, Hodl, Hodl, Hodl, Hodl, Hodl, Hodl, Hodl,
Hodl, Hodl, Hodl, Hodl, Hodl, Hodl, Hodl, Hodl, Hodl, Hodl, Hodl,
Hodl, Hodl, Hodl, Hodl, Hodl, Hodl, Hodl, Hodl, Hodl, Hodl, Hodl,
Hodl, Hodl, Hodl, Hodl, Hodl, Hodl, Hodl, Hodl, Hodl, Hodl, Hodl,
Hodl, Hodl, Hodl, Hodl, Hodl, Hodl, Hodl, Hodl, Hodl, Hodl, Hodl,
Hodl, Hodl, Hodl, Hodl, Hodl, Hodl, Hodl, Hodl, Hodl, Hodl, Hodl,
Hodl, Hodl, Hodl, Hodl, Hodl, Hodl, Hodl, Hodl, Hodl, Hodl, Hodl,
Hodl, Hodl, Hodl, Hodl, Hodl, Hodl, Hodl, Hodl, Hodl, Hodl, Hodl,
Hodl, Hodl, Hodl, Hodl, Hodl, Hodl, Hodl, Hodl, Hodl, Hodl, Hodl,
Hodl, Hodl, Hodl, Hodl, Hodl, Hodl, Hodl, Hodl, Hodl, Hodl, Hodl,
Hodl, Hodl, Hodl, Hodl, Hodl, Hodl, Hodl, Hodl, Hodl, Hodl, Hodl,
Hodl, Hodl, Hodl, Hodl, Hodl, Hodl, Hodl, Hodl, Hodl, Hodl, Hodl,
Hodl, Hodl, Hodl, Hodl, Hodl, Hodl, Hodl, Hodl, Hodl, Hodl, Hodl,
Hodl, Hodl, Hodl, Hodl, Hodl, Hodl, Hodl, Hodl, Hodl, Hodl, Hodl,
Hodl, Hodl, Hodl, Hodl, Hodl, Hodl, Hodl, Hodl, Hodl, Hodl, Hodl,
Hodl, Hodl, Hodl, Hodl, Hodl, Hodl, Hodl, Hodl, Hodl, Hodl, Hodl,
Hodl, Hodl, Hodl, Hodl, Hodl, Hodl, Hodl, Hodl, Hodl, Hodl, Hodl,
Hodl, Hodl, Hodl, Hodl, Hodl, Hodl, Hodl, Hodl, Hodl, Hodl, Hodl,
Hodl, Hodl, Hodl, Hodl, Hodl, Hodl.

Hodl, Hodl, Hodl, Hodl, Hodl, Hodl, Hodl, Hodl, Hodl,
Hodl, Hodl, Hodl, Hodl, Hodl, Hodl, Hodl, Hodl, Hodl, Hodl, Hodl,
Hodl, Hodl, Hodl, Hodl, Hodl, Hodl, Hodl, Hodl, Hodl, Hodl, Hodl,
Hodl, Hodl, Hodl, Hodl, Hodl, Hodl, Hodl, Hodl, Hodl, Hodl, Hodl,
Hodl, Hodl, Hodl, Hodl, Hodl, Hodl, Hodl, Hodl, Hodl, Hodl, Hodl,
Hodl, Hodl, Hodl, Hodl, Hodl, Hodl, Hodl, Hodl, Hodl, Hodl, Hodl,
Hodl, Hodl, Hodl, Hodl, Hodl, Hodl, Hodl, Hodl, Hodl, Hodl, Hodl,
Hodl, Hodl, Hodl, Hodl, Hodl, Hodl, Hodl, Hodl, Hodl, Hodl, Hodl,
Hodl, Hodl, Hodl, Hodl, Hodl, Hodl, Hodl, Hodl, Hodl, Hodl, Hodl,
Hodl, Hodl, Hodl, Hodl, Hodl, Hodl, Hodl, Hodl, Hodl, Hodl, Hodl,
Hodl, Hodl, Hodl, Hodl, Hodl, Hodl, Hodl, Hodl, Hodl, Hodl, Hodl,
Hodl, Hodl, Hodl, Hodl, Hodl, Hodl, Hodl, Hodl, Hodl, Hodl, Hodl,
Hodl, Hodl, Hodl, Hodl, Hodl, Hodl, Hodl, Hodl, Hodl, Hodl, Hodl,
Hodl, Hodl, Hodl, Hodl, Hodl, Hodl, Hodl, Hodl, Hodl, Hodl, Hodl,
Hodl, Hodl, Hodl, Hodl, Hodl, Hodl, Hodl, Hodl, Hodl, Hodl, Hodl,
Hodl, Hodl, Hodl, Hodl, Hodl, Hodl, Hodl, Hodl, Hodl, Hodl, Hodl,
Hodl, Hodl, Hodl, Hodl, Hodl, Hodl, Hodl, Hodl, Hodl, Hodl, Hodl,
Hodl, Hodl, Hodl, Hodl, Hodl, Hodl, Hodl, Hodl, Hodl, Hodl, Hodl,
Hodl, Hodl, Hodl, Hodl, Hodl, Hodl, Hodl, Hodl, Hodl, Hodl, Hodl,
Hodl, Hodl, Hodl, Hodl, Hodl, Hodl, Hodl, Hodl, Hodl, Hodl, Hodl,
Hodl, Hodl, Hodl, Hodl, Hodl, Hodl, Hodl, Hodl, Hodl, Hodl, Hodl,
Hodl, Hodl, Hodl, Hodl, Hodl, Hodl, Hodl, Hodl, Hodl, Hodl, Hodl,
Hodl, Hodl, Hodl, Hodl, Hodl, Hodl, Hodl, Hodl, Hodl, Hodl, Hodl,
Hodl, Hodl, Hodl, Hodl, Hodl, Hodl, Hodl, Hodl, Hodl, Hodl, Hodl,
Hodl, Hodl, Hodl, Hodl, Hodl, Hodl, Hodl, Hodl, Hodl, Hodl, Hodl,
Hodl, Hodl, Hodl, Hodl, Hodl, Hodl, Hodl, Hodl, Hodl, Hodl, Hodl,
Hodl, Hodl, Hodl, Hodl, Hodl, Hodl, Hodl, Hodl, Hodl, Hodl, Hodl,
Hodl, Hodl, Hodl, Hodl, Hodl, Hodl, Hodl, Hodl, Hodl, Hodl, Hodl,
Hodl, Hodl, Hodl, Hodl, Hodl, Hodl, Hodl, Hodl, Hodl, Hodl, Hodl,
Hodl, Hodl, Hodl, Hodl, Hodl, Hodl, Hodl, Hodl, Hodl, Hodl, Hodl,
Hodl, Hodl, Hodl, Hodl, Hodl, Hodl, Hodl, Hodl, Hodl, Hodl, Hodl,
Hodl, Hodl, Hodl, Hodl, Hodl, Hodl, Hodl, Hodl, Hodl, Hodl, Hodl,
Hodl, Hodl, Hodl, Hodl, Hodl, Hodl, Hodl, Hodl, Hodl, Hodl, Hodl,
Hodl, Hodl, Hodl, Hodl, Hodl, Hodl.

Hodl, Hodl, Hodl, Hodl, Hodl, Hodl, Hodl, Hodl, Hodl,
Hodl, Hodl, Hodl, Hodl, Hodl, Hodl, Hodl, Hodl, Hodl, Hodl, Hodl,
Hodl, Hodl, Hodl, Hodl, Hodl, Hodl, Hodl, Hodl, Hodl, Hodl, Hodl,
Hodl, Hodl, Hodl, Hodl, Hodl, Hodl, Hodl, Hodl, Hodl, Hodl, Hodl,
Hodl, Hodl, Hodl, Hodl, Hodl, Hodl, Hodl, Hodl, Hodl, Hodl, Hodl,
Hodl, Hodl, Hodl, Hodl, Hodl, Hodl, Hodl, Hodl, Hodl, Hodl, Hodl,
Hodl, Hodl, Hodl, Hodl, Hodl, Hodl, Hodl, Hodl, Hodl, Hodl, Hodl,
Hodl, Hodl, Hodl, Hodl, Hodl, Hodl, Hodl, Hodl, Hodl, Hodl, Hodl,
Hodl, Hodl, Hodl, Hodl, Hodl, Hodl, Hodl, Hodl, Hodl, Hodl, Hodl,
Hodl, Hodl, Hodl, Hodl, Hodl, Hodl, Hodl, Hodl, Hodl, Hodl, Hodl,
Hodl, Hodl, Hodl, Hodl, Hodl, Hodl, Hodl, Hodl, Hodl, Hodl, Hodl,
Hodl, Hodl, Hodl, Hodl, Hodl, Hodl, Hodl, Hodl, Hodl, Hodl, Hodl,
Hodl, Hodl, Hodl, Hodl, Hodl, Hodl, Hodl, Hodl, Hodl, Hodl, Hodl,
Hodl, Hodl, Hodl, Hodl, Hodl, Hodl, Hodl, Hodl, Hodl, Hodl, Hodl,
Hodl, Hodl, Hodl, Hodl, Hodl, Hodl, Hodl, Hodl, Hodl, Hodl, Hodl,
Hodl, Hodl, Hodl, Hodl, Hodl, Hodl, Hodl, Hodl, Hodl, Hodl, Hodl,
Hodl, Hodl, Hodl, Hodl, Hodl, Hodl, Hodl, Hodl, Hodl, Hodl, Hodl,
Hodl, Hodl, Hodl, Hodl, Hodl, Hodl, Hodl, Hodl, Hodl, Hodl, Hodl,
Hodl, Hodl, Hodl, Hodl, Hodl, Hodl, Hodl, Hodl, Hodl, Hodl, Hodl,
Hodl, Hodl, Hodl, Hodl, Hodl, Hodl, Hodl, Hodl, Hodl, Hodl, Hodl,
Hodl, Hodl, Hodl, Hodl, Hodl, Hodl, Hodl, Hodl, Hodl, Hodl, Hodl,
Hodl, Hodl, Hodl, Hodl, Hodl, Hodl, Hodl, Hodl, Hodl, Hodl, Hodl,
Hodl, Hodl, Hodl, Hodl, Hodl, Hodl, Hodl, Hodl, Hodl, Hodl, Hodl,
Hodl, Hodl, Hodl, Hodl, Hodl, Hodl, Hodl, Hodl, Hodl, Hodl, Hodl,
Hodl, Hodl, Hodl, Hodl, Hodl, Hodl, Hodl, Hodl, Hodl, Hodl, Hodl,
Hodl, Hodl, Hodl, Hodl, Hodl, Hodl, Hodl, Hodl, Hodl, Hodl, Hodl,
Hodl, Hodl, Hodl, Hodl, Hodl, Hodl, Hodl, Hodl, Hodl, Hodl, Hodl,
Hodl, Hodl, Hodl, Hodl, Hodl, Hodl, Hodl, Hodl, Hodl, Hodl, Hodl,
Hodl, Hodl, Hodl, Hodl, Hodl, Hodl, Hodl, Hodl, Hodl, Hodl, Hodl,
Hodl, Hodl, Hodl, Hodl, Hodl, Hodl, Hodl, Hodl, Hodl, Hodl, Hodl,
Hodl, Hodl, Hodl, Hodl, Hodl, Hodl, Hodl, Hodl, Hodl, Hodl, Hodl,
Hodl, Hodl, Hodl, Hodl, Hodl, Hodl, Hodl, Hodl, Hodl, Hodl, Hodl,
Hodl, Hodl, Hodl, Hodl, Hodl, Hodl, Hodl, Hodl, Hodl, Hodl, Hodl,
Hodl, Hodl, Hodl, Hodl, Hodl, Hodl.

Hodl, Hodl, Hodl, Hodl, Hodl, Hodl, Hodl, Hodl, Hodl,
Hodl, Hodl, Hodl, Hodl, Hodl, Hodl, Hodl, Hodl, Hodl, Hodl, Hodl,
Hodl, Hodl, Hodl, Hodl, Hodl, Hodl, Hodl, Hodl, Hodl, Hodl, Hodl,
Hodl, Hodl, Hodl, Hodl, Hodl, Hodl, Hodl, Hodl, Hodl, Hodl, Hodl,
Hodl, Hodl, Hodl, Hodl, Hodl, Hodl, Hodl, Hodl, Hodl, Hodl, Hodl,
Hodl, Hodl, Hodl, Hodl, Hodl, Hodl, Hodl, Hodl, Hodl, Hodl, Hodl,
Hodl, Hodl, Hodl, Hodl, Hodl, Hodl, Hodl, Hodl, Hodl, Hodl, Hodl,
Hodl, Hodl, Hodl, Hodl, Hodl, Hodl, Hodl, Hodl, Hodl, Hodl, Hodl,
Hodl, Hodl, Hodl, Hodl, Hodl, Hodl, Hodl, Hodl, Hodl, Hodl, Hodl,
Hodl, Hodl, Hodl, Hodl, Hodl, Hodl, Hodl, Hodl, Hodl, Hodl, Hodl,
Hodl, Hodl, Hodl, Hodl, Hodl, Hodl, Hodl, Hodl, Hodl, Hodl, Hodl,
Hodl, Hodl, Hodl, Hodl, Hodl, Hodl, Hodl, Hodl, Hodl, Hodl, Hodl,
Hodl, Hodl, Hodl, Hodl, Hodl, Hodl, Hodl, Hodl, Hodl, Hodl, Hodl,
Hodl, Hodl, Hodl, Hodl, Hodl, Hodl, Hodl, Hodl, Hodl, Hodl, Hodl,
Hodl, Hodl, Hodl, Hodl, Hodl, Hodl, Hodl, Hodl, Hodl, Hodl, Hodl,
Hodl, Hodl, Hodl, Hodl, Hodl, Hodl, Hodl, Hodl, Hodl, Hodl, Hodl,
Hodl, Hodl, Hodl, Hodl, Hodl, Hodl, Hodl, Hodl, Hodl, Hodl, Hodl,
Hodl, Hodl, Hodl, Hodl, Hodl, Hodl, Hodl, Hodl, Hodl, Hodl, Hodl,
Hodl, Hodl, Hodl, Hodl, Hodl, Hodl, Hodl, Hodl, Hodl, Hodl, Hodl,
Hodl, Hodl, Hodl, Hodl, Hodl, Hodl, Hodl, Hodl, Hodl, Hodl, Hodl,
Hodl, Hodl, Hodl, Hodl, Hodl, Hodl, Hodl, Hodl, Hodl, Hodl, Hodl,
Hodl, Hodl, Hodl, Hodl, Hodl, Hodl, Hodl, Hodl, Hodl, Hodl, Hodl,
Hodl, Hodl, Hodl, Hodl, Hodl, Hodl, Hodl, Hodl, Hodl, Hodl, Hodl,
Hodl, Hodl, Hodl, Hodl, Hodl, Hodl, Hodl, Hodl, Hodl, Hodl, Hodl,
Hodl, Hodl, Hodl, Hodl, Hodl, Hodl, Hodl, Hodl, Hodl, Hodl, Hodl,
Hodl, Hodl, Hodl, Hodl, Hodl, Hodl, Hodl, Hodl, Hodl, Hodl, Hodl,
Hodl, Hodl, Hodl, Hodl, Hodl, Hodl, Hodl, Hodl, Hodl, Hodl, Hodl,
Hodl, Hodl, Hodl, Hodl, Hodl, Hodl, Hodl, Hodl, Hodl, Hodl, Hodl,
Hodl, Hodl, Hodl, Hodl, Hodl, Hodl, Hodl, Hodl, Hodl, Hodl, Hodl,
Hodl, Hodl, Hodl, Hodl, Hodl, Hodl, Hodl, Hodl, Hodl, Hodl, Hodl,
Hodl, Hodl, Hodl, Hodl, Hodl, Hodl, Hodl, Hodl, Hodl, Hodl, Hodl,
Hodl, Hodl, Hodl, Hodl, Hodl, Hodl, Hodl, Hodl, Hodl, Hodl, Hodl,
Hodl, Hodl, Hodl, Hodl, Hodl, Hodl, Hodl, Hodl, Hodl, Hodl, Hodl,
Hodl, Hodl, Hodl, Hodl, Hodl, Hodl.

Hodl, Hodl, Hodl, Hodl, Hodl, Hodl, Hodl, Hodl, Hodl,
Hodl, Hodl, Hodl, Hodl, Hodl, Hodl, Hodl, Hodl, Hodl, Hodl, Hodl,
Hodl, Hodl, Hodl, Hodl, Hodl, Hodl, Hodl, Hodl, Hodl, Hodl, Hodl,
Hodl, Hodl, Hodl, Hodl, Hodl, Hodl, Hodl, Hodl, Hodl, Hodl, Hodl,
Hodl, Hodl, Hodl, Hodl, Hodl, Hodl, Hodl, Hodl, Hodl, Hodl, Hodl,
Hodl, Hodl, Hodl, Hodl, Hodl, Hodl, Hodl, Hodl, Hodl, Hodl, Hodl,
Hodl, Hodl, Hodl, Hodl, Hodl, Hodl, Hodl, Hodl, Hodl, Hodl, Hodl,
Hodl, Hodl, Hodl, Hodl, Hodl, Hodl, Hodl, Hodl, Hodl, Hodl, Hodl,
Hodl, Hodl, Hodl, Hodl, Hodl, Hodl, Hodl, Hodl, Hodl, Hodl, Hodl,
Hodl, Hodl, Hodl, Hodl, Hodl, Hodl, Hodl, Hodl, Hodl, Hodl, Hodl,
Hodl, Hodl, Hodl, Hodl, Hodl, Hodl, Hodl, Hodl, Hodl, Hodl, Hodl,
Hodl, Hodl, Hodl, Hodl, Hodl, Hodl, Hodl, Hodl, Hodl, Hodl, Hodl,
Hodl, Hodl, Hodl, Hodl, Hodl, Hodl, Hodl, Hodl, Hodl, Hodl, Hodl,
Hodl, Hodl, Hodl, Hodl, Hodl, Hodl, Hodl, Hodl, Hodl, Hodl, Hodl,
Hodl, Hodl, Hodl, Hodl, Hodl, Hodl, Hodl, Hodl, Hodl, Hodl, Hodl,
Hodl, Hodl, Hodl, Hodl, Hodl, Hodl, Hodl, Hodl, Hodl, Hodl, Hodl,
Hodl, Hodl, Hodl, Hodl, Hodl, Hodl, Hodl, Hodl, Hodl, Hodl, Hodl,
Hodl, Hodl, Hodl, Hodl, Hodl, Hodl, Hodl, Hodl, Hodl, Hodl, Hodl,
Hodl, Hodl, Hodl, Hodl, Hodl, Hodl, Hodl, Hodl, Hodl, Hodl, Hodl,
Hodl, Hodl, Hodl, Hodl, Hodl, Hodl, Hodl, Hodl, Hodl, Hodl, Hodl,
Hodl, Hodl, Hodl, Hodl, Hodl, Hodl, Hodl, Hodl, Hodl, Hodl, Hodl,
Hodl, Hodl, Hodl, Hodl, Hodl, Hodl, Hodl, Hodl, Hodl, Hodl, Hodl,
Hodl, Hodl, Hodl, Hodl, Hodl, Hodl, Hodl, Hodl, Hodl, Hodl, Hodl,
Hodl, Hodl, Hodl, Hodl, Hodl, Hodl, Hodl, Hodl, Hodl, Hodl, Hodl,
Hodl, Hodl, Hodl, Hodl, Hodl, Hodl, Hodl, Hodl, Hodl, Hodl, Hodl,
Hodl, Hodl, Hodl, Hodl, Hodl, Hodl, Hodl, Hodl, Hodl, Hodl, Hodl,
Hodl, Hodl, Hodl, Hodl, Hodl, Hodl, Hodl, Hodl, Hodl, Hodl, Hodl,
Hodl, Hodl, Hodl, Hodl, Hodl, Hodl, Hodl, Hodl, Hodl, Hodl, Hodl,
Hodl, Hodl, Hodl, Hodl, Hodl, Hodl, Hodl, Hodl, Hodl, Hodl, Hodl,
Hodl, Hodl, Hodl, Hodl, Hodl, Hodl, Hodl, Hodl, Hodl, Hodl, Hodl,
Hodl, Hodl, Hodl, Hodl, Hodl, Hodl, Hodl, Hodl, Hodl, Hodl, Hodl,
Hodl, Hodl, Hodl, Hodl, Hodl, Hodl, Hodl, Hodl, Hodl, Hodl, Hodl,
Hodl, Hodl, Hodl, Hodl, Hodl, Hodl, Hodl, Hodl, Hodl, Hodl, Hodl,
Hodl, Hodl, Hodl, Hodl, Hodl, Hodl.

Hodl, Hodl, Hodl, Hodl, Hodl, Hodl, Hodl, Hodl, Hodl, Hodl, Hodl, Hodl, Hodl, Hodl, Hodl, Hodl, Hodl, Hodl, Hodl, Hodl, Hodl, Hodl, Hodl, Hodl, Hodl, Hodl, Hodl, Hodl, Hodl, Hodl, Hodl, Hodl, Hodl, Hodl, Hodl, Hodl, Hodl, Hodl, Hodl, Hodl, Hodl, Hodl, Hodl, Hodl, Hodl, Hodl, Hodl, Hodl, Hodl, Hodl, Hodl, Hodl, Hodl, Hodl, Hodl, Hodl, Hodl, Hodl, Hodl, Hodl, Hodl, Hodl, Hodl, Hodl, Hodl, Hodl, Hodl, Hodl, Hodl, Hodl, Hodl, Hodl, Hodl, Hodl, Hodl, Hodl, Hodl, Hodl, Hodl, Hodl, Hodl, Hodl, Hodl, Hodl, Hodl, Hodl, Hodl, Hodl, Hodl, Hodl, Hodl, Hodl, Hodl, Hodl, Hodl, Hodl, Hodl, Hodl, Hodl, Hodl, Hodl, Hodl, Hodl, Hodl, Hodl, Hodl, Hodl, Hodl, Hodl, Hodl, Hodl, Hodl, Hodl, Hodl, Hodl, Hodl, Hodl, Hodl, Hodl, Hodl, Hodl, Hodl, Hodl, Hodl, Hodl, Hodl, Hodl, Hodl, Hodl, Hodl, Hodl, Hodl, Hodl, Hodl, Hodl, Hodl, Hodl, Hodl, Hodl, Hodl, Hodl, Hodl, Hodl, Hodl, Hodl, Hodl, Hodl, Hodl, Hodl, Hodl, Hodl, Hodl, Hodl, Hodl, Hodl, Hodl, Hodl, Hodl, Hodl, Hodl, Hodl, Hodl, Hodl, Hodl, Hodl, Hodl, Hodl, Hodl, Hodl, Hodl, Hodl, Hodl, Hodl, Hodl, Hodl, Hodl, Hodl, Hodl, Hodl, Hodl, Hodl, Hodl, Hodl, Hodl, Hodl, Hodl, Hodl, Hodl, Hodl, Hodl, Hodl, Hodl, Hodl, Hodl, Hodl, Hodl, Hodl, Hodl, Hodl, Hodl, Hodl, Hodl, Hodl, Hodl, Hodl, Hodl, Hodl, Hodl, Hodl, Hodl, Hodl, Hodl, Hodl, Hodl, Hodl, Hodl, Hodl, Hodl, Hodl, Hodl, Hodl, Hodl, Hodl, Hodl, Hodl, Hodl, Hodl, Hodl, Hodl, Hodl, Hodl, Hodl, Hodl, Hodl, Hodl, Hodl, Hodl, Hodl, Hodl, Hodl, Hodl, Hodl, Hodl, Hodl, Hodl, Hodl, Hodl, Hodl, Hodl, Hodl, Hodl, Hodl, Hodl, Hodl, Hodl, Hodl, Hodl, Hodl, Hodl, Hodl, Hodl, Hodl, Hodl, Hodl, Hodl, Hodl, Hodl, Hodl, Hodl, Hodl, Hodl, Hodl, Hodl, Hodl, Hodl, Hodl, Hodl, Hodl, Hodl, Hodl, Hodl, Hodl, Hodl, Hodl, Hodl, Hodl, Hodl, Hodl, Hodl, Hodl, Hodl, Hodl, Hodl, Hodl, Hodl, Hodl, Hodl, Hodl, Hodl, Hodl, Hodl, Hodl, Hodl, Hodl, Hodl, Hodl, Hodl, Hodl, Hodl, Hodl, Hodl, Hodl, Hodl, Hodl, Hodl, Hodl, Hodl, Hodl, Hodl, Hodl, Hodl, Hodl, Hodl, Hodl, Hodl, Hodl, Hodl, Hodl, Hodl, Hodl, Hodl, Hodl, Hodl, Hodl, Hodl, Hodl, Hodl, Hodl, Hodl, Hodl, Hodl, Hodl, Hodl, Hodl, Hodl, Hodl, Hodl, Hodl, Hodl, Hodl, Hodl, Hodl, Hodl, Hodl, Hodl, Hodl, Hodl, Hodl, Hodl, Hodl, Hodl, Hodl, Hodl, Hodl, Hodl, Hodl, Hodl, Hodl, Hodl, Hodl, Hodl, Hodl, Hodl, Hodl, Hodl, Hodl, Hodl, Hodl, Hodl, Hodl, Hodl, Hodl, Hodl, Hodl, Hodl.

Hodl, Hodl, Hodl, Hodl, Hodl, Hodl, Hodl, Hodl, Hodl, Hodl, Hodl, Hodl, Hodl, Hodl, Hodl, Hodl, Hodl, Hodl, Hodl, Hodl, Hodl, Hodl, Hodl, Hodl, Hodl, Hodl, Hodl, Hodl, Hodl, Hodl, Hodl, Hodl, Hodl, Hodl, Hodl, Hodl, Hodl, Hodl, Hodl, Hodl, Hodl, Hodl, Hodl, Hodl, Hodl, Hodl, Hodl, Hodl, Hodl, Hodl, Hodl, Hodl, Hodl, Hodl, Hodl, Hodl, Hodl, Hodl, Hodl, Hodl, Hodl, Hodl, Hodl, Hodl, Hodl, Hodl, Hodl, Hodl, Hodl, Hodl, Hodl, Hodl, Hodl, Hodl, Hodl, Hodl, Hodl, Hodl, Hodl, Hodl, Hodl, Hodl, Hodl, Hodl, Hodl, Hodl, Hodl, Hodl, Hodl, Hodl, Hodl, Hodl, Hodl, Hodl, Hodl, Hodl, Hodl, Hodl, Hodl, Hodl, Hodl, Hodl, Hodl, Hodl, Hodl, Hodl, Hodl, Hodl, Hodl, Hodl, Hodl, Hodl, Hodl, Hodl, Hodl, Hodl, Hodl, Hodl, Hodl, Hodl, Hodl, Hodl, Hodl, Hodl, Hodl, Hodl, Hodl, Hodl, Hodl, Hodl, Hodl, Hodl, Hodl, Hodl, Hodl, Hodl, Hodl, Hodl, Hodl, Hodl, Hodl, Hodl, Hodl, Hodl, Hodl, Hodl, Hodl, Hodl, Hodl, Hodl, Hodl, Hodl, Hodl, Hodl, Hodl, Hodl, Hodl, Hodl, Hodl, Hodl, Hodl, Hodl, Hodl, Hodl, Hodl, Hodl, Hodl, Hodl, Hodl, Hodl, Hodl, Hodl, Hodl, Hodl, Hodl, Hodl, Hodl, Hodl, Hodl, Hodl, Hodl, Hodl, Hodl, Hodl, Hodl, Hodl, Hodl, Hodl, Hodl, Hodl, Hodl, Hodl, Hodl, Hodl, Hodl, Hodl, Hodl, Hodl, Hodl, Hodl, Hodl, Hodl, Hodl, Hodl, Hodl, Hodl, Hodl, Hodl, Hodl, Hodl, Hodl, Hodl, Hodl, Hodl, Hodl, Hodl, Hodl, Hodl, Hodl, Hodl, Hodl, Hodl, Hodl, Hodl, Hodl, Hodl, Hodl, Hodl, Hodl, Hodl, Hodl, Hodl, Hodl, Hodl, Hodl, Hodl, Hodl, Hodl, Hodl, Hodl, Hodl, Hodl, Hodl, Hodl, Hodl, Hodl, Hodl, Hodl, Hodl, Hodl, Hodl, Hodl, Hodl, Hodl, Hodl, Hodl, Hodl, Hodl, Hodl, Hodl, Hodl, Hodl, Hodl, Hodl, Hodl, Hodl, Hodl, Hodl, Hodl, Hodl, Hodl, Hodl, Hodl, Hodl, Hodl, Hodl, Hodl, Hodl, Hodl, Hodl, Hodl, Hodl, Hodl, Hodl, Hodl, Hodl, Hodl, Hodl, Hodl, Hodl, Hodl, Hodl, Hodl, Hodl, Hodl, Hodl, Hodl, Hodl, Hodl, Hodl, Hodl, Hodl, Hodl, Hodl, Hodl, Hodl, Hodl, Hodl, Hodl, Hodl, Hodl, Hodl, Hodl, Hodl, Hodl, Hodl, Hodl, Hodl, Hodl, Hodl, Hodl, Hodl, Hodl, Hodl, Hodl, Hodl, Hodl, Hodl, Hodl, Hodl, Hodl, Hodl, Hodl, Hodl, Hodl, Hodl, Hodl, Hodl, Hodl, Hodl, Hodl, Hodl, Hodl, Hodl, Hodl, Hodl, Hodl, Hodl, Hodl, Hodl, Hodl, Hodl, Hodl, Hodl, Hodl, Hodl, Hodl, Hodl, Hodl, Hodl, Hodl, Hodl, Hodl, Hodl, Hodl, Hodl, Hodl, Hodl, Hodl, Hodl, Hodl, Hodl, Hodl, Hodl, Hodl, Hodl, Hodl, Hodl, Hodl, Hodl, Hodl, Hodl, Hodl, Hodl, Hodl, Hodl, Hodl, Hodl, Hodl, Hodl, Hodl, Hodl, Hodl.

Hodl, Hodl, Hodl, Hodl, Hodl, Hodl, Hodl, Hodl, Hodl, Hodl, Hodl, Hodl, Hodl, Hodl, Hodl, Hodl, Hodl, Hodl, Hodl, Hodl, Hodl, Hodl, Hodl, Hodl, Hodl, Hodl, Hodl, Hodl, Hodl, Hodl, Hodl, Hodl, Hodl, Hodl, Hodl, Hodl, Hodl, Hodl, Hodl, Hodl, Hodl, Hodl, Hodl, Hodl, Hodl, Hodl, Hodl, Hodl, Hodl, Hodl, Hodl, Hodl, Hodl, Hodl, Hodl, Hodl, Hodl, Hodl, Hodl, Hodl, Hodl, Hodl, Hodl, Hodl, Hodl, Hodl, Hodl, Hodl, Hodl, Hodl, Hodl, Hodl, Hodl, Hodl, Hodl, Hodl, Hodl, Hodl, Hodl, Hodl, Hodl, Hodl, Hodl, Hodl, Hodl, Hodl, Hodl, Hodl, Hodl, Hodl, Hodl, Hodl, Hodl, Hodl, Hodl, Hodl, Hodl, Hodl, Hodl, Hodl, Hodl, Hodl, Hodl, Hodl, Hodl, Hodl, Hodl, Hodl, Hodl, Hodl, Hodl, Hodl, Hodl, Hodl, Hodl, Hodl, Hodl, Hodl, Hodl, Hodl, Hodl, Hodl, Hodl, Hodl, Hodl, Hodl, Hodl, Hodl, Hodl, Hodl, Hodl, Hodl, Hodl, Hodl, Hodl, Hodl, Hodl, Hodl, Hodl, Hodl, Hodl, Hodl, Hodl, Hodl, Hodl, Hodl, Hodl, Hodl, Hodl, Hodl, Hodl, Hodl, Hodl, Hodl, Hodl, Hodl, Hodl, Hodl, Hodl, Hodl, Hodl, Hodl, Hodl, Hodl, Hodl, Hodl, Hodl, Hodl, Hodl, Hodl, Hodl, Hodl, Hodl, Hodl, Hodl, Hodl, Hodl, Hodl, Hodl, Hodl, Hodl, Hodl, Hodl, Hodl, Hodl, Hodl, Hodl, Hodl, Hodl, Hodl, Hodl, Hodl, Hodl, Hodl, Hodl, Hodl, Hodl, Hodl, Hodl, Hodl, Hodl, Hodl, Hodl, Hodl, Hodl, Hodl, Hodl, Hodl, Hodl, Hodl, Hodl, Hodl, Hodl, Hodl, Hodl, Hodl, Hodl, Hodl, Hodl, Hodl, Hodl, Hodl, Hodl, Hodl, Hodl, Hodl, Hodl, Hodl, Hodl, Hodl, Hodl, Hodl, Hodl, Hodl, Hodl, Hodl, Hodl, Hodl, Hodl, Hodl, Hodl, Hodl, Hodl, Hodl, Hodl, Hodl, Hodl, Hodl, Hodl, Hodl, Hodl, Hodl, Hodl, Hodl, Hodl, Hodl, Hodl, Hodl, Hodl, Hodl, Hodl, Hodl, Hodl, Hodl, Hodl, Hodl, Hodl, Hodl, Hodl, Hodl, Hodl, Hodl, Hodl, Hodl, Hodl, Hodl, Hodl, Hodl, Hodl, Hodl, Hodl, Hodl, Hodl, Hodl, Hodl, Hodl, Hodl, Hodl, Hodl, Hodl, Hodl, Hodl, Hodl, Hodl, Hodl, Hodl, Hodl, Hodl, Hodl, Hodl, Hodl, Hodl, Hodl, Hodl, Hodl, Hodl, Hodl, Hodl, Hodl, Hodl, Hodl, Hodl, Hodl, Hodl, Hodl, Hodl, Hodl, Hodl, Hodl, Hodl, Hodl, Hodl, Hodl, Hodl, Hodl, Hodl, Hodl, Hodl, Hodl, Hodl, Hodl, Hodl, Hodl, Hodl, Hodl, Hodl, Hodl, Hodl, Hodl, Hodl, Hodl, Hodl, Hodl, Hodl, Hodl, Hodl, Hodl, Hodl, Hodl, Hodl, Hodl, Hodl, Hodl, Hodl, Hodl, Hodl, Hodl, Hodl, Hodl, Hodl, Hodl, Hodl, Hodl, Hodl, Hodl, Hodl, Hodl, Hodl, Hodl, Hodl, Hodl, Hodl, Hodl, Hodl, Hodl, Hodl, Hodl, Hodl, Hodl, Hodl, Hodl, Hodl, Hodl, Hodl, Hodl, Hodl, Hodl, Hodl, Hodl, Hodl, Hodl, Hodl, Hodl, Hodl, Hodl, Hodl, Hodl, Hodl, Hodl, Hodl, Hodl, Hodl, Hodl, Hodl, Hodl, Hodl, Hodl, Hodl, Hodl, Hodl, Hodl, Hodl.

Hodl, Hodl, Hodl, Hodl, Hodl, Hodl, Hodl, Hodl, Hodl,
Hodl, Hodl, Hodl, Hodl, Hodl, Hodl, Hodl, Hodl, Hodl, Hodl, Hodl,
Hodl, Hodl, Hodl, Hodl, Hodl, Hodl, Hodl, Hodl, Hodl, Hodl, Hodl,
Hodl, Hodl, Hodl, Hodl, Hodl, Hodl, Hodl, Hodl, Hodl, Hodl, Hodl,
Hodl, Hodl, Hodl, Hodl, Hodl, Hodl, Hodl, Hodl, Hodl, Hodl, Hodl,
Hodl, Hodl, Hodl, Hodl, Hodl, Hodl, Hodl, Hodl, Hodl, Hodl, Hodl,
Hodl, Hodl, Hodl, Hodl, Hodl, Hodl, Hodl, Hodl, Hodl, Hodl, Hodl,
Hodl, Hodl, Hodl, Hodl, Hodl, Hodl, Hodl, Hodl, Hodl, Hodl, Hodl,
Hodl, Hodl, Hodl, Hodl, Hodl, Hodl, Hodl, Hodl, Hodl, Hodl, Hodl,
Hodl, Hodl, Hodl, Hodl, Hodl, Hodl, Hodl, Hodl, Hodl, Hodl, Hodl,
Hodl, Hodl, Hodl, Hodl, Hodl, Hodl, Hodl, Hodl, Hodl, Hodl, Hodl,
Hodl, Hodl, Hodl, Hodl, Hodl, Hodl, Hodl, Hodl, Hodl, Hodl, Hodl,
Hodl, Hodl, Hodl, Hodl, Hodl, Hodl, Hodl, Hodl, Hodl, Hodl, Hodl,
Hodl, Hodl, Hodl, Hodl, Hodl, Hodl, Hodl, Hodl, Hodl, Hodl, Hodl,
Hodl, Hodl, Hodl, Hodl, Hodl, Hodl, Hodl, Hodl, Hodl, Hodl, Hodl,
Hodl, Hodl, Hodl, Hodl, Hodl, Hodl, Hodl, Hodl, Hodl, Hodl, Hodl,
Hodl, Hodl, Hodl, Hodl, Hodl, Hodl, Hodl, Hodl, Hodl, Hodl, Hodl,
Hodl, Hodl, Hodl, Hodl, Hodl, Hodl, Hodl, Hodl, Hodl, Hodl, Hodl,
Hodl, Hodl, Hodl, Hodl, Hodl, Hodl, Hodl, Hodl, Hodl, Hodl, Hodl,
Hodl, Hodl, Hodl, Hodl, Hodl, Hodl, Hodl, Hodl, Hodl, Hodl, Hodl,
Hodl, Hodl, Hodl, Hodl, Hodl, Hodl, Hodl, Hodl, Hodl, Hodl, Hodl,
Hodl, Hodl, Hodl, Hodl, Hodl, Hodl, Hodl, Hodl, Hodl, Hodl, Hodl,
Hodl, Hodl, Hodl, Hodl, Hodl, Hodl, Hodl, Hodl, Hodl, Hodl, Hodl,
Hodl, Hodl, Hodl, Hodl, Hodl, Hodl, Hodl, Hodl, Hodl, Hodl, Hodl,
Hodl, Hodl, Hodl, Hodl, Hodl, Hodl, Hodl, Hodl, Hodl, Hodl, Hodl,
Hodl, Hodl, Hodl, Hodl, Hodl, Hodl, Hodl, Hodl, Hodl, Hodl, Hodl,
Hodl, Hodl, Hodl, Hodl, Hodl, Hodl, Hodl, Hodl, Hodl, Hodl, Hodl,
Hodl, Hodl, Hodl, Hodl, Hodl, Hodl, Hodl, Hodl, Hodl, Hodl, Hodl,
Hodl, Hodl, Hodl, Hodl, Hodl, Hodl, Hodl, Hodl, Hodl, Hodl, Hodl,
Hodl, Hodl, Hodl, Hodl, Hodl, Hodl, Hodl, Hodl, Hodl, Hodl, Hodl,
Hodl, Hodl, Hodl, Hodl, Hodl, Hodl, Hodl, Hodl, Hodl, Hodl, Hodl,
Hodl, Hodl, Hodl, Hodl, Hodl, Hodl, Hodl, Hodl, Hodl, Hodl, Hodl,
Hodl, Hodl, Hodl, Hodl, Hodl, Hodl, Hodl, Hodl, Hodl, Hodl, Hodl,
Hodl, Hodl, Hodl, Hodl, Hodl, Hodl.

Hodl, Hodl, Hodl, Hodl, Hodl, Hodl, Hodl, Hodl, Hodl,
Hodl, Hodl, Hodl, Hodl, Hodl, Hodl, Hodl, Hodl, Hodl, Hodl, Hodl,
Hodl, Hodl, Hodl, Hodl, Hodl, Hodl, Hodl, Hodl, Hodl, Hodl, Hodl,
Hodl, Hodl, Hodl, Hodl, Hodl, Hodl, Hodl, Hodl, Hodl, Hodl, Hodl,
Hodl, Hodl, Hodl, Hodl, Hodl, Hodl, Hodl, Hodl, Hodl, Hodl, Hodl,
Hodl, Hodl, Hodl, Hodl, Hodl, Hodl, Hodl, Hodl, Hodl, Hodl, Hodl,
Hodl, Hodl, Hodl, Hodl, Hodl, Hodl, Hodl, Hodl, Hodl, Hodl, Hodl,
Hodl, Hodl, Hodl, Hodl, Hodl, Hodl, Hodl, Hodl, Hodl, Hodl, Hodl,
Hodl, Hodl, Hodl, Hodl, Hodl, Hodl, Hodl, Hodl, Hodl, Hodl, Hodl,
Hodl, Hodl, Hodl, Hodl, Hodl, Hodl, Hodl, Hodl, Hodl, Hodl, Hodl,
Hodl, Hodl, Hodl, Hodl, Hodl, Hodl, Hodl, Hodl, Hodl, Hodl, Hodl,
Hodl, Hodl, Hodl, Hodl, Hodl, Hodl, Hodl, Hodl, Hodl, Hodl, Hodl,
Hodl, Hodl, Hodl, Hodl, Hodl, Hodl, Hodl, Hodl, Hodl, Hodl, Hodl,
Hodl, Hodl, Hodl, Hodl, Hodl, Hodl, Hodl, Hodl, Hodl, Hodl, Hodl,
Hodl, Hodl, Hodl, Hodl, Hodl, Hodl, Hodl, Hodl, Hodl, Hodl, Hodl,
Hodl, Hodl, Hodl, Hodl, Hodl, Hodl, Hodl, Hodl, Hodl, Hodl, Hodl,
Hodl, Hodl, Hodl, Hodl, Hodl, Hodl, Hodl, Hodl, Hodl, Hodl, Hodl,
Hodl, Hodl, Hodl, Hodl, Hodl, Hodl, Hodl, Hodl, Hodl, Hodl, Hodl,
Hodl, Hodl, Hodl, Hodl, Hodl, Hodl, Hodl, Hodl, Hodl, Hodl, Hodl,
Hodl, Hodl, Hodl, Hodl, Hodl, Hodl, Hodl, Hodl, Hodl, Hodl, Hodl,
Hodl, Hodl, Hodl, Hodl, Hodl, Hodl, Hodl, Hodl, Hodl, Hodl, Hodl,
Hodl, Hodl, Hodl, Hodl, Hodl, Hodl, Hodl, Hodl, Hodl, Hodl, Hodl,
Hodl, Hodl, Hodl, Hodl, Hodl, Hodl, Hodl, Hodl, Hodl, Hodl, Hodl,
Hodl, Hodl, Hodl, Hodl, Hodl, Hodl, Hodl, Hodl, Hodl, Hodl, Hodl,
Hodl, Hodl, Hodl, Hodl, Hodl, Hodl, Hodl, Hodl, Hodl, Hodl, Hodl,
Hodl, Hodl, Hodl, Hodl, Hodl, Hodl, Hodl, Hodl, Hodl, Hodl, Hodl,
Hodl, Hodl, Hodl, Hodl, Hodl, Hodl, Hodl, Hodl, Hodl, Hodl, Hodl,
Hodl, Hodl, Hodl, Hodl, Hodl, Hodl, Hodl, Hodl, Hodl, Hodl, Hodl,
Hodl, Hodl, Hodl, Hodl, Hodl, Hodl, Hodl, Hodl, Hodl, Hodl, Hodl,
Hodl, Hodl, Hodl, Hodl, Hodl, Hodl, Hodl, Hodl, Hodl, Hodl, Hodl,
Hodl, Hodl, Hodl, Hodl, Hodl, Hodl, Hodl, Hodl, Hodl, Hodl, Hodl,
Hodl, Hodl, Hodl, Hodl, Hodl, Hodl, Hodl, Hodl, Hodl, Hodl, Hodl,
Hodl, Hodl, Hodl, Hodl, Hodl, Hodl, Hodl, Hodl, Hodl, Hodl, Hodl,
Hodl, Hodl, Hodl, Hodl, Hodl, Hodl.

Hodl, Hodl, Hodl, Hodl, Hodl, Hodl, Hodl, Hodl, Hodl,
Hodl, Hodl, Hodl, Hodl, Hodl, Hodl, Hodl, Hodl, Hodl, Hodl, Hodl,
Hodl, Hodl, Hodl, Hodl, Hodl, Hodl, Hodl, Hodl, Hodl, Hodl, Hodl,
Hodl, Hodl, Hodl, Hodl, Hodl, Hodl, Hodl, Hodl, Hodl, Hodl, Hodl,
Hodl, Hodl, Hodl, Hodl, Hodl, Hodl, Hodl, Hodl, Hodl, Hodl, Hodl,
Hodl, Hodl, Hodl, Hodl, Hodl, Hodl, Hodl, Hodl, Hodl, Hodl, Hodl,
Hodl, Hodl, Hodl, Hodl, Hodl, Hodl, Hodl, Hodl, Hodl, Hodl, Hodl,
Hodl, Hodl, Hodl, Hodl, Hodl, Hodl, Hodl, Hodl, Hodl, Hodl, Hodl,
Hodl, Hodl, Hodl, Hodl, Hodl, Hodl, Hodl, Hodl, Hodl, Hodl, Hodl,
Hodl, Hodl, Hodl, Hodl, Hodl, Hodl, Hodl, Hodl, Hodl, Hodl, Hodl,
Hodl, Hodl, Hodl, Hodl, Hodl, Hodl, Hodl, Hodl, Hodl, Hodl, Hodl,
Hodl, Hodl, Hodl, Hodl, Hodl, Hodl, Hodl, Hodl, Hodl, Hodl, Hodl,
Hodl, Hodl, Hodl, Hodl, Hodl, Hodl, Hodl, Hodl, Hodl, Hodl, Hodl,
Hodl, Hodl, Hodl, Hodl, Hodl, Hodl, Hodl, Hodl, Hodl, Hodl, Hodl,
Hodl, Hodl, Hodl, Hodl, Hodl, Hodl, Hodl, Hodl, Hodl, Hodl, Hodl,
Hodl, Hodl, Hodl, Hodl, Hodl, Hodl, Hodl, Hodl, Hodl, Hodl, Hodl,
Hodl, Hodl, Hodl, Hodl, Hodl, Hodl, Hodl, Hodl, Hodl, Hodl, Hodl,
Hodl, Hodl, Hodl, Hodl, Hodl, Hodl, Hodl, Hodl, Hodl, Hodl, Hodl,
Hodl, Hodl, Hodl, Hodl, Hodl, Hodl, Hodl, Hodl, Hodl, Hodl, Hodl,
Hodl, Hodl, Hodl, Hodl, Hodl, Hodl, Hodl, Hodl, Hodl, Hodl, Hodl,
Hodl, Hodl, Hodl, Hodl, Hodl, Hodl, Hodl, Hodl, Hodl, Hodl, Hodl,
Hodl, Hodl, Hodl, Hodl, Hodl, Hodl, Hodl, Hodl, Hodl, Hodl, Hodl,
Hodl, Hodl, Hodl, Hodl, Hodl, Hodl, Hodl, Hodl, Hodl, Hodl, Hodl,
Hodl, Hodl, Hodl, Hodl, Hodl, Hodl, Hodl, Hodl, Hodl, Hodl, Hodl,
Hodl, Hodl, Hodl, Hodl, Hodl, Hodl, Hodl, Hodl, Hodl, Hodl, Hodl,
Hodl, Hodl, Hodl, Hodl, Hodl, Hodl, Hodl, Hodl, Hodl, Hodl, Hodl,
Hodl, Hodl, Hodl, Hodl, Hodl, Hodl, Hodl, Hodl, Hodl, Hodl, Hodl,
Hodl, Hodl, Hodl, Hodl, Hodl, Hodl, Hodl, Hodl, Hodl, Hodl, Hodl,
Hodl, Hodl, Hodl, Hodl, Hodl, Hodl, Hodl, Hodl, Hodl, Hodl, Hodl,
Hodl, Hodl, Hodl, Hodl, Hodl, Hodl, Hodl, Hodl, Hodl, Hodl, Hodl,
Hodl, Hodl, Hodl, Hodl, Hodl, Hodl, Hodl, Hodl, Hodl, Hodl, Hodl,
Hodl, Hodl, Hodl, Hodl, Hodl, Hodl, Hodl, Hodl, Hodl, Hodl, Hodl,
Hodl, Hodl, Hodl, Hodl, Hodl, Hodl, Hodl, Hodl, Hodl, Hodl, Hodl,
Hodl, Hodl, Hodl, Hodl, Hodl, Hodl, Hodl, Hodl, Hodl, Hodl, Hodl,
Hodl, Hodl, Hodl, Hodl, Hodl, Hodl, Hodl, Hodl, Hodl, Hodl, Hodl,
Hodl, Hodl, Hodl, Hodl, Hodl, Hodl.

Hodl, Hodl, Hodl, Hodl, Hodl, Hodl, Hodl, Hodl, Hodl,
Hodl, Hodl, Hodl, Hodl, Hodl, Hodl, Hodl, Hodl, Hodl, Hodl, Hodl,
Hodl, Hodl, Hodl, Hodl, Hodl, Hodl, Hodl, Hodl, Hodl, Hodl, Hodl,
Hodl, Hodl, Hodl, Hodl, Hodl, Hodl, Hodl, Hodl, Hodl, Hodl, Hodl,
Hodl, Hodl, Hodl, Hodl, Hodl, Hodl, Hodl, Hodl, Hodl, Hodl, Hodl,
Hodl, Hodl, Hodl, Hodl, Hodl, Hodl, Hodl, Hodl, Hodl, Hodl, Hodl,
Hodl, Hodl, Hodl, Hodl, Hodl, Hodl, Hodl, Hodl, Hodl, Hodl, Hodl,
Hodl, Hodl, Hodl, Hodl, Hodl, Hodl, Hodl, Hodl, Hodl, Hodl, Hodl,
Hodl, Hodl, Hodl, Hodl, Hodl, Hodl, Hodl, Hodl, Hodl, Hodl, Hodl,
Hodl, Hodl, Hodl, Hodl, Hodl, Hodl, Hodl, Hodl, Hodl, Hodl, Hodl,
Hodl, Hodl, Hodl, Hodl, Hodl, Hodl, Hodl, Hodl, Hodl, Hodl, Hodl,
Hodl, Hodl, Hodl, Hodl, Hodl, Hodl, Hodl, Hodl, Hodl, Hodl, Hodl,
Hodl, Hodl, Hodl, Hodl, Hodl, Hodl, Hodl, Hodl, Hodl, Hodl, Hodl,
Hodl, Hodl, Hodl, Hodl, Hodl, Hodl, Hodl, Hodl, Hodl, Hodl, Hodl,
Hodl, Hodl, Hodl, Hodl, Hodl, Hodl, Hodl, Hodl, Hodl, Hodl, Hodl,
Hodl, Hodl, Hodl, Hodl, Hodl, Hodl, Hodl, Hodl, Hodl, Hodl, Hodl,
Hodl, Hodl, Hodl, Hodl, Hodl, Hodl, Hodl, Hodl, Hodl, Hodl, Hodl,
Hodl, Hodl, Hodl, Hodl, Hodl, Hodl, Hodl, Hodl, Hodl, Hodl, Hodl,
Hodl, Hodl, Hodl, Hodl, Hodl, Hodl, Hodl, Hodl, Hodl, Hodl, Hodl,
Hodl, Hodl, Hodl, Hodl, Hodl, Hodl, Hodl, Hodl, Hodl, Hodl, Hodl,
Hodl, Hodl, Hodl, Hodl, Hodl, Hodl, Hodl, Hodl, Hodl, Hodl, Hodl,
Hodl, Hodl, Hodl, Hodl, Hodl, Hodl, Hodl, Hodl, Hodl, Hodl, Hodl,
Hodl, Hodl, Hodl, Hodl, Hodl, Hodl, Hodl, Hodl, Hodl, Hodl, Hodl,
Hodl, Hodl, Hodl, Hodl, Hodl, Hodl, Hodl, Hodl, Hodl, Hodl, Hodl,
Hodl, Hodl, Hodl, Hodl, Hodl, Hodl, Hodl, Hodl, Hodl, Hodl, Hodl,
Hodl, Hodl, Hodl, Hodl, Hodl, Hodl, Hodl, Hodl, Hodl, Hodl, Hodl,
Hodl, Hodl, Hodl, Hodl, Hodl, Hodl, Hodl, Hodl, Hodl, Hodl, Hodl,
Hodl, Hodl, Hodl, Hodl, Hodl, Hodl, Hodl, Hodl, Hodl, Hodl, Hodl,
Hodl, Hodl, Hodl, Hodl, Hodl, Hodl, Hodl, Hodl, Hodl, Hodl, Hodl,
Hodl, Hodl, Hodl, Hodl, Hodl, Hodl, Hodl, Hodl, Hodl, Hodl, Hodl,
Hodl, Hodl, Hodl, Hodl, Hodl, Hodl, Hodl, Hodl, Hodl, Hodl, Hodl,
Hodl, Hodl, Hodl, Hodl, Hodl, Hodl, Hodl, Hodl, Hodl, Hodl, Hodl,
Hodl, Hodl, Hodl, Hodl, Hodl, Hodl.

Hodl, Hodl, Hodl, Hodl, Hodl, Hodl, Hodl, Hodl, Hodl,
Hodl, Hodl, Hodl, Hodl, Hodl, Hodl, Hodl, Hodl, Hodl, Hodl, Hodl,
Hodl, Hodl, Hodl, Hodl, Hodl, Hodl, Hodl, Hodl, Hodl, Hodl, Hodl,
Hodl, Hodl, Hodl, Hodl, Hodl, Hodl, Hodl, Hodl, Hodl, Hodl, Hodl,
Hodl, Hodl, Hodl, Hodl, Hodl, Hodl, Hodl, Hodl, Hodl, Hodl, Hodl,
Hodl, Hodl, Hodl, Hodl, Hodl, Hodl, Hodl, Hodl, Hodl, Hodl, Hodl,
Hodl, Hodl, Hodl, Hodl, Hodl, Hodl, Hodl, Hodl, Hodl, Hodl, Hodl,
Hodl, Hodl, Hodl, Hodl, Hodl, Hodl, Hodl, Hodl, Hodl, Hodl, Hodl,
Hodl, Hodl, Hodl, Hodl, Hodl, Hodl, Hodl, Hodl, Hodl, Hodl, Hodl,
Hodl, Hodl, Hodl, Hodl, Hodl, Hodl, Hodl, Hodl, Hodl, Hodl, Hodl,
Hodl, Hodl, Hodl, Hodl, Hodl, Hodl, Hodl, Hodl, Hodl, Hodl, Hodl,
Hodl, Hodl, Hodl, Hodl, Hodl, Hodl, Hodl, Hodl, Hodl, Hodl, Hodl,
Hodl, Hodl, Hodl, Hodl, Hodl, Hodl, Hodl, Hodl, Hodl, Hodl, Hodl,
Hodl, Hodl, Hodl, Hodl, Hodl, Hodl, Hodl, Hodl, Hodl, Hodl, Hodl,
Hodl, Hodl, Hodl, Hodl, Hodl, Hodl, Hodl, Hodl, Hodl, Hodl, Hodl,
Hodl, Hodl, Hodl, Hodl, Hodl, Hodl, Hodl, Hodl, Hodl, Hodl, Hodl,
Hodl, Hodl, Hodl, Hodl, Hodl, Hodl, Hodl, Hodl, Hodl, Hodl, Hodl,
Hodl, Hodl, Hodl, Hodl, Hodl, Hodl, Hodl, Hodl, Hodl, Hodl, Hodl,
Hodl, Hodl, Hodl, Hodl, Hodl, Hodl, Hodl, Hodl, Hodl, Hodl, Hodl,
Hodl, Hodl, Hodl, Hodl, Hodl, Hodl, Hodl, Hodl, Hodl, Hodl, Hodl,
Hodl, Hodl, Hodl, Hodl, Hodl, Hodl, Hodl, Hodl, Hodl, Hodl, Hodl,
Hodl, Hodl, Hodl, Hodl, Hodl, Hodl, Hodl, Hodl, Hodl, Hodl, Hodl,
Hodl, Hodl, Hodl, Hodl, Hodl, Hodl, Hodl, Hodl, Hodl, Hodl, Hodl,
Hodl, Hodl, Hodl, Hodl, Hodl, Hodl, Hodl, Hodl, Hodl, Hodl, Hodl,
Hodl, Hodl, Hodl, Hodl, Hodl, Hodl, Hodl, Hodl, Hodl, Hodl, Hodl,
Hodl, Hodl, Hodl, Hodl, Hodl, Hodl, Hodl, Hodl, Hodl, Hodl, Hodl,
Hodl, Hodl, Hodl, Hodl, Hodl, Hodl, Hodl, Hodl, Hodl, Hodl, Hodl,
Hodl, Hodl, Hodl, Hodl, Hodl, Hodl, Hodl, Hodl, Hodl, Hodl, Hodl,
Hodl, Hodl, Hodl, Hodl, Hodl, Hodl, Hodl, Hodl, Hodl, Hodl, Hodl,
Hodl, Hodl, Hodl, Hodl, Hodl, Hodl, Hodl, Hodl, Hodl, Hodl, Hodl,
Hodl, Hodl, Hodl, Hodl, Hodl, Hodl, Hodl, Hodl, Hodl, Hodl, Hodl,
Hodl, Hodl, Hodl, Hodl, Hodl, Hodl, Hodl, Hodl, Hodl, Hodl, Hodl,
Hodl, Hodl, Hodl, Hodl, Hodl, Hodl, Hodl, Hodl, Hodl, Hodl, Hodl,
Hodl, Hodl, Hodl, Hodl, Hodl, Hodl, Hodl, Hodl, Hodl, Hodl, Hodl,
Hodl, Hodl, Hodl, Hodl, Hodl, Hodl, Hodl, Hodl, Hodl, Hodl, Hodl,
Hodl, Hodl, Hodl, Hodl, Hodl, Hodl, Hodl, Hodl, Hodl, Hodl, Hodl,
Hodl, Hodl, Hodl, Hodl, Hodl, Hodl, Hodl, Hodl, Hodl, Hodl, Hodl,
Hodl, Hodl, Hodl, Hodl, Hodl, Hodl, Hodl, Hodl, Hodl, Hodl, Hodl,
Hodl, Hodl, Hodl, Hodl, Hodl, Hodl.

Hodl, Hodl, Hodl, Hodl, Hodl, Hodl, Hodl, Hodl, Hodl,
Hodl, Hodl, Hodl, Hodl, Hodl, Hodl, Hodl, Hodl, Hodl, Hodl, Hodl,
Hodl, Hodl, Hodl, Hodl, Hodl, Hodl, Hodl, Hodl, Hodl, Hodl, Hodl,
Hodl, Hodl, Hodl, Hodl, Hodl, Hodl, Hodl, Hodl, Hodl, Hodl, Hodl,
Hodl, Hodl, Hodl, Hodl, Hodl, Hodl, Hodl, Hodl, Hodl, Hodl, Hodl,
Hodl, Hodl, Hodl, Hodl, Hodl, Hodl, Hodl, Hodl, Hodl, Hodl, Hodl,
Hodl, Hodl, Hodl, Hodl, Hodl, Hodl, Hodl, Hodl, Hodl, Hodl, Hodl,
Hodl, Hodl, Hodl, Hodl, Hodl, Hodl, Hodl, Hodl, Hodl, Hodl, Hodl,
Hodl, Hodl, Hodl, Hodl, Hodl, Hodl, Hodl, Hodl, Hodl, Hodl, Hodl,
Hodl, Hodl, Hodl, Hodl, Hodl, Hodl, Hodl, Hodl, Hodl, Hodl, Hodl,
Hodl, Hodl, Hodl, Hodl, Hodl, Hodl, Hodl, Hodl, Hodl, Hodl, Hodl,
Hodl, Hodl, Hodl, Hodl, Hodl, Hodl, Hodl, Hodl, Hodl, Hodl, Hodl,
Hodl, Hodl, Hodl, Hodl, Hodl, Hodl, Hodl, Hodl, Hodl, Hodl, Hodl,
Hodl, Hodl, Hodl, Hodl, Hodl, Hodl, Hodl, Hodl, Hodl, Hodl, Hodl,
Hodl, Hodl, Hodl, Hodl, Hodl, Hodl, Hodl, Hodl, Hodl, Hodl, Hodl,
Hodl, Hodl, Hodl, Hodl, Hodl, Hodl, Hodl, Hodl, Hodl, Hodl, Hodl,
Hodl, Hodl, Hodl, Hodl, Hodl, Hodl, Hodl, Hodl, Hodl, Hodl, Hodl,
Hodl, Hodl, Hodl, Hodl, Hodl, Hodl, Hodl, Hodl, Hodl, Hodl, Hodl,
Hodl, Hodl, Hodl, Hodl, Hodl, Hodl, Hodl, Hodl, Hodl, Hodl, Hodl,
Hodl, Hodl, Hodl, Hodl, Hodl, Hodl, Hodl, Hodl, Hodl, Hodl, Hodl,
Hodl, Hodl, Hodl, Hodl, Hodl, Hodl, Hodl, Hodl, Hodl, Hodl, Hodl,
Hodl, Hodl, Hodl, Hodl, Hodl, Hodl, Hodl, Hodl, Hodl, Hodl, Hodl,
Hodl, Hodl, Hodl, Hodl, Hodl, Hodl, Hodl, Hodl, Hodl, Hodl, Hodl,
Hodl, Hodl, Hodl, Hodl, Hodl, Hodl, Hodl, Hodl, Hodl, Hodl, Hodl,
Hodl, Hodl, Hodl, Hodl, Hodl, Hodl, Hodl, Hodl, Hodl, Hodl, Hodl,
Hodl, Hodl, Hodl, Hodl, Hodl, Hodl, Hodl, Hodl, Hodl, Hodl, Hodl,
Hodl, Hodl, Hodl, Hodl, Hodl, Hodl, Hodl, Hodl, Hodl, Hodl, Hodl,
Hodl, Hodl, Hodl, Hodl, Hodl, Hodl, Hodl, Hodl, Hodl, Hodl, Hodl,
Hodl, Hodl, Hodl, Hodl, Hodl, Hodl, Hodl, Hodl, Hodl, Hodl, Hodl,
Hodl, Hodl, Hodl, Hodl, Hodl, Hodl, Hodl, Hodl, Hodl, Hodl, Hodl,
Hodl, Hodl, Hodl, Hodl, Hodl, Hodl, Hodl, Hodl, Hodl, Hodl, Hodl,
Hodl, Hodl, Hodl, Hodl, Hodl, Hodl, Hodl, Hodl, Hodl, Hodl, Hodl,
Hodl, Hodl, Hodl, Hodl, Hodl, Hodl, Hodl, Hodl, Hodl, Hodl, Hodl,
Hodl, Hodl, Hodl, Hodl, Hodl, Hodl.

Hodl, Hodl, Hodl, Hodl, Hodl, Hodl, Hodl, Hodl, Hodl,
Hodl, Hodl, Hodl, Hodl, Hodl, Hodl, Hodl, Hodl, Hodl, Hodl, Hodl,
Hodl, Hodl, Hodl, Hodl, Hodl, Hodl, Hodl, Hodl, Hodl, Hodl, Hodl,
Hodl, Hodl, Hodl, Hodl, Hodl, Hodl, Hodl, Hodl, Hodl, Hodl, Hodl,
Hodl, Hodl, Hodl, Hodl, Hodl, Hodl, Hodl, Hodl, Hodl, Hodl, Hodl,
Hodl, Hodl, Hodl, Hodl, Hodl, Hodl, Hodl, Hodl, Hodl, Hodl, Hodl,
Hodl, Hodl, Hodl, Hodl, Hodl, Hodl, Hodl, Hodl, Hodl, Hodl, Hodl,
Hodl, Hodl, Hodl, Hodl, Hodl, Hodl, Hodl, Hodl, Hodl, Hodl, Hodl,
Hodl, Hodl, Hodl, Hodl, Hodl, Hodl, Hodl, Hodl, Hodl, Hodl, Hodl,
Hodl, Hodl, Hodl, Hodl, Hodl, Hodl, Hodl, Hodl, Hodl, Hodl, Hodl,
Hodl, Hodl, Hodl, Hodl, Hodl, Hodl, Hodl, Hodl, Hodl, Hodl, Hodl,
Hodl, Hodl, Hodl, Hodl, Hodl, Hodl, Hodl, Hodl, Hodl, Hodl, Hodl,
Hodl, Hodl, Hodl, Hodl, Hodl, Hodl, Hodl, Hodl, Hodl, Hodl, Hodl,
Hodl, Hodl, Hodl, Hodl, Hodl, Hodl, Hodl, Hodl, Hodl, Hodl, Hodl,
Hodl, Hodl, Hodl, Hodl, Hodl, Hodl, Hodl, Hodl, Hodl, Hodl, Hodl,
Hodl, Hodl, Hodl, Hodl, Hodl, Hodl, Hodl, Hodl, Hodl, Hodl, Hodl,
Hodl, Hodl, Hodl, Hodl, Hodl, Hodl, Hodl, Hodl, Hodl, Hodl, Hodl,
Hodl, Hodl, Hodl, Hodl, Hodl, Hodl, Hodl, Hodl, Hodl, Hodl, Hodl,
Hodl, Hodl, Hodl, Hodl, Hodl, Hodl, Hodl, Hodl, Hodl, Hodl, Hodl,
Hodl, Hodl, Hodl, Hodl, Hodl, Hodl, Hodl, Hodl, Hodl, Hodl, Hodl,
Hodl, Hodl, Hodl, Hodl, Hodl, Hodl, Hodl, Hodl, Hodl, Hodl, Hodl,
Hodl, Hodl, Hodl, Hodl, Hodl, Hodl, Hodl, Hodl, Hodl, Hodl, Hodl,
Hodl, Hodl, Hodl, Hodl, Hodl, Hodl, Hodl, Hodl, Hodl, Hodl, Hodl,
Hodl, Hodl, Hodl, Hodl, Hodl, Hodl, Hodl, Hodl, Hodl, Hodl, Hodl,
Hodl, Hodl, Hodl, Hodl, Hodl, Hodl, Hodl, Hodl, Hodl, Hodl, Hodl,
Hodl, Hodl, Hodl, Hodl, Hodl, Hodl, Hodl, Hodl, Hodl, Hodl, Hodl,
Hodl, Hodl, Hodl, Hodl, Hodl, Hodl, Hodl, Hodl, Hodl, Hodl, Hodl,
Hodl, Hodl, Hodl, Hodl, Hodl, Hodl, Hodl, Hodl, Hodl, Hodl, Hodl,
Hodl, Hodl, Hodl, Hodl, Hodl, Hodl, Hodl, Hodl, Hodl, Hodl, Hodl,
Hodl, Hodl, Hodl, Hodl, Hodl, Hodl, Hodl, Hodl, Hodl, Hodl, Hodl,
Hodl, Hodl, Hodl, Hodl, Hodl, Hodl, Hodl, Hodl, Hodl, Hodl, Hodl,
Hodl, Hodl, Hodl, Hodl, Hodl, Hodl, Hodl, Hodl, Hodl, Hodl, Hodl,
Hodl, Hodl, Hodl, Hodl, Hodl, Hodl.

Hodl, Hodl, Hodl, Hodl, Hodl, Hodl, Hodl, Hodl, Hodl,
Hodl, Hodl, Hodl, Hodl, Hodl, Hodl, Hodl, Hodl, Hodl, Hodl, Hodl,
Hodl, Hodl, Hodl, Hodl, Hodl, Hodl, Hodl, Hodl, Hodl, Hodl, Hodl,
Hodl, Hodl, Hodl, Hodl, Hodl, Hodl, Hodl, Hodl, Hodl, Hodl, Hodl,
Hodl, Hodl, Hodl, Hodl, Hodl, Hodl, Hodl, Hodl, Hodl, Hodl, Hodl,
Hodl, Hodl, Hodl, Hodl, Hodl, Hodl, Hodl, Hodl, Hodl, Hodl, Hodl,
Hodl, Hodl, Hodl, Hodl, Hodl, Hodl, Hodl, Hodl, Hodl, Hodl, Hodl,
Hodl, Hodl, Hodl, Hodl, Hodl, Hodl, Hodl, Hodl, Hodl, Hodl, Hodl,
Hodl, Hodl, Hodl, Hodl, Hodl, Hodl, Hodl, Hodl, Hodl, Hodl, Hodl,
Hodl, Hodl, Hodl, Hodl, Hodl, Hodl, Hodl, Hodl, Hodl, Hodl, Hodl,
Hodl, Hodl, Hodl, Hodl, Hodl, Hodl, Hodl, Hodl, Hodl, Hodl, Hodl,
Hodl, Hodl, Hodl, Hodl, Hodl, Hodl, Hodl, Hodl, Hodl, Hodl, Hodl,
Hodl, Hodl, Hodl, Hodl, Hodl, Hodl, Hodl, Hodl, Hodl, Hodl, Hodl,
Hodl, Hodl, Hodl, Hodl, Hodl, Hodl, Hodl, Hodl, Hodl, Hodl, Hodl,
Hodl, Hodl, Hodl, Hodl, Hodl, Hodl, Hodl, Hodl, Hodl, Hodl, Hodl,
Hodl, Hodl, Hodl, Hodl, Hodl, Hodl, Hodl, Hodl, Hodl, Hodl, Hodl,
Hodl, Hodl, Hodl, Hodl, Hodl, Hodl, Hodl, Hodl, Hodl, Hodl, Hodl,
Hodl, Hodl, Hodl, Hodl, Hodl, Hodl, Hodl, Hodl, Hodl, Hodl, Hodl,
Hodl, Hodl, Hodl, Hodl, Hodl, Hodl, Hodl, Hodl, Hodl, Hodl, Hodl,
Hodl, Hodl, Hodl, Hodl, Hodl, Hodl, Hodl, Hodl, Hodl, Hodl, Hodl,
Hodl, Hodl, Hodl, Hodl, Hodl, Hodl, Hodl, Hodl, Hodl, Hodl, Hodl,
Hodl, Hodl, Hodl, Hodl, Hodl, Hodl, Hodl, Hodl, Hodl, Hodl, Hodl,
Hodl, Hodl, Hodl, Hodl, Hodl, Hodl, Hodl, Hodl, Hodl, Hodl, Hodl,
Hodl, Hodl, Hodl, Hodl, Hodl, Hodl, Hodl, Hodl, Hodl, Hodl, Hodl,
Hodl, Hodl, Hodl, Hodl, Hodl, Hodl, Hodl, Hodl, Hodl, Hodl, Hodl,
Hodl, Hodl, Hodl, Hodl, Hodl, Hodl, Hodl, Hodl, Hodl, Hodl, Hodl,
Hodl, Hodl, Hodl, Hodl, Hodl, Hodl, Hodl, Hodl, Hodl, Hodl, Hodl,
Hodl, Hodl, Hodl, Hodl, Hodl, Hodl, Hodl, Hodl, Hodl, Hodl, Hodl,
Hodl, Hodl, Hodl, Hodl, Hodl, Hodl, Hodl, Hodl, Hodl, Hodl, Hodl,
Hodl, Hodl, Hodl, Hodl, Hodl, Hodl, Hodl, Hodl, Hodl, Hodl, Hodl,
Hodl, Hodl, Hodl, Hodl, Hodl, Hodl, Hodl, Hodl, Hodl, Hodl, Hodl,
Hodl, Hodl, Hodl, Hodl, Hodl, Hodl.

Hodl, Hodl, Hodl, Hodl, Hodl, Hodl, Hodl, Hodl, Hodl,
Hodl, Hodl, Hodl, Hodl, Hodl, Hodl, Hodl, Hodl, Hodl, Hodl, Hodl,
Hodl, Hodl, Hodl, Hodl, Hodl, Hodl, Hodl, Hodl, Hodl, Hodl, Hodl,
Hodl, Hodl, Hodl, Hodl, Hodl, Hodl, Hodl, Hodl, Hodl, Hodl, Hodl,
Hodl, Hodl, Hodl, Hodl, Hodl, Hodl, Hodl, Hodl, Hodl, Hodl, Hodl,
Hodl, Hodl, Hodl, Hodl, Hodl, Hodl, Hodl, Hodl, Hodl, Hodl, Hodl,
Hodl, Hodl, Hodl, Hodl, Hodl, Hodl, Hodl, Hodl, Hodl, Hodl, Hodl,
Hodl, Hodl, Hodl, Hodl, Hodl, Hodl, Hodl, Hodl, Hodl, Hodl, Hodl,
Hodl, Hodl, Hodl, Hodl, Hodl, Hodl, Hodl, Hodl, Hodl, Hodl, Hodl,
Hodl, Hodl, Hodl, Hodl, Hodl, Hodl, Hodl, Hodl, Hodl, Hodl, Hodl,
Hodl, Hodl, Hodl, Hodl, Hodl, Hodl, Hodl, Hodl, Hodl, Hodl, Hodl,
Hodl, Hodl, Hodl, Hodl, Hodl, Hodl, Hodl, Hodl, Hodl, Hodl, Hodl,
Hodl, Hodl, Hodl, Hodl, Hodl, Hodl, Hodl, Hodl, Hodl, Hodl, Hodl,
Hodl, Hodl, Hodl, Hodl, Hodl, Hodl, Hodl, Hodl, Hodl, Hodl, Hodl,
Hodl, Hodl, Hodl, Hodl, Hodl, Hodl, Hodl, Hodl, Hodl, Hodl, Hodl,
Hodl, Hodl, Hodl, Hodl, Hodl, Hodl, Hodl, Hodl, Hodl, Hodl, Hodl,
Hodl, Hodl, Hodl, Hodl, Hodl, Hodl, Hodl, Hodl, Hodl, Hodl, Hodl,
Hodl, Hodl, Hodl, Hodl, Hodl, Hodl, Hodl, Hodl, Hodl, Hodl, Hodl,
Hodl, Hodl, Hodl, Hodl, Hodl, Hodl, Hodl, Hodl, Hodl, Hodl, Hodl,
Hodl, Hodl, Hodl, Hodl, Hodl, Hodl, Hodl, Hodl, Hodl, Hodl, Hodl,
Hodl, Hodl, Hodl, Hodl, Hodl, Hodl, Hodl, Hodl, Hodl, Hodl, Hodl,
Hodl, Hodl, Hodl, Hodl, Hodl, Hodl, Hodl, Hodl, Hodl, Hodl, Hodl,
Hodl, Hodl, Hodl, Hodl, Hodl, Hodl, Hodl, Hodl, Hodl, Hodl, Hodl,
Hodl, Hodl, Hodl, Hodl, Hodl, Hodl, Hodl, Hodl, Hodl, Hodl, Hodl,
Hodl, Hodl, Hodl, Hodl, Hodl, Hodl, Hodl, Hodl, Hodl, Hodl, Hodl,
Hodl, Hodl, Hodl, Hodl, Hodl, Hodl, Hodl, Hodl, Hodl, Hodl, Hodl,
Hodl, Hodl, Hodl, Hodl, Hodl, Hodl, Hodl, Hodl, Hodl, Hodl, Hodl,
Hodl, Hodl, Hodl, Hodl, Hodl, Hodl, Hodl, Hodl, Hodl, Hodl, Hodl,
Hodl, Hodl, Hodl, Hodl, Hodl, Hodl, Hodl, Hodl, Hodl, Hodl, Hodl,
Hodl, Hodl, Hodl, Hodl, Hodl, Hodl, Hodl, Hodl, Hodl, Hodl, Hodl,
Hodl, Hodl, Hodl, Hodl, Hodl, Hodl, Hodl, Hodl, Hodl, Hodl, Hodl,
Hodl, Hodl, Hodl, Hodl, Hodl, Hodl, Hodl, Hodl, Hodl, Hodl, Hodl,
Hodl, Hodl, Hodl, Hodl, Hodl, Hodl, Hodl, Hodl, Hodl, Hodl, Hodl,
Hodl, Hodl, Hodl, Hodl, Hodl, Hodl.

Hodl, Hodl, Hodl, Hodl, Hodl, Hodl, Hodl, Hodl, Hodl, Hodl, Hodl, Hodl, Hodl, Hodl, Hodl, Hodl, Hodl, Hodl, Hodl, Hodl, Hodl, Hodl, Hodl, Hodl, Hodl, Hodl, Hodl, Hodl, Hodl, Hodl, Hodl, Hodl, Hodl, Hodl, Hodl, Hodl, Hodl, Hodl, Hodl, Hodl, Hodl, Hodl, Hodl, Hodl, Hodl, Hodl, Hodl, Hodl, Hodl, Hodl, Hodl, Hodl, Hodl, Hodl, Hodl, Hodl, Hodl, Hodl, Hodl, Hodl, Hodl, Hodl, Hodl, Hodl, Hodl, Hodl, Hodl, Hodl, Hodl, Hodl, Hodl, Hodl, Hodl, Hodl, Hodl, Hodl, Hodl, Hodl, Hodl, Hodl, Hodl, Hodl, Hodl, Hodl, Hodl, Hodl, Hodl, Hodl, Hodl, Hodl, Hodl, Hodl, Hodl, Hodl, Hodl, Hodl, Hodl, Hodl, Hodl, Hodl, Hodl, Hodl, Hodl, Hodl, Hodl, Hodl, Hodl, Hodl, Hodl, Hodl, Hodl, Hodl, Hodl, Hodl, Hodl, Hodl, Hodl, Hodl, Hodl, Hodl, Hodl, Hodl, Hodl, Hodl, Hodl, Hodl, Hodl, Hodl, Hodl, Hodl, Hodl, Hodl, Hodl, Hodl, Hodl, Hodl, Hodl, Hodl, Hodl, Hodl, Hodl, Hodl, Hodl, Hodl, Hodl, Hodl, Hodl, Hodl, Hodl, Hodl, Hodl, Hodl, Hodl, Hodl, Hodl, Hodl, Hodl, Hodl, Hodl, Hodl, Hodl, Hodl, Hodl, Hodl, Hodl, Hodl, Hodl, Hodl, Hodl, Hodl, Hodl, Hodl, Hodl, Hodl, Hodl, Hodl, Hodl, Hodl, Hodl, Hodl, Hodl, Hodl, Hodl, Hodl, Hodl, Hodl, Hodl, Hodl, Hodl, Hodl, Hodl, Hodl, Hodl, Hodl, Hodl, Hodl, Hodl, Hodl, Hodl, Hodl, Hodl, Hodl, Hodl, Hodl, Hodl, Hodl, Hodl, Hodl, Hodl, Hodl, Hodl, Hodl, Hodl, Hodl, Hodl, Hodl, Hodl, Hodl, Hodl, Hodl, Hodl, Hodl, Hodl, Hodl, Hodl, Hodl, Hodl, Hodl, Hodl, Hodl, Hodl, Hodl, Hodl, Hodl, Hodl, Hodl, Hodl, Hodl, Hodl, Hodl, Hodl, Hodl, Hodl, Hodl, Hodl, Hodl, Hodl, Hodl, Hodl, Hodl, Hodl, Hodl, Hodl, Hodl, Hodl, Hodl, Hodl, Hodl, Hodl, Hodl, Hodl, Hodl, Hodl, Hodl, Hodl, Hodl, Hodl, Hodl, Hodl, Hodl, Hodl, Hodl, Hodl, Hodl, Hodl, Hodl, Hodl, Hodl, Hodl, Hodl, Hodl, Hodl, Hodl, Hodl, Hodl, Hodl, Hodl, Hodl, Hodl, Hodl, Hodl, Hodl, Hodl, Hodl, Hodl, Hodl, Hodl, Hodl, Hodl, Hodl, Hodl, Hodl, Hodl, Hodl, Hodl, Hodl, Hodl, Hodl, Hodl, Hodl, Hodl, Hodl, Hodl, Hodl, Hodl, Hodl, Hodl, Hodl, Hodl, Hodl, Hodl, Hodl, Hodl, Hodl, Hodl, Hodl, Hodl, Hodl, Hodl, Hodl, Hodl, Hodl, Hodl, Hodl, Hodl, Hodl, Hodl, Hodl, Hodl, Hodl, Hodl, Hodl, Hodl, Hodl, Hodl, Hodl, Hodl, Hodl, Hodl, Hodl, Hodl, Hodl, Hodl, Hodl, Hodl, Hodl, Hodl, Hodl, Hodl, Hodl, Hodl, Hodl, Hodl, Hodl, Hodl, Hodl, Hodl, Hodl, Hodl, Hodl.

Hodl, Hodl, Hodl, Hodl, Hodl, Hodl, Hodl, Hodl, Hodl,
Hodl, Hodl, Hodl, Hodl, Hodl, Hodl, Hodl, Hodl, Hodl, Hodl, Hodl,
Hodl, Hodl, Hodl, Hodl, Hodl, Hodl, Hodl, Hodl, Hodl, Hodl, Hodl,
Hodl, Hodl, Hodl, Hodl, Hodl, Hodl, Hodl, Hodl, Hodl, Hodl, Hodl,
Hodl, Hodl, Hodl, Hodl, Hodl, Hodl, Hodl, Hodl, Hodl, Hodl, Hodl,
Hodl, Hodl, Hodl, Hodl, Hodl, Hodl, Hodl, Hodl, Hodl, Hodl, Hodl,
Hodl, Hodl, Hodl, Hodl, Hodl, Hodl, Hodl, Hodl, Hodl, Hodl, Hodl,
Hodl, Hodl, Hodl, Hodl, Hodl, Hodl, Hodl, Hodl, Hodl, Hodl, Hodl,
Hodl, Hodl, Hodl, Hodl, Hodl, Hodl, Hodl, Hodl, Hodl, Hodl, Hodl,
Hodl, Hodl, Hodl, Hodl, Hodl, Hodl, Hodl, Hodl, Hodl, Hodl, Hodl,
Hodl, Hodl, Hodl, Hodl, Hodl, Hodl, Hodl, Hodl, Hodl, Hodl, Hodl,
Hodl, Hodl, Hodl, Hodl, Hodl, Hodl, Hodl, Hodl, Hodl, Hodl, Hodl,
Hodl, Hodl, Hodl, Hodl, Hodl, Hodl, Hodl, Hodl, Hodl, Hodl, Hodl,
Hodl, Hodl, Hodl, Hodl, Hodl, Hodl, Hodl, Hodl, Hodl, Hodl, Hodl,
Hodl, Hodl, Hodl, Hodl, Hodl, Hodl, Hodl, Hodl, Hodl, Hodl, Hodl,
Hodl, Hodl, Hodl, Hodl, Hodl, Hodl, Hodl, Hodl, Hodl, Hodl, Hodl,
Hodl, Hodl, Hodl, Hodl, Hodl, Hodl, Hodl, Hodl, Hodl, Hodl, Hodl,
Hodl, Hodl, Hodl, Hodl, Hodl, Hodl, Hodl, Hodl, Hodl, Hodl, Hodl,
Hodl, Hodl, Hodl, Hodl, Hodl, Hodl, Hodl, Hodl, Hodl, Hodl, Hodl,
Hodl, Hodl, Hodl, Hodl, Hodl, Hodl, Hodl, Hodl, Hodl, Hodl, Hodl,
Hodl, Hodl, Hodl, Hodl, Hodl, Hodl, Hodl, Hodl, Hodl, Hodl, Hodl,
Hodl, Hodl, Hodl, Hodl, Hodl, Hodl, Hodl, Hodl, Hodl, Hodl, Hodl,
Hodl, Hodl, Hodl, Hodl, Hodl, Hodl, Hodl, Hodl, Hodl, Hodl, Hodl,
Hodl, Hodl, Hodl, Hodl, Hodl, Hodl, Hodl, Hodl, Hodl, Hodl, Hodl,
Hodl, Hodl, Hodl, Hodl, Hodl, Hodl, Hodl, Hodl, Hodl, Hodl, Hodl,
Hodl, Hodl, Hodl, Hodl, Hodl, Hodl, Hodl, Hodl, Hodl, Hodl, Hodl,
Hodl, Hodl, Hodl, Hodl, Hodl, Hodl, Hodl, Hodl, Hodl, Hodl, Hodl,
Hodl, Hodl, Hodl, Hodl, Hodl, Hodl, Hodl, Hodl, Hodl, Hodl, Hodl,
Hodl, Hodl, Hodl, Hodl, Hodl, Hodl, Hodl, Hodl, Hodl, Hodl, Hodl,
Hodl, Hodl, Hodl, Hodl, Hodl, Hodl, Hodl, Hodl, Hodl, Hodl, Hodl,
Hodl, Hodl, Hodl, Hodl, Hodl, Hodl, Hodl, Hodl, Hodl, Hodl, Hodl,
Hodl, Hodl, Hodl, Hodl, Hodl, Hodl, Hodl, Hodl, Hodl, Hodl, Hodl,
Hodl, Hodl, Hodl, Hodl, Hodl, Hodl, Hodl, Hodl, Hodl, Hodl, Hodl,
Hodl, Hodl, Hodl, Hodl, Hodl, Hodl, Hodl, Hodl, Hodl, Hodl, Hodl,
Hodl, Hodl, Hodl, Hodl, Hodl, Hodl, Hodl, Hodl, Hodl, Hodl, Hodl,
Hodl, Hodl, Hodl, Hodl, Hodl, Hodl.

Hodl, Hodl, Hodl, Hodl, Hodl, Hodl, Hodl, Hodl, Hodl,
Hodl, Hodl, Hodl, Hodl, Hodl, Hodl, Hodl, Hodl, Hodl, Hodl, Hodl,
Hodl, Hodl, Hodl, Hodl, Hodl, Hodl, Hodl, Hodl, Hodl, Hodl, Hodl,
Hodl, Hodl, Hodl, Hodl, Hodl, Hodl, Hodl, Hodl, Hodl, Hodl, Hodl,
Hodl, Hodl, Hodl, Hodl, Hodl, Hodl, Hodl, Hodl, Hodl, Hodl, Hodl,
Hodl, Hodl, Hodl, Hodl, Hodl, Hodl, Hodl, Hodl, Hodl, Hodl, Hodl,
Hodl, Hodl, Hodl, Hodl, Hodl, Hodl, Hodl, Hodl, Hodl, Hodl, Hodl,
Hodl, Hodl, Hodl, Hodl, Hodl, Hodl, Hodl, Hodl, Hodl, Hodl, Hodl,
Hodl, Hodl, Hodl, Hodl, Hodl, Hodl, Hodl, Hodl, Hodl, Hodl, Hodl,
Hodl, Hodl, Hodl, Hodl, Hodl, Hodl, Hodl, Hodl, Hodl, Hodl, Hodl,
Hodl, Hodl, Hodl, Hodl, Hodl, Hodl, Hodl, Hodl, Hodl, Hodl, Hodl,
Hodl, Hodl, Hodl, Hodl, Hodl, Hodl, Hodl, Hodl, Hodl, Hodl, Hodl,
Hodl, Hodl, Hodl, Hodl, Hodl, Hodl, Hodl, Hodl, Hodl, Hodl, Hodl,
Hodl, Hodl, Hodl, Hodl, Hodl, Hodl, Hodl, Hodl, Hodl, Hodl, Hodl,
Hodl, Hodl, Hodl, Hodl, Hodl, Hodl, Hodl, Hodl, Hodl, Hodl, Hodl,
Hodl, Hodl, Hodl, Hodl, Hodl, Hodl, Hodl, Hodl, Hodl, Hodl, Hodl,
Hodl, Hodl, Hodl, Hodl, Hodl, Hodl, Hodl, Hodl, Hodl, Hodl, Hodl,
Hodl, Hodl, Hodl, Hodl, Hodl, Hodl, Hodl, Hodl, Hodl, Hodl, Hodl,
Hodl, Hodl, Hodl, Hodl, Hodl, Hodl, Hodl, Hodl, Hodl, Hodl, Hodl,
Hodl, Hodl, Hodl, Hodl, Hodl, Hodl, Hodl, Hodl, Hodl, Hodl, Hodl,
Hodl, Hodl, Hodl, Hodl, Hodl, Hodl, Hodl, Hodl, Hodl, Hodl, Hodl,
Hodl, Hodl, Hodl, Hodl, Hodl, Hodl, Hodl, Hodl, Hodl, Hodl, Hodl,
Hodl, Hodl, Hodl, Hodl, Hodl, Hodl, Hodl, Hodl, Hodl, Hodl, Hodl,
Hodl, Hodl, Hodl, Hodl, Hodl, Hodl, Hodl, Hodl, Hodl, Hodl, Hodl,
Hodl, Hodl, Hodl, Hodl, Hodl, Hodl, Hodl, Hodl, Hodl, Hodl, Hodl,
Hodl, Hodl, Hodl, Hodl, Hodl, Hodl, Hodl, Hodl, Hodl, Hodl, Hodl,
Hodl, Hodl, Hodl, Hodl, Hodl, Hodl, Hodl, Hodl, Hodl, Hodl, Hodl,
Hodl, Hodl, Hodl, Hodl, Hodl, Hodl, Hodl, Hodl, Hodl, Hodl, Hodl,
Hodl, Hodl, Hodl, Hodl, Hodl, Hodl, Hodl, Hodl, Hodl, Hodl, Hodl,
Hodl, Hodl, Hodl, Hodl, Hodl, Hodl, Hodl, Hodl, Hodl, Hodl, Hodl,
Hodl, Hodl, Hodl, Hodl, Hodl, Hodl, Hodl, Hodl, Hodl, Hodl, Hodl,
Hodl, Hodl, Hodl, Hodl, Hodl, Hodl, Hodl, Hodl, Hodl, Hodl, Hodl,
Hodl, Hodl, Hodl, Hodl, Hodl, Hodl, Hodl, Hodl, Hodl, Hodl, Hodl,
Hodl, Hodl, Hodl, Hodl, Hodl, Hodl.

Hodl, Hodl, Hodl, Hodl, Hodl, Hodl, Hodl, Hodl, Hodl,
Hodl, Hodl, Hodl, Hodl, Hodl, Hodl, Hodl, Hodl, Hodl, Hodl, Hodl,
Hodl, Hodl, Hodl, Hodl, Hodl, Hodl, Hodl, Hodl, Hodl, Hodl, Hodl,
Hodl, Hodl, Hodl, Hodl, Hodl, Hodl, Hodl, Hodl, Hodl, Hodl, Hodl,
Hodl, Hodl, Hodl, Hodl, Hodl, Hodl, Hodl, Hodl, Hodl, Hodl, Hodl,
Hodl, Hodl, Hodl, Hodl, Hodl, Hodl, Hodl, Hodl, Hodl, Hodl, Hodl,
Hodl, Hodl, Hodl, Hodl, Hodl, Hodl, Hodl, Hodl, Hodl, Hodl, Hodl,
Hodl, Hodl, Hodl, Hodl, Hodl, Hodl, Hodl, Hodl, Hodl, Hodl, Hodl,
Hodl, Hodl, Hodl, Hodl, Hodl, Hodl, Hodl, Hodl, Hodl, Hodl, Hodl,
Hodl, Hodl, Hodl, Hodl, Hodl, Hodl, Hodl, Hodl, Hodl, Hodl, Hodl,
Hodl, Hodl, Hodl, Hodl, Hodl, Hodl, Hodl, Hodl, Hodl, Hodl, Hodl,
Hodl, Hodl, Hodl, Hodl, Hodl, Hodl, Hodl, Hodl, Hodl, Hodl, Hodl,
Hodl, Hodl, Hodl, Hodl, Hodl, Hodl, Hodl, Hodl, Hodl, Hodl, Hodl,
Hodl, Hodl, Hodl, Hodl, Hodl, Hodl, Hodl, Hodl, Hodl, Hodl, Hodl,
Hodl, Hodl, Hodl, Hodl, Hodl, Hodl, Hodl, Hodl, Hodl, Hodl, Hodl,
Hodl, Hodl, Hodl, Hodl, Hodl, Hodl, Hodl, Hodl, Hodl, Hodl, Hodl,
Hodl, Hodl, Hodl, Hodl, Hodl, Hodl, Hodl, Hodl, Hodl, Hodl, Hodl,
Hodl, Hodl, Hodl, Hodl, Hodl, Hodl, Hodl, Hodl, Hodl, Hodl, Hodl,
Hodl, Hodl, Hodl, Hodl, Hodl, Hodl, Hodl, Hodl, Hodl, Hodl, Hodl,
Hodl, Hodl, Hodl, Hodl, Hodl, Hodl, Hodl, Hodl, Hodl, Hodl, Hodl,
Hodl, Hodl, Hodl, Hodl, Hodl, Hodl, Hodl, Hodl, Hodl, Hodl, Hodl,
Hodl, Hodl, Hodl, Hodl, Hodl, Hodl, Hodl, Hodl, Hodl, Hodl, Hodl,
Hodl, Hodl, Hodl, Hodl, Hodl, Hodl, Hodl, Hodl, Hodl, Hodl, Hodl,
Hodl, Hodl, Hodl, Hodl, Hodl, Hodl, Hodl, Hodl, Hodl, Hodl, Hodl,
Hodl, Hodl, Hodl, Hodl, Hodl, Hodl, Hodl, Hodl, Hodl, Hodl, Hodl,
Hodl, Hodl, Hodl, Hodl, Hodl, Hodl, Hodl, Hodl, Hodl, Hodl, Hodl,
Hodl, Hodl, Hodl, Hodl, Hodl, Hodl, Hodl, Hodl, Hodl, Hodl, Hodl,
Hodl, Hodl, Hodl, Hodl, Hodl, Hodl, Hodl, Hodl, Hodl, Hodl, Hodl,
Hodl, Hodl, Hodl, Hodl, Hodl, Hodl, Hodl, Hodl, Hodl, Hodl, Hodl,
Hodl, Hodl, Hodl, Hodl, Hodl, Hodl, Hodl, Hodl, Hodl, Hodl, Hodl,
Hodl, Hodl, Hodl, Hodl, Hodl, Hodl, Hodl, Hodl, Hodl, Hodl, Hodl,
Hodl, Hodl, Hodl, Hodl, Hodl, Hodl, Hodl, Hodl, Hodl, Hodl, Hodl,
Hodl, Hodl, Hodl, Hodl, Hodl, Hodl, Hodl, Hodl, Hodl, Hodl, Hodl,
Hodl, Hodl, Hodl, Hodl, Hodl, Hodl, Hodl, Hodl, Hodl, Hodl, Hodl,
Hodl, Hodl, Hodl, Hodl, Hodl, Hodl, Hodl, Hodl, Hodl, Hodl, Hodl,
Hodl, Hodl, Hodl, Hodl, Hodl, Hodl.

Hodl, Hodl, Hodl, Hodl, Hodl, Hodl, Hodl, Hodl, Hodl,
Hodl, Hodl, Hodl, Hodl, Hodl, Hodl, Hodl, Hodl, Hodl, Hodl, Hodl,
Hodl, Hodl, Hodl, Hodl, Hodl, Hodl, Hodl, Hodl, Hodl, Hodl, Hodl,
Hodl, Hodl, Hodl, Hodl, Hodl, Hodl, Hodl, Hodl, Hodl, Hodl, Hodl,
Hodl, Hodl, Hodl, Hodl, Hodl, Hodl, Hodl, Hodl, Hodl, Hodl, Hodl,
Hodl, Hodl, Hodl, Hodl, Hodl, Hodl, Hodl, Hodl, Hodl, Hodl, Hodl,
Hodl, Hodl, Hodl, Hodl, Hodl, Hodl, Hodl, Hodl, Hodl, Hodl, Hodl,
Hodl, Hodl, Hodl, Hodl, Hodl, Hodl, Hodl, Hodl, Hodl, Hodl, Hodl,
Hodl, Hodl, Hodl, Hodl, Hodl, Hodl, Hodl, Hodl, Hodl, Hodl, Hodl,
Hodl, Hodl, Hodl, Hodl, Hodl, Hodl, Hodl, Hodl, Hodl, Hodl, Hodl,
Hodl, Hodl, Hodl, Hodl, Hodl, Hodl, Hodl, Hodl, Hodl, Hodl, Hodl,
Hodl, Hodl, Hodl, Hodl, Hodl, Hodl, Hodl, Hodl, Hodl, Hodl, Hodl,
Hodl, Hodl, Hodl, Hodl, Hodl, Hodl, Hodl, Hodl, Hodl, Hodl, Hodl,
Hodl, Hodl, Hodl, Hodl, Hodl, Hodl, Hodl, Hodl, Hodl, Hodl, Hodl,
Hodl, Hodl, Hodl, Hodl, Hodl, Hodl, Hodl, Hodl, Hodl, Hodl, Hodl,
Hodl, Hodl, Hodl, Hodl, Hodl, Hodl, Hodl, Hodl, Hodl, Hodl, Hodl,
Hodl, Hodl, Hodl, Hodl, Hodl, Hodl, Hodl, Hodl, Hodl, Hodl, Hodl,
Hodl, Hodl, Hodl, Hodl, Hodl, Hodl, Hodl, Hodl, Hodl, Hodl, Hodl,
Hodl, Hodl, Hodl, Hodl, Hodl, Hodl, Hodl, Hodl, Hodl, Hodl, Hodl,
Hodl, Hodl, Hodl, Hodl, Hodl, Hodl, Hodl, Hodl, Hodl, Hodl, Hodl,
Hodl, Hodl, Hodl, Hodl, Hodl, Hodl, Hodl, Hodl, Hodl, Hodl, Hodl,
Hodl, Hodl, Hodl, Hodl, Hodl, Hodl, Hodl, Hodl, Hodl, Hodl, Hodl,
Hodl, Hodl, Hodl, Hodl, Hodl, Hodl, Hodl, Hodl, Hodl, Hodl, Hodl,
Hodl, Hodl, Hodl, Hodl, Hodl, Hodl, Hodl, Hodl, Hodl, Hodl, Hodl,
Hodl, Hodl, Hodl, Hodl, Hodl, Hodl, Hodl, Hodl, Hodl, Hodl, Hodl,
Hodl, Hodl, Hodl, Hodl, Hodl, Hodl, Hodl, Hodl, Hodl, Hodl, Hodl,
Hodl, Hodl, Hodl, Hodl, Hodl, Hodl, Hodl, Hodl, Hodl, Hodl, Hodl,
Hodl, Hodl, Hodl, Hodl, Hodl, Hodl, Hodl, Hodl, Hodl, Hodl, Hodl,
Hodl, Hodl, Hodl, Hodl, Hodl, Hodl, Hodl, Hodl, Hodl, Hodl, Hodl,
Hodl, Hodl, Hodl, Hodl, Hodl, Hodl, Hodl, Hodl, Hodl, Hodl, Hodl,
Hodl, Hodl, Hodl, Hodl, Hodl, Hodl, Hodl, Hodl, Hodl, Hodl, Hodl,
Hodl, Hodl, Hodl, Hodl, Hodl, Hodl, Hodl, Hodl, Hodl, Hodl, Hodl,
Hodl, Hodl, Hodl, Hodl, Hodl, Hodl.

Hodl, Hodl, Hodl, Hodl, Hodl, Hodl, Hodl, Hodl, Hodl,
Hodl, Hodl, Hodl, Hodl, Hodl, Hodl, Hodl, Hodl, Hodl, Hodl, Hodl,
Hodl, Hodl, Hodl, Hodl, Hodl, Hodl, Hodl, Hodl, Hodl, Hodl, Hodl,
Hodl, Hodl, Hodl, Hodl, Hodl, Hodl, Hodl, Hodl, Hodl, Hodl, Hodl,
Hodl, Hodl, Hodl, Hodl, Hodl, Hodl, Hodl, Hodl, Hodl, Hodl, Hodl,
Hodl, Hodl, Hodl, Hodl, Hodl, Hodl, Hodl, Hodl, Hodl, Hodl, Hodl,
Hodl, Hodl, Hodl, Hodl, Hodl, Hodl, Hodl, Hodl, Hodl, Hodl, Hodl,
Hodl, Hodl, Hodl, Hodl, Hodl, Hodl, Hodl, Hodl, Hodl, Hodl, Hodl,
Hodl, Hodl, Hodl, Hodl, Hodl, Hodl, Hodl, Hodl, Hodl, Hodl, Hodl,
Hodl, Hodl, Hodl, Hodl, Hodl, Hodl, Hodl, Hodl, Hodl, Hodl, Hodl,
Hodl, Hodl, Hodl, Hodl, Hodl, Hodl, Hodl, Hodl, Hodl, Hodl, Hodl,
Hodl, Hodl, Hodl, Hodl, Hodl, Hodl, Hodl, Hodl, Hodl, Hodl, Hodl,
Hodl, Hodl, Hodl, Hodl, Hodl, Hodl, Hodl, Hodl, Hodl, Hodl, Hodl,
Hodl, Hodl, Hodl, Hodl, Hodl, Hodl, Hodl, Hodl, Hodl, Hodl, Hodl,
Hodl, Hodl, Hodl, Hodl, Hodl, Hodl, Hodl, Hodl, Hodl, Hodl, Hodl,
Hodl, Hodl, Hodl, Hodl, Hodl, Hodl, Hodl, Hodl, Hodl, Hodl, Hodl,
Hodl, Hodl, Hodl, Hodl, Hodl, Hodl, Hodl, Hodl, Hodl, Hodl, Hodl,
Hodl, Hodl, Hodl, Hodl, Hodl, Hodl, Hodl, Hodl, Hodl, Hodl, Hodl,
Hodl, Hodl, Hodl, Hodl, Hodl, Hodl, Hodl, Hodl, Hodl, Hodl, Hodl,
Hodl, Hodl, Hodl, Hodl, Hodl, Hodl, Hodl, Hodl, Hodl, Hodl, Hodl,
Hodl, Hodl, Hodl, Hodl, Hodl, Hodl, Hodl, Hodl, Hodl, Hodl, Hodl,
Hodl, Hodl, Hodl, Hodl, Hodl, Hodl, Hodl, Hodl, Hodl, Hodl, Hodl,
Hodl, Hodl, Hodl, Hodl, Hodl, Hodl, Hodl, Hodl, Hodl, Hodl, Hodl,
Hodl, Hodl, Hodl, Hodl, Hodl, Hodl, Hodl, Hodl, Hodl, Hodl, Hodl,
Hodl, Hodl, Hodl, Hodl, Hodl, Hodl, Hodl, Hodl, Hodl, Hodl, Hodl,
Hodl, Hodl, Hodl, Hodl, Hodl, Hodl, Hodl, Hodl, Hodl, Hodl, Hodl,
Hodl, Hodl, Hodl, Hodl, Hodl, Hodl, Hodl, Hodl, Hodl, Hodl, Hodl,
Hodl, Hodl, Hodl, Hodl, Hodl, Hodl, Hodl, Hodl, Hodl, Hodl, Hodl,
Hodl, Hodl, Hodl, Hodl, Hodl, Hodl, Hodl, Hodl, Hodl, Hodl, Hodl,
Hodl, Hodl, Hodl, Hodl, Hodl, Hodl, Hodl, Hodl, Hodl, Hodl, Hodl,
Hodl, Hodl, Hodl, Hodl, Hodl, Hodl, Hodl, Hodl, Hodl, Hodl, Hodl,
Hodl, Hodl, Hodl, Hodl, Hodl, Hodl, Hodl, Hodl, Hodl, Hodl, Hodl,
Hodl, Hodl, Hodl, Hodl, Hodl, Hodl, Hodl, Hodl, Hodl, Hodl, Hodl,
Hodl, Hodl, Hodl, Hodl, Hodl, Hodl, Hodl, Hodl, Hodl, Hodl, Hodl,
Hodl, Hodl, Hodl, Hodl, Hodl, Hodl.

Hodl, Hodl, Hodl, Hodl, Hodl, Hodl, Hodl, Hodl, Hodl, Hodl, Hodl, Hodl, Hodl, Hodl, Hodl, Hodl, Hodl, Hodl, Hodl, Hodl, Hodl, Hodl, Hodl, Hodl, Hodl, Hodl, Hodl, Hodl, Hodl, Hodl, Hodl, Hodl, Hodl, Hodl, Hodl, Hodl, Hodl, Hodl, Hodl, Hodl, Hodl, Hodl, Hodl, Hodl, Hodl, Hodl, Hodl, Hodl, Hodl, Hodl, Hodl, Hodl, Hodl, Hodl, Hodl, Hodl, Hodl, Hodl, Hodl, Hodl, Hodl, Hodl, Hodl, Hodl, Hodl, Hodl, Hodl, Hodl, Hodl, Hodl, Hodl, Hodl, Hodl, Hodl, Hodl, Hodl, Hodl, Hodl, Hodl, Hodl, Hodl, Hodl, Hodl, Hodl, Hodl, Hodl, Hodl, Hodl, Hodl, Hodl, Hodl, Hodl, Hodl, Hodl, Hodl, Hodl, Hodl, Hodl, Hodl, Hodl, Hodl, Hodl, Hodl, Hodl, Hodl, Hodl, Hodl, Hodl, Hodl, Hodl, Hodl, Hodl, Hodl, Hodl, Hodl, Hodl, Hodl, Hodl, Hodl, Hodl, Hodl, Hodl, Hodl, Hodl, Hodl, Hodl, Hodl, Hodl, Hodl, Hodl, Hodl, Hodl, Hodl, Hodl, Hodl, Hodl, Hodl, Hodl, Hodl, Hodl, Hodl, Hodl, Hodl, Hodl, Hodl, Hodl, Hodl, Hodl, Hodl, Hodl, Hodl, Hodl, Hodl, Hodl, Hodl, Hodl, Hodl, Hodl, Hodl, Hodl, Hodl, Hodl, Hodl, Hodl, Hodl, Hodl, Hodl, Hodl, Hodl, Hodl, Hodl, Hodl, Hodl, Hodl, Hodl, Hodl, Hodl, Hodl, Hodl, Hodl, Hodl, Hodl, Hodl, Hodl, Hodl, Hodl, Hodl, Hodl, Hodl, Hodl, Hodl, Hodl, Hodl, Hodl, Hodl, Hodl, Hodl, Hodl, Hodl, Hodl, Hodl, Hodl, Hodl, Hodl, Hodl, Hodl, Hodl, Hodl, Hodl, Hodl, Hodl, Hodl, Hodl, Hodl, Hodl, Hodl, Hodl, Hodl, Hodl, Hodl, Hodl, Hodl, Hodl, Hodl, Hodl, Hodl, Hodl, Hodl, Hodl, Hodl, Hodl, Hodl, Hodl, Hodl, Hodl, Hodl, Hodl, Hodl, Hodl, Hodl, Hodl, Hodl, Hodl, Hodl, Hodl, Hodl, Hodl, Hodl, Hodl, Hodl, Hodl, Hodl, Hodl, Hodl, Hodl, Hodl, Hodl, Hodl, Hodl, Hodl, Hodl, Hodl, Hodl, Hodl, Hodl, Hodl, Hodl, Hodl, Hodl, Hodl, Hodl, Hodl, Hodl, Hodl, Hodl, Hodl, Hodl, Hodl, Hodl, Hodl, Hodl, Hodl, Hodl, Hodl, Hodl, Hodl, Hodl, Hodl, Hodl, Hodl, Hodl, Hodl, Hodl, Hodl, Hodl, Hodl, Hodl, Hodl, Hodl, Hodl, Hodl, Hodl, Hodl, Hodl, Hodl, Hodl, Hodl, Hodl, Hodl, Hodl, Hodl, Hodl, Hodl, Hodl, Hodl, Hodl, Hodl, Hodl, Hodl, Hodl, Hodl, Hodl, Hodl, Hodl, Hodl, Hodl, Hodl, Hodl, Hodl, Hodl, Hodl, Hodl, Hodl, Hodl, Hodl, Hodl, Hodl, Hodl, Hodl, Hodl, Hodl, Hodl, Hodl, Hodl, Hodl, Hodl, Hodl, Hodl, Hodl, Hodl, Hodl, Hodl, Hodl, Hodl, Hodl, Hodl, Hodl, Hodl, Hodl, Hodl, Hodl, Hodl, Hodl.

Hodl, Hodl, Hodl, Hodl, Hodl, Hodl, Hodl, Hodl, Hodl,
Hodl, Hodl, Hodl, Hodl, Hodl, Hodl, Hodl, Hodl, Hodl, Hodl, Hodl,
Hodl, Hodl, Hodl, Hodl, Hodl, Hodl, Hodl, Hodl, Hodl, Hodl, Hodl,
Hodl, Hodl, Hodl, Hodl, Hodl, Hodl, Hodl, Hodl, Hodl, Hodl, Hodl,
Hodl, Hodl, Hodl, Hodl, Hodl, Hodl, Hodl, Hodl, Hodl, Hodl, Hodl,
Hodl, Hodl, Hodl, Hodl, Hodl, Hodl, Hodl, Hodl, Hodl, Hodl, Hodl,
Hodl, Hodl, Hodl, Hodl, Hodl, Hodl, Hodl, Hodl, Hodl, Hodl, Hodl,
Hodl, Hodl, Hodl, Hodl, Hodl, Hodl, Hodl, Hodl, Hodl, Hodl, Hodl,
Hodl, Hodl, Hodl, Hodl, Hodl, Hodl, Hodl, Hodl, Hodl, Hodl, Hodl,
Hodl, Hodl, Hodl, Hodl, Hodl, Hodl, Hodl, Hodl, Hodl, Hodl, Hodl,
Hodl, Hodl, Hodl, Hodl, Hodl, Hodl, Hodl, Hodl, Hodl, Hodl, Hodl,
Hodl, Hodl, Hodl, Hodl, Hodl, Hodl, Hodl, Hodl, Hodl, Hodl, Hodl,
Hodl, Hodl, Hodl, Hodl, Hodl, Hodl, Hodl, Hodl, Hodl, Hodl, Hodl,
Hodl, Hodl, Hodl, Hodl, Hodl, Hodl, Hodl, Hodl, Hodl, Hodl, Hodl,
Hodl, Hodl, Hodl, Hodl, Hodl, Hodl, Hodl, Hodl, Hodl, Hodl, Hodl,
Hodl, Hodl, Hodl, Hodl, Hodl, Hodl, Hodl, Hodl, Hodl, Hodl, Hodl,
Hodl, Hodl, Hodl, Hodl, Hodl, Hodl, Hodl, Hodl, Hodl, Hodl, Hodl,
Hodl, Hodl, Hodl, Hodl, Hodl, Hodl, Hodl, Hodl, Hodl, Hodl, Hodl,
Hodl, Hodl, Hodl, Hodl, Hodl, Hodl, Hodl, Hodl, Hodl, Hodl, Hodl,
Hodl, Hodl, Hodl, Hodl, Hodl, Hodl, Hodl, Hodl, Hodl, Hodl, Hodl,
Hodl, Hodl, Hodl, Hodl, Hodl, Hodl, Hodl, Hodl, Hodl, Hodl, Hodl,
Hodl, Hodl, Hodl, Hodl, Hodl, Hodl, Hodl, Hodl, Hodl, Hodl, Hodl,
Hodl, Hodl, Hodl, Hodl, Hodl, Hodl, Hodl, Hodl, Hodl, Hodl, Hodl,
Hodl, Hodl, Hodl, Hodl, Hodl, Hodl, Hodl, Hodl, Hodl, Hodl, Hodl,
Hodl, Hodl, Hodl, Hodl, Hodl, Hodl, Hodl, Hodl, Hodl, Hodl, Hodl,
Hodl, Hodl, Hodl, Hodl, Hodl, Hodl, Hodl, Hodl, Hodl, Hodl, Hodl,
Hodl, Hodl, Hodl, Hodl, Hodl, Hodl, Hodl, Hodl, Hodl, Hodl, Hodl,
Hodl, Hodl, Hodl, Hodl, Hodl, Hodl, Hodl, Hodl, Hodl, Hodl, Hodl,
Hodl, Hodl, Hodl, Hodl, Hodl, Hodl, Hodl, Hodl, Hodl, Hodl, Hodl,
Hodl, Hodl, Hodl, Hodl, Hodl, Hodl, Hodl, Hodl, Hodl, Hodl, Hodl,
Hodl, Hodl, Hodl, Hodl, Hodl, Hodl, Hodl, Hodl, Hodl, Hodl, Hodl,
Hodl, Hodl, Hodl, Hodl, Hodl, Hodl, Hodl, Hodl, Hodl, Hodl, Hodl,
Hodl, Hodl, Hodl, Hodl, Hodl, Hodl, Hodl, Hodl, Hodl, Hodl, Hodl,
Hodl, Hodl, Hodl, Hodl, Hodl, Hodl.

Hodl, Hodl, Hodl, Hodl, Hodl, Hodl, Hodl, Hodl, Hodl,
Hodl, Hodl, Hodl, Hodl, Hodl, Hodl, Hodl, Hodl, Hodl, Hodl, Hodl,
Hodl, Hodl, Hodl, Hodl, Hodl, Hodl, Hodl, Hodl, Hodl, Hodl, Hodl,
Hodl, Hodl, Hodl, Hodl, Hodl, Hodl, Hodl, Hodl, Hodl, Hodl, Hodl,
Hodl, Hodl, Hodl, Hodl, Hodl, Hodl, Hodl, Hodl, Hodl, Hodl, Hodl,
Hodl, Hodl, Hodl, Hodl, Hodl, Hodl, Hodl, Hodl, Hodl, Hodl, Hodl,
Hodl, Hodl, Hodl, Hodl, Hodl, Hodl, Hodl, Hodl, Hodl, Hodl, Hodl,
Hodl, Hodl, Hodl, Hodl, Hodl, Hodl, Hodl, Hodl, Hodl, Hodl, Hodl,
Hodl, Hodl, Hodl, Hodl, Hodl, Hodl, Hodl, Hodl, Hodl, Hodl, Hodl,
Hodl, Hodl, Hodl, Hodl, Hodl, Hodl, Hodl, Hodl, Hodl, Hodl, Hodl,
Hodl, Hodl, Hodl, Hodl, Hodl, Hodl, Hodl, Hodl, Hodl, Hodl, Hodl,
Hodl, Hodl, Hodl, Hodl, Hodl, Hodl, Hodl, Hodl, Hodl, Hodl, Hodl,
Hodl, Hodl, Hodl, Hodl, Hodl, Hodl, Hodl, Hodl, Hodl, Hodl, Hodl,
Hodl, Hodl, Hodl, Hodl, Hodl, Hodl, Hodl, Hodl, Hodl, Hodl, Hodl,
Hodl, Hodl, Hodl, Hodl, Hodl, Hodl, Hodl, Hodl, Hodl, Hodl, Hodl,
Hodl, Hodl, Hodl, Hodl, Hodl, Hodl, Hodl, Hodl, Hodl, Hodl, Hodl,
Hodl, Hodl, Hodl, Hodl, Hodl, Hodl, Hodl, Hodl, Hodl, Hodl, Hodl,
Hodl, Hodl, Hodl, Hodl, Hodl, Hodl, Hodl, Hodl, Hodl, Hodl, Hodl,
Hodl, Hodl, Hodl, Hodl, Hodl, Hodl, Hodl, Hodl, Hodl, Hodl, Hodl,
Hodl, Hodl, Hodl, Hodl, Hodl, Hodl, Hodl, Hodl, Hodl, Hodl, Hodl,
Hodl, Hodl, Hodl, Hodl, Hodl, Hodl, Hodl, Hodl, Hodl, Hodl, Hodl,
Hodl, Hodl, Hodl, Hodl, Hodl, Hodl, Hodl, Hodl, Hodl, Hodl, Hodl,
Hodl, Hodl, Hodl, Hodl, Hodl, Hodl, Hodl, Hodl, Hodl, Hodl, Hodl,
Hodl, Hodl, Hodl, Hodl, Hodl, Hodl, Hodl, Hodl, Hodl, Hodl, Hodl,
Hodl, Hodl, Hodl, Hodl, Hodl, Hodl, Hodl, Hodl, Hodl, Hodl, Hodl,
Hodl, Hodl, Hodl, Hodl, Hodl, Hodl, Hodl, Hodl, Hodl, Hodl, Hodl,
Hodl, Hodl, Hodl, Hodl, Hodl, Hodl, Hodl, Hodl, Hodl, Hodl, Hodl,
Hodl, Hodl, Hodl, Hodl, Hodl, Hodl, Hodl, Hodl, Hodl, Hodl, Hodl,
Hodl, Hodl, Hodl, Hodl, Hodl, Hodl, Hodl, Hodl, Hodl, Hodl, Hodl,
Hodl, Hodl, Hodl, Hodl, Hodl, Hodl, Hodl, Hodl, Hodl, Hodl, Hodl,
Hodl, Hodl, Hodl, Hodl, Hodl, Hodl, Hodl, Hodl, Hodl, Hodl, Hodl,
Hodl, Hodl, Hodl, Hodl, Hodl, Hodl, Hodl, Hodl, Hodl, Hodl, Hodl,
Hodl, Hodl, Hodl, Hodl, Hodl, Hodl, Hodl, Hodl, Hodl, Hodl, Hodl,
Hodl, Hodl, Hodl, Hodl, Hodl, Hodl.

Hodl, Hodl, Hodl, Hodl, Hodl, Hodl, Hodl, Hodl, Hodl,
Hodl, Hodl, Hodl, Hodl, Hodl, Hodl, Hodl, Hodl, Hodl, Hodl, Hodl,
Hodl, Hodl, Hodl, Hodl, Hodl, Hodl, Hodl, Hodl, Hodl, Hodl, Hodl,
Hodl, Hodl, Hodl, Hodl, Hodl, Hodl, Hodl, Hodl, Hodl, Hodl, Hodl,
Hodl, Hodl, Hodl, Hodl, Hodl, Hodl, Hodl, Hodl, Hodl, Hodl, Hodl,
Hodl, Hodl, Hodl, Hodl, Hodl, Hodl, Hodl, Hodl, Hodl, Hodl, Hodl,
Hodl, Hodl, Hodl, Hodl, Hodl, Hodl, Hodl, Hodl, Hodl, Hodl, Hodl,
Hodl, Hodl, Hodl, Hodl, Hodl, Hodl, Hodl, Hodl, Hodl, Hodl, Hodl,
Hodl, Hodl, Hodl, Hodl, Hodl, Hodl, Hodl, Hodl, Hodl, Hodl, Hodl,
Hodl, Hodl, Hodl, Hodl, Hodl, Hodl, Hodl, Hodl, Hodl, Hodl, Hodl,
Hodl, Hodl, Hodl, Hodl, Hodl, Hodl, Hodl, Hodl, Hodl, Hodl, Hodl,
Hodl, Hodl, Hodl, Hodl, Hodl, Hodl, Hodl, Hodl, Hodl, Hodl, Hodl,
Hodl, Hodl, Hodl, Hodl, Hodl, Hodl, Hodl, Hodl, Hodl, Hodl, Hodl,
Hodl, Hodl, Hodl, Hodl, Hodl, Hodl, Hodl, Hodl, Hodl, Hodl, Hodl,
Hodl, Hodl, Hodl, Hodl, Hodl, Hodl, Hodl, Hodl, Hodl, Hodl, Hodl,
Hodl, Hodl, Hodl, Hodl, Hodl, Hodl, Hodl, Hodl, Hodl, Hodl, Hodl,
Hodl, Hodl, Hodl, Hodl, Hodl, Hodl, Hodl, Hodl, Hodl, Hodl, Hodl,
Hodl, Hodl, Hodl, Hodl, Hodl, Hodl, Hodl, Hodl, Hodl, Hodl, Hodl,
Hodl, Hodl, Hodl, Hodl, Hodl, Hodl, Hodl, Hodl, Hodl, Hodl, Hodl,
Hodl, Hodl, Hodl, Hodl, Hodl, Hodl, Hodl, Hodl, Hodl, Hodl, Hodl,
Hodl, Hodl, Hodl, Hodl, Hodl, Hodl, Hodl, Hodl, Hodl, Hodl, Hodl,
Hodl, Hodl, Hodl, Hodl, Hodl, Hodl, Hodl, Hodl, Hodl, Hodl, Hodl,
Hodl, Hodl, Hodl, Hodl, Hodl, Hodl, Hodl, Hodl, Hodl, Hodl, Hodl,
Hodl, Hodl, Hodl, Hodl, Hodl, Hodl, Hodl, Hodl, Hodl, Hodl, Hodl,
Hodl, Hodl, Hodl, Hodl, Hodl, Hodl, Hodl, Hodl, Hodl, Hodl, Hodl,
Hodl, Hodl, Hodl, Hodl, Hodl, Hodl, Hodl, Hodl, Hodl, Hodl, Hodl,
Hodl, Hodl, Hodl, Hodl, Hodl, Hodl, Hodl, Hodl, Hodl, Hodl, Hodl,
Hodl, Hodl, Hodl, Hodl, Hodl, Hodl, Hodl, Hodl, Hodl, Hodl, Hodl,
Hodl, Hodl, Hodl, Hodl, Hodl, Hodl, Hodl, Hodl, Hodl, Hodl, Hodl,
Hodl, Hodl, Hodl, Hodl, Hodl, Hodl, Hodl, Hodl, Hodl, Hodl, Hodl,
Hodl, Hodl, Hodl, Hodl, Hodl, Hodl, Hodl, Hodl, Hodl, Hodl, Hodl,
Hodl, Hodl, Hodl, Hodl, Hodl, Hodl, Hodl, Hodl, Hodl, Hodl, Hodl,
Hodl, Hodl, Hodl, Hodl, Hodl, Hodl.

Hodl, Hodl, Hodl, Hodl, Hodl, Hodl, Hodl, Hodl, Hodl,
Hodl, Hodl, Hodl, Hodl, Hodl, Hodl, Hodl, Hodl, Hodl, Hodl, Hodl,
Hodl, Hodl, Hodl, Hodl, Hodl, Hodl, Hodl, Hodl, Hodl, Hodl, Hodl,
Hodl, Hodl, Hodl, Hodl, Hodl, Hodl, Hodl, Hodl, Hodl, Hodl, Hodl,
Hodl, Hodl, Hodl, Hodl, Hodl, Hodl, Hodl, Hodl, Hodl, Hodl, Hodl,
Hodl, Hodl, Hodl, Hodl, Hodl, Hodl, Hodl, Hodl, Hodl, Hodl, Hodl,
Hodl, Hodl, Hodl, Hodl, Hodl, Hodl, Hodl, Hodl, Hodl, Hodl, Hodl,
Hodl, Hodl, Hodl, Hodl, Hodl, Hodl, Hodl, Hodl, Hodl, Hodl, Hodl,
Hodl, Hodl, Hodl, Hodl, Hodl, Hodl, Hodl, Hodl, Hodl, Hodl, Hodl,
Hodl, Hodl, Hodl, Hodl, Hodl, Hodl, Hodl, Hodl, Hodl, Hodl, Hodl,
Hodl, Hodl, Hodl, Hodl, Hodl, Hodl, Hodl, Hodl, Hodl, Hodl, Hodl,
Hodl, Hodl, Hodl, Hodl, Hodl, Hodl, Hodl, Hodl, Hodl, Hodl, Hodl,
Hodl, Hodl, Hodl, Hodl, Hodl, Hodl, Hodl, Hodl, Hodl, Hodl, Hodl,
Hodl, Hodl, Hodl, Hodl, Hodl, Hodl, Hodl, Hodl, Hodl, Hodl, Hodl,
Hodl, Hodl, Hodl, Hodl, Hodl, Hodl, Hodl, Hodl, Hodl, Hodl, Hodl,
Hodl, Hodl, Hodl, Hodl, Hodl, Hodl, Hodl, Hodl, Hodl, Hodl, Hodl,
Hodl, Hodl, Hodl, Hodl, Hodl, Hodl, Hodl, Hodl, Hodl, Hodl, Hodl,
Hodl, Hodl, Hodl, Hodl, Hodl, Hodl, Hodl, Hodl, Hodl, Hodl, Hodl,
Hodl, Hodl, Hodl, Hodl, Hodl, Hodl, Hodl, Hodl, Hodl, Hodl, Hodl,
Hodl, Hodl, Hodl, Hodl, Hodl, Hodl, Hodl, Hodl, Hodl, Hodl, Hodl,
Hodl, Hodl, Hodl, Hodl, Hodl, Hodl, Hodl, Hodl, Hodl, Hodl, Hodl,
Hodl, Hodl, Hodl, Hodl, Hodl, Hodl, Hodl, Hodl, Hodl, Hodl, Hodl,
Hodl, Hodl, Hodl, Hodl, Hodl, Hodl, Hodl, Hodl, Hodl, Hodl, Hodl,
Hodl, Hodl, Hodl, Hodl, Hodl, Hodl, Hodl, Hodl, Hodl, Hodl, Hodl,
Hodl, Hodl, Hodl, Hodl, Hodl, Hodl, Hodl, Hodl, Hodl, Hodl, Hodl,
Hodl, Hodl, Hodl, Hodl, Hodl, Hodl, Hodl, Hodl, Hodl, Hodl, Hodl,
Hodl, Hodl, Hodl, Hodl, Hodl, Hodl, Hodl, Hodl, Hodl, Hodl, Hodl,
Hodl, Hodl, Hodl, Hodl, Hodl, Hodl, Hodl, Hodl, Hodl, Hodl, Hodl,
Hodl, Hodl, Hodl, Hodl, Hodl, Hodl, Hodl, Hodl, Hodl, Hodl, Hodl,
Hodl, Hodl, Hodl, Hodl, Hodl, Hodl, Hodl, Hodl, Hodl, Hodl, Hodl,
Hodl, Hodl, Hodl, Hodl, Hodl, Hodl, Hodl, Hodl, Hodl, Hodl, Hodl,
Hodl, Hodl, Hodl, Hodl, Hodl, Hodl, Hodl, Hodl, Hodl, Hodl, Hodl,
Hodl, Hodl, Hodl, Hodl, Hodl, Hodl.

Hodl, Hodl, Hodl, Hodl, Hodl, Hodl, Hodl, Hodl, Hodl,
Hodl, Hodl, Hodl, Hodl, Hodl, Hodl, Hodl, Hodl, Hodl, Hodl, Hodl,
Hodl, Hodl, Hodl, Hodl, Hodl, Hodl, Hodl, Hodl, Hodl, Hodl, Hodl,
Hodl, Hodl, Hodl, Hodl, Hodl, Hodl, Hodl, Hodl, Hodl, Hodl, Hodl,
Hodl, Hodl, Hodl, Hodl, Hodl, Hodl, Hodl, Hodl, Hodl, Hodl, Hodl,
Hodl, Hodl, Hodl, Hodl, Hodl, Hodl, Hodl, Hodl, Hodl, Hodl, Hodl,
Hodl, Hodl, Hodl, Hodl, Hodl, Hodl, Hodl, Hodl, Hodl, Hodl, Hodl,
Hodl, Hodl, Hodl, Hodl, Hodl, Hodl, Hodl, Hodl, Hodl, Hodl, Hodl,
Hodl, Hodl, Hodl, Hodl, Hodl, Hodl, Hodl, Hodl, Hodl, Hodl, Hodl,
Hodl, Hodl, Hodl, Hodl, Hodl, Hodl, Hodl, Hodl, Hodl, Hodl, Hodl,
Hodl, Hodl, Hodl, Hodl, Hodl, Hodl, Hodl, Hodl, Hodl, Hodl, Hodl,
Hodl, Hodl, Hodl, Hodl, Hodl, Hodl, Hodl, Hodl, Hodl, Hodl, Hodl,
Hodl, Hodl, Hodl, Hodl, Hodl, Hodl, Hodl, Hodl, Hodl, Hodl, Hodl,
Hodl, Hodl, Hodl, Hodl, Hodl, Hodl, Hodl, Hodl, Hodl, Hodl, Hodl,
Hodl, Hodl, Hodl, Hodl, Hodl, Hodl, Hodl, Hodl, Hodl, Hodl, Hodl,
Hodl, Hodl, Hodl, Hodl, Hodl, Hodl, Hodl, Hodl, Hodl, Hodl, Hodl,
Hodl, Hodl, Hodl, Hodl, Hodl, Hodl, Hodl, Hodl, Hodl, Hodl, Hodl,
Hodl, Hodl, Hodl, Hodl, Hodl, Hodl, Hodl, Hodl, Hodl, Hodl, Hodl,
Hodl, Hodl, Hodl, Hodl, Hodl, Hodl, Hodl, Hodl, Hodl, Hodl, Hodl,
Hodl, Hodl, Hodl, Hodl, Hodl, Hodl, Hodl, Hodl, Hodl, Hodl, Hodl,
Hodl, Hodl, Hodl, Hodl, Hodl, Hodl, Hodl, Hodl, Hodl, Hodl, Hodl,
Hodl, Hodl, Hodl, Hodl, Hodl, Hodl, Hodl, Hodl, Hodl, Hodl, Hodl,
Hodl, Hodl, Hodl, Hodl, Hodl, Hodl, Hodl, Hodl, Hodl, Hodl, Hodl,
Hodl, Hodl, Hodl, Hodl, Hodl, Hodl, Hodl, Hodl, Hodl, Hodl, Hodl,
Hodl, Hodl, Hodl, Hodl, Hodl, Hodl, Hodl, Hodl, Hodl, Hodl, Hodl,
Hodl, Hodl, Hodl, Hodl, Hodl, Hodl, Hodl, Hodl, Hodl, Hodl, Hodl,
Hodl, Hodl, Hodl, Hodl, Hodl, Hodl, Hodl, Hodl, Hodl, Hodl, Hodl,
Hodl, Hodl, Hodl, Hodl, Hodl, Hodl, Hodl, Hodl, Hodl, Hodl, Hodl,
Hodl, Hodl, Hodl, Hodl, Hodl, Hodl, Hodl, Hodl, Hodl, Hodl, Hodl,
Hodl, Hodl, Hodl, Hodl, Hodl, Hodl, Hodl, Hodl, Hodl, Hodl, Hodl,
Hodl, Hodl, Hodl, Hodl, Hodl, Hodl, Hodl, Hodl, Hodl, Hodl, Hodl,
Hodl, Hodl, Hodl, Hodl, Hodl, Hodl, Hodl, Hodl, Hodl, Hodl, Hodl,
Hodl, Hodl, Hodl, Hodl, Hodl, Hodl, Hodl, Hodl, Hodl, Hodl, Hodl,
Hodl, Hodl, Hodl, Hodl, Hodl, Hodl, Hodl, Hodl, Hodl, Hodl, Hodl,
Hodl, Hodl, Hodl, Hodl, Hodl, Hodl, Hodl, Hodl, Hodl, Hodl, Hodl,
Hodl, Hodl, Hodl, Hodl, Hodl, Hodl, Hodl, Hodl, Hodl, Hodl, Hodl,
Hodl, Hodl, Hodl, Hodl, Hodl, Hodl.

Hodl, Hodl, Hodl, Hodl, Hodl, Hodl, Hodl, Hodl, Hodl,
Hodl, Hodl, Hodl, Hodl, Hodl, Hodl, Hodl, Hodl, Hodl, Hodl, Hodl,
Hodl, Hodl, Hodl, Hodl, Hodl, Hodl, Hodl, Hodl, Hodl, Hodl, Hodl,
Hodl, Hodl, Hodl, Hodl, Hodl, Hodl, Hodl, Hodl, Hodl, Hodl, Hodl,
Hodl, Hodl, Hodl, Hodl, Hodl, Hodl, Hodl, Hodl, Hodl, Hodl, Hodl,
Hodl, Hodl, Hodl, Hodl, Hodl, Hodl, Hodl, Hodl, Hodl, Hodl, Hodl,
Hodl, Hodl, Hodl, Hodl, Hodl, Hodl, Hodl, Hodl, Hodl, Hodl, Hodl,
Hodl, Hodl, Hodl, Hodl, Hodl, Hodl, Hodl, Hodl, Hodl, Hodl, Hodl,
Hodl, Hodl, Hodl, Hodl, Hodl, Hodl, Hodl, Hodl, Hodl, Hodl, Hodl,
Hodl, Hodl, Hodl, Hodl, Hodl, Hodl, Hodl, Hodl, Hodl, Hodl, Hodl,
Hodl, Hodl, Hodl, Hodl, Hodl, Hodl, Hodl, Hodl, Hodl, Hodl, Hodl,
Hodl, Hodl, Hodl, Hodl, Hodl, Hodl, Hodl, Hodl, Hodl, Hodl, Hodl,
Hodl, Hodl, Hodl, Hodl, Hodl, Hodl, Hodl, Hodl, Hodl, Hodl, Hodl,
Hodl, Hodl, Hodl, Hodl, Hodl, Hodl, Hodl, Hodl, Hodl, Hodl, Hodl,
Hodl, Hodl, Hodl, Hodl, Hodl, Hodl, Hodl, Hodl, Hodl, Hodl, Hodl,
Hodl, Hodl, Hodl, Hodl, Hodl, Hodl, Hodl, Hodl, Hodl, Hodl, Hodl,
Hodl, Hodl, Hodl, Hodl, Hodl, Hodl, Hodl, Hodl, Hodl, Hodl, Hodl,
Hodl, Hodl, Hodl, Hodl, Hodl, Hodl, Hodl, Hodl, Hodl, Hodl, Hodl,
Hodl, Hodl, Hodl, Hodl, Hodl, Hodl, Hodl, Hodl, Hodl, Hodl, Hodl,
Hodl, Hodl, Hodl, Hodl, Hodl, Hodl, Hodl, Hodl, Hodl, Hodl, Hodl,
Hodl, Hodl, Hodl, Hodl, Hodl, Hodl, Hodl, Hodl, Hodl, Hodl, Hodl,
Hodl, Hodl, Hodl, Hodl, Hodl, Hodl, Hodl, Hodl, Hodl, Hodl, Hodl,
Hodl, Hodl, Hodl, Hodl, Hodl, Hodl, Hodl, Hodl, Hodl, Hodl, Hodl,
Hodl, Hodl, Hodl, Hodl, Hodl, Hodl, Hodl, Hodl, Hodl, Hodl, Hodl,
Hodl, Hodl, Hodl, Hodl, Hodl, Hodl, Hodl, Hodl, Hodl, Hodl, Hodl,
Hodl, Hodl, Hodl, Hodl, Hodl, Hodl, Hodl, Hodl, Hodl, Hodl, Hodl,
Hodl, Hodl, Hodl, Hodl, Hodl, Hodl, Hodl, Hodl, Hodl, Hodl, Hodl,
Hodl, Hodl, Hodl, Hodl, Hodl, Hodl, Hodl, Hodl, Hodl, Hodl, Hodl,
Hodl, Hodl, Hodl, Hodl, Hodl, Hodl, Hodl, Hodl, Hodl, Hodl, Hodl,
Hodl, Hodl, Hodl, Hodl, Hodl, Hodl, Hodl, Hodl, Hodl, Hodl, Hodl,
Hodl, Hodl, Hodl, Hodl, Hodl, Hodl, Hodl, Hodl, Hodl, Hodl, Hodl,
Hodl, Hodl, Hodl, Hodl, Hodl, Hodl, Hodl, Hodl, Hodl, Hodl, Hodl,
Hodl, Hodl, Hodl, Hodl, Hodl, Hodl.

Hodl, Hodl, Hodl, Hodl, Hodl, Hodl, Hodl, Hodl, Hodl,
Hodl, Hodl, Hodl, Hodl, Hodl, Hodl, Hodl, Hodl, Hodl, Hodl, Hodl,
Hodl, Hodl, Hodl, Hodl, Hodl, Hodl, Hodl, Hodl, Hodl, Hodl, Hodl,
Hodl, Hodl, Hodl, Hodl, Hodl, Hodl, Hodl, Hodl, Hodl, Hodl, Hodl,
Hodl, Hodl, Hodl, Hodl, Hodl, Hodl, Hodl, Hodl, Hodl, Hodl, Hodl,
Hodl, Hodl, Hodl, Hodl, Hodl, Hodl, Hodl, Hodl, Hodl, Hodl, Hodl,
Hodl, Hodl, Hodl, Hodl, Hodl, Hodl, Hodl, Hodl, Hodl, Hodl, Hodl,
Hodl, Hodl, Hodl, Hodl, Hodl, Hodl, Hodl, Hodl, Hodl, Hodl, Hodl,
Hodl, Hodl, Hodl, Hodl, Hodl, Hodl, Hodl, Hodl, Hodl, Hodl, Hodl,
Hodl, Hodl, Hodl, Hodl, Hodl, Hodl, Hodl, Hodl, Hodl, Hodl, Hodl,
Hodl, Hodl, Hodl, Hodl, Hodl, Hodl, Hodl, Hodl, Hodl, Hodl, Hodl,
Hodl, Hodl, Hodl, Hodl, Hodl, Hodl, Hodl, Hodl, Hodl, Hodl, Hodl,
Hodl, Hodl, Hodl, Hodl, Hodl, Hodl, Hodl, Hodl, Hodl, Hodl, Hodl,
Hodl, Hodl, Hodl, Hodl, Hodl, Hodl, Hodl, Hodl, Hodl, Hodl, Hodl,
Hodl, Hodl, Hodl, Hodl, Hodl, Hodl, Hodl, Hodl, Hodl, Hodl, Hodl,
Hodl, Hodl, Hodl, Hodl, Hodl, Hodl, Hodl, Hodl, Hodl, Hodl, Hodl,
Hodl, Hodl, Hodl, Hodl, Hodl, Hodl, Hodl, Hodl, Hodl, Hodl, Hodl,
Hodl, Hodl, Hodl, Hodl, Hodl, Hodl, Hodl, Hodl, Hodl, Hodl, Hodl,
Hodl, Hodl, Hodl, Hodl, Hodl, Hodl, Hodl, Hodl, Hodl, Hodl, Hodl,
Hodl, Hodl, Hodl, Hodl, Hodl, Hodl, Hodl, Hodl, Hodl, Hodl, Hodl,
Hodl, Hodl, Hodl, Hodl, Hodl, Hodl, Hodl, Hodl, Hodl, Hodl, Hodl,
Hodl, Hodl, Hodl, Hodl, Hodl, Hodl, Hodl, Hodl, Hodl, Hodl, Hodl,
Hodl, Hodl, Hodl, Hodl, Hodl, Hodl, Hodl, Hodl, Hodl, Hodl, Hodl,
Hodl, Hodl, Hodl, Hodl, Hodl, Hodl, Hodl, Hodl, Hodl, Hodl, Hodl,
Hodl, Hodl, Hodl, Hodl, Hodl, Hodl, Hodl, Hodl, Hodl, Hodl, Hodl,
Hodl, Hodl, Hodl, Hodl, Hodl, Hodl, Hodl, Hodl, Hodl, Hodl, Hodl,
Hodl, Hodl, Hodl, Hodl, Hodl, Hodl, Hodl, Hodl, Hodl, Hodl, Hodl,
Hodl, Hodl, Hodl, Hodl, Hodl, Hodl, Hodl, Hodl, Hodl, Hodl, Hodl,
Hodl, Hodl, Hodl, Hodl, Hodl, Hodl, Hodl, Hodl, Hodl, Hodl, Hodl,
Hodl, Hodl, Hodl, Hodl, Hodl, Hodl, Hodl, Hodl, Hodl, Hodl, Hodl,
Hodl, Hodl, Hodl, Hodl, Hodl, Hodl, Hodl, Hodl, Hodl, Hodl, Hodl,
Hodl, Hodl, Hodl, Hodl, Hodl, Hodl, Hodl, Hodl, Hodl, Hodl, Hodl,
Hodl, Hodl, Hodl, Hodl, Hodl, Hodl.

Hodl, Hodl, Hodl, Hodl, Hodl, Hodl, Hodl, Hodl, Hodl,
Hodl, Hodl, Hodl, Hodl, Hodl, Hodl, Hodl, Hodl, Hodl, Hodl, Hodl,
Hodl, Hodl, Hodl, Hodl, Hodl, Hodl, Hodl, Hodl, Hodl, Hodl, Hodl,
Hodl, Hodl, Hodl, Hodl, Hodl, Hodl, Hodl, Hodl, Hodl, Hodl, Hodl,
Hodl, Hodl, Hodl, Hodl, Hodl, Hodl, Hodl, Hodl, Hodl, Hodl, Hodl,
Hodl, Hodl, Hodl, Hodl, Hodl, Hodl, Hodl, Hodl, Hodl, Hodl, Hodl,
Hodl, Hodl, Hodl, Hodl, Hodl, Hodl, Hodl, Hodl, Hodl, Hodl, Hodl,
Hodl, Hodl, Hodl, Hodl, Hodl, Hodl, Hodl, Hodl, Hodl, Hodl, Hodl,
Hodl, Hodl, Hodl, Hodl, Hodl, Hodl, Hodl, Hodl, Hodl, Hodl, Hodl,
Hodl, Hodl, Hodl, Hodl, Hodl, Hodl, Hodl, Hodl, Hodl, Hodl, Hodl,
Hodl, Hodl, Hodl, Hodl, Hodl, Hodl, Hodl, Hodl, Hodl, Hodl, Hodl,
Hodl, Hodl, Hodl, Hodl, Hodl, Hodl, Hodl, Hodl, Hodl, Hodl, Hodl,
Hodl, Hodl, Hodl, Hodl, Hodl, Hodl, Hodl, Hodl, Hodl, Hodl, Hodl,
Hodl, Hodl, Hodl, Hodl, Hodl, Hodl, Hodl, Hodl, Hodl, Hodl, Hodl,
Hodl, Hodl, Hodl, Hodl, Hodl, Hodl, Hodl, Hodl, Hodl, Hodl, Hodl,
Hodl, Hodl, Hodl, Hodl, Hodl, Hodl, Hodl, Hodl, Hodl, Hodl, Hodl,
Hodl, Hodl, Hodl, Hodl, Hodl, Hodl, Hodl, Hodl, Hodl, Hodl, Hodl,
Hodl, Hodl, Hodl, Hodl, Hodl, Hodl, Hodl, Hodl, Hodl, Hodl, Hodl,
Hodl, Hodl, Hodl, Hodl, Hodl, Hodl, Hodl, Hodl, Hodl, Hodl, Hodl,
Hodl, Hodl, Hodl, Hodl, Hodl, Hodl, Hodl, Hodl, Hodl, Hodl, Hodl,
Hodl, Hodl, Hodl, Hodl, Hodl, Hodl, Hodl, Hodl, Hodl, Hodl, Hodl,
Hodl, Hodl, Hodl, Hodl, Hodl, Hodl, Hodl, Hodl, Hodl, Hodl, Hodl,
Hodl, Hodl, Hodl, Hodl, Hodl, Hodl, Hodl, Hodl, Hodl, Hodl, Hodl,
Hodl, Hodl, Hodl, Hodl, Hodl, Hodl, Hodl, Hodl, Hodl, Hodl, Hodl,
Hodl, Hodl, Hodl, Hodl, Hodl, Hodl, Hodl, Hodl, Hodl, Hodl, Hodl,
Hodl, Hodl, Hodl, Hodl, Hodl, Hodl, Hodl, Hodl, Hodl, Hodl, Hodl,
Hodl, Hodl, Hodl, Hodl, Hodl, Hodl, Hodl, Hodl, Hodl, Hodl, Hodl,
Hodl, Hodl, Hodl, Hodl, Hodl, Hodl, Hodl, Hodl, Hodl, Hodl, Hodl,
Hodl, Hodl, Hodl, Hodl, Hodl, Hodl, Hodl, Hodl, Hodl, Hodl, Hodl,
Hodl, Hodl, Hodl, Hodl, Hodl, Hodl, Hodl, Hodl, Hodl, Hodl, Hodl,
Hodl, Hodl, Hodl, Hodl, Hodl, Hodl, Hodl, Hodl, Hodl, Hodl, Hodl,
Hodl, Hodl, Hodl, Hodl, Hodl, Hodl, Hodl, Hodl, Hodl, Hodl, Hodl,
Hodl, Hodl, Hodl, Hodl, Hodl, Hodl, Hodl, Hodl, Hodl, Hodl, Hodl,
Hodl, Hodl, Hodl, Hodl, Hodl, Hodl.

Hodl, Hodl, Hodl, Hodl, Hodl, Hodl, Hodl, Hodl, Hodl,
Hodl, Hodl, Hodl, Hodl, Hodl, Hodl, Hodl, Hodl, Hodl, Hodl, Hodl,
Hodl, Hodl, Hodl, Hodl, Hodl, Hodl, Hodl, Hodl, Hodl, Hodl, Hodl,
Hodl, Hodl, Hodl, Hodl, Hodl, Hodl, Hodl, Hodl, Hodl, Hodl, Hodl,
Hodl, Hodl, Hodl, Hodl, Hodl, Hodl, Hodl, Hodl, Hodl, Hodl, Hodl,
Hodl, Hodl, Hodl, Hodl, Hodl, Hodl, Hodl, Hodl, Hodl, Hodl, Hodl,
Hodl, Hodl, Hodl, Hodl, Hodl, Hodl, Hodl, Hodl, Hodl, Hodl, Hodl,
Hodl, Hodl, Hodl, Hodl, Hodl, Hodl, Hodl, Hodl, Hodl, Hodl, Hodl,
Hodl, Hodl, Hodl, Hodl, Hodl, Hodl, Hodl, Hodl, Hodl, Hodl, Hodl,
Hodl, Hodl, Hodl, Hodl, Hodl, Hodl, Hodl, Hodl, Hodl, Hodl, Hodl,
Hodl, Hodl, Hodl, Hodl, Hodl, Hodl, Hodl, Hodl, Hodl, Hodl, Hodl,
Hodl, Hodl, Hodl, Hodl, Hodl, Hodl, Hodl, Hodl, Hodl, Hodl, Hodl,
Hodl, Hodl, Hodl, Hodl, Hodl, Hodl, Hodl, Hodl, Hodl, Hodl, Hodl,
Hodl, Hodl, Hodl, Hodl, Hodl, Hodl, Hodl, Hodl, Hodl, Hodl, Hodl,
Hodl, Hodl, Hodl, Hodl, Hodl, Hodl, Hodl, Hodl, Hodl, Hodl, Hodl,
Hodl, Hodl, Hodl, Hodl, Hodl, Hodl, Hodl, Hodl, Hodl, Hodl, Hodl,
Hodl, Hodl, Hodl, Hodl, Hodl, Hodl, Hodl, Hodl, Hodl, Hodl, Hodl,
Hodl, Hodl, Hodl, Hodl, Hodl, Hodl, Hodl, Hodl, Hodl, Hodl, Hodl,
Hodl, Hodl, Hodl, Hodl, Hodl, Hodl, Hodl, Hodl, Hodl, Hodl, Hodl,
Hodl, Hodl, Hodl, Hodl, Hodl, Hodl, Hodl, Hodl, Hodl, Hodl, Hodl,
Hodl, Hodl, Hodl, Hodl, Hodl, Hodl, Hodl, Hodl, Hodl, Hodl, Hodl,
Hodl, Hodl, Hodl, Hodl, Hodl, Hodl, Hodl, Hodl, Hodl, Hodl, Hodl,
Hodl, Hodl, Hodl, Hodl, Hodl, Hodl, Hodl, Hodl, Hodl, Hodl, Hodl,
Hodl, Hodl, Hodl, Hodl, Hodl, Hodl, Hodl, Hodl, Hodl, Hodl, Hodl,
Hodl, Hodl, Hodl, Hodl, Hodl, Hodl, Hodl, Hodl, Hodl, Hodl, Hodl,
Hodl, Hodl, Hodl, Hodl, Hodl, Hodl, Hodl, Hodl, Hodl, Hodl, Hodl,
Hodl, Hodl, Hodl, Hodl, Hodl, Hodl, Hodl, Hodl, Hodl, Hodl, Hodl,
Hodl, Hodl, Hodl, Hodl, Hodl, Hodl, Hodl, Hodl, Hodl, Hodl, Hodl,
Hodl, Hodl, Hodl, Hodl, Hodl, Hodl, Hodl, Hodl, Hodl, Hodl, Hodl,
Hodl, Hodl, Hodl, Hodl, Hodl, Hodl, Hodl, Hodl, Hodl, Hodl, Hodl,
Hodl, Hodl, Hodl, Hodl, Hodl, Hodl, Hodl, Hodl, Hodl, Hodl, Hodl,
Hodl, Hodl, Hodl, Hodl, Hodl, Hodl, Hodl, Hodl, Hodl, Hodl, Hodl,
Hodl, Hodl, Hodl, Hodl, Hodl, Hodl.

Hodl, Hodl, Hodl, Hodl, Hodl, Hodl, Hodl, Hodl, Hodl, Hodl, Hodl, Hodl, Hodl, Hodl, Hodl, Hodl, Hodl, Hodl, Hodl, Hodl, Hodl, Hodl, Hodl, Hodl, Hodl, Hodl, Hodl, Hodl, Hodl, Hodl, Hodl, Hodl, Hodl, Hodl, Hodl, Hodl, Hodl, Hodl, Hodl, Hodl, Hodl, Hodl, Hodl, Hodl, Hodl, Hodl, Hodl, Hodl, Hodl, Hodl, Hodl, Hodl, Hodl, Hodl, Hodl, Hodl, Hodl, Hodl, Hodl, Hodl, Hodl, Hodl, Hodl, Hodl, Hodl, Hodl, Hodl, Hodl, Hodl, Hodl, Hodl, Hodl, Hodl, Hodl, Hodl, Hodl, Hodl, Hodl, Hodl, Hodl, Hodl, Hodl, Hodl, Hodl, Hodl, Hodl, Hodl, Hodl, Hodl, Hodl, Hodl, Hodl, Hodl, Hodl, Hodl, Hodl, Hodl, Hodl, Hodl, Hodl, Hodl, Hodl, Hodl, Hodl, Hodl, Hodl, Hodl, Hodl, Hodl, Hodl, Hodl, Hodl, Hodl, Hodl, Hodl, Hodl, Hodl, Hodl, Hodl, Hodl, Hodl, Hodl, Hodl, Hodl, Hodl, Hodl, Hodl, Hodl, Hodl, Hodl, Hodl, Hodl, Hodl, Hodl, Hodl, Hodl, Hodl, Hodl, Hodl, Hodl, Hodl, Hodl, Hodl, Hodl, Hodl, Hodl, Hodl, Hodl, Hodl, Hodl, Hodl, Hodl, Hodl, Hodl, Hodl, Hodl, Hodl, Hodl, Hodl, Hodl, Hodl, Hodl, Hodl, Hodl, Hodl, Hodl, Hodl, Hodl, Hodl, Hodl, Hodl, Hodl, Hodl, Hodl, Hodl, Hodl, Hodl, Hodl, Hodl, Hodl, Hodl, Hodl, Hodl, Hodl, Hodl, Hodl, Hodl, Hodl, Hodl, Hodl, Hodl, Hodl, Hodl, Hodl, Hodl, Hodl, Hodl, Hodl, Hodl, Hodl, Hodl, Hodl, Hodl, Hodl, Hodl, Hodl, Hodl, Hodl, Hodl, Hodl, Hodl, Hodl, Hodl, Hodl, Hodl, Hodl, Hodl, Hodl, Hodl, Hodl, Hodl, Hodl, Hodl, Hodl, Hodl, Hodl, Hodl, Hodl, Hodl, Hodl, Hodl, Hodl, Hodl, Hodl, Hodl, Hodl, Hodl, Hodl, Hodl, Hodl, Hodl, Hodl, Hodl, Hodl, Hodl, Hodl, Hodl, Hodl, Hodl, Hodl, Hodl, Hodl, Hodl, Hodl, Hodl, Hodl, Hodl, Hodl, Hodl, Hodl, Hodl, Hodl, Hodl, Hodl, Hodl, Hodl, Hodl, Hodl, Hodl, Hodl, Hodl, Hodl, Hodl, Hodl, Hodl, Hodl, Hodl, Hodl, Hodl, Hodl, Hodl, Hodl, Hodl, Hodl, Hodl, Hodl, Hodl, Hodl, Hodl, Hodl, Hodl, Hodl, Hodl, Hodl, Hodl, Hodl, Hodl, Hodl, Hodl, Hodl, Hodl, Hodl, Hodl, Hodl, Hodl, Hodl, Hodl, Hodl, Hodl, Hodl, Hodl, Hodl, Hodl, Hodl, Hodl, Hodl, Hodl, Hodl, Hodl, Hodl, Hodl, Hodl, Hodl, Hodl, Hodl, Hodl, Hodl, Hodl, Hodl, Hodl, Hodl, Hodl, Hodl, Hodl, Hodl, Hodl, Hodl, Hodl, Hodl, Hodl, Hodl, Hodl, Hodl, Hodl, Hodl, Hodl, Hodl, Hodl, Hodl, Hodl, Hodl, Hodl, Hodl, Hodl, Hodl, Hodl, Hodl, Hodl, Hodl, Hodl, Hodl, Hodl, Hodl, Hodl, Hodl, Hodl, Hodl, Hodl, Hodl, Hodl, Hodl, Hodl, Hodl, Hodl, Hodl, Hodl, Hodl, Hodl, Hodl, Hodl, Hodl, Hodl, Hodl, Hodl, Hodl, Hodl, Hodl, Hodl, Hodl, Hodl, Hodl, Hodl, Hodl, Hodl, Hodl, Hodl, Hodl, Hodl, Hodl, Hodl, Hodl, Hodl, Hodl, Hodl, Hodl.

Hodl, Hodl, Hodl, Hodl, Hodl, Hodl, Hodl, Hodl, Hodl,
Hodl, Hodl, Hodl, Hodl, Hodl, Hodl, Hodl, Hodl, Hodl, Hodl, Hodl,
Hodl, Hodl, Hodl, Hodl, Hodl, Hodl, Hodl, Hodl, Hodl, Hodl, Hodl,
Hodl, Hodl, Hodl, Hodl, Hodl, Hodl, Hodl, Hodl, Hodl, Hodl, Hodl,
Hodl, Hodl, Hodl, Hodl, Hodl, Hodl, Hodl, Hodl, Hodl, Hodl, Hodl,
Hodl, Hodl, Hodl, Hodl, Hodl, Hodl, Hodl, Hodl, Hodl, Hodl, Hodl,
Hodl, Hodl, Hodl, Hodl, Hodl, Hodl, Hodl, Hodl, Hodl, Hodl, Hodl,
Hodl, Hodl, Hodl, Hodl, Hodl, Hodl, Hodl, Hodl, Hodl, Hodl, Hodl,
Hodl, Hodl, Hodl, Hodl, Hodl, Hodl, Hodl, Hodl, Hodl, Hodl, Hodl,
Hodl, Hodl, Hodl, Hodl, Hodl, Hodl, Hodl, Hodl, Hodl, Hodl, Hodl,
Hodl, Hodl, Hodl, Hodl, Hodl, Hodl, Hodl, Hodl, Hodl, Hodl, Hodl,
Hodl, Hodl, Hodl, Hodl, Hodl, Hodl, Hodl, Hodl, Hodl, Hodl, Hodl,
Hodl, Hodl, Hodl, Hodl, Hodl, Hodl, Hodl, Hodl, Hodl, Hodl, Hodl,
Hodl, Hodl, Hodl, Hodl, Hodl, Hodl, Hodl, Hodl, Hodl, Hodl, Hodl,
Hodl, Hodl, Hodl, Hodl, Hodl, Hodl, Hodl, Hodl, Hodl, Hodl, Hodl,
Hodl, Hodl, Hodl, Hodl, Hodl, Hodl, Hodl, Hodl, Hodl, Hodl, Hodl,
Hodl, Hodl, Hodl, Hodl, Hodl, Hodl, Hodl, Hodl, Hodl, Hodl, Hodl,
Hodl, Hodl, Hodl, Hodl, Hodl, Hodl, Hodl, Hodl, Hodl, Hodl, Hodl,
Hodl, Hodl, Hodl, Hodl, Hodl, Hodl, Hodl, Hodl, Hodl, Hodl, Hodl,
Hodl, Hodl, Hodl, Hodl, Hodl, Hodl, Hodl, Hodl, Hodl, Hodl, Hodl,
Hodl, Hodl, Hodl, Hodl, Hodl, Hodl, Hodl, Hodl, Hodl, Hodl, Hodl,
Hodl, Hodl, Hodl, Hodl, Hodl, Hodl, Hodl, Hodl, Hodl, Hodl, Hodl,
Hodl, Hodl, Hodl, Hodl, Hodl, Hodl, Hodl, Hodl, Hodl, Hodl, Hodl,
Hodl, Hodl, Hodl, Hodl, Hodl, Hodl, Hodl, Hodl, Hodl, Hodl, Hodl,
Hodl, Hodl, Hodl, Hodl, Hodl, Hodl, Hodl, Hodl, Hodl, Hodl, Hodl,
Hodl, Hodl, Hodl, Hodl, Hodl, Hodl, Hodl, Hodl, Hodl, Hodl, Hodl,
Hodl, Hodl, Hodl, Hodl, Hodl, Hodl, Hodl, Hodl, Hodl, Hodl, Hodl,
Hodl, Hodl, Hodl, Hodl, Hodl, Hodl, Hodl, Hodl, Hodl, Hodl, Hodl,
Hodl, Hodl, Hodl, Hodl, Hodl, Hodl, Hodl, Hodl, Hodl, Hodl, Hodl,
Hodl, Hodl, Hodl, Hodl, Hodl, Hodl, Hodl, Hodl, Hodl, Hodl, Hodl,
Hodl, Hodl, Hodl, Hodl, Hodl, Hodl, Hodl, Hodl, Hodl, Hodl, Hodl,
Hodl, Hodl, Hodl, Hodl, Hodl, Hodl, Hodl, Hodl, Hodl, Hodl, Hodl,
Hodl, Hodl, Hodl, Hodl, Hodl, Hodl, Hodl, Hodl, Hodl, Hodl, Hodl,
Hodl, Hodl, Hodl, Hodl, Hodl, Hodl, Hodl, Hodl, Hodl, Hodl, Hodl,
Hodl, Hodl, Hodl, Hodl, Hodl, Hodl, Hodl, Hodl, Hodl, Hodl, Hodl,
Hodl, Hodl, Hodl, Hodl, Hodl, Hodl.

Hodl, Hodl, Hodl, Hodl, Hodl, Hodl, Hodl, Hodl, Hodl, Hodl, Hodl, Hodl, Hodl, Hodl, Hodl, Hodl, Hodl, Hodl, Hodl, Hodl, Hodl, Hodl, Hodl, Hodl, Hodl, Hodl, Hodl, Hodl, Hodl, Hodl, Hodl, Hodl, Hodl, Hodl, Hodl, Hodl, Hodl, Hodl, Hodl, Hodl, Hodl, Hodl, Hodl, Hodl, Hodl, Hodl, Hodl, Hodl, Hodl, Hodl, Hodl, Hodl, Hodl, Hodl, Hodl, Hodl, Hodl, Hodl, Hodl, Hodl, Hodl, Hodl, Hodl, Hodl, Hodl, Hodl, Hodl, Hodl, Hodl, Hodl, Hodl, Hodl, Hodl, Hodl, Hodl, Hodl, Hodl, Hodl, Hodl, Hodl, Hodl, Hodl, Hodl, Hodl, Hodl, Hodl, Hodl, Hodl, Hodl, Hodl, Hodl, Hodl, Hodl, Hodl, Hodl, Hodl, Hodl, Hodl, Hodl, Hodl, Hodl, Hodl, Hodl, Hodl, Hodl, Hodl, Hodl, Hodl, Hodl, Hodl, Hodl, Hodl, Hodl, Hodl, Hodl, Hodl, Hodl, Hodl, Hodl, Hodl, Hodl, Hodl, Hodl, Hodl, Hodl, Hodl, Hodl, Hodl, Hodl, Hodl, Hodl, Hodl, Hodl, Hodl, Hodl, Hodl, Hodl, Hodl, Hodl, Hodl, Hodl, Hodl, Hodl, Hodl, Hodl, Hodl, Hodl, Hodl, Hodl, Hodl, Hodl, Hodl, Hodl, Hodl, Hodl, Hodl, Hodl, Hodl, Hodl, Hodl, Hodl, Hodl, Hodl, Hodl, Hodl, Hodl, Hodl, Hodl, Hodl, Hodl, Hodl, Hodl, Hodl, Hodl, Hodl, Hodl, Hodl, Hodl, Hodl, Hodl, Hodl, Hodl, Hodl, Hodl, Hodl, Hodl, Hodl, Hodl, Hodl, Hodl, Hodl, Hodl, Hodl, Hodl, Hodl, Hodl, Hodl, Hodl, Hodl, Hodl, Hodl, Hodl, Hodl, Hodl, Hodl, Hodl, Hodl, Hodl, Hodl, Hodl, Hodl, Hodl, Hodl, Hodl, Hodl, Hodl, Hodl, Hodl, Hodl, Hodl, Hodl, Hodl, Hodl, Hodl, Hodl, Hodl, Hodl, Hodl, Hodl, Hodl, Hodl, Hodl, Hodl, Hodl, Hodl, Hodl, Hodl, Hodl, Hodl, Hodl, Hodl, Hodl, Hodl, Hodl, Hodl, Hodl, Hodl, Hodl, Hodl, Hodl, Hodl, Hodl, Hodl, Hodl, Hodl, Hodl, Hodl, Hodl, Hodl, Hodl, Hodl, Hodl, Hodl, Hodl, Hodl, Hodl, Hodl, Hodl, Hodl, Hodl, Hodl, Hodl, Hodl, Hodl, Hodl, Hodl, Hodl, Hodl, Hodl, Hodl, Hodl, Hodl, Hodl, Hodl, Hodl, Hodl, Hodl, Hodl, Hodl, Hodl, Hodl, Hodl, Hodl, Hodl, Hodl, Hodl, Hodl, Hodl, Hodl, Hodl, Hodl, Hodl, Hodl, Hodl, Hodl, Hodl, Hodl, Hodl, Hodl, Hodl, Hodl, Hodl, Hodl, Hodl, Hodl, Hodl, Hodl, Hodl, Hodl, Hodl, Hodl, Hodl, Hodl, Hodl, Hodl, Hodl, Hodl, Hodl, Hodl, Hodl, Hodl, Hodl, Hodl, Hodl, Hodl, Hodl, Hodl, Hodl, Hodl, Hodl, Hodl, Hodl, Hodl, Hodl, Hodl, Hodl, Hodl, Hodl, Hodl, Hodl, Hodl, Hodl, Hodl, Hodl, Hodl, Hodl, Hodl, Hodl, Hodl, Hodl, Hodl, Hodl, Hodl, Hodl, Hodl, Hodl, Hodl, Hodl, Hodl, Hodl, Hodl, Hodl, Hodl, Hodl, Hodl, Hodl, Hodl, Hodl, Hodl, Hodl, Hodl, Hodl, Hodl, Hodl, Hodl, Hodl, Hodl, Hodl, Hodl, Hodl, Hodl, Hodl, Hodl, Hodl, Hodl, Hodl, Hodl, Hodl, Hodl, Hodl, Hodl, Hodl, Hodl, Hodl, Hodl, Hodl, Hodl, Hodl, Hodl, Hodl, Hodl, Hodl, Hodl, Hodl, Hodl, Hodl, Hodl, Hodl, Hodl, Hodl, Hodl, Hodl, Hodl.

Hodl, Hodl, Hodl, Hodl, Hodl, Hodl, Hodl, Hodl, Hodl,
Hodl, Hodl, Hodl, Hodl, Hodl, Hodl, Hodl, Hodl, Hodl, Hodl, Hodl,
Hodl, Hodl, Hodl, Hodl, Hodl, Hodl, Hodl, Hodl, Hodl, Hodl, Hodl,
Hodl, Hodl, Hodl, Hodl, Hodl, Hodl, Hodl, Hodl, Hodl, Hodl, Hodl,
Hodl, Hodl, Hodl, Hodl, Hodl, Hodl, Hodl, Hodl, Hodl, Hodl, Hodl,
Hodl, Hodl, Hodl, Hodl, Hodl, Hodl, Hodl, Hodl, Hodl, Hodl, Hodl,
Hodl, Hodl, Hodl, Hodl, Hodl, Hodl, Hodl, Hodl, Hodl, Hodl, Hodl,
Hodl, Hodl, Hodl, Hodl, Hodl, Hodl, Hodl, Hodl, Hodl, Hodl, Hodl,
Hodl, Hodl, Hodl, Hodl, Hodl, Hodl, Hodl, Hodl, Hodl, Hodl, Hodl,
Hodl, Hodl, Hodl, Hodl, Hodl, Hodl, Hodl, Hodl, Hodl, Hodl, Hodl,
Hodl, Hodl, Hodl, Hodl, Hodl, Hodl, Hodl, Hodl, Hodl, Hodl, Hodl,
Hodl, Hodl, Hodl, Hodl, Hodl, Hodl, Hodl, Hodl, Hodl, Hodl, Hodl,
Hodl, Hodl, Hodl, Hodl, Hodl, Hodl, Hodl, Hodl, Hodl, Hodl, Hodl,
Hodl, Hodl, Hodl, Hodl, Hodl, Hodl, Hodl, Hodl, Hodl, Hodl, Hodl,
Hodl, Hodl, Hodl, Hodl, Hodl, Hodl, Hodl, Hodl, Hodl, Hodl, Hodl,
Hodl, Hodl, Hodl, Hodl, Hodl, Hodl, Hodl, Hodl, Hodl, Hodl, Hodl,
Hodl, Hodl, Hodl, Hodl, Hodl, Hodl, Hodl, Hodl, Hodl, Hodl, Hodl,
Hodl, Hodl, Hodl, Hodl, Hodl, Hodl, Hodl, Hodl, Hodl, Hodl, Hodl,
Hodl, Hodl, Hodl, Hodl, Hodl, Hodl, Hodl, Hodl, Hodl, Hodl, Hodl,
Hodl, Hodl, Hodl, Hodl, Hodl, Hodl, Hodl, Hodl, Hodl, Hodl, Hodl,
Hodl, Hodl, Hodl, Hodl, Hodl, Hodl, Hodl, Hodl, Hodl, Hodl, Hodl,
Hodl, Hodl, Hodl, Hodl, Hodl, Hodl, Hodl, Hodl, Hodl, Hodl, Hodl,
Hodl, Hodl, Hodl, Hodl, Hodl, Hodl, Hodl, Hodl, Hodl, Hodl, Hodl,
Hodl, Hodl, Hodl, Hodl, Hodl, Hodl, Hodl, Hodl, Hodl, Hodl, Hodl,
Hodl, Hodl, Hodl, Hodl, Hodl, Hodl, Hodl, Hodl, Hodl, Hodl, Hodl,
Hodl, Hodl, Hodl, Hodl, Hodl, Hodl, Hodl, Hodl, Hodl, Hodl, Hodl,
Hodl, Hodl, Hodl, Hodl, Hodl, Hodl, Hodl, Hodl, Hodl, Hodl, Hodl,
Hodl, Hodl, Hodl, Hodl, Hodl, Hodl, Hodl, Hodl, Hodl, Hodl, Hodl,
Hodl, Hodl, Hodl, Hodl, Hodl, Hodl, Hodl, Hodl, Hodl, Hodl, Hodl,
Hodl, Hodl, Hodl, Hodl, Hodl, Hodl, Hodl, Hodl, Hodl, Hodl, Hodl,
Hodl, Hodl, Hodl, Hodl, Hodl, Hodl, Hodl, Hodl, Hodl, Hodl, Hodl,
Hodl, Hodl, Hodl, Hodl, Hodl, Hodl, Hodl, Hodl, Hodl, Hodl, Hodl,
Hodl, Hodl, Hodl, Hodl, Hodl, Hodl.

Hodl, Hodl, Hodl, Hodl, Hodl, Hodl, Hodl, Hodl, Hodl,
Hodl, Hodl, Hodl, Hodl, Hodl, Hodl, Hodl, Hodl, Hodl, Hodl, Hodl,
Hodl, Hodl, Hodl, Hodl, Hodl, Hodl, Hodl, Hodl, Hodl, Hodl, Hodl,
Hodl, Hodl, Hodl, Hodl, Hodl, Hodl, Hodl, Hodl, Hodl, Hodl, Hodl,
Hodl, Hodl, Hodl, Hodl, Hodl, Hodl, Hodl, Hodl, Hodl, Hodl, Hodl,
Hodl, Hodl, Hodl, Hodl, Hodl, Hodl, Hodl, Hodl, Hodl, Hodl, Hodl,
Hodl, Hodl, Hodl, Hodl, Hodl, Hodl, Hodl, Hodl, Hodl, Hodl, Hodl,
Hodl, Hodl, Hodl, Hodl, Hodl, Hodl, Hodl, Hodl, Hodl, Hodl, Hodl,
Hodl, Hodl, Hodl, Hodl, Hodl, Hodl, Hodl, Hodl, Hodl, Hodl, Hodl,
Hodl, Hodl, Hodl, Hodl, Hodl, Hodl, Hodl, Hodl, Hodl, Hodl, Hodl,
Hodl, Hodl, Hodl, Hodl, Hodl, Hodl, Hodl, Hodl, Hodl, Hodl, Hodl,
Hodl, Hodl, Hodl, Hodl, Hodl, Hodl, Hodl, Hodl, Hodl, Hodl, Hodl,
Hodl, Hodl, Hodl, Hodl, Hodl, Hodl, Hodl, Hodl, Hodl, Hodl, Hodl,
Hodl, Hodl, Hodl, Hodl, Hodl, Hodl, Hodl, Hodl, Hodl, Hodl, Hodl,
Hodl, Hodl, Hodl, Hodl, Hodl, Hodl, Hodl, Hodl, Hodl, Hodl, Hodl,
Hodl, Hodl, Hodl, Hodl, Hodl, Hodl, Hodl, Hodl, Hodl, Hodl, Hodl,
Hodl, Hodl, Hodl, Hodl, Hodl, Hodl, Hodl, Hodl, Hodl, Hodl, Hodl,
Hodl, Hodl, Hodl, Hodl, Hodl, Hodl, Hodl, Hodl, Hodl, Hodl, Hodl,
Hodl, Hodl, Hodl, Hodl, Hodl, Hodl, Hodl, Hodl, Hodl, Hodl, Hodl,
Hodl, Hodl, Hodl, Hodl, Hodl, Hodl, Hodl, Hodl, Hodl, Hodl, Hodl,
Hodl, Hodl, Hodl, Hodl, Hodl, Hodl, Hodl, Hodl, Hodl, Hodl, Hodl,
Hodl, Hodl, Hodl, Hodl, Hodl, Hodl, Hodl, Hodl, Hodl, Hodl, Hodl,
Hodl, Hodl, Hodl, Hodl, Hodl, Hodl, Hodl, Hodl, Hodl, Hodl, Hodl,
Hodl, Hodl, Hodl, Hodl, Hodl, Hodl, Hodl, Hodl, Hodl, Hodl, Hodl,
Hodl, Hodl, Hodl, Hodl, Hodl, Hodl, Hodl, Hodl, Hodl, Hodl, Hodl,
Hodl, Hodl, Hodl, Hodl, Hodl, Hodl, Hodl, Hodl, Hodl, Hodl, Hodl,
Hodl, Hodl, Hodl, Hodl, Hodl, Hodl, Hodl, Hodl, Hodl, Hodl, Hodl,
Hodl, Hodl, Hodl, Hodl, Hodl, Hodl, Hodl, Hodl, Hodl, Hodl, Hodl,
Hodl, Hodl, Hodl, Hodl, Hodl, Hodl, Hodl, Hodl, Hodl, Hodl, Hodl,
Hodl, Hodl, Hodl, Hodl, Hodl, Hodl, Hodl, Hodl, Hodl, Hodl, Hodl,
Hodl, Hodl, Hodl, Hodl, Hodl, Hodl, Hodl, Hodl, Hodl, Hodl, Hodl,
Hodl, Hodl, Hodl, Hodl, Hodl, Hodl, Hodl, Hodl, Hodl, Hodl, Hodl,
Hodl, Hodl, Hodl, Hodl, Hodl, Hodl.

Hodl, Hodl, Hodl, Hodl, Hodl, Hodl, Hodl, Hodl, Hodl,
Hodl, Hodl, Hodl, Hodl, Hodl, Hodl, Hodl, Hodl, Hodl, Hodl, Hodl,
Hodl, Hodl, Hodl, Hodl, Hodl, Hodl, Hodl, Hodl, Hodl, Hodl, Hodl,
Hodl, Hodl, Hodl, Hodl, Hodl, Hodl, Hodl, Hodl, Hodl, Hodl, Hodl,
Hodl, Hodl, Hodl, Hodl, Hodl, Hodl, Hodl, Hodl, Hodl, Hodl, Hodl,
Hodl, Hodl, Hodl, Hodl, Hodl, Hodl, Hodl, Hodl, Hodl, Hodl, Hodl,
Hodl, Hodl, Hodl, Hodl, Hodl, Hodl, Hodl, Hodl, Hodl, Hodl, Hodl,
Hodl, Hodl, Hodl, Hodl, Hodl, Hodl, Hodl, Hodl, Hodl, Hodl, Hodl,
Hodl, Hodl, Hodl, Hodl, Hodl, Hodl, Hodl, Hodl, Hodl, Hodl, Hodl,
Hodl, Hodl, Hodl, Hodl, Hodl, Hodl, Hodl, Hodl, Hodl, Hodl, Hodl,
Hodl, Hodl, Hodl, Hodl, Hodl, Hodl, Hodl, Hodl, Hodl, Hodl, Hodl,
Hodl, Hodl, Hodl, Hodl, Hodl, Hodl, Hodl, Hodl, Hodl, Hodl, Hodl,
Hodl, Hodl, Hodl, Hodl, Hodl, Hodl, Hodl, Hodl, Hodl, Hodl, Hodl,
Hodl, Hodl, Hodl, Hodl, Hodl, Hodl, Hodl, Hodl, Hodl, Hodl, Hodl,
Hodl, Hodl, Hodl, Hodl, Hodl, Hodl, Hodl, Hodl, Hodl, Hodl, Hodl,
Hodl, Hodl, Hodl, Hodl, Hodl, Hodl, Hodl, Hodl, Hodl, Hodl, Hodl,
Hodl, Hodl, Hodl, Hodl, Hodl, Hodl, Hodl, Hodl, Hodl, Hodl, Hodl,
Hodl, Hodl, Hodl, Hodl, Hodl, Hodl, Hodl, Hodl, Hodl, Hodl, Hodl,
Hodl, Hodl, Hodl, Hodl, Hodl, Hodl, Hodl, Hodl, Hodl, Hodl, Hodl,
Hodl, Hodl, Hodl, Hodl, Hodl, Hodl, Hodl, Hodl, Hodl, Hodl, Hodl,
Hodl, Hodl, Hodl, Hodl, Hodl, Hodl, Hodl, Hodl, Hodl, Hodl, Hodl,
Hodl, Hodl, Hodl, Hodl, Hodl, Hodl, Hodl, Hodl, Hodl, Hodl, Hodl,
Hodl, Hodl, Hodl, Hodl, Hodl, Hodl, Hodl, Hodl, Hodl, Hodl, Hodl,
Hodl, Hodl, Hodl, Hodl, Hodl, Hodl, Hodl, Hodl, Hodl, Hodl, Hodl,
Hodl, Hodl, Hodl, Hodl, Hodl, Hodl, Hodl, Hodl, Hodl, Hodl, Hodl,
Hodl, Hodl, Hodl, Hodl, Hodl, Hodl, Hodl, Hodl, Hodl, Hodl, Hodl,
Hodl, Hodl, Hodl, Hodl, Hodl, Hodl, Hodl, Hodl, Hodl, Hodl, Hodl,
Hodl, Hodl, Hodl, Hodl, Hodl, Hodl, Hodl, Hodl, Hodl, Hodl, Hodl,
Hodl, Hodl, Hodl, Hodl, Hodl, Hodl, Hodl, Hodl, Hodl, Hodl, Hodl,
Hodl, Hodl, Hodl, Hodl, Hodl, Hodl, Hodl, Hodl, Hodl, Hodl, Hodl,
Hodl, Hodl, Hodl, Hodl, Hodl, Hodl, Hodl, Hodl, Hodl, Hodl, Hodl,
Hodl, Hodl, Hodl, Hodl, Hodl, Hodl, Hodl, Hodl, Hodl, Hodl, Hodl,
Hodl, Hodl, Hodl, Hodl, Hodl, Hodl.

Hodl, Hodl, Hodl, Hodl, Hodl, Hodl, Hodl, Hodl, Hodl,
Hodl, Hodl, Hodl, Hodl, Hodl, Hodl, Hodl, Hodl, Hodl, Hodl, Hodl,
Hodl, Hodl, Hodl, Hodl, Hodl, Hodl, Hodl, Hodl, Hodl, Hodl, Hodl,
Hodl, Hodl, Hodl, Hodl, Hodl, Hodl, Hodl, Hodl, Hodl, Hodl, Hodl,
Hodl, Hodl, Hodl, Hodl, Hodl, Hodl, Hodl, Hodl, Hodl, Hodl, Hodl,
Hodl, Hodl, Hodl, Hodl, Hodl, Hodl, Hodl, Hodl, Hodl, Hodl, Hodl,
Hodl, Hodl, Hodl, Hodl, Hodl, Hodl, Hodl, Hodl, Hodl, Hodl, Hodl,
Hodl, Hodl, Hodl, Hodl, Hodl, Hodl, Hodl, Hodl, Hodl, Hodl, Hodl,
Hodl, Hodl, Hodl, Hodl, Hodl, Hodl, Hodl, Hodl, Hodl, Hodl, Hodl,
Hodl, Hodl, Hodl, Hodl, Hodl, Hodl, Hodl, Hodl, Hodl, Hodl, Hodl,
Hodl, Hodl, Hodl, Hodl, Hodl, Hodl, Hodl, Hodl, Hodl, Hodl, Hodl,
Hodl, Hodl, Hodl, Hodl, Hodl, Hodl, Hodl, Hodl, Hodl, Hodl, Hodl,
Hodl, Hodl, Hodl, Hodl, Hodl, Hodl, Hodl, Hodl, Hodl, Hodl, Hodl,
Hodl, Hodl, Hodl, Hodl, Hodl, Hodl, Hodl, Hodl, Hodl, Hodl, Hodl,
Hodl, Hodl, Hodl, Hodl, Hodl, Hodl, Hodl, Hodl, Hodl, Hodl, Hodl,
Hodl, Hodl, Hodl, Hodl, Hodl, Hodl, Hodl, Hodl, Hodl, Hodl, Hodl,
Hodl, Hodl, Hodl, Hodl, Hodl, Hodl, Hodl, Hodl, Hodl, Hodl, Hodl,
Hodl, Hodl, Hodl, Hodl, Hodl, Hodl, Hodl, Hodl, Hodl, Hodl, Hodl,
Hodl, Hodl, Hodl, Hodl, Hodl, Hodl, Hodl, Hodl, Hodl, Hodl, Hodl,
Hodl, Hodl, Hodl, Hodl, Hodl, Hodl, Hodl, Hodl, Hodl, Hodl, Hodl,
Hodl, Hodl, Hodl, Hodl, Hodl, Hodl, Hodl, Hodl, Hodl, Hodl, Hodl,
Hodl, Hodl, Hodl, Hodl, Hodl, Hodl, Hodl, Hodl, Hodl, Hodl, Hodl,
Hodl, Hodl, Hodl, Hodl, Hodl, Hodl, Hodl, Hodl, Hodl, Hodl, Hodl,
Hodl, Hodl, Hodl, Hodl, Hodl, Hodl, Hodl, Hodl, Hodl, Hodl, Hodl,
Hodl, Hodl, Hodl, Hodl, Hodl, Hodl, Hodl, Hodl, Hodl, Hodl, Hodl,
Hodl, Hodl, Hodl, Hodl, Hodl, Hodl, Hodl, Hodl, Hodl, Hodl, Hodl,
Hodl, Hodl, Hodl, Hodl, Hodl, Hodl, Hodl, Hodl, Hodl, Hodl, Hodl,
Hodl, Hodl, Hodl, Hodl, Hodl, Hodl, Hodl, Hodl, Hodl, Hodl, Hodl,
Hodl, Hodl, Hodl, Hodl, Hodl, Hodl, Hodl, Hodl, Hodl, Hodl, Hodl,
Hodl, Hodl, Hodl, Hodl, Hodl, Hodl, Hodl, Hodl, Hodl, Hodl, Hodl,
Hodl, Hodl, Hodl, Hodl, Hodl, Hodl, Hodl, Hodl, Hodl, Hodl, Hodl,
Hodl, Hodl, Hodl, Hodl, Hodl, Hodl, Hodl, Hodl, Hodl, Hodl, Hodl,
Hodl, Hodl, Hodl, Hodl, Hodl, Hodl, Hodl, Hodl, Hodl, Hodl, Hodl,
Hodl, Hodl, Hodl, Hodl, Hodl, Hodl.

Hodl, Hodl, Hodl, Hodl, Hodl, Hodl, Hodl, Hodl, Hodl,
Hodl, Hodl, Hodl, Hodl, Hodl, Hodl, Hodl, Hodl, Hodl, Hodl, Hodl,
Hodl, Hodl, Hodl, Hodl, Hodl, Hodl, Hodl, Hodl, Hodl, Hodl, Hodl,
Hodl, Hodl, Hodl, Hodl, Hodl, Hodl, Hodl, Hodl, Hodl, Hodl, Hodl,
Hodl, Hodl, Hodl, Hodl, Hodl, Hodl, Hodl, Hodl, Hodl, Hodl, Hodl,
Hodl, Hodl, Hodl, Hodl, Hodl, Hodl, Hodl, Hodl, Hodl, Hodl, Hodl,
Hodl, Hodl, Hodl, Hodl, Hodl, Hodl, Hodl, Hodl, Hodl, Hodl, Hodl,
Hodl, Hodl, Hodl, Hodl, Hodl, Hodl, Hodl, Hodl, Hodl, Hodl, Hodl,
Hodl, Hodl, Hodl, Hodl, Hodl, Hodl, Hodl, Hodl, Hodl, Hodl, Hodl,
Hodl, Hodl, Hodl, Hodl, Hodl, Hodl, Hodl, Hodl, Hodl, Hodl, Hodl,
Hodl, Hodl, Hodl, Hodl, Hodl, Hodl, Hodl, Hodl, Hodl, Hodl, Hodl,
Hodl, Hodl, Hodl, Hodl, Hodl, Hodl, Hodl, Hodl, Hodl, Hodl, Hodl,
Hodl, Hodl, Hodl, Hodl, Hodl, Hodl, Hodl, Hodl, Hodl, Hodl, Hodl,
Hodl, Hodl, Hodl, Hodl, Hodl, Hodl, Hodl, Hodl, Hodl, Hodl, Hodl,
Hodl, Hodl, Hodl, Hodl, Hodl, Hodl, Hodl, Hodl, Hodl, Hodl, Hodl,
Hodl, Hodl, Hodl, Hodl, Hodl, Hodl, Hodl, Hodl, Hodl, Hodl, Hodl,
Hodl, Hodl, Hodl, Hodl, Hodl, Hodl, Hodl, Hodl, Hodl, Hodl, Hodl,
Hodl, Hodl, Hodl, Hodl, Hodl, Hodl, Hodl, Hodl, Hodl, Hodl, Hodl,
Hodl, Hodl, Hodl, Hodl, Hodl, Hodl, Hodl, Hodl, Hodl, Hodl, Hodl,
Hodl, Hodl, Hodl, Hodl, Hodl, Hodl, Hodl, Hodl, Hodl, Hodl, Hodl,
Hodl, Hodl, Hodl, Hodl, Hodl, Hodl, Hodl, Hodl, Hodl, Hodl, Hodl,
Hodl, Hodl, Hodl, Hodl, Hodl, Hodl, Hodl, Hodl, Hodl, Hodl, Hodl,
Hodl, Hodl, Hodl, Hodl, Hodl, Hodl, Hodl, Hodl, Hodl, Hodl, Hodl,
Hodl, Hodl, Hodl, Hodl, Hodl, Hodl, Hodl, Hodl, Hodl, Hodl, Hodl,
Hodl, Hodl, Hodl, Hodl, Hodl, Hodl, Hodl, Hodl, Hodl, Hodl, Hodl,
Hodl, Hodl, Hodl, Hodl, Hodl, Hodl, Hodl, Hodl, Hodl, Hodl, Hodl,
Hodl, Hodl, Hodl, Hodl, Hodl, Hodl, Hodl, Hodl, Hodl, Hodl, Hodl,
Hodl, Hodl, Hodl, Hodl, Hodl, Hodl, Hodl, Hodl, Hodl, Hodl, Hodl,
Hodl, Hodl, Hodl, Hodl, Hodl, Hodl, Hodl, Hodl, Hodl, Hodl, Hodl,
Hodl, Hodl, Hodl, Hodl, Hodl, Hodl, Hodl, Hodl, Hodl, Hodl, Hodl,
Hodl, Hodl, Hodl, Hodl, Hodl, Hodl, Hodl, Hodl, Hodl, Hodl, Hodl,
Hodl, Hodl, Hodl, Hodl, Hodl, Hodl, Hodl, Hodl, Hodl, Hodl, Hodl,
Hodl, Hodl, Hodl, Hodl, Hodl, Hodl, Hodl, Hodl, Hodl, Hodl, Hodl,
Hodl, Hodl, Hodl, Hodl, Hodl, Hodl, Hodl, Hodl, Hodl, Hodl, Hodl,
Hodl, Hodl, Hodl, Hodl, Hodl, Hodl.

Hodl, Hodl, Hodl, Hodl, Hodl, Hodl, Hodl, Hodl, Hodl,
Hodl, Hodl, Hodl, Hodl, Hodl, Hodl, Hodl, Hodl, Hodl, Hodl, Hodl,
Hodl, Hodl, Hodl, Hodl, Hodl, Hodl, Hodl, Hodl, Hodl, Hodl, Hodl,
Hodl, Hodl, Hodl, Hodl, Hodl, Hodl, Hodl, Hodl, Hodl, Hodl, Hodl,
Hodl, Hodl, Hodl, Hodl, Hodl, Hodl, Hodl, Hodl, Hodl, Hodl, Hodl,
Hodl, Hodl, Hodl, Hodl, Hodl, Hodl, Hodl, Hodl, Hodl, Hodl, Hodl,
Hodl, Hodl, Hodl, Hodl, Hodl, Hodl, Hodl, Hodl, Hodl, Hodl, Hodl,
Hodl, Hodl, Hodl, Hodl, Hodl, Hodl, Hodl, Hodl, Hodl, Hodl, Hodl,
Hodl, Hodl, Hodl, Hodl, Hodl, Hodl, Hodl, Hodl, Hodl, Hodl, Hodl,
Hodl, Hodl, Hodl, Hodl, Hodl, Hodl, Hodl, Hodl, Hodl, Hodl, Hodl,
Hodl, Hodl, Hodl, Hodl, Hodl, Hodl, Hodl, Hodl, Hodl, Hodl, Hodl,
Hodl, Hodl, Hodl, Hodl, Hodl, Hodl, Hodl, Hodl, Hodl, Hodl, Hodl,
Hodl, Hodl, Hodl, Hodl, Hodl, Hodl, Hodl, Hodl, Hodl, Hodl, Hodl,
Hodl, Hodl, Hodl, Hodl, Hodl, Hodl, Hodl, Hodl, Hodl, Hodl, Hodl,
Hodl, Hodl, Hodl, Hodl, Hodl, Hodl, Hodl, Hodl, Hodl, Hodl, Hodl,
Hodl, Hodl, Hodl, Hodl, Hodl, Hodl, Hodl, Hodl, Hodl, Hodl, Hodl,
Hodl, Hodl, Hodl, Hodl, Hodl, Hodl, Hodl, Hodl, Hodl, Hodl, Hodl,
Hodl, Hodl, Hodl, Hodl, Hodl, Hodl, Hodl, Hodl, Hodl, Hodl, Hodl,
Hodl, Hodl, Hodl, Hodl, Hodl, Hodl, Hodl, Hodl, Hodl, Hodl, Hodl,
Hodl, Hodl, Hodl, Hodl, Hodl, Hodl, Hodl, Hodl, Hodl, Hodl, Hodl,
Hodl, Hodl, Hodl, Hodl, Hodl, Hodl, Hodl, Hodl, Hodl, Hodl, Hodl,
Hodl, Hodl, Hodl, Hodl, Hodl, Hodl, Hodl, Hodl, Hodl, Hodl, Hodl,
Hodl, Hodl, Hodl, Hodl, Hodl, Hodl, Hodl, Hodl, Hodl, Hodl, Hodl,
Hodl, Hodl, Hodl, Hodl, Hodl, Hodl, Hodl, Hodl, Hodl, Hodl, Hodl,
Hodl, Hodl, Hodl, Hodl, Hodl, Hodl, Hodl, Hodl, Hodl, Hodl, Hodl,
Hodl, Hodl, Hodl, Hodl, Hodl, Hodl, Hodl, Hodl, Hodl, Hodl, Hodl,
Hodl, Hodl, Hodl, Hodl, Hodl, Hodl, Hodl, Hodl, Hodl, Hodl, Hodl,
Hodl, Hodl, Hodl, Hodl, Hodl, Hodl, Hodl, Hodl, Hodl, Hodl, Hodl,
Hodl, Hodl, Hodl, Hodl, Hodl, Hodl, Hodl, Hodl, Hodl, Hodl, Hodl,
Hodl, Hodl, Hodl, Hodl, Hodl, Hodl, Hodl, Hodl, Hodl, Hodl, Hodl,
Hodl, Hodl, Hodl, Hodl, Hodl, Hodl, Hodl, Hodl, Hodl, Hodl, Hodl,
Hodl, Hodl, Hodl, Hodl, Hodl, Hodl, Hodl, Hodl, Hodl, Hodl, Hodl,
Hodl, Hodl, Hodl, Hodl, Hodl, Hodl.

Hodl, Hodl, Hodl, Hodl, Hodl, Hodl, Hodl, Hodl, Hodl,
Hodl, Hodl, Hodl, Hodl, Hodl, Hodl, Hodl, Hodl, Hodl, Hodl, Hodl,
Hodl, Hodl, Hodl, Hodl, Hodl, Hodl, Hodl, Hodl, Hodl, Hodl, Hodl,
Hodl, Hodl, Hodl, Hodl, Hodl, Hodl, Hodl, Hodl, Hodl, Hodl, Hodl,
Hodl, Hodl, Hodl, Hodl, Hodl, Hodl, Hodl, Hodl, Hodl, Hodl, Hodl,
Hodl, Hodl, Hodl, Hodl, Hodl, Hodl, Hodl, Hodl, Hodl, Hodl, Hodl,
Hodl, Hodl, Hodl, Hodl, Hodl, Hodl, Hodl, Hodl, Hodl, Hodl, Hodl,
Hodl, Hodl, Hodl, Hodl, Hodl, Hodl, Hodl, Hodl, Hodl, Hodl, Hodl,
Hodl, Hodl, Hodl, Hodl, Hodl, Hodl, Hodl, Hodl, Hodl, Hodl, Hodl,
Hodl, Hodl, Hodl, Hodl, Hodl, Hodl, Hodl, Hodl, Hodl, Hodl, Hodl,
Hodl, Hodl, Hodl, Hodl, Hodl, Hodl, Hodl, Hodl, Hodl, Hodl, Hodl,
Hodl, Hodl, Hodl, Hodl, Hodl, Hodl, Hodl, Hodl, Hodl, Hodl, Hodl,
Hodl, Hodl, Hodl, Hodl, Hodl, Hodl, Hodl, Hodl, Hodl, Hodl, Hodl,
Hodl, Hodl, Hodl, Hodl, Hodl, Hodl, Hodl, Hodl, Hodl, Hodl, Hodl,
Hodl, Hodl, Hodl, Hodl, Hodl, Hodl, Hodl, Hodl, Hodl, Hodl, Hodl,
Hodl, Hodl, Hodl, Hodl, Hodl, Hodl, Hodl, Hodl, Hodl, Hodl, Hodl,
Hodl, Hodl, Hodl, Hodl, Hodl, Hodl, Hodl, Hodl, Hodl, Hodl, Hodl,
Hodl, Hodl, Hodl, Hodl, Hodl, Hodl, Hodl, Hodl, Hodl, Hodl, Hodl,
Hodl, Hodl, Hodl, Hodl, Hodl, Hodl, Hodl, Hodl, Hodl, Hodl, Hodl,
Hodl, Hodl, Hodl, Hodl, Hodl, Hodl, Hodl, Hodl, Hodl, Hodl, Hodl,
Hodl, Hodl, Hodl, Hodl, Hodl, Hodl, Hodl, Hodl, Hodl, Hodl, Hodl,
Hodl, Hodl, Hodl, Hodl, Hodl, Hodl, Hodl, Hodl, Hodl, Hodl, Hodl,
Hodl, Hodl, Hodl, Hodl, Hodl, Hodl, Hodl, Hodl, Hodl, Hodl, Hodl,
Hodl, Hodl, Hodl, Hodl, Hodl, Hodl, Hodl, Hodl, Hodl, Hodl, Hodl,
Hodl, Hodl, Hodl, Hodl, Hodl, Hodl, Hodl, Hodl, Hodl, Hodl, Hodl,
Hodl, Hodl, Hodl, Hodl, Hodl, Hodl, Hodl, Hodl, Hodl, Hodl, Hodl,
Hodl, Hodl, Hodl, Hodl, Hodl, Hodl, Hodl, Hodl, Hodl, Hodl, Hodl,
Hodl, Hodl, Hodl, Hodl, Hodl, Hodl, Hodl, Hodl, Hodl, Hodl, Hodl,
Hodl, Hodl, Hodl, Hodl, Hodl, Hodl, Hodl, Hodl, Hodl, Hodl, Hodl,
Hodl, Hodl, Hodl, Hodl, Hodl, Hodl, Hodl, Hodl, Hodl, Hodl, Hodl,
Hodl, Hodl, Hodl, Hodl, Hodl, Hodl, Hodl, Hodl, Hodl, Hodl, Hodl,
Hodl, Hodl, Hodl, Hodl, Hodl, Hodl.

Hodl, Hodl, Hodl, Hodl, Hodl, Hodl, Hodl, Hodl, Hodl, Hodl, Hodl, Hodl, Hodl, Hodl, Hodl, Hodl, Hodl, Hodl, Hodl, Hodl, Hodl, Hodl, Hodl, Hodl, Hodl, Hodl, Hodl, Hodl, Hodl, Hodl, Hodl, Hodl, Hodl, Hodl, Hodl, Hodl, Hodl, Hodl, Hodl, Hodl, Hodl, Hodl, Hodl, Hodl, Hodl, Hodl, Hodl, Hodl, Hodl, Hodl, Hodl, Hodl, Hodl, Hodl, Hodl, Hodl, Hodl, Hodl, Hodl, Hodl, Hodl, Hodl, Hodl, Hodl, Hodl, Hodl, Hodl, Hodl, Hodl, Hodl, Hodl, Hodl, Hodl, Hodl, Hodl, Hodl, Hodl, Hodl, Hodl, Hodl, Hodl, Hodl, Hodl, Hodl, Hodl, Hodl, Hodl, Hodl, Hodl, Hodl, Hodl, Hodl, Hodl, Hodl, Hodl, Hodl, Hodl, Hodl, Hodl, Hodl, Hodl, Hodl, Hodl, Hodl, Hodl, Hodl, Hodl, Hodl, Hodl, Hodl, Hodl, Hodl, Hodl, Hodl, Hodl, Hodl, Hodl, Hodl, Hodl, Hodl, Hodl, Hodl, Hodl, Hodl, Hodl, Hodl, Hodl, Hodl, Hodl, Hodl, Hodl, Hodl, Hodl, Hodl, Hodl, Hodl, Hodl, Hodl, Hodl, Hodl, Hodl, Hodl, Hodl, Hodl, Hodl, Hodl, Hodl, Hodl, Hodl, Hodl, Hodl, Hodl, Hodl, Hodl, Hodl, Hodl, Hodl, Hodl, Hodl, Hodl, Hodl, Hodl, Hodl, Hodl, Hodl, Hodl, Hodl, Hodl, Hodl, Hodl, Hodl, Hodl, Hodl, Hodl, Hodl, Hodl, Hodl, Hodl, Hodl, Hodl, Hodl, Hodl, Hodl, Hodl, Hodl, Hodl, Hodl, Hodl, Hodl, Hodl, Hodl, Hodl, Hodl, Hodl, Hodl, Hodl, Hodl, Hodl, Hodl, Hodl, Hodl, Hodl, Hodl, Hodl, Hodl, Hodl, Hodl, Hodl, Hodl, Hodl, Hodl, Hodl, Hodl, Hodl, Hodl, Hodl, Hodl, Hodl, Hodl, Hodl, Hodl, Hodl, Hodl, Hodl, Hodl, Hodl, Hodl, Hodl, Hodl, Hodl, Hodl, Hodl, Hodl, Hodl, Hodl, Hodl, Hodl, Hodl, Hodl, Hodl, Hodl, Hodl, Hodl, Hodl, Hodl, Hodl, Hodl, Hodl, Hodl, Hodl, Hodl, Hodl, Hodl, Hodl, Hodl, Hodl, Hodl, Hodl, Hodl, Hodl, Hodl, Hodl, Hodl, Hodl, Hodl, Hodl, Hodl, Hodl, Hodl, Hodl, Hodl, Hodl, Hodl, Hodl, Hodl, Hodl, Hodl, Hodl, Hodl, Hodl, Hodl, Hodl, Hodl, Hodl, Hodl, Hodl, Hodl, Hodl, Hodl, Hodl, Hodl, Hodl, Hodl, Hodl, Hodl, Hodl, Hodl, Hodl, Hodl, Hodl, Hodl, Hodl, Hodl, Hodl, Hodl, Hodl, Hodl, Hodl, Hodl, Hodl, Hodl, Hodl, Hodl, Hodl, Hodl, Hodl, Hodl, Hodl, Hodl, Hodl, Hodl, Hodl, Hodl, Hodl, Hodl, Hodl, Hodl, Hodl, Hodl, Hodl, Hodl, Hodl, Hodl, Hodl, Hodl, Hodl, Hodl, Hodl, Hodl, Hodl, Hodl, Hodl, Hodl, Hodl, Hodl, Hodl, Hodl, Hodl, Hodl, Hodl, Hodl, Hodl, Hodl, Hodl, Hodl, Hodl, Hodl, Hodl, Hodl, Hodl, Hodl, Hodl, Hodl, Hodl, Hodl, Hodl, Hodl, Hodl, Hodl, Hodl, Hodl, Hodl, Hodl, Hodl, Hodl, Hodl, Hodl, Hodl, Hodl, Hodl, Hodl, Hodl, Hodl, Hodl, Hodl, Hodl, Hodl, Hodl, Hodl, Hodl, Hodl, Hodl, Hodl, Hodl, Hodl, Hodl, Hodl, Hodl, Hodl, Hodl, Hodl, Hodl, Hodl, Hodl, Hodl, Hodl, Hodl, Hodl, Hodl, Hodl, Hodl, Hodl, Hodl, Hodl, Hodl, Hodl, Hodl, Hodl, Hodl, Hodl, Hodl, Hodl, Hodl, Hodl, Hodl, Hodl, Hodl, Hodl, Hodl, Hodl, Hodl, Hodl, Hodl, Hodl, Hodl, Hodl, Hodl, Hodl, Hodl, Hodl, Hodl, Hodl, Hodl, Hodl, Hodl, Hodl, Hodl, Hodl, Hodl.

Hodl, Hodl, Hodl, Hodl, Hodl, Hodl, Hodl, Hodl, Hodl,
Hodl, Hodl, Hodl, Hodl, Hodl, Hodl, Hodl, Hodl, Hodl, Hodl, Hodl,
Hodl, Hodl, Hodl, Hodl, Hodl, Hodl, Hodl, Hodl, Hodl, Hodl, Hodl,
Hodl, Hodl, Hodl, Hodl, Hodl, Hodl, Hodl, Hodl, Hodl, Hodl, Hodl,
Hodl, Hodl, Hodl, Hodl, Hodl, Hodl, Hodl, Hodl, Hodl, Hodl, Hodl,
Hodl, Hodl, Hodl, Hodl, Hodl, Hodl, Hodl, Hodl, Hodl, Hodl, Hodl,
Hodl, Hodl, Hodl, Hodl, Hodl, Hodl, Hodl, Hodl, Hodl, Hodl, Hodl,
Hodl, Hodl, Hodl, Hodl, Hodl, Hodl, Hodl, Hodl, Hodl, Hodl, Hodl,
Hodl, Hodl, Hodl, Hodl, Hodl, Hodl, Hodl, Hodl, Hodl, Hodl, Hodl,
Hodl, Hodl, Hodl, Hodl, Hodl, Hodl, Hodl, Hodl, Hodl, Hodl, Hodl,
Hodl, Hodl, Hodl, Hodl, Hodl, Hodl, Hodl, Hodl, Hodl, Hodl, Hodl,
Hodl, Hodl, Hodl, Hodl, Hodl, Hodl, Hodl, Hodl, Hodl, Hodl, Hodl,
Hodl, Hodl, Hodl, Hodl, Hodl, Hodl, Hodl, Hodl, Hodl, Hodl, Hodl,
Hodl, Hodl, Hodl, Hodl, Hodl, Hodl, Hodl, Hodl, Hodl, Hodl, Hodl,
Hodl, Hodl, Hodl, Hodl, Hodl, Hodl, Hodl, Hodl, Hodl, Hodl, Hodl,
Hodl, Hodl, Hodl, Hodl, Hodl, Hodl, Hodl, Hodl, Hodl, Hodl, Hodl,
Hodl, Hodl, Hodl, Hodl, Hodl, Hodl, Hodl, Hodl, Hodl, Hodl, Hodl,
Hodl, Hodl, Hodl, Hodl, Hodl, Hodl, Hodl, Hodl, Hodl, Hodl, Hodl,
Hodl, Hodl, Hodl, Hodl, Hodl, Hodl, Hodl, Hodl, Hodl, Hodl, Hodl,
Hodl, Hodl, Hodl, Hodl, Hodl, Hodl, Hodl, Hodl, Hodl, Hodl, Hodl,
Hodl, Hodl, Hodl, Hodl, Hodl, Hodl, Hodl, Hodl, Hodl, Hodl, Hodl,
Hodl, Hodl, Hodl, Hodl, Hodl, Hodl, Hodl, Hodl, Hodl, Hodl, Hodl,
Hodl, Hodl, Hodl, Hodl, Hodl, Hodl, Hodl, Hodl, Hodl, Hodl, Hodl,
Hodl, Hodl, Hodl, Hodl, Hodl, Hodl, Hodl, Hodl, Hodl, Hodl, Hodl,
Hodl, Hodl, Hodl, Hodl, Hodl, Hodl, Hodl, Hodl, Hodl, Hodl, Hodl,
Hodl, Hodl, Hodl, Hodl, Hodl, Hodl, Hodl, Hodl, Hodl, Hodl, Hodl,
Hodl, Hodl, Hodl, Hodl, Hodl, Hodl, Hodl, Hodl, Hodl, Hodl, Hodl,
Hodl, Hodl, Hodl, Hodl, Hodl, Hodl, Hodl, Hodl, Hodl, Hodl, Hodl,
Hodl, Hodl, Hodl, Hodl, Hodl, Hodl, Hodl, Hodl, Hodl, Hodl, Hodl,
Hodl, Hodl, Hodl, Hodl, Hodl, Hodl, Hodl, Hodl, Hodl, Hodl, Hodl,
Hodl, Hodl, Hodl, Hodl, Hodl, Hodl, Hodl, Hodl, Hodl, Hodl, Hodl,
Hodl, Hodl, Hodl, Hodl, Hodl, Hodl, Hodl, Hodl, Hodl, Hodl, Hodl,
Hodl, Hodl, Hodl, Hodl, Hodl, Hodl, Hodl, Hodl, Hodl, Hodl, Hodl,
Hodl, Hodl, Hodl, Hodl, Hodl, Hodl.

Hodl, Hodl, Hodl, Hodl, Hodl, Hodl, Hodl, Hodl, Hodl,
Hodl, Hodl, Hodl, Hodl, Hodl, Hodl, Hodl, Hodl, Hodl, Hodl, Hodl,
Hodl, Hodl, Hodl, Hodl, Hodl, Hodl, Hodl, Hodl, Hodl, Hodl, Hodl,
Hodl, Hodl, Hodl, Hodl, Hodl, Hodl, Hodl, Hodl, Hodl, Hodl, Hodl,
Hodl, Hodl, Hodl, Hodl, Hodl, Hodl, Hodl, Hodl, Hodl, Hodl, Hodl,
Hodl, Hodl, Hodl, Hodl, Hodl, Hodl, Hodl, Hodl, Hodl, Hodl, Hodl,
Hodl, Hodl, Hodl, Hodl, Hodl, Hodl, Hodl, Hodl, Hodl, Hodl, Hodl,
Hodl, Hodl, Hodl, Hodl, Hodl, Hodl, Hodl, Hodl, Hodl, Hodl, Hodl,
Hodl, Hodl, Hodl, Hodl, Hodl, Hodl, Hodl, Hodl, Hodl, Hodl, Hodl,
Hodl, Hodl, Hodl, Hodl, Hodl, Hodl, Hodl, Hodl, Hodl, Hodl, Hodl,
Hodl, Hodl, Hodl, Hodl, Hodl, Hodl, Hodl, Hodl, Hodl, Hodl, Hodl,
Hodl, Hodl, Hodl, Hodl, Hodl, Hodl, Hodl, Hodl, Hodl, Hodl, Hodl,
Hodl, Hodl, Hodl, Hodl, Hodl, Hodl, Hodl, Hodl, Hodl, Hodl, Hodl,
Hodl, Hodl, Hodl, Hodl, Hodl, Hodl, Hodl, Hodl, Hodl, Hodl, Hodl,
Hodl, Hodl, Hodl, Hodl, Hodl, Hodl, Hodl, Hodl, Hodl, Hodl, Hodl,
Hodl, Hodl, Hodl, Hodl, Hodl, Hodl, Hodl, Hodl, Hodl, Hodl, Hodl,
Hodl, Hodl, Hodl, Hodl, Hodl, Hodl, Hodl, Hodl, Hodl, Hodl, Hodl,
Hodl, Hodl, Hodl, Hodl, Hodl, Hodl, Hodl, Hodl, Hodl, Hodl, Hodl,
Hodl, Hodl, Hodl, Hodl, Hodl, Hodl, Hodl, Hodl, Hodl, Hodl, Hodl,
Hodl, Hodl, Hodl, Hodl, Hodl, Hodl, Hodl, Hodl, Hodl, Hodl, Hodl,
Hodl, Hodl, Hodl, Hodl, Hodl, Hodl, Hodl, Hodl, Hodl, Hodl, Hodl,
Hodl, Hodl, Hodl, Hodl, Hodl, Hodl, Hodl, Hodl, Hodl, Hodl, Hodl,
Hodl, Hodl, Hodl, Hodl, Hodl, Hodl, Hodl, Hodl, Hodl, Hodl, Hodl,
Hodl, Hodl, Hodl, Hodl, Hodl, Hodl, Hodl, Hodl, Hodl, Hodl, Hodl,
Hodl, Hodl, Hodl, Hodl, Hodl, Hodl, Hodl, Hodl, Hodl, Hodl, Hodl,
Hodl, Hodl, Hodl, Hodl, Hodl, Hodl, Hodl, Hodl, Hodl, Hodl, Hodl,
Hodl, Hodl, Hodl, Hodl, Hodl, Hodl, Hodl, Hodl, Hodl, Hodl, Hodl,
Hodl, Hodl, Hodl, Hodl, Hodl, Hodl, Hodl, Hodl, Hodl, Hodl, Hodl,
Hodl, Hodl, Hodl, Hodl, Hodl, Hodl, Hodl, Hodl, Hodl, Hodl, Hodl,
Hodl, Hodl, Hodl, Hodl, Hodl, Hodl, Hodl, Hodl, Hodl, Hodl, Hodl,
Hodl, Hodl, Hodl, Hodl, Hodl, Hodl, Hodl, Hodl, Hodl, Hodl, Hodl,
Hodl, Hodl, Hodl, Hodl, Hodl, Hodl, Hodl, Hodl, Hodl, Hodl, Hodl,
Hodl, Hodl, Hodl, Hodl, Hodl, Hodl, Hodl, Hodl, Hodl, Hodl, Hodl,
Hodl, Hodl, Hodl, Hodl, Hodl, Hodl.

Hodl, Hodl, Hodl, Hodl, Hodl, Hodl, Hodl, Hodl, Hodl,
Hodl, Hodl, Hodl, Hodl, Hodl, Hodl, Hodl, Hodl, Hodl, Hodl, Hodl,
Hodl, Hodl, Hodl, Hodl, Hodl, Hodl, Hodl, Hodl, Hodl, Hodl, Hodl,
Hodl, Hodl, Hodl, Hodl, Hodl, Hodl, Hodl, Hodl, Hodl, Hodl, Hodl,
Hodl, Hodl, Hodl, Hodl, Hodl, Hodl, Hodl, Hodl, Hodl, Hodl, Hodl,
Hodl, Hodl, Hodl, Hodl, Hodl, Hodl, Hodl, Hodl, Hodl, Hodl, Hodl,
Hodl, Hodl, Hodl, Hodl, Hodl, Hodl, Hodl, Hodl, Hodl, Hodl, Hodl,
Hodl, Hodl, Hodl, Hodl, Hodl, Hodl, Hodl, Hodl, Hodl, Hodl, Hodl,
Hodl, Hodl, Hodl, Hodl, Hodl, Hodl, Hodl, Hodl, Hodl, Hodl, Hodl,
Hodl, Hodl, Hodl, Hodl, Hodl, Hodl, Hodl, Hodl, Hodl, Hodl, Hodl,
Hodl, Hodl, Hodl, Hodl, Hodl, Hodl, Hodl, Hodl, Hodl, Hodl, Hodl,
Hodl, Hodl, Hodl, Hodl, Hodl, Hodl, Hodl, Hodl, Hodl, Hodl, Hodl,
Hodl, Hodl, Hodl, Hodl, Hodl, Hodl, Hodl, Hodl, Hodl, Hodl, Hodl,
Hodl, Hodl, Hodl, Hodl, Hodl, Hodl, Hodl, Hodl, Hodl, Hodl, Hodl,
Hodl, Hodl, Hodl, Hodl, Hodl, Hodl, Hodl, Hodl, Hodl, Hodl, Hodl,
Hodl, Hodl, Hodl, Hodl, Hodl, Hodl, Hodl, Hodl, Hodl, Hodl, Hodl,
Hodl, Hodl, Hodl, Hodl, Hodl, Hodl, Hodl, Hodl, Hodl, Hodl, Hodl,
Hodl, Hodl, Hodl, Hodl, Hodl, Hodl, Hodl, Hodl, Hodl, Hodl, Hodl,
Hodl, Hodl, Hodl, Hodl, Hodl, Hodl, Hodl, Hodl, Hodl, Hodl, Hodl,
Hodl, Hodl, Hodl, Hodl, Hodl, Hodl, Hodl, Hodl, Hodl, Hodl, Hodl,
Hodl, Hodl, Hodl, Hodl, Hodl, Hodl, Hodl, Hodl, Hodl, Hodl, Hodl,
Hodl, Hodl, Hodl, Hodl, Hodl, Hodl, Hodl, Hodl, Hodl, Hodl, Hodl,
Hodl, Hodl, Hodl, Hodl, Hodl, Hodl, Hodl, Hodl, Hodl, Hodl, Hodl,
Hodl, Hodl, Hodl, Hodl, Hodl, Hodl, Hodl, Hodl, Hodl, Hodl, Hodl,
Hodl, Hodl, Hodl, Hodl, Hodl, Hodl, Hodl, Hodl, Hodl, Hodl, Hodl,
Hodl, Hodl, Hodl, Hodl, Hodl, Hodl, Hodl, Hodl, Hodl, Hodl, Hodl,
Hodl, Hodl, Hodl, Hodl, Hodl, Hodl, Hodl, Hodl, Hodl, Hodl, Hodl,
Hodl, Hodl, Hodl, Hodl, Hodl, Hodl, Hodl, Hodl, Hodl, Hodl, Hodl,
Hodl, Hodl, Hodl, Hodl, Hodl, Hodl, Hodl, Hodl, Hodl, Hodl, Hodl,
Hodl, Hodl, Hodl, Hodl, Hodl, Hodl, Hodl, Hodl, Hodl, Hodl, Hodl,
Hodl, Hodl, Hodl, Hodl, Hodl, Hodl, Hodl, Hodl, Hodl, Hodl, Hodl,
Hodl, Hodl, Hodl, Hodl, Hodl, Hodl, Hodl, Hodl, Hodl, Hodl, Hodl,
Hodl, Hodl, Hodl, Hodl, Hodl, Hodl.

Hodl, Hodl, Hodl, Hodl, Hodl, Hodl, Hodl, Hodl, Hodl,
Hodl, Hodl, Hodl, Hodl, Hodl, Hodl, Hodl, Hodl, Hodl, Hodl, Hodl,
Hodl, Hodl, Hodl, Hodl, Hodl, Hodl, Hodl, Hodl, Hodl, Hodl, Hodl,
Hodl, Hodl, Hodl, Hodl, Hodl, Hodl, Hodl, Hodl, Hodl, Hodl, Hodl,
Hodl, Hodl, Hodl, Hodl, Hodl, Hodl, Hodl, Hodl, Hodl, Hodl, Hodl,
Hodl, Hodl, Hodl, Hodl, Hodl, Hodl, Hodl, Hodl, Hodl, Hodl, Hodl,
Hodl, Hodl, Hodl, Hodl, Hodl, Hodl, Hodl, Hodl, Hodl, Hodl, Hodl,
Hodl, Hodl, Hodl, Hodl, Hodl, Hodl, Hodl, Hodl, Hodl, Hodl, Hodl,
Hodl, Hodl, Hodl, Hodl, Hodl, Hodl, Hodl, Hodl, Hodl, Hodl, Hodl,
Hodl, Hodl, Hodl, Hodl, Hodl, Hodl, Hodl, Hodl, Hodl, Hodl, Hodl,
Hodl, Hodl, Hodl, Hodl, Hodl, Hodl, Hodl, Hodl, Hodl, Hodl, Hodl,
Hodl, Hodl, Hodl, Hodl, Hodl, Hodl, Hodl, Hodl, Hodl, Hodl, Hodl,
Hodl, Hodl, Hodl, Hodl, Hodl, Hodl, Hodl, Hodl, Hodl, Hodl, Hodl,
Hodl, Hodl, Hodl, Hodl, Hodl, Hodl, Hodl, Hodl, Hodl, Hodl, Hodl,
Hodl, Hodl, Hodl, Hodl, Hodl, Hodl, Hodl, Hodl, Hodl, Hodl, Hodl,
Hodl, Hodl, Hodl, Hodl, Hodl, Hodl, Hodl, Hodl, Hodl, Hodl, Hodl,
Hodl, Hodl, Hodl, Hodl, Hodl, Hodl, Hodl, Hodl, Hodl, Hodl, Hodl,
Hodl, Hodl, Hodl, Hodl, Hodl, Hodl, Hodl, Hodl, Hodl, Hodl, Hodl,
Hodl, Hodl, Hodl, Hodl, Hodl, Hodl, Hodl, Hodl, Hodl, Hodl, Hodl,
Hodl, Hodl, Hodl, Hodl, Hodl, Hodl, Hodl, Hodl, Hodl, Hodl, Hodl,
Hodl, Hodl, Hodl, Hodl, Hodl, Hodl, Hodl, Hodl, Hodl, Hodl, Hodl,
Hodl, Hodl, Hodl, Hodl, Hodl, Hodl, Hodl, Hodl, Hodl, Hodl, Hodl,
Hodl, Hodl, Hodl, Hodl, Hodl, Hodl, Hodl, Hodl, Hodl, Hodl, Hodl,
Hodl, Hodl, Hodl, Hodl, Hodl, Hodl, Hodl, Hodl, Hodl, Hodl, Hodl,
Hodl, Hodl, Hodl, Hodl, Hodl, Hodl, Hodl, Hodl, Hodl, Hodl, Hodl,
Hodl, Hodl, Hodl, Hodl, Hodl, Hodl, Hodl, Hodl, Hodl, Hodl, Hodl,
Hodl, Hodl, Hodl, Hodl, Hodl, Hodl, Hodl, Hodl, Hodl, Hodl, Hodl,
Hodl, Hodl, Hodl, Hodl, Hodl, Hodl, Hodl, Hodl, Hodl, Hodl, Hodl,
Hodl, Hodl, Hodl, Hodl, Hodl, Hodl, Hodl, Hodl, Hodl, Hodl, Hodl,
Hodl, Hodl, Hodl, Hodl, Hodl, Hodl, Hodl, Hodl, Hodl, Hodl, Hodl,
Hodl, Hodl, Hodl, Hodl, Hodl, Hodl, Hodl, Hodl, Hodl, Hodl, Hodl,
Hodl, Hodl, Hodl, Hodl, Hodl, Hodl, Hodl, Hodl, Hodl, Hodl, Hodl,
Hodl, Hodl, Hodl, Hodl, Hodl, Hodl.

Hodl, Hodl, Hodl, Hodl, Hodl, Hodl, Hodl, Hodl, Hodl,
Hodl, Hodl, Hodl, Hodl, Hodl, Hodl, Hodl, Hodl, Hodl, Hodl, Hodl,
Hodl, Hodl, Hodl, Hodl, Hodl, Hodl, Hodl, Hodl, Hodl, Hodl, Hodl,
Hodl, Hodl, Hodl, Hodl, Hodl, Hodl, Hodl, Hodl, Hodl, Hodl, Hodl,
Hodl, Hodl, Hodl, Hodl, Hodl, Hodl, Hodl, Hodl, Hodl, Hodl, Hodl,
Hodl, Hodl, Hodl, Hodl, Hodl, Hodl, Hodl, Hodl, Hodl, Hodl, Hodl,
Hodl, Hodl, Hodl, Hodl, Hodl, Hodl, Hodl, Hodl, Hodl, Hodl, Hodl,
Hodl, Hodl, Hodl, Hodl, Hodl, Hodl, Hodl, Hodl, Hodl, Hodl, Hodl,
Hodl, Hodl, Hodl, Hodl, Hodl, Hodl, Hodl, Hodl, Hodl, Hodl, Hodl,
Hodl, Hodl, Hodl, Hodl, Hodl, Hodl, Hodl, Hodl, Hodl, Hodl, Hodl,
Hodl, Hodl, Hodl, Hodl, Hodl, Hodl, Hodl, Hodl, Hodl, Hodl, Hodl,
Hodl, Hodl, Hodl, Hodl, Hodl, Hodl, Hodl, Hodl, Hodl, Hodl, Hodl,
Hodl, Hodl, Hodl, Hodl, Hodl, Hodl, Hodl, Hodl, Hodl, Hodl, Hodl,
Hodl, Hodl, Hodl, Hodl, Hodl, Hodl, Hodl, Hodl, Hodl, Hodl, Hodl,
Hodl, Hodl, Hodl, Hodl, Hodl, Hodl, Hodl, Hodl, Hodl, Hodl, Hodl,
Hodl, Hodl, Hodl, Hodl, Hodl, Hodl, Hodl, Hodl, Hodl, Hodl, Hodl,
Hodl, Hodl, Hodl, Hodl, Hodl, Hodl, Hodl, Hodl, Hodl, Hodl, Hodl,
Hodl, Hodl, Hodl, Hodl, Hodl, Hodl, Hodl, Hodl, Hodl, Hodl, Hodl,
Hodl, Hodl, Hodl, Hodl, Hodl, Hodl, Hodl, Hodl, Hodl, Hodl, Hodl,
Hodl, Hodl, Hodl, Hodl, Hodl, Hodl, Hodl, Hodl, Hodl, Hodl, Hodl,
Hodl, Hodl, Hodl, Hodl, Hodl, Hodl, Hodl, Hodl, Hodl, Hodl, Hodl,
Hodl, Hodl, Hodl, Hodl, Hodl, Hodl, Hodl, Hodl, Hodl, Hodl, Hodl,
Hodl, Hodl, Hodl, Hodl, Hodl, Hodl, Hodl, Hodl, Hodl, Hodl, Hodl,
Hodl, Hodl, Hodl, Hodl, Hodl, Hodl, Hodl, Hodl, Hodl, Hodl, Hodl,
Hodl, Hodl, Hodl, Hodl, Hodl, Hodl, Hodl, Hodl, Hodl, Hodl, Hodl,
Hodl, Hodl, Hodl, Hodl, Hodl, Hodl, Hodl, Hodl, Hodl, Hodl, Hodl,
Hodl, Hodl, Hodl, Hodl, Hodl, Hodl, Hodl, Hodl, Hodl, Hodl, Hodl,
Hodl, Hodl, Hodl, Hodl, Hodl, Hodl, Hodl, Hodl, Hodl, Hodl, Hodl,
Hodl, Hodl, Hodl, Hodl, Hodl, Hodl, Hodl, Hodl, Hodl, Hodl, Hodl,
Hodl, Hodl, Hodl, Hodl, Hodl, Hodl, Hodl, Hodl, Hodl, Hodl, Hodl,
Hodl, Hodl, Hodl, Hodl, Hodl, Hodl, Hodl, Hodl, Hodl, Hodl, Hodl,
Hodl, Hodl, Hodl, Hodl, Hodl, Hodl, Hodl, Hodl, Hodl, Hodl, Hodl,
Hodl, Hodl, Hodl, Hodl, Hodl, Hodl.

Hodl, Hodl, Hodl, Hodl, Hodl, Hodl, Hodl, Hodl, Hodl,
Hodl, Hodl, Hodl, Hodl, Hodl, Hodl, Hodl, Hodl, Hodl, Hodl, Hodl,
Hodl, Hodl, Hodl, Hodl, Hodl, Hodl, Hodl, Hodl, Hodl, Hodl, Hodl,
Hodl, Hodl, Hodl, Hodl, Hodl, Hodl, Hodl, Hodl, Hodl, Hodl, Hodl,
Hodl, Hodl, Hodl, Hodl, Hodl, Hodl, Hodl, Hodl, Hodl, Hodl, Hodl,
Hodl, Hodl, Hodl, Hodl, Hodl, Hodl, Hodl, Hodl, Hodl, Hodl, Hodl,
Hodl, Hodl, Hodl, Hodl, Hodl, Hodl, Hodl, Hodl, Hodl, Hodl, Hodl,
Hodl, Hodl, Hodl, Hodl, Hodl, Hodl, Hodl, Hodl, Hodl, Hodl, Hodl,
Hodl, Hodl, Hodl, Hodl, Hodl, Hodl, Hodl, Hodl, Hodl, Hodl, Hodl,
Hodl, Hodl, Hodl, Hodl, Hodl, Hodl, Hodl, Hodl, Hodl, Hodl, Hodl,
Hodl, Hodl, Hodl, Hodl, Hodl, Hodl, Hodl, Hodl, Hodl, Hodl, Hodl,
Hodl, Hodl, Hodl, Hodl, Hodl, Hodl, Hodl, Hodl, Hodl, Hodl, Hodl,
Hodl, Hodl, Hodl, Hodl, Hodl, Hodl, Hodl, Hodl, Hodl, Hodl, Hodl,
Hodl, Hodl, Hodl, Hodl, Hodl, Hodl, Hodl, Hodl, Hodl, Hodl, Hodl,
Hodl, Hodl, Hodl, Hodl, Hodl, Hodl, Hodl, Hodl, Hodl, Hodl, Hodl,
Hodl, Hodl, Hodl, Hodl, Hodl, Hodl, Hodl, Hodl, Hodl, Hodl, Hodl,
Hodl, Hodl, Hodl, Hodl, Hodl, Hodl, Hodl, Hodl, Hodl, Hodl, Hodl,
Hodl, Hodl, Hodl, Hodl, Hodl, Hodl, Hodl, Hodl, Hodl, Hodl, Hodl,
Hodl, Hodl, Hodl, Hodl, Hodl, Hodl, Hodl, Hodl, Hodl, Hodl, Hodl,
Hodl, Hodl, Hodl, Hodl, Hodl, Hodl, Hodl, Hodl, Hodl, Hodl, Hodl,
Hodl, Hodl, Hodl, Hodl, Hodl, Hodl, Hodl, Hodl, Hodl, Hodl, Hodl,
Hodl, Hodl, Hodl, Hodl, Hodl, Hodl, Hodl, Hodl, Hodl, Hodl, Hodl,
Hodl, Hodl, Hodl, Hodl, Hodl, Hodl, Hodl, Hodl, Hodl, Hodl, Hodl,
Hodl, Hodl, Hodl, Hodl, Hodl, Hodl, Hodl, Hodl, Hodl, Hodl, Hodl,
Hodl, Hodl, Hodl, Hodl, Hodl, Hodl, Hodl, Hodl, Hodl, Hodl, Hodl,
Hodl, Hodl, Hodl, Hodl, Hodl, Hodl, Hodl, Hodl, Hodl, Hodl, Hodl,
Hodl, Hodl, Hodl, Hodl, Hodl, Hodl, Hodl, Hodl, Hodl, Hodl, Hodl,
Hodl, Hodl, Hodl, Hodl, Hodl, Hodl, Hodl, Hodl, Hodl, Hodl, Hodl,
Hodl, Hodl, Hodl, Hodl, Hodl, Hodl, Hodl, Hodl, Hodl, Hodl, Hodl,
Hodl, Hodl, Hodl, Hodl, Hodl, Hodl, Hodl, Hodl, Hodl, Hodl, Hodl,
Hodl, Hodl, Hodl, Hodl, Hodl, Hodl, Hodl, Hodl, Hodl, Hodl, Hodl,
Hodl, Hodl, Hodl, Hodl, Hodl, Hodl, Hodl, Hodl, Hodl, Hodl, Hodl,
Hodl, Hodl, Hodl, Hodl, Hodl, Hodl, Hodl, Hodl, Hodl, Hodl, Hodl,
Hodl, Hodl, Hodl, Hodl, Hodl, Hodl.

Hodl, Hodl, Hodl, Hodl, Hodl, Hodl, Hodl, Hodl, Hodl,
Hodl, Hodl, Hodl, Hodl, Hodl, Hodl, Hodl, Hodl, Hodl, Hodl, Hodl,
Hodl, Hodl, Hodl, Hodl, Hodl, Hodl, Hodl, Hodl, Hodl, Hodl, Hodl,
Hodl, Hodl, Hodl, Hodl, Hodl, Hodl, Hodl, Hodl, Hodl, Hodl, Hodl,
Hodl, Hodl, Hodl, Hodl, Hodl, Hodl, Hodl, Hodl, Hodl, Hodl, Hodl,
Hodl, Hodl, Hodl, Hodl, Hodl, Hodl, Hodl, Hodl, Hodl, Hodl, Hodl,
Hodl, Hodl, Hodl, Hodl, Hodl, Hodl, Hodl, Hodl, Hodl, Hodl, Hodl,
Hodl, Hodl, Hodl, Hodl, Hodl, Hodl, Hodl, Hodl, Hodl, Hodl, Hodl,
Hodl, Hodl, Hodl, Hodl, Hodl, Hodl, Hodl, Hodl, Hodl, Hodl, Hodl,
Hodl, Hodl, Hodl, Hodl, Hodl, Hodl, Hodl, Hodl, Hodl, Hodl, Hodl,
Hodl, Hodl, Hodl, Hodl, Hodl, Hodl, Hodl, Hodl, Hodl, Hodl, Hodl,
Hodl, Hodl, Hodl, Hodl, Hodl, Hodl, Hodl, Hodl, Hodl, Hodl, Hodl,
Hodl, Hodl, Hodl, Hodl, Hodl, Hodl, Hodl, Hodl, Hodl, Hodl, Hodl,
Hodl, Hodl, Hodl, Hodl, Hodl, Hodl, Hodl, Hodl, Hodl, Hodl, Hodl,
Hodl, Hodl, Hodl, Hodl, Hodl, Hodl, Hodl, Hodl, Hodl, Hodl, Hodl,
Hodl, Hodl, Hodl, Hodl, Hodl, Hodl, Hodl, Hodl, Hodl, Hodl, Hodl,
Hodl, Hodl, Hodl, Hodl, Hodl, Hodl, Hodl, Hodl, Hodl, Hodl, Hodl,
Hodl, Hodl, Hodl, Hodl, Hodl, Hodl, Hodl, Hodl, Hodl, Hodl, Hodl,
Hodl, Hodl, Hodl, Hodl, Hodl, Hodl, Hodl, Hodl, Hodl, Hodl, Hodl,
Hodl, Hodl, Hodl, Hodl, Hodl, Hodl, Hodl, Hodl, Hodl, Hodl, Hodl,
Hodl, Hodl, Hodl, Hodl, Hodl, Hodl, Hodl, Hodl, Hodl, Hodl, Hodl,
Hodl, Hodl, Hodl, Hodl, Hodl, Hodl, Hodl, Hodl, Hodl, Hodl, Hodl,
Hodl, Hodl, Hodl, Hodl, Hodl, Hodl, Hodl, Hodl, Hodl, Hodl, Hodl,
Hodl, Hodl, Hodl, Hodl, Hodl, Hodl, Hodl, Hodl, Hodl, Hodl, Hodl,
Hodl, Hodl, Hodl, Hodl, Hodl, Hodl, Hodl, Hodl, Hodl, Hodl, Hodl,
Hodl, Hodl, Hodl, Hodl, Hodl, Hodl, Hodl, Hodl, Hodl, Hodl, Hodl,
Hodl, Hodl, Hodl, Hodl, Hodl, Hodl, Hodl, Hodl, Hodl, Hodl, Hodl,
Hodl, Hodl, Hodl, Hodl, Hodl, Hodl, Hodl, Hodl, Hodl, Hodl, Hodl,
Hodl, Hodl, Hodl, Hodl, Hodl, Hodl, Hodl, Hodl, Hodl, Hodl, Hodl,
Hodl, Hodl, Hodl, Hodl, Hodl, Hodl, Hodl, Hodl, Hodl, Hodl, Hodl,
Hodl, Hodl, Hodl, Hodl, Hodl, Hodl, Hodl, Hodl, Hodl, Hodl, Hodl,
Hodl, Hodl, Hodl, Hodl, Hodl, Hodl.

Hodl, Hodl, Hodl, Hodl, Hodl, Hodl, Hodl, Hodl, Hodl,
Hodl, Hodl, Hodl, Hodl, Hodl, Hodl, Hodl, Hodl, Hodl, Hodl, Hodl,
Hodl, Hodl, Hodl, Hodl, Hodl, Hodl, Hodl, Hodl, Hodl, Hodl, Hodl,
Hodl, Hodl, Hodl, Hodl, Hodl, Hodl, Hodl, Hodl, Hodl, Hodl, Hodl,
Hodl, Hodl, Hodl, Hodl, Hodl, Hodl, Hodl, Hodl, Hodl, Hodl, Hodl,
Hodl, Hodl, Hodl, Hodl, Hodl, Hodl, Hodl, Hodl, Hodl, Hodl, Hodl,
Hodl, Hodl, Hodl, Hodl, Hodl, Hodl, Hodl, Hodl, Hodl, Hodl, Hodl,
Hodl, Hodl, Hodl, Hodl, Hodl, Hodl, Hodl, Hodl, Hodl, Hodl, Hodl,
Hodl, Hodl, Hodl, Hodl, Hodl, Hodl, Hodl, Hodl, Hodl, Hodl, Hodl,
Hodl, Hodl, Hodl, Hodl, Hodl, Hodl, Hodl, Hodl, Hodl, Hodl, Hodl,
Hodl, Hodl, Hodl, Hodl, Hodl, Hodl, Hodl, Hodl, Hodl, Hodl, Hodl,
Hodl, Hodl, Hodl, Hodl, Hodl, Hodl, Hodl, Hodl, Hodl, Hodl, Hodl,
Hodl, Hodl, Hodl, Hodl, Hodl, Hodl, Hodl, Hodl, Hodl, Hodl, Hodl,
Hodl, Hodl, Hodl, Hodl, Hodl, Hodl, Hodl, Hodl, Hodl, Hodl, Hodl,
Hodl, Hodl, Hodl, Hodl, Hodl, Hodl, Hodl, Hodl, Hodl, Hodl, Hodl,
Hodl, Hodl, Hodl, Hodl, Hodl, Hodl, Hodl, Hodl, Hodl, Hodl, Hodl,
Hodl, Hodl, Hodl, Hodl, Hodl, Hodl, Hodl, Hodl, Hodl, Hodl, Hodl,
Hodl, Hodl, Hodl, Hodl, Hodl, Hodl, Hodl, Hodl, Hodl, Hodl, Hodl,
Hodl, Hodl, Hodl, Hodl, Hodl, Hodl, Hodl, Hodl, Hodl, Hodl, Hodl,
Hodl, Hodl, Hodl, Hodl, Hodl, Hodl, Hodl, Hodl, Hodl, Hodl, Hodl,
Hodl, Hodl, Hodl, Hodl, Hodl, Hodl, Hodl, Hodl, Hodl, Hodl, Hodl,
Hodl, Hodl, Hodl, Hodl, Hodl, Hodl, Hodl, Hodl, Hodl, Hodl, Hodl,
Hodl, Hodl, Hodl, Hodl, Hodl, Hodl, Hodl, Hodl, Hodl, Hodl, Hodl,
Hodl, Hodl, Hodl, Hodl, Hodl, Hodl, Hodl, Hodl, Hodl, Hodl, Hodl,
Hodl, Hodl, Hodl, Hodl, Hodl, Hodl, Hodl, Hodl, Hodl, Hodl, Hodl,
Hodl, Hodl, Hodl, Hodl, Hodl, Hodl, Hodl, Hodl, Hodl, Hodl, Hodl,
Hodl, Hodl, Hodl, Hodl, Hodl, Hodl, Hodl, Hodl, Hodl, Hodl, Hodl,
Hodl, Hodl, Hodl, Hodl, Hodl, Hodl, Hodl, Hodl, Hodl, Hodl, Hodl,
Hodl, Hodl, Hodl, Hodl, Hodl, Hodl, Hodl, Hodl, Hodl, Hodl, Hodl,
Hodl, Hodl, Hodl, Hodl, Hodl, Hodl, Hodl, Hodl, Hodl, Hodl, Hodl,
Hodl, Hodl, Hodl, Hodl, Hodl, Hodl, Hodl, Hodl, Hodl, Hodl, Hodl,
Hodl, Hodl, Hodl, Hodl, Hodl, Hodl.

Hodl, Hodl, Hodl, Hodl, Hodl, Hodl, Hodl, Hodl, Hodl,
Hodl, Hodl, Hodl, Hodl, Hodl, Hodl, Hodl, Hodl, Hodl, Hodl, Hodl,
Hodl, Hodl, Hodl, Hodl, Hodl, Hodl, Hodl, Hodl, Hodl, Hodl, Hodl,
Hodl, Hodl, Hodl, Hodl, Hodl, Hodl, Hodl, Hodl, Hodl, Hodl, Hodl,
Hodl, Hodl, Hodl, Hodl, Hodl, Hodl, Hodl, Hodl, Hodl, Hodl, Hodl,
Hodl, Hodl, Hodl, Hodl, Hodl, Hodl, Hodl, Hodl, Hodl, Hodl, Hodl,
Hodl, Hodl, Hodl, Hodl, Hodl, Hodl, Hodl, Hodl, Hodl, Hodl, Hodl,
Hodl, Hodl, Hodl, Hodl, Hodl, Hodl, Hodl, Hodl, Hodl, Hodl, Hodl,
Hodl, Hodl, Hodl, Hodl, Hodl, Hodl, Hodl, Hodl, Hodl, Hodl, Hodl,
Hodl, Hodl, Hodl, Hodl, Hodl, Hodl, Hodl, Hodl, Hodl, Hodl, Hodl,
Hodl, Hodl, Hodl, Hodl, Hodl, Hodl, Hodl, Hodl, Hodl, Hodl, Hodl,
Hodl, Hodl, Hodl, Hodl, Hodl, Hodl, Hodl, Hodl, Hodl, Hodl, Hodl,
Hodl, Hodl, Hodl, Hodl, Hodl, Hodl, Hodl, Hodl, Hodl, Hodl, Hodl,
Hodl, Hodl, Hodl, Hodl, Hodl, Hodl, Hodl, Hodl, Hodl, Hodl, Hodl,
Hodl, Hodl, Hodl, Hodl, Hodl, Hodl, Hodl, Hodl, Hodl, Hodl, Hodl,
Hodl, Hodl, Hodl, Hodl, Hodl, Hodl, Hodl, Hodl, Hodl, Hodl, Hodl,
Hodl, Hodl, Hodl, Hodl, Hodl, Hodl, Hodl, Hodl, Hodl, Hodl, Hodl,
Hodl, Hodl, Hodl, Hodl, Hodl, Hodl, Hodl, Hodl, Hodl, Hodl, Hodl,
Hodl, Hodl, Hodl, Hodl, Hodl, Hodl, Hodl, Hodl, Hodl, Hodl, Hodl,
Hodl, Hodl, Hodl, Hodl, Hodl, Hodl, Hodl, Hodl, Hodl, Hodl, Hodl,
Hodl, Hodl, Hodl, Hodl, Hodl, Hodl, Hodl, Hodl, Hodl, Hodl, Hodl,
Hodl, Hodl, Hodl, Hodl, Hodl, Hodl, Hodl, Hodl, Hodl, Hodl, Hodl,
Hodl, Hodl, Hodl, Hodl, Hodl, Hodl, Hodl, Hodl, Hodl, Hodl, Hodl,
Hodl, Hodl, Hodl, Hodl, Hodl, Hodl, Hodl, Hodl, Hodl, Hodl, Hodl,
Hodl, Hodl, Hodl, Hodl, Hodl, Hodl, Hodl, Hodl, Hodl, Hodl, Hodl,
Hodl, Hodl, Hodl, Hodl, Hodl, Hodl, Hodl, Hodl, Hodl, Hodl, Hodl,
Hodl, Hodl, Hodl, Hodl, Hodl, Hodl, Hodl, Hodl, Hodl, Hodl, Hodl,
Hodl, Hodl, Hodl, Hodl, Hodl, Hodl, Hodl, Hodl, Hodl, Hodl, Hodl,
Hodl, Hodl, Hodl, Hodl, Hodl, Hodl, Hodl, Hodl, Hodl, Hodl, Hodl,
Hodl, Hodl, Hodl, Hodl, Hodl, Hodl, Hodl, Hodl, Hodl, Hodl, Hodl,
Hodl, Hodl, Hodl, Hodl, Hodl, Hodl, Hodl, Hodl, Hodl, Hodl, Hodl,
Hodl, Hodl, Hodl, Hodl, Hodl, Hodl, Hodl, Hodl, Hodl, Hodl, Hodl,
Hodl, Hodl, Hodl, Hodl, Hodl, Hodl, Hodl, Hodl, Hodl, Hodl, Hodl,
Hodl, Hodl, Hodl, Hodl, Hodl, Hodl.

Hodl, Hodl, Hodl, Hodl, Hodl, Hodl, Hodl, Hodl, Hodl,
Hodl, Hodl, Hodl, Hodl, Hodl, Hodl, Hodl, Hodl, Hodl, Hodl, Hodl,
Hodl, Hodl, Hodl, Hodl, Hodl, Hodl, Hodl, Hodl, Hodl, Hodl, Hodl,
Hodl, Hodl, Hodl, Hodl, Hodl, Hodl, Hodl, Hodl, Hodl, Hodl, Hodl,
Hodl, Hodl, Hodl, Hodl, Hodl, Hodl, Hodl, Hodl, Hodl, Hodl, Hodl,
Hodl, Hodl, Hodl, Hodl, Hodl, Hodl, Hodl, Hodl, Hodl, Hodl, Hodl,
Hodl, Hodl, Hodl, Hodl, Hodl, Hodl, Hodl, Hodl, Hodl, Hodl, Hodl,
Hodl, Hodl, Hodl, Hodl, Hodl, Hodl, Hodl, Hodl, Hodl, Hodl, Hodl,
Hodl, Hodl, Hodl, Hodl, Hodl, Hodl, Hodl, Hodl, Hodl, Hodl, Hodl,
Hodl, Hodl, Hodl, Hodl, Hodl, Hodl, Hodl, Hodl, Hodl, Hodl, Hodl,
Hodl, Hodl, Hodl, Hodl, Hodl, Hodl, Hodl, Hodl, Hodl, Hodl, Hodl,
Hodl, Hodl, Hodl, Hodl, Hodl, Hodl, Hodl, Hodl, Hodl, Hodl, Hodl,
Hodl, Hodl, Hodl, Hodl, Hodl, Hodl, Hodl, Hodl, Hodl, Hodl, Hodl,
Hodl, Hodl, Hodl, Hodl, Hodl, Hodl, Hodl, Hodl, Hodl, Hodl, Hodl,
Hodl, Hodl, Hodl, Hodl, Hodl, Hodl, Hodl, Hodl, Hodl, Hodl, Hodl,
Hodl, Hodl, Hodl, Hodl, Hodl, Hodl, Hodl, Hodl, Hodl, Hodl, Hodl,
Hodl, Hodl, Hodl, Hodl, Hodl, Hodl, Hodl, Hodl, Hodl, Hodl, Hodl,
Hodl, Hodl, Hodl, Hodl, Hodl, Hodl, Hodl, Hodl, Hodl, Hodl, Hodl,
Hodl, Hodl, Hodl, Hodl, Hodl, Hodl, Hodl, Hodl, Hodl, Hodl, Hodl,
Hodl, Hodl, Hodl, Hodl, Hodl, Hodl, Hodl, Hodl, Hodl, Hodl, Hodl,
Hodl, Hodl, Hodl, Hodl, Hodl, Hodl, Hodl, Hodl, Hodl, Hodl, Hodl,
Hodl, Hodl, Hodl, Hodl, Hodl, Hodl, Hodl, Hodl, Hodl, Hodl, Hodl,
Hodl, Hodl, Hodl, Hodl, Hodl, Hodl, Hodl, Hodl, Hodl, Hodl, Hodl,
Hodl, Hodl, Hodl, Hodl, Hodl, Hodl, Hodl, Hodl, Hodl, Hodl, Hodl,
Hodl, Hodl, Hodl, Hodl, Hodl, Hodl, Hodl, Hodl, Hodl, Hodl, Hodl,
Hodl, Hodl, Hodl, Hodl, Hodl, Hodl, Hodl, Hodl, Hodl, Hodl, Hodl,
Hodl, Hodl, Hodl, Hodl, Hodl, Hodl, Hodl, Hodl, Hodl, Hodl, Hodl,
Hodl, Hodl, Hodl, Hodl, Hodl, Hodl, Hodl, Hodl, Hodl, Hodl, Hodl,
Hodl, Hodl, Hodl, Hodl, Hodl, Hodl, Hodl, Hodl, Hodl, Hodl, Hodl,
Hodl, Hodl, Hodl, Hodl, Hodl, Hodl, Hodl, Hodl, Hodl, Hodl, Hodl,
Hodl, Hodl, Hodl, Hodl, Hodl, Hodl, Hodl, Hodl, Hodl, Hodl, Hodl,
Hodl, Hodl, Hodl, Hodl, Hodl, Hodl, Hodl, Hodl, Hodl, Hodl, Hodl,
Hodl, Hodl, Hodl, Hodl, Hodl, Hodl.

Hodl, Hodl, Hodl, Hodl, Hodl, Hodl, Hodl, Hodl, Hodl,
Hodl, Hodl, Hodl, Hodl, Hodl, Hodl, Hodl, Hodl, Hodl, Hodl, Hodl,
Hodl, Hodl, Hodl, Hodl, Hodl, Hodl, Hodl, Hodl, Hodl, Hodl, Hodl,
Hodl, Hodl, Hodl, Hodl, Hodl, Hodl, Hodl, Hodl, Hodl, Hodl, Hodl,
Hodl, Hodl, Hodl, Hodl, Hodl, Hodl, Hodl, Hodl, Hodl, Hodl, Hodl,
Hodl, Hodl, Hodl, Hodl, Hodl, Hodl, Hodl, Hodl, Hodl, Hodl, Hodl,
Hodl, Hodl, Hodl, Hodl, Hodl, Hodl, Hodl, Hodl, Hodl, Hodl, Hodl,
Hodl, Hodl, Hodl, Hodl, Hodl, Hodl, Hodl, Hodl, Hodl, Hodl, Hodl,
Hodl, Hodl, Hodl, Hodl, Hodl, Hodl, Hodl, Hodl, Hodl, Hodl, Hodl,
Hodl, Hodl, Hodl, Hodl, Hodl, Hodl, Hodl, Hodl, Hodl, Hodl, Hodl,
Hodl, Hodl, Hodl, Hodl, Hodl, Hodl, Hodl, Hodl, Hodl, Hodl, Hodl,
Hodl, Hodl, Hodl, Hodl, Hodl, Hodl, Hodl, Hodl, Hodl, Hodl, Hodl,
Hodl, Hodl, Hodl, Hodl, Hodl, Hodl, Hodl, Hodl, Hodl, Hodl, Hodl,
Hodl, Hodl, Hodl, Hodl, Hodl, Hodl, Hodl, Hodl, Hodl, Hodl, Hodl,
Hodl, Hodl, Hodl, Hodl, Hodl, Hodl, Hodl, Hodl, Hodl, Hodl, Hodl,
Hodl, Hodl, Hodl, Hodl, Hodl, Hodl, Hodl, Hodl, Hodl, Hodl, Hodl,
Hodl, Hodl, Hodl, Hodl, Hodl, Hodl, Hodl, Hodl, Hodl, Hodl, Hodl,
Hodl, Hodl, Hodl, Hodl, Hodl, Hodl, Hodl, Hodl, Hodl, Hodl, Hodl,
Hodl, Hodl, Hodl, Hodl, Hodl, Hodl, Hodl, Hodl, Hodl, Hodl, Hodl,
Hodl, Hodl, Hodl, Hodl, Hodl, Hodl, Hodl, Hodl, Hodl, Hodl, Hodl,
Hodl, Hodl, Hodl, Hodl, Hodl, Hodl, Hodl, Hodl, Hodl, Hodl, Hodl,
Hodl, Hodl, Hodl, Hodl, Hodl, Hodl, Hodl, Hodl, Hodl, Hodl, Hodl,
Hodl, Hodl, Hodl, Hodl, Hodl, Hodl, Hodl, Hodl, Hodl, Hodl, Hodl,
Hodl, Hodl, Hodl, Hodl, Hodl, Hodl, Hodl, Hodl, Hodl, Hodl, Hodl,
Hodl, Hodl, Hodl, Hodl, Hodl, Hodl, Hodl, Hodl, Hodl, Hodl, Hodl,
Hodl, Hodl, Hodl, Hodl, Hodl, Hodl, Hodl, Hodl, Hodl, Hodl, Hodl,
Hodl, Hodl, Hodl, Hodl, Hodl, Hodl, Hodl, Hodl, Hodl, Hodl, Hodl,
Hodl, Hodl, Hodl, Hodl, Hodl, Hodl, Hodl, Hodl, Hodl, Hodl, Hodl,
Hodl, Hodl, Hodl, Hodl, Hodl, Hodl, Hodl, Hodl, Hodl, Hodl, Hodl,
Hodl, Hodl, Hodl, Hodl, Hodl, Hodl, Hodl, Hodl, Hodl, Hodl, Hodl,
Hodl, Hodl, Hodl, Hodl, Hodl, Hodl, Hodl, Hodl, Hodl, Hodl, Hodl,
Hodl, Hodl, Hodl, Hodl, Hodl, Hodl, Hodl, Hodl, Hodl, Hodl, Hodl,
Hodl, Hodl, Hodl, Hodl, Hodl, Hodl.

Hodl, Hodl, Hodl, Hodl, Hodl, Hodl, Hodl, Hodl, Hodl,
Hodl, Hodl, Hodl, Hodl, Hodl, Hodl, Hodl, Hodl, Hodl, Hodl, Hodl,
Hodl, Hodl, Hodl, Hodl, Hodl, Hodl, Hodl, Hodl, Hodl, Hodl, Hodl,
Hodl, Hodl, Hodl, Hodl, Hodl, Hodl, Hodl, Hodl, Hodl, Hodl, Hodl,
Hodl, Hodl, Hodl, Hodl, Hodl, Hodl, Hodl, Hodl, Hodl, Hodl, Hodl,
Hodl, Hodl, Hodl, Hodl, Hodl, Hodl, Hodl, Hodl, Hodl, Hodl, Hodl,
Hodl, Hodl, Hodl, Hodl, Hodl, Hodl, Hodl, Hodl, Hodl, Hodl, Hodl,
Hodl, Hodl, Hodl, Hodl, Hodl, Hodl, Hodl, Hodl, Hodl, Hodl, Hodl,
Hodl, Hodl, Hodl, Hodl, Hodl, Hodl, Hodl, Hodl, Hodl, Hodl, Hodl,
Hodl, Hodl, Hodl, Hodl, Hodl, Hodl, Hodl, Hodl, Hodl, Hodl, Hodl,
Hodl, Hodl, Hodl, Hodl, Hodl, Hodl, Hodl, Hodl, Hodl, Hodl, Hodl,
Hodl, Hodl, Hodl, Hodl, Hodl, Hodl, Hodl, Hodl, Hodl, Hodl, Hodl,
Hodl, Hodl, Hodl, Hodl, Hodl, Hodl, Hodl, Hodl, Hodl, Hodl, Hodl,
Hodl, Hodl, Hodl, Hodl, Hodl, Hodl, Hodl, Hodl, Hodl, Hodl, Hodl,
Hodl, Hodl, Hodl, Hodl, Hodl, Hodl, Hodl, Hodl, Hodl, Hodl, Hodl,
Hodl, Hodl, Hodl, Hodl, Hodl, Hodl, Hodl, Hodl, Hodl, Hodl, Hodl,
Hodl, Hodl, Hodl, Hodl, Hodl, Hodl, Hodl, Hodl, Hodl, Hodl, Hodl,
Hodl, Hodl, Hodl, Hodl, Hodl, Hodl, Hodl, Hodl, Hodl, Hodl, Hodl,
Hodl, Hodl, Hodl, Hodl, Hodl, Hodl, Hodl, Hodl, Hodl, Hodl, Hodl,
Hodl, Hodl, Hodl, Hodl, Hodl, Hodl, Hodl, Hodl, Hodl, Hodl, Hodl,
Hodl, Hodl, Hodl, Hodl, Hodl, Hodl, Hodl, Hodl, Hodl, Hodl, Hodl,
Hodl, Hodl, Hodl, Hodl, Hodl, Hodl, Hodl, Hodl, Hodl, Hodl, Hodl,
Hodl, Hodl, Hodl, Hodl, Hodl, Hodl, Hodl, Hodl, Hodl, Hodl, Hodl,
Hodl, Hodl, Hodl, Hodl, Hodl, Hodl, Hodl, Hodl, Hodl, Hodl, Hodl,
Hodl, Hodl, Hodl, Hodl, Hodl, Hodl, Hodl, Hodl, Hodl, Hodl, Hodl,
Hodl, Hodl, Hodl, Hodl, Hodl, Hodl, Hodl, Hodl, Hodl, Hodl, Hodl,
Hodl, Hodl, Hodl, Hodl, Hodl, Hodl, Hodl, Hodl, Hodl, Hodl, Hodl,
Hodl, Hodl, Hodl, Hodl, Hodl, Hodl, Hodl, Hodl, Hodl, Hodl, Hodl,
Hodl, Hodl, Hodl, Hodl, Hodl, Hodl, Hodl, Hodl, Hodl, Hodl, Hodl,
Hodl, Hodl, Hodl, Hodl, Hodl, Hodl, Hodl, Hodl, Hodl, Hodl, Hodl,
Hodl, Hodl, Hodl, Hodl, Hodl, Hodl, Hodl, Hodl, Hodl, Hodl, Hodl,
Hodl, Hodl, Hodl, Hodl, Hodl, Hodl, Hodl, Hodl, Hodl, Hodl, Hodl,
Hodl, Hodl, Hodl, Hodl, Hodl, Hodl, Hodl, Hodl, Hodl, Hodl, Hodl,
Hodl, Hodl, Hodl, Hodl, Hodl, Hodl.

Hodl, Hodl, Hodl, Hodl, Hodl, Hodl, Hodl, Hodl, Hodl,
Hodl, Hodl, Hodl, Hodl, Hodl, Hodl, Hodl, Hodl, Hodl, Hodl, Hodl,
Hodl, Hodl, Hodl, Hodl, Hodl, Hodl, Hodl, Hodl, Hodl, Hodl, Hodl,
Hodl, Hodl, Hodl, Hodl, Hodl, Hodl, Hodl, Hodl, Hodl, Hodl, Hodl,
Hodl, Hodl, Hodl, Hodl, Hodl, Hodl, Hodl, Hodl, Hodl, Hodl, Hodl,
Hodl, Hodl, Hodl, Hodl, Hodl, Hodl, Hodl, Hodl, Hodl, Hodl, Hodl,
Hodl, Hodl, Hodl, Hodl, Hodl, Hodl, Hodl, Hodl, Hodl, Hodl, Hodl,
Hodl, Hodl, Hodl, Hodl, Hodl, Hodl, Hodl, Hodl, Hodl, Hodl, Hodl,
Hodl, Hodl, Hodl, Hodl, Hodl, Hodl, Hodl, Hodl, Hodl, Hodl, Hodl,
Hodl, Hodl, Hodl, Hodl, Hodl, Hodl, Hodl, Hodl, Hodl, Hodl, Hodl,
Hodl, Hodl, Hodl, Hodl, Hodl, Hodl, Hodl, Hodl, Hodl, Hodl, Hodl,
Hodl, Hodl, Hodl, Hodl, Hodl, Hodl, Hodl, Hodl, Hodl, Hodl, Hodl,
Hodl, Hodl, Hodl, Hodl, Hodl, Hodl, Hodl, Hodl, Hodl, Hodl, Hodl,
Hodl, Hodl, Hodl, Hodl, Hodl, Hodl, Hodl, Hodl, Hodl, Hodl, Hodl,
Hodl, Hodl, Hodl, Hodl, Hodl, Hodl, Hodl, Hodl, Hodl, Hodl, Hodl,
Hodl, Hodl, Hodl, Hodl, Hodl, Hodl, Hodl, Hodl, Hodl, Hodl, Hodl,
Hodl, Hodl, Hodl, Hodl, Hodl, Hodl, Hodl, Hodl, Hodl, Hodl, Hodl,
Hodl, Hodl, Hodl, Hodl, Hodl, Hodl, Hodl, Hodl, Hodl, Hodl, Hodl,
Hodl, Hodl, Hodl, Hodl, Hodl, Hodl, Hodl, Hodl, Hodl, Hodl, Hodl,
Hodl, Hodl, Hodl, Hodl, Hodl, Hodl, Hodl, Hodl, Hodl, Hodl, Hodl,
Hodl, Hodl, Hodl, Hodl, Hodl, Hodl, Hodl, Hodl, Hodl, Hodl, Hodl,
Hodl, Hodl, Hodl, Hodl, Hodl, Hodl, Hodl, Hodl, Hodl, Hodl, Hodl,
Hodl, Hodl, Hodl, Hodl, Hodl, Hodl, Hodl, Hodl, Hodl, Hodl, Hodl,
Hodl, Hodl, Hodl, Hodl, Hodl, Hodl, Hodl, Hodl, Hodl, Hodl, Hodl,
Hodl, Hodl, Hodl, Hodl, Hodl, Hodl, Hodl, Hodl, Hodl, Hodl, Hodl,
Hodl, Hodl, Hodl, Hodl, Hodl, Hodl, Hodl, Hodl, Hodl, Hodl, Hodl,
Hodl, Hodl, Hodl, Hodl, Hodl, Hodl, Hodl, Hodl, Hodl, Hodl, Hodl,
Hodl, Hodl, Hodl, Hodl, Hodl, Hodl, Hodl, Hodl, Hodl, Hodl, Hodl,
Hodl, Hodl, Hodl, Hodl, Hodl, Hodl, Hodl, Hodl, Hodl, Hodl, Hodl,
Hodl, Hodl, Hodl, Hodl, Hodl, Hodl, Hodl, Hodl, Hodl, Hodl, Hodl,
Hodl, Hodl, Hodl, Hodl, Hodl, Hodl, Hodl, Hodl, Hodl, Hodl, Hodl,
Hodl, Hodl, Hodl, Hodl, Hodl, Hodl, Hodl, Hodl, Hodl, Hodl, Hodl,
Hodl, Hodl, Hodl, Hodl, Hodl, Hodl.

Hodl, Hodl, Hodl, Hodl, Hodl, Hodl, Hodl, Hodl, Hodl,
Hodl, Hodl, Hodl, Hodl, Hodl, Hodl, Hodl, Hodl, Hodl, Hodl, Hodl,
Hodl, Hodl, Hodl, Hodl, Hodl, Hodl, Hodl, Hodl, Hodl, Hodl, Hodl,
Hodl, Hodl, Hodl, Hodl, Hodl, Hodl, Hodl, Hodl, Hodl, Hodl, Hodl,
Hodl, Hodl, Hodl, Hodl, Hodl, Hodl, Hodl, Hodl, Hodl, Hodl, Hodl,
Hodl, Hodl, Hodl, Hodl, Hodl, Hodl, Hodl, Hodl, Hodl, Hodl, Hodl,
Hodl, Hodl, Hodl, Hodl, Hodl, Hodl, Hodl, Hodl, Hodl, Hodl, Hodl,
Hodl, Hodl, Hodl, Hodl, Hodl, Hodl, Hodl, Hodl, Hodl, Hodl, Hodl,
Hodl, Hodl, Hodl, Hodl, Hodl, Hodl, Hodl, Hodl, Hodl, Hodl, Hodl,
Hodl, Hodl, Hodl, Hodl, Hodl, Hodl, Hodl, Hodl, Hodl, Hodl, Hodl,
Hodl, Hodl, Hodl, Hodl, Hodl, Hodl, Hodl, Hodl, Hodl, Hodl, Hodl,
Hodl, Hodl, Hodl, Hodl, Hodl, Hodl, Hodl, Hodl, Hodl, Hodl, Hodl,
Hodl, Hodl, Hodl, Hodl, Hodl, Hodl, Hodl, Hodl, Hodl, Hodl, Hodl,
Hodl, Hodl, Hodl, Hodl, Hodl, Hodl, Hodl, Hodl, Hodl, Hodl, Hodl,
Hodl, Hodl, Hodl, Hodl, Hodl, Hodl, Hodl, Hodl, Hodl, Hodl, Hodl,
Hodl, Hodl, Hodl, Hodl, Hodl, Hodl, Hodl, Hodl, Hodl, Hodl, Hodl,
Hodl, Hodl, Hodl, Hodl, Hodl, Hodl, Hodl, Hodl, Hodl, Hodl, Hodl,
Hodl, Hodl, Hodl, Hodl, Hodl, Hodl, Hodl, Hodl, Hodl, Hodl, Hodl,
Hodl, Hodl, Hodl, Hodl, Hodl, Hodl, Hodl, Hodl, Hodl, Hodl, Hodl,
Hodl, Hodl, Hodl, Hodl, Hodl, Hodl, Hodl, Hodl, Hodl, Hodl, Hodl,
Hodl, Hodl, Hodl, Hodl, Hodl, Hodl, Hodl, Hodl, Hodl, Hodl, Hodl,
Hodl, Hodl, Hodl, Hodl, Hodl, Hodl, Hodl, Hodl, Hodl, Hodl, Hodl,
Hodl, Hodl, Hodl, Hodl, Hodl, Hodl, Hodl, Hodl, Hodl, Hodl, Hodl,
Hodl, Hodl, Hodl, Hodl, Hodl, Hodl, Hodl, Hodl, Hodl, Hodl, Hodl,
Hodl, Hodl, Hodl, Hodl, Hodl, Hodl, Hodl, Hodl, Hodl, Hodl, Hodl,
Hodl, Hodl, Hodl, Hodl, Hodl, Hodl, Hodl, Hodl, Hodl, Hodl, Hodl,
Hodl, Hodl, Hodl, Hodl, Hodl, Hodl, Hodl, Hodl, Hodl, Hodl, Hodl,
Hodl, Hodl, Hodl, Hodl, Hodl, Hodl, Hodl, Hodl, Hodl, Hodl, Hodl,
Hodl, Hodl, Hodl, Hodl, Hodl, Hodl, Hodl, Hodl, Hodl, Hodl, Hodl,
Hodl, Hodl, Hodl, Hodl, Hodl, Hodl, Hodl, Hodl, Hodl, Hodl, Hodl,
Hodl, Hodl, Hodl, Hodl, Hodl, Hodl, Hodl, Hodl, Hodl, Hodl, Hodl,
Hodl, Hodl, Hodl, Hodl, Hodl, Hodl.

Hodl, Hodl, Hodl, Hodl, Hodl, Hodl, Hodl, Hodl, Hodl,
Hodl, Hodl, Hodl, Hodl, Hodl, Hodl, Hodl, Hodl, Hodl, Hodl, Hodl,
Hodl, Hodl, Hodl, Hodl, Hodl, Hodl, Hodl, Hodl, Hodl, Hodl, Hodl,
Hodl, Hodl, Hodl, Hodl, Hodl, Hodl, Hodl, Hodl, Hodl, Hodl, Hodl,
Hodl, Hodl, Hodl, Hodl, Hodl, Hodl, Hodl, Hodl, Hodl, Hodl, Hodl,
Hodl, Hodl, Hodl, Hodl, Hodl, Hodl, Hodl, Hodl, Hodl, Hodl, Hodl,
Hodl, Hodl, Hodl, Hodl, Hodl, Hodl, Hodl, Hodl, Hodl, Hodl, Hodl,
Hodl, Hodl, Hodl, Hodl, Hodl, Hodl, Hodl, Hodl, Hodl, Hodl, Hodl,
Hodl, Hodl, Hodl, Hodl, Hodl, Hodl, Hodl, Hodl, Hodl, Hodl, Hodl,
Hodl, Hodl, Hodl, Hodl, Hodl, Hodl, Hodl, Hodl, Hodl, Hodl, Hodl,
Hodl, Hodl, Hodl, Hodl, Hodl, Hodl, Hodl, Hodl, Hodl, Hodl, Hodl,
Hodl, Hodl, Hodl, Hodl, Hodl, Hodl, Hodl, Hodl, Hodl, Hodl, Hodl,
Hodl, Hodl, Hodl, Hodl, Hodl, Hodl, Hodl, Hodl, Hodl, Hodl, Hodl,
Hodl, Hodl, Hodl, Hodl, Hodl, Hodl, Hodl, Hodl, Hodl, Hodl, Hodl,
Hodl, Hodl, Hodl, Hodl, Hodl, Hodl, Hodl, Hodl, Hodl, Hodl, Hodl,
Hodl, Hodl, Hodl, Hodl, Hodl, Hodl, Hodl, Hodl, Hodl, Hodl, Hodl,
Hodl, Hodl, Hodl, Hodl, Hodl, Hodl, Hodl, Hodl, Hodl, Hodl, Hodl,
Hodl, Hodl, Hodl, Hodl, Hodl, Hodl, Hodl, Hodl, Hodl, Hodl, Hodl,
Hodl, Hodl, Hodl, Hodl, Hodl, Hodl, Hodl, Hodl, Hodl, Hodl, Hodl,
Hodl, Hodl, Hodl, Hodl, Hodl, Hodl, Hodl, Hodl, Hodl, Hodl, Hodl,
Hodl, Hodl, Hodl, Hodl, Hodl, Hodl, Hodl, Hodl, Hodl, Hodl, Hodl,
Hodl, Hodl, Hodl, Hodl, Hodl, Hodl, Hodl, Hodl, Hodl, Hodl, Hodl,
Hodl, Hodl, Hodl, Hodl, Hodl, Hodl, Hodl, Hodl, Hodl, Hodl, Hodl,
Hodl, Hodl, Hodl, Hodl, Hodl, Hodl, Hodl, Hodl, Hodl, Hodl, Hodl,
Hodl, Hodl, Hodl, Hodl, Hodl, Hodl, Hodl, Hodl, Hodl, Hodl, Hodl,
Hodl, Hodl, Hodl, Hodl, Hodl, Hodl, Hodl, Hodl, Hodl, Hodl, Hodl,
Hodl, Hodl, Hodl, Hodl, Hodl, Hodl, Hodl, Hodl, Hodl, Hodl, Hodl,
Hodl, Hodl, Hodl, Hodl, Hodl, Hodl, Hodl, Hodl, Hodl, Hodl, Hodl,
Hodl, Hodl, Hodl, Hodl, Hodl, Hodl, Hodl, Hodl, Hodl, Hodl, Hodl,
Hodl, Hodl, Hodl, Hodl, Hodl, Hodl, Hodl, Hodl, Hodl, Hodl, Hodl,
Hodl, Hodl, Hodl, Hodl, Hodl, Hodl, Hodl, Hodl, Hodl, Hodl, Hodl,
Hodl, Hodl, Hodl, Hodl, Hodl, Hodl, Hodl, Hodl, Hodl, Hodl, Hodl,
Hodl, Hodl, Hodl, Hodl, Hodl, Hodl, Hodl, Hodl, Hodl, Hodl, Hodl,
Hodl, Hodl, Hodl, Hodl, Hodl, Hodl.

Hodl, Hodl, Hodl, Hodl, Hodl, Hodl, Hodl, Hodl, Hodl, Hodl, Hodl, Hodl, Hodl, Hodl, Hodl, Hodl, Hodl, Hodl, Hodl, Hodl, Hodl, Hodl, Hodl, Hodl, Hodl, Hodl, Hodl, Hodl, Hodl, Hodl, Hodl, Hodl, Hodl, Hodl, Hodl, Hodl, Hodl, Hodl, Hodl, Hodl, Hodl, Hodl, Hodl, Hodl, Hodl, Hodl, Hodl, Hodl, Hodl, Hodl, Hodl, Hodl, Hodl, Hodl, Hodl, Hodl, Hodl, Hodl, Hodl, Hodl, Hodl, Hodl, Hodl, Hodl, Hodl, Hodl, Hodl, Hodl, Hodl, Hodl, Hodl, Hodl, Hodl, Hodl, Hodl, Hodl, Hodl, Hodl, Hodl, Hodl, Hodl, Hodl, Hodl, Hodl, Hodl, Hodl, Hodl, Hodl, Hodl, Hodl, Hodl, Hodl, Hodl, Hodl, Hodl, Hodl, Hodl, Hodl, Hodl, Hodl, Hodl, Hodl, Hodl, Hodl, Hodl, Hodl, Hodl, Hodl, Hodl, Hodl, Hodl, Hodl, Hodl, Hodl, Hodl, Hodl, Hodl, Hodl, Hodl, Hodl, Hodl, Hodl, Hodl, Hodl, Hodl, Hodl, Hodl, Hodl, Hodl, Hodl, Hodl, Hodl, Hodl, Hodl, Hodl, Hodl, Hodl, Hodl, Hodl, Hodl, Hodl, Hodl, Hodl, Hodl, Hodl, Hodl, Hodl, Hodl, Hodl, Hodl, Hodl, Hodl, Hodl, Hodl, Hodl, Hodl, Hodl, Hodl, Hodl, Hodl, Hodl, Hodl, Hodl, Hodl, Hodl, Hodl, Hodl, Hodl, Hodl, Hodl, Hodl, Hodl, Hodl, Hodl, Hodl, Hodl, Hodl, Hodl, Hodl, Hodl, Hodl, Hodl, Hodl, Hodl, Hodl, Hodl, Hodl, Hodl, Hodl, Hodl, Hodl, Hodl, Hodl, Hodl, Hodl, Hodl, Hodl, Hodl, Hodl, Hodl, Hodl, Hodl, Hodl, Hodl, Hodl, Hodl, Hodl, Hodl, Hodl, Hodl, Hodl, Hodl, Hodl, Hodl, Hodl, Hodl, Hodl, Hodl, Hodl, Hodl, Hodl, Hodl, Hodl, Hodl, Hodl, Hodl, Hodl, Hodl, Hodl, Hodl, Hodl, Hodl, Hodl, Hodl, Hodl, Hodl, Hodl, Hodl, Hodl, Hodl, Hodl, Hodl, Hodl, Hodl, Hodl, Hodl, Hodl, Hodl, Hodl, Hodl, Hodl, Hodl, Hodl, Hodl, Hodl, Hodl, Hodl, Hodl, Hodl, Hodl, Hodl, Hodl, Hodl, Hodl, Hodl, Hodl, Hodl, Hodl, Hodl, Hodl, Hodl, Hodl, Hodl, Hodl, Hodl, Hodl, Hodl, Hodl, Hodl, Hodl, Hodl, Hodl, Hodl, Hodl, Hodl, Hodl, Hodl, Hodl, Hodl, Hodl, Hodl, Hodl, Hodl, Hodl, Hodl, Hodl, Hodl, Hodl, Hodl, Hodl, Hodl, Hodl, Hodl, Hodl, Hodl, Hodl, Hodl, Hodl, Hodl, Hodl, Hodl, Hodl, Hodl, Hodl, Hodl, Hodl, Hodl, Hodl, Hodl, Hodl, Hodl, Hodl, Hodl, Hodl, Hodl, Hodl, Hodl, Hodl, Hodl, Hodl, Hodl, Hodl, Hodl, Hodl, Hodl, Hodl, Hodl, Hodl, Hodl, Hodl, Hodl, Hodl, Hodl, Hodl, Hodl, Hodl, Hodl, Hodl, Hodl, Hodl, Hodl, Hodl, Hodl, Hodl, Hodl, Hodl, Hodl, Hodl, Hodl, Hodl, Hodl, Hodl, Hodl, Hodl, Hodl, Hodl, Hodl, Hodl, Hodl, Hodl, Hodl, Hodl, Hodl, Hodl, Hodl, Hodl, Hodl, Hodl, Hodl, Hodl.

Hodl, Hodl, Hodl, Hodl, Hodl, Hodl, Hodl, Hodl, Hodl,
Hodl, Hodl, Hodl, Hodl, Hodl, Hodl, Hodl, Hodl, Hodl, Hodl, Hodl,
Hodl, Hodl, Hodl, Hodl, Hodl, Hodl, Hodl, Hodl, Hodl, Hodl, Hodl,
Hodl, Hodl, Hodl, Hodl, Hodl, Hodl, Hodl, Hodl, Hodl, Hodl, Hodl,
Hodl, Hodl, Hodl, Hodl, Hodl, Hodl, Hodl, Hodl, Hodl, Hodl, Hodl,
Hodl, Hodl, Hodl, Hodl, Hodl, Hodl, Hodl, Hodl, Hodl, Hodl, Hodl,
Hodl, Hodl, Hodl, Hodl, Hodl, Hodl, Hodl, Hodl, Hodl, Hodl, Hodl,
Hodl, Hodl, Hodl, Hodl, Hodl, Hodl, Hodl, Hodl, Hodl, Hodl, Hodl,
Hodl, Hodl, Hodl, Hodl, Hodl, Hodl, Hodl, Hodl, Hodl, Hodl, Hodl,
Hodl, Hodl, Hodl, Hodl, Hodl, Hodl, Hodl, Hodl, Hodl, Hodl, Hodl,
Hodl, Hodl, Hodl, Hodl, Hodl, Hodl, Hodl, Hodl, Hodl, Hodl, Hodl,
Hodl, Hodl, Hodl, Hodl, Hodl, Hodl, Hodl, Hodl, Hodl, Hodl, Hodl,
Hodl, Hodl, Hodl, Hodl, Hodl, Hodl, Hodl, Hodl, Hodl, Hodl, Hodl,
Hodl, Hodl, Hodl, Hodl, Hodl, Hodl, Hodl, Hodl, Hodl, Hodl, Hodl,
Hodl, Hodl, Hodl, Hodl, Hodl, Hodl, Hodl, Hodl, Hodl, Hodl, Hodl,
Hodl, Hodl, Hodl, Hodl, Hodl, Hodl, Hodl, Hodl, Hodl, Hodl, Hodl,
Hodl, Hodl, Hodl, Hodl, Hodl, Hodl, Hodl, Hodl, Hodl, Hodl, Hodl,
Hodl, Hodl, Hodl, Hodl, Hodl, Hodl, Hodl, Hodl, Hodl, Hodl, Hodl,
Hodl, Hodl, Hodl, Hodl, Hodl, Hodl, Hodl, Hodl, Hodl, Hodl, Hodl,
Hodl, Hodl, Hodl, Hodl, Hodl, Hodl, Hodl, Hodl, Hodl, Hodl, Hodl,
Hodl, Hodl, Hodl, Hodl, Hodl, Hodl, Hodl, Hodl, Hodl, Hodl, Hodl,
Hodl, Hodl, Hodl, Hodl, Hodl, Hodl, Hodl, Hodl, Hodl, Hodl, Hodl,
Hodl, Hodl, Hodl, Hodl, Hodl, Hodl, Hodl, Hodl, Hodl, Hodl, Hodl,
Hodl, Hodl, Hodl, Hodl, Hodl, Hodl, Hodl, Hodl, Hodl, Hodl, Hodl,
Hodl, Hodl, Hodl, Hodl, Hodl, Hodl, Hodl, Hodl, Hodl, Hodl, Hodl,
Hodl, Hodl, Hodl, Hodl, Hodl, Hodl, Hodl, Hodl, Hodl, Hodl, Hodl,
Hodl, Hodl, Hodl, Hodl, Hodl, Hodl, Hodl, Hodl, Hodl, Hodl, Hodl,
Hodl, Hodl, Hodl, Hodl, Hodl, Hodl, Hodl, Hodl, Hodl, Hodl, Hodl,
Hodl, Hodl, Hodl, Hodl, Hodl, Hodl, Hodl, Hodl, Hodl, Hodl, Hodl,
Hodl, Hodl, Hodl, Hodl, Hodl, Hodl, Hodl, Hodl, Hodl, Hodl, Hodl,
Hodl, Hodl, Hodl, Hodl, Hodl, Hodl, Hodl, Hodl, Hodl, Hodl, Hodl,
Hodl, Hodl, Hodl, Hodl, Hodl, Hodl, Hodl, Hodl, Hodl, Hodl, Hodl,
Hodl, Hodl, Hodl, Hodl, Hodl, Hodl.

Hodl, Hodl, Hodl, Hodl, Hodl, Hodl, Hodl, Hodl, Hodl,
Hodl, Hodl, Hodl, Hodl, Hodl, Hodl, Hodl, Hodl, Hodl, Hodl, Hodl,
Hodl, Hodl, Hodl, Hodl, Hodl, Hodl, Hodl, Hodl, Hodl, Hodl, Hodl,
Hodl, Hodl, Hodl, Hodl, Hodl, Hodl, Hodl, Hodl, Hodl, Hodl, Hodl,
Hodl, Hodl, Hodl, Hodl, Hodl, Hodl, Hodl, Hodl, Hodl, Hodl, Hodl,
Hodl, Hodl, Hodl, Hodl, Hodl, Hodl, Hodl, Hodl, Hodl, Hodl, Hodl,
Hodl, Hodl, Hodl, Hodl, Hodl, Hodl, Hodl, Hodl, Hodl, Hodl, Hodl,
Hodl, Hodl, Hodl, Hodl, Hodl, Hodl, Hodl, Hodl, Hodl, Hodl, Hodl,
Hodl, Hodl, Hodl, Hodl, Hodl, Hodl, Hodl, Hodl, Hodl, Hodl, Hodl,
Hodl, Hodl, Hodl, Hodl, Hodl, Hodl, Hodl, Hodl, Hodl, Hodl, Hodl,
Hodl, Hodl, Hodl, Hodl, Hodl, Hodl, Hodl, Hodl, Hodl, Hodl, Hodl,
Hodl, Hodl, Hodl, Hodl, Hodl, Hodl, Hodl, Hodl, Hodl, Hodl, Hodl,
Hodl, Hodl, Hodl, Hodl, Hodl, Hodl, Hodl, Hodl, Hodl, Hodl, Hodl,
Hodl, Hodl, Hodl, Hodl, Hodl, Hodl, Hodl, Hodl, Hodl, Hodl, Hodl,
Hodl, Hodl, Hodl, Hodl, Hodl, Hodl, Hodl, Hodl, Hodl, Hodl, Hodl,
Hodl, Hodl, Hodl, Hodl, Hodl, Hodl, Hodl, Hodl, Hodl, Hodl, Hodl,
Hodl, Hodl, Hodl, Hodl, Hodl, Hodl, Hodl, Hodl, Hodl, Hodl, Hodl,
Hodl, Hodl, Hodl, Hodl, Hodl, Hodl, Hodl, Hodl, Hodl, Hodl, Hodl,
Hodl, Hodl, Hodl, Hodl, Hodl, Hodl, Hodl, Hodl, Hodl, Hodl, Hodl,
Hodl, Hodl, Hodl, Hodl, Hodl, Hodl, Hodl, Hodl, Hodl, Hodl, Hodl,
Hodl, Hodl, Hodl, Hodl, Hodl, Hodl, Hodl, Hodl, Hodl, Hodl, Hodl,
Hodl, Hodl, Hodl, Hodl, Hodl, Hodl, Hodl, Hodl, Hodl, Hodl, Hodl,
Hodl, Hodl, Hodl, Hodl, Hodl, Hodl, Hodl, Hodl, Hodl, Hodl, Hodl,
Hodl, Hodl, Hodl, Hodl, Hodl, Hodl, Hodl, Hodl, Hodl, Hodl, Hodl,
Hodl, Hodl, Hodl, Hodl, Hodl, Hodl, Hodl, Hodl, Hodl, Hodl, Hodl,
Hodl, Hodl, Hodl, Hodl, Hodl, Hodl, Hodl, Hodl, Hodl, Hodl, Hodl,
Hodl, Hodl, Hodl, Hodl, Hodl, Hodl, Hodl, Hodl, Hodl, Hodl, Hodl,
Hodl, Hodl, Hodl, Hodl, Hodl, Hodl, Hodl, Hodl, Hodl, Hodl, Hodl,
Hodl, Hodl, Hodl, Hodl, Hodl, Hodl, Hodl, Hodl, Hodl, Hodl, Hodl,
Hodl, Hodl, Hodl, Hodl, Hodl, Hodl, Hodl, Hodl, Hodl, Hodl, Hodl,
Hodl, Hodl, Hodl, Hodl, Hodl, Hodl, Hodl, Hodl, Hodl, Hodl, Hodl,
Hodl, Hodl, Hodl, Hodl, Hodl, Hodl, Hodl, Hodl, Hodl, Hodl, Hodl,
Hodl, Hodl, Hodl, Hodl, Hodl, Hodl, Hodl, Hodl, Hodl, Hodl, Hodl,
Hodl, Hodl, Hodl, Hodl, Hodl, Hodl.

Hodl, Hodl, Hodl, Hodl, Hodl, Hodl, Hodl, Hodl, Hodl,
Hodl, Hodl, Hodl, Hodl, Hodl, Hodl, Hodl, Hodl, Hodl, Hodl, Hodl,
Hodl, Hodl, Hodl, Hodl, Hodl, Hodl, Hodl, Hodl, Hodl, Hodl, Hodl,
Hodl, Hodl, Hodl, Hodl, Hodl, Hodl, Hodl, Hodl, Hodl, Hodl, Hodl,
Hodl, Hodl, Hodl, Hodl, Hodl, Hodl, Hodl, Hodl, Hodl, Hodl, Hodl,
Hodl, Hodl, Hodl, Hodl, Hodl, Hodl, Hodl, Hodl, Hodl, Hodl, Hodl,
Hodl, Hodl, Hodl, Hodl, Hodl, Hodl, Hodl, Hodl, Hodl, Hodl, Hodl,
Hodl, Hodl, Hodl, Hodl, Hodl, Hodl, Hodl, Hodl, Hodl, Hodl, Hodl,
Hodl, Hodl, Hodl, Hodl, Hodl, Hodl, Hodl, Hodl, Hodl, Hodl, Hodl,
Hodl, Hodl, Hodl, Hodl, Hodl, Hodl, Hodl, Hodl, Hodl, Hodl, Hodl,
Hodl, Hodl, Hodl, Hodl, Hodl, Hodl, Hodl, Hodl, Hodl, Hodl, Hodl,
Hodl, Hodl, Hodl, Hodl, Hodl, Hodl, Hodl, Hodl, Hodl, Hodl, Hodl,
Hodl, Hodl, Hodl, Hodl, Hodl, Hodl, Hodl, Hodl, Hodl, Hodl, Hodl,
Hodl, Hodl, Hodl, Hodl, Hodl, Hodl, Hodl, Hodl, Hodl, Hodl, Hodl,
Hodl, Hodl, Hodl, Hodl, Hodl, Hodl, Hodl, Hodl, Hodl, Hodl, Hodl,
Hodl, Hodl, Hodl, Hodl, Hodl, Hodl, Hodl, Hodl, Hodl, Hodl, Hodl,
Hodl, Hodl, Hodl, Hodl, Hodl, Hodl, Hodl, Hodl, Hodl, Hodl, Hodl,
Hodl, Hodl, Hodl, Hodl, Hodl, Hodl, Hodl, Hodl, Hodl, Hodl, Hodl,
Hodl, Hodl, Hodl, Hodl, Hodl, Hodl, Hodl, Hodl, Hodl, Hodl, Hodl,
Hodl, Hodl, Hodl, Hodl, Hodl, Hodl, Hodl, Hodl, Hodl, Hodl, Hodl,
Hodl, Hodl, Hodl, Hodl, Hodl, Hodl, Hodl, Hodl, Hodl, Hodl, Hodl,
Hodl, Hodl, Hodl, Hodl, Hodl, Hodl, Hodl, Hodl, Hodl, Hodl, Hodl,
Hodl, Hodl, Hodl, Hodl, Hodl, Hodl, Hodl, Hodl, Hodl, Hodl, Hodl,
Hodl, Hodl, Hodl, Hodl, Hodl, Hodl, Hodl, Hodl, Hodl, Hodl, Hodl,
Hodl, Hodl, Hodl, Hodl, Hodl, Hodl, Hodl, Hodl, Hodl, Hodl, Hodl,
Hodl, Hodl, Hodl, Hodl, Hodl, Hodl, Hodl, Hodl, Hodl, Hodl, Hodl,
Hodl, Hodl, Hodl, Hodl, Hodl, Hodl, Hodl, Hodl, Hodl, Hodl, Hodl,
Hodl, Hodl, Hodl, Hodl, Hodl, Hodl, Hodl, Hodl, Hodl, Hodl, Hodl,
Hodl, Hodl, Hodl, Hodl, Hodl, Hodl, Hodl, Hodl, Hodl, Hodl, Hodl,
Hodl, Hodl, Hodl, Hodl, Hodl, Hodl, Hodl, Hodl, Hodl, Hodl, Hodl,
Hodl, Hodl, Hodl, Hodl, Hodl, Hodl, Hodl, Hodl, Hodl, Hodl, Hodl,
Hodl, Hodl, Hodl, Hodl, Hodl, Hodl.

Hodl, Hodl, Hodl, Hodl, Hodl, Hodl, Hodl, Hodl, Hodl, Hodl, Hodl, Hodl, Hodl, Hodl, Hodl, Hodl, Hodl, Hodl, Hodl, Hodl, Hodl, Hodl, Hodl, Hodl, Hodl, Hodl, Hodl, Hodl, Hodl, Hodl, Hodl, Hodl, Hodl, Hodl, Hodl, Hodl, Hodl, Hodl, Hodl, Hodl, Hodl, Hodl, Hodl, Hodl, Hodl, Hodl, Hodl, Hodl, Hodl, Hodl, Hodl, Hodl, Hodl, Hodl, Hodl, Hodl, Hodl, Hodl, Hodl, Hodl, Hodl, Hodl, Hodl, Hodl, Hodl, Hodl, Hodl, Hodl, Hodl, Hodl, Hodl, Hodl, Hodl, Hodl, Hodl, Hodl, Hodl, Hodl, Hodl, Hodl, Hodl, Hodl, Hodl, Hodl, Hodl, Hodl, Hodl, Hodl, Hodl, Hodl, Hodl, Hodl, Hodl, Hodl, Hodl, Hodl, Hodl, Hodl, Hodl, Hodl, Hodl, Hodl, Hodl, Hodl, Hodl, Hodl, Hodl, Hodl, Hodl, Hodl, Hodl, Hodl, Hodl, Hodl, Hodl, Hodl, Hodl, Hodl, Hodl, Hodl, Hodl, Hodl, Hodl, Hodl, Hodl, Hodl, Hodl, Hodl, Hodl, Hodl, Hodl, Hodl, Hodl, Hodl, Hodl, Hodl, Hodl, Hodl, Hodl, Hodl, Hodl, Hodl, Hodl, Hodl, Hodl, Hodl, Hodl, Hodl, Hodl, Hodl, Hodl, Hodl, Hodl, Hodl, Hodl, Hodl, Hodl, Hodl, Hodl, Hodl, Hodl, Hodl, Hodl, Hodl, Hodl, Hodl, Hodl, Hodl, Hodl, Hodl, Hodl, Hodl, Hodl, Hodl, Hodl, Hodl, Hodl, Hodl, Hodl, Hodl, Hodl, Hodl, Hodl, Hodl, Hodl, Hodl, Hodl, Hodl, Hodl, Hodl, Hodl, Hodl, Hodl, Hodl, Hodl, Hodl, Hodl, Hodl, Hodl, Hodl, Hodl, Hodl, Hodl, Hodl, Hodl, Hodl, Hodl, Hodl, Hodl, Hodl, Hodl, Hodl, Hodl, Hodl, Hodl, Hodl, Hodl, Hodl, Hodl, Hodl, Hodl, Hodl, Hodl, Hodl, Hodl, Hodl, Hodl, Hodl, Hodl, Hodl, Hodl, Hodl, Hodl, Hodl, Hodl, Hodl, Hodl, Hodl, Hodl, Hodl, Hodl, Hodl, Hodl, Hodl, Hodl, Hodl, Hodl, Hodl, Hodl, Hodl, Hodl, Hodl, Hodl, Hodl, Hodl, Hodl, Hodl, Hodl, Hodl, Hodl, Hodl, Hodl, Hodl, Hodl, Hodl, Hodl, Hodl, Hodl, Hodl, Hodl, Hodl, Hodl, Hodl, Hodl, Hodl, Hodl, Hodl, Hodl, Hodl, Hodl, Hodl, Hodl, Hodl, Hodl, Hodl, Hodl, Hodl, Hodl, Hodl, Hodl, Hodl, Hodl, Hodl, Hodl, Hodl, Hodl, Hodl, Hodl, Hodl, Hodl, Hodl, Hodl, Hodl, Hodl, Hodl, Hodl, Hodl, Hodl, Hodl, Hodl, Hodl, Hodl, Hodl, Hodl, Hodl, Hodl, Hodl, Hodl, Hodl, Hodl, Hodl, Hodl, Hodl, Hodl, Hodl, Hodl, Hodl, Hodl, Hodl, Hodl, Hodl, Hodl, Hodl, Hodl, Hodl, Hodl, Hodl, Hodl, Hodl, Hodl, Hodl, Hodl, Hodl, Hodl, Hodl, Hodl, Hodl, Hodl, Hodl, Hodl, Hodl, Hodl, Hodl, Hodl, Hodl, Hodl, Hodl, Hodl, Hodl, Hodl, Hodl, Hodl, Hodl, Hodl, Hodl, Hodl, Hodl, Hodl, Hodl, Hodl, Hodl, Hodl, Hodl, Hodl, Hodl, Hodl, Hodl, Hodl, Hodl, Hodl, Hodl, Hodl, Hodl, Hodl, Hodl, Hodl, Hodl, Hodl, Hodl, Hodl, Hodl, Hodl, Hodl, Hodl, Hodl, Hodl, Hodl, Hodl, Hodl, Hodl, Hodl, Hodl, Hodl, Hodl, Hodl, Hodl, Hodl, Hodl, Hodl, Hodl, Hodl, Hodl, Hodl, Hodl, Hodl, Hodl, Hodl, Hodl, Hodl, Hodl, Hodl, Hodl, Hodl, Hodl, Hodl, Hodl, Hodl, Hodl, Hodl, Hodl, Hodl, Hodl, Hodl, Hodl, Hodl, Hodl, Hodl, Hodl, Hodl, Hodl, Hodl, Hodl, Hodl, Hodl, Hodl, Hodl, Hodl.

Hodl, Hodl, Hodl, Hodl, Hodl, Hodl, Hodl, Hodl, Hodl,
Hodl, Hodl, Hodl, Hodl, Hodl, Hodl, Hodl, Hodl, Hodl, Hodl, Hodl,
Hodl, Hodl, Hodl, Hodl, Hodl, Hodl, Hodl, Hodl, Hodl, Hodl, Hodl,
Hodl, Hodl, Hodl, Hodl, Hodl, Hodl, Hodl, Hodl, Hodl, Hodl, Hodl,
Hodl, Hodl, Hodl, Hodl, Hodl, Hodl, Hodl, Hodl, Hodl, Hodl, Hodl,
Hodl, Hodl, Hodl, Hodl, Hodl, Hodl, Hodl, Hodl, Hodl, Hodl, Hodl,
Hodl, Hodl, Hodl, Hodl, Hodl, Hodl, Hodl, Hodl, Hodl, Hodl, Hodl,
Hodl, Hodl, Hodl, Hodl, Hodl, Hodl, Hodl, Hodl, Hodl, Hodl, Hodl,
Hodl, Hodl, Hodl, Hodl, Hodl, Hodl, Hodl, Hodl, Hodl, Hodl, Hodl,
Hodl, Hodl, Hodl, Hodl, Hodl, Hodl, Hodl, Hodl, Hodl, Hodl, Hodl,
Hodl, Hodl, Hodl, Hodl, Hodl, Hodl, Hodl, Hodl, Hodl, Hodl, Hodl,
Hodl, Hodl, Hodl, Hodl, Hodl, Hodl, Hodl, Hodl, Hodl, Hodl, Hodl,
Hodl, Hodl, Hodl, Hodl, Hodl, Hodl, Hodl, Hodl, Hodl, Hodl, Hodl,
Hodl, Hodl, Hodl, Hodl, Hodl, Hodl, Hodl, Hodl, Hodl, Hodl, Hodl,
Hodl, Hodl, Hodl, Hodl, Hodl, Hodl, Hodl, Hodl, Hodl, Hodl, Hodl,
Hodl, Hodl, Hodl, Hodl, Hodl, Hodl, Hodl, Hodl, Hodl, Hodl, Hodl,
Hodl, Hodl, Hodl, Hodl, Hodl, Hodl, Hodl, Hodl, Hodl, Hodl, Hodl,
Hodl, Hodl, Hodl, Hodl, Hodl, Hodl, Hodl, Hodl, Hodl, Hodl, Hodl,
Hodl, Hodl, Hodl, Hodl, Hodl, Hodl, Hodl, Hodl, Hodl, Hodl, Hodl,
Hodl, Hodl, Hodl, Hodl, Hodl, Hodl, Hodl, Hodl, Hodl, Hodl, Hodl,
Hodl, Hodl, Hodl, Hodl, Hodl, Hodl, Hodl, Hodl, Hodl, Hodl, Hodl,
Hodl, Hodl, Hodl, Hodl, Hodl, Hodl, Hodl, Hodl, Hodl, Hodl, Hodl,
Hodl, Hodl, Hodl, Hodl, Hodl, Hodl, Hodl, Hodl, Hodl, Hodl, Hodl,
Hodl, Hodl, Hodl, Hodl, Hodl, Hodl, Hodl, Hodl, Hodl, Hodl, Hodl,
Hodl, Hodl, Hodl, Hodl, Hodl, Hodl, Hodl, Hodl, Hodl, Hodl, Hodl,
Hodl, Hodl, Hodl, Hodl, Hodl, Hodl, Hodl, Hodl, Hodl, Hodl, Hodl,
Hodl, Hodl, Hodl, Hodl, Hodl, Hodl, Hodl, Hodl, Hodl, Hodl, Hodl,
Hodl, Hodl, Hodl, Hodl, Hodl, Hodl, Hodl, Hodl, Hodl, Hodl, Hodl,
Hodl, Hodl, Hodl, Hodl, Hodl, Hodl, Hodl, Hodl, Hodl, Hodl, Hodl,
Hodl, Hodl, Hodl, Hodl, Hodl, Hodl, Hodl, Hodl, Hodl, Hodl, Hodl,
Hodl, Hodl, Hodl, Hodl, Hodl, Hodl, Hodl, Hodl, Hodl, Hodl, Hodl,
Hodl, Hodl, Hodl, Hodl, Hodl, Hodl, Hodl, Hodl, Hodl, Hodl, Hodl,
Hodl, Hodl, Hodl, Hodl, Hodl, Hodl, Hodl, Hodl, Hodl, Hodl, Hodl,
Hodl, Hodl, Hodl, Hodl, Hodl, Hodl.

Hodl, Hodl, Hodl, Hodl, Hodl, Hodl, Hodl, Hodl, Hodl, Hodl, Hodl, Hodl, Hodl, Hodl, Hodl, Hodl, Hodl, Hodl, Hodl, Hodl, Hodl, Hodl, Hodl, Hodl, Hodl, Hodl, Hodl, Hodl, Hodl, Hodl, Hodl, Hodl, Hodl, Hodl, Hodl, Hodl, Hodl, Hodl, Hodl, Hodl, Hodl, Hodl, Hodl, Hodl, Hodl, Hodl, Hodl, Hodl, Hodl, Hodl, Hodl, Hodl, Hodl, Hodl, Hodl, Hodl, Hodl, Hodl, Hodl, Hodl, Hodl, Hodl, Hodl, Hodl, Hodl, Hodl, Hodl, Hodl, Hodl, Hodl, Hodl, Hodl, Hodl, Hodl, Hodl, Hodl, Hodl, Hodl, Hodl, Hodl, Hodl, Hodl, Hodl, Hodl, Hodl, Hodl, Hodl, Hodl, Hodl, Hodl, Hodl, Hodl, Hodl, Hodl, Hodl, Hodl, Hodl, Hodl, Hodl, Hodl, Hodl, Hodl, Hodl, Hodl, Hodl, Hodl, Hodl, Hodl, Hodl, Hodl, Hodl, Hodl, Hodl, Hodl, Hodl, Hodl, Hodl, Hodl, Hodl, Hodl, Hodl, Hodl, Hodl, Hodl, Hodl, Hodl, Hodl, Hodl, Hodl, Hodl, Hodl, Hodl, Hodl, Hodl, Hodl, Hodl, Hodl, Hodl, Hodl, Hodl, Hodl, Hodl, Hodl, Hodl, Hodl, Hodl, Hodl, Hodl, Hodl, Hodl, Hodl, Hodl, Hodl, Hodl, Hodl, Hodl, Hodl, Hodl, Hodl, Hodl, Hodl, Hodl, Hodl, Hodl, Hodl, Hodl, Hodl, Hodl, Hodl, Hodl, Hodl, Hodl, Hodl, Hodl, Hodl, Hodl, Hodl, Hodl, Hodl, Hodl, Hodl, Hodl, Hodl, Hodl, Hodl, Hodl, Hodl, Hodl, Hodl, Hodl, Hodl, Hodl, Hodl, Hodl, Hodl, Hodl, Hodl, Hodl, Hodl, Hodl, Hodl, Hodl, Hodl, Hodl, Hodl, Hodl, Hodl, Hodl, Hodl, Hodl, Hodl, Hodl, Hodl, Hodl, Hodl, Hodl, Hodl, Hodl, Hodl, Hodl, Hodl, Hodl, Hodl, Hodl, Hodl, Hodl, Hodl, Hodl, Hodl, Hodl, Hodl, Hodl, Hodl, Hodl, Hodl, Hodl, Hodl, Hodl, Hodl, Hodl, Hodl, Hodl, Hodl, Hodl, Hodl, Hodl, Hodl, Hodl, Hodl, Hodl, Hodl, Hodl, Hodl, Hodl, Hodl, Hodl, Hodl, Hodl, Hodl, Hodl, Hodl, Hodl, Hodl, Hodl, Hodl, Hodl, Hodl, Hodl, Hodl, Hodl, Hodl, Hodl, Hodl, Hodl, Hodl, Hodl, Hodl, Hodl, Hodl, Hodl, Hodl, Hodl, Hodl, Hodl, Hodl, Hodl, Hodl, Hodl, Hodl, Hodl, Hodl, Hodl, Hodl, Hodl, Hodl, Hodl, Hodl, Hodl, Hodl, Hodl, Hodl, Hodl, Hodl, Hodl, Hodl, Hodl, Hodl, Hodl, Hodl, Hodl, Hodl, Hodl, Hodl, Hodl, Hodl, Hodl, Hodl, Hodl, Hodl, Hodl, Hodl, Hodl, Hodl, Hodl, Hodl, Hodl, Hodl, Hodl, Hodl, Hodl, Hodl, Hodl, Hodl, Hodl, Hodl, Hodl, Hodl, Hodl, Hodl, Hodl, Hodl, Hodl, Hodl, Hodl, Hodl, Hodl, Hodl, Hodl, Hodl, Hodl, Hodl, Hodl, Hodl, Hodl, Hodl, Hodl, Hodl, Hodl, Hodl, Hodl, Hodl, Hodl, Hodl, Hodl, Hodl, Hodl, Hodl, Hodl, Hodl, Hodl, Hodl, Hodl, Hodl, Hodl, Hodl, Hodl, Hodl, Hodl, Hodl, Hodl, Hodl, Hodl, Hodl, Hodl, Hodl, Hodl, Hodl, Hodl, Hodl, Hodl, Hodl, Hodl, Hodl, Hodl, Hodl, Hodl, Hodl, Hodl, Hodl, Hodl, Hodl, Hodl, Hodl, Hodl, Hodl, Hodl, Hodl, Hodl, Hodl, Hodl, Hodl, Hodl, Hodl, Hodl, Hodl, Hodl, Hodl, Hodl, Hodl, Hodl, Hodl, Hodl, Hodl, Hodl, Hodl, Hodl, Hodl, Hodl, Hodl, Hodl, Hodl, Hodl, Hodl, Hodl, Hodl, Hodl, Hodl, Hodl, Hodl, Hodl, Hodl, Hodl, Hodl, Hodl, Hodl, Hodl, Hodl, Hodl, Hodl, Hodl, Hodl, Hodl, Hodl, Hodl, Hodl, Hodl, Hodl, Hodl, Hodl, Hodl, Hodl, Hodl, Hodl, Hodl, Hodl, Hodl, Hodl, Hodl, Hodl, Hodl, Hodl, Hodl, Hodl, Hodl.

Hodl, Hodl, Hodl, Hodl, Hodl, Hodl, Hodl, Hodl, Hodl,
Hodl, Hodl, Hodl, Hodl, Hodl, Hodl, Hodl, Hodl, Hodl, Hodl, Hodl,
Hodl, Hodl, Hodl, Hodl, Hodl, Hodl, Hodl, Hodl, Hodl, Hodl, Hodl,
Hodl, Hodl, Hodl, Hodl, Hodl, Hodl, Hodl, Hodl, Hodl, Hodl, Hodl,
Hodl, Hodl, Hodl, Hodl, Hodl, Hodl, Hodl, Hodl, Hodl, Hodl, Hodl,
Hodl, Hodl, Hodl, Hodl, Hodl, Hodl, Hodl, Hodl, Hodl, Hodl, Hodl,
Hodl, Hodl, Hodl, Hodl, Hodl, Hodl, Hodl, Hodl, Hodl, Hodl, Hodl,
Hodl, Hodl, Hodl, Hodl, Hodl, Hodl, Hodl, Hodl, Hodl, Hodl, Hodl,
Hodl, Hodl, Hodl, Hodl, Hodl, Hodl, Hodl, Hodl, Hodl, Hodl, Hodl,
Hodl, Hodl, Hodl, Hodl, Hodl, Hodl, Hodl, Hodl, Hodl, Hodl, Hodl,
Hodl, Hodl, Hodl, Hodl, Hodl, Hodl, Hodl, Hodl, Hodl, Hodl, Hodl,
Hodl, Hodl, Hodl, Hodl, Hodl, Hodl, Hodl, Hodl, Hodl, Hodl, Hodl,
Hodl, Hodl, Hodl, Hodl, Hodl, Hodl, Hodl, Hodl, Hodl, Hodl, Hodl,
Hodl, Hodl, Hodl, Hodl, Hodl, Hodl, Hodl, Hodl, Hodl, Hodl, Hodl,
Hodl, Hodl, Hodl, Hodl, Hodl, Hodl, Hodl, Hodl, Hodl, Hodl, Hodl,
Hodl, Hodl, Hodl, Hodl, Hodl, Hodl, Hodl, Hodl, Hodl, Hodl, Hodl,
Hodl, Hodl, Hodl, Hodl, Hodl, Hodl, Hodl, Hodl, Hodl, Hodl, Hodl,
Hodl, Hodl, Hodl, Hodl, Hodl, Hodl, Hodl, Hodl, Hodl, Hodl, Hodl,
Hodl, Hodl, Hodl, Hodl, Hodl, Hodl, Hodl, Hodl, Hodl, Hodl, Hodl,
Hodl, Hodl, Hodl, Hodl, Hodl, Hodl, Hodl, Hodl, Hodl, Hodl, Hodl,
Hodl, Hodl, Hodl, Hodl, Hodl, Hodl, Hodl, Hodl, Hodl, Hodl, Hodl,
Hodl, Hodl, Hodl, Hodl, Hodl, Hodl, Hodl, Hodl, Hodl, Hodl, Hodl,
Hodl, Hodl, Hodl, Hodl, Hodl, Hodl, Hodl, Hodl, Hodl, Hodl, Hodl,
Hodl, Hodl, Hodl, Hodl, Hodl, Hodl, Hodl, Hodl, Hodl, Hodl, Hodl,
Hodl, Hodl, Hodl, Hodl, Hodl, Hodl, Hodl, Hodl, Hodl, Hodl, Hodl,
Hodl, Hodl, Hodl, Hodl, Hodl, Hodl, Hodl, Hodl, Hodl, Hodl, Hodl,
Hodl, Hodl, Hodl, Hodl, Hodl, Hodl, Hodl, Hodl, Hodl, Hodl, Hodl,
Hodl, Hodl, Hodl, Hodl, Hodl, Hodl, Hodl, Hodl, Hodl, Hodl, Hodl,
Hodl, Hodl, Hodl, Hodl, Hodl, Hodl, Hodl, Hodl, Hodl, Hodl, Hodl,
Hodl, Hodl, Hodl, Hodl, Hodl, Hodl, Hodl, Hodl, Hodl, Hodl, Hodl,
Hodl, Hodl, Hodl, Hodl, Hodl, Hodl, Hodl, Hodl, Hodl, Hodl, Hodl,
Hodl, Hodl, Hodl, Hodl, Hodl, Hodl, Hodl, Hodl, Hodl, Hodl, Hodl,
Hodl, Hodl, Hodl, Hodl, Hodl, Hodl, Hodl, Hodl, Hodl, Hodl, Hodl,
Hodl, Hodl, Hodl, Hodl, Hodl, Hodl, Hodl, Hodl, Hodl, Hodl, Hodl,
Hodl, Hodl, Hodl, Hodl, Hodl, Hodl.

Hodl, Hodl, Hodl, Hodl, Hodl, Hodl, Hodl, Hodl, Hodl,
Hodl, Hodl, Hodl, Hodl, Hodl, Hodl, Hodl, Hodl, Hodl, Hodl, Hodl,
Hodl, Hodl, Hodl, Hodl, Hodl, Hodl, Hodl, Hodl, Hodl, Hodl, Hodl,
Hodl, Hodl, Hodl, Hodl, Hodl, Hodl, Hodl, Hodl, Hodl, Hodl, Hodl,
Hodl, Hodl, Hodl, Hodl, Hodl, Hodl, Hodl, Hodl, Hodl, Hodl, Hodl,
Hodl, Hodl, Hodl, Hodl, Hodl, Hodl, Hodl, Hodl, Hodl, Hodl, Hodl,
Hodl, Hodl, Hodl, Hodl, Hodl, Hodl, Hodl, Hodl, Hodl, Hodl, Hodl,
Hodl, Hodl, Hodl, Hodl, Hodl, Hodl, Hodl, Hodl, Hodl, Hodl, Hodl,
Hodl, Hodl, Hodl, Hodl, Hodl, Hodl, Hodl, Hodl, Hodl, Hodl, Hodl,
Hodl, Hodl, Hodl, Hodl, Hodl, Hodl, Hodl, Hodl, Hodl, Hodl, Hodl,
Hodl, Hodl, Hodl, Hodl, Hodl, Hodl, Hodl, Hodl, Hodl, Hodl, Hodl,
Hodl, Hodl, Hodl, Hodl, Hodl, Hodl, Hodl, Hodl, Hodl, Hodl, Hodl,
Hodl, Hodl, Hodl, Hodl, Hodl, Hodl, Hodl, Hodl, Hodl, Hodl, Hodl,
Hodl, Hodl, Hodl, Hodl, Hodl, Hodl, Hodl, Hodl, Hodl, Hodl, Hodl,
Hodl, Hodl, Hodl, Hodl, Hodl, Hodl, Hodl, Hodl, Hodl, Hodl, Hodl,
Hodl, Hodl, Hodl, Hodl, Hodl, Hodl, Hodl, Hodl, Hodl, Hodl, Hodl,
Hodl, Hodl, Hodl, Hodl, Hodl, Hodl, Hodl, Hodl, Hodl, Hodl, Hodl,
Hodl, Hodl, Hodl, Hodl, Hodl, Hodl, Hodl, Hodl, Hodl, Hodl, Hodl,
Hodl, Hodl, Hodl, Hodl, Hodl, Hodl, Hodl, Hodl, Hodl, Hodl, Hodl,
Hodl, Hodl, Hodl, Hodl, Hodl, Hodl, Hodl, Hodl, Hodl, Hodl, Hodl,
Hodl, Hodl, Hodl, Hodl, Hodl, Hodl, Hodl, Hodl, Hodl, Hodl, Hodl,
Hodl, Hodl, Hodl, Hodl, Hodl, Hodl, Hodl, Hodl, Hodl, Hodl, Hodl,
Hodl, Hodl, Hodl, Hodl, Hodl, Hodl, Hodl, Hodl, Hodl, Hodl, Hodl,
Hodl, Hodl, Hodl, Hodl, Hodl, Hodl, Hodl, Hodl, Hodl, Hodl, Hodl,
Hodl, Hodl, Hodl, Hodl, Hodl, Hodl, Hodl, Hodl, Hodl, Hodl, Hodl,
Hodl, Hodl, Hodl, Hodl, Hodl, Hodl, Hodl, Hodl, Hodl, Hodl, Hodl,
Hodl, Hodl, Hodl, Hodl, Hodl, Hodl, Hodl, Hodl, Hodl, Hodl, Hodl,
Hodl, Hodl, Hodl, Hodl, Hodl, Hodl, Hodl, Hodl, Hodl, Hodl, Hodl,
Hodl, Hodl, Hodl, Hodl, Hodl, Hodl, Hodl, Hodl, Hodl, Hodl, Hodl,
Hodl, Hodl, Hodl, Hodl, Hodl, Hodl, Hodl, Hodl, Hodl, Hodl, Hodl,
Hodl, Hodl, Hodl, Hodl, Hodl, Hodl, Hodl, Hodl, Hodl, Hodl, Hodl,
Hodl, Hodl, Hodl, Hodl, Hodl, Hodl, Hodl, Hodl, Hodl, Hodl, Hodl,
Hodl, Hodl, Hodl, Hodl, Hodl, Hodl, Hodl, Hodl, Hodl, Hodl, Hodl,
Hodl, Hodl, Hodl, Hodl, Hodl, Hodl, Hodl, Hodl, Hodl, Hodl, Hodl,
Hodl, Hodl, Hodl, Hodl, Hodl, Hodl.

Hodl, Hodl, Hodl, Hodl, Hodl, Hodl, Hodl, Hodl, Hodl,
Hodl, Hodl, Hodl, Hodl, Hodl, Hodl, Hodl, Hodl, Hodl, Hodl, Hodl,
Hodl, Hodl, Hodl, Hodl, Hodl, Hodl, Hodl, Hodl, Hodl, Hodl, Hodl,
Hodl, Hodl, Hodl, Hodl, Hodl, Hodl, Hodl, Hodl, Hodl, Hodl, Hodl,
Hodl, Hodl, Hodl, Hodl, Hodl, Hodl, Hodl, Hodl, Hodl, Hodl, Hodl,
Hodl, Hodl, Hodl, Hodl, Hodl, Hodl, Hodl, Hodl, Hodl, Hodl, Hodl,
Hodl, Hodl, Hodl, Hodl, Hodl, Hodl, Hodl, Hodl, Hodl, Hodl, Hodl,
Hodl, Hodl, Hodl, Hodl, Hodl, Hodl, Hodl, Hodl, Hodl, Hodl, Hodl,
Hodl, Hodl, Hodl, Hodl, Hodl, Hodl, Hodl, Hodl, Hodl, Hodl, Hodl,
Hodl, Hodl, Hodl, Hodl, Hodl, Hodl, Hodl, Hodl, Hodl, Hodl, Hodl,
Hodl, Hodl, Hodl, Hodl, Hodl, Hodl, Hodl, Hodl, Hodl, Hodl, Hodl,
Hodl, Hodl, Hodl, Hodl, Hodl, Hodl, Hodl, Hodl, Hodl, Hodl, Hodl,
Hodl, Hodl, Hodl, Hodl, Hodl, Hodl, Hodl, Hodl, Hodl, Hodl, Hodl,
Hodl, Hodl, Hodl, Hodl, Hodl, Hodl, Hodl, Hodl, Hodl, Hodl, Hodl,
Hodl, Hodl, Hodl, Hodl, Hodl, Hodl, Hodl, Hodl, Hodl, Hodl, Hodl,
Hodl, Hodl, Hodl, Hodl, Hodl, Hodl, Hodl, Hodl, Hodl, Hodl, Hodl,
Hodl, Hodl, Hodl, Hodl, Hodl, Hodl, Hodl, Hodl, Hodl, Hodl, Hodl,
Hodl, Hodl, Hodl, Hodl, Hodl, Hodl, Hodl, Hodl, Hodl, Hodl, Hodl,
Hodl, Hodl, Hodl, Hodl, Hodl, Hodl, Hodl, Hodl, Hodl, Hodl, Hodl,
Hodl, Hodl, Hodl, Hodl, Hodl, Hodl, Hodl, Hodl, Hodl, Hodl, Hodl,
Hodl, Hodl, Hodl, Hodl, Hodl, Hodl, Hodl, Hodl, Hodl, Hodl, Hodl,
Hodl, Hodl, Hodl, Hodl, Hodl, Hodl, Hodl, Hodl, Hodl, Hodl, Hodl,
Hodl, Hodl, Hodl, Hodl, Hodl, Hodl, Hodl, Hodl, Hodl, Hodl, Hodl,
Hodl, Hodl, Hodl, Hodl, Hodl, Hodl, Hodl, Hodl, Hodl, Hodl, Hodl,
Hodl, Hodl, Hodl, Hodl, Hodl, Hodl, Hodl, Hodl, Hodl, Hodl, Hodl,
Hodl, Hodl, Hodl, Hodl, Hodl, Hodl, Hodl, Hodl, Hodl, Hodl, Hodl,
Hodl, Hodl, Hodl, Hodl, Hodl, Hodl, Hodl, Hodl, Hodl, Hodl, Hodl,
Hodl, Hodl, Hodl, Hodl, Hodl, Hodl, Hodl, Hodl, Hodl, Hodl, Hodl,
Hodl, Hodl, Hodl, Hodl, Hodl, Hodl, Hodl, Hodl, Hodl, Hodl, Hodl,
Hodl, Hodl, Hodl, Hodl, Hodl, Hodl, Hodl, Hodl, Hodl, Hodl, Hodl,
Hodl, Hodl, Hodl, Hodl, Hodl, Hodl, Hodl, Hodl, Hodl, Hodl, Hodl,
Hodl, Hodl, Hodl, Hodl, Hodl, Hodl, Hodl, Hodl, Hodl, Hodl, Hodl,
Hodl, Hodl, Hodl, Hodl, Hodl, Hodl.

Hodl, Hodl, Hodl, Hodl, Hodl, Hodl, Hodl, Hodl, Hodl,
Hodl, Hodl, Hodl, Hodl, Hodl, Hodl, Hodl, Hodl, Hodl, Hodl, Hodl,
Hodl, Hodl, Hodl, Hodl, Hodl, Hodl, Hodl, Hodl, Hodl, Hodl, Hodl,
Hodl, Hodl, Hodl, Hodl, Hodl, Hodl, Hodl, Hodl, Hodl, Hodl, Hodl,
Hodl, Hodl, Hodl, Hodl, Hodl, Hodl, Hodl, Hodl, Hodl, Hodl, Hodl,
Hodl, Hodl, Hodl, Hodl, Hodl, Hodl, Hodl, Hodl, Hodl, Hodl, Hodl,
Hodl, Hodl, Hodl, Hodl, Hodl, Hodl, Hodl, Hodl, Hodl, Hodl, Hodl,
Hodl, Hodl, Hodl, Hodl, Hodl, Hodl, Hodl, Hodl, Hodl, Hodl, Hodl,
Hodl, Hodl, Hodl, Hodl, Hodl, Hodl, Hodl, Hodl, Hodl, Hodl, Hodl,
Hodl, Hodl, Hodl, Hodl, Hodl, Hodl, Hodl, Hodl, Hodl, Hodl, Hodl,
Hodl, Hodl, Hodl, Hodl, Hodl, Hodl, Hodl, Hodl, Hodl, Hodl, Hodl,
Hodl, Hodl, Hodl, Hodl, Hodl, Hodl, Hodl, Hodl, Hodl, Hodl, Hodl,
Hodl, Hodl, Hodl, Hodl, Hodl, Hodl, Hodl, Hodl, Hodl, Hodl, Hodl,
Hodl, Hodl, Hodl, Hodl, Hodl, Hodl, Hodl, Hodl, Hodl, Hodl, Hodl,
Hodl, Hodl, Hodl, Hodl, Hodl, Hodl, Hodl, Hodl, Hodl, Hodl, Hodl,
Hodl, Hodl, Hodl, Hodl, Hodl, Hodl, Hodl, Hodl, Hodl, Hodl, Hodl,
Hodl, Hodl, Hodl, Hodl, Hodl, Hodl, Hodl, Hodl, Hodl, Hodl, Hodl,
Hodl, Hodl, Hodl, Hodl, Hodl, Hodl, Hodl, Hodl, Hodl, Hodl, Hodl,
Hodl, Hodl, Hodl, Hodl, Hodl, Hodl, Hodl, Hodl, Hodl, Hodl, Hodl,
Hodl, Hodl, Hodl, Hodl, Hodl, Hodl, Hodl, Hodl, Hodl, Hodl, Hodl,
Hodl, Hodl, Hodl, Hodl, Hodl, Hodl, Hodl, Hodl, Hodl, Hodl, Hodl,
Hodl, Hodl, Hodl, Hodl, Hodl, Hodl, Hodl, Hodl, Hodl, Hodl, Hodl,
Hodl, Hodl, Hodl, Hodl, Hodl, Hodl, Hodl, Hodl, Hodl, Hodl, Hodl,
Hodl, Hodl, Hodl, Hodl, Hodl, Hodl, Hodl, Hodl, Hodl, Hodl, Hodl,
Hodl, Hodl, Hodl, Hodl, Hodl, Hodl, Hodl, Hodl, Hodl, Hodl, Hodl,
Hodl, Hodl, Hodl, Hodl, Hodl, Hodl, Hodl, Hodl, Hodl, Hodl, Hodl,
Hodl, Hodl, Hodl, Hodl, Hodl, Hodl, Hodl, Hodl, Hodl, Hodl, Hodl,
Hodl, Hodl, Hodl, Hodl, Hodl, Hodl, Hodl, Hodl, Hodl, Hodl, Hodl,
Hodl, Hodl, Hodl, Hodl, Hodl, Hodl, Hodl, Hodl, Hodl, Hodl, Hodl,
Hodl, Hodl, Hodl, Hodl, Hodl, Hodl, Hodl, Hodl, Hodl, Hodl, Hodl,
Hodl, Hodl, Hodl, Hodl, Hodl, Hodl, Hodl, Hodl, Hodl, Hodl, Hodl,
Hodl, Hodl, Hodl, Hodl, Hodl, Hodl, Hodl, Hodl, Hodl, Hodl, Hodl,
Hodl, Hodl, Hodl, Hodl, Hodl, Hodl, Hodl, Hodl, Hodl, Hodl, Hodl,
Hodl, Hodl, Hodl, Hodl, Hodl, Hodl.

Hodl, Hodl, Hodl, Hodl, Hodl, Hodl, Hodl, Hodl, Hodl,
Hodl, Hodl, Hodl, Hodl, Hodl, Hodl, Hodl, Hodl, Hodl, Hodl, Hodl,
Hodl, Hodl, Hodl, Hodl, Hodl, Hodl, Hodl, Hodl, Hodl, Hodl, Hodl,
Hodl, Hodl, Hodl, Hodl, Hodl, Hodl, Hodl, Hodl, Hodl, Hodl, Hodl,
Hodl, Hodl, Hodl, Hodl, Hodl, Hodl, Hodl, Hodl, Hodl, Hodl, Hodl,
Hodl, Hodl, Hodl, Hodl, Hodl, Hodl, Hodl, Hodl, Hodl, Hodl, Hodl,
Hodl, Hodl, Hodl, Hodl, Hodl, Hodl, Hodl, Hodl, Hodl, Hodl, Hodl,
Hodl, Hodl, Hodl, Hodl, Hodl, Hodl, Hodl, Hodl, Hodl, Hodl, Hodl,
Hodl, Hodl, Hodl, Hodl, Hodl, Hodl, Hodl, Hodl, Hodl, Hodl, Hodl,
Hodl, Hodl, Hodl, Hodl, Hodl, Hodl, Hodl, Hodl, Hodl, Hodl, Hodl,
Hodl, Hodl, Hodl, Hodl, Hodl, Hodl, Hodl, Hodl, Hodl, Hodl, Hodl,
Hodl, Hodl, Hodl, Hodl, Hodl, Hodl, Hodl, Hodl, Hodl, Hodl, Hodl,
Hodl, Hodl, Hodl, Hodl, Hodl, Hodl, Hodl, Hodl, Hodl, Hodl, Hodl,
Hodl, Hodl, Hodl, Hodl, Hodl, Hodl, Hodl, Hodl, Hodl, Hodl, Hodl,
Hodl, Hodl, Hodl, Hodl, Hodl, Hodl, Hodl, Hodl, Hodl, Hodl, Hodl,
Hodl, Hodl, Hodl, Hodl, Hodl, Hodl, Hodl, Hodl, Hodl, Hodl, Hodl,
Hodl, Hodl, Hodl, Hodl, Hodl, Hodl, Hodl, Hodl, Hodl, Hodl, Hodl,
Hodl, Hodl, Hodl, Hodl, Hodl, Hodl, Hodl, Hodl, Hodl, Hodl, Hodl,
Hodl, Hodl, Hodl, Hodl, Hodl, Hodl, Hodl, Hodl, Hodl, Hodl, Hodl,
Hodl, Hodl, Hodl, Hodl, Hodl, Hodl, Hodl, Hodl, Hodl, Hodl, Hodl,
Hodl, Hodl, Hodl, Hodl, Hodl, Hodl, Hodl, Hodl, Hodl, Hodl, Hodl,
Hodl, Hodl, Hodl, Hodl, Hodl, Hodl, Hodl, Hodl, Hodl, Hodl, Hodl,
Hodl, Hodl, Hodl, Hodl, Hodl, Hodl, Hodl, Hodl, Hodl, Hodl, Hodl,
Hodl, Hodl, Hodl, Hodl, Hodl, Hodl, Hodl, Hodl, Hodl, Hodl, Hodl,
Hodl, Hodl, Hodl, Hodl, Hodl, Hodl, Hodl, Hodl, Hodl, Hodl, Hodl,
Hodl, Hodl, Hodl, Hodl, Hodl, Hodl, Hodl, Hodl, Hodl, Hodl, Hodl,
Hodl, Hodl, Hodl, Hodl, Hodl, Hodl, Hodl, Hodl, Hodl, Hodl, Hodl,
Hodl, Hodl, Hodl, Hodl, Hodl, Hodl, Hodl, Hodl, Hodl, Hodl, Hodl,
Hodl, Hodl, Hodl, Hodl, Hodl, Hodl, Hodl, Hodl, Hodl, Hodl, Hodl,
Hodl, Hodl, Hodl, Hodl, Hodl, Hodl, Hodl, Hodl, Hodl, Hodl, Hodl,
Hodl, Hodl, Hodl, Hodl, Hodl, Hodl, Hodl, Hodl, Hodl, Hodl, Hodl,
Hodl, Hodl, Hodl, Hodl, Hodl, Hodl, Hodl, Hodl, Hodl, Hodl, Hodl,
Hodl, Hodl, Hodl, Hodl, Hodl, Hodl.

Hodl, Hodl, Hodl, Hodl, Hodl, Hodl, Hodl, Hodl, Hodl, Hodl, Hodl, Hodl, Hodl, Hodl, Hodl, Hodl, Hodl, Hodl, Hodl, Hodl, Hodl, Hodl, Hodl, Hodl, Hodl, Hodl, Hodl, Hodl, Hodl, Hodl, Hodl, Hodl, Hodl, Hodl, Hodl, Hodl, Hodl, Hodl, Hodl, Hodl, Hodl, Hodl, Hodl, Hodl, Hodl, Hodl, Hodl, Hodl, Hodl, Hodl, Hodl, Hodl, Hodl, Hodl, Hodl, Hodl, Hodl, Hodl, Hodl, Hodl, Hodl, Hodl, Hodl, Hodl, Hodl, Hodl, Hodl, Hodl, Hodl, Hodl, Hodl, Hodl, Hodl, Hodl, Hodl, Hodl, Hodl, Hodl, Hodl, Hodl, Hodl, Hodl, Hodl, Hodl, Hodl, Hodl, Hodl, Hodl, Hodl, Hodl, Hodl, Hodl, Hodl, Hodl, Hodl, Hodl, Hodl, Hodl, Hodl, Hodl, Hodl, Hodl, Hodl, Hodl, Hodl, Hodl, Hodl, Hodl, Hodl, Hodl, Hodl, Hodl, Hodl, Hodl, Hodl, Hodl, Hodl, Hodl, Hodl, Hodl, Hodl, Hodl, Hodl, Hodl, Hodl, Hodl, Hodl, Hodl, Hodl, Hodl, Hodl, Hodl, Hodl, Hodl, Hodl, Hodl, Hodl, Hodl, Hodl, Hodl, Hodl, Hodl, Hodl, Hodl, Hodl, Hodl, Hodl, Hodl, Hodl, Hodl, Hodl, Hodl, Hodl, Hodl, Hodl, Hodl, Hodl, Hodl, Hodl, Hodl, Hodl, Hodl, Hodl, Hodl, Hodl, Hodl, Hodl, Hodl, Hodl, Hodl, Hodl, Hodl, Hodl, Hodl, Hodl, Hodl, Hodl, Hodl, Hodl, Hodl, Hodl, Hodl, Hodl, Hodl, Hodl, Hodl, Hodl, Hodl, Hodl, Hodl, Hodl, Hodl, Hodl, Hodl, Hodl, Hodl, Hodl, Hodl, Hodl, Hodl, Hodl, Hodl, Hodl, Hodl, Hodl, Hodl, Hodl, Hodl, Hodl, Hodl, Hodl, Hodl, Hodl, Hodl, Hodl, Hodl, Hodl, Hodl, Hodl, Hodl, Hodl, Hodl, Hodl, Hodl, Hodl, Hodl, Hodl, Hodl, Hodl, Hodl, Hodl, Hodl, Hodl, Hodl, Hodl, Hodl, Hodl, Hodl, Hodl, Hodl, Hodl, Hodl, Hodl, Hodl, Hodl, Hodl, Hodl, Hodl, Hodl, Hodl, Hodl, Hodl, Hodl, Hodl, Hodl, Hodl, Hodl, Hodl, Hodl, Hodl, Hodl, Hodl, Hodl, Hodl, Hodl, Hodl, Hodl, Hodl, Hodl, Hodl, Hodl, Hodl, Hodl, Hodl, Hodl, Hodl, Hodl, Hodl, Hodl, Hodl, Hodl, Hodl, Hodl, Hodl, Hodl, Hodl, Hodl, Hodl, Hodl, Hodl, Hodl, Hodl, Hodl, Hodl, Hodl, Hodl, Hodl, Hodl, Hodl, Hodl, Hodl, Hodl, Hodl, Hodl, Hodl, Hodl, Hodl, Hodl, Hodl, Hodl, Hodl, Hodl, Hodl, Hodl, Hodl, Hodl, Hodl, Hodl, Hodl, Hodl, Hodl, Hodl, Hodl, Hodl, Hodl, Hodl, Hodl, Hodl, Hodl, Hodl, Hodl, Hodl, Hodl, Hodl, Hodl, Hodl, Hodl, Hodl, Hodl, Hodl, Hodl, Hodl, Hodl, Hodl, Hodl, Hodl, Hodl, Hodl, Hodl, Hodl, Hodl, Hodl, Hodl, Hodl, Hodl, Hodl, Hodl, Hodl, Hodl, Hodl, Hodl, Hodl, Hodl, Hodl, Hodl, Hodl, Hodl, Hodl, Hodl, Hodl.

Hodl, Hodl, Hodl, Hodl, Hodl, Hodl, Hodl, Hodl, Hodl,
Hodl, Hodl, Hodl, Hodl, Hodl, Hodl, Hodl, Hodl, Hodl, Hodl, Hodl,
Hodl, Hodl, Hodl, Hodl, Hodl, Hodl, Hodl, Hodl, Hodl, Hodl, Hodl,
Hodl, Hodl, Hodl, Hodl, Hodl, Hodl, Hodl, Hodl, Hodl, Hodl, Hodl,
Hodl, Hodl, Hodl, Hodl, Hodl, Hodl, Hodl, Hodl, Hodl, Hodl, Hodl,
Hodl, Hodl, Hodl, Hodl, Hodl, Hodl, Hodl, Hodl, Hodl, Hodl, Hodl,
Hodl, Hodl, Hodl, Hodl, Hodl, Hodl, Hodl, Hodl, Hodl, Hodl, Hodl,
Hodl, Hodl, Hodl, Hodl, Hodl, Hodl, Hodl, Hodl, Hodl, Hodl, Hodl,
Hodl, Hodl, Hodl, Hodl, Hodl, Hodl, Hodl, Hodl, Hodl, Hodl, Hodl,
Hodl, Hodl, Hodl, Hodl, Hodl, Hodl, Hodl, Hodl, Hodl, Hodl, Hodl,
Hodl, Hodl, Hodl, Hodl, Hodl, Hodl, Hodl, Hodl, Hodl, Hodl, Hodl,
Hodl, Hodl, Hodl, Hodl, Hodl, Hodl, Hodl, Hodl, Hodl, Hodl, Hodl,
Hodl, Hodl, Hodl, Hodl, Hodl, Hodl, Hodl, Hodl, Hodl, Hodl, Hodl,
Hodl, Hodl, Hodl, Hodl, Hodl, Hodl, Hodl, Hodl, Hodl, Hodl, Hodl,
Hodl, Hodl, Hodl, Hodl, Hodl, Hodl, Hodl, Hodl, Hodl, Hodl, Hodl,
Hodl, Hodl, Hodl, Hodl, Hodl, Hodl, Hodl, Hodl, Hodl, Hodl, Hodl,
Hodl, Hodl, Hodl, Hodl, Hodl, Hodl, Hodl, Hodl, Hodl, Hodl, Hodl,
Hodl, Hodl, Hodl, Hodl, Hodl, Hodl, Hodl, Hodl, Hodl, Hodl, Hodl,
Hodl, Hodl, Hodl, Hodl, Hodl, Hodl, Hodl, Hodl, Hodl, Hodl, Hodl,
Hodl, Hodl, Hodl, Hodl, Hodl, Hodl, Hodl, Hodl, Hodl, Hodl, Hodl,
Hodl, Hodl, Hodl, Hodl, Hodl, Hodl, Hodl, Hodl, Hodl, Hodl, Hodl,
Hodl, Hodl, Hodl, Hodl, Hodl, Hodl, Hodl, Hodl, Hodl, Hodl, Hodl,
Hodl, Hodl, Hodl, Hodl, Hodl, Hodl, Hodl, Hodl, Hodl, Hodl, Hodl,
Hodl, Hodl, Hodl, Hodl, Hodl, Hodl, Hodl, Hodl, Hodl, Hodl, Hodl,
Hodl, Hodl, Hodl, Hodl, Hodl, Hodl, Hodl, Hodl, Hodl, Hodl, Hodl,
Hodl, Hodl, Hodl, Hodl, Hodl, Hodl, Hodl, Hodl, Hodl, Hodl, Hodl,
Hodl, Hodl, Hodl, Hodl, Hodl, Hodl, Hodl, Hodl, Hodl, Hodl, Hodl,
Hodl, Hodl, Hodl, Hodl, Hodl, Hodl, Hodl, Hodl, Hodl, Hodl, Hodl,
Hodl, Hodl, Hodl, Hodl, Hodl, Hodl, Hodl, Hodl, Hodl, Hodl, Hodl,
Hodl, Hodl, Hodl, Hodl, Hodl, Hodl, Hodl, Hodl, Hodl, Hodl, Hodl,
Hodl, Hodl, Hodl, Hodl, Hodl, Hodl, Hodl, Hodl, Hodl, Hodl, Hodl,
Hodl, Hodl, Hodl, Hodl, Hodl, Hodl, Hodl, Hodl, Hodl, Hodl, Hodl,
Hodl, Hodl, Hodl, Hodl, Hodl, Hodl, Hodl, Hodl, Hodl, Hodl, Hodl,
Hodl, Hodl, Hodl, Hodl, Hodl, Hodl.

Hodl, Hodl, Hodl, Hodl, Hodl, Hodl, Hodl, Hodl, Hodl,
Hodl, Hodl, Hodl, Hodl, Hodl, Hodl, Hodl, Hodl, Hodl, Hodl, Hodl,
Hodl, Hodl, Hodl, Hodl, Hodl, Hodl, Hodl, Hodl, Hodl, Hodl, Hodl,
Hodl, Hodl, Hodl, Hodl, Hodl, Hodl, Hodl, Hodl, Hodl, Hodl, Hodl,
Hodl, Hodl, Hodl, Hodl, Hodl, Hodl, Hodl, Hodl, Hodl, Hodl, Hodl,
Hodl, Hodl, Hodl, Hodl, Hodl, Hodl, Hodl, Hodl, Hodl, Hodl, Hodl,
Hodl, Hodl, Hodl, Hodl, Hodl, Hodl, Hodl, Hodl, Hodl, Hodl, Hodl,
Hodl, Hodl, Hodl, Hodl, Hodl, Hodl, Hodl, Hodl, Hodl, Hodl, Hodl,
Hodl, Hodl, Hodl, Hodl, Hodl, Hodl, Hodl, Hodl, Hodl, Hodl, Hodl,
Hodl, Hodl, Hodl, Hodl, Hodl, Hodl, Hodl, Hodl, Hodl, Hodl, Hodl,
Hodl, Hodl, Hodl, Hodl, Hodl, Hodl, Hodl, Hodl, Hodl, Hodl, Hodl,
Hodl, Hodl, Hodl, Hodl, Hodl, Hodl, Hodl, Hodl, Hodl, Hodl, Hodl,
Hodl, Hodl, Hodl, Hodl, Hodl, Hodl, Hodl, Hodl, Hodl, Hodl, Hodl,
Hodl, Hodl, Hodl, Hodl, Hodl, Hodl, Hodl, Hodl, Hodl, Hodl, Hodl,
Hodl, Hodl, Hodl, Hodl, Hodl, Hodl, Hodl, Hodl, Hodl, Hodl, Hodl,
Hodl, Hodl, Hodl, Hodl, Hodl, Hodl, Hodl, Hodl, Hodl, Hodl, Hodl,
Hodl, Hodl, Hodl, Hodl, Hodl, Hodl, Hodl, Hodl, Hodl, Hodl, Hodl,
Hodl, Hodl, Hodl, Hodl, Hodl, Hodl, Hodl, Hodl, Hodl, Hodl, Hodl,
Hodl, Hodl, Hodl, Hodl, Hodl, Hodl, Hodl, Hodl, Hodl, Hodl, Hodl,
Hodl, Hodl, Hodl, Hodl, Hodl, Hodl, Hodl, Hodl, Hodl, Hodl, Hodl,
Hodl, Hodl, Hodl, Hodl, Hodl, Hodl, Hodl, Hodl, Hodl, Hodl, Hodl,
Hodl, Hodl, Hodl, Hodl, Hodl, Hodl, Hodl, Hodl, Hodl, Hodl, Hodl,
Hodl, Hodl, Hodl, Hodl, Hodl, Hodl, Hodl, Hodl, Hodl, Hodl, Hodl,
Hodl, Hodl, Hodl, Hodl, Hodl, Hodl, Hodl, Hodl, Hodl, Hodl, Hodl,
Hodl, Hodl, Hodl, Hodl, Hodl, Hodl, Hodl, Hodl, Hodl, Hodl, Hodl,
Hodl, Hodl, Hodl, Hodl, Hodl, Hodl, Hodl, Hodl, Hodl, Hodl, Hodl,
Hodl, Hodl, Hodl, Hodl, Hodl, Hodl, Hodl, Hodl, Hodl, Hodl, Hodl,
Hodl, Hodl, Hodl, Hodl, Hodl, Hodl, Hodl, Hodl, Hodl, Hodl, Hodl,
Hodl, Hodl, Hodl, Hodl, Hodl, Hodl, Hodl, Hodl, Hodl, Hodl, Hodl,
Hodl, Hodl, Hodl, Hodl, Hodl, Hodl, Hodl, Hodl, Hodl, Hodl, Hodl,
Hodl, Hodl, Hodl, Hodl, Hodl, Hodl, Hodl, Hodl, Hodl, Hodl, Hodl,
Hodl, Hodl, Hodl, Hodl, Hodl, Hodl.

Hodl, Hodl, Hodl, Hodl, Hodl, Hodl, Hodl, Hodl, Hodl,
Hodl, Hodl, Hodl, Hodl, Hodl, Hodl, Hodl, Hodl, Hodl, Hodl, Hodl,
Hodl, Hodl, Hodl, Hodl, Hodl, Hodl, Hodl, Hodl, Hodl, Hodl, Hodl,
Hodl, Hodl, Hodl, Hodl, Hodl, Hodl, Hodl, Hodl, Hodl, Hodl, Hodl,
Hodl, Hodl, Hodl, Hodl, Hodl, Hodl, Hodl, Hodl, Hodl, Hodl, Hodl,
Hodl, Hodl, Hodl, Hodl, Hodl, Hodl, Hodl, Hodl, Hodl, Hodl, Hodl,
Hodl, Hodl, Hodl, Hodl, Hodl, Hodl, Hodl, Hodl, Hodl, Hodl, Hodl,
Hodl, Hodl, Hodl, Hodl, Hodl, Hodl, Hodl, Hodl, Hodl, Hodl, Hodl,
Hodl, Hodl, Hodl, Hodl, Hodl, Hodl, Hodl, Hodl, Hodl, Hodl, Hodl,
Hodl, Hodl, Hodl, Hodl, Hodl, Hodl, Hodl, Hodl, Hodl, Hodl, Hodl,
Hodl, Hodl, Hodl, Hodl, Hodl, Hodl, Hodl, Hodl, Hodl, Hodl, Hodl,
Hodl, Hodl, Hodl, Hodl, Hodl, Hodl, Hodl, Hodl, Hodl, Hodl, Hodl,
Hodl, Hodl, Hodl, Hodl, Hodl, Hodl, Hodl, Hodl, Hodl, Hodl, Hodl,
Hodl, Hodl, Hodl, Hodl, Hodl, Hodl, Hodl, Hodl, Hodl, Hodl, Hodl,
Hodl, Hodl, Hodl, Hodl, Hodl, Hodl, Hodl, Hodl, Hodl, Hodl, Hodl,
Hodl, Hodl, Hodl, Hodl, Hodl, Hodl, Hodl, Hodl, Hodl, Hodl, Hodl,
Hodl, Hodl, Hodl, Hodl, Hodl, Hodl, Hodl, Hodl, Hodl, Hodl, Hodl,
Hodl, Hodl, Hodl, Hodl, Hodl, Hodl, Hodl, Hodl, Hodl, Hodl, Hodl,
Hodl, Hodl, Hodl, Hodl, Hodl, Hodl, Hodl, Hodl, Hodl, Hodl, Hodl,
Hodl, Hodl, Hodl, Hodl, Hodl, Hodl, Hodl, Hodl, Hodl, Hodl, Hodl,
Hodl, Hodl, Hodl, Hodl, Hodl, Hodl, Hodl, Hodl, Hodl, Hodl, Hodl,
Hodl, Hodl, Hodl, Hodl, Hodl, Hodl, Hodl, Hodl, Hodl, Hodl, Hodl,
Hodl, Hodl, Hodl, Hodl, Hodl, Hodl, Hodl, Hodl, Hodl, Hodl, Hodl,
Hodl, Hodl, Hodl, Hodl, Hodl, Hodl, Hodl, Hodl, Hodl, Hodl, Hodl,
Hodl, Hodl, Hodl, Hodl, Hodl, Hodl, Hodl, Hodl, Hodl, Hodl, Hodl,
Hodl, Hodl, Hodl, Hodl, Hodl, Hodl, Hodl, Hodl, Hodl, Hodl, Hodl,
Hodl, Hodl, Hodl, Hodl, Hodl, Hodl, Hodl, Hodl, Hodl, Hodl, Hodl,
Hodl, Hodl, Hodl, Hodl, Hodl, Hodl, Hodl, Hodl, Hodl, Hodl, Hodl,
Hodl, Hodl, Hodl, Hodl, Hodl, Hodl, Hodl, Hodl, Hodl, Hodl, Hodl,
Hodl, Hodl, Hodl, Hodl, Hodl, Hodl, Hodl, Hodl, Hodl, Hodl, Hodl,
Hodl, Hodl, Hodl, Hodl, Hodl, Hodl, Hodl, Hodl, Hodl, Hodl, Hodl,
Hodl, Hodl, Hodl, Hodl, Hodl, Hodl, Hodl, Hodl, Hodl, Hodl, Hodl,
Hodl, Hodl, Hodl, Hodl, Hodl, Hodl, Hodl, Hodl, Hodl, Hodl, Hodl,
Hodl, Hodl, Hodl, Hodl, Hodl, Hodl.

Hodl, Hodl, Hodl, Hodl, Hodl, Hodl, Hodl, Hodl, Hodl,
Hodl, Hodl, Hodl, Hodl, Hodl, Hodl, Hodl, Hodl, Hodl, Hodl, Hodl,
Hodl, Hodl, Hodl, Hodl, Hodl, Hodl, Hodl, Hodl, Hodl, Hodl, Hodl,
Hodl, Hodl, Hodl, Hodl, Hodl, Hodl, Hodl, Hodl, Hodl, Hodl, Hodl,
Hodl, Hodl, Hodl, Hodl, Hodl, Hodl, Hodl, Hodl, Hodl, Hodl, Hodl,
Hodl, Hodl, Hodl, Hodl, Hodl, Hodl, Hodl, Hodl, Hodl, Hodl, Hodl,
Hodl, Hodl, Hodl, Hodl, Hodl, Hodl, Hodl, Hodl, Hodl, Hodl, Hodl,
Hodl, Hodl, Hodl, Hodl, Hodl, Hodl, Hodl, Hodl, Hodl, Hodl, Hodl,
Hodl, Hodl, Hodl, Hodl, Hodl, Hodl, Hodl, Hodl, Hodl, Hodl, Hodl,
Hodl, Hodl, Hodl, Hodl, Hodl, Hodl, Hodl, Hodl, Hodl, Hodl, Hodl,
Hodl, Hodl, Hodl, Hodl, Hodl, Hodl, Hodl, Hodl, Hodl, Hodl, Hodl,
Hodl, Hodl, Hodl, Hodl, Hodl, Hodl, Hodl, Hodl, Hodl, Hodl, Hodl,
Hodl, Hodl, Hodl, Hodl, Hodl, Hodl, Hodl, Hodl, Hodl, Hodl, Hodl,
Hodl, Hodl, Hodl, Hodl, Hodl, Hodl, Hodl, Hodl, Hodl, Hodl, Hodl,
Hodl, Hodl, Hodl, Hodl, Hodl, Hodl, Hodl, Hodl, Hodl, Hodl, Hodl,
Hodl, Hodl, Hodl, Hodl, Hodl, Hodl, Hodl, Hodl, Hodl, Hodl, Hodl,
Hodl, Hodl, Hodl, Hodl, Hodl, Hodl, Hodl, Hodl, Hodl, Hodl, Hodl,
Hodl, Hodl, Hodl, Hodl, Hodl, Hodl, Hodl, Hodl, Hodl, Hodl, Hodl,
Hodl, Hodl, Hodl, Hodl, Hodl, Hodl, Hodl, Hodl, Hodl, Hodl, Hodl,
Hodl, Hodl, Hodl, Hodl, Hodl, Hodl, Hodl, Hodl, Hodl, Hodl, Hodl,
Hodl, Hodl, Hodl, Hodl, Hodl, Hodl, Hodl, Hodl, Hodl, Hodl, Hodl,
Hodl, Hodl, Hodl, Hodl, Hodl, Hodl, Hodl, Hodl, Hodl, Hodl, Hodl,
Hodl, Hodl, Hodl, Hodl, Hodl, Hodl, Hodl, Hodl, Hodl, Hodl, Hodl,
Hodl, Hodl, Hodl, Hodl, Hodl, Hodl, Hodl, Hodl, Hodl, Hodl, Hodl,
Hodl, Hodl, Hodl, Hodl, Hodl, Hodl, Hodl, Hodl, Hodl, Hodl, Hodl,
Hodl, Hodl, Hodl, Hodl, Hodl, Hodl, Hodl, Hodl, Hodl, Hodl, Hodl,
Hodl, Hodl, Hodl, Hodl, Hodl, Hodl, Hodl, Hodl, Hodl, Hodl, Hodl,
Hodl, Hodl, Hodl, Hodl, Hodl, Hodl, Hodl, Hodl, Hodl, Hodl, Hodl,
Hodl, Hodl, Hodl, Hodl, Hodl, Hodl, Hodl, Hodl, Hodl, Hodl, Hodl,
Hodl, Hodl, Hodl, Hodl, Hodl, Hodl, Hodl, Hodl, Hodl, Hodl, Hodl,
Hodl, Hodl, Hodl, Hodl, Hodl, Hodl, Hodl, Hodl, Hodl, Hodl, Hodl,
Hodl, Hodl, Hodl, Hodl, Hodl, Hodl, Hodl, Hodl, Hodl, Hodl, Hodl,
Hodl, Hodl, Hodl, Hodl, Hodl, Hodl, Hodl, Hodl, Hodl, Hodl, Hodl,
Hodl, Hodl, Hodl, Hodl, Hodl, Hodl.

Hodl, Hodl, Hodl, Hodl, Hodl, Hodl, Hodl, Hodl, Hodl,
Hodl, Hodl, Hodl, Hodl, Hodl, Hodl, Hodl, Hodl, Hodl, Hodl, Hodl,
Hodl, Hodl, Hodl, Hodl, Hodl, Hodl, Hodl, Hodl, Hodl, Hodl, Hodl,
Hodl, Hodl, Hodl, Hodl, Hodl, Hodl, Hodl, Hodl, Hodl, Hodl, Hodl,
Hodl, Hodl, Hodl, Hodl, Hodl, Hodl, Hodl, Hodl, Hodl, Hodl, Hodl,
Hodl, Hodl, Hodl, Hodl, Hodl, Hodl, Hodl, Hodl, Hodl, Hodl, Hodl,
Hodl, Hodl, Hodl, Hodl, Hodl, Hodl, Hodl, Hodl, Hodl, Hodl, Hodl,
Hodl, Hodl, Hodl, Hodl, Hodl, Hodl, Hodl, Hodl, Hodl, Hodl, Hodl,
Hodl, Hodl, Hodl, Hodl, Hodl, Hodl, Hodl, Hodl, Hodl, Hodl, Hodl,
Hodl, Hodl, Hodl, Hodl, Hodl, Hodl, Hodl, Hodl, Hodl, Hodl, Hodl,
Hodl, Hodl, Hodl, Hodl, Hodl, Hodl, Hodl, Hodl, Hodl, Hodl, Hodl,
Hodl, Hodl, Hodl, Hodl, Hodl, Hodl, Hodl, Hodl, Hodl, Hodl, Hodl,
Hodl, Hodl, Hodl, Hodl, Hodl, Hodl, Hodl, Hodl, Hodl, Hodl, Hodl,
Hodl, Hodl, Hodl, Hodl, Hodl, Hodl, Hodl, Hodl, Hodl, Hodl, Hodl,
Hodl, Hodl, Hodl, Hodl, Hodl, Hodl, Hodl, Hodl, Hodl, Hodl, Hodl,
Hodl, Hodl, Hodl, Hodl, Hodl, Hodl, Hodl, Hodl, Hodl, Hodl, Hodl,
Hodl, Hodl, Hodl, Hodl, Hodl, Hodl, Hodl, Hodl, Hodl, Hodl, Hodl,
Hodl, Hodl, Hodl, Hodl, Hodl, Hodl, Hodl, Hodl, Hodl, Hodl, Hodl,
Hodl, Hodl, Hodl, Hodl, Hodl, Hodl, Hodl, Hodl, Hodl, Hodl, Hodl,
Hodl, Hodl, Hodl, Hodl, Hodl, Hodl, Hodl, Hodl, Hodl, Hodl, Hodl,
Hodl, Hodl, Hodl, Hodl, Hodl, Hodl, Hodl, Hodl, Hodl, Hodl, Hodl,
Hodl, Hodl, Hodl, Hodl, Hodl, Hodl, Hodl, Hodl, Hodl, Hodl, Hodl,
Hodl, Hodl, Hodl, Hodl, Hodl, Hodl, Hodl, Hodl, Hodl, Hodl, Hodl,
Hodl, Hodl, Hodl, Hodl, Hodl, Hodl, Hodl, Hodl, Hodl, Hodl, Hodl,
Hodl, Hodl, Hodl, Hodl, Hodl, Hodl, Hodl, Hodl, Hodl, Hodl, Hodl,
Hodl, Hodl, Hodl, Hodl, Hodl, Hodl, Hodl, Hodl, Hodl, Hodl, Hodl,
Hodl, Hodl, Hodl, Hodl, Hodl, Hodl, Hodl, Hodl, Hodl, Hodl, Hodl,
Hodl, Hodl, Hodl, Hodl, Hodl, Hodl, Hodl, Hodl, Hodl, Hodl, Hodl,
Hodl, Hodl, Hodl, Hodl, Hodl, Hodl, Hodl, Hodl, Hodl, Hodl, Hodl,
Hodl, Hodl, Hodl, Hodl, Hodl, Hodl, Hodl, Hodl, Hodl, Hodl, Hodl,
Hodl, Hodl, Hodl, Hodl, Hodl, Hodl, Hodl, Hodl, Hodl, Hodl, Hodl,
Hodl, Hodl, Hodl, Hodl, Hodl, Hodl, Hodl, Hodl, Hodl, Hodl, Hodl,
Hodl, Hodl, Hodl, Hodl, Hodl, Hodl, Hodl, Hodl, Hodl, Hodl, Hodl,
Hodl, Hodl, Hodl, Hodl, Hodl, Hodl.

Hodl, Hodl, Hodl, Hodl, Hodl, Hodl, Hodl, Hodl, Hodl,
Hodl, Hodl, Hodl, Hodl, Hodl, Hodl, Hodl, Hodl, Hodl, Hodl, Hodl,
Hodl, Hodl, Hodl, Hodl, Hodl, Hodl, Hodl, Hodl, Hodl, Hodl, Hodl,
Hodl, Hodl, Hodl, Hodl, Hodl, Hodl, Hodl, Hodl, Hodl, Hodl, Hodl,
Hodl, Hodl, Hodl, Hodl, Hodl, Hodl, Hodl, Hodl, Hodl, Hodl, Hodl,
Hodl, Hodl, Hodl, Hodl, Hodl, Hodl, Hodl, Hodl, Hodl, Hodl, Hodl,
Hodl, Hodl, Hodl, Hodl, Hodl, Hodl, Hodl, Hodl, Hodl, Hodl, Hodl,
Hodl, Hodl, Hodl, Hodl, Hodl, Hodl, Hodl, Hodl, Hodl, Hodl, Hodl,
Hodl, Hodl, Hodl, Hodl, Hodl, Hodl, Hodl, Hodl, Hodl, Hodl, Hodl,
Hodl, Hodl, Hodl, Hodl, Hodl, Hodl, Hodl, Hodl, Hodl, Hodl, Hodl,
Hodl, Hodl, Hodl, Hodl, Hodl, Hodl, Hodl, Hodl, Hodl, Hodl, Hodl,
Hodl, Hodl, Hodl, Hodl, Hodl, Hodl, Hodl, Hodl, Hodl, Hodl, Hodl,
Hodl, Hodl, Hodl, Hodl, Hodl, Hodl, Hodl, Hodl, Hodl, Hodl, Hodl,
Hodl, Hodl, Hodl, Hodl, Hodl, Hodl, Hodl, Hodl, Hodl, Hodl, Hodl,
Hodl, Hodl, Hodl, Hodl, Hodl, Hodl, Hodl, Hodl, Hodl, Hodl, Hodl,
Hodl, Hodl, Hodl, Hodl, Hodl, Hodl, Hodl, Hodl, Hodl, Hodl, Hodl,
Hodl, Hodl, Hodl, Hodl, Hodl, Hodl, Hodl, Hodl, Hodl, Hodl, Hodl,
Hodl, Hodl, Hodl, Hodl, Hodl, Hodl, Hodl, Hodl, Hodl, Hodl, Hodl,
Hodl, Hodl, Hodl, Hodl, Hodl, Hodl, Hodl, Hodl, Hodl, Hodl, Hodl,
Hodl, Hodl, Hodl, Hodl, Hodl, Hodl, Hodl, Hodl, Hodl, Hodl, Hodl,
Hodl, Hodl, Hodl, Hodl, Hodl, Hodl, Hodl, Hodl, Hodl, Hodl, Hodl,
Hodl, Hodl, Hodl, Hodl, Hodl, Hodl, Hodl, Hodl, Hodl, Hodl, Hodl,
Hodl, Hodl, Hodl, Hodl, Hodl, Hodl, Hodl, Hodl, Hodl, Hodl, Hodl,
Hodl, Hodl, Hodl, Hodl, Hodl, Hodl, Hodl, Hodl, Hodl, Hodl, Hodl,
Hodl, Hodl, Hodl, Hodl, Hodl, Hodl, Hodl, Hodl, Hodl, Hodl, Hodl,
Hodl, Hodl, Hodl, Hodl, Hodl, Hodl, Hodl, Hodl, Hodl, Hodl, Hodl,
Hodl, Hodl, Hodl, Hodl, Hodl, Hodl, Hodl, Hodl, Hodl, Hodl, Hodl,
Hodl, Hodl, Hodl, Hodl, Hodl, Hodl, Hodl, Hodl, Hodl, Hodl, Hodl,
Hodl, Hodl, Hodl, Hodl, Hodl, Hodl, Hodl, Hodl, Hodl, Hodl, Hodl,
Hodl, Hodl, Hodl, Hodl, Hodl, Hodl, Hodl, Hodl, Hodl, Hodl, Hodl,
Hodl, Hodl, Hodl, Hodl, Hodl, Hodl, Hodl, Hodl, Hodl, Hodl, Hodl,
Hodl, Hodl, Hodl, Hodl, Hodl, Hodl, Hodl, Hodl, Hodl, Hodl, Hodl,
Hodl, Hodl, Hodl, Hodl, Hodl, Hodl, Hodl, Hodl, Hodl, Hodl, Hodl,
Hodl, Hodl, Hodl, Hodl, Hodl, Hodl.

Hodl, Hodl, Hodl, Hodl, Hodl, Hodl, Hodl, Hodl, Hodl,
Hodl, Hodl, Hodl, Hodl, Hodl, Hodl, Hodl, Hodl, Hodl, Hodl, Hodl,
Hodl, Hodl, Hodl, Hodl, Hodl, Hodl, Hodl, Hodl, Hodl, Hodl, Hodl,
Hodl, Hodl, Hodl, Hodl, Hodl, Hodl, Hodl, Hodl, Hodl, Hodl, Hodl,
Hodl, Hodl, Hodl, Hodl, Hodl, Hodl, Hodl, Hodl, Hodl, Hodl, Hodl,
Hodl, Hodl, Hodl, Hodl, Hodl, Hodl, Hodl, Hodl, Hodl, Hodl, Hodl,
Hodl, Hodl, Hodl, Hodl, Hodl, Hodl, Hodl, Hodl, Hodl, Hodl, Hodl,
Hodl, Hodl, Hodl, Hodl, Hodl, Hodl, Hodl, Hodl, Hodl, Hodl, Hodl,
Hodl, Hodl, Hodl, Hodl, Hodl, Hodl, Hodl, Hodl, Hodl, Hodl, Hodl,
Hodl, Hodl, Hodl, Hodl, Hodl, Hodl, Hodl, Hodl, Hodl, Hodl, Hodl,
Hodl, Hodl, Hodl, Hodl, Hodl, Hodl, Hodl, Hodl, Hodl, Hodl, Hodl,
Hodl, Hodl, Hodl, Hodl, Hodl, Hodl, Hodl, Hodl, Hodl, Hodl, Hodl,
Hodl, Hodl, Hodl, Hodl, Hodl, Hodl, Hodl, Hodl, Hodl, Hodl, Hodl,
Hodl, Hodl, Hodl, Hodl, Hodl, Hodl, Hodl, Hodl, Hodl, Hodl, Hodl,
Hodl, Hodl, Hodl, Hodl, Hodl, Hodl, Hodl, Hodl, Hodl, Hodl, Hodl,
Hodl, Hodl, Hodl, Hodl, Hodl, Hodl, Hodl, Hodl, Hodl, Hodl, Hodl,
Hodl, Hodl, Hodl, Hodl, Hodl, Hodl, Hodl, Hodl, Hodl, Hodl, Hodl,
Hodl, Hodl, Hodl, Hodl, Hodl, Hodl, Hodl, Hodl, Hodl, Hodl, Hodl,
Hodl, Hodl, Hodl, Hodl, Hodl, Hodl, Hodl, Hodl, Hodl, Hodl, Hodl,
Hodl, Hodl, Hodl, Hodl, Hodl, Hodl, Hodl, Hodl, Hodl, Hodl, Hodl,
Hodl, Hodl, Hodl, Hodl, Hodl, Hodl, Hodl, Hodl, Hodl, Hodl, Hodl,
Hodl, Hodl, Hodl, Hodl, Hodl, Hodl, Hodl, Hodl, Hodl, Hodl, Hodl,
Hodl, Hodl, Hodl, Hodl, Hodl, Hodl, Hodl, Hodl, Hodl, Hodl, Hodl,
Hodl, Hodl, Hodl, Hodl, Hodl, Hodl, Hodl, Hodl, Hodl, Hodl, Hodl,
Hodl, Hodl, Hodl, Hodl, Hodl, Hodl, Hodl, Hodl, Hodl, Hodl, Hodl,
Hodl, Hodl, Hodl, Hodl, Hodl, Hodl, Hodl, Hodl, Hodl, Hodl, Hodl,
Hodl, Hodl, Hodl, Hodl, Hodl, Hodl, Hodl, Hodl, Hodl, Hodl, Hodl,
Hodl, Hodl, Hodl, Hodl, Hodl, Hodl, Hodl, Hodl, Hodl, Hodl, Hodl,
Hodl, Hodl, Hodl, Hodl, Hodl, Hodl, Hodl, Hodl, Hodl, Hodl, Hodl,
Hodl, Hodl, Hodl, Hodl, Hodl, Hodl, Hodl, Hodl, Hodl, Hodl, Hodl,
Hodl, Hodl, Hodl, Hodl, Hodl, Hodl.

Hodl, Hodl, Hodl, Hodl, Hodl, Hodl, Hodl, Hodl, Hodl,
Hodl, Hodl, Hodl, Hodl, Hodl, Hodl, Hodl, Hodl, Hodl, Hodl, Hodl,
Hodl, Hodl, Hodl, Hodl, Hodl, Hodl, Hodl, Hodl, Hodl, Hodl, Hodl,
Hodl, Hodl, Hodl, Hodl, Hodl, Hodl, Hodl, Hodl, Hodl, Hodl, Hodl,
Hodl, Hodl, Hodl, Hodl, Hodl, Hodl, Hodl, Hodl, Hodl, Hodl, Hodl,
Hodl, Hodl, Hodl, Hodl, Hodl, Hodl, Hodl, Hodl, Hodl, Hodl, Hodl,
Hodl, Hodl, Hodl, Hodl, Hodl, Hodl, Hodl, Hodl, Hodl, Hodl, Hodl,
Hodl, Hodl, Hodl, Hodl, Hodl, Hodl, Hodl, Hodl, Hodl, Hodl, Hodl,
Hodl, Hodl, Hodl, Hodl, Hodl, Hodl, Hodl, Hodl, Hodl, Hodl, Hodl,
Hodl, Hodl, Hodl, Hodl, Hodl, Hodl, Hodl, Hodl, Hodl, Hodl, Hodl,
Hodl, Hodl, Hodl, Hodl, Hodl, Hodl, Hodl, Hodl, Hodl, Hodl, Hodl,
Hodl, Hodl, Hodl, Hodl, Hodl, Hodl, Hodl, Hodl, Hodl, Hodl, Hodl,
Hodl, Hodl, Hodl, Hodl, Hodl, Hodl, Hodl, Hodl, Hodl, Hodl, Hodl,
Hodl, Hodl, Hodl, Hodl, Hodl, Hodl, Hodl, Hodl, Hodl, Hodl, Hodl,
Hodl, Hodl, Hodl, Hodl, Hodl, Hodl, Hodl, Hodl, Hodl, Hodl, Hodl,
Hodl, Hodl, Hodl, Hodl, Hodl, Hodl, Hodl, Hodl, Hodl, Hodl, Hodl,
Hodl, Hodl, Hodl, Hodl, Hodl, Hodl, Hodl, Hodl, Hodl, Hodl, Hodl,
Hodl, Hodl, Hodl, Hodl, Hodl, Hodl, Hodl, Hodl, Hodl, Hodl, Hodl,
Hodl, Hodl, Hodl, Hodl, Hodl, Hodl, Hodl, Hodl, Hodl, Hodl, Hodl,
Hodl, Hodl, Hodl, Hodl, Hodl, Hodl, Hodl, Hodl, Hodl, Hodl, Hodl,
Hodl, Hodl, Hodl, Hodl, Hodl, Hodl, Hodl, Hodl, Hodl, Hodl, Hodl,
Hodl, Hodl, Hodl, Hodl, Hodl, Hodl, Hodl, Hodl, Hodl, Hodl, Hodl,
Hodl, Hodl, Hodl, Hodl, Hodl, Hodl, Hodl, Hodl, Hodl, Hodl, Hodl,
Hodl, Hodl, Hodl, Hodl, Hodl, Hodl, Hodl, Hodl, Hodl, Hodl, Hodl,
Hodl, Hodl, Hodl, Hodl, Hodl, Hodl, Hodl, Hodl, Hodl, Hodl, Hodl,
Hodl, Hodl, Hodl, Hodl, Hodl, Hodl, Hodl, Hodl, Hodl, Hodl, Hodl,
Hodl, Hodl, Hodl, Hodl, Hodl, Hodl, Hodl, Hodl, Hodl, Hodl, Hodl,
Hodl, Hodl, Hodl, Hodl, Hodl, Hodl, Hodl, Hodl, Hodl, Hodl, Hodl,
Hodl, Hodl, Hodl, Hodl, Hodl, Hodl, Hodl, Hodl, Hodl, Hodl, Hodl,
Hodl, Hodl, Hodl, Hodl, Hodl, Hodl, Hodl, Hodl, Hodl, Hodl, Hodl,
Hodl, Hodl, Hodl, Hodl, Hodl, Hodl, Hodl, Hodl, Hodl, Hodl, Hodl,
Hodl, Hodl, Hodl, Hodl, Hodl, Hodl, Hodl, Hodl, Hodl, Hodl, Hodl,
Hodl, Hodl, Hodl, Hodl, Hodl, Hodl, Hodl, Hodl, Hodl, Hodl, Hodl,
Hodl, Hodl, Hodl, Hodl, Hodl, Hodl.

Hodl, Hodl, Hodl, Hodl, Hodl, Hodl, Hodl, Hodl, Hodl,
Hodl, Hodl, Hodl, Hodl, Hodl, Hodl, Hodl, Hodl, Hodl, Hodl, Hodl,
Hodl, Hodl, Hodl, Hodl, Hodl, Hodl, Hodl, Hodl, Hodl, Hodl, Hodl,
Hodl, Hodl, Hodl, Hodl, Hodl, Hodl, Hodl, Hodl, Hodl, Hodl, Hodl,
Hodl, Hodl, Hodl, Hodl, Hodl, Hodl, Hodl, Hodl, Hodl, Hodl, Hodl,
Hodl, Hodl, Hodl, Hodl, Hodl, Hodl, Hodl, Hodl, Hodl, Hodl, Hodl,
Hodl, Hodl, Hodl, Hodl, Hodl, Hodl, Hodl, Hodl, Hodl, Hodl, Hodl,
Hodl, Hodl, Hodl, Hodl, Hodl, Hodl, Hodl, Hodl, Hodl, Hodl, Hodl,
Hodl, Hodl, Hodl, Hodl, Hodl, Hodl, Hodl, Hodl, Hodl, Hodl, Hodl,
Hodl, Hodl, Hodl, Hodl, Hodl, Hodl, Hodl, Hodl, Hodl, Hodl, Hodl,
Hodl, Hodl, Hodl, Hodl, Hodl, Hodl, Hodl, Hodl, Hodl, Hodl, Hodl,
Hodl, Hodl, Hodl, Hodl, Hodl, Hodl, Hodl, Hodl, Hodl, Hodl, Hodl,
Hodl, Hodl, Hodl, Hodl, Hodl, Hodl, Hodl, Hodl, Hodl, Hodl, Hodl,
Hodl, Hodl, Hodl, Hodl, Hodl, Hodl, Hodl, Hodl, Hodl, Hodl, Hodl,
Hodl, Hodl, Hodl, Hodl, Hodl, Hodl, Hodl, Hodl, Hodl, Hodl, Hodl,
Hodl, Hodl, Hodl, Hodl, Hodl, Hodl, Hodl, Hodl, Hodl, Hodl, Hodl,
Hodl, Hodl, Hodl, Hodl, Hodl, Hodl, Hodl, Hodl, Hodl, Hodl, Hodl,
Hodl, Hodl, Hodl, Hodl, Hodl, Hodl, Hodl, Hodl, Hodl, Hodl, Hodl,
Hodl, Hodl, Hodl, Hodl, Hodl, Hodl, Hodl, Hodl, Hodl, Hodl, Hodl,
Hodl, Hodl, Hodl, Hodl, Hodl, Hodl, Hodl, Hodl, Hodl, Hodl, Hodl,
Hodl, Hodl, Hodl, Hodl, Hodl, Hodl, Hodl, Hodl, Hodl, Hodl, Hodl,
Hodl, Hodl, Hodl, Hodl, Hodl, Hodl, Hodl, Hodl, Hodl, Hodl, Hodl,
Hodl, Hodl, Hodl, Hodl, Hodl, Hodl, Hodl, Hodl, Hodl, Hodl, Hodl,
Hodl, Hodl, Hodl, Hodl, Hodl, Hodl, Hodl, Hodl, Hodl, Hodl, Hodl,
Hodl, Hodl, Hodl, Hodl, Hodl, Hodl, Hodl, Hodl, Hodl, Hodl, Hodl,
Hodl, Hodl, Hodl, Hodl, Hodl, Hodl, Hodl, Hodl, Hodl, Hodl, Hodl,
Hodl, Hodl, Hodl, Hodl, Hodl, Hodl, Hodl, Hodl, Hodl, Hodl, Hodl,
Hodl, Hodl, Hodl, Hodl, Hodl, Hodl, Hodl, Hodl, Hodl, Hodl, Hodl,
Hodl, Hodl, Hodl, Hodl, Hodl, Hodl, Hodl, Hodl, Hodl, Hodl, Hodl,
Hodl, Hodl, Hodl, Hodl, Hodl, Hodl, Hodl, Hodl, Hodl, Hodl, Hodl,
Hodl, Hodl, Hodl, Hodl, Hodl, Hodl, Hodl, Hodl, Hodl, Hodl, Hodl,
Hodl, Hodl, Hodl, Hodl, Hodl, Hodl.

Hodl, Hodl, Hodl, Hodl, Hodl, Hodl, Hodl, Hodl, Hodl, Hodl, Hodl, Hodl, Hodl, Hodl, Hodl, Hodl, Hodl, Hodl, Hodl, Hodl, Hodl, Hodl, Hodl, Hodl, Hodl, Hodl, Hodl, Hodl, Hodl, Hodl, Hodl, Hodl, Hodl, Hodl, Hodl, Hodl, Hodl, Hodl, Hodl, Hodl, Hodl, Hodl, Hodl, Hodl, Hodl, Hodl, Hodl, Hodl, Hodl, Hodl, Hodl, Hodl, Hodl, Hodl, Hodl, Hodl, Hodl, Hodl, Hodl, Hodl, Hodl, Hodl, Hodl, Hodl, Hodl, Hodl, Hodl, Hodl, Hodl, Hodl, Hodl, Hodl, Hodl, Hodl, Hodl, Hodl, Hodl, Hodl, Hodl, Hodl, Hodl, Hodl, Hodl, Hodl, Hodl, Hodl, Hodl, Hodl, Hodl, Hodl, Hodl, Hodl, Hodl, Hodl, Hodl, Hodl, Hodl, Hodl, Hodl, Hodl, Hodl, Hodl, Hodl, Hodl, Hodl, Hodl, Hodl, Hodl, Hodl, Hodl, Hodl, Hodl, Hodl, Hodl, Hodl, Hodl, Hodl, Hodl, Hodl, Hodl, Hodl, Hodl, Hodl, Hodl, Hodl, Hodl, Hodl, Hodl, Hodl, Hodl, Hodl, Hodl, Hodl, Hodl, Hodl, Hodl, Hodl, Hodl, Hodl, Hodl, Hodl, Hodl, Hodl, Hodl, Hodl, Hodl, Hodl, Hodl, Hodl, Hodl, Hodl, Hodl, Hodl, Hodl, Hodl, Hodl, Hodl, Hodl, Hodl, Hodl, Hodl, Hodl, Hodl, Hodl, Hodl, Hodl, Hodl, Hodl, Hodl, Hodl, Hodl, Hodl, Hodl, Hodl, Hodl, Hodl, Hodl, Hodl, Hodl, Hodl, Hodl, Hodl, Hodl, Hodl, Hodl, Hodl, Hodl, Hodl, Hodl, Hodl, Hodl, Hodl, Hodl, Hodl, Hodl, Hodl, Hodl, Hodl, Hodl, Hodl, Hodl, Hodl, Hodl, Hodl, Hodl, Hodl, Hodl, Hodl, Hodl, Hodl, Hodl, Hodl, Hodl, Hodl, Hodl, Hodl, Hodl, Hodl, Hodl, Hodl, Hodl, Hodl, Hodl, Hodl, Hodl, Hodl, Hodl, Hodl, Hodl, Hodl, Hodl, Hodl, Hodl, Hodl, Hodl, Hodl, Hodl, Hodl, Hodl, Hodl, Hodl, Hodl, Hodl, Hodl, Hodl, Hodl, Hodl, Hodl, Hodl, Hodl, Hodl, Hodl, Hodl, Hodl, Hodl, Hodl, Hodl, Hodl, Hodl, Hodl, Hodl, Hodl, Hodl, Hodl, Hodl, Hodl, Hodl, Hodl, Hodl, Hodl, Hodl, Hodl, Hodl, Hodl, Hodl, Hodl, Hodl, Hodl, Hodl, Hodl, Hodl, Hodl, Hodl, Hodl, Hodl, Hodl, Hodl, Hodl, Hodl, Hodl, Hodl, Hodl, Hodl, Hodl, Hodl, Hodl, Hodl, Hodl, Hodl, Hodl, Hodl, Hodl, Hodl, Hodl, Hodl, Hodl, Hodl, Hodl, Hodl, Hodl, Hodl, Hodl, Hodl, Hodl, Hodl, Hodl, Hodl, Hodl, Hodl, Hodl, Hodl, Hodl, Hodl, Hodl, Hodl, Hodl, Hodl, Hodl, Hodl, Hodl, Hodl, Hodl, Hodl, Hodl, Hodl, Hodl, Hodl, Hodl, Hodl, Hodl, Hodl, Hodl, Hodl, Hodl, Hodl, Hodl, Hodl, Hodl, Hodl, Hodl, Hodl, Hodl, Hodl, Hodl, Hodl, Hodl, Hodl, Hodl, Hodl, Hodl, Hodl, Hodl, Hodl, Hodl, Hodl, Hodl, Hodl, Hodl, Hodl, Hodl, Hodl, Hodl, Hodl, Hodl, Hodl, Hodl, Hodl, Hodl, Hodl, Hodl, Hodl, Hodl, Hodl, Hodl, Hodl, Hodl, Hodl, Hodl, Hodl, Hodl, Hodl, Hodl, Hodl, Hodl, Hodl, Hodl, Hodl, Hodl, Hodl, Hodl, Hodl, Hodl, Hodl, Hodl, Hodl, Hodl, Hodl, Hodl, Hodl, Hodl, Hodl, Hodl, Hodl, Hodl, Hodl, Hodl, Hodl, Hodl, Hodl, Hodl, Hodl, Hodl, Hodl, Hodl, Hodl, Hodl, Hodl.

Hodl, Hodl, Hodl, Hodl, Hodl, Hodl, Hodl, Hodl, Hodl,
Hodl, Hodl, Hodl, Hodl, Hodl, Hodl, Hodl, Hodl, Hodl, Hodl, Hodl,
Hodl, Hodl, Hodl, Hodl, Hodl, Hodl, Hodl, Hodl, Hodl, Hodl, Hodl,
Hodl, Hodl, Hodl, Hodl, Hodl, Hodl, Hodl, Hodl, Hodl, Hodl, Hodl,
Hodl, Hodl, Hodl, Hodl, Hodl, Hodl, Hodl, Hodl, Hodl, Hodl, Hodl,
Hodl, Hodl, Hodl, Hodl, Hodl, Hodl, Hodl, Hodl, Hodl, Hodl, Hodl,
Hodl, Hodl, Hodl, Hodl, Hodl, Hodl, Hodl, Hodl, Hodl, Hodl, Hodl,
Hodl, Hodl, Hodl, Hodl, Hodl, Hodl, Hodl, Hodl, Hodl, Hodl, Hodl,
Hodl, Hodl, Hodl, Hodl, Hodl, Hodl, Hodl, Hodl, Hodl, Hodl, Hodl,
Hodl, Hodl, Hodl, Hodl, Hodl, Hodl, Hodl, Hodl, Hodl, Hodl, Hodl,
Hodl, Hodl, Hodl, Hodl, Hodl, Hodl, Hodl, Hodl, Hodl, Hodl, Hodl,
Hodl, Hodl, Hodl, Hodl, Hodl, Hodl, Hodl, Hodl, Hodl, Hodl, Hodl,
Hodl, Hodl, Hodl, Hodl, Hodl, Hodl, Hodl, Hodl, Hodl, Hodl, Hodl,
Hodl, Hodl, Hodl, Hodl, Hodl, Hodl, Hodl, Hodl, Hodl, Hodl, Hodl,
Hodl, Hodl, Hodl, Hodl, Hodl, Hodl, Hodl, Hodl, Hodl, Hodl, Hodl,
Hodl, Hodl, Hodl, Hodl, Hodl, Hodl, Hodl, Hodl, Hodl, Hodl, Hodl,
Hodl, Hodl, Hodl, Hodl, Hodl, Hodl, Hodl, Hodl, Hodl, Hodl, Hodl,
Hodl, Hodl, Hodl, Hodl, Hodl, Hodl, Hodl, Hodl, Hodl, Hodl, Hodl,
Hodl, Hodl, Hodl, Hodl, Hodl, Hodl, Hodl, Hodl, Hodl, Hodl, Hodl,
Hodl, Hodl, Hodl, Hodl, Hodl, Hodl, Hodl, Hodl, Hodl, Hodl, Hodl,
Hodl, Hodl, Hodl, Hodl, Hodl, Hodl, Hodl, Hodl, Hodl, Hodl, Hodl,
Hodl, Hodl, Hodl, Hodl, Hodl, Hodl, Hodl, Hodl, Hodl, Hodl, Hodl,
Hodl, Hodl, Hodl, Hodl, Hodl, Hodl, Hodl, Hodl, Hodl, Hodl, Hodl,
Hodl, Hodl, Hodl, Hodl, Hodl, Hodl, Hodl, Hodl, Hodl, Hodl, Hodl,
Hodl, Hodl, Hodl, Hodl, Hodl, Hodl, Hodl, Hodl, Hodl, Hodl, Hodl,
Hodl, Hodl, Hodl, Hodl, Hodl, Hodl, Hodl, Hodl, Hodl, Hodl, Hodl,
Hodl, Hodl, Hodl, Hodl, Hodl, Hodl, Hodl, Hodl, Hodl, Hodl, Hodl,
Hodl, Hodl, Hodl, Hodl, Hodl, Hodl, Hodl, Hodl, Hodl, Hodl, Hodl,
Hodl, Hodl, Hodl, Hodl, Hodl, Hodl, Hodl, Hodl, Hodl, Hodl, Hodl,
Hodl, Hodl, Hodl, Hodl, Hodl, Hodl, Hodl, Hodl, Hodl, Hodl, Hodl,
Hodl, Hodl, Hodl, Hodl, Hodl, Hodl, Hodl, Hodl, Hodl, Hodl, Hodl,
Hodl, Hodl, Hodl, Hodl, Hodl, Hodl, Hodl, Hodl, Hodl, Hodl, Hodl,
Hodl, Hodl, Hodl, Hodl, Hodl, Hodl.

Hodl, Hodl, Hodl, Hodl, Hodl, Hodl, Hodl, Hodl, Hodl, Hodl, Hodl, Hodl, Hodl, Hodl, Hodl, Hodl, Hodl, Hodl, Hodl, Hodl, Hodl, Hodl, Hodl, Hodl, Hodl, Hodl, Hodl, Hodl, Hodl, Hodl, Hodl, Hodl, Hodl, Hodl, Hodl, Hodl, Hodl, Hodl, Hodl, Hodl, Hodl, Hodl, Hodl, Hodl, Hodl, Hodl, Hodl, Hodl, Hodl, Hodl, Hodl, Hodl, Hodl, Hodl, Hodl, Hodl, Hodl, Hodl, Hodl, Hodl, Hodl, Hodl, Hodl, Hodl, Hodl, Hodl, Hodl, Hodl, Hodl, Hodl, Hodl, Hodl, Hodl, Hodl, Hodl, Hodl, Hodl, Hodl, Hodl, Hodl, Hodl, Hodl, Hodl, Hodl, Hodl, Hodl, Hodl, Hodl, Hodl, Hodl, Hodl, Hodl, Hodl, Hodl, Hodl, Hodl, Hodl, Hodl, Hodl, Hodl, Hodl, Hodl, Hodl, Hodl, Hodl, Hodl, Hodl, Hodl, Hodl, Hodl, Hodl, Hodl, Hodl, Hodl, Hodl, Hodl, Hodl, Hodl, Hodl, Hodl, Hodl, Hodl, Hodl, Hodl, Hodl, Hodl, Hodl, Hodl, Hodl, Hodl, Hodl, Hodl, Hodl, Hodl, Hodl, Hodl, Hodl, Hodl, Hodl, Hodl, Hodl, Hodl, Hodl, Hodl, Hodl, Hodl, Hodl, Hodl, Hodl, Hodl, Hodl, Hodl, Hodl, Hodl, Hodl, Hodl, Hodl, Hodl, Hodl, Hodl, Hodl, Hodl, Hodl, Hodl, Hodl, Hodl, Hodl, Hodl, Hodl, Hodl, Hodl, Hodl, Hodl, Hodl, Hodl, Hodl, Hodl, Hodl, Hodl, Hodl, Hodl, Hodl, Hodl, Hodl, Hodl, Hodl, Hodl, Hodl, Hodl, Hodl, Hodl, Hodl, Hodl, Hodl, Hodl, Hodl, Hodl, Hodl, Hodl, Hodl, Hodl, Hodl, Hodl, Hodl, Hodl, Hodl, Hodl, Hodl, Hodl, Hodl, Hodl, Hodl, Hodl, Hodl, Hodl, Hodl, Hodl, Hodl, Hodl, Hodl, Hodl, Hodl, Hodl, Hodl, Hodl, Hodl, Hodl, Hodl, Hodl, Hodl, Hodl, Hodl, Hodl, Hodl, Hodl, Hodl, Hodl, Hodl, Hodl, Hodl, Hodl, Hodl, Hodl, Hodl, Hodl, Hodl, Hodl, Hodl, Hodl, Hodl, Hodl, Hodl, Hodl, Hodl, Hodl, Hodl, Hodl, Hodl, Hodl, Hodl, Hodl, Hodl, Hodl, Hodl, Hodl, Hodl, Hodl, Hodl, Hodl, Hodl, Hodl, Hodl, Hodl, Hodl, Hodl, Hodl, Hodl, Hodl, Hodl, Hodl, Hodl, Hodl, Hodl, Hodl, Hodl, Hodl, Hodl, Hodl, Hodl, Hodl, Hodl, Hodl, Hodl, Hodl, Hodl, Hodl, Hodl, Hodl, Hodl, Hodl, Hodl, Hodl, Hodl, Hodl, Hodl, Hodl, Hodl, Hodl, Hodl, Hodl, Hodl, Hodl, Hodl, Hodl, Hodl, Hodl, Hodl, Hodl, Hodl, Hodl, Hodl, Hodl, Hodl, Hodl, Hodl, Hodl, Hodl, Hodl, Hodl, Hodl, Hodl, Hodl, Hodl, Hodl, Hodl, Hodl, Hodl, Hodl, Hodl, Hodl, Hodl, Hodl, Hodl, Hodl, Hodl, Hodl, Hodl, Hodl, Hodl, Hodl, Hodl, Hodl, Hodl, Hodl, Hodl, Hodl, Hodl, Hodl, Hodl, Hodl, Hodl, Hodl, Hodl, Hodl, Hodl, Hodl, Hodl, Hodl, Hodl, Hodl, Hodl, Hodl, Hodl, Hodl, Hodl, Hodl, Hodl, Hodl, Hodl, Hodl, Hodl, Hodl, Hodl, Hodl, Hodl, Hodl, Hodl, Hodl, Hodl, Hodl, Hodl, Hodl, Hodl, Hodl, Hodl, Hodl, Hodl, Hodl, Hodl, Hodl, Hodl, Hodl, Hodl, Hodl, Hodl, Hodl, Hodl, Hodl, Hodl, Hodl, Hodl, Hodl, Hodl, Hodl, Hodl, Hodl, Hodl, Hodl, Hodl, Hodl, Hodl, Hodl, Hodl, Hodl, Hodl, Hodl, Hodl, Hodl, Hodl, Hodl, Hodl, Hodl, Hodl, Hodl, Hodl, Hodl, Hodl, Hodl, Hodl, Hodl, Hodl, Hodl, Hodl, Hodl, Hodl, Hodl, Hodl, Hodl, Hodl, Hodl.

Hodl, Hodl, Hodl, Hodl, Hodl, Hodl, Hodl, Hodl, Hodl,
Hodl, Hodl, Hodl, Hodl, Hodl, Hodl, Hodl, Hodl, Hodl, Hodl, Hodl,
Hodl, Hodl, Hodl, Hodl, Hodl, Hodl, Hodl, Hodl, Hodl, Hodl, Hodl,
Hodl, Hodl, Hodl, Hodl, Hodl, Hodl, Hodl, Hodl, Hodl, Hodl, Hodl,
Hodl, Hodl, Hodl, Hodl, Hodl, Hodl, Hodl, Hodl, Hodl, Hodl, Hodl,
Hodl, Hodl, Hodl, Hodl, Hodl, Hodl, Hodl, Hodl, Hodl, Hodl, Hodl,
Hodl, Hodl, Hodl, Hodl, Hodl, Hodl, Hodl, Hodl, Hodl, Hodl, Hodl,
Hodl, Hodl, Hodl, Hodl, Hodl, Hodl, Hodl, Hodl, Hodl, Hodl, Hodl,
Hodl, Hodl, Hodl, Hodl, Hodl, Hodl, Hodl, Hodl, Hodl, Hodl, Hodl,
Hodl, Hodl, Hodl, Hodl, Hodl, Hodl, Hodl, Hodl, Hodl, Hodl, Hodl,
Hodl, Hodl, Hodl, Hodl, Hodl, Hodl, Hodl, Hodl, Hodl, Hodl, Hodl,
Hodl, Hodl, Hodl, Hodl, Hodl, Hodl, Hodl, Hodl, Hodl, Hodl, Hodl,
Hodl, Hodl, Hodl, Hodl, Hodl, Hodl, Hodl, Hodl, Hodl, Hodl, Hodl,
Hodl, Hodl, Hodl, Hodl, Hodl, Hodl, Hodl, Hodl, Hodl, Hodl, Hodl,
Hodl, Hodl, Hodl, Hodl, Hodl, Hodl, Hodl, Hodl, Hodl, Hodl, Hodl,
Hodl, Hodl, Hodl, Hodl, Hodl, Hodl, Hodl, Hodl, Hodl, Hodl, Hodl,
Hodl, Hodl, Hodl, Hodl, Hodl, Hodl, Hodl, Hodl, Hodl, Hodl, Hodl,
Hodl, Hodl, Hodl, Hodl, Hodl, Hodl, Hodl, Hodl, Hodl, Hodl, Hodl,
Hodl, Hodl, Hodl, Hodl, Hodl, Hodl, Hodl, Hodl, Hodl, Hodl, Hodl,
Hodl, Hodl, Hodl, Hodl, Hodl, Hodl, Hodl, Hodl, Hodl, Hodl, Hodl,
Hodl, Hodl, Hodl, Hodl, Hodl, Hodl, Hodl, Hodl, Hodl, Hodl, Hodl,
Hodl, Hodl, Hodl, Hodl, Hodl, Hodl, Hodl, Hodl, Hodl, Hodl, Hodl,
Hodl, Hodl, Hodl, Hodl, Hodl, Hodl, Hodl, Hodl, Hodl, Hodl, Hodl,
Hodl, Hodl, Hodl, Hodl, Hodl, Hodl, Hodl, Hodl, Hodl, Hodl, Hodl,
Hodl, Hodl, Hodl, Hodl, Hodl, Hodl, Hodl, Hodl, Hodl, Hodl, Hodl,
Hodl, Hodl, Hodl, Hodl, Hodl, Hodl, Hodl, Hodl, Hodl, Hodl, Hodl,
Hodl, Hodl, Hodl, Hodl, Hodl, Hodl, Hodl, Hodl, Hodl, Hodl, Hodl,
Hodl, Hodl, Hodl, Hodl, Hodl, Hodl, Hodl, Hodl, Hodl, Hodl, Hodl,
Hodl, Hodl, Hodl, Hodl, Hodl, Hodl, Hodl, Hodl, Hodl, Hodl, Hodl,
Hodl, Hodl, Hodl, Hodl, Hodl, Hodl, Hodl, Hodl, Hodl, Hodl, Hodl,
Hodl, Hodl, Hodl, Hodl, Hodl, Hodl, Hodl, Hodl, Hodl, Hodl, Hodl,
Hodl, Hodl, Hodl, Hodl, Hodl, Hodl, Hodl, Hodl, Hodl, Hodl, Hodl,
Hodl, Hodl, Hodl, Hodl, Hodl, Hodl, Hodl, Hodl, Hodl, Hodl, Hodl,
Hodl, Hodl, Hodl, Hodl, Hodl, Hodl.

Hodl, Hodl, Hodl, Hodl, Hodl, Hodl, Hodl, Hodl, Hodl,
Hodl, Hodl, Hodl, Hodl, Hodl, Hodl, Hodl, Hodl, Hodl, Hodl, Hodl,
Hodl, Hodl, Hodl, Hodl, Hodl, Hodl, Hodl, Hodl, Hodl, Hodl, Hodl,
Hodl, Hodl, Hodl, Hodl, Hodl, Hodl, Hodl, Hodl, Hodl, Hodl, Hodl,
Hodl, Hodl, Hodl, Hodl, Hodl, Hodl, Hodl, Hodl, Hodl, Hodl, Hodl,
Hodl, Hodl, Hodl, Hodl, Hodl, Hodl, Hodl, Hodl, Hodl, Hodl, Hodl,
Hodl, Hodl, Hodl, Hodl, Hodl, Hodl, Hodl, Hodl, Hodl, Hodl, Hodl,
Hodl, Hodl, Hodl, Hodl, Hodl, Hodl, Hodl, Hodl, Hodl, Hodl, Hodl,
Hodl, Hodl, Hodl, Hodl, Hodl, Hodl, Hodl, Hodl, Hodl, Hodl, Hodl,
Hodl, Hodl, Hodl, Hodl, Hodl, Hodl, Hodl, Hodl, Hodl, Hodl, Hodl,
Hodl, Hodl, Hodl, Hodl, Hodl, Hodl, Hodl, Hodl, Hodl, Hodl, Hodl,
Hodl, Hodl, Hodl, Hodl, Hodl, Hodl, Hodl, Hodl, Hodl, Hodl, Hodl,
Hodl, Hodl, Hodl, Hodl, Hodl, Hodl, Hodl, Hodl, Hodl, Hodl, Hodl,
Hodl, Hodl, Hodl, Hodl, Hodl, Hodl, Hodl, Hodl, Hodl, Hodl, Hodl,
Hodl, Hodl, Hodl, Hodl, Hodl, Hodl, Hodl, Hodl, Hodl, Hodl, Hodl,
Hodl, Hodl, Hodl, Hodl, Hodl, Hodl, Hodl, Hodl, Hodl, Hodl, Hodl,
Hodl, Hodl, Hodl, Hodl, Hodl, Hodl, Hodl, Hodl, Hodl, Hodl, Hodl,
Hodl, Hodl, Hodl, Hodl, Hodl, Hodl, Hodl, Hodl, Hodl, Hodl, Hodl,
Hodl, Hodl, Hodl, Hodl, Hodl, Hodl, Hodl, Hodl, Hodl, Hodl, Hodl,
Hodl, Hodl, Hodl, Hodl, Hodl, Hodl, Hodl, Hodl, Hodl, Hodl, Hodl,
Hodl, Hodl, Hodl, Hodl, Hodl, Hodl, Hodl, Hodl, Hodl, Hodl, Hodl,
Hodl, Hodl, Hodl, Hodl, Hodl, Hodl, Hodl, Hodl, Hodl, Hodl, Hodl,
Hodl, Hodl, Hodl, Hodl, Hodl, Hodl, Hodl, Hodl, Hodl, Hodl, Hodl,
Hodl, Hodl, Hodl, Hodl, Hodl, Hodl, Hodl, Hodl, Hodl, Hodl, Hodl,
Hodl, Hodl, Hodl, Hodl, Hodl, Hodl, Hodl, Hodl, Hodl, Hodl, Hodl,
Hodl, Hodl, Hodl, Hodl, Hodl, Hodl, Hodl, Hodl, Hodl, Hodl, Hodl,
Hodl, Hodl, Hodl, Hodl, Hodl, Hodl, Hodl, Hodl, Hodl, Hodl, Hodl,
Hodl, Hodl, Hodl, Hodl, Hodl, Hodl, Hodl, Hodl, Hodl, Hodl, Hodl,
Hodl, Hodl, Hodl, Hodl, Hodl, Hodl, Hodl, Hodl, Hodl, Hodl, Hodl,
Hodl, Hodl, Hodl, Hodl, Hodl, Hodl, Hodl, Hodl, Hodl, Hodl, Hodl,
Hodl, Hodl, Hodl, Hodl, Hodl, Hodl, Hodl, Hodl, Hodl, Hodl, Hodl,
Hodl, Hodl, Hodl, Hodl, Hodl, Hodl, Hodl, Hodl, Hodl, Hodl, Hodl,
Hodl, Hodl, Hodl, Hodl, Hodl, Hodl, Hodl, Hodl, Hodl, Hodl, Hodl,
Hodl, Hodl, Hodl, Hodl, Hodl, Hodl, Hodl, Hodl, Hodl, Hodl, Hodl,
Hodl, Hodl, Hodl, Hodl, Hodl, Hodl.

Hodl, Hodl, Hodl, Hodl, Hodl, Hodl, Hodl, Hodl, Hodl,
Hodl, Hodl, Hodl, Hodl, Hodl, Hodl, Hodl, Hodl, Hodl, Hodl, Hodl,
Hodl, Hodl, Hodl, Hodl, Hodl, Hodl, Hodl, Hodl, Hodl, Hodl, Hodl,
Hodl, Hodl, Hodl, Hodl, Hodl, Hodl, Hodl, Hodl, Hodl, Hodl, Hodl,
Hodl, Hodl, Hodl, Hodl, Hodl, Hodl, Hodl, Hodl, Hodl, Hodl, Hodl,
Hodl, Hodl, Hodl, Hodl, Hodl, Hodl, Hodl, Hodl, Hodl, Hodl, Hodl,
Hodl, Hodl, Hodl, Hodl, Hodl, Hodl, Hodl, Hodl, Hodl, Hodl, Hodl,
Hodl, Hodl, Hodl, Hodl, Hodl, Hodl, Hodl, Hodl, Hodl, Hodl, Hodl,
Hodl, Hodl, Hodl, Hodl, Hodl, Hodl, Hodl, Hodl, Hodl, Hodl, Hodl,
Hodl, Hodl, Hodl, Hodl, Hodl, Hodl, Hodl, Hodl, Hodl, Hodl, Hodl,
Hodl, Hodl, Hodl, Hodl, Hodl, Hodl, Hodl, Hodl, Hodl, Hodl, Hodl,
Hodl, Hodl, Hodl, Hodl, Hodl, Hodl, Hodl, Hodl, Hodl, Hodl, Hodl,
Hodl, Hodl, Hodl, Hodl, Hodl, Hodl, Hodl, Hodl, Hodl, Hodl, Hodl,
Hodl, Hodl, Hodl, Hodl, Hodl, Hodl, Hodl, Hodl, Hodl, Hodl, Hodl,
Hodl, Hodl, Hodl, Hodl, Hodl, Hodl, Hodl, Hodl, Hodl, Hodl, Hodl,
Hodl, Hodl, Hodl, Hodl, Hodl, Hodl, Hodl, Hodl, Hodl, Hodl, Hodl,
Hodl, Hodl, Hodl, Hodl, Hodl, Hodl, Hodl, Hodl, Hodl, Hodl, Hodl,
Hodl, Hodl, Hodl, Hodl, Hodl, Hodl, Hodl, Hodl, Hodl, Hodl, Hodl,
Hodl, Hodl, Hodl, Hodl, Hodl, Hodl, Hodl, Hodl, Hodl, Hodl, Hodl,
Hodl, Hodl, Hodl, Hodl, Hodl, Hodl, Hodl, Hodl, Hodl, Hodl, Hodl,
Hodl, Hodl, Hodl, Hodl, Hodl, Hodl, Hodl, Hodl, Hodl, Hodl, Hodl,
Hodl, Hodl, Hodl, Hodl, Hodl, Hodl, Hodl, Hodl, Hodl, Hodl, Hodl,
Hodl, Hodl, Hodl, Hodl, Hodl, Hodl, Hodl, Hodl, Hodl, Hodl, Hodl,
Hodl, Hodl, Hodl, Hodl, Hodl, Hodl, Hodl, Hodl, Hodl, Hodl, Hodl,
Hodl, Hodl, Hodl, Hodl, Hodl, Hodl, Hodl, Hodl, Hodl, Hodl, Hodl,
Hodl, Hodl, Hodl, Hodl, Hodl, Hodl, Hodl, Hodl, Hodl, Hodl, Hodl,
Hodl, Hodl, Hodl, Hodl, Hodl, Hodl, Hodl, Hodl, Hodl, Hodl, Hodl,
Hodl, Hodl, Hodl, Hodl, Hodl, Hodl, Hodl, Hodl, Hodl, Hodl, Hodl,
Hodl, Hodl, Hodl, Hodl, Hodl, Hodl, Hodl, Hodl, Hodl, Hodl, Hodl,
Hodl, Hodl, Hodl, Hodl, Hodl, Hodl, Hodl, Hodl, Hodl, Hodl, Hodl,
Hodl, Hodl, Hodl, Hodl, Hodl, Hodl, Hodl, Hodl, Hodl, Hodl, Hodl,
Hodl, Hodl, Hodl, Hodl, Hodl, Hodl, Hodl, Hodl, Hodl, Hodl, Hodl,
Hodl, Hodl, Hodl, Hodl, Hodl, Hodl, Hodl, Hodl, Hodl, Hodl, Hodl,
Hodl, Hodl, Hodl, Hodl, Hodl, Hodl.

Hodl, Hodl, Hodl, Hodl, Hodl, Hodl, Hodl, Hodl, Hodl,
Hodl, Hodl, Hodl, Hodl, Hodl, Hodl, Hodl, Hodl, Hodl, Hodl, Hodl,
Hodl, Hodl, Hodl, Hodl, Hodl, Hodl, Hodl, Hodl, Hodl, Hodl, Hodl,
Hodl, Hodl, Hodl, Hodl, Hodl, Hodl, Hodl, Hodl, Hodl, Hodl, Hodl,
Hodl, Hodl, Hodl, Hodl, Hodl, Hodl, Hodl, Hodl, Hodl, Hodl, Hodl,
Hodl, Hodl, Hodl, Hodl, Hodl, Hodl, Hodl, Hodl, Hodl, Hodl, Hodl,
Hodl, Hodl, Hodl, Hodl, Hodl, Hodl, Hodl, Hodl, Hodl, Hodl, Hodl,
Hodl, Hodl, Hodl, Hodl, Hodl, Hodl, Hodl, Hodl, Hodl, Hodl, Hodl,
Hodl, Hodl, Hodl, Hodl, Hodl, Hodl, Hodl, Hodl, Hodl, Hodl, Hodl,
Hodl, Hodl, Hodl, Hodl, Hodl, Hodl, Hodl, Hodl, Hodl, Hodl, Hodl,
Hodl, Hodl, Hodl, Hodl, Hodl, Hodl, Hodl, Hodl, Hodl, Hodl, Hodl,
Hodl, Hodl, Hodl, Hodl, Hodl, Hodl, Hodl, Hodl, Hodl, Hodl, Hodl,
Hodl, Hodl, Hodl, Hodl, Hodl, Hodl, Hodl, Hodl, Hodl, Hodl, Hodl,
Hodl, Hodl, Hodl, Hodl, Hodl, Hodl, Hodl, Hodl, Hodl, IIodl, Hodl,
Hodl, Hodl, Hodl, Hodl, Hodl, Hodl, Hodl, Hodl, Hodl, Hodl, Hodl,
Hodl, Hodl, Hodl, Hodl, Hodl, Hodl, Hodl, Hodl, Hodl, Hodl, Hodl,
Hodl, Hodl, Hodl, Hodl, Hodl, Hodl, Hodl, Hodl, Hodl, Hodl, Hodl,
Hodl, Hodl, Hodl, Hodl, Hodl, Hodl, Hodl, Hodl, Hodl, Hodl, Hodl,
Hodl, Hodl, Hodl, Hodl, Hodl, Hodl, Hodl, Hodl, Hodl, Hodl, Hodl,
Hodl, Hodl, Hodl, Hodl, Hodl, Hodl, Hodl, Hodl, Hodl, Hodl, Hodl,
Hodl, Hodl, Hodl, Hodl, Hodl, Hodl, Hodl, Hodl, Hodl, Hodl, Hodl,
Hodl, Hodl, Hodl, Hodl, Hodl, Hodl, Hodl, Hodl, Hodl, Hodl, Hodl,
Hodl, Hodl, Hodl, Hodl, Hodl, Hodl, Hodl, Hodl, Hodl, Hodl, Hodl,
Hodl, Hodl, Hodl, Hodl, Hodl, Hodl, Hodl, Hodl, Hodl, Hodl, Hodl,
Hodl, Hodl, Hodl, Hodl, Hodl, Hodl, Hodl, Hodl, Hodl, Hodl, Hodl,
Hodl, Hodl, Hodl, Hodl, Hodl, Hodl, Hodl, Hodl, Hodl, Hodl, Hodl,
Hodl, Hodl, Hodl, Hodl, Hodl, Hodl, Hodl, Hodl, Hodl, Hodl, Hodl,
Hodl, Hodl, Hodl, Hodl, Hodl, Hodl, Hodl, Hodl, Hodl, Hodl, Hodl,
Hodl, Hodl, Hodl, Hodl, Hodl, Hodl, Hodl, Hodl, Hodl, Hodl, Hodl,
Hodl, Hodl, Hodl, Hodl, Hodl, Hodl, Hodl, Hodl, Hodl, Hodl, Hodl,
Hodl, Hodl, Hodl, Hodl, Hodl, Hodl, Hodl, Hodl, Hodl, Hodl, Hodl,
Hodl, Hodl, Hodl, Hodl, Hodl, Hodl, Hodl, Hodl, Hodl, Hodl, Hodl,
Hodl, Hodl, Hodl, Hodl, Hodl, Hodl.

Hodl, Hodl, Hodl, Hodl, Hodl, Hodl, Hodl, Hodl, Hodl,
Hodl, Hodl, Hodl, Hodl, Hodl, Hodl, Hodl, Hodl, Hodl, Hodl, Hodl,
Hodl, Hodl, Hodl, Hodl, Hodl, Hodl, Hodl, Hodl, Hodl, Hodl, Hodl,
Hodl, Hodl, Hodl, Hodl, Hodl, Hodl, Hodl, Hodl, Hodl, Hodl, Hodl,
Hodl, Hodl, Hodl, Hodl, Hodl, Hodl, Hodl, Hodl, Hodl, Hodl, Hodl,
Hodl, Hodl, Hodl, Hodl, Hodl, Hodl, Hodl, Hodl, Hodl, Hodl, Hodl,
Hodl, Hodl, Hodl, Hodl, Hodl, Hodl, Hodl, Hodl, Hodl, Hodl, Hodl,
Hodl, Hodl, Hodl, Hodl, Hodl, Hodl, Hodl, Hodl, Hodl, Hodl, Hodl,
Hodl, Hodl, Hodl, Hodl, Hodl, Hodl, Hodl, Hodl, Hodl, Hodl, Hodl,
Hodl, Hodl, Hodl, Hodl, Hodl, Hodl, Hodl, Hodl, Hodl, Hodl, Hodl,
Hodl, Hodl, Hodl, Hodl, Hodl, Hodl, Hodl, Hodl, Hodl, Hodl, Hodl,
Hodl, Hodl, Hodl, Hodl, Hodl, Hodl, Hodl, Hodl, Hodl, Hodl, Hodl,
Hodl, Hodl, Hodl, Hodl, Hodl, Hodl, Hodl, Hodl, Hodl, Hodl, Hodl,
Hodl, Hodl, Hodl, Hodl, Hodl, Hodl, Hodl, Hodl, Hodl, Hodl, Hodl,
Hodl, Hodl, Hodl, Hodl, Hodl, Hodl, Hodl, Hodl, Hodl, Hodl, Hodl,
Hodl, Hodl, Hodl, Hodl, Hodl, Hodl, Hodl, Hodl, Hodl, Hodl, Hodl,
Hodl, Hodl, Hodl, Hodl, Hodl, Hodl, Hodl, Hodl, Hodl, Hodl, Hodl,
Hodl, Hodl, Hodl, Hodl, Hodl, Hodl, Hodl, Hodl, Hodl, Hodl, Hodl,
Hodl, Hodl, Hodl, Hodl, Hodl, Hodl, Hodl, Hodl, Hodl, Hodl, Hodl,
Hodl, Hodl, Hodl, Hodl, Hodl, Hodl, Hodl, Hodl, Hodl, Hodl, Hodl,
Hodl, Hodl, Hodl, Hodl, Hodl, Hodl, Hodl, Hodl, Hodl, Hodl, Hodl,
Hodl, Hodl, Hodl, Hodl, Hodl, Hodl, Hodl, Hodl, Hodl, Hodl, Hodl,
Hodl, Hodl, Hodl, Hodl, Hodl, Hodl, Hodl, Hodl, Hodl, Hodl, Hodl,
Hodl, Hodl, Hodl, Hodl, Hodl, Hodl, Hodl, Hodl, Hodl, Hodl, Hodl,
Hodl, Hodl, Hodl, Hodl, Hodl, Hodl, Hodl, Hodl, Hodl, Hodl, Hodl,
Hodl, Hodl, Hodl, Hodl, Hodl, Hodl, Hodl, Hodl, Hodl, Hodl, Hodl,
Hodl, Hodl, Hodl, Hodl, Hodl, Hodl, Hodl, Hodl, Hodl, Hodl, Hodl,
Hodl, Hodl, Hodl, Hodl, Hodl, Hodl, Hodl, Hodl, Hodl, Hodl, Hodl,
Hodl, Hodl, Hodl, Hodl, Hodl, Hodl, Hodl, Hodl, Hodl, Hodl, Hodl,
Hodl, Hodl, Hodl, Hodl, Hodl, Hodl, Hodl, Hodl, Hodl, Hodl, Hodl,
Hodl, Hodl, Hodl, Hodl, Hodl, Hodl, Hodl, Hodl, Hodl, Hodl, Hodl,
Hodl, Hodl, Hodl, Hodl, Hodl, Hodl, Hodl, Hodl, Hodl, Hodl, Hodl,
Hodl, Hodl, Hodl, Hodl, Hodl, Hodl, Hodl, Hodl, Hodl, Hodl, Hodl,
Hodl, Hodl, Hodl, Hodl, Hodl, Hodl.

Hodl, Hodl, Hodl, Hodl, Hodl, Hodl, Hodl, Hodl, Hodl,
Hodl, Hodl, Hodl, Hodl, Hodl, Hodl, Hodl, Hodl, Hodl, Hodl, Hodl,
Hodl, Hodl, Hodl, Hodl, Hodl, Hodl, Hodl, Hodl, Hodl, Hodl, Hodl,
Hodl, Hodl, Hodl, Hodl, Hodl, Hodl, Hodl, Hodl, Hodl, Hodl, Hodl,
Hodl, Hodl, Hodl, Hodl, Hodl, Hodl, Hodl, Hodl, Hodl, Hodl, Hodl,
Hodl, Hodl, Hodl, Hodl, Hodl, Hodl, Hodl, Hodl, Hodl, Hodl, Hodl,
Hodl, Hodl, Hodl, Hodl, Hodl, Hodl, Hodl, Hodl, Hodl, Hodl, Hodl,
Hodl, Hodl, Hodl, Hodl, Hodl, Hodl, Hodl, Hodl, Hodl, Hodl, Hodl,
Hodl, Hodl, Hodl, Hodl, Hodl, Hodl, Hodl, Hodl, Hodl, Hodl, Hodl,
Hodl, Hodl, Hodl, Hodl, Hodl, Hodl, Hodl, Hodl, Hodl, Hodl, Hodl,
Hodl, Hodl, Hodl, Hodl, Hodl, Hodl, Hodl, Hodl, Hodl, Hodl, Hodl,
Hodl, Hodl, Hodl, Hodl, Hodl, Hodl, Hodl, Hodl, Hodl, Hodl, Hodl,
Hodl, Hodl, Hodl, Hodl, Hodl, Hodl, Hodl, Hodl, Hodl, Hodl, Hodl,
Hodl, Hodl, Hodl, Hodl, Hodl, Hodl, Hodl, Hodl, Hodl, Hodl, Hodl,
Hodl, Hodl, Hodl, Hodl, Hodl, Hodl, Hodl, Hodl, Hodl, Hodl, Hodl,
Hodl, Hodl, Hodl, Hodl, Hodl, Hodl, Hodl, Hodl, Hodl, Hodl, Hodl,
Hodl, Hodl, Hodl, Hodl, Hodl, Hodl, Hodl, Hodl, Hodl, Hodl, Hodl,
Hodl, Hodl, Hodl, Hodl, Hodl, Hodl, Hodl, Hodl, Hodl, Hodl, Hodl,
Hodl, Hodl, Hodl, Hodl, Hodl, Hodl, Hodl, Hodl, Hodl, Hodl, Hodl,
Hodl, Hodl, Hodl, Hodl, Hodl, Hodl, Hodl, Hodl, Hodl, Hodl, Hodl,
Hodl, Hodl, Hodl, Hodl, Hodl, Hodl, Hodl, Hodl, Hodl, Hodl, Hodl,
Hodl, Hodl, Hodl, Hodl, Hodl, Hodl, Hodl, Hodl, Hodl, Hodl, Hodl,
Hodl, Hodl, Hodl, Hodl, Hodl, Hodl, Hodl, Hodl, Hodl, Hodl, Hodl,
Hodl, Hodl, Hodl, Hodl, Hodl, Hodl, Hodl, Hodl, Hodl, Hodl, Hodl,
Hodl, Hodl, Hodl, Hodl, Hodl, Hodl, Hodl, Hodl, Hodl, Hodl, Hodl,
Hodl, Hodl, Hodl, Hodl, Hodl, Hodl, Hodl, Hodl, Hodl, Hodl, Hodl,
Hodl, Hodl, Hodl, Hodl, Hodl, Hodl, Hodl, Hodl, Hodl, Hodl, Hodl,
Hodl, Hodl, Hodl, Hodl, Hodl, Hodl, Hodl, Hodl, Hodl, Hodl, Hodl,
Hodl, Hodl, Hodl, Hodl, Hodl, Hodl, Hodl, Hodl, Hodl, Hodl, Hodl,
Hodl, Hodl, Hodl, Hodl, Hodl, Hodl, Hodl, Hodl, Hodl, Hodl, Hodl,
Hodl, Hodl, Hodl, Hodl, Hodl, Hodl, Hodl, Hodl, Hodl, Hodl, Hodl,
Hodl, Hodl, Hodl, Hodl, Hodl, Hodl, Hodl, Hodl, Hodl, Hodl, Hodl,
Hodl, Hodl, Hodl, Hodl, Hodl, Hodl.

Hodl, Hodl, Hodl, Hodl, Hodl, Hodl, Hodl, Hodl, Hodl,
Hodl, Hodl, Hodl, Hodl, Hodl, Hodl, Hodl, Hodl, Hodl, Hodl, Hodl,
Hodl, Hodl, Hodl, Hodl, Hodl, Hodl, Hodl, Hodl, Hodl, Hodl, Hodl,
Hodl, Hodl, Hodl, Hodl, Hodl, Hodl, Hodl, Hodl, Hodl, Hodl, Hodl,
Hodl, Hodl, Hodl, Hodl, Hodl, Hodl, Hodl, Hodl, Hodl, Hodl, Hodl,
Hodl, Hodl, Hodl, Hodl, Hodl, Hodl, Hodl, Hodl, Hodl, Hodl, Hodl,
Hodl, Hodl, Hodl, Hodl, Hodl, Hodl, Hodl, Hodl, Hodl, Hodl, Hodl,
Hodl, Hodl, Hodl, Hodl, Hodl, Hodl, Hodl, Hodl, Hodl, Hodl, Hodl,
Hodl, Hodl, Hodl, Hodl, Hodl, Hodl, Hodl, Hodl, Hodl, Hodl, Hodl,
Hodl, Hodl, Hodl, Hodl, Hodl, Hodl, Hodl, Hodl, Hodl, Hodl, Hodl,
Hodl, Hodl, Hodl, Hodl, Hodl, Hodl, Hodl, Hodl, Hodl, Hodl, Hodl,
Hodl, Hodl, Hodl, Hodl, Hodl, Hodl, Hodl, Hodl, Hodl, Hodl, Hodl,
Hodl, Hodl, Hodl, Hodl, Hodl, Hodl, Hodl, Hodl, Hodl, Hodl, Hodl,
Hodl, Hodl, Hodl, Hodl, Hodl, Hodl, Hodl, Hodl, Hodl, Hodl, Hodl,
Hodl, Hodl, Hodl, Hodl, Hodl, Hodl, Hodl, Hodl, Hodl, Hodl, Hodl,
Hodl, Hodl, Hodl, Hodl, Hodl, Hodl, Hodl, Hodl, Hodl, Hodl, Hodl,
Hodl, Hodl, Hodl, Hodl, Hodl, Hodl, Hodl, Hodl, Hodl, Hodl, Hodl,
Hodl, Hodl, Hodl, Hodl, Hodl, Hodl, Hodl, Hodl, Hodl, Hodl, Hodl,
Hodl, Hodl, Hodl, Hodl, Hodl, Hodl, Hodl, Hodl, Hodl, Hodl, Hodl,
Hodl, Hodl, Hodl, Hodl, Hodl, Hodl, Hodl, Hodl, Hodl, Hodl, Hodl,
Hodl, Hodl, Hodl, Hodl, Hodl, Hodl, Hodl, Hodl, Hodl, Hodl, Hodl,
Hodl, Hodl, Hodl, Hodl, Hodl, Hodl, Hodl, Hodl, Hodl, Hodl, Hodl,
Hodl, Hodl, Hodl, Hodl, Hodl, Hodl, Hodl, Hodl, Hodl, Hodl, Hodl,
Hodl, Hodl, Hodl, Hodl, Hodl, Hodl, Hodl, Hodl, Hodl, Hodl, Hodl,
Hodl, Hodl, Hodl, Hodl, Hodl, Hodl, Hodl, Hodl, Hodl, Hodl, Hodl,
Hodl, Hodl, Hodl, Hodl, Hodl, Hodl, Hodl, Hodl, Hodl, Hodl, Hodl,
Hodl, Hodl, Hodl, Hodl, Hodl, Hodl, Hodl, Hodl, Hodl, Hodl, Hodl,
Hodl, Hodl, Hodl, Hodl, Hodl, Hodl, Hodl, Hodl, Hodl, Hodl, Hodl,
Hodl, Hodl, Hodl, Hodl, Hodl, Hodl, Hodl, Hodl, Hodl, Hodl, Hodl,
Hodl, Hodl, Hodl, Hodl, Hodl, Hodl, Hodl, Hodl, Hodl, Hodl, Hodl,
Hodl, Hodl, Hodl, Hodl, Hodl, Hodl, Hodl, Hodl, Hodl, Hodl, Hodl,
Hodl, Hodl, Hodl, Hodl, Hodl, Hodl, Hodl, Hodl, Hodl, Hodl, Hodl,
Hodl, Hodl, Hodl, Hodl, Hodl, Hodl.

Hodl, Hodl, Hodl, Hodl, Hodl, Hodl, Hodl, Hodl, Hodl,
Hodl, Hodl, Hodl, Hodl, Hodl, Hodl, Hodl, Hodl, Hodl, Hodl, Hodl,
Hodl, Hodl, Hodl, Hodl, Hodl, Hodl, Hodl, Hodl, Hodl, Hodl, Hodl,
Hodl, Hodl, Hodl, Hodl, Hodl, Hodl, Hodl, Hodl, Hodl, Hodl, Hodl,
Hodl, Hodl, Hodl, Hodl, Hodl, Hodl, Hodl, Hodl, Hodl, Hodl, Hodl,
Hodl, Hodl, Hodl, Hodl, Hodl, Hodl, Hodl, Hodl, Hodl, Hodl, Hodl,
Hodl, Hodl, Hodl, Hodl, Hodl, Hodl, Hodl, Hodl, Hodl, Hodl, Hodl,
Hodl, Hodl, Hodl, Hodl, Hodl, Hodl, Hodl, Hodl, Hodl, Hodl, Hodl,
Hodl, Hodl, Hodl, Hodl, Hodl, Hodl, Hodl, Hodl, Hodl, Hodl, Hodl,
Hodl, Hodl, Hodl, Hodl, Hodl, Hodl, Hodl, Hodl, Hodl, Hodl, Hodl,
Hodl, Hodl, Hodl, Hodl, Hodl, Hodl, Hodl, Hodl, Hodl, Hodl, Hodl,
Hodl, Hodl, Hodl, Hodl, Hodl, Hodl, Hodl, Hodl, Hodl, Hodl, Hodl,
Hodl, Hodl, Hodl, Hodl, Hodl, Hodl, Hodl, Hodl, Hodl, Hodl, Hodl,
Hodl, Hodl, Hodl, Hodl, Hodl, Hodl, Hodl, Hodl, Hodl, Hodl, Hodl,
Hodl, Hodl, Hodl, Hodl, Hodl, Hodl, Hodl, Hodl, Hodl, Hodl, Hodl,
Hodl, Hodl, Hodl, Hodl, Hodl, Hodl, Hodl, Hodl, Hodl, Hodl, Hodl,
Hodl, Hodl, Hodl, Hodl, Hodl, Hodl, Hodl, Hodl, Hodl, Hodl, Hodl,
Hodl, Hodl, Hodl, Hodl, Hodl, Hodl, Hodl, Hodl, Hodl, Hodl, Hodl,
Hodl, Hodl, Hodl, Hodl, Hodl, Hodl, Hodl, Hodl, Hodl, Hodl, Hodl,
Hodl, Hodl, Hodl, Hodl, Hodl, Hodl, Hodl, Hodl, Hodl, Hodl, Hodl,
Hodl, Hodl, Hodl, Hodl, Hodl, Hodl, Hodl, Hodl, Hodl, Hodl, Hodl,
Hodl, Hodl, Hodl, Hodl, Hodl, Hodl, Hodl, Hodl, Hodl, Hodl, Hodl,
Hodl, Hodl, Hodl, Hodl, Hodl, Hodl, Hodl, Hodl, Hodl, Hodl, Hodl,
Hodl, Hodl, Hodl, Hodl, Hodl, Hodl, Hodl, Hodl, Hodl, Hodl, Hodl,
Hodl, Hodl, Hodl, Hodl, Hodl, Hodl, Hodl, Hodl, Hodl, Hodl, Hodl,
Hodl, Hodl, Hodl, Hodl, Hodl, Hodl, Hodl, Hodl, Hodl, Hodl, Hodl,
Hodl, Hodl, Hodl, Hodl, Hodl, Hodl, Hodl, Hodl, Hodl, Hodl, Hodl,
Hodl, Hodl, Hodl, Hodl, Hodl, Hodl, Hodl, Hodl, Hodl, Hodl, Hodl,
Hodl, Hodl, Hodl, Hodl, Hodl, Hodl, Hodl, Hodl, Hodl, Hodl, Hodl,
Hodl, Hodl, Hodl, Hodl, Hodl, Hodl, Hodl, Hodl, Hodl, Hodl, Hodl,
Hodl, Hodl, Hodl, Hodl, Hodl, Hodl, Hodl, Hodl, Hodl, Hodl, Hodl,
Hodl, Hodl, Hodl, Hodl, Hodl, Hodl, Hodl, Hodl, Hodl, Hodl, Hodl,
Hodl, Hodl, Hodl, Hodl, Hodl, Hodl, Hodl, Hodl, Hodl, Hodl, Hodl,
Hodl, Hodl, Hodl, Hodl, Hodl, Hodl, Hodl, Hodl, Hodl, Hodl, Hodl,
Hodl, Hodl, Hodl, Hodl, Hodl, Hodl.

Hodl, Hodl, Hodl, Hodl, Hodl, Hodl, Hodl, Hodl, Hodl,
Hodl, Hodl, Hodl, Hodl, Hodl, Hodl, Hodl, Hodl, Hodl, Hodl, Hodl,
Hodl, Hodl, Hodl, Hodl, Hodl, Hodl, Hodl, Hodl, Hodl, Hodl, Hodl,
Hodl, Hodl, Hodl, Hodl, Hodl, Hodl, Hodl, Hodl, Hodl, Hodl, Hodl,
Hodl, Hodl, Hodl, Hodl, Hodl, Hodl, Hodl, Hodl, Hodl, Hodl, Hodl,
Hodl, Hodl, Hodl, Hodl, Hodl, Hodl, Hodl, Hodl, Hodl, Hodl, Hodl,
Hodl, Hodl, Hodl, Hodl, Hodl, Hodl, Hodl, Hodl, Hodl, Hodl, Hodl,
Hodl, Hodl, Hodl, Hodl, Hodl, Hodl, Hodl, Hodl, Hodl, Hodl, Hodl,
Hodl, Hodl, Hodl, Hodl, Hodl, Hodl, Hodl, Hodl, Hodl, Hodl, Hodl,
Hodl, Hodl, Hodl, Hodl, Hodl, Hodl, Hodl, Hodl, Hodl, Hodl, Hodl,
Hodl, Hodl, Hodl, Hodl, Hodl, Hodl, Hodl, Hodl, Hodl, Hodl, Hodl,
Hodl, Hodl, Hodl, Hodl, Hodl, Hodl, Hodl, Hodl, Hodl, Hodl, Hodl,
Hodl, Hodl, Hodl, Hodl, Hodl, Hodl, Hodl, Hodl, Hodl, Hodl, Hodl,
Hodl, Hodl, Hodl, Hodl, Hodl, Hodl, Hodl, Hodl, Hodl, Hodl, Hodl,
Hodl, Hodl, Hodl, Hodl, Hodl, Hodl, Hodl, Hodl, Hodl, Hodl, Hodl,
Hodl, Hodl, Hodl, Hodl, Hodl, Hodl, Hodl, Hodl, Hodl, Hodl, Hodl,
Hodl, Hodl, Hodl, Hodl, Hodl, Hodl, Hodl, Hodl, Hodl, Hodl, Hodl,
Hodl, Hodl, Hodl, Hodl, Hodl, Hodl, Hodl, Hodl, Hodl, Hodl, Hodl,
Hodl, Hodl, Hodl, Hodl, Hodl, Hodl, Hodl, Hodl, Hodl, Hodl, Hodl,
Hodl, Hodl, Hodl, Hodl, Hodl, Hodl, Hodl, Hodl, Hodl, Hodl, Hodl,
Hodl, Hodl, Hodl, Hodl, Hodl, Hodl, Hodl, Hodl, Hodl, Hodl, Hodl,
Hodl, Hodl, Hodl, Hodl, Hodl, Hodl, Hodl, Hodl, Hodl, Hodl, Hodl,
Hodl, Hodl, Hodl, Hodl, Hodl, Hodl, Hodl, Hodl, Hodl, Hodl, Hodl,
Hodl, Hodl, Hodl, Hodl, Hodl, Hodl, Hodl, Hodl, Hodl, Hodl, Hodl,
Hodl, Hodl, Hodl, Hodl, Hodl, Hodl, Hodl, Hodl, Hodl, Hodl, Hodl,
Hodl, Hodl, Hodl, Hodl, Hodl, Hodl, Hodl, Hodl, Hodl, Hodl, Hodl,
Hodl, Hodl, Hodl, Hodl, Hodl, Hodl, Hodl, Hodl, Hodl, Hodl, Hodl,
Hodl, Hodl, Hodl, Hodl, Hodl, Hodl, Hodl, Hodl, Hodl, Hodl, Hodl,
Hodl, Hodl, Hodl, Hodl, Hodl, Hodl, Hodl, Hodl, Hodl, Hodl, Hodl,
Hodl, Hodl, Hodl, Hodl, Hodl, Hodl, Hodl, Hodl, Hodl, Hodl, Hodl,
Hodl, Hodl, Hodl, Hodl, Hodl, Hodl, Hodl, Hodl, Hodl, Hodl, Hodl,
Hodl, Hodl, Hodl, Hodl, Hodl, Hodl, Hodl, Hodl, Hodl, Hodl, Hodl,
Hodl, Hodl, Hodl, Hodl, Hodl, Hodl, Hodl, Hodl, Hodl, Hodl, Hodl,
Hodl, Hodl, Hodl, Hodl, Hodl, Hodl.

Hodl, Hodl, Hodl, Hodl, Hodl, Hodl, Hodl, Hodl, Hodl,
Hodl, Hodl, Hodl, Hodl, Hodl, Hodl, Hodl, Hodl, Hodl, Hodl, Hodl,
Hodl, Hodl, Hodl, Hodl, Hodl, Hodl, Hodl, Hodl, Hodl, Hodl, Hodl,
Hodl, Hodl, Hodl, Hodl, Hodl, Hodl, Hodl, Hodl, Hodl, Hodl, Hodl,
Hodl, Hodl, Hodl, Hodl, Hodl, Hodl, Hodl, Hodl, Hodl, Hodl, Hodl,
Hodl, Hodl, Hodl, Hodl, Hodl, Hodl, Hodl, Hodl, Hodl, Hodl, Hodl,
Hodl, Hodl, Hodl, Hodl, Hodl, Hodl, Hodl, Hodl, Hodl, Hodl, Hodl,
Hodl, Hodl, Hodl, Hodl, Hodl, Hodl, Hodl, Hodl, Hodl, Hodl, Hodl,
Hodl, Hodl, Hodl, Hodl, Hodl, Hodl, Hodl, Hodl, Hodl, Hodl, Hodl,
Hodl, Hodl, Hodl, Hodl, Hodl, Hodl, Hodl, Hodl, Hodl, Hodl, Hodl,
Hodl, Hodl, Hodl, Hodl, Hodl, Hodl, Hodl, Hodl, Hodl, Hodl, Hodl,
Hodl, Hodl, Hodl, Hodl, Hodl, Hodl, Hodl, Hodl, Hodl, Hodl, Hodl,
Hodl, Hodl, Hodl, Hodl, Hodl, Hodl, Hodl, Hodl, Hodl, Hodl, Hodl,
Hodl, Hodl, Hodl, Hodl, Hodl, Hodl, Hodl, Hodl, Hodl, Hodl, Hodl,
Hodl, Hodl, Hodl, Hodl, Hodl, Hodl, Hodl, Hodl, Hodl, Hodl, Hodl,
Hodl, Hodl, Hodl, Hodl, Hodl, Hodl, Hodl, Hodl, Hodl, Hodl, Hodl,
Hodl, Hodl, Hodl, Hodl, Hodl, Hodl, Hodl, Hodl, Hodl, Hodl, Hodl,
Hodl, Hodl, Hodl, Hodl, Hodl, Hodl, Hodl, Hodl, Hodl, Hodl, Hodl,
Hodl, Hodl, Hodl, Hodl, Hodl, Hodl, Hodl, Hodl, Hodl, Hodl, Hodl,
Hodl, Hodl, Hodl, Hodl, Hodl, Hodl, Hodl, Hodl, Hodl, Hodl, Hodl,
Hodl, Hodl, Hodl, Hodl, Hodl, Hodl, Hodl, Hodl, Hodl, Hodl, Hodl,
Hodl, Hodl, Hodl, Hodl, Hodl, Hodl, Hodl, Hodl, Hodl, Hodl, Hodl,
Hodl, Hodl, Hodl, Hodl, Hodl, Hodl, Hodl, Hodl, Hodl, Hodl, Hodl,
Hodl, Hodl, Hodl, Hodl, Hodl, Hodl, Hodl, Hodl, Hodl, Hodl, Hodl,
Hodl, Hodl, Hodl, Hodl, Hodl, Hodl, Hodl, Hodl, Hodl, Hodl, Hodl,
Hodl, Hodl, Hodl, Hodl, Hodl, Hodl, Hodl, Hodl, Hodl, Hodl, Hodl,
Hodl, Hodl, Hodl, Hodl, Hodl, Hodl, Hodl, Hodl, Hodl, Hodl, Hodl,
Hodl, Hodl, Hodl, Hodl, Hodl, Hodl, Hodl, Hodl, Hodl, Hodl, Hodl,
Hodl, Hodl, Hodl, Hodl, Hodl, Hodl, Hodl, Hodl, Hodl, Hodl, Hodl,
Hodl, Hodl, Hodl, Hodl, Hodl, Hodl, Hodl, Hodl, Hodl, Hodl, Hodl,
Hodl, Hodl, Hodl, Hodl, Hodl, Hodl, Hodl, Hodl, Hodl, Hodl, Hodl,
Hodl, Hodl, Hodl, Hodl, Hodl, Hodl, Hodl, Hodl, Hodl, Hodl, Hodl,
Hodl, Hodl, Hodl, Hodl, Hodl, Hodl.

Hodl, Hodl, Hodl, Hodl, Hodl, Hodl, Hodl, Hodl, Hodl,
Hodl, Hodl, Hodl, Hodl, Hodl, Hodl, Hodl, Hodl, Hodl, Hodl, Hodl,
Hodl, Hodl, Hodl, Hodl, Hodl, Hodl, Hodl, Hodl, Hodl, Hodl, Hodl,
Hodl, Hodl, Hodl, Hodl, Hodl, Hodl, Hodl, Hodl, Hodl, Hodl, Hodl,
Hodl, Hodl, Hodl, Hodl, Hodl, Hodl, Hodl, Hodl, Hodl, Hodl, Hodl,
Hodl, Hodl, Hodl, Hodl, Hodl, Hodl, Hodl, Hodl, Hodl, Hodl, Hodl,
Hodl, Hodl, Hodl, Hodl, Hodl, Hodl, Hodl, Hodl, Hodl, Hodl, Hodl,
Hodl, Hodl, Hodl, Hodl, Hodl, Hodl, Hodl, Hodl, Hodl, Hodl, Hodl,
Hodl, Hodl, Hodl, Hodl, Hodl, Hodl, Hodl, Hodl, Hodl, Hodl, Hodl,
Hodl, Hodl, Hodl, Hodl, Hodl, Hodl, Hodl, Hodl, Hodl, Hodl, Hodl,
Hodl, Hodl, Hodl, Hodl, Hodl, Hodl, Hodl, Hodl, Hodl, Hodl, Hodl,
Hodl, Hodl, Hodl, Hodl, Hodl, Hodl, Hodl, Hodl, Hodl, Hodl, Hodl,
Hodl, Hodl, Hodl, Hodl, Hodl, Hodl, Hodl, Hodl, Hodl, Hodl, Hodl,
Hodl, Hodl, Hodl, Hodl, Hodl, Hodl, Hodl, Hodl, Hodl, Hodl, Hodl,
Hodl, Hodl, Hodl, Hodl, Hodl, Hodl, Hodl, Hodl, Hodl, Hodl, Hodl,
Hodl, Hodl, Hodl, Hodl, Hodl, Hodl, Hodl, Hodl, Hodl, Hodl, Hodl,
Hodl, Hodl, Hodl, Hodl, Hodl, Hodl, Hodl, Hodl, Hodl, Hodl, Hodl,
Hodl, Hodl, Hodl, Hodl, Hodl, Hodl, Hodl, Hodl, Hodl, Hodl, Hodl,
Hodl, Hodl, Hodl, Hodl, Hodl, Hodl, Hodl, Hodl, Hodl, Hodl, Hodl,
Hodl, Hodl, Hodl, Hodl, Hodl, Hodl, Hodl, Hodl, Hodl, Hodl, Hodl,
Hodl, Hodl, Hodl, Hodl, Hodl, Hodl, Hodl, Hodl, Hodl, Hodl, Hodl,
Hodl, Hodl, Hodl, Hodl, Hodl, Hodl, Hodl, Hodl, Hodl, Hodl, Hodl,
Hodl, Hodl, Hodl, Hodl, Hodl, Hodl, Hodl, Hodl, Hodl, Hodl, Hodl,
Hodl, Hodl, Hodl, Hodl, Hodl, Hodl, Hodl, Hodl, Hodl, Hodl, Hodl,
Hodl, Hodl, Hodl, Hodl, Hodl, Hodl, Hodl, Hodl, Hodl, Hodl, Hodl,
Hodl, Hodl, Hodl, Hodl, Hodl, Hodl, Hodl, Hodl, Hodl, Hodl, Hodl,
Hodl, Hodl, Hodl, Hodl, Hodl, Hodl, Hodl, Hodl, Hodl, Hodl, Hodl,
Hodl, Hodl, Hodl, Hodl, Hodl, Hodl, Hodl, Hodl, Hodl, Hodl, Hodl,
Hodl, Hodl, Hodl, Hodl, Hodl, Hodl, Hodl, Hodl, Hodl, Hodl, Hodl,
Hodl, Hodl, Hodl, Hodl, Hodl, Hodl, Hodl, Hodl, Hodl, Hodl, Hodl,
Hodl, Hodl, Hodl, Hodl, Hodl, Hodl, Hodl, Hodl, Hodl, Hodl, Hodl,
Hodl, Hodl, Hodl, Hodl, Hodl, Hodl, Hodl, Hodl, Hodl, Hodl, Hodl,
Hodl, Hodl, Hodl, Hodl, Hodl, Hodl.

Hodl, Hodl, Hodl, Hodl, Hodl, Hodl, Hodl, Hodl, Hodl,
Hodl, Hodl, Hodl, Hodl, Hodl, Hodl, Hodl, Hodl, Hodl, Hodl, Hodl,
Hodl, Hodl, Hodl, Hodl, Hodl, Hodl, Hodl, Hodl, Hodl, Hodl, Hodl,
Hodl, Hodl, Hodl, Hodl, Hodl, Hodl, Hodl, Hodl, Hodl, Hodl, Hodl,
Hodl, Hodl, Hodl, Hodl, Hodl, Hodl, Hodl, Hodl, Hodl, Hodl, Hodl,
Hodl, Hodl, Hodl, Hodl, Hodl, Hodl, Hodl, Hodl, Hodl, Hodl, Hodl,
Hodl, Hodl, Hodl, Hodl, Hodl, Hodl, Hodl, Hodl, Hodl, Hodl, Hodl,
Hodl, Hodl, Hodl, Hodl, Hodl, Hodl, Hodl, Hodl, Hodl, Hodl, Hodl,
Hodl, Hodl, Hodl, Hodl, Hodl, Hodl, Hodl, Hodl, Hodl, Hodl, Hodl,
Hodl, Hodl, Hodl, Hodl, Hodl, Hodl, Hodl, Hodl, Hodl, Hodl, Hodl,
Hodl, Hodl, Hodl, Hodl, Hodl, Hodl, Hodl, Hodl, Hodl, Hodl, Hodl,
Hodl, Hodl, Hodl, Hodl, Hodl, Hodl, Hodl, Hodl, Hodl, Hodl, Hodl,
Hodl, Hodl, Hodl, Hodl, Hodl, Hodl, Hodl, Hodl, Hodl, Hodl, Hodl,
Hodl, Hodl, Hodl, Hodl, Hodl, Hodl, Hodl, Hodl, Hodl, Hodl, Hodl,
Hodl, Hodl, Hodl, Hodl, Hodl, Hodl, Hodl, Hodl, Hodl, Hodl, Hodl,
Hodl, Hodl, Hodl, Hodl, Hodl, Hodl, Hodl, Hodl, Hodl, Hodl, Hodl,
Hodl, Hodl, Hodl, Hodl, Hodl, Hodl, Hodl, Hodl, Hodl, Hodl, Hodl,
Hodl, Hodl, Hodl, Hodl, Hodl, Hodl, Hodl, Hodl, Hodl, Hodl, Hodl,
Hodl, Hodl, Hodl, Hodl, Hodl, Hodl, Hodl, Hodl, Hodl, Hodl, Hodl,
Hodl, Hodl, Hodl, Hodl, Hodl, Hodl, Hodl, Hodl, Hodl, Hodl, Hodl,
Hodl, Hodl, Hodl, Hodl, Hodl, Hodl, Hodl, Hodl, Hodl, Hodl, Hodl,
Hodl, Hodl, Hodl, Hodl, Hodl, Hodl, Hodl, Hodl, Hodl, Hodl, Hodl,
Hodl, Hodl, Hodl, Hodl, Hodl, Hodl, Hodl, Hodl, Hodl, Hodl, Hodl,
Hodl, Hodl, Hodl, Hodl, Hodl, Hodl, Hodl, Hodl, Hodl, Hodl, Hodl,
Hodl, Hodl, Hodl, Hodl, Hodl, Hodl, Hodl, Hodl, Hodl, Hodl, Hodl,
Hodl, Hodl, Hodl, Hodl, Hodl, Hodl, Hodl, Hodl, Hodl, Hodl, Hodl,
Hodl, Hodl, Hodl, Hodl, Hodl, Hodl, Hodl, Hodl, Hodl, Hodl, Hodl,
Hodl, Hodl, Hodl, Hodl, Hodl, Hodl, Hodl, Hodl, Hodl, Hodl, Hodl,
Hodl, Hodl, Hodl, Hodl, Hodl, Hodl, Hodl, Hodl, Hodl, Hodl, Hodl,
Hodl, Hodl, Hodl, Hodl, Hodl, Hodl, Hodl, Hodl, Hodl, Hodl, Hodl,
Hodl, Hodl, Hodl, Hodl, Hodl, Hodl, Hodl, Hodl, Hodl, Hodl, Hodl,
Hodl, Hodl, Hodl, Hodl, Hodl, Hodl, Hodl, Hodl, Hodl, Hodl, Hodl,
Hodl, Hodl, Hodl, Hodl, Hodl, Hodl, Hodl, Hodl, Hodl, Hodl, Hodl,
Hodl, Hodl, Hodl, Hodl, Hodl, Hodl.

Hodl, Hodl, Hodl, Hodl, Hodl, Hodl, Hodl, Hodl, Hodl,
Hodl, Hodl, Hodl, Hodl, Hodl, Hodl, Hodl, Hodl, Hodl, Hodl, Hodl,
Hodl, Hodl, Hodl, Hodl, Hodl, Hodl, Hodl, Hodl, Hodl, Hodl, Hodl,
Hodl, Hodl, Hodl, Hodl, Hodl, Hodl, Hodl, Hodl, Hodl, Hodl, Hodl,
Hodl, Hodl, Hodl, Hodl, Hodl, Hodl, Hodl, Hodl, Hodl, Hodl, Hodl,
Hodl, Hodl, Hodl, Hodl, Hodl, Hodl, Hodl, Hodl, Hodl, Hodl, Hodl,
Hodl, Hodl, Hodl, Hodl, Hodl, Hodl, Hodl, Hodl, Hodl, Hodl, Hodl,
Hodl, Hodl, Hodl, Hodl, Hodl, Hodl, Hodl, Hodl, Hodl, Hodl, Hodl,
Hodl, Hodl, Hodl, Hodl, Hodl, Hodl, Hodl, Hodl, Hodl, Hodl, Hodl,
Hodl, Hodl, Hodl, Hodl, Hodl, Hodl, Hodl, Hodl, Hodl, Hodl, Hodl,
Hodl, Hodl, Hodl, Hodl, Hodl, Hodl, Hodl, Hodl, Hodl, Hodl, Hodl,
Hodl, Hodl, Hodl, Hodl, Hodl, Hodl, Hodl, Hodl, Hodl, Hodl, Hodl,
Hodl, Hodl, Hodl, Hodl, Hodl, Hodl, Hodl, Hodl, Hodl, Hodl, Hodl,
Hodl, Hodl, Hodl, Hodl, Hodl, Hodl, Hodl, Hodl, Hodl, Hodl, Hodl,
Hodl, Hodl, Hodl, Hodl, Hodl, Hodl, Hodl, Hodl, Hodl, Hodl, Hodl,
Hodl, Hodl, Hodl, Hodl, Hodl, Hodl, Hodl, Hodl, Hodl, Hodl, Hodl,
Hodl, Hodl, Hodl, Hodl, Hodl, Hodl, Hodl, Hodl, Hodl, Hodl, Hodl,
Hodl, Hodl, Hodl, Hodl, Hodl, Hodl, Hodl, Hodl, Hodl, Hodl, Hodl,
Hodl, Hodl, Hodl, Hodl, Hodl, Hodl, Hodl, Hodl, Hodl, Hodl, Hodl,
Hodl, Hodl, Hodl, Hodl, Hodl, Hodl, Hodl, Hodl, Hodl, Hodl, Hodl,
Hodl, Hodl, Hodl, Hodl, Hodl, Hodl, Hodl, Hodl, Hodl, Hodl, Hodl,
Hodl, Hodl, Hodl, Hodl, Hodl, Hodl, Hodl, Hodl, Hodl, Hodl, Hodl,
Hodl, Hodl, Hodl, Hodl, Hodl, Hodl, Hodl, Hodl, Hodl, Hodl, Hodl,
Hodl, Hodl, Hodl, Hodl, Hodl, Hodl, Hodl, Hodl, Hodl, Hodl, Hodl,
Hodl, Hodl, Hodl, Hodl, Hodl, Hodl, Hodl, Hodl, Hodl, Hodl, Hodl,
Hodl, Hodl, Hodl, Hodl, Hodl, Hodl, Hodl, Hodl, Hodl, Hodl, Hodl,
Hodl, Hodl, Hodl, Hodl, Hodl, Hodl, Hodl, Hodl, Hodl, Hodl, Hodl,
Hodl, Hodl, Hodl, Hodl, Hodl, Hodl, Hodl, Hodl, Hodl, Hodl, Hodl,
Hodl, Hodl, Hodl, Hodl, Hodl, Hodl, Hodl, Hodl, Hodl, Hodl, Hodl,
Hodl, Hodl, Hodl, Hodl, Hodl, Hodl, Hodl, Hodl, Hodl, Hodl, Hodl,
Hodl, Hodl, Hodl, Hodl, Hodl, Hodl, Hodl, Hodl, Hodl, Hodl, Hodl,
Hodl, Hodl, Hodl, Hodl, Hodl, Hodl, Hodl, Hodl, Hodl, Hodl, Hodl,
Hodl, Hodl, Hodl, Hodl, Hodl, Hodl, Hodl, Hodl, Hodl, Hodl, Hodl,
Hodl, Hodl, Hodl, Hodl, Hodl, Hodl, Hodl, Hodl, Hodl, Hodl, Hodl,
Hodl, Hodl, Hodl, Hodl, Hodl, Hodl, Hodl, Hodl, Hodl, Hodl, Hodl,
Hodl, Hodl, Hodl, Hodl, Hodl, Hodl.

Hodl, Hodl, Hodl, Hodl, Hodl, Hodl, Hodl, Hodl, Hodl,
Hodl, Hodl, Hodl, Hodl, Hodl, Hodl, Hodl, Hodl, Hodl, Hodl, Hodl,
Hodl, Hodl, Hodl, Hodl, Hodl, Hodl, Hodl, Hodl, Hodl, Hodl, Hodl,
Hodl, Hodl, Hodl, Hodl, Hodl, Hodl, Hodl, Hodl, Hodl, Hodl, Hodl,
Hodl, Hodl, Hodl, Hodl, Hodl, Hodl, Hodl, Hodl, Hodl, Hodl, Hodl,
Hodl, Hodl, Hodl, Hodl, Hodl, Hodl, Hodl, Hodl, Hodl, Hodl, Hodl,
Hodl, Hodl, Hodl, Hodl, Hodl, Hodl, Hodl, Hodl, Hodl, Hodl, Hodl,
Hodl, Hodl, Hodl, Hodl, Hodl, Hodl, Hodl, Hodl, Hodl, Hodl, Hodl,
Hodl, Hodl, Hodl, Hodl, Hodl, Hodl, Hodl, Hodl, Hodl, Hodl, Hodl,
Hodl, Hodl, Hodl, Hodl, Hodl, Hodl, Hodl, Hodl, Hodl, Hodl, Hodl,
Hodl, Hodl, Hodl, Hodl, Hodl, Hodl, Hodl, Hodl, Hodl, Hodl, Hodl,
Hodl, Hodl, Hodl, Hodl, Hodl, Hodl, Hodl, Hodl, Hodl, Hodl, Hodl,
Hodl, Hodl, Hodl, Hodl, Hodl, Hodl, Hodl, Hodl, Hodl, Hodl, Hodl,
Hodl, Hodl, Hodl, Hodl, Hodl, Hodl, Hodl, Hodl, Hodl, Hodl, Hodl,
Hodl, Hodl, Hodl, Hodl, Hodl, Hodl, Hodl, Hodl, Hodl, Hodl, Hodl,
Hodl, Hodl, Hodl, Hodl, Hodl, Hodl, Hodl, Hodl, Hodl, Hodl, Hodl,
Hodl, Hodl, Hodl, Hodl, Hodl, Hodl, Hodl, Hodl, Hodl, Hodl, Hodl,
Hodl, Hodl, Hodl, Hodl, Hodl, Hodl, Hodl, Hodl, Hodl, Hodl, Hodl,
Hodl, Hodl, Hodl, Hodl, Hodl, Hodl, Hodl, Hodl, Hodl, Hodl, Hodl,
Hodl, Hodl, Hodl, Hodl, Hodl, Hodl, Hodl, Hodl, Hodl, Hodl, Hodl,
Hodl, Hodl, Hodl, Hodl, Hodl, Hodl, Hodl, Hodl, Hodl, Hodl, Hodl,
Hodl, Hodl, Hodl, Hodl, Hodl, Hodl, Hodl, Hodl, Hodl, Hodl, Hodl,
Hodl, Hodl, Hodl, Hodl, Hodl, Hodl, Hodl, Hodl, Hodl, Hodl, Hodl,
Hodl, Hodl, Hodl, Hodl, Hodl, Hodl, Hodl, Hodl, Hodl, Hodl, Hodl,
Hodl, Hodl, Hodl, Hodl, Hodl, Hodl, Hodl, Hodl, Hodl, Hodl, Hodl,
Hodl, Hodl, Hodl, Hodl, Hodl, Hodl, Hodl, Hodl, Hodl, Hodl, Hodl,
Hodl, Hodl, Hodl, Hodl, Hodl, Hodl, Hodl, Hodl, Hodl, Hodl, Hodl,
Hodl, Hodl, Hodl, Hodl, Hodl, Hodl, Hodl, Hodl, Hodl, Hodl, Hodl,
Hodl, Hodl, Hodl, Hodl, Hodl, Hodl, Hodl, Hodl, Hodl, Hodl, Hodl,
Hodl, Hodl, Hodl, Hodl, Hodl, Hodl, Hodl, Hodl, Hodl, Hodl, Hodl,
Hodl, Hodl, Hodl, Hodl, Hodl, Hodl, Hodl, Hodl, Hodl, Hodl, Hodl,
Hodl, Hodl, Hodl, Hodl, Hodl, Hodl, Hodl, Hodl, Hodl, Hodl, Hodl,
Hodl, Hodl, Hodl, Hodl, Hodl, Hodl, Hodl, Hodl, Hodl, Hodl, Hodl,
Hodl, Hodl, Hodl, Hodl, Hodl, Hodl, Hodl, Hodl, Hodl, Hodl, Hodl,
Hodl, Hodl, Hodl, Hodl, Hodl, Hodl.

Hodl, Hodl, Hodl, Hodl, Hodl, Hodl, Hodl, Hodl, Hodl,
Hodl, Hodl, Hodl, Hodl, Hodl, Hodl, Hodl, Hodl, Hodl, Hodl, Hodl,
Hodl, Hodl, Hodl, Hodl, Hodl, Hodl, Hodl, Hodl, Hodl, Hodl, Hodl,
Hodl, Hodl, Hodl, Hodl, Hodl, Hodl, Hodl, Hodl, Hodl, Hodl, Hodl,
Hodl, Hodl, Hodl, Hodl, Hodl, Hodl, Hodl, Hodl, Hodl, Hodl, Hodl,
Hodl, Hodl, Hodl, Hodl, Hodl, Hodl, Hodl, Hodl, Hodl, Hodl, Hodl,
Hodl, Hodl, Hodl, Hodl, Hodl, Hodl, Hodl, Hodl, Hodl, Hodl, Hodl,
Hodl, Hodl, Hodl, Hodl, Hodl, Hodl, Hodl, Hodl, Hodl, Hodl, Hodl,
Hodl, Hodl, Hodl, Hodl, Hodl, Hodl, Hodl, Hodl, Hodl, Hodl, Hodl,
Hodl, Hodl, Hodl, Hodl, Hodl, Hodl, Hodl, Hodl, Hodl, Hodl, Hodl,
Hodl, Hodl, Hodl, Hodl, Hodl, Hodl, Hodl, Hodl, Hodl, Hodl, Hodl,
Hodl, Hodl, Hodl, Hodl, Hodl, Hodl, Hodl, Hodl, Hodl, Hodl, Hodl,
Hodl, Hodl, Hodl, Hodl, Hodl, Hodl, Hodl, Hodl, Hodl, Hodl, Hodl,
Hodl, Hodl, Hodl, Hodl, Hodl, Hodl, Hodl, Hodl, Hodl, Hodl, Hodl,
Hodl, Hodl, Hodl, Hodl, Hodl, Hodl, Hodl, Hodl, Hodl, Hodl, Hodl,
Hodl, Hodl, Hodl, Hodl, Hodl, Hodl, Hodl, Hodl, Hodl, Hodl, Hodl,
Hodl, Hodl, Hodl, Hodl, Hodl, Hodl, Hodl, Hodl, Hodl, Hodl, Hodl,
Hodl, Hodl, Hodl, Hodl, Hodl, Hodl, Hodl, Hodl, Hodl, Hodl, Hodl,
Hodl, Hodl, Hodl, Hodl, Hodl, Hodl, Hodl, Hodl, Hodl, Hodl, Hodl,
Hodl, Hodl, Hodl, Hodl, Hodl, Hodl, Hodl, Hodl, Hodl, Hodl, Hodl,
Hodl, Hodl, Hodl, Hodl, Hodl, Hodl, Hodl, Hodl, Hodl, Hodl, Hodl,
Hodl, Hodl, Hodl, Hodl, Hodl, Hodl, Hodl, Hodl, Hodl, Hodl, Hodl,
Hodl, Hodl, Hodl, Hodl, Hodl, Hodl, Hodl, Hodl, Hodl, Hodl, Hodl,
Hodl, Hodl, Hodl, Hodl, Hodl, Hodl, Hodl, Hodl, Hodl, Hodl, Hodl,
Hodl, Hodl, Hodl, Hodl, Hodl, Hodl, Hodl, Hodl, Hodl, Hodl, Hodl,
Hodl, Hodl, Hodl, Hodl, Hodl, Hodl, Hodl, Hodl, Hodl, Hodl, Hodl,
Hodl, Hodl, Hodl, Hodl, Hodl, Hodl, Hodl, Hodl, Hodl, Hodl, Hodl,
Hodl, Hodl, Hodl, Hodl, Hodl, Hodl, Hodl, Hodl, Hodl, Hodl, Hodl,
Hodl, Hodl, Hodl, Hodl, Hodl, Hodl, Hodl, Hodl, Hodl, Hodl, Hodl,
Hodl, Hodl, Hodl, Hodl, Hodl, Hodl, Hodl, Hodl, Hodl, Hodl, Hodl,
Hodl, Hodl, Hodl, Hodl, Hodl, Hodl, Hodl, Hodl, Hodl, Hodl, Hodl,
Hodl, Hodl, Hodl, Hodl, Hodl, Hodl, Hodl, Hodl, Hodl, Hodl, Hodl,
Hodl, Hodl, Hodl, Hodl, Hodl, Hodl.

Hodl, Hodl, Hodl, Hodl, Hodl, Hodl, Hodl, Hodl, Hodl,
Hodl, Hodl, Hodl, Hodl, Hodl, Hodl, Hodl, Hodl, Hodl, Hodl, Hodl,
Hodl, Hodl, Hodl, Hodl, Hodl, Hodl, Hodl, Hodl, Hodl, Hodl, Hodl,
Hodl, Hodl, Hodl, Hodl, Hodl, Hodl, Hodl, Hodl, Hodl, Hodl, Hodl,
Hodl, Hodl, Hodl, Hodl, Hodl, Hodl, Hodl, Hodl, Hodl, Hodl, Hodl,
Hodl, Hodl, Hodl, Hodl, Hodl, Hodl, Hodl, Hodl, Hodl, Hodl, Hodl,
Hodl, Hodl, Hodl, Hodl, Hodl, Hodl, Hodl, Hodl, Hodl, Hodl, Hodl,
Hodl, Hodl, Hodl, Hodl, Hodl, Hodl, Hodl, Hodl, Hodl, Hodl, Hodl,
Hodl, Hodl, Hodl, Hodl, Hodl, Hodl, Hodl, Hodl, Hodl, Hodl, Hodl,
Hodl, Hodl, Hodl, Hodl, Hodl, Hodl, Hodl, Hodl, Hodl, Hodl, Hodl,
Hodl, Hodl, Hodl, Hodl, Hodl, Hodl, Hodl, Hodl, Hodl, Hodl, Hodl,
Hodl, Hodl, Hodl, Hodl, Hodl, Hodl, Hodl, Hodl, Hodl, Hodl, Hodl,
Hodl, Hodl, Hodl, Hodl, Hodl, Hodl, Hodl, Hodl, Hodl, Hodl, Hodl,
Hodl, Hodl, Hodl, Hodl, Hodl, Hodl, Hodl, Hodl, Hodl, Hodl, Hodl,
Hodl, Hodl, Hodl, Hodl, Hodl, Hodl, Hodl, Hodl, Hodl, Hodl, Hodl,
Hodl, Hodl, Hodl, Hodl, Hodl, Hodl, Hodl, Hodl, Hodl, Hodl, Hodl,
Hodl, Hodl, Hodl, Hodl, Hodl, Hodl, Hodl, Hodl, Hodl, Hodl, Hodl,
Hodl, Hodl, Hodl, Hodl, Hodl, Hodl, Hodl, Hodl, Hodl, Hodl, Hodl,
Hodl, Hodl, Hodl, Hodl, Hodl, Hodl, Hodl, Hodl, Hodl, Hodl, Hodl,
Hodl, Hodl, Hodl, Hodl, Hodl, Hodl, Hodl, Hodl, Hodl, Hodl, Hodl,
Hodl, Hodl, Hodl, Hodl, Hodl, Hodl, Hodl, Hodl, Hodl, Hodl, Hodl,
Hodl, Hodl, Hodl, Hodl, Hodl, Hodl, Hodl, Hodl, Hodl, Hodl, Hodl,
Hodl, Hodl, Hodl, Hodl, Hodl, Hodl, Hodl, Hodl, Hodl, Hodl, Hodl,
Hodl, Hodl, Hodl, Hodl, Hodl, Hodl, Hodl, Hodl, Hodl, Hodl, Hodl,
Hodl, Hodl, Hodl, Hodl, Hodl, Hodl, Hodl, Hodl, Hodl, Hodl, Hodl,
Hodl, Hodl, Hodl, Hodl, Hodl, Hodl, Hodl, Hodl, Hodl, Hodl, Hodl,
Hodl, Hodl, Hodl, Hodl, Hodl, Hodl, Hodl, Hodl, Hodl, Hodl, Hodl,
Hodl, Hodl, Hodl, Hodl, Hodl, Hodl, Hodl, Hodl, Hodl, Hodl, Hodl,
Hodl, Hodl, Hodl, Hodl, Hodl, Hodl, Hodl, Hodl, Hodl, Hodl, Hodl,
Hodl, Hodl, Hodl, Hodl, Hodl, Hodl, Hodl, Hodl, Hodl, Hodl, Hodl,
Hodl, Hodl, Hodl, Hodl, Hodl, Hodl, Hodl, Hodl, Hodl, Hodl, Hodl,
Hodl, Hodl, Hodl, Hodl, Hodl, Hodl, Hodl, Hodl, Hodl, Hodl, Hodl,
Hodl, Hodl, Hodl, Hodl, Hodl, Hodl.

Hodl, Hodl, Hodl, Hodl, Hodl, Hodl, Hodl, Hodl, Hodl,
Hodl, Hodl, Hodl, Hodl, Hodl, Hodl, Hodl, Hodl, Hodl, Hodl, Hodl,
Hodl, Hodl, Hodl, Hodl, Hodl, Hodl, Hodl, Hodl, Hodl, Hodl, Hodl,
Hodl, Hodl, Hodl, Hodl, Hodl, Hodl, Hodl, Hodl, Hodl, Hodl, Hodl,
Hodl, Hodl, Hodl, Hodl, Hodl, Hodl, Hodl, Hodl, Hodl, Hodl, Hodl,
Hodl, Hodl, Hodl, Hodl, Hodl, Hodl, Hodl, Hodl, Hodl, Hodl, Hodl,
Hodl, Hodl, Hodl, Hodl, Hodl, Hodl, Hodl, Hodl, Hodl, Hodl, Hodl,
Hodl, Hodl, Hodl, Hodl, Hodl, Hodl, Hodl, Hodl, Hodl, Hodl, Hodl,
Hodl, Hodl, Hodl, Hodl, Hodl, Hodl, Hodl, Hodl, Hodl, Hodl, Hodl,
Hodl, Hodl, Hodl, Hodl, Hodl, Hodl, Hodl, Hodl, Hodl, Hodl, Hodl,
Hodl, Hodl, Hodl, Hodl, Hodl, Hodl, Hodl, Hodl, Hodl, Hodl, Hodl,
Hodl, Hodl, Hodl, Hodl, Hodl, Hodl, Hodl, Hodl, Hodl, Hodl, Hodl,
Hodl, Hodl, Hodl, Hodl, Hodl, Hodl, Hodl, Hodl, Hodl, Hodl, Hodl,
Hodl, Hodl, Hodl, Hodl, Hodl, Hodl, Hodl, Hodl, Hodl, Hodl, Hodl,
Hodl, Hodl, Hodl, Hodl, Hodl, Hodl, Hodl, Hodl, Hodl, Hodl, Hodl,
Hodl, Hodl, Hodl, Hodl, Hodl, Hodl, Hodl, Hodl, Hodl, Hodl, Hodl,
Hodl, Hodl, Hodl, Hodl, Hodl, Hodl, Hodl, Hodl, Hodl, Hodl, Hodl,
Hodl, Hodl, Hodl, Hodl, Hodl, Hodl, Hodl, Hodl, Hodl, Hodl, Hodl,
Hodl, Hodl, Hodl, Hodl, Hodl, Hodl, Hodl, Hodl, Hodl, Hodl, Hodl,
Hodl, Hodl, Hodl, Hodl, Hodl, Hodl, Hodl, Hodl, Hodl, Hodl, Hodl,
Hodl, Hodl, Hodl, Hodl, Hodl, Hodl, Hodl, Hodl, Hodl, Hodl, Hodl,
Hodl, Hodl, Hodl, Hodl, Hodl, Hodl, Hodl, Hodl, Hodl, Hodl, Hodl,
Hodl, Hodl, Hodl, Hodl, Hodl, Hodl, Hodl, Hodl, Hodl, Hodl, Hodl,
Hodl, Hodl, Hodl, Hodl, Hodl, Hodl, Hodl, Hodl, Hodl, Hodl, Hodl,
Hodl, Hodl, Hodl, Hodl, Hodl, Hodl, Hodl, Hodl, Hodl, Hodl, Hodl,
Hodl, Hodl, Hodl, Hodl, Hodl, Hodl, Hodl, Hodl, Hodl, Hodl, Hodl,
Hodl, Hodl, Hodl, Hodl, Hodl, Hodl, Hodl, Hodl, Hodl, Hodl, Hodl,
Hodl, Hodl, Hodl, Hodl, Hodl, Hodl, Hodl, Hodl, Hodl, Hodl, Hodl,
Hodl, Hodl, Hodl, Hodl, Hodl, Hodl, Hodl, Hodl, Hodl, Hodl, Hodl,
Hodl, Hodl, Hodl, Hodl, Hodl, Hodl, Hodl, Hodl, Hodl, Hodl, Hodl,
Hodl, Hodl, Hodl, Hodl, Hodl, Hodl, Hodl, Hodl, Hodl, Hodl, Hodl,
Hodl, Hodl, Hodl, Hodl, Hodl, Hodl, Hodl, Hodl, Hodl, Hodl, Hodl,
Hodl, Hodl, Hodl, Hodl, Hodl, Hodl.

Hodl, Hodl, Hodl, Hodl, Hodl, Hodl, Hodl, Hodl, Hodl,
Hodl, Hodl, Hodl, Hodl, Hodl, Hodl, Hodl, Hodl, Hodl, Hodl, Hodl,
Hodl, Hodl, Hodl, Hodl, Hodl, Hodl, Hodl, Hodl, Hodl, Hodl, Hodl,
Hodl, Hodl, Hodl, Hodl, Hodl, Hodl, Hodl, Hodl, Hodl, Hodl, Hodl,
Hodl, Hodl, Hodl, Hodl, Hodl, Hodl, Hodl, Hodl, Hodl, Hodl, Hodl,
Hodl, Hodl, Hodl, Hodl, Hodl, Hodl, Hodl, Hodl, Hodl, Hodl, Hodl,
Hodl, Hodl, Hodl, Hodl, Hodl, Hodl, Hodl, Hodl, Hodl, Hodl, Hodl,
Hodl, Hodl, Hodl, Hodl, Hodl, Hodl, Hodl, Hodl, Hodl, Hodl, Hodl,
Hodl, Hodl, Hodl, Hodl, Hodl, Hodl, Hodl, Hodl, Hodl, Hodl, Hodl,
Hodl, Hodl, Hodl, Hodl, Hodl, Hodl, Hodl, Hodl, Hodl, Hodl, Hodl,
Hodl, Hodl, Hodl, Hodl, Hodl, Hodl, Hodl, Hodl, Hodl, Hodl, Hodl,
Hodl, Hodl, Hodl, Hodl, Hodl, Hodl, Hodl, Hodl, Hodl, Hodl, Hodl,
Hodl, Hodl, Hodl, Hodl, Hodl, Hodl, Hodl, Hodl, Hodl, Hodl, Hodl,
Hodl, Hodl, Hodl, Hodl, Hodl, Hodl, Hodl, Hodl, Hodl, Hodl, Hodl,
Hodl, Hodl, Hodl, Hodl, Hodl, Hodl, Hodl, Hodl, Hodl, Hodl, Hodl,
Hodl, Hodl, Hodl, Hodl, Hodl, Hodl, Hodl, Hodl, Hodl, Hodl, Hodl,
Hodl, Hodl, Hodl, Hodl, Hodl, Hodl, Hodl, Hodl, Hodl, Hodl, Hodl,
Hodl, Hodl, Hodl, Hodl, Hodl, Hodl, Hodl, Hodl, Hodl, Hodl, Hodl,
Hodl, Hodl, Hodl, Hodl, Hodl, Hodl, Hodl, Hodl, Hodl, Hodl, Hodl,
Hodl, Hodl, Hodl, Hodl, Hodl, Hodl, Hodl, Hodl, Hodl, Hodl, Hodl,
Hodl, Hodl, Hodl, Hodl, Hodl, Hodl, Hodl, Hodl, Hodl, Hodl, Hodl,
Hodl, Hodl, Hodl, Hodl, Hodl, Hodl, Hodl, Hodl, Hodl, Hodl, Hodl,
Hodl, Hodl, Hodl, Hodl, Hodl, Hodl, Hodl, Hodl, Hodl, Hodl, Hodl,
Hodl, Hodl, Hodl, Hodl, Hodl, Hodl, Hodl, Hodl, Hodl, Hodl, Hodl,
Hodl, Hodl, Hodl, Hodl, Hodl, Hodl, Hodl, Hodl, Hodl, Hodl, Hodl,
Hodl, Hodl, Hodl, Hodl, Hodl, Hodl, Hodl, Hodl, Hodl, Hodl, Hodl,
Hodl, Hodl, Hodl, Hodl, Hodl, Hodl, Hodl, Hodl, Hodl, Hodl, Hodl,
Hodl, Hodl, Hodl, Hodl, Hodl, Hodl, Hodl, Hodl, Hodl, Hodl, Hodl,
Hodl, Hodl, Hodl, Hodl, Hodl, Hodl, Hodl, Hodl, Hodl, Hodl, Hodl,
Hodl, Hodl, Hodl, Hodl, Hodl, Hodl, Hodl, Hodl, Hodl, Hodl, Hodl,
Hodl, Hodl, Hodl, Hodl, Hodl, Hodl, Hodl, Hodl, Hodl, Hodl, Hodl,
Hodl, Hodl, Hodl, Hodl, Hodl, Hodl, Hodl, Hodl, Hodl, Hodl, Hodl,
Hodl, Hodl, Hodl, Hodl, Hodl, Hodl, Hodl, Hodl, Hodl, Hodl, Hodl,
Hodl, Hodl, Hodl, Hodl, Hodl, Hodl.

Hodl, Hodl, Hodl, Hodl, Hodl, Hodl, Hodl, Hodl, Hodl,
Hodl, Hodl, Hodl, Hodl, Hodl, Hodl, Hodl, Hodl, Hodl, Hodl, Hodl,
Hodl, Hodl, Hodl, Hodl, Hodl, Hodl, Hodl, Hodl, Hodl, Hodl, Hodl,
Hodl, Hodl, Hodl, Hodl, Hodl, Hodl, Hodl, Hodl, Hodl, Hodl, Hodl,
Hodl, Hodl, Hodl, Hodl, Hodl, Hodl, Hodl, Hodl, Hodl, Hodl, Hodl,
Hodl, Hodl, Hodl, Hodl, Hodl, Hodl, Hodl, Hodl, Hodl, Hodl, Hodl,
Hodl, Hodl, Hodl, Hodl, Hodl, Hodl, Hodl, Hodl, Hodl, Hodl, Hodl,
Hodl, Hodl, Hodl, Hodl, Hodl, Hodl, Hodl, Hodl, Hodl, Hodl, Hodl,
Hodl, Hodl, Hodl, Hodl, Hodl, Hodl, Hodl, Hodl, Hodl, Hodl, Hodl,
Hodl, Hodl, Hodl, Hodl, Hodl, Hodl, Hodl, Hodl, Hodl, Hodl, Hodl,
Hodl, Hodl, Hodl, Hodl, Hodl, Hodl, Hodl, Hodl, Hodl, Hodl, Hodl,
Hodl, Hodl, Hodl, Hodl, Hodl, Hodl, Hodl, Hodl, Hodl, Hodl, Hodl,
Hodl, Hodl, Hodl, Hodl, Hodl, Hodl, Hodl, Hodl, Hodl, Hodl, Hodl,
Hodl, Hodl, Hodl, Hodl, Hodl, Hodl, Hodl, Hodl, Hodl, Hodl, Hodl,
Hodl, Hodl, Hodl, Hodl, Hodl, Hodl, Hodl, Hodl, Hodl, Hodl, Hodl,
Hodl, Hodl, Hodl, Hodl, Hodl, Hodl, Hodl, Hodl, Hodl, Hodl, Hodl,
Hodl, Hodl, Hodl, Hodl, Hodl, Hodl, Hodl, Hodl, Hodl, Hodl, Hodl,
Hodl, Hodl, Hodl, Hodl, Hodl, Hodl, Hodl, Hodl, Hodl, Hodl, Hodl,
Hodl, Hodl, Hodl, Hodl, Hodl, Hodl, Hodl, Hodl, Hodl, Hodl, Hodl,
Hodl, Hodl, Hodl, Hodl, Hodl, Hodl, Hodl, Hodl, Hodl, Hodl, Hodl,
Hodl, Hodl, Hodl, Hodl, Hodl, Hodl, Hodl, Hodl, Hodl, Hodl, Hodl,
Hodl, Hodl, Hodl, Hodl, Hodl, Hodl, Hodl, Hodl, Hodl, Hodl, Hodl,
Hodl, Hodl, Hodl, Hodl, Hodl, Hodl, Hodl, Hodl, Hodl, Hodl, Hodl,
Hodl, Hodl, Hodl, Hodl, Hodl, Hodl, Hodl, Hodl, Hodl, Hodl, Hodl,
Hodl, Hodl, Hodl, Hodl, Hodl, Hodl, Hodl, Hodl, Hodl, Hodl, Hodl,
Hodl, Hodl, Hodl, Hodl, Hodl, Hodl, Hodl, Hodl, Hodl, Hodl, Hodl,
Hodl, Hodl, Hodl, Hodl, Hodl, Hodl, Hodl, Hodl, Hodl, Hodl, Hodl,
Hodl, Hodl, Hodl, Hodl, Hodl, Hodl, Hodl, Hodl, Hodl, Hodl, Hodl,
Hodl, Hodl, Hodl, Hodl, Hodl, Hodl, Hodl, Hodl, Hodl, Hodl, Hodl,
Hodl, Hodl, Hodl, Hodl, Hodl, Hodl, Hodl, Hodl, Hodl, Hodl, Hodl,
Hodl, Hodl, Hodl, Hodl, Hodl, Hodl, Hodl, Hodl, Hodl, Hodl, Hodl,
Hodl, Hodl, Hodl, Hodl, Hodl, Hodl, Hodl, Hodl, Hodl, Hodl, Hodl,
Hodl, Hodl, Hodl, Hodl, Hodl, Hodl, Hodl, Hodl, Hodl, Hodl, Hodl,
Hodl, Hodl, Hodl, Hodl, Hodl, Hodl, Hodl, Hodl, Hodl, Hodl, Hodl,
Hodl, Hodl, Hodl, Hodl, Hodl, Hodl.

Hodl, Hodl, Hodl, Hodl, Hodl, Hodl, Hodl, Hodl, Hodl,
Hodl, Hodl, Hodl, Hodl, Hodl, Hodl, Hodl, Hodl, Hodl, Hodl, Hodl,
Hodl, Hodl, Hodl, Hodl, Hodl, Hodl, Hodl, Hodl, Hodl, Hodl, Hodl,
Hodl, Hodl, Hodl, Hodl, Hodl, Hodl, Hodl, Hodl, Hodl, Hodl, Hodl,
Hodl, Hodl, Hodl, Hodl, Hodl, Hodl, Hodl, Hodl, Hodl, Hodl, Hodl,
Hodl, Hodl, Hodl, Hodl, Hodl, Hodl, Hodl, Hodl, Hodl, Hodl, Hodl,
Hodl, Hodl, Hodl, Hodl, Hodl, Hodl, Hodl, Hodl, Hodl, Hodl, Hodl,
Hodl, Hodl, Hodl, Hodl, Hodl, Hodl, Hodl, Hodl, Hodl, Hodl, Hodl,
Hodl, Hodl, Hodl, Hodl, Hodl, Hodl, Hodl, Hodl, Hodl, Hodl, Hodl,
Hodl, Hodl, Hodl, Hodl, Hodl, Hodl, Hodl, Hodl, Hodl, Hodl, Hodl,
Hodl, Hodl, Hodl, Hodl, Hodl, Hodl, Hodl, Hodl, Hodl, Hodl, Hodl,
Hodl, Hodl, Hodl, Hodl, Hodl, Hodl, Hodl, Hodl, Hodl, Hodl, Hodl,
Hodl, Hodl, Hodl, Hodl, Hodl, Hodl, Hodl, Hodl, Hodl, Hodl, Hodl,
Hodl, Hodl, Hodl, Hodl, Hodl, Hodl, Hodl, Hodl, Hodl, Hodl, Hodl,
Hodl, Hodl, Hodl, Hodl, Hodl, Hodl, Hodl, Hodl, Hodl, Hodl, Hodl,
Hodl, Hodl, Hodl, Hodl, Hodl, Hodl, Hodl, Hodl, Hodl, Hodl, Hodl,
Hodl, Hodl, Hodl, Hodl, Hodl, Hodl, Hodl, Hodl, Hodl, Hodl, Hodl,
Hodl, Hodl, Hodl, Hodl, Hodl, Hodl, Hodl, Hodl, Hodl, Hodl, Hodl,
Hodl, Hodl, Hodl, Hodl, Hodl, Hodl, Hodl, Hodl, Hodl, Hodl, Hodl,
Hodl, Hodl, Hodl, Hodl, Hodl, Hodl, Hodl, Hodl, Hodl, Hodl, Hodl,
Hodl, Hodl, Hodl, Hodl, Hodl, Hodl, Hodl, Hodl, Hodl, Hodl, Hodl,
Hodl, Hodl, Hodl, Hodl, Hodl, Hodl, Hodl, Hodl, Hodl, Hodl, Hodl,
Hodl, Hodl, Hodl, Hodl, Hodl, Hodl, Hodl, Hodl, Hodl, Hodl, Hodl,
Hodl, Hodl, Hodl, Hodl, Hodl, Hodl, Hodl, Hodl, Hodl, Hodl, Hodl,
Hodl, Hodl, Hodl, Hodl, Hodl, Hodl, Hodl, Hodl, Hodl, Hodl, Hodl,
Hodl, Hodl, Hodl, Hodl, Hodl, Hodl, Hodl, Hodl, Hodl, Hodl, Hodl,
Hodl, Hodl, Hodl, Hodl, Hodl, Hodl, Hodl, Hodl, Hodl, Hodl, Hodl,
Hodl, Hodl, Hodl, Hodl, Hodl, Hodl, Hodl, Hodl, Hodl, Hodl, Hodl,
Hodl, Hodl, Hodl, Hodl, Hodl, Hodl, Hodl, Hodl, Hodl, Hodl, Hodl,
Hodl, Hodl, Hodl, Hodl, Hodl, Hodl, Hodl, Hodl, Hodl, Hodl, Hodl,
Hodl, Hodl, Hodl, Hodl, Hodl, Hodl, Hodl, Hodl, Hodl, Hodl, Hodl,
Hodl, Hodl, Hodl, Hodl, Hodl, Hodl, Hodl, Hodl, Hodl, Hodl, Hodl,
Hodl, Hodl, Hodl, Hodl, Hodl, Hodl.

Hodl, Hodl, Hodl, Hodl, Hodl, Hodl, Hodl, Hodl, Hodl,
Hodl, Hodl, Hodl, Hodl, Hodl, Hodl, Hodl, Hodl, Hodl, Hodl, Hodl,
Hodl, Hodl, Hodl, Hodl, Hodl, Hodl, Hodl, Hodl, Hodl, Hodl, Hodl,
Hodl, Hodl, Hodl, Hodl, Hodl, Hodl, Hodl, Hodl, Hodl, Hodl, Hodl,
Hodl, Hodl, Hodl, Hodl, Hodl, Hodl, Hodl, Hodl, Hodl, Hodl, Hodl,
Hodl, Hodl, Hodl, Hodl, Hodl, Hodl, Hodl, Hodl, Hodl, Hodl, Hodl,
Hodl, Hodl, Hodl, Hodl, Hodl, Hodl, Hodl, Hodl, Hodl, Hodl, Hodl,
Hodl, Hodl, Hodl, Hodl, Hodl, Hodl, Hodl, Hodl, Hodl, Hodl, Hodl,
Hodl, Hodl, Hodl, Hodl, Hodl, Hodl, Hodl, Hodl, Hodl, Hodl, Hodl,
Hodl, Hodl, Hodl, Hodl, Hodl, Hodl, Hodl, Hodl, Hodl, Hodl, Hodl,
Hodl, Hodl, Hodl, Hodl, Hodl, Hodl, Hodl, Hodl, Hodl, Hodl, Hodl,
Hodl, Hodl, Hodl, Hodl, Hodl, Hodl, Hodl, Hodl, Hodl, Hodl, Hodl,
Hodl, Hodl, Hodl, Hodl, Hodl, Hodl, Hodl, Hodl, Hodl, Hodl, Hodl,
Hodl, Hodl, Hodl, Hodl, Hodl, Hodl, Hodl, Hodl, Hodl, Hodl, Hodl,
Hodl, Hodl, Hodl, Hodl, Hodl, Hodl, Hodl, Hodl, Hodl, Hodl, Hodl,
Hodl, Hodl, Hodl, Hodl, Hodl, Hodl, Hodl, Hodl, Hodl, Hodl, Hodl,
Hodl, Hodl, Hodl, Hodl, Hodl, Hodl, Hodl, Hodl, Hodl, Hodl, Hodl,
Hodl, Hodl, Hodl, Hodl, Hodl, Hodl, Hodl, Hodl, Hodl, Hodl, Hodl,
Hodl, Hodl, Hodl, Hodl, Hodl, Hodl, Hodl, Hodl, Hodl, Hodl, Hodl,
Hodl, Hodl, Hodl, Hodl, Hodl, Hodl, Hodl, Hodl, Hodl, Hodl, Hodl,
Hodl, Hodl, Hodl, Hodl, Hodl, Hodl, Hodl, Hodl, Hodl, Hodl, Hodl,
Hodl, Hodl, Hodl, Hodl, Hodl, Hodl, Hodl, Hodl, Hodl, Hodl, Hodl,
Hodl, Hodl, Hodl, Hodl, Hodl, Hodl, Hodl, Hodl, Hodl, Hodl, Hodl,
Hodl, Hodl, Hodl, Hodl, Hodl, Hodl, Hodl, Hodl, Hodl, Hodl, Hodl,
Hodl, Hodl, Hodl, Hodl, Hodl, Hodl, Hodl, Hodl, Hodl, Hodl, Hodl,
Hodl, Hodl, Hodl, Hodl, Hodl, Hodl, Hodl, Hodl, Hodl, Hodl, Hodl,
Hodl, Hodl, Hodl, Hodl, Hodl, Hodl, Hodl, Hodl, Hodl, Hodl, Hodl,
Hodl, Hodl, Hodl, Hodl, Hodl, Hodl, Hodl, Hodl, Hodl, Hodl, Hodl,
Hodl, Hodl, Hodl, Hodl, Hodl, Hodl, Hodl, Hodl, Hodl, Hodl, Hodl,
Hodl, Hodl, Hodl, Hodl, Hodl, Hodl, Hodl, Hodl, Hodl, Hodl, Hodl,
Hodl, Hodl, Hodl, Hodl, Hodl, Hodl, Hodl, Hodl, Hodl, Hodl, Hodl,
Hodl, Hodl, Hodl, Hodl, Hodl, Hodl, Hodl, Hodl, Hodl, Hodl, Hodl,
Hodl, Hodl, Hodl, Hodl, Hodl, Hodl,
Hodl, Hodl, Hodl, Hodl, Hodl, Hodl, Hodl, Hodl, Hodl, Hodl, Hodl,
Hodl, Hodl, Hodl, Hodl, Hodl, Hodl, Hodl, Hodl, Hodl, Hodl, Hodl,
Hodl, Hodl, Hodl, Hodl, Hodl, Hodl, Hodl, Hodl, Hodl, Hodl, Hodl,
Hodl, Hodl, Hodl, Hodl, Hodl, Hodl, Hodl, Hodl, Hodl, Hodl, Hodl,
Hodl, Hodl, Hodl, Hodl, Hodl, Hodl, Hodl, Hodl, Hodl, Hodl, Hodl,
Hodl, Hodl, Hodl, Hodl, Hodl, Hodl, Hodl, Hodl, Hodl, Hodl, Hodl,
Hodl, Hodl, Hodl, Hodl, Hodl, Hodl.

Hodl, Hodl, Hodl, Hodl, Hodl, Hodl, Hodl, Hodl, Hodl,
Hodl, Hodl, Hodl, Hodl, Hodl, Hodl, Hodl, Hodl, Hodl, Hodl, Hodl,
Hodl, Hodl, Hodl, Hodl, Hodl, Hodl, Hodl, Hodl, Hodl, Hodl, Hodl,
Hodl, Hodl, Hodl, Hodl, Hodl, Hodl, Hodl, Hodl, Hodl, Hodl, Hodl,
Hodl, Hodl, Hodl, Hodl, Hodl, Hodl, Hodl, Hodl, Hodl, Hodl, Hodl,
Hodl, Hodl, Hodl, Hodl, Hodl, Hodl, Hodl, Hodl, Hodl, Hodl, Hodl,
Hodl, Hodl, Hodl, Hodl, Hodl, Hodl, Hodl, Hodl, Hodl, Hodl, Hodl,
Hodl, Hodl, Hodl, Hodl, Hodl, Hodl, Hodl, Hodl, Hodl, Hodl, Hodl,
Hodl, Hodl, Hodl, Hodl, Hodl, Hodl, Hodl, Hodl, Hodl, Hodl, Hodl,
Hodl, Hodl, Hodl, Hodl, Hodl, Hodl, Hodl, Hodl, Hodl, Hodl, Hodl,
Hodl, Hodl, Hodl, Hodl, Hodl, Hodl, Hodl, Hodl, Hodl, Hodl, Hodl,
Hodl, Hodl, Hodl, Hodl, Hodl, Hodl, Hodl, Hodl, Hodl, Hodl, Hodl,
Hodl, Hodl, Hodl, Hodl, Hodl, Hodl, Hodl, Hodl, Hodl, Hodl, Hodl,
Hodl, Hodl, Hodl, Hodl, Hodl, Hodl, Hodl, Hodl, Hodl, Hodl, Hodl,
Hodl, Hodl, Hodl, Hodl, Hodl, Hodl, Hodl, Hodl, Hodl, Hodl, Hodl,
Hodl, Hodl, Hodl, Hodl, Hodl, Hodl, Hodl, Hodl, Hodl, Hodl, Hodl,
Hodl, Hodl, Hodl, Hodl, Hodl, Hodl, Hodl, Hodl, Hodl, Hodl, Hodl,
Hodl, Hodl, Hodl, Hodl, Hodl, Hodl, Hodl, Hodl, Hodl, Hodl, Hodl,
Hodl, Hodl, Hodl, Hodl, Hodl, Hodl, Hodl, Hodl, Hodl, Hodl, Hodl,
Hodl, Hodl, Hodl, Hodl, Hodl, Hodl, Hodl, Hodl, Hodl, Hodl, Hodl,
Hodl, Hodl, Hodl, Hodl, Hodl, Hodl, Hodl, Hodl, Hodl, Hodl, Hodl,
Hodl, Hodl, Hodl, Hodl, Hodl, Hodl, Hodl, Hodl, Hodl, Hodl, Hodl,
Hodl, Hodl, Hodl, Hodl, Hodl, Hodl, Hodl, Hodl, Hodl, Hodl, Hodl,
Hodl, Hodl, Hodl, Hodl, Hodl, Hodl, Hodl, Hodl, Hodl, Hodl, Hodl,
Hodl, Hodl, Hodl, Hodl, Hodl, Hodl, Hodl, Hodl, Hodl, Hodl, Hodl,
Hodl, Hodl, Hodl, Hodl, Hodl, Hodl, Hodl, Hodl, Hodl, Hodl, Hodl,
Hodl, Hodl, Hodl, Hodl, Hodl, Hodl, Hodl, Hodl, Hodl, Hodl, Hodl,
Hodl, Hodl, Hodl, Hodl, Hodl, Hodl, Hodl, Hodl, Hodl, Hodl, Hodl,
Hodl, Hodl, Hodl, Hodl, Hodl, Hodl, Hodl, Hodl, Hodl, Hodl, Hodl,
Hodl, Hodl, Hodl, Hodl, Hodl, Hodl, Hodl, Hodl, Hodl, Hodl, Hodl,
Hodl, Hodl, Hodl, Hodl, Hodl, Hodl, Hodl, Hodl, Hodl, Hodl, Hodl,
Hodl, Hodl, Hodl, Hodl, Hodl, Hodl, Hodl, Hodl, Hodl, Hodl, Hodl,
Hodl, Hodl, Hodl, Hodl, Hodl, Hodl, Hodl, Hodl, Hodl, Hodl, Hodl,
Hodl, Hodl, Hodl, Hodl, Hodl, Hodl.

Hodl, Hodl, Hodl, Hodl, Hodl, Hodl, Hodl, Hodl, Hodl,
Hodl, Hodl, Hodl, Hodl, Hodl, Hodl, Hodl, Hodl, Hodl, Hodl, Hodl,
Hodl, Hodl, Hodl, Hodl, Hodl, Hodl, Hodl, Hodl, Hodl, Hodl, Hodl,
Hodl, Hodl, Hodl, Hodl, Hodl, Hodl, Hodl, Hodl, Hodl, Hodl, Hodl,
Hodl, Hodl, Hodl, Hodl, Hodl, Hodl, Hodl, Hodl, Hodl, Hodl, Hodl,
Hodl, Hodl, Hodl, Hodl, Hodl, Hodl, Hodl, Hodl, Hodl, Hodl, Hodl,
Hodl, Hodl, Hodl, Hodl, Hodl, Hodl, Hodl, Hodl, Hodl, Hodl, Hodl,
Hodl, Hodl, Hodl, Hodl, Hodl, Hodl, Hodl, Hodl, Hodl, Hodl, Hodl,
Hodl, Hodl, Hodl, Hodl, Hodl, Hodl, Hodl, Hodl, Hodl, Hodl, Hodl,
Hodl, Hodl, Hodl, Hodl, Hodl, Hodl, Hodl, Hodl, Hodl, Hodl, Hodl,
Hodl, Hodl, Hodl, Hodl, Hodl, Hodl, Hodl, Hodl, Hodl, Hodl, Hodl,
Hodl, Hodl, Hodl, Hodl, Hodl, Hodl, Hodl, Hodl, Hodl, Hodl, Hodl,
Hodl, Hodl, Hodl, Hodl, Hodl, Hodl, Hodl, Hodl, Hodl, Hodl, Hodl,
Hodl, Hodl, Hodl, Hodl, Hodl, Hodl, Hodl, Hodl, Hodl, Hodl, Hodl,
Hodl, Hodl, Hodl, Hodl, Hodl, Hodl, Hodl, Hodl, Hodl, Hodl, Hodl,
Hodl, Hodl, Hodl, Hodl, Hodl, Hodl, Hodl, Hodl, Hodl, Hodl, Hodl,
Hodl, Hodl, Hodl, Hodl, Hodl, Hodl, Hodl, Hodl, Hodl, Hodl, Hodl,
Hodl, Hodl, Hodl, Hodl, Hodl, Hodl, Hodl, Hodl, Hodl, Hodl, Hodl,
Hodl, Hodl, Hodl, Hodl, Hodl, Hodl, Hodl, Hodl, Hodl, Hodl, Hodl,
Hodl, Hodl, Hodl, Hodl, Hodl, Hodl, Hodl, Hodl, Hodl, Hodl, Hodl,
Hodl, Hodl, Hodl, Hodl, Hodl, Hodl, Hodl, Hodl, Hodl, Hodl, Hodl,
Hodl, Hodl, Hodl, Hodl, Hodl, Hodl, Hodl, Hodl, Hodl, Hodl, Hodl,
Hodl, Hodl, Hodl, Hodl, Hodl, Hodl, Hodl, Hodl, Hodl, Hodl, Hodl,
Hodl, Hodl, Hodl, Hodl, Hodl, Hodl, Hodl, Hodl, Hodl, Hodl, Hodl,
Hodl, Hodl, Hodl, Hodl, Hodl, Hodl, Hodl, Hodl, Hodl, Hodl, Hodl,
Hodl, Hodl, Hodl, Hodl, Hodl, Hodl, Hodl, Hodl, Hodl, Hodl, Hodl,
Hodl, Hodl, Hodl, Hodl, Hodl, Hodl, Hodl, Hodl, Hodl, Hodl, Hodl,
Hodl, Hodl, Hodl, Hodl, Hodl, Hodl, Hodl, Hodl, Hodl, Hodl, Hodl,
Hodl, Hodl, Hodl, Hodl, Hodl, Hodl, Hodl, Hodl, Hodl, Hodl, Hodl,
Hodl, Hodl, Hodl, Hodl, Hodl, Hodl, Hodl, Hodl, Hodl, Hodl, Hodl,
Hodl, Hodl, Hodl, Hodl, Hodl, Hodl, Hodl, Hodl, Hodl, Hodl, Hodl,
Hodl, Hodl, Hodl, Hodl, Hodl, Hodl, Hodl, Hodl, Hodl, Hodl, Hodl,
Hodl, Hodl, Hodl, Hodl, Hodl, Hodl, Hodl, Hodl, Hodl, Hodl, Hodl,
Hodl, Hodl, Hodl, Hodl, Hodl, Hodl.

Hodl, Hodl, Hodl, Hodl, Hodl, Hodl, Hodl, Hodl, Hodl,
Hodl, Hodl, Hodl, Hodl, Hodl, Hodl, Hodl, Hodl, Hodl, Hodl, Hodl,
Hodl, Hodl, Hodl, Hodl, Hodl, Hodl, Hodl, Hodl, Hodl, Hodl, Hodl,
Hodl, Hodl, Hodl, Hodl, Hodl, Hodl, Hodl, Hodl, Hodl, Hodl, Hodl,
Hodl, Hodl, Hodl, Hodl, Hodl, Hodl, Hodl, Hodl, Hodl, Hodl, Hodl,
Hodl, Hodl, Hodl, Hodl, Hodl, Hodl, Hodl, Hodl, Hodl, Hodl, Hodl,
Hodl, Hodl, Hodl, Hodl, Hodl, Hodl, Hodl, Hodl, Hodl, Hodl, Hodl,
Hodl, Hodl, Hodl, Hodl, Hodl, Hodl, Hodl, Hodl, Hodl, Hodl, Hodl,
Hodl, Hodl, Hodl, Hodl, Hodl, Hodl, Hodl, Hodl, Hodl, Hodl, Hodl,
Hodl, Hodl, Hodl, Hodl, Hodl, Hodl, Hodl, Hodl, Hodl, Hodl, Hodl,
Hodl, Hodl, Hodl, Hodl, Hodl, Hodl, Hodl, Hodl, Hodl, Hodl, Hodl,
Hodl, Hodl, Hodl, Hodl, Hodl, Hodl, Hodl, Hodl, Hodl, Hodl, Hodl,
Hodl, Hodl, Hodl, Hodl, Hodl, Hodl, Hodl, Hodl, Hodl, Hodl, Hodl,
Hodl, Hodl, Hodl, Hodl, Hodl, Hodl, Hodl, Hodl, Hodl, Hodl, Hodl,
Hodl, Hodl, Hodl, Hodl, Hodl, Hodl, Hodl, Hodl, Hodl, Hodl, Hodl,
Hodl, Hodl, Hodl, Hodl, Hodl, Hodl, Hodl, Hodl, Hodl, Hodl, Hodl,
Hodl, Hodl, Hodl, Hodl, Hodl, Hodl, Hodl, Hodl, Hodl, Hodl, Hodl,
Hodl, Hodl, Hodl, Hodl, Hodl, Hodl, Hodl, Hodl, Hodl, Hodl, Hodl,
Hodl, Hodl, Hodl, Hodl, Hodl, Hodl, Hodl, Hodl, Hodl, Hodl, Hodl,
Hodl, Hodl, Hodl, Hodl, Hodl, Hodl, Hodl, Hodl, Hodl, Hodl, Hodl,
Hodl, Hodl, Hodl, Hodl, Hodl, Hodl, Hodl, Hodl, Hodl, Hodl, Hodl,
Hodl, Hodl, Hodl, Hodl, Hodl, Hodl, Hodl, Hodl, Hodl, Hodl, Hodl,
Hodl, Hodl, Hodl, Hodl, Hodl, Hodl, Hodl, Hodl, Hodl, Hodl, Hodl,
Hodl, Hodl, Hodl, Hodl, Hodl, Hodl, Hodl, Hodl, Hodl, Hodl, Hodl,
Hodl, Hodl, Hodl, Hodl, Hodl, Hodl, Hodl, Hodl, Hodl, Hodl, Hodl,
Hodl, Hodl, Hodl, Hodl, Hodl, Hodl, Hodl, Hodl, Hodl, Hodl, Hodl,
Hodl, Hodl, Hodl, Hodl, Hodl, Hodl, Hodl, Hodl, Hodl, Hodl, Hodl,
Hodl, Hodl, Hodl, Hodl, Hodl, Hodl, Hodl, Hodl, Hodl, Hodl, Hodl,
Hodl, Hodl, Hodl, Hodl, Hodl, Hodl, Hodl, Hodl, Hodl, Hodl, Hodl,
Hodl, Hodl, Hodl, Hodl, Hodl, Hodl, Hodl, Hodl, Hodl, Hodl, Hodl,
Hodl, Hodl, Hodl, Hodl, Hodl, Hodl, Hodl, Hodl, Hodl, Hodl, Hodl,
Hodl, Hodl, Hodl, Hodl, Hodl, Hodl, Hodl, Hodl, Hodl, Hodl, Hodl,
Hodl, Hodl, Hodl, Hodl, Hodl, Hodl, Hodl, Hodl, Hodl, Hodl, Hodl,
Hodl, Hodl, Hodl, Hodl, Hodl, Hodl, Hodl, Hodl, Hodl, Hodl, Hodl,
Hodl, Hodl, Hodl, Hodl, Hodl, Hodl, Hodl, Hodl, Hodl, Hodl, Hodl,
Hodl, Hodl, Hodl, Hodl, Hodl, Hodl, Hodl, Hodl, Hodl, Hodl, Hodl,
Hodl, Hodl, Hodl, Hodl, Hodl, Hodl, Hodl, Hodl, Hodl, Hodl, Hodl,
Hodl, Hodl, Hodl, Hodl, Hodl, Hodl.

Hodl, Hodl, Hodl, Hodl, Hodl, Hodl, Hodl, Hodl, Hodl,
Hodl, Hodl, Hodl, Hodl, Hodl, Hodl, Hodl, Hodl, Hodl, Hodl, Hodl,
Hodl, Hodl, Hodl, Hodl, Hodl, Hodl, Hodl, Hodl, Hodl, Hodl, Hodl,
Hodl, Hodl, Hodl, Hodl, Hodl, Hodl, Hodl, Hodl, Hodl, Hodl, Hodl,
Hodl, Hodl, Hodl, Hodl, Hodl, Hodl, Hodl, Hodl, Hodl, Hodl, Hodl,
Hodl, Hodl, Hodl, Hodl, Hodl, Hodl, Hodl, Hodl, Hodl, Hodl, Hodl,
Hodl, Hodl, Hodl, Hodl, Hodl, Hodl, Hodl, Hodl, Hodl, Hodl, Hodl,
Hodl, Hodl, Hodl, Hodl, Hodl, Hodl, Hodl, Hodl, Hodl, Hodl, Hodl,
Hodl, Hodl, Hodl, Hodl, Hodl, Hodl, Hodl, Hodl, Hodl, Hodl, Hodl,
Hodl, Hodl, Hodl, Hodl, Hodl, Hodl, Hodl, Hodl, Hodl, Hodl, Hodl,
Hodl, Hodl, Hodl, Hodl, Hodl, Hodl, Hodl, Hodl, Hodl, Hodl, Hodl,
Hodl, Hodl, Hodl, Hodl, Hodl, Hodl, Hodl, Hodl, Hodl, Hodl, Hodl,
Hodl, Hodl, Hodl, Hodl, Hodl, Hodl, Hodl, Hodl, Hodl, Hodl, Hodl,
Hodl, Hodl, Hodl, Hodl, Hodl, Hodl, Hodl, Hodl, Hodl, Hodl, Hodl,
Hodl, Hodl, Hodl, Hodl, Hodl, Hodl, Hodl, Hodl, Hodl, Hodl, Hodl,
Hodl, Hodl, Hodl, Hodl, Hodl, Hodl, Hodl, Hodl, Hodl, Hodl, Hodl,
Hodl, Hodl, Hodl, Hodl, Hodl, Hodl, Hodl, Hodl, Hodl, Hodl, Hodl,
Hodl, Hodl, Hodl, Hodl, Hodl, Hodl, Hodl, Hodl, Hodl, Hodl, Hodl,
Hodl, Hodl, Hodl, Hodl, Hodl, Hodl, Hodl, Hodl, Hodl, Hodl, Hodl,
Hodl, Hodl, Hodl, Hodl, Hodl, Hodl, Hodl, Hodl, Hodl, Hodl, Hodl,
Hodl, Hodl, Hodl, Hodl, Hodl, Hodl, Hodl, Hodl, Hodl, Hodl, Hodl,
Hodl, Hodl, Hodl, Hodl, Hodl, Hodl, Hodl, Hodl, Hodl, Hodl, Hodl,
Hodl, Hodl, Hodl, Hodl, Hodl, Hodl, Hodl, Hodl, Hodl, Hodl, Hodl,
Hodl, Hodl, Hodl, Hodl, Hodl, Hodl, Hodl, Hodl, Hodl, Hodl, Hodl,
Hodl, Hodl, Hodl, Hodl, Hodl, Hodl, Hodl, Hodl, Hodl, Hodl, Hodl,
Hodl, Hodl, Hodl, Hodl, Hodl, Hodl, Hodl, Hodl, Hodl, Hodl, Hodl,
Hodl, Hodl, Hodl, Hodl, Hodl, Hodl, Hodl, Hodl, Hodl, Hodl, Hodl,
Hodl, Hodl, Hodl, Hodl, Hodl, Hodl, Hodl, Hodl, Hodl, Hodl, Hodl,
Hodl, Hodl, Hodl, Hodl, Hodl, Hodl, Hodl, Hodl, Hodl, Hodl, Hodl,
Hodl, Hodl, Hodl, Hodl, Hodl, Hodl, Hodl, Hodl, Hodl, Hodl, Hodl,
Hodl, Hodl, Hodl, Hodl, Hodl, Hodl, Hodl, Hodl, Hodl, Hodl, Hodl,
Hodl, Hodl, Hodl, Hodl, Hodl, Hodl, Hodl, Hodl, Hodl, Hodl, Hodl,
Hodl, Hodl, Hodl, Hodl, Hodl, Hodl.

307

Hodl, Hodl, Hodl, Hodl, Hodl, Hodl, Hodl, Hodl, Hodl,
Hodl, Hodl, Hodl, Hodl, Hodl, Hodl, Hodl, Hodl, Hodl, Hodl, Hodl,
Hodl, Hodl, Hodl, Hodl, Hodl, Hodl, Hodl, Hodl, Hodl, Hodl, Hodl,
Hodl, Hodl, Hodl, Hodl, Hodl, Hodl, Hodl, Hodl, Hodl, Hodl, Hodl,
Hodl, Hodl, Hodl, Hodl, Hodl, Hodl, Hodl, Hodl, Hodl, Hodl, Hodl,
Hodl, Hodl, Hodl, Hodl, Hodl, Hodl, Hodl, Hodl, Hodl, Hodl, Hodl,
Hodl, Hodl, Hodl, Hodl, Hodl, Hodl, Hodl, Hodl, Hodl, Hodl, Hodl,
Hodl, Hodl, Hodl, Hodl, Hodl, Hodl, Hodl, Hodl, Hodl, Hodl, Hodl,
Hodl, Hodl, Hodl, Hodl, Hodl, Hodl, Hodl, Hodl, Hodl, Hodl, Hodl,
Hodl, Hodl, Hodl, Hodl, Hodl, Hodl, Hodl, Hodl, Hodl, Hodl, Hodl,
Hodl, Hodl, Hodl, Hodl, Hodl, Hodl, Hodl, Hodl, Hodl, Hodl, Hodl,
Hodl, Hodl, Hodl, Hodl, Hodl, Hodl, Hodl, Hodl, Hodl, Hodl, Hodl,
Hodl, Hodl, Hodl, Hodl, Hodl, Hodl, Hodl, Hodl, Hodl, Hodl, Hodl,
Hodl, Hodl, Hodl, Hodl, Hodl, Hodl, Hodl, Hodl, Hodl, Hodl, Hodl,
Hodl, Hodl, Hodl, Hodl, Hodl, Hodl, Hodl, Hodl, Hodl, Hodl, Hodl,
Hodl, Hodl, Hodl, Hodl, Hodl, Hodl, Hodl, Hodl, Hodl, Hodl, Hodl,
Hodl, Hodl, Hodl, Hodl, Hodl, Hodl, Hodl, Hodl, Hodl, Hodl, Hodl,
Hodl, Hodl, Hodl, Hodl, Hodl, Hodl, Hodl, Hodl, Hodl, Hodl, Hodl,
Hodl, Hodl, Hodl, Hodl, Hodl, Hodl, Hodl, Hodl, Hodl, Hodl, Hodl,
Hodl, Hodl, Hodl, Hodl, Hodl, Hodl, Hodl, Hodl, Hodl, Hodl, Hodl,
Hodl, Hodl, Hodl, Hodl, Hodl, Hodl, Hodl, Hodl, Hodl, Hodl, Hodl,
Hodl, Hodl, Hodl, Hodl, Hodl, Hodl, Hodl, Hodl, Hodl, Hodl, Hodl,
Hodl, Hodl, Hodl, Hodl, Hodl, Hodl, Hodl, Hodl, Hodl, Hodl, Hodl,
Hodl, Hodl, Hodl, Hodl, Hodl, Hodl, Hodl, Hodl, Hodl, Hodl, Hodl,
Hodl, Hodl, Hodl, Hodl, Hodl, Hodl, Hodl, Hodl, Hodl, Hodl, Hodl,
Hodl, Hodl, Hodl, Hodl, Hodl, Hodl, Hodl, Hodl, Hodl, Hodl, Hodl,
Hodl, Hodl, Hodl, Hodl, Hodl, Hodl, Hodl, Hodl, Hodl, Hodl, Hodl,
Hodl, Hodl, Hodl, Hodl, Hodl, Hodl, Hodl, Hodl, Hodl, Hodl, Hodl,
Hodl, Hodl, Hodl, Hodl, Hodl, Hodl, Hodl, Hodl, Hodl, Hodl, Hodl,
Hodl, Hodl, Hodl, Hodl, Hodl, Hodl, Hodl, Hodl, Hodl, Hodl, Hodl,
Hodl, Hodl, Hodl, Hodl, Hodl, Hodl, Hodl, Hodl, Hodl, Hodl, Hodl,
Hodl, Hodl, Hodl, Hodl, Hodl, Hodl, Hodl, Hodl, Hodl, Hodl, Hodl,
Hodl, Hodl, Hodl, Hodl, Hodl, Hodl, Hodl, Hodl, Hodl, Hodl, Hodl,
Hodl, Hodl, Hodl, Hodl, Hodl, Hodl, Hodl, Hodl, Hodl, Hodl, Hodl,
Hodl, Hodl, Hodl, Hodl, Hodl, Hodl.

Hodl, Hodl, Hodl, Hodl, Hodl, Hodl, Hodl, Hodl, Hodl,
Hodl, Hodl, Hodl, Hodl, Hodl, Hodl, Hodl, Hodl, Hodl, Hodl, Hodl,
Hodl, Hodl, Hodl, Hodl, Hodl, Hodl, Hodl, Hodl, Hodl, Hodl, Hodl,
Hodl, Hodl, Hodl, Hodl, Hodl, Hodl, Hodl, Hodl, Hodl, Hodl, Hodl,
Hodl, Hodl, Hodl, Hodl, Hodl, Hodl, Hodl, Hodl, Hodl, Hodl, Hodl,
Hodl, Hodl, Hodl, Hodl, Hodl, Hodl, Hodl, Hodl, Hodl, Hodl, Hodl,
Hodl, Hodl, Hodl, Hodl, Hodl, Hodl, Hodl, Hodl, Hodl, Hodl, Hodl,
Hodl, Hodl, Hodl, Hodl, Hodl, Hodl, Hodl, Hodl, Hodl, Hodl, Hodl,
Hodl, Hodl, Hodl, Hodl, Hodl, Hodl, Hodl, Hodl, Hodl, Hodl, Hodl,
Hodl, Hodl, Hodl, Hodl, Hodl, Hodl, Hodl, Hodl, Hodl, Hodl, Hodl,
Hodl, Hodl, Hodl, Hodl, Hodl, Hodl, Hodl, Hodl, Hodl, Hodl, Hodl,
Hodl, Hodl, Hodl, Hodl, Hodl, Hodl, Hodl, Hodl, Hodl, Hodl, Hodl,
Hodl, Hodl, Hodl, Hodl, Hodl, Hodl, Hodl, Hodl, Hodl, Hodl, Hodl,
Hodl, Hodl, Hodl, Hodl, Hodl, Hodl, Hodl, Hodl, Hodl, Hodl, Hodl,
Hodl, Hodl, Hodl, Hodl, Hodl, Hodl, Hodl, Hodl, Hodl, Hodl, Hodl,
Hodl, Hodl, Hodl, Hodl, Hodl, Hodl, Hodl, Hodl, Hodl, Hodl, Hodl,
Hodl, Hodl, Hodl, Hodl, Hodl, Hodl, Hodl, Hodl, Hodl, Hodl, Hodl,
Hodl, Hodl, Hodl, Hodl, Hodl, Hodl, Hodl, Hodl, Hodl, Hodl, Hodl,
Hodl, Hodl, Hodl, Hodl, Hodl, Hodl, Hodl, Hodl, Hodl, Hodl, Hodl,
Hodl, Hodl, Hodl, Hodl, Hodl, Hodl, Hodl, Hodl, Hodl, Hodl, Hodl,
Hodl, Hodl, Hodl, Hodl, Hodl, Hodl, Hodl, Hodl, Hodl, Hodl, Hodl,
Hodl, Hodl, Hodl, Hodl, Hodl, Hodl, Hodl, Hodl, Hodl, Hodl, Hodl,
Hodl, Hodl, Hodl, Hodl, Hodl, Hodl, Hodl, Hodl, Hodl, Hodl, Hodl,
Hodl, Hodl, Hodl, Hodl, Hodl, Hodl, Hodl, Hodl, Hodl, Hodl, Hodl,
Hodl, Hodl, Hodl, Hodl, Hodl, Hodl, Hodl, Hodl, Hodl, Hodl, Hodl,
Hodl, Hodl, Hodl, Hodl, Hodl, Hodl, Hodl, Hodl, Hodl, Hodl, Hodl,
Hodl, Hodl, Hodl, Hodl, Hodl, Hodl, Hodl, Hodl, Hodl, Hodl, Hodl,
Hodl, Hodl, Hodl, Hodl, Hodl, Hodl, Hodl, Hodl, Hodl, Hodl, Hodl,
Hodl, Hodl, Hodl, Hodl, Hodl, Hodl, Hodl, Hodl, Hodl, Hodl, Hodl,
Hodl, Hodl, Hodl, Hodl, Hodl, Hodl, Hodl, Hodl, Hodl, Hodl, Hodl,
Hodl, Hodl, Hodl, Hodl, Hodl, Hodl, Hodl, Hodl, Hodl, Hodl, Hodl,
Hodl, Hodl, Hodl, Hodl, Hodl, Hodl, Hodl, Hodl, Hodl, Hodl, Hodl,
Hodl, Hodl, Hodl, Hodl, Hodl, Hodl, Hodl, Hodl, Hodl, Hodl, Hodl,
Hodl, Hodl, Hodl, Hodl, Hodl, Hodl.

Hodl, Hodl, Hodl, Hodl, Hodl, Hodl, Hodl, Hodl, Hodl,
Hodl, Hodl, Hodl, Hodl, Hodl, Hodl, Hodl, Hodl, Hodl, Hodl, Hodl,
Hodl, Hodl, Hodl, Hodl, Hodl, Hodl, Hodl, Hodl, Hodl, Hodl, Hodl,
Hodl, Hodl, Hodl, Hodl, Hodl, Hodl, Hodl, Hodl, Hodl, Hodl, Hodl,
Hodl, Hodl, Hodl, Hodl, Hodl, Hodl, Hodl, Hodl, Hodl, Hodl, Hodl,
Hodl, Hodl, Hodl, Hodl, Hodl, Hodl, Hodl, Hodl, Hodl, Hodl, Hodl,
Hodl, Hodl, Hodl, Hodl, Hodl, Hodl, Hodl, Hodl, Hodl, Hodl, Hodl,
Hodl, Hodl, Hodl, Hodl, Hodl, Hodl, Hodl, Hodl, Hodl, Hodl, Hodl,
Hodl, Hodl, Hodl, Hodl, Hodl, Hodl, Hodl, Hodl, Hodl, Hodl, Hodl,
Hodl, Hodl, Hodl, Hodl, Hodl, Hodl, Hodl, Hodl, Hodl, Hodl, Hodl,
Hodl, Hodl, Hodl, Hodl, Hodl, Hodl, Hodl, Hodl, Hodl, Hodl, Hodl,
Hodl, Hodl, Hodl, Hodl, Hodl, Hodl, Hodl, Hodl, Hodl, Hodl, Hodl,
Hodl, Hodl, Hodl, Hodl, Hodl, Hodl, Hodl, Hodl, Hodl, Hodl, Hodl,
Hodl, Hodl, Hodl, Hodl, Hodl, Hodl, Hodl, Hodl, Hodl, Hodl, Hodl,
Hodl, Hodl, Hodl, Hodl, Hodl, Hodl, Hodl, Hodl, Hodl, Hodl, Hodl,
Hodl, Hodl, Hodl, Hodl, Hodl, Hodl, Hodl, Hodl, Hodl, Hodl, Hodl,
Hodl, Hodl, Hodl, Hodl, Hodl, Hodl, Hodl, Hodl, Hodl, Hodl, Hodl,
Hodl, Hodl, Hodl, Hodl, Hodl, Hodl, Hodl, Hodl, Hodl, Hodl, Hodl,
Hodl, Hodl, Hodl, Hodl, Hodl, Hodl, Hodl, Hodl, Hodl, Hodl, Hodl,
Hodl, Hodl, Hodl, Hodl, Hodl, Hodl, Hodl, Hodl, Hodl, Hodl, Hodl,
Hodl, Hodl, Hodl, Hodl, Hodl, Hodl, Hodl, Hodl, Hodl, Hodl, Hodl,
Hodl, Hodl, Hodl, Hodl, Hodl, Hodl, Hodl, Hodl, Hodl, Hodl, Hodl,
Hodl, Hodl, Hodl, Hodl, Hodl, Hodl, Hodl, Hodl, Hodl, Hodl, Hodl,
Hodl, Hodl, Hodl, Hodl, Hodl, Hodl, Hodl, Hodl, Hodl, Hodl, Hodl,
Hodl, Hodl, Hodl, Hodl, Hodl, Hodl, Hodl, Hodl, Hodl, Hodl, Hodl,
Hodl, Hodl, Hodl, Hodl, Hodl, Hodl, Hodl, Hodl, Hodl, Hodl, Hodl,
Hodl, Hodl, Hodl, Hodl, Hodl, Hodl, Hodl, Hodl, Hodl, Hodl, Hodl,
Hodl, Hodl, Hodl, Hodl, Hodl, Hodl, Hodl, Hodl, Hodl, Hodl, Hodl,
Hodl, Hodl, Hodl, Hodl, Hodl, Hodl, Hodl, Hodl, Hodl, Hodl, Hodl,
Hodl, Hodl, Hodl, Hodl, Hodl, Hodl, Hodl, Hodl, Hodl, Hodl, Hodl,
Hodl, Hodl, Hodl, Hodl, Hodl, Hodl, Hodl, Hodl, Hodl, Hodl, Hodl,
Hodl, Hodl, Hodl, Hodl, Hodl, Hodl, Hodl, Hodl, Hodl, Hodl, Hodl,
Hodl, Hodl, Hodl, Hodl, Hodl, Hodl, Hodl, Hodl, Hodl, Hodl, Hodl,
Hodl, Hodl, Hodl, Hodl, Hodl, Hodl, Hodl, Hodl, Hodl, Hodl, Hodl,
Hodl, Hodl, Hodl, Hodl, Hodl, Hodl, Hodl, Hodl, Hodl, Hodl, Hodl,
Hodl, Hodl, Hodl, Hodl, Hodl, Hodl.

Hodl, Hodl, Hodl, Hodl, Hodl, Hodl, Hodl, Hodl, Hodl, Hodl, Hodl, Hodl, Hodl, Hodl, Hodl, Hodl, Hodl, Hodl, Hodl, Hodl, Hodl, Hodl, Hodl, Hodl, Hodl, Hodl, Hodl, Hodl, Hodl, Hodl, Hodl, Hodl, Hodl, Hodl, Hodl, Hodl, Hodl, Hodl, Hodl, Hodl, Hodl, Hodl, Hodl, Hodl, Hodl, Hodl, Hodl, Hodl, Hodl, Hodl, Hodl, Hodl, Hodl, Hodl, Hodl, Hodl, Hodl, Hodl, Hodl, Hodl, Hodl, Hodl, Hodl, Hodl, Hodl, Hodl, Hodl, Hodl, Hodl, Hodl, Hodl, Hodl, Hodl, Hodl, Hodl, Hodl, Hodl, Hodl, Hodl, Hodl, Hodl, Hodl, Hodl, Hodl, Hodl, Hodl, Hodl, Hodl, Hodl, Hodl, Hodl, Hodl, Hodl, Hodl, Hodl, Hodl, Hodl, Hodl, Hodl, Hodl, Hodl, Hodl, Hodl, Hodl, Hodl, Hodl, Hodl, Hodl, Hodl, Hodl, Hodl, Hodl, Hodl, Hodl, Hodl, Hodl, Hodl, Hodl, Hodl, Hodl, Hodl, Hodl, Hodl, Hodl, Hodl, Hodl, Hodl, Hodl, Hodl, Hodl, Hodl, Hodl, Hodl, Hodl, Hodl, Hodl, Hodl, Hodl, Hodl, Hodl, Hodl, Hodl, Hodl, Hodl, Hodl, Hodl, Hodl, Hodl, Hodl, Hodl, Hodl, Hodl, Hodl, Hodl, Hodl, Hodl, Hodl, Hodl, Hodl, Hodl, Hodl, Hodl, Hodl, Hodl, Hodl, Hodl, Hodl, Hodl, Hodl, Hodl, Hodl, Hodl, Hodl, Hodl, Hodl, Hodl, Hodl, Hodl, Hodl, Hodl, Hodl, Hodl, Hodl, Hodl, Hodl, Hodl, Hodl, Hodl, Hodl, Hodl, Hodl, Hodl, Hodl, Hodl, Hodl, Hodl, Hodl, Hodl, Hodl, Hodl, Hodl, Hodl, Hodl, Hodl, Hodl, Hodl, Hodl, Hodl, Hodl, Hodl, Hodl, Hodl, Hodl, Hodl, Hodl, Hodl, Hodl, Hodl, Hodl, Hodl, Hodl, Hodl, Hodl, Hodl, Hodl, Hodl, Hodl, Hodl, Hodl, Hodl, Hodl, Hodl, Hodl, Hodl, Hodl, Hodl, Hodl, Hodl, Hodl, Hodl, Hodl, Hodl, Hodl, Hodl, Hodl, Hodl, Hodl, Hodl, Hodl, Hodl, Hodl, Hodl, Hodl, Hodl, Hodl, Hodl, Hodl, Hodl, Hodl, Hodl, Hodl, Hodl, Hodl, Hodl, Hodl, Hodl, Hodl, Hodl, Hodl, Hodl, Hodl, Hodl, Hodl, Hodl, Hodl, Hodl, Hodl, Hodl, Hodl, Hodl, Hodl, Hodl, Hodl, Hodl, Hodl, Hodl, Hodl, Hodl, Hodl, Hodl, Hodl, Hodl, Hodl, Hodl, Hodl, Hodl, Hodl, Hodl, Hodl, Hodl, Hodl, Hodl, Hodl, Hodl, Hodl, Hodl, Hodl, Hodl, Hodl, Hodl, Hodl, Hodl, Hodl, Hodl, Hodl, Hodl, Hodl, Hodl, Hodl, Hodl, Hodl, Hodl, Hodl, Hodl, Hodl, Hodl, Hodl, Hodl, Hodl, Hodl, Hodl, Hodl, Hodl, Hodl, Hodl, Hodl, Hodl, Hodl, Hodl, Hodl, Hodl, Hodl, Hodl, Hodl, Hodl, Hodl, Hodl, Hodl, Hodl, Hodl, Hodl, Hodl, Hodl, Hodl, Hodl, Hodl, Hodl, Hodl, Hodl, Hodl, Hodl, Hodl, Hodl, Hodl, Hodl, Hodl, Hodl, Hodl, Hodl, Hodl, Hodl, Hodl, Hodl, Hodl, Hodl, Hodl, Hodl, Hodl, Hodl, Hodl, Hodl, Hodl, Hodl, Hodl, Hodl, Hodl, Hodl, Hodl, Hodl, Hodl, Hodl, Hodl, Hodl, Hodl, Hodl, Hodl, Hodl, Hodl, Hodl, Hodl, Hodl, Hodl, Hodl, Hodl, Hodl, Hodl, Hodl, Hodl, Hodl, Hodl, Hodl, Hodl, Hodl, Hodl, Hodl, Hodl, Hodl, Hodl, Hodl, Hodl, Hodl, Hodl, Hodl, Hodl, Hodl, Hodl, Hodl, Hodl, Hodl, Hodl, Hodl, Hodl, Hodl, Hodl, Hodl.

Hodl, Hodl, Hodl, Hodl, Hodl, Hodl, Hodl, Hodl, Hodl,
Hodl, Hodl, Hodl, Hodl, Hodl, Hodl, Hodl, Hodl, Hodl, Hodl, Hodl,
Hodl, Hodl, Hodl, Hodl, Hodl, Hodl, Hodl, Hodl, Hodl, Hodl, Hodl,
Hodl, Hodl, Hodl, Hodl, Hodl, Hodl, Hodl, Hodl, Hodl, Hodl, Hodl,
Hodl, Hodl, Hodl, Hodl, Hodl, Hodl, Hodl, Hodl, Hodl, Hodl, Hodl,
Hodl, Hodl, Hodl, Hodl, Hodl, Hodl, Hodl, Hodl, Hodl, Hodl, Hodl,
Hodl, Hodl, Hodl, Hodl, Hodl, Hodl, Hodl, Hodl, Hodl, Hodl, Hodl,
Hodl, Hodl, Hodl, Hodl, Hodl, Hodl, Hodl, Hodl, Hodl, Hodl, Hodl,
Hodl, Hodl, Hodl, Hodl, Hodl, Hodl, Hodl, Hodl, Hodl, Hodl, Hodl,
Hodl, Hodl, Hodl, Hodl, Hodl, Hodl, Hodl, Hodl, Hodl, Hodl, Hodl,
Hodl, Hodl, Hodl, Hodl, Hodl, Hodl, Hodl, Hodl, Hodl, Hodl, Hodl,
Hodl, Hodl, Hodl, Hodl, Hodl, Hodl, Hodl, Hodl, Hodl, Hodl, Hodl,
Hodl, Hodl, Hodl, Hodl, Hodl, Hodl, Hodl, Hodl, Hodl, Hodl, Hodl,
Hodl, Hodl, Hodl, Hodl, Hodl, Hodl, Hodl, Hodl, Hodl, Hodl, Hodl,
Hodl, Hodl, Hodl, Hodl, Hodl, Hodl, Hodl, Hodl, Hodl, Hodl, Hodl,
Hodl, Hodl, Hodl, Hodl, Hodl, Hodl, Hodl, Hodl, Hodl, Hodl, Hodl,
Hodl, Hodl, Hodl, Hodl, Hodl, Hodl, Hodl, Hodl, Hodl, Hodl, Hodl,
Hodl, Hodl, Hodl, Hodl, Hodl, Hodl, Hodl, Hodl, Hodl, Hodl, Hodl,
Hodl, Hodl, Hodl, Hodl, Hodl, Hodl, Hodl, Hodl, Hodl, Hodl, Hodl,
Hodl, Hodl, Hodl, Hodl, Hodl, Hodl, Hodl, Hodl, Hodl, Hodl, Hodl,
Hodl, Hodl, Hodl, Hodl, Hodl, Hodl, Hodl, Hodl, Hodl, Hodl, Hodl,
Hodl, Hodl, Hodl, Hodl, Hodl, Hodl, Hodl, Hodl, Hodl, Hodl, Hodl,
Hodl, Hodl, Hodl, Hodl, Hodl, Hodl, Hodl, Hodl, Hodl, Hodl, Hodl,
Hodl, Hodl, Hodl, Hodl, Hodl, Hodl, Hodl, Hodl, Hodl, Hodl, Hodl,
Hodl, Hodl, Hodl, Hodl, Hodl, Hodl, Hodl, Hodl, Hodl, Hodl, Hodl,
Hodl, Hodl, Hodl, Hodl, Hodl, Hodl, Hodl, Hodl, Hodl, Hodl, Hodl,
Hodl, Hodl, Hodl, Hodl, Hodl, Hodl, Hodl, Hodl, Hodl, Hodl, Hodl,
Hodl, Hodl, Hodl, Hodl, Hodl, Hodl, Hodl, Hodl, Hodl, Hodl, Hodl,
Hodl, Hodl, Hodl, Hodl, Hodl, Hodl, Hodl, Hodl, Hodl, Hodl, Hodl,
Hodl, Hodl, Hodl, Hodl, Hodl, Hodl, Hodl, Hodl, Hodl, Hodl, Hodl,
Hodl, Hodl, Hodl, Hodl, Hodl, Hodl, Hodl, Hodl, Hodl, Hodl, Hodl,
Hodl, Hodl, Hodl, Hodl, Hodl, Hodl, Hodl, Hodl, Hodl, Hodl, Hodl,
Hodl, Hodl, Hodl, Hodl, Hodl, Hodl, Hodl, Hodl, Hodl, Hodl, Hodl,
Hodl, Hodl, Hodl, Hodl, Hodl, Hodl, Hodl, Hodl, Hodl, Hodl, Hodl,
Hodl, Hodl, Hodl, Hodl, Hodl, Hodl.

Hodl, Hodl, Hodl, Hodl, Hodl, Hodl, Hodl, Hodl, Hodl,
Hodl, Hodl, Hodl, Hodl, Hodl, Hodl, Hodl, Hodl, Hodl, Hodl, Hodl,
Hodl, Hodl, Hodl, Hodl, Hodl, Hodl, Hodl, Hodl, Hodl, Hodl, Hodl,
Hodl, Hodl, Hodl, Hodl, Hodl, Hodl, Hodl, Hodl, Hodl, Hodl, Hodl,
Hodl, Hodl, Hodl, Hodl, Hodl, Hodl, Hodl, Hodl, Hodl, Hodl, Hodl,
Hodl, Hodl, Hodl, Hodl, Hodl, Hodl, Hodl, Hodl, Hodl, Hodl, Hodl,
Hodl, Hodl, Hodl, Hodl, Hodl, Hodl, Hodl, Hodl, Hodl, Hodl, Hodl,
Hodl, Hodl, Hodl, Hodl, Hodl, Hodl, Hodl, Hodl, Hodl, Hodl, Hodl,
Hodl, Hodl, Hodl, Hodl, Hodl, Hodl, Hodl, Hodl, Hodl, Hodl, Hodl,
Hodl, Hodl, Hodl, Hodl, Hodl, Hodl, Hodl, Hodl, Hodl, Hodl, Hodl,
Hodl, Hodl, Hodl, Hodl, Hodl, Hodl, Hodl, Hodl, Hodl, Hodl, Hodl,
Hodl, Hodl, Hodl, Hodl, Hodl, Hodl, Hodl, Hodl, Hodl, Hodl, Hodl,
Hodl, Hodl, Hodl, Hodl, Hodl, Hodl, Hodl, Hodl, Hodl, Hodl, Hodl,
Hodl, Hodl, Hodl, Hodl, Hodl, Hodl, Hodl, Hodl, Hodl, Hodl, Hodl,
Hodl, Hodl, Hodl, Hodl, Hodl, Hodl, Hodl, Hodl, Hodl, Hodl, Hodl,
Hodl, Hodl, Hodl, Hodl, Hodl, Hodl, Hodl, Hodl, Hodl, Hodl, Hodl,
Hodl, Hodl, Hodl, Hodl, Hodl, Hodl, Hodl, Hodl, Hodl, Hodl, Hodl,
Hodl, Hodl, Hodl, Hodl, Hodl, Hodl, Hodl, Hodl, Hodl, Hodl, Hodl,
Hodl, Hodl, Hodl, Hodl, Hodl, Hodl, Hodl, Hodl, Hodl, Hodl, Hodl,
Hodl, Hodl, Hodl, Hodl, Hodl, Hodl, Hodl, Hodl, Hodl, Hodl, Hodl,
Hodl, Hodl, Hodl, Hodl, Hodl, Hodl, Hodl, Hodl, Hodl, Hodl, Hodl,
Hodl, Hodl, Hodl, Hodl, Hodl, Hodl, Hodl, Hodl, Hodl, Hodl, Hodl,
Hodl, Hodl, Hodl, Hodl, Hodl, Hodl, Hodl, Hodl, Hodl, Hodl, Hodl,
Hodl, Hodl, Hodl, Hodl, Hodl, Hodl, Hodl, Hodl, Hodl, Hodl, Hodl,
Hodl, Hodl, Hodl, Hodl, Hodl, Hodl, Hodl, Hodl, Hodl, Hodl, Hodl,
Hodl, Hodl, Hodl, Hodl, Hodl, Hodl, Hodl, Hodl, Hodl, Hodl, Hodl,
Hodl, Hodl, Hodl, Hodl, Hodl, Hodl, Hodl, Hodl, Hodl, Hodl, Hodl,
Hodl, Hodl, Hodl, Hodl, Hodl, Hodl, Hodl, Hodl, Hodl, Hodl, Hodl,
Hodl, Hodl, Hodl, Hodl, Hodl, Hodl, Hodl, Hodl, Hodl, Hodl, Hodl,
Hodl, Hodl, Hodl, Hodl, Hodl, Hodl, Hodl, Hodl, Hodl, Hodl, Hodl,
Hodl, Hodl, Hodl, Hodl, Hodl, Hodl, Hodl, Hodl, Hodl, Hodl, Hodl,
Hodl, Hodl, Hodl, Hodl, Hodl, Hodl, Hodl, Hodl, Hodl, Hodl, Hodl,
Hodl, Hodl, Hodl, Hodl, Hodl, Hodl, Hodl, Hodl, Hodl, Hodl, Hodl,
Hodl, Hodl, Hodl, Hodl, Hodl, Hodl, Hodl, Hodl, Hodl, Hodl, Hodl,
Hodl, Hodl, Hodl, Hodl, Hodl, Hodl.

Hodl, Hodl, Hodl, Hodl, Hodl, Hodl, Hodl, Hodl, Hodl, Hodl, Hodl, Hodl, Hodl, Hodl, Hodl, Hodl, Hodl, Hodl, Hodl, Hodl, Hodl, Hodl, Hodl, Hodl, Hodl, Hodl, Hodl, Hodl, Hodl, Hodl, Hodl, Hodl, Hodl, Hodl, Hodl, Hodl, Hodl, Hodl, Hodl, Hodl, Hodl, Hodl, Hodl, Hodl, Hodl, Hodl, Hodl, Hodl, Hodl, Hodl, Hodl, Hodl, Hodl, Hodl, Hodl, Hodl, Hodl, Hodl, Hodl, Hodl, Hodl, Hodl, Hodl, Hodl, Hodl, Hodl, Hodl, Hodl, Hodl, Hodl, Hodl, Hodl, Hodl, Hodl, Hodl, Hodl, Hodl, Hodl, Hodl, Hodl, Hodl, Hodl, Hodl, Hodl, Hodl, Hodl, Hodl, Hodl, Hodl, Hodl, Hodl, Hodl, Hodl, Hodl, Hodl, Hodl, Hodl, Hodl, Hodl, Hodl, Hodl, Hodl, Hodl, Hodl, Hodl, Hodl, Hodl, Hodl, Hodl, Hodl, Hodl, Hodl, Hodl, Hodl, Hodl, Hodl, Hodl, Hodl, Hodl, Hodl, Hodl, Hodl, Hodl, Hodl, Hodl, Hodl, Hodl, Hodl, Hodl, Hodl, Hodl, Hodl, Hodl, Hodl, Hodl, Hodl, Hodl, Hodl, Hodl, Hodl, Hodl, Hodl, Hodl, Hodl, Hodl, Hodl, Hodl, Hodl, Hodl, Hodl, Hodl, Hodl, Hodl, Hodl, Hodl, Hodl, Hodl, Hodl, Hodl, Hodl, Hodl, Hodl, Hodl, Hodl, Hodl, Hodl, Hodl, Hodl, Hodl, Hodl, Hodl, Hodl, Hodl, Hodl, Hodl, Hodl, Hodl, Hodl, Hodl, Hodl, Hodl, Hodl, Hodl, Hodl, Hodl, Hodl, Hodl, Hodl, Hodl, Hodl, Hodl, Hodl, Hodl, Hodl, Hodl, Hodl, Hodl, Hodl, Hodl, Hodl, Hodl, Hodl, Hodl, Hodl, Hodl, Hodl, Hodl, Hodl, Hodl, Hodl, Hodl, Hodl, Hodl, Hodl, Hodl, Hodl, Hodl, Hodl, Hodl, Hodl, Hodl, Hodl, Hodl, Hodl, Hodl, Hodl, Hodl, Hodl, Hodl, Hodl, Hodl, Hodl, Hodl, Hodl, Hodl, Hodl, Hodl, Hodl, Hodl, Hodl, Hodl, Hodl, Hodl, Hodl, Hodl, Hodl, Hodl, Hodl, Hodl, Hodl, Hodl, Hodl, Hodl, Hodl, Hodl, Hodl, Hodl, Hodl, Hodl, Hodl, Hodl, Hodl, Hodl, Hodl, Hodl, Hodl, Hodl, Hodl, Hodl, Hodl, Hodl, Hodl, Hodl, Hodl, Hodl, Hodl, Hodl, Hodl, Hodl, Hodl, Hodl, Hodl, Hodl, Hodl, Hodl, Hodl, Hodl, Hodl, Hodl, Hodl, Hodl, Hodl, Hodl, Hodl, Hodl, Hodl, Hodl, Hodl, Hodl, Hodl, Hodl, Hodl, Hodl, Hodl, Hodl, Hodl, Hodl, Hodl, Hodl, Hodl, Hodl, Hodl, Hodl, Hodl, Hodl, Hodl, Hodl, Hodl, Hodl, Hodl, Hodl, Hodl, Hodl, Hodl, Hodl, Hodl, Hodl, Hodl, Hodl, Hodl, Hodl, Hodl, Hodl, Hodl, Hodl, Hodl, Hodl, Hodl, Hodl, Hodl, Hodl, Hodl, Hodl, Hodl, Hodl, Hodl, Hodl, Hodl, Hodl, Hodl, Hodl, Hodl, Hodl, Hodl, Hodl, Hodl, Hodl, Hodl, Hodl, Hodl, Hodl, Hodl, Hodl, Hodl, Hodl, Hodl, Hodl, Hodl, Hodl, Hodl, Hodl, Hodl, Hodl, Hodl, Hodl, Hodl, Hodl, Hodl, Hodl, Hodl, Hodl, Hodl, Hodl, Hodl, Hodl, Hodl, Hodl, Hodl, Hodl, Hodl, Hodl, Hodl, Hodl, Hodl, Hodl, Hodl, Hodl, Hodl, Hodl, Hodl, Hodl, Hodl, Hodl, Hodl, Hodl, Hodl, Hodl, Hodl, Hodl, Hodl, Hodl, Hodl, Hodl, Hodl, Hodl, Hodl, Hodl, Hodl, Hodl, Hodl, Hodl, Hodl, Hodl, Hodl, Hodl, Hodl, Hodl, Hodl, Hodl, Hodl, Hodl, Hodl, Hodl, Hodl, Hodl, Hodl, Hodl, Hodl, Hodl, Hodl, Hodl, Hodl, Hodl, Hodl, Hodl, Hodl, Hodl, Hodl, Hodl, Hodl, Hodl, Hodl, Hodl, Hodl, Hodl, Hodl, Hodl, Hodl, Hodl, Hodl, Hodl, Hodl, Hodl.

Hodl, Hodl, Hodl, Hodl, Hodl, Hodl, Hodl, Hodl, Hodl,
Hodl, Hodl, Hodl, Hodl, Hodl, Hodl, Hodl, Hodl, Hodl, Hodl, Hodl,
Hodl, Hodl, Hodl, Hodl, Hodl, Hodl, Hodl, Hodl, Hodl, Hodl, Hodl,
Hodl, Hodl, Hodl, Hodl, Hodl, Hodl, Hodl, Hodl, Hodl, Hodl, Hodl,
Hodl, Hodl, Hodl, Hodl, Hodl, Hodl, Hodl, Hodl, Hodl, Hodl, Hodl,
Hodl, Hodl, Hodl, Hodl, Hodl, Hodl, Hodl, Hodl, Hodl, Hodl, Hodl,
Hodl, Hodl, Hodl, Hodl, Hodl, Hodl, Hodl, Hodl, Hodl, Hodl, Hodl,
Hodl, Hodl, Hodl, Hodl, Hodl, Hodl, Hodl, Hodl, Hodl, Hodl, Hodl,
Hodl, Hodl, Hodl, Hodl, Hodl, Hodl, Hodl, Hodl, Hodl, Hodl, Hodl,
Hodl, Hodl, Hodl, Hodl, Hodl, Hodl, Hodl, Hodl, Hodl, Hodl, Hodl,
Hodl, Hodl, Hodl, Hodl, Hodl, Hodl, Hodl, Hodl, Hodl, Hodl, Hodl,
Hodl, Hodl, Hodl, Hodl, Hodl, Hodl, Hodl, Hodl, Hodl, Hodl, Hodl,
Hodl, Hodl, Hodl, Hodl, Hodl, Hodl, Hodl, Hodl, Hodl, Hodl, Hodl,
Hodl, Hodl, Hodl, Hodl, Hodl, Hodl, Hodl, Hodl, Hodl, Hodl, Hodl,
Hodl, Hodl, Hodl, Hodl, Hodl, Hodl, Hodl, Hodl, Hodl, Hodl, Hodl,
Hodl, Hodl, Hodl, Hodl, Hodl, Hodl, Hodl, Hodl, Hodl, Hodl, Hodl,
Hodl, Hodl, Hodl, Hodl, Hodl, Hodl, Hodl, Hodl, Hodl, Hodl, Hodl,
Hodl, Hodl, Hodl, Hodl, Hodl, Hodl, Hodl, Hodl, Hodl, Hodl, Hodl,
Hodl, Hodl, Hodl, Hodl, Hodl, Hodl, Hodl, Hodl, Hodl, Hodl, Hodl,
Hodl, Hodl, Hodl, Hodl, Hodl, Hodl, Hodl, Hodl, Hodl, Hodl, Hodl,
Hodl, Hodl, Hodl, Hodl, Hodl, Hodl, Hodl, Hodl, Hodl, Hodl, Hodl,
Hodl, Hodl, Hodl, Hodl, Hodl, Hodl, Hodl, Hodl, Hodl, Hodl, Hodl,
Hodl, Hodl, Hodl, Hodl, Hodl, Hodl, Hodl, Hodl, Hodl, Hodl, Hodl,
Hodl, Hodl, Hodl, Hodl, Hodl, Hodl, Hodl, Hodl, Hodl, Hodl, Hodl,
Hodl, Hodl, Hodl, Hodl, Hodl, Hodl, Hodl, Hodl, Hodl, Hodl, Hodl,
Hodl, Hodl, Hodl, Hodl, Hodl, Hodl, Hodl, Hodl, Hodl, Hodl, Hodl,
Hodl, Hodl, Hodl, Hodl, Hodl, Hodl, Hodl, Hodl, Hodl, Hodl, Hodl,
Hodl, Hodl, Hodl, Hodl, Hodl, Hodl, Hodl, Hodl, Hodl, Hodl, Hodl,
Hodl, Hodl, Hodl, Hodl, Hodl, Hodl, Hodl, Hodl, Hodl, Hodl, Hodl,
Hodl, Hodl, Hodl, Hodl, Hodl, Hodl, Hodl, Hodl, Hodl, Hodl, Hodl,
Hodl, Hodl, Hodl, Hodl, Hodl, Hodl, Hodl, Hodl, Hodl, Hodl, Hodl,
Hodl, Hodl, Hodl, Hodl, Hodl, Hodl, Hodl, Hodl, Hodl, Hodl, Hodl,
Hodl, Hodl, Hodl, Hodl, Hodl, Hodl.

Hodl, Hodl, Hodl, Hodl, Hodl, Hodl, Hodl, Hodl, Hodl,
Hodl, Hodl, Hodl, Hodl, Hodl, Hodl, Hodl, Hodl, Hodl, Hodl, Hodl,
Hodl, Hodl, Hodl, Hodl, Hodl, Hodl, Hodl, Hodl, Hodl, Hodl, Hodl,
Hodl, Hodl, Hodl, Hodl, Hodl, Hodl, Hodl, Hodl, Hodl, Hodl, Hodl,
Hodl, Hodl, Hodl, Hodl, Hodl, Hodl, Hodl, Hodl, Hodl, Hodl, Hodl,
Hodl, Hodl, Hodl, Hodl, Hodl, Hodl, Hodl, Hodl, Hodl, Hodl, Hodl,
Hodl, Hodl, Hodl, Hodl, Hodl, Hodl, Hodl, Hodl, Hodl, Hodl, Hodl,
Hodl, Hodl, Hodl, Hodl, Hodl, Hodl, Hodl, Hodl, Hodl, Hodl, Hodl,
Hodl, Hodl, Hodl, Hodl, Hodl, Hodl, Hodl, Hodl, Hodl, Hodl, Hodl,
Hodl, Hodl, Hodl, Hodl, Hodl, Hodl, Hodl, Hodl, Hodl, Hodl, Hodl,
Hodl, Hodl, Hodl, Hodl, Hodl, Hodl, Hodl, Hodl, Hodl, Hodl, Hodl,
Hodl, Hodl, Hodl, Hodl, Hodl, Hodl, Hodl, Hodl, Hodl, Hodl, Hodl,
Hodl, Hodl, Hodl, Hodl, Hodl, Hodl, Hodl, Hodl, Hodl, Hodl, Hodl,
Hodl, Hodl, Hodl, Hodl, Hodl, Hodl, Hodl, Hodl, Hodl, Hodl, Hodl,
Hodl, Hodl, Hodl, Hodl, Hodl, Hodl, Hodl, Hodl, Hodl, Hodl, Hodl,
Hodl, Hodl, Hodl, Hodl, Hodl, Hodl, Hodl, Hodl, Hodl, Hodl, Hodl,
Hodl, Hodl, Hodl, Hodl, Hodl, Hodl, Hodl, Hodl, Hodl, Hodl, Hodl,
Hodl, Hodl, Hodl, Hodl, Hodl, Hodl, Hodl, Hodl, Hodl, Hodl, Hodl,
Hodl, Hodl, Hodl, Hodl, Hodl, Hodl, Hodl, Hodl, Hodl, Hodl, Hodl,
Hodl, Hodl, Hodl, Hodl, Hodl, Hodl, Hodl, Hodl, Hodl, Hodl, Hodl,
Hodl, Hodl, Hodl, Hodl, Hodl, Hodl, Hodl, Hodl, Hodl, Hodl, Hodl,
Hodl, Hodl, Hodl, Hodl, Hodl, Hodl, Hodl, Hodl, Hodl, Hodl, Hodl,
Hodl, Hodl, Hodl, Hodl, Hodl, Hodl, Hodl, Hodl, Hodl, Hodl, Hodl,
Hodl, Hodl, Hodl, Hodl, Hodl, Hodl, Hodl, Hodl, Hodl, Hodl, Hodl,
Hodl, Hodl, Hodl, Hodl, Hodl, Hodl, Hodl, Hodl, Hodl, Hodl, Hodl,
Hodl, Hodl, Hodl, Hodl, Hodl, Hodl, Hodl, Hodl, Hodl, Hodl, Hodl,
Hodl, Hodl, Hodl, Hodl, Hodl, Hodl, Hodl, Hodl, Hodl, Hodl, Hodl,
Hodl, Hodl, Hodl, Hodl, Hodl, Hodl, Hodl, Hodl, Hodl, Hodl, Hodl,
Hodl, Hodl, Hodl, Hodl, Hodl, Hodl, Hodl, Hodl, Hodl, Hodl, Hodl,
Hodl, Hodl, Hodl, Hodl, Hodl, Hodl, Hodl, Hodl, Hodl, Hodl, Hodl,
Hodl, Hodl, Hodl, Hodl, Hodl, Hodl, Hodl, Hodl, Hodl, Hodl, Hodl,
Hodl, Hodl, Hodl, Hodl, Hodl, Hodl, Hodl, Hodl, Hodl, Hodl, Hodl,
Hodl, Hodl, Hodl, Hodl, Hodl, Hodl, Hodl, Hodl, Hodl, Hodl, Hodl,
Hodl, Hodl, Hodl, Hodl, Hodl, Hodl, Hodl, Hodl, Hodl, Hodl, Hodl,
Hodl, Hodl, Hodl, Hodl, Hodl, Hodl, Hodl, Hodl, Hodl, Hodl, Hodl,
Hodl, Hodl, Hodl, Hodl, Hodl, Hodl.

Hodl, Hodl, Hodl, Hodl, Hodl, Hodl, Hodl, Hodl, Hodl,
Hodl, Hodl, Hodl, Hodl, Hodl, Hodl, Hodl, Hodl, Hodl, Hodl, Hodl,
Hodl, Hodl, Hodl, Hodl, Hodl, Hodl, Hodl, Hodl, Hodl, Hodl, Hodl,
Hodl, Hodl, Hodl, Hodl, Hodl, Hodl, Hodl, Hodl, Hodl, Hodl, Hodl,
Hodl, Hodl, Hodl, Hodl, Hodl, Hodl, Hodl, Hodl, Hodl, Hodl, Hodl,
Hodl, Hodl, Hodl, Hodl, Hodl, Hodl, Hodl, Hodl, Hodl, Hodl, Hodl,
Hodl, Hodl, Hodl, Hodl, Hodl, Hodl, Hodl, Hodl, Hodl, Hodl, Hodl,
Hodl, Hodl, Hodl, Hodl, Hodl, Hodl, Hodl, Hodl, Hodl, Hodl, Hodl,
Hodl, Hodl, Hodl, Hodl, Hodl, Hodl, Hodl, Hodl, Hodl, Hodl, Hodl,
Hodl, Hodl, Hodl, Hodl, Hodl, Hodl, Hodl, Hodl, Hodl, Hodl, Hodl,
Hodl, Hodl, Hodl, Hodl, Hodl, Hodl, Hodl, Hodl, Hodl, Hodl, Hodl,
Hodl, Hodl, Hodl, Hodl, Hodl, Hodl, Hodl, Hodl, Hodl, Hodl, Hodl,
Hodl, Hodl, Hodl, Hodl, Hodl, Hodl, Hodl, Hodl, Hodl, Hodl, Hodl,
Hodl, Hodl, Hodl, Hodl, Hodl, Hodl, Hodl, Hodl, Hodl, Hodl, Hodl,
Hodl, Hodl, Hodl, Hodl, Hodl, Hodl, Hodl, Hodl, Hodl, Hodl, Hodl,
Hodl, Hodl, Hodl, Hodl, Hodl, Hodl, Hodl, Hodl, Hodl, Hodl, Hodl,
Hodl, Hodl, Hodl, Hodl, Hodl, Hodl, Hodl, Hodl, Hodl, Hodl, Hodl,
Hodl, Hodl, Hodl, Hodl, Hodl, Hodl, Hodl, Hodl, Hodl, Hodl, Hodl,
Hodl, Hodl, Hodl, Hodl, Hodl, Hodl, Hodl, Hodl, Hodl, Hodl, Hodl,
Hodl, Hodl, Hodl, Hodl, Hodl, Hodl, Hodl, Hodl, Hodl, Hodl, Hodl,
Hodl, Hodl, Hodl, Hodl, Hodl, Hodl, Hodl, Hodl, Hodl, Hodl, Hodl,
Hodl, Hodl, Hodl, Hodl, Hodl, Hodl, Hodl, Hodl, Hodl, Hodl, Hodl,
Hodl, Hodl, Hodl, Hodl, Hodl, Hodl, Hodl, Hodl, Hodl, Hodl, Hodl,
Hodl, Hodl, Hodl, Hodl, Hodl, Hodl, Hodl, Hodl, Hodl, Hodl, Hodl,
Hodl, Hodl, Hodl, Hodl, Hodl, Hodl, Hodl, Hodl, Hodl, Hodl, Hodl,
Hodl, Hodl, Hodl, Hodl, Hodl, Hodl, Hodl, Hodl, Hodl, Hodl, Hodl,
Hodl, Hodl, Hodl, Hodl, Hodl, Hodl, Hodl, Hodl, Hodl, Hodl, Hodl,
Hodl, Hodl, Hodl, Hodl, Hodl, Hodl, Hodl, Hodl, Hodl, Hodl, Hodl,
Hodl, Hodl, Hodl, Hodl, Hodl, Hodl, Hodl, Hodl, Hodl, Hodl, Hodl,
Hodl, Hodl, Hodl, Hodl, Hodl, Hodl, Hodl, Hodl, Hodl, Hodl, Hodl,
Hodl, Hodl, Hodl, Hodl, Hodl, Hodl, Hodl, Hodl, Hodl, Hodl, Hodl,
Hodl, Hodl, Hodl, Hodl, Hodl, Hodl, Hodl, Hodl, Hodl, Hodl, Hodl,
Hodl, Hodl, Hodl, Hodl, Hodl, Hodl, Hodl, Hodl, Hodl, Hodl, Hodl,
Hodl, Hodl, Hodl, Hodl, Hodl, Hodl, Hodl, Hodl, Hodl, Hodl, Hodl,
Hodl, Hodl, Hodl, Hodl, Hodl, Hodl, Hodl, Hodl, Hodl, Hodl, Hodl,
Hodl, Hodl, Hodl, Hodl, Hodl, Hodl.

Hodl, Hodl, Hodl, Hodl, Hodl, Hodl, Hodl, Hodl, Hodl,
Hodl, Hodl, Hodl, Hodl, Hodl, Hodl, Hodl, Hodl, Hodl, Hodl, Hodl,
Hodl, Hodl, Hodl, Hodl, Hodl, Hodl, Hodl, Hodl, Hodl, Hodl, Hodl,
Hodl, Hodl, Hodl, Hodl, Hodl, Hodl, Hodl, Hodl, Hodl, Hodl, Hodl,
Hodl, Hodl, Hodl, Hodl, Hodl, Hodl, Hodl, Hodl, Hodl, Hodl, Hodl,
Hodl, Hodl, Hodl, Hodl, Hodl, Hodl, Hodl, Hodl, Hodl, Hodl, Hodl,
Hodl, Hodl, Hodl, Hodl, Hodl, Hodl, Hodl, Hodl, Hodl, Hodl, Hodl,
Hodl, Hodl, Hodl, Hodl, Hodl, Hodl, Hodl, Hodl, Hodl, Hodl, Hodl,
Hodl, Hodl, Hodl, Hodl, Hodl, Hodl, Hodl, Hodl, Hodl, Hodl, Hodl,
Hodl, Hodl, Hodl, Hodl, Hodl, Hodl, Hodl, Hodl, Hodl, Hodl, Hodl,
Hodl, Hodl, Hodl, Hodl, Hodl, Hodl, Hodl, Hodl, Hodl, Hodl, Hodl,
Hodl, Hodl, Hodl, Hodl, Hodl, Hodl, Hodl, Hodl, Hodl, Hodl, Hodl,
Hodl, Hodl, Hodl, Hodl, Hodl, Hodl, Hodl, Hodl, Hodl, Hodl, Hodl,
Hodl, Hodl, Hodl, Hodl, Hodl, Hodl, Hodl, Hodl, Hodl, Hodl, Hodl,
Hodl, Hodl, Hodl, Hodl, Hodl, Hodl, Hodl, Hodl, Hodl, Hodl, Hodl,
Hodl, Hodl, Hodl, Hodl, Hodl, Hodl, Hodl, Hodl, Hodl, Hodl, Hodl,
Hodl, Hodl, Hodl, Hodl, Hodl, Hodl, Hodl, Hodl, Hodl, Hodl, Hodl,
Hodl, Hodl, Hodl, Hodl, Hodl, Hodl, Hodl, Hodl, Hodl, Hodl, Hodl,
Hodl, Hodl, Hodl, Hodl, Hodl, Hodl, Hodl, Hodl, Hodl, Hodl, Hodl,
Hodl, Hodl, Hodl, Hodl, Hodl, Hodl, Hodl, Hodl, Hodl, Hodl, Hodl,
Hodl, Hodl, Hodl, Hodl, Hodl, Hodl, Hodl, Hodl, Hodl, Hodl, Hodl,
Hodl, Hodl, Hodl, Hodl, Hodl, Hodl, Hodl, Hodl, Hodl, Hodl, Hodl,
Hodl, Hodl, Hodl, Hodl, Hodl, Hodl, Hodl, Hodl, Hodl, Hodl, Hodl,
Hodl, Hodl, Hodl, Hodl, Hodl, Hodl, Hodl, Hodl, Hodl, Hodl, Hodl,
Hodl, Hodl, Hodl, Hodl, Hodl, Hodl, Hodl, Hodl, Hodl, Hodl, Hodl,
Hodl, Hodl, Hodl, Hodl, Hodl, Hodl, Hodl, Hodl, Hodl, Hodl, Hodl,
Hodl, Hodl, Hodl, Hodl, Hodl, Hodl, Hodl, Hodl, Hodl, Hodl, Hodl,
Hodl, Hodl, Hodl, Hodl, Hodl, Hodl, Hodl, Hodl, Hodl, Hodl, Hodl,
Hodl, Hodl, Hodl, Hodl, Hodl, Hodl, Hodl, Hodl, Hodl, Hodl, Hodl,
Hodl, Hodl, Hodl, Hodl, Hodl, Hodl, Hodl, Hodl, Hodl, Hodl, Hodl,
Hodl, Hodl, Hodl, Hodl, Hodl, Hodl, Hodl, Hodl, Hodl, Hodl, Hodl,
Hodl, Hodl, Hodl, Hodl, Hodl, Hodl, Hodl, Hodl, Hodl, Hodl, Hodl,
Hodl, Hodl, Hodl, Hodl, Hodl, Hodl, Hodl, Hodl, Hodl, Hodl, Hodl,
Hodl, Hodl, Hodl, Hodl, Hodl, Hodl.

Hodl, Hodl, Hodl, Hodl, Hodl, Hodl, Hodl, Hodl, Hodl,
Hodl, Hodl, Hodl, Hodl, Hodl, Hodl, Hodl, Hodl, Hodl, Hodl, Hodl,
Hodl, Hodl, Hodl, Hodl, Hodl, Hodl, Hodl, Hodl, Hodl, Hodl, Hodl,
Hodl, Hodl, Hodl, Hodl, Hodl, Hodl, Hodl, Hodl, Hodl, Hodl, Hodl,
Hodl, Hodl, Hodl, Hodl, Hodl, Hodl, Hodl, Hodl, Hodl, Hodl, Hodl,
Hodl, Hodl, Hodl, Hodl, Hodl, Hodl, Hodl, Hodl, Hodl, Hodl, Hodl,
Hodl, Hodl, Hodl, Hodl, Hodl, Hodl, Hodl, Hodl, Hodl, Hodl, Hodl,
Hodl, Hodl, Hodl, Hodl, Hodl, Hodl, Hodl, Hodl, Hodl, Hodl, Hodl,
Hodl, Hodl, Hodl, Hodl, Hodl, Hodl, Hodl, Hodl, Hodl, Hodl, Hodl,
Hodl, Hodl, Hodl, Hodl, Hodl, Hodl, Hodl, Hodl, Hodl, Hodl, Hodl,
Hodl, Hodl, Hodl, Hodl, Hodl, Hodl, Hodl, Hodl, Hodl, Hodl, Hodl,
Hodl, Hodl, Hodl, Hodl, Hodl, Hodl, Hodl, Hodl, Hodl, Hodl, Hodl,
Hodl, Hodl, Hodl, Hodl, Hodl, Hodl, Hodl, Hodl, Hodl, Hodl, Hodl,
Hodl, Hodl, Hodl, Hodl, Hodl, Hodl, Hodl, Hodl, Hodl, Hodl, Hodl,
Hodl, Hodl, Hodl, Hodl, Hodl, Hodl, Hodl, Hodl, Hodl, Hodl, Hodl,
Hodl, Hodl, Hodl, Hodl, Hodl, Hodl, Hodl, Hodl, Hodl, Hodl, Hodl,
Hodl, Hodl, Hodl, Hodl, Hodl, Hodl, Hodl, Hodl, Hodl, Hodl, Hodl,
Hodl, Hodl, Hodl, Hodl, Hodl, Hodl, Hodl, Hodl, Hodl, Hodl, Hodl,
Hodl, Hodl, Hodl, Hodl, Hodl, Hodl, Hodl, Hodl, Hodl, Hodl, Hodl,
Hodl, Hodl, Hodl, Hodl, Hodl, Hodl, Hodl, Hodl, Hodl, Hodl, Hodl,
Hodl, Hodl, Hodl, Hodl, Hodl, Hodl, Hodl, Hodl, Hodl, Hodl, Hodl,
Hodl, Hodl, Hodl, Hodl, Hodl, Hodl, Hodl, Hodl, Hodl, Hodl, Hodl,
Hodl, Hodl, Hodl, Hodl, Hodl, Hodl, Hodl, Hodl, Hodl, Hodl, Hodl,
Hodl, Hodl, Hodl, Hodl, Hodl, Hodl, Hodl, Hodl, Hodl, Hodl, Hodl,
Hodl, Hodl, Hodl, Hodl, Hodl, Hodl, Hodl, Hodl, Hodl, Hodl, Hodl,
Hodl, Hodl, Hodl, Hodl, Hodl, Hodl, Hodl, Hodl, Hodl, Hodl, Hodl,
Hodl, Hodl, Hodl, Hodl, Hodl, Hodl, Hodl, Hodl, Hodl, Hodl, Hodl,
Hodl, Hodl, Hodl, Hodl, Hodl, Hodl, Hodl, Hodl, Hodl, Hodl, Hodl,
Hodl, Hodl, Hodl, Hodl, Hodl, Hodl, Hodl, Hodl, Hodl, Hodl, Hodl,
Hodl, Hodl, Hodl, Hodl, Hodl, Hodl, Hodl, Hodl, Hodl, Hodl, Hodl,
Hodl, Hodl, Hodl, Hodl, Hodl, Hodl, Hodl, Hodl, Hodl, Hodl, Hodl,
Hodl, Hodl, Hodl, Hodl, Hodl, Hodl, Hodl, Hodl, Hodl, Hodl, Hodl,
Hodl, Hodl, Hodl, Hodl, Hodl, Hodl, Hodl, Hodl, Hodl, Hodl, Hodl,
Hodl, Hodl, Hodl, Hodl, Hodl, Hodl.

Hodl, Hodl, Hodl, Hodl, Hodl, Hodl, Hodl, Hodl, Hodl,
Hodl, Hodl, Hodl, Hodl, Hodl, Hodl, Hodl, Hodl, Hodl, Hodl, Hodl,
Hodl, Hodl, Hodl, Hodl, Hodl, Hodl, Hodl, Hodl, Hodl, Hodl, Hodl,
Hodl, Hodl, Hodl, Hodl, Hodl, Hodl, Hodl, Hodl, Hodl, Hodl, Hodl,
Hodl, Hodl, Hodl, Hodl, Hodl, Hodl, Hodl, Hodl, Hodl, Hodl, Hodl,
Hodl, Hodl, Hodl, Hodl, Hodl, Hodl, Hodl, Hodl, Hodl, Hodl, Hodl,
Hodl, Hodl, Hodl, Hodl, Hodl, Hodl, Hodl, Hodl, Hodl, Hodl, Hodl,
Hodl, Hodl, Hodl, Hodl, Hodl, Hodl, Hodl, Hodl, Hodl, Hodl, Hodl,
Hodl, Hodl, Hodl, Hodl, Hodl, Hodl, Hodl, Hodl, Hodl, Hodl, Hodl,
Hodl, Hodl, Hodl, Hodl, Hodl, Hodl, Hodl, Hodl, Hodl, Hodl, Hodl,
Hodl, Hodl, Hodl, Hodl, Hodl, Hodl, Hodl, Hodl, Hodl, Hodl, Hodl,
Hodl, Hodl, Hodl, Hodl, Hodl, Hodl, Hodl, Hodl, Hodl, Hodl, Hodl,
Hodl, Hodl, Hodl, Hodl, Hodl, Hodl, Hodl, Hodl, Hodl, Hodl, Hodl,
Hodl, Hodl, Hodl, Hodl, Hodl, Hodl, Hodl, Hodl, Hodl, Hodl, Hodl,
Hodl, Hodl, Hodl, Hodl, Hodl, Hodl, Hodl, Hodl, Hodl, Hodl, Hodl,
Hodl, Hodl, Hodl, Hodl, Hodl, Hodl, Hodl, Hodl, Hodl, Hodl, Hodl,
Hodl, Hodl, Hodl, Hodl, Hodl, Hodl, Hodl, Hodl, Hodl, Hodl, Hodl,
Hodl, Hodl, Hodl, Hodl, Hodl, Hodl, Hodl, Hodl, Hodl, Hodl, Hodl,
Hodl, Hodl, Hodl, Hodl, Hodl, Hodl, Hodl, Hodl, Hodl, Hodl, Hodl,
Hodl, Hodl, Hodl, Hodl, Hodl, Hodl, Hodl, Hodl, Hodl, Hodl, Hodl,
Hodl, Hodl, Hodl, Hodl, Hodl, Hodl, Hodl, Hodl, Hodl, Hodl, Hodl,
Hodl, Hodl, Hodl, Hodl, Hodl, Hodl, Hodl, Hodl, Hodl, Hodl, Hodl,
Hodl, Hodl, Hodl, Hodl, Hodl, Hodl, Hodl, Hodl, Hodl, Hodl, Hodl,
Hodl, Hodl, Hodl, Hodl, Hodl, Hodl, Hodl, Hodl, Hodl, Hodl, Hodl,
Hodl, Hodl, Hodl, Hodl, Hodl, Hodl, Hodl, Hodl, Hodl, Hodl, Hodl,
Hodl, Hodl, Hodl, Hodl, Hodl, Hodl, Hodl, Hodl, Hodl, Hodl, Hodl,
Hodl, Hodl, Hodl, Hodl, Hodl, Hodl, Hodl, Hodl, Hodl, Hodl, Hodl,
Hodl, Hodl, Hodl, Hodl, Hodl, Hodl, Hodl, Hodl, Hodl, Hodl, Hodl,
Hodl, Hodl, Hodl, Hodl, Hodl, Hodl, Hodl, Hodl, Hodl, Hodl, Hodl,
Hodl, Hodl, Hodl, Hodl, Hodl, Hodl, Hodl, Hodl, Hodl, Hodl, Hodl,
Hodl, Hodl, Hodl, Hodl, Hodl, Hodl, Hodl, Hodl, Hodl, Hodl, Hodl,
Hodl, Hodl, Hodl, Hodl, Hodl, Hodl, Hodl, Hodl, Hodl, Hodl, Hodl,
Hodl, Hodl, Hodl, Hodl, Hodl, Hodl, Hodl, Hodl, Hodl, Hodl, Hodl,
Hodl, Hodl, Hodl, Hodl, Hodl, Hodl.

Hodl, Hodl, Hodl, Hodl, Hodl, Hodl, Hodl, Hodl, Hodl,
Hodl, Hodl, Hodl, Hodl, Hodl, Hodl, Hodl, Hodl, Hodl, Hodl, Hodl,
Hodl, Hodl, Hodl, Hodl, Hodl, Hodl, Hodl, Hodl, Hodl, Hodl, Hodl,
Hodl, Hodl, Hodl, Hodl, Hodl, Hodl, Hodl, Hodl, Hodl, Hodl, Hodl,
Hodl, Hodl, Hodl, Hodl, Hodl, Hodl, Hodl, Hodl, Hodl, Hodl, Hodl,
Hodl, Hodl, Hodl, Hodl, Hodl, Hodl, Hodl, Hodl, Hodl, Hodl, Hodl,
Hodl, Hodl, Hodl, Hodl, Hodl, Hodl, Hodl, Hodl, Hodl, Hodl, Hodl,
Hodl, Hodl, Hodl, Hodl, Hodl, Hodl, Hodl, Hodl, Hodl, Hodl, Hodl,
Hodl, Hodl, Hodl, Hodl, Hodl, Hodl, Hodl, Hodl, Hodl, Hodl, Hodl,
Hodl, Hodl, Hodl, Hodl, Hodl, Hodl, Hodl, Hodl, Hodl, Hodl, Hodl,
Hodl, Hodl, Hodl, Hodl, Hodl, Hodl, Hodl, Hodl, Hodl, Hodl, Hodl,
Hodl, Hodl, Hodl, Hodl, Hodl, Hodl, Hodl, Hodl, Hodl, Hodl, Hodl,
Hodl, Hodl, Hodl, Hodl, Hodl, Hodl, Hodl, Hodl, Hodl, Hodl, Hodl,
Hodl, Hodl, Hodl, Hodl, Hodl, Hodl, Hodl, Hodl, Hodl, Hodl, Hodl,
Hodl, Hodl, Hodl, Hodl, Hodl, Hodl, Hodl, Hodl, Hodl, Hodl, Hodl,
Hodl, Hodl, Hodl, Hodl, Hodl, Hodl, Hodl, Hodl, Hodl, Hodl, Hodl,
Hodl, Hodl, Hodl, Hodl, Hodl, Hodl, Hodl, Hodl, Hodl, Hodl, Hodl,
Hodl, Hodl, Hodl, Hodl, Hodl, Hodl, Hodl, Hodl, Hodl, Hodl, Hodl,
Hodl, Hodl, Hodl, Hodl, Hodl, Hodl, Hodl, Hodl, Hodl, Hodl, Hodl,
Hodl, Hodl, Hodl, Hodl, Hodl, Hodl, Hodl, Hodl, Hodl, Hodl, Hodl,
Hodl, Hodl, Hodl, Hodl, Hodl, Hodl, Hodl, Hodl, Hodl, Hodl, Hodl,
Hodl, Hodl, Hodl, Hodl, Hodl, Hodl, Hodl, Hodl, Hodl, Hodl, Hodl,
Hodl, Hodl, Hodl, Hodl, Hodl, Hodl, Hodl, Hodl, Hodl, Hodl, Hodl,
Hodl, Hodl, Hodl, Hodl, Hodl, Hodl, Hodl, Hodl, Hodl, Hodl, Hodl,
Hodl, Hodl, Hodl, Hodl, Hodl, Hodl, Hodl, Hodl, Hodl, Hodl, Hodl,
Hodl, Hodl, Hodl, Hodl, Hodl, Hodl, Hodl, Hodl, Hodl, Hodl, Hodl,
Hodl, Hodl, Hodl, Hodl, Hodl, Hodl, Hodl, Hodl, Hodl, Hodl, Hodl,
Hodl, Hodl, Hodl, Hodl, Hodl, Hodl, Hodl, Hodl, Hodl, Hodl, Hodl,
Hodl, Hodl, Hodl, Hodl, Hodl, Hodl, Hodl, Hodl, Hodl, Hodl, Hodl,
Hodl, Hodl, Hodl, Hodl, Hodl, Hodl, Hodl, Hodl, Hodl, Hodl, Hodl,
Hodl, Hodl, Hodl, Hodl, Hodl, Hodl, Hodl, Hodl, Hodl, Hodl, Hodl,
Hodl, Hodl, Hodl, Hodl, Hodl, Hodl, Hodl, Hodl, Hodl, Hodl, Hodl,
Hodl, Hodl, Hodl, Hodl, Hodl, Hodl, Hodl, Hodl, Hodl, Hodl, Hodl,
Hodl, Hodl, Hodl, Hodl, Hodl, Hodl.

Hodl, Hodl, Hodl, Hodl, Hodl, Hodl, Hodl, Hodl, Hodl,
Hodl, Hodl, Hodl, Hodl, Hodl, Hodl, Hodl, Hodl, Hodl, Hodl, Hodl,
Hodl, Hodl, Hodl, Hodl, Hodl, Hodl, Hodl, Hodl, Hodl, Hodl, Hodl,
Hodl, Hodl, Hodl, Hodl, Hodl, Hodl, Hodl, Hodl, Hodl, Hodl, Hodl,
Hodl, Hodl, Hodl, Hodl, Hodl, Hodl, Hodl, Hodl, Hodl, Hodl, Hodl,
Hodl, Hodl, Hodl, Hodl, Hodl, Hodl, Hodl, Hodl, Hodl, Hodl, Hodl,
Hodl, Hodl, Hodl, Hodl, Hodl, Hodl, Hodl, Hodl, Hodl, Hodl, Hodl,
Hodl, Hodl, Hodl, Hodl, Hodl, Hodl, Hodl, Hodl, Hodl, Hodl, Hodl,
Hodl, Hodl, Hodl, Hodl, Hodl, Hodl, Hodl, Hodl, Hodl, Hodl, Hodl,
Hodl, Hodl, Hodl, Hodl, Hodl, Hodl, Hodl, Hodl, Hodl, Hodl, Hodl,
Hodl, Hodl, Hodl, Hodl, Hodl, Hodl, Hodl, Hodl, Hodl, Hodl, Hodl,
Hodl, Hodl, Hodl, Hodl, Hodl, Hodl, Hodl, Hodl, Hodl, Hodl, Hodl,
Hodl, Hodl, Hodl, Hodl, Hodl, Hodl, Hodl, Hodl, Hodl, Hodl, Hodl,
Hodl, Hodl, Hodl, Hodl, Hodl, Hodl, Hodl, Hodl, Hodl, Hodl, Hodl,
Hodl, Hodl, Hodl, Hodl, Hodl, Hodl, Hodl, Hodl, Hodl, Hodl, Hodl,
Hodl, Hodl, Hodl, Hodl, Hodl, Hodl, Hodl, Hodl, Hodl, Hodl, Hodl,
Hodl, Hodl, Hodl, Hodl, Hodl, Hodl, Hodl, Hodl, Hodl, Hodl, Hodl,
Hodl, Hodl, Hodl, Hodl, Hodl, Hodl, Hodl, Hodl, Hodl, Hodl, Hodl,
Hodl, Hodl, Hodl, Hodl, Hodl, Hodl, Hodl, Hodl, Hodl, Hodl, Hodl,
Hodl, Hodl, Hodl, Hodl, Hodl, Hodl, Hodl, Hodl, Hodl, Hodl, Hodl,
Hodl, Hodl, Hodl, Hodl, Hodl, Hodl, Hodl, Hodl, Hodl, Hodl, Hodl,
Hodl, Hodl, Hodl, Hodl, Hodl, Hodl, Hodl, Hodl, Hodl, Hodl, Hodl,
Hodl, Hodl, Hodl, Hodl, Hodl, Hodl, Hodl, Hodl, Hodl, Hodl, Hodl,
Hodl, Hodl, Hodl, Hodl, Hodl, Hodl, Hodl, Hodl, Hodl, Hodl, Hodl,
Hodl, Hodl, Hodl, Hodl, Hodl, Hodl, Hodl, Hodl, Hodl, Hodl, Hodl,
Hodl, Hodl, Hodl, Hodl, Hodl, Hodl, Hodl, Hodl, Hodl, Hodl, Hodl,
Hodl, Hodl, Hodl, Hodl, Hodl, Hodl, Hodl, Hodl, Hodl, Hodl, Hodl,
Hodl, Hodl, Hodl, Hodl, Hodl, Hodl, Hodl, Hodl, Hodl, Hodl, Hodl,
Hodl, Hodl, Hodl, Hodl, Hodl, Hodl, Hodl, Hodl, Hodl, Hodl, Hodl,
Hodl, Hodl, Hodl, Hodl, Hodl, Hodl, Hodl, Hodl, Hodl, Hodl, Hodl,
Hodl, Hodl, Hodl, Hodl, Hodl, Hodl, Hodl, Hodl, Hodl, Hodl, Hodl,
Hodl, Hodl, Hodl, Hodl, Hodl, Hodl, Hodl, Hodl, Hodl, Hodl, Hodl,
Hodl, Hodl, Hodl, Hodl, Hodl, Hodl, Hodl, Hodl, Hodl, Hodl, Hodl,
Hodl, Hodl, Hodl, Hodl, Hodl, Hodl.

Hodl, Hodl, Hodl, Hodl, Hodl, Hodl, Hodl, Hodl, Hodl,
Hodl, Hodl, Hodl, Hodl, Hodl, Hodl, Hodl, Hodl, Hodl, Hodl, Hodl,
Hodl, Hodl, Hodl, Hodl, Hodl, Hodl, Hodl, Hodl, Hodl, Hodl, Hodl,
Hodl, Hodl, Hodl, Hodl, Hodl, Hodl, Hodl, Hodl, Hodl, Hodl, Hodl,
Hodl, Hodl, Hodl, Hodl, Hodl, Hodl, Hodl, Hodl, Hodl, Hodl, Hodl,
Hodl, Hodl, Hodl, Hodl, Hodl, Hodl, Hodl, Hodl, Hodl, Hodl, Hodl,
Hodl, Hodl, Hodl, Hodl, Hodl, Hodl, Hodl, Hodl, Hodl, Hodl, Hodl,
Hodl, Hodl, Hodl, Hodl, Hodl, Hodl, Hodl, Hodl, Hodl, Hodl, Hodl,
Hodl, Hodl, Hodl, Hodl, Hodl, Hodl, Hodl, Hodl, Hodl, Hodl, Hodl,
Hodl, Hodl, Hodl, Hodl, Hodl, Hodl, Hodl, Hodl, Hodl, Hodl, Hodl,
Hodl, Hodl, Hodl, Hodl, Hodl, Hodl, Hodl, Hodl, Hodl, Hodl, Hodl,
Hodl, Hodl, Hodl, Hodl, Hodl, Hodl, Hodl, Hodl, Hodl, Hodl, Hodl,
Hodl, Hodl, Hodl, Hodl, Hodl, Hodl, Hodl, Hodl, Hodl, Hodl, Hodl,
Hodl, Hodl, Hodl, Hodl, Hodl, Hodl, Hodl, Hodl, Hodl, Hodl, Hodl,
Hodl, Hodl, Hodl, Hodl, Hodl, Hodl, Hodl, Hodl, Hodl, Hodl, Hodl,
Hodl, Hodl, Hodl, Hodl, Hodl, Hodl, Hodl, Hodl, Hodl, Hodl, Hodl,
Hodl, Hodl, Hodl, Hodl, Hodl, Hodl, Hodl, Hodl, Hodl, Hodl, Hodl,
Hodl, Hodl, Hodl, Hodl, Hodl, Hodl, Hodl, Hodl, Hodl, Hodl, Hodl,
Hodl, Hodl, Hodl, Hodl, Hodl, Hodl, Hodl, Hodl, Hodl, Hodl, Hodl,
Hodl, Hodl, Hodl, Hodl, Hodl, Hodl, Hodl, Hodl, Hodl, Hodl, Hodl,
Hodl, Hodl, Hodl, Hodl, Hodl, Hodl, Hodl, Hodl, Hodl, Hodl, Hodl,
Hodl, Hodl, Hodl, Hodl, Hodl, Hodl, Hodl, Hodl, Hodl, Hodl, Hodl,
Hodl, Hodl, Hodl, Hodl, Hodl, Hodl, Hodl, Hodl, Hodl, Hodl, Hodl,
Hodl, Hodl, Hodl, Hodl, Hodl, Hodl, Hodl, Hodl, Hodl, Hodl, Hodl,
Hodl, Hodl, Hodl, Hodl, Hodl, Hodl, Hodl, Hodl, Hodl, Hodl, Hodl,
Hodl, Hodl, Hodl, Hodl, Hodl, Hodl, Hodl, Hodl, Hodl, Hodl, Hodl,
Hodl, Hodl, Hodl, Hodl, Hodl, Hodl, Hodl, Hodl, Hodl, Hodl, Hodl,
Hodl, Hodl, Hodl, Hodl, Hodl, Hodl, Hodl, Hodl, Hodl, Hodl, Hodl,
Hodl, Hodl, Hodl, Hodl, Hodl, Hodl, Hodl, Hodl, Hodl, Hodl, Hodl,
Hodl, Hodl, Hodl, Hodl, Hodl, Hodl, Hodl, Hodl, Hodl, Hodl, Hodl,
Hodl, Hodl, Hodl, Hodl, Hodl, Hodl, Hodl, Hodl, Hodl, Hodl, Hodl,
Hodl, Hodl, Hodl, Hodl, Hodl, Hodl, Hodl, Hodl, Hodl, Hodl, Hodl,
Hodl, Hodl, Hodl, Hodl, Hodl.

Hodl, Hodl, Hodl, Hodl, Hodl, Hodl, Hodl, Hodl, Hodl,
Hodl, Hodl, Hodl, Hodl, Hodl, Hodl, Hodl, Hodl, Hodl, Hodl, Hodl,
Hodl, Hodl, Hodl, Hodl, Hodl, Hodl, Hodl, Hodl, Hodl, Hodl, Hodl,
Hodl, Hodl, Hodl, Hodl, Hodl, Hodl, Hodl, Hodl, Hodl, Hodl, Hodl,
Hodl, Hodl, Hodl, Hodl, Hodl, Hodl, Hodl, Hodl, Hodl, Hodl, Hodl,
Hodl, Hodl, Hodl, Hodl, Hodl, Hodl, Hodl, Hodl, Hodl, Hodl, Hodl,
Hodl, Hodl, Hodl, Hodl, Hodl, Hodl, Hodl, Hodl, Hodl, Hodl, Hodl,
Hodl, Hodl, Hodl, Hodl, Hodl, Hodl, Hodl, Hodl, Hodl, Hodl, Hodl,
Hodl, Hodl, Hodl, Hodl, Hodl, Hodl, Hodl, Hodl, Hodl, Hodl, Hodl,
Hodl, Hodl, Hodl, Hodl, Hodl, Hodl, Hodl, Hodl, Hodl, Hodl, Hodl,
Hodl, Hodl, Hodl, Hodl, Hodl, Hodl, Hodl, Hodl, Hodl, Hodl, Hodl,
Hodl, Hodl, Hodl, Hodl, Hodl, Hodl, Hodl, Hodl, Hodl, Hodl, Hodl,
Hodl, Hodl, Hodl, Hodl, Hodl, Hodl, Hodl, Hodl, Hodl, Hodl, Hodl,
Hodl, Hodl, Hodl, Hodl, Hodl, Hodl, Hodl, Hodl, Hodl, Hodl, Hodl,
Hodl, Hodl, Hodl, Hodl, Hodl, Hodl, Hodl, Hodl, Hodl, Hodl, Hodl,
Hodl, Hodl, Hodl, Hodl, Hodl, Hodl, Hodl, Hodl, Hodl, Hodl, Hodl,
Hodl, Hodl, Hodl, Hodl, Hodl, Hodl, Hodl, Hodl, Hodl, Hodl, Hodl,
Hodl, Hodl, Hodl, Hodl, Hodl, Hodl, Hodl, Hodl, Hodl, Hodl, Hodl,
Hodl, Hodl, Hodl, Hodl, Hodl, Hodl, Hodl, Hodl, Hodl, Hodl, Hodl,
Hodl, Hodl, Hodl, Hodl, Hodl, Hodl, Hodl, Hodl, Hodl, Hodl, Hodl,
Hodl, Hodl, Hodl, Hodl, Hodl, Hodl, Hodl, Hodl, Hodl, Hodl, Hodl,
Hodl, Hodl, Hodl, Hodl, Hodl, Hodl, Hodl, Hodl, Hodl, Hodl, Hodl,
Hodl, Hodl, Hodl, Hodl, Hodl, Hodl, Hodl, Hodl, Hodl, Hodl, Hodl,
Hodl, Hodl, Hodl, Hodl, Hodl, Hodl, Hodl, Hodl, Hodl, Hodl, Hodl,
Hodl, Hodl, Hodl, Hodl, Hodl, Hodl, Hodl, Hodl, Hodl, Hodl, Hodl,
Hodl, Hodl, Hodl, Hodl, Hodl, Hodl, Hodl, Hodl, Hodl, Hodl, Hodl,
Hodl, Hodl, Hodl, Hodl, Hodl, Hodl, Hodl, Hodl, Hodl, Hodl, Hodl,
Hodl, Hodl, Hodl, Hodl, Hodl, Hodl, Hodl, Hodl, Hodl, Hodl, Hodl,
Hodl, Hodl, Hodl, Hodl, Hodl, Hodl, Hodl, Hodl, Hodl, Hodl, Hodl,
Hodl, Hodl, Hodl, Hodl, Hodl, Hodl, Hodl, Hodl, Hodl, Hodl, Hodl,
Hodl, Hodl, Hodl, Hodl, Hodl, Hodl, Hodl, Hodl, Hodl, Hodl, Hodl,
Hodl, Hodl, Hodl, Hodl, Hodl, Hodl, Hodl, Hodl, Hodl, Hodl, Hodl,
Hodl, Hodl, Hodl, Hodl, Hodl, Hodl, Hodl, Hodl, Hodl, Hodl, Hodl,
Hodl, Hodl, Hodl, Hodl, Hodl, Hodl, Hodl, Hodl, Hodl, Hodl, Hodl,
Hodl, Hodl, Hodl, Hodl, Hodl, Hodl, Hodl, Hodl, Hodl, Hodl, Hodl,
Hodl, Hodl, Hodl, Hodl, Hodl, Hodl.

Hodl, Hodl, Hodl, Hodl, Hodl, Hodl, Hodl, Hodl, Hodl,
Hodl, Hodl, Hodl, Hodl, Hodl, Hodl, Hodl, Hodl, Hodl, Hodl, Hodl,
Hodl, Hodl, Hodl, Hodl, Hodl, Hodl, Hodl, Hodl, Hodl, Hodl, Hodl,
Hodl, Hodl, Hodl, Hodl, Hodl, Hodl, Hodl, Hodl, Hodl, Hodl, Hodl,
Hodl, Hodl, Hodl, Hodl, Hodl, Hodl, Hodl, Hodl, Hodl, Hodl, Hodl,
Hodl, Hodl, Hodl, Hodl, Hodl, Hodl, Hodl, Hodl, Hodl, Hodl, Hodl,
Hodl, Hodl, Hodl, Hodl, Hodl, Hodl, Hodl, Hodl, Hodl, Hodl, Hodl,
Hodl, Hodl, Hodl, Hodl, Hodl, Hodl, Hodl, Hodl, Hodl, Hodl, Hodl,
Hodl, Hodl, Hodl, Hodl, Hodl, Hodl, Hodl, Hodl, Hodl, Hodl, Hodl,
Hodl, Hodl, Hodl, Hodl, Hodl, Hodl, Hodl, Hodl, Hodl, Hodl, Hodl,
Hodl, Hodl, Hodl, Hodl, Hodl, Hodl, Hodl, Hodl, Hodl, Hodl, Hodl,
Hodl, Hodl, Hodl, Hodl, Hodl, Hodl, Hodl, Hodl, Hodl, Hodl, Hodl,
Hodl, Hodl, Hodl, Hodl, Hodl, Hodl, Hodl, Hodl, Hodl, Hodl, Hodl,
Hodl, Hodl, Hodl, Hodl, Hodl, Hodl, Hodl, Hodl, Hodl, Hodl, Hodl,
Hodl, Hodl, Hodl, Hodl, Hodl, Hodl, Hodl, Hodl, Hodl, Hodl, Hodl,
Hodl, Hodl, Hodl, Hodl, Hodl, Hodl, Hodl, Hodl, Hodl, Hodl, Hodl,
Hodl, Hodl, Hodl, Hodl, Hodl, Hodl, Hodl, Hodl, Hodl, Hodl, Hodl,
Hodl, Hodl, Hodl, Hodl, Hodl, Hodl, Hodl, Hodl, Hodl, Hodl, Hodl,
Hodl, Hodl, Hodl, Hodl, Hodl, Hodl, Hodl, Hodl, Hodl, Hodl, Hodl,
Hodl, Hodl, Hodl, Hodl, Hodl, Hodl, Hodl, Hodl, Hodl, Hodl, Hodl,
Hodl, Hodl, Hodl, Hodl, Hodl, Hodl, Hodl, Hodl, Hodl, Hodl, Hodl,
Hodl, Hodl, Hodl, Hodl, Hodl, Hodl, Hodl, Hodl, Hodl, Hodl, Hodl,
Hodl, Hodl, Hodl, Hodl, Hodl, Hodl, Hodl, Hodl, Hodl, Hodl, Hodl,
Hodl, Hodl, Hodl, Hodl, Hodl, Hodl, Hodl, Hodl, Hodl, Hodl, Hodl,
Hodl, Hodl, Hodl, Hodl, Hodl, Hodl, Hodl, Hodl, Hodl, Hodl, Hodl,
Hodl, Hodl, Hodl, Hodl, Hodl, Hodl, Hodl, Hodl, Hodl, Hodl, Hodl,
Hodl, Hodl, Hodl, Hodl, Hodl, Hodl, Hodl, Hodl, Hodl, Hodl, Hodl,
Hodl, Hodl, Hodl, Hodl, Hodl, Hodl, Hodl, Hodl, Hodl, Hodl, Hodl,
Hodl, Hodl, Hodl, Hodl, Hodl, Hodl, Hodl, Hodl, Hodl, Hodl, Hodl,
Hodl, Hodl, Hodl, Hodl, Hodl, Hodl, Hodl, Hodl, Hodl, Hodl, Hodl,
Hodl, Hodl, Hodl, Hodl, Hodl, Hodl, Hodl, Hodl, Hodl, Hodl, Hodl,
Hodl, Hodl, Hodl, Hodl, Hodl, Hodl, Hodl, Hodl, Hodl, Hodl, Hodl,
Hodl, Hodl, Hodl, Hodl, Hodl, Hodl, Hodl, Hodl, Hodl, Hodl, Hodl,
Hodl, Hodl, Hodl, Hodl, Hodl, Hodl.

Hodl, Hodl, Hodl, Hodl, Hodl, Hodl, Hodl, Hodl, Hodl,
Hodl, Hodl, Hodl, Hodl, Hodl, Hodl, Hodl, Hodl, Hodl, Hodl, Hodl,
Hodl, Hodl, Hodl, Hodl, Hodl, Hodl, Hodl, Hodl, Hodl, Hodl, Hodl,
Hodl, Hodl, Hodl, Hodl, Hodl, Hodl, Hodl, Hodl, Hodl, Hodl, Hodl,
Hodl, Hodl, Hodl, Hodl, Hodl, Hodl, Hodl, Hodl, Hodl, Hodl, Hodl,
Hodl, Hodl, Hodl, Hodl, Hodl, Hodl, Hodl, Hodl, Hodl, Hodl, Hodl,
Hodl, Hodl, Hodl, Hodl, Hodl, Hodl, Hodl, Hodl, Hodl, Hodl, Hodl,
Hodl, Hodl, Hodl, Hodl, Hodl, Hodl, Hodl, Hodl, Hodl, Hodl, Hodl,
Hodl, Hodl, Hodl, Hodl, Hodl, Hodl, Hodl, Hodl, Hodl, Hodl, Hodl,
Hodl, Hodl, Hodl, Hodl, Hodl, Hodl, Hodl, Hodl, Hodl, Hodl, Hodl,
Hodl, Hodl, Hodl, Hodl, Hodl, Hodl, Hodl, Hodl, Hodl, Hodl, Hodl,
Hodl, Hodl, Hodl, Hodl, Hodl, Hodl, Hodl, Hodl, Hodl, Hodl, Hodl,
Hodl, Hodl, Hodl, Hodl, Hodl, Hodl, Hodl, Hodl, Hodl, Hodl, Hodl,
Hodl, Hodl, Hodl, Hodl, Hodl, Hodl, Hodl, Hodl, Hodl, Hodl, Hodl,
Hodl, Hodl, Hodl, Hodl, Hodl, Hodl, Hodl, Hodl, Hodl, Hodl, Hodl,
Hodl, Hodl, Hodl, Hodl, Hodl, Hodl, Hodl, Hodl, Hodl, Hodl, Hodl,
Hodl, Hodl, Hodl, Hodl, Hodl, Hodl, Hodl, Hodl, Hodl, Hodl, Hodl,
Hodl, Hodl, Hodl, Hodl, Hodl, Hodl, Hodl, Hodl, Hodl, Hodl, Hodl,
Hodl, Hodl, Hodl, Hodl, Hodl, Hodl, Hodl, Hodl, Hodl, Hodl, Hodl,
Hodl, Hodl, Hodl, Hodl, Hodl, Hodl, Hodl, Hodl, Hodl, Hodl, Hodl,
Hodl, Hodl, Hodl, Hodl, Hodl, Hodl, Hodl, Hodl, Hodl, Hodl, Hodl,
Hodl, Hodl, Hodl, Hodl, Hodl, Hodl, Hodl, Hodl, Hodl, Hodl, Hodl,
Hodl, Hodl, Hodl, Hodl, Hodl, Hodl, Hodl, Hodl, Hodl, Hodl, Hodl,
Hodl, Hodl, Hodl, Hodl, Hodl, Hodl, Hodl, Hodl, Hodl, Hodl, Hodl,
Hodl, Hodl, Hodl, Hodl, Hodl, Hodl, Hodl, Hodl, Hodl, Hodl, Hodl,
Hodl, Hodl, Hodl, Hodl, Hodl, Hodl, Hodl, Hodl, Hodl, Hodl, Hodl,
Hodl, Hodl, Hodl, Hodl, Hodl, Hodl, Hodl, Hodl, Hodl, Hodl, Hodl,
Hodl, Hodl, Hodl, Hodl, Hodl, Hodl, Hodl, Hodl, Hodl, Hodl, Hodl,
Hodl, Hodl, Hodl, Hodl, Hodl, Hodl, Hodl, Hodl, Hodl, Hodl, Hodl,
Hodl, Hodl, Hodl, Hodl, Hodl, Hodl, Hodl, Hodl, Hodl, Hodl, Hodl,
Hodl, Hodl, Hodl, Hodl, Hodl, Hodl, Hodl, Hodl, Hodl, Hodl, Hodl,
Hodl, Hodl, Hodl, Hodl, Hodl, Hodl, Hodl, Hodl, Hodl, Hodl, Hodl,
Hodl, Hodl, Hodl, Hodl, Hodl, Hodl, Hodl, Hodl, Hodl, Hodl, Hodl,
Hodl, Hodl, Hodl, Hodl, Hodl, Hodl, Hodl, Hodl, Hodl, Hodl, Hodl,
Hodl, Hodl, Hodl, Hodl, Hodl, Hodl.

Hodl, Hodl, Hodl, Hodl, Hodl, Hodl, Hodl, Hodl, Hodl,
Hodl, Hodl, Hodl, Hodl, Hodl, Hodl, Hodl, Hodl, Hodl, Hodl, Hodl,
Hodl, Hodl, Hodl, Hodl, Hodl, Hodl, Hodl, Hodl, Hodl, Hodl, Hodl,
Hodl, Hodl, Hodl, Hodl, Hodl, Hodl, Hodl, Hodl, Hodl, Hodl, Hodl,
Hodl, Hodl, Hodl, Hodl, Hodl, Hodl, Hodl, Hodl, Hodl, Hodl, Hodl,
Hodl, Hodl, Hodl, Hodl, Hodl, Hodl, Hodl, Hodl, Hodl, Hodl, Hodl,
Hodl, Hodl, Hodl, Hodl, Hodl, Hodl, Hodl, Hodl, Hodl, Hodl, Hodl,
Hodl, Hodl, Hodl, Hodl, Hodl, Hodl, Hodl, Hodl, Hodl, Hodl, Hodl,
Hodl, Hodl, Hodl, Hodl, Hodl, Hodl, Hodl, Hodl, Hodl, Hodl, Hodl,
Hodl, Hodl, Hodl, Hodl, Hodl, Hodl, Hodl, Hodl, Hodl, Hodl, Hodl,
Hodl, Hodl, Hodl, Hodl, Hodl, Hodl, Hodl, Hodl, Hodl, Hodl, Hodl,
Hodl, Hodl, Hodl, Hodl, Hodl, Hodl, Hodl, Hodl, Hodl, Hodl, Hodl,
Hodl, Hodl, Hodl, Hodl, Hodl, Hodl, Hodl, Hodl, Hodl, Hodl, Hodl,
Hodl, Hodl, Hodl, Hodl, Hodl, Hodl, Hodl, Hodl, Hodl, Hodl, Hodl,
Hodl, Hodl, Hodl, Hodl, Hodl, Hodl, Hodl, Hodl, Hodl, Hodl, Hodl,
Hodl, Hodl, Hodl, Hodl, Hodl, Hodl, Hodl, Hodl, Hodl, Hodl, Hodl,
Hodl, Hodl, Hodl, Hodl, Hodl, Hodl, Hodl, Hodl, Hodl, Hodl, Hodl,
Hodl, Hodl, Hodl, Hodl, Hodl, Hodl, Hodl, Hodl, Hodl, Hodl, Hodl,
Hodl, Hodl, Hodl, Hodl, Hodl, Hodl, Hodl, Hodl, Hodl, Hodl, Hodl,
Hodl, Hodl, Hodl, Hodl, Hodl, Hodl, Hodl, Hodl, Hodl, Hodl, Hodl,
Hodl, Hodl, Hodl, Hodl, Hodl, Hodl, Hodl, Hodl, Hodl, Hodl, Hodl,
Hodl, Hodl, Hodl, Hodl, Hodl, Hodl, Hodl, Hodl, Hodl, Hodl, Hodl,
Hodl, Hodl, Hodl, Hodl, Hodl, Hodl, Hodl, Hodl, Hodl, Hodl, Hodl,
Hodl, Hodl, Hodl, Hodl, Hodl, Hodl, Hodl, Hodl, Hodl, Hodl, Hodl,
Hodl, Hodl, Hodl, Hodl, Hodl, Hodl, Hodl, Hodl, Hodl, Hodl, Hodl,
Hodl, Hodl, Hodl, Hodl, Hodl, Hodl, Hodl, Hodl, Hodl, Hodl, Hodl,
Hodl, Hodl, Hodl, Hodl, Hodl, Hodl, Hodl, Hodl, Hodl, Hodl, Hodl,
Hodl, Hodl, Hodl, Hodl, Hodl, Hodl, Hodl, Hodl, Hodl, Hodl, Hodl,
Hodl, Hodl, Hodl, Hodl, Hodl, Hodl, Hodl, Hodl, Hodl, Hodl, Hodl,
Hodl, Hodl, Hodl, Hodl, Hodl, Hodl, Hodl, Hodl, Hodl, Hodl, Hodl,
Hodl, Hodl, Hodl, Hodl, Hodl, Hodl, Hodl, Hodl, Hodl, Hodl, Hodl,
Hodl, Hodl, Hodl, Hodl, Hodl, Hodl, Hodl, Hodl, Hodl, Hodl, Hodl,
Hodl, Hodl, Hodl, Hodl, Hodl, Hodl.

Hodl, Hodl, Hodl, Hodl, Hodl, Hodl, Hodl, Hodl, Hodl, Hodl, Hodl, Hodl, Hodl, Hodl, Hodl, Hodl, Hodl, Hodl, Hodl, Hodl, Hodl, Hodl, Hodl, Hodl, Hodl, Hodl, Hodl, Hodl, Hodl, Hodl, Hodl, Hodl, Hodl, Hodl, Hodl, Hodl, Hodl, Hodl, Hodl, Hodl, Hodl, Hodl, Hodl, Hodl, Hodl, Hodl, Hodl, Hodl, Hodl, Hodl, Hodl, Hodl, Hodl, Hodl, Hodl, Hodl, Hodl, Hodl, Hodl, Hodl, Hodl, Hodl, Hodl, Hodl, Hodl, Hodl, Hodl, Hodl, Hodl, Hodl, Hodl, Hodl, Hodl, Hodl, Hodl, Hodl, Hodl, Hodl, Hodl, Hodl, Hodl, Hodl, Hodl, Hodl, Hodl, Hodl, Hodl, Hodl, Hodl, Hodl, Hodl, Hodl, Hodl, Hodl, Hodl, Hodl, Hodl, Hodl, Hodl, Hodl, Hodl, Hodl, Hodl, Hodl, Hodl, Hodl, Hodl, Hodl, Hodl, Hodl, Hodl, Hodl, Hodl, Hodl, Hodl, Hodl, Hodl, Hodl, Hodl, Hodl, Hodl, Hodl, Hodl, Hodl, Hodl, Hodl, Hodl, Hodl, Hodl, Hodl, Hodl, Hodl, Hodl, Hodl, Hodl, Hodl, Hodl, Hodl, Hodl, Hodl, Hodl, Hodl, Hodl, Hodl, Hodl, Hodl, Hodl, Hodl, Hodl, Hodl, Hodl, Hodl, Hodl, Hodl, Hodl, Hodl, Hodl, Hodl, Hodl, Hodl, Hodl, Hodl, Hodl, Hodl, Hodl, Hodl, Hodl, Hodl, Hodl, Hodl, Hodl, Hodl, Hodl, Hodl, Hodl, Hodl, Hodl, Hodl, Hodl, Hodl, Hodl, Hodl, Hodl, Hodl, Hodl, Hodl, Hodl, Hodl, Hodl, Hodl, Hodl, Hodl, Hodl, Hodl, Hodl, Hodl, Hodl, Hodl, Hodl, Hodl, Hodl, Hodl, Hodl, Hodl, Hodl, Hodl, Hodl, Hodl, Hodl, Hodl, Hodl, Hodl, Hodl, Hodl, Hodl, Hodl, Hodl, Hodl, Hodl, Hodl, Hodl, Hodl, Hodl, Hodl, Hodl, Hodl, Hodl, Hodl, Hodl, Hodl, Hodl, Hodl, Hodl, Hodl, Hodl, Hodl, Hodl, Hodl, Hodl, Hodl, Hodl, Hodl, Hodl, Hodl, Hodl, Hodl, Hodl, Hodl, Hodl, Hodl, Hodl, Hodl, Hodl, Hodl, Hodl, Hodl, Hodl, Hodl, Hodl, Hodl, Hodl, Hodl, Hodl, Hodl, Hodl, Hodl, Hodl, Hodl, Hodl, Hodl, Hodl, Hodl, Hodl, Hodl, Hodl, Hodl, Hodl, Hodl, Hodl, Hodl, Hodl, Hodl, Hodl, Hodl, Hodl, Hodl, Hodl, Hodl, Hodl, Hodl, Hodl, Hodl, Hodl, Hodl, Hodl, Hodl, Hodl, Hodl, Hodl, Hodl, Hodl, Hodl, Hodl, Hodl, Hodl, Hodl, Hodl, Hodl, Hodl, Hodl, Hodl, Hodl, Hodl, Hodl, Hodl, Hodl, Hodl, Hodl, Hodl, Hodl, Hodl, Hodl, Hodl, Hodl, Hodl, Hodl, Hodl, Hodl, Hodl, Hodl, Hodl, Hodl, Hodl, Hodl, Hodl, Hodl, Hodl, Hodl, Hodl, Hodl, Hodl, Hodl, Hodl, Hodl, Hodl, Hodl, Hodl, Hodl, Hodl, Hodl, Hodl, Hodl, Hodl, Hodl, Hodl, Hodl, Hodl, Hodl, Hodl, Hodl, Hodl, Hodl, Hodl, Hodl, Hodl, Hodl, Hodl, Hodl, Hodl, Hodl, Hodl, Hodl, Hodl, Hodl, Hodl, Hodl, Hodl, Hodl, Hodl, Hodl, Hodl, Hodl, Hodl, Hodl, Hodl, Hodl, Hodl, Hodl, Hodl, Hodl, Hodl, Hodl, Hodl, Hodl, Hodl, Hodl, Hodl, Hodl, Hodl, Hodl, Hodl, Hodl, Hodl, Hodl, Hodl, Hodl, Hodl, Hodl, Hodl, Hodl, Hodl, Hodl, Hodl, Hodl, Hodl, Hodl, Hodl, Hodl, Hodl, Hodl, Hodl, Hodl, Hodl, Hodl, Hodl, Hodl, Hodl, Hodl, Hodl, Hodl, Hodl, Hodl, Hodl, Hodl, Hodl, Hodl, Hodl, Hodl, Hodl, Hodl, Hodl, Hodl, Hodl.

Hodl, Hodl, Hodl, Hodl, Hodl, Hodl, Hodl, Hodl, Hodl,
Hodl, Hodl, Hodl, Hodl, Hodl, Hodl, Hodl, Hodl, Hodl, Hodl, Hodl,
Hodl, Hodl, Hodl, Hodl, Hodl, Hodl, Hodl, Hodl, Hodl, Hodl, Hodl,
Hodl, Hodl, Hodl, Hodl, Hodl, Hodl, Hodl, Hodl, Hodl, Hodl, Hodl,
Hodl, Hodl, Hodl, Hodl, Hodl, Hodl, Hodl, Hodl, Hodl, Hodl, Hodl,
Hodl, Hodl, Hodl, Hodl, Hodl, Hodl, Hodl, Hodl, Hodl, Hodl, Hodl,
Hodl, Hodl, Hodl, Hodl, Hodl, Hodl, Hodl, Hodl, Hodl, Hodl, Hodl,
Hodl, Hodl, Hodl, Hodl, Hodl, Hodl, Hodl, Hodl, Hodl, Hodl, Hodl,
Hodl, Hodl, Hodl, Hodl, Hodl, Hodl, Hodl, Hodl, Hodl, Hodl, Hodl,
Hodl, Hodl, Hodl, Hodl, Hodl, Hodl, Hodl, Hodl, Hodl, Hodl, Hodl,
Hodl, Hodl, Hodl, Hodl, Hodl, Hodl, Hodl, Hodl, Hodl, Hodl, Hodl,
Hodl, Hodl, Hodl, Hodl, Hodl, Hodl, Hodl, Hodl, Hodl, Hodl, Hodl,
Hodl, Hodl, Hodl, Hodl, Hodl, Hodl, Hodl, Hodl, Hodl, Hodl, Hodl,
Hodl, Hodl, Hodl, Hodl, Hodl, Hodl, Hodl, Hodl, Hodl, Hodl, Hodl,
Hodl, Hodl, Hodl, Hodl, Hodl, Hodl, Hodl, Hodl, Hodl, Hodl, Hodl,
Hodl, Hodl, Hodl, Hodl, Hodl, Hodl, Hodl, Hodl, Hodl, Hodl, Hodl,
Hodl, Hodl, Hodl, Hodl, Hodl, Hodl, Hodl, Hodl, Hodl, Hodl, Hodl,
Hodl, Hodl, Hodl, Hodl, Hodl, Hodl, Hodl, Hodl, Hodl, Hodl, Hodl,
Hodl, Hodl, Hodl, Hodl, Hodl, Hodl, Hodl, Hodl, Hodl, Hodl, Hodl,
Hodl, Hodl, Hodl, Hodl, Hodl, Hodl, Hodl, Hodl, Hodl, Hodl, Hodl,
Hodl, Hodl, Hodl, Hodl, Hodl, Hodl, Hodl, Hodl, Hodl, Hodl, Hodl,
Hodl, Hodl, Hodl, Hodl, Hodl, Hodl, Hodl, Hodl, Hodl, Hodl, Hodl,
Hodl, Hodl, Hodl, Hodl, Hodl, Hodl, Hodl, Hodl, Hodl, Hodl, Hodl,
Hodl, Hodl, Hodl, Hodl, Hodl, Hodl, Hodl, Hodl, Hodl, Hodl, Hodl,
Hodl, Hodl, Hodl, Hodl, Hodl, Hodl, Hodl, Hodl, Hodl, Hodl, Hodl,
Hodl, Hodl, Hodl, Hodl, Hodl, Hodl, Hodl, Hodl, Hodl, Hodl, Hodl,
Hodl, Hodl, Hodl, Hodl, Hodl, Hodl, Hodl, Hodl, Hodl, Hodl, Hodl,
Hodl, Hodl, Hodl, Hodl, Hodl, Hodl, Hodl, Hodl, Hodl, Hodl, Hodl,
Hodl, Hodl, Hodl, Hodl, Hodl, Hodl, Hodl, Hodl, Hodl, Hodl, Hodl,
Hodl, Hodl, Hodl, Hodl, Hodl, Hodl, Hodl, Hodl, Hodl, Hodl, Hodl,
Hodl, Hodl, Hodl, Hodl, Hodl, Hodl.

Hodl, Hodl, Hodl, Hodl, Hodl, Hodl, Hodl, Hodl, Hodl,
Hodl, Hodl, Hodl, Hodl, Hodl, Hodl, Hodl, Hodl, Hodl, Hodl, Hodl,
Hodl, Hodl, Hodl, Hodl, Hodl, Hodl, Hodl, Hodl, Hodl, Hodl, Hodl,
Hodl, Hodl, Hodl, Hodl, Hodl, Hodl, Hodl, Hodl, Hodl, Hodl, Hodl,
Hodl, Hodl, Hodl, Hodl, Hodl, Hodl, Hodl, Hodl, Hodl, Hodl, Hodl,
Hodl, Hodl, Hodl, Hodl, Hodl, Hodl, Hodl, Hodl, Hodl, Hodl, Hodl,
Hodl, Hodl, Hodl, Hodl, Hodl, Hodl, Hodl, Hodl, Hodl, Hodl, Hodl,
Hodl, Hodl, Hodl, Hodl, Hodl, Hodl, Hodl, Hodl, Hodl, Hodl, Hodl,
Hodl, Hodl, Hodl, Hodl, Hodl, Hodl, Hodl, Hodl, Hodl, Hodl, Hodl,
Hodl, Hodl, Hodl, Hodl, Hodl, Hodl, Hodl, Hodl, Hodl, Hodl, Hodl,
Hodl, Hodl, Hodl, Hodl, Hodl, Hodl, Hodl, Hodl, Hodl, Hodl, Hodl,
Hodl, Hodl, Hodl, Hodl, Hodl, Hodl, Hodl, Hodl, Hodl, Hodl, Hodl,
Hodl, Hodl, Hodl, Hodl, Hodl, Hodl, Hodl, Hodl, Hodl, Hodl, Hodl,
Hodl, Hodl, Hodl, Hodl, Hodl, Hodl, Hodl, Hodl, Hodl, Hodl, Hodl,
Hodl, Hodl, Hodl, Hodl, Hodl, Hodl, Hodl, Hodl, Hodl, Hodl, Hodl,
Hodl, Hodl, Hodl, Hodl, Hodl, Hodl, Hodl, Hodl, Hodl, Hodl, Hodl,
Hodl, Hodl, Hodl, Hodl, Hodl, Hodl, Hodl, Hodl, Hodl, Hodl, Hodl,
Hodl, Hodl, Hodl, Hodl, Hodl, Hodl, Hodl, Hodl, Hodl, Hodl, Hodl,
Hodl, Hodl, Hodl, Hodl, Hodl, Hodl, Hodl, Hodl, Hodl, Hodl, Hodl,
Hodl, Hodl, Hodl, Hodl, Hodl, Hodl, Hodl, Hodl, Hodl, Hodl, Hodl,
Hodl, Hodl, Hodl, Hodl, Hodl, Hodl, Hodl, Hodl, Hodl, Hodl, Hodl,
Hodl, Hodl, Hodl, Hodl, Hodl, Hodl, Hodl, Hodl, Hodl, Hodl, Hodl,
Hodl, Hodl, Hodl, Hodl, Hodl, Hodl, Hodl, Hodl, Hodl, Hodl, Hodl,
Hodl, Hodl, Hodl, Hodl, Hodl, Hodl, Hodl, Hodl, Hodl, Hodl, Hodl,
Hodl, Hodl, Hodl, Hodl, Hodl, Hodl, Hodl, Hodl, Hodl, Hodl, Hodl,
Hodl, Hodl, Hodl, Hodl, Hodl, Hodl, Hodl, Hodl, Hodl, Hodl, Hodl,
Hodl, Hodl, Hodl, Hodl, Hodl, Hodl, Hodl, Hodl, Hodl, Hodl, Hodl,
Hodl, Hodl, Hodl, Hodl, Hodl, Hodl, Hodl, Hodl, Hodl, Hodl, Hodl,
Hodl, Hodl, Hodl, Hodl, Hodl, Hodl, Hodl, Hodl, Hodl, Hodl, Hodl,
Hodl, Hodl, Hodl, Hodl, Hodl, Hodl, Hodl, Hodl, Hodl, Hodl, Hodl,
Hodl, Hodl, Hodl, Hodl, Hodl, Hodl, Hodl, Hodl, Hodl, Hodl, Hodl,
Hodl, Hodl, Hodl, Hodl, Hodl, Hodl, Hodl, Hodl, Hodl, Hodl, Hodl,
Hodl, Hodl, Hodl, Hodl, Hodl, Hodl, Hodl, Hodl, Hodl, Hodl, Hodl,
Hodl, Hodl, Hodl, Hodl, Hodl, Hodl.

Hodl, Hodl, Hodl, Hodl, Hodl, Hodl, Hodl, Hodl, Hodl,
Hodl, Hodl, Hodl, Hodl, Hodl, Hodl, Hodl, Hodl, Hodl, Hodl, Hodl,
Hodl, Hodl, Hodl, Hodl, Hodl, Hodl, Hodl, Hodl, Hodl, Hodl, Hodl,
Hodl, Hodl, Hodl, Hodl, Hodl, Hodl, Hodl, Hodl, Hodl, Hodl, Hodl,
Hodl, Hodl, Hodl, Hodl, Hodl, Hodl, Hodl, Hodl, Hodl, Hodl, Hodl,
Hodl, Hodl, Hodl, Hodl, Hodl, Hodl, Hodl, Hodl, Hodl, Hodl, Hodl,
Hodl, Hodl, Hodl, Hodl, Hodl, Hodl, Hodl, Hodl, Hodl, Hodl, Hodl,
Hodl, Hodl, Hodl, Hodl, Hodl, Hodl, Hodl, Hodl, Hodl, Hodl, Hodl,
Hodl, Hodl, Hodl, Hodl, Hodl, Hodl, Hodl, Hodl, Hodl, Hodl, Hodl,
Hodl, Hodl, Hodl, Hodl, Hodl, Hodl, Hodl, Hodl, Hodl, Hodl, Hodl,
Hodl, Hodl, Hodl, Hodl, Hodl, Hodl, Hodl, Hodl, Hodl, Hodl, Hodl,
Hodl, Hodl, Hodl, Hodl, Hodl, Hodl, Hodl, Hodl, Hodl, Hodl, Hodl,
Hodl, Hodl, Hodl, Hodl, Hodl, Hodl, Hodl, Hodl, Hodl, Hodl, Hodl,
Hodl, Hodl, Hodl, Hodl, Hodl, Hodl, Hodl, Hodl, Hodl, Hodl, Hodl,
Hodl, Hodl, Hodl, Hodl, Hodl, Hodl, Hodl, Hodl, Hodl, Hodl, Hodl,
Hodl, Hodl, Hodl, Hodl, Hodl, Hodl, Hodl, Hodl, Hodl, Hodl, Hodl,
Hodl, Hodl, Hodl, Hodl, Hodl, Hodl, Hodl, Hodl, Hodl, Hodl, Hodl,
Hodl, Hodl, Hodl, Hodl, Hodl, Hodl, Hodl, Hodl, Hodl, Hodl, Hodl,
Hodl, Hodl, Hodl, Hodl, Hodl, Hodl, Hodl, Hodl, Hodl, Hodl, Hodl,
Hodl, Hodl, Hodl, Hodl, Hodl, Hodl, Hodl, Hodl, Hodl, Hodl, Hodl,
Hodl, Hodl, Hodl, Hodl, Hodl, Hodl, Hodl, Hodl, Hodl, Hodl, Hodl,
Hodl, Hodl, Hodl, Hodl, Hodl, Hodl, Hodl, Hodl, Hodl, Hodl, Hodl,
Hodl, Hodl, Hodl, Hodl, Hodl, Hodl, Hodl, Hodl, Hodl, Hodl, Hodl,
Hodl, Hodl, Hodl, Hodl, Hodl, Hodl, Hodl, Hodl, Hodl, Hodl, Hodl,
Hodl, Hodl, Hodl, Hodl, Hodl, Hodl, Hodl, Hodl, Hodl, Hodl, Hodl,
Hodl, Hodl, Hodl, Hodl, Hodl, Hodl, Hodl, Hodl, Hodl, Hodl, Hodl,
Hodl, Hodl, Hodl, Hodl, Hodl, Hodl, Hodl, Hodl, Hodl, Hodl, Hodl,
Hodl, Hodl, Hodl, Hodl, Hodl, Hodl, Hodl, Hodl, Hodl, Hodl, Hodl,
Hodl, Hodl, Hodl, Hodl, Hodl, Hodl, Hodl, Hodl, Hodl, Hodl, Hodl,
Hodl, Hodl, Hodl, Hodl, Hodl, Hodl, Hodl, Hodl, Hodl, Hodl, Hodl,
Hodl, Hodl, Hodl, Hodl, Hodl, Hodl, Hodl, Hodl, Hodl, Hodl, Hodl,
Hodl, Hodl, Hodl, Hodl, Hodl, Hodl, Hodl, Hodl, Hodl, Hodl, Hodl,
Hodl, Hodl, Hodl, Hodl, Hodl, Hodl, Hodl, Hodl, Hodl, Hodl, Hodl,
Hodl, Hodl, Hodl, Hodl, Hodl, Hodl.

Hodl, Hodl, Hodl, Hodl, Hodl, Hodl, Hodl, Hodl, Hodl,
Hodl, Hodl, Hodl, Hodl, Hodl, Hodl, Hodl, Hodl, Hodl, Hodl, Hodl,
Hodl, Hodl, Hodl, Hodl, Hodl, Hodl, Hodl, Hodl, Hodl, Hodl, Hodl,
Hodl, Hodl, Hodl, Hodl, Hodl, Hodl, Hodl, Hodl, Hodl, Hodl, Hodl,
Hodl, Hodl, Hodl, Hodl, Hodl, Hodl, Hodl, Hodl, Hodl, Hodl, Hodl,
Hodl, Hodl, Hodl, Hodl, Hodl, Hodl, Hodl, Hodl, Hodl, Hodl, Hodl,
Hodl, Hodl, Hodl, Hodl, Hodl, Hodl, Hodl, Hodl, Hodl, Hodl, Hodl,
Hodl, Hodl, Hodl, Hodl, Hodl, Hodl, Hodl, Hodl, Hodl, Hodl, Hodl,
Hodl, Hodl, Hodl, Hodl, Hodl, Hodl, Hodl, Hodl, Hodl, Hodl, Hodl,
Hodl, Hodl, Hodl, Hodl, Hodl, Hodl, Hodl, Hodl, Hodl, Hodl, Hodl,
Hodl, Hodl, Hodl, Hodl, Hodl, Hodl, Hodl, Hodl, Hodl, Hodl, Hodl,
Hodl, Hodl, Hodl, Hodl, Hodl, Hodl, Hodl, Hodl, Hodl, Hodl, Hodl,
Hodl, Hodl, Hodl, Hodl, Hodl, Hodl, Hodl, Hodl, Hodl, Hodl, Hodl,
Hodl, Hodl, Hodl, Hodl, Hodl, Hodl, Hodl, Hodl, Hodl, Hodl, Hodl,
Hodl, Hodl, Hodl, Hodl, Hodl, Hodl, Hodl, Hodl, Hodl, Hodl, Hodl,
Hodl, Hodl, Hodl, Hodl, Hodl, Hodl, Hodl, Hodl, Hodl, Hodl, Hodl,
Hodl, Hodl, Hodl, Hodl, Hodl, Hodl, Hodl, Hodl, Hodl, Hodl, Hodl,
Hodl, Hodl, Hodl, Hodl, Hodl, Hodl, Hodl, Hodl, Hodl, Hodl, Hodl,
Hodl, Hodl, Hodl, Hodl, Hodl, Hodl, Hodl, Hodl, Hodl, Hodl, Hodl,
Hodl, Hodl, Hodl, Hodl, Hodl, Hodl, Hodl, Hodl, Hodl, Hodl, Hodl,
Hodl, Hodl, Hodl, Hodl, Hodl, Hodl, Hodl, Hodl, Hodl, Hodl, Hodl,
Hodl, Hodl, Hodl, Hodl, Hodl, Hodl, Hodl, Hodl, Hodl, Hodl, Hodl,
Hodl, Hodl, Hodl, Hodl, Hodl, Hodl, Hodl, Hodl, Hodl, Hodl, Hodl,
Hodl, Hodl, Hodl, Hodl, Hodl, Hodl, Hodl, Hodl, Hodl, Hodl, Hodl,
Hodl, Hodl, Hodl, Hodl, Hodl, Hodl, Hodl, Hodl, Hodl, Hodl, Hodl,
Hodl, Hodl, Hodl, Hodl, Hodl, Hodl, Hodl, Hodl, Hodl, Hodl, Hodl,
Hodl, Hodl, Hodl, Hodl, Hodl, Hodl, Hodl, Hodl, Hodl, Hodl, Hodl,
Hodl, Hodl, Hodl, Hodl, Hodl, Hodl, Hodl, Hodl, Hodl, Hodl, Hodl,
Hodl, Hodl, Hodl, Hodl, Hodl, Hodl, Hodl, Hodl, Hodl, Hodl, Hodl,
Hodl, Hodl, Hodl, Hodl, Hodl, Hodl, Hodl, Hodl, Hodl, Hodl, Hodl,
Hodl, Hodl, Hodl, Hodl, Hodl, Hodl, Hodl, Hodl, Hodl, Hodl, Hodl,
Hodl, Hodl, Hodl, Hodl, Hodl, Hodl.

Hodl, Hodl, Hodl, Hodl, Hodl, Hodl, Hodl, Hodl, Hodl,
Hodl, Hodl, Hodl, Hodl, Hodl, Hodl, Hodl, Hodl, Hodl, Hodl, Hodl,
Hodl, Hodl, Hodl, Hodl, Hodl, Hodl, Hodl, Hodl, Hodl, Hodl, Hodl,
Hodl, Hodl, Hodl, Hodl, Hodl, Hodl, Hodl, Hodl, Hodl, Hodl, Hodl,
Hodl, Hodl, Hodl, Hodl, Hodl, Hodl, Hodl, Hodl, Hodl, Hodl, Hodl,
Hodl, Hodl, Hodl, Hodl, Hodl, Hodl, Hodl, Hodl, Hodl, Hodl, Hodl,
Hodl, Hodl, Hodl, Hodl, Hodl, Hodl, Hodl, Hodl, Hodl, Hodl, Hodl,
Hodl, Hodl, Hodl, Hodl, Hodl, Hodl, Hodl, Hodl, Hodl, Hodl, Hodl,
Hodl, Hodl, Hodl, Hodl, Hodl, Hodl, Hodl, Hodl, Hodl, Hodl, Hodl,
Hodl, Hodl, Hodl, Hodl, Hodl, Hodl, Hodl, Hodl, Hodl, Hodl, Hodl,
Hodl, Hodl, Hodl, Hodl, Hodl, Hodl, Hodl, Hodl, Hodl, Hodl, Hodl,
Hodl, Hodl, Hodl, Hodl, Hodl, Hodl, Hodl, Hodl, Hodl, Hodl, Hodl,
Hodl, Hodl, Hodl, Hodl, Hodl, Hodl, Hodl, Hodl, Hodl, Hodl, Hodl,
Hodl, Hodl, Hodl, Hodl, Hodl, Hodl, Hodl, Hodl, Hodl, Hodl, Hodl,
Hodl, Hodl, Hodl, Hodl, Hodl, Hodl, Hodl, Hodl, Hodl, Hodl, Hodl,
Hodl, Hodl, Hodl, Hodl, Hodl, Hodl, Hodl, Hodl, Hodl, Hodl, Hodl,
Hodl, Hodl, Hodl, Hodl, Hodl, Hodl, Hodl, Hodl, Hodl, Hodl, Hodl,
Hodl, Hodl, Hodl, Hodl, Hodl, Hodl, Hodl, Hodl, Hodl, Hodl, Hodl,
Hodl, Hodl, Hodl, Hodl, Hodl, Hodl, Hodl, Hodl, Hodl, Hodl, Hodl,
Hodl, Hodl, Hodl, Hodl, Hodl, Hodl, Hodl, Hodl, Hodl, Hodl, Hodl,
Hodl, Hodl, Hodl, Hodl, Hodl, Hodl, Hodl, Hodl, Hodl, Hodl, Hodl,
Hodl, Hodl, Hodl, Hodl, Hodl, Hodl, Hodl, Hodl, Hodl, Hodl, Hodl,
Hodl, Hodl, Hodl, Hodl, Hodl, Hodl, Hodl, Hodl, Hodl, Hodl, Hodl,
Hodl, Hodl, Hodl, Hodl, Hodl, Hodl, Hodl, Hodl, Hodl, Hodl, Hodl,
Hodl, Hodl, Hodl, Hodl, Hodl, Hodl, Hodl, Hodl, Hodl, Hodl, Hodl,
Hodl, Hodl, Hodl, Hodl, Hodl, Hodl, Hodl, Hodl, Hodl, Hodl, Hodl,
Hodl, Hodl, Hodl, Hodl, Hodl, Hodl, Hodl, Hodl, Hodl, Hodl, Hodl,
Hodl, Hodl, Hodl, Hodl, Hodl, Hodl, Hodl, Hodl, Hodl, Hodl, Hodl,
Hodl, Hodl, Hodl, Hodl, Hodl, Hodl, Hodl, Hodl, Hodl, Hodl, Hodl,
Hodl, Hodl, Hodl, Hodl, Hodl, Hodl, Hodl, Hodl, Hodl, Hodl, Hodl,
Hodl, Hodl, Hodl, Hodl, Hodl, Hodl, Hodl, Hodl, Hodl, Hodl, Hodl,
Hodl, Hodl, Hodl, Hodl, Hodl, Hodl, Hodl, Hodl, Hodl, Hodl, Hodl,
Hodl, Hodl, Hodl, Hodl, Hodl, Hodl, Hodl, Hodl, Hodl, Hodl, Hodl,
Hodl, Hodl, Hodl.

Hodl, Hodl, Hodl, Hodl, Hodl, Hodl, Hodl, Hodl, Hodl,
Hodl, Hodl, Hodl, Hodl, Hodl, Hodl, Hodl, Hodl, Hodl, Hodl, Hodl,
Hodl, Hodl, Hodl, Hodl, Hodl, Hodl, Hodl, Hodl, Hodl, Hodl, Hodl,
Hodl, Hodl, Hodl, Hodl, Hodl, Hodl, Hodl, Hodl, Hodl, Hodl, Hodl,
Hodl, Hodl, Hodl, Hodl, Hodl, Hodl, Hodl, Hodl, Hodl, Hodl, Hodl,
Hodl, Hodl, Hodl, Hodl, Hodl, Hodl, Hodl, Hodl, Hodl, Hodl, Hodl,
Hodl, Hodl, Hodl, Hodl, Hodl, Hodl, Hodl, Hodl, Hodl, Hodl, Hodl,
Hodl, Hodl, Hodl, Hodl, Hodl, Hodl, Hodl, Hodl, Hodl, Hodl, Hodl,
Hodl, Hodl, Hodl, Hodl, Hodl, Hodl, Hodl, Hodl, Hodl, Hodl, Hodl,
Hodl, Hodl, Hodl, Hodl, Hodl, Hodl, Hodl, Hodl, Hodl, Hodl, Hodl,
Hodl, Hodl, Hodl, Hodl, Hodl, Hodl, Hodl, Hodl, Hodl, Hodl, Hodl,
Hodl, Hodl, Hodl, Hodl, Hodl, Hodl, Hodl, Hodl, Hodl, Hodl, Hodl,
Hodl, Hodl, Hodl, Hodl, Hodl, Hodl, Hodl, Hodl, Hodl, Hodl, Hodl,
Hodl, Hodl, Hodl, Hodl, Hodl, Hodl, Hodl, Hodl, Hodl, Hodl, Hodl,
Hodl, Hodl, Hodl, Hodl, Hodl, Hodl, Hodl, Hodl, Hodl, Hodl, Hodl,
Hodl, Hodl, Hodl, Hodl, Hodl, Hodl, Hodl, Hodl, Hodl, Hodl, Hodl,
Hodl, Hodl, Hodl, Hodl, Hodl, Hodl, Hodl, Hodl, Hodl, Hodl, Hodl,
Hodl, Hodl, Hodl, Hodl, Hodl, Hodl, Hodl, Hodl, Hodl, Hodl, Hodl,
Hodl, Hodl, Hodl, Hodl, Hodl, Hodl, Hodl, Hodl, Hodl, Hodl, Hodl,
Hodl, Hodl, Hodl, Hodl, Hodl, Hodl, Hodl, Hodl, Hodl, Hodl, Hodl,
Hodl, Hodl, Hodl, Hodl, Hodl, Hodl, Hodl, Hodl, Hodl, Hodl, Hodl,
Hodl, Hodl, Hodl, Hodl, Hodl, Hodl, Hodl, Hodl, Hodl, Hodl, Hodl,
Hodl, Hodl, Hodl, Hodl, Hodl, Hodl, Hodl, Hodl, Hodl, Hodl, Hodl,
Hodl, Hodl, Hodl, Hodl, Hodl, Hodl, Hodl, Hodl, Hodl, Hodl, Hodl,
Hodl, Hodl, Hodl, Hodl, Hodl, Hodl, Hodl, Hodl, Hodl, Hodl, Hodl,
Hodl, Hodl, Hodl, Hodl, Hodl, Hodl, Hodl, Hodl, Hodl, Hodl, Hodl,
Hodl, Hodl, Hodl, Hodl, Hodl, Hodl, Hodl, Hodl, Hodl, Hodl, Hodl,
Hodl, Hodl, Hodl, Hodl, Hodl, Hodl, Hodl, Hodl, Hodl, Hodl, Hodl,
Hodl, Hodl, Hodl, Hodl, Hodl, Hodl, Hodl, Hodl, Hodl, Hodl, Hodl,
Hodl, Hodl, Hodl, Hodl, Hodl, Hodl, Hodl, Hodl, Hodl, Hodl, Hodl,
Hodl, Hodl, Hodl, Hodl, Hodl, Hodl, Hodl, Hodl, Hodl, Hodl, Hodl,
Hodl, Hodl, Hodl, Hodl, Hodl, Hodl, Hodl, Hodl, Hodl, Hodl, Hodl,
Hodl, Hodl, Hodl, Hodl, Hodl, Hodl, Hodl, Hodl, Hodl, Hodl, Hodl,
Hodl, Hodl, Hodl, Hodl, Hodl, Hodl, Hodl, Hodl, Hodl, Hodl, Hodl,
Hodl, Hodl, Hodl, Hodl, Hodl, Hodl.

Hodl, Hodl, Hodl, Hodl, Hodl, Hodl, Hodl, Hodl, Hodl,
Hodl, Hodl, Hodl, Hodl, Hodl, Hodl, Hodl, Hodl, Hodl, Hodl, Hodl,
Hodl, Hodl, Hodl, Hodl, Hodl, Hodl, Hodl, Hodl, Hodl, Hodl, Hodl,
Hodl, Hodl, Hodl, Hodl, Hodl, Hodl, Hodl, Hodl, Hodl, Hodl, Hodl,
Hodl, Hodl, Hodl, Hodl, Hodl, Hodl, Hodl, Hodl, Hodl, Hodl, Hodl,
Hodl, Hodl, Hodl, Hodl, Hodl, Hodl, Hodl, Hodl, Hodl, Hodl, Hodl,
Hodl, Hodl, Hodl, Hodl, Hodl, Hodl, Hodl, Hodl, Hodl, Hodl, Hodl,
Hodl, Hodl, Hodl, Hodl, Hodl, Hodl, Hodl, Hodl, Hodl, Hodl, Hodl,
Hodl, Hodl, Hodl, Hodl, Hodl, Hodl, Hodl, Hodl, Hodl, Hodl, Hodl,
Hodl, Hodl, Hodl, Hodl, Hodl, Hodl, Hodl, Hodl, Hodl, Hodl, Hodl,
Hodl, Hodl, Hodl, Hodl, Hodl, Hodl, Hodl, Hodl, Hodl, Hodl, Hodl,
Hodl, Hodl, Hodl, Hodl, Hodl, Hodl, Hodl, Hodl, Hodl, Hodl, Hodl,
Hodl, Hodl, Hodl, Hodl, Hodl, Hodl, Hodl, Hodl, Hodl, Hodl, Hodl,
Hodl, Hodl, Hodl, Hodl, Hodl, Hodl, Hodl, Hodl, Hodl, Hodl, Hodl,
Hodl, Hodl, Hodl, Hodl, Hodl, Hodl, Hodl, Hodl, Hodl, Hodl, Hodl,
Hodl, Hodl, Hodl, Hodl, Hodl, Hodl, Hodl, Hodl, Hodl, Hodl, Hodl,
Hodl, Hodl, Hodl, Hodl, Hodl, Hodl, Hodl, Hodl, Hodl, Hodl, Hodl,
Hodl, Hodl, Hodl, Hodl, Hodl, Hodl, Hodl, Hodl, Hodl, Hodl, Hodl,
Hodl, Hodl, Hodl, Hodl, Hodl, Hodl, Hodl, Hodl, Hodl, Hodl, Hodl,
Hodl, Hodl, Hodl, Hodl, Hodl, Hodl, Hodl, Hodl, Hodl, Hodl, Hodl,
Hodl, Hodl, Hodl, Hodl, Hodl, Hodl, Hodl, Hodl, Hodl, Hodl, Hodl,
Hodl, Hodl, Hodl, Hodl, Hodl, Hodl, Hodl, Hodl, Hodl, Hodl, Hodl,
Hodl, Hodl, Hodl, Hodl, Hodl, Hodl, Hodl, Hodl, Hodl, Hodl, Hodl,
Hodl, Hodl, Hodl, Hodl, Hodl, Hodl, Hodl, Hodl, Hodl, Hodl, Hodl,
Hodl, Hodl, Hodl, Hodl, Hodl, Hodl, Hodl, Hodl, Hodl, Hodl, Hodl,
Hodl, Hodl, Hodl, Hodl, Hodl, Hodl, Hodl, Hodl, Hodl, Hodl, Hodl,
Hodl, Hodl, Hodl, Hodl, Hodl, Hodl, Hodl, Hodl, Hodl, Hodl, Hodl,
Hodl, Hodl, Hodl, Hodl, Hodl, Hodl, Hodl, Hodl, Hodl, Hodl, Hodl,
Hodl, Hodl, Hodl, Hodl, Hodl, Hodl, Hodl, Hodl, Hodl, Hodl, Hodl,
Hodl, Hodl, Hodl, Hodl, Hodl, Hodl, Hodl, Hodl, Hodl, Hodl, Hodl,
Hodl, Hodl, Hodl, Hodl, Hodl, Hodl, Hodl, Hodl, Hodl, Hodl, Hodl,
Hodl, Hodl, Hodl, Hodl, Hodl, Hodl, Hodl, Hodl, Hodl, Hodl, Hodl,
Hodl, Hodl, Hodl, Hodl, Hodl, Hodl, Hodl, Hodl, Hodl, Hodl, Hodl,
Hodl, Hodl, Hodl, Hodl, Hodl, Hodl.

Hodl, Hodl, Hodl, Hodl, Hodl, Hodl, Hodl, Hodl, Hodl,
Hodl, Hodl, Hodl, Hodl, Hodl, Hodl, Hodl, Hodl, Hodl, Hodl, Hodl,
Hodl, Hodl, Hodl, Hodl, Hodl, Hodl, Hodl, Hodl, Hodl, Hodl, Hodl,
Hodl, Hodl, Hodl, Hodl, Hodl, Hodl, Hodl, Hodl, Hodl, Hodl, Hodl,
Hodl, Hodl, Hodl, Hodl, Hodl, Hodl, Hodl, Hodl, Hodl, Hodl, Hodl,
Hodl, Hodl, Hodl, Hodl, Hodl, Hodl, Hodl, Hodl, Hodl, Hodl, Hodl,
Hodl, Hodl, Hodl, Hodl, Hodl, Hodl, Hodl, Hodl, Hodl, Hodl, Hodl,
Hodl, Hodl, Hodl, Hodl, Hodl, Hodl, Hodl, Hodl, Hodl, Hodl, Hodl,
Hodl, Hodl, Hodl, Hodl, Hodl, Hodl, Hodl, Hodl, Hodl, Hodl, Hodl,
Hodl, Hodl, Hodl, Hodl, Hodl, Hodl, Hodl, Hodl, Hodl, Hodl, Hodl,
Hodl, Hodl, Hodl, Hodl, Hodl, Hodl, Hodl, Hodl, Hodl, Hodl, Hodl,
Hodl, Hodl, Hodl, Hodl, Hodl, Hodl, Hodl, Hodl, Hodl, Hodl, Hodl,
Hodl, Hodl, Hodl, Hodl, Hodl, Hodl, Hodl, Hodl, Hodl, Hodl, Hodl,
Hodl, Hodl, Hodl, Hodl, Hodl, Hodl, Hodl, Hodl, Hodl, Hodl, Hodl,
Hodl, Hodl, Hodl, Hodl, Hodl, Hodl, Hodl, Hodl, Hodl, Hodl, Hodl,
Hodl, Hodl, Hodl, Hodl, Hodl, Hodl, Hodl, Hodl, Hodl, Hodl, Hodl,
Hodl, Hodl, Hodl, Hodl, Hodl, Hodl, Hodl, Hodl, Hodl, Hodl, Hodl,
Hodl, Hodl, Hodl, Hodl, Hodl, Hodl, Hodl, Hodl, Hodl, Hodl, Hodl,
Hodl, Hodl, Hodl, Hodl, Hodl, Hodl, Hodl, Hodl, Hodl, Hodl, Hodl,
Hodl, Hodl, Hodl, Hodl, Hodl, Hodl, Hodl, Hodl, Hodl, Hodl, Hodl,
Hodl, Hodl, Hodl, Hodl, Hodl, Hodl, Hodl, Hodl, Hodl, Hodl, Hodl,
Hodl, Hodl, Hodl, Hodl, Hodl, Hodl, Hodl, Hodl, Hodl, Hodl, Hodl,
Hodl, Hodl, Hodl, Hodl, Hodl, Hodl, Hodl, Hodl, Hodl, Hodl, Hodl,
Hodl, Hodl, Hodl, Hodl, Hodl, Hodl, Hodl, Hodl, Hodl, Hodl, Hodl,
Hodl, Hodl, Hodl, Hodl, Hodl, Hodl, Hodl, Hodl, Hodl, Hodl, Hodl,
Hodl, Hodl, Hodl, Hodl, Hodl, Hodl, Hodl, Hodl, Hodl, Hodl, Hodl,
Hodl, Hodl, Hodl, Hodl, Hodl, Hodl, Hodl, Hodl, Hodl, Hodl, Hodl,
Hodl, Hodl, Hodl, Hodl, Hodl, Hodl, Hodl, Hodl, Hodl, Hodl, Hodl,
Hodl, Hodl, Hodl, Hodl, Hodl, Hodl, Hodl, Hodl, Hodl, Hodl, Hodl,
Hodl, Hodl, Hodl, Hodl, Hodl, Hodl, Hodl, Hodl, Hodl, Hodl, Hodl,
Hodl, Hodl, Hodl, Hodl, Hodl, Hodl, Hodl, Hodl, Hodl, Hodl, Hodl,
Hodl, Hodl, Hodl, Hodl, Hodl, Hodl, Hodl, Hodl, Hodl, Hodl, Hodl,
Hodl, Hodl, Hodl, Hodl, Hodl, Hodl, Hodl, Hodl, Hodl, Hodl, Hodl,
Hodl, Hodl, Hodl, Hodl, Hodl, Hodl.

Hodl, Hodl, Hodl, Hodl, Hodl, Hodl, Hodl, Hodl, Hodl,
Hodl, Hodl, Hodl, Hodl, Hodl, Hodl, Hodl, Hodl, Hodl, Hodl, Hodl,
Hodl, Hodl, Hodl, Hodl, Hodl, Hodl, Hodl, Hodl, Hodl, Hodl, Hodl,
Hodl, Hodl, Hodl, Hodl, Hodl, Hodl, Hodl, Hodl, Hodl, Hodl, Hodl,
Hodl, Hodl, Hodl, Hodl, Hodl, Hodl, Hodl, Hodl, Hodl, Hodl, Hodl,
Hodl, Hodl, Hodl, Hodl, Hodl, Hodl, Hodl, Hodl, Hodl, Hodl, Hodl,
Hodl, Hodl, Hodl, Hodl, Hodl, Hodl, Hodl, Hodl, Hodl, Hodl, Hodl,
Hodl, Hodl, Hodl, Hodl, Hodl, Hodl, Hodl, Hodl, Hodl, Hodl, Hodl,
Hodl, Hodl, Hodl, Hodl, Hodl, Hodl, Hodl, Hodl, Hodl, Hodl, Hodl,
Hodl, Hodl, Hodl, Hodl, Hodl, Hodl, Hodl, Hodl, Hodl, Hodl, Hodl,
Hodl, Hodl, Hodl, Hodl, Hodl, Hodl, Hodl, Hodl, Hodl, Hodl, Hodl,
Hodl, Hodl, Hodl, Hodl, Hodl, Hodl, Hodl, Hodl, Hodl, Hodl, Hodl,
Hodl, Hodl, Hodl, Hodl, Hodl, Hodl, Hodl, Hodl, Hodl, Hodl, Hodl,
Hodl, Hodl, Hodl, Hodl, Hodl, Hodl, Hodl, Hodl, Hodl, Hodl, Hodl,
Hodl, Hodl, Hodl, Hodl, Hodl, Hodl, Hodl, Hodl, Hodl, Hodl, Hodl,
Hodl, Hodl, Hodl, Hodl, Hodl, Hodl, Hodl, Hodl, Hodl, Hodl, Hodl,
Hodl, Hodl, Hodl, Hodl, Hodl, Hodl, Hodl, Hodl, Hodl, Hodl, Hodl,
Hodl, Hodl, Hodl, Hodl, Hodl, Hodl, Hodl, Hodl, Hodl, Hodl, Hodl,
Hodl, Hodl, Hodl, Hodl, Hodl, Hodl, Hodl, Hodl, Hodl, Hodl, Hodl,
Hodl, Hodl, Hodl, Hodl, Hodl, Hodl, Hodl, Hodl, Hodl, Hodl, Hodl,
Hodl, Hodl, Hodl, Hodl, Hodl, Hodl, Hodl, Hodl, Hodl, Hodl, Hodl,
Hodl, Hodl, Hodl, Hodl, Hodl, Hodl, Hodl, Hodl, Hodl, Hodl, Hodl,
Hodl, Hodl, Hodl, Hodl, Hodl, Hodl, Hodl, Hodl, Hodl, Hodl, Hodl,
Hodl, Hodl, Hodl, Hodl, Hodl, Hodl, Hodl, Hodl, Hodl, Hodl, Hodl,
Hodl, Hodl, Hodl, Hodl, Hodl, Hodl, Hodl, Hodl, Hodl, Hodl, Hodl,
Hodl, Hodl, Hodl, Hodl, Hodl, Hodl, Hodl, Hodl, Hodl, Hodl, Hodl,
Hodl, Hodl, Hodl, Hodl, Hodl, Hodl, Hodl, Hodl, Hodl, Hodl, Hodl,
Hodl, Hodl, Hodl, Hodl, Hodl, Hodl, Hodl, Hodl, Hodl, Hodl, Hodl,
Hodl, Hodl, Hodl, Hodl, Hodl, Hodl, Hodl, Hodl, Hodl, Hodl, Hodl,
Hodl, Hodl, Hodl, Hodl, Hodl, Hodl, Hodl, Hodl, Hodl, Hodl, Hodl,
Hodl, Hodl, Hodl, Hodl, Hodl, Hodl, Hodl, Hodl, Hodl, Hodl, Hodl,
Hodl, Hodl, Hodl, Hodl, Hodl, Hodl, Hodl, Hodl, Hodl, Hodl, Hodl,
Hodl, Hodl, Hodl, Hodl, Hodl, Hodl, Hodl, Hodl, Hodl, Hodl, Hodl,
Hodl, Hodl, Hodl, Hodl, Hodl, Hodl.

Hodl, Hodl, Hodl, Hodl, Hodl, Hodl, Hodl, Hodl, Hodl,
Hodl, Hodl, Hodl, Hodl, Hodl, Hodl, Hodl, Hodl, Hodl, Hodl, Hodl,
Hodl, Hodl, Hodl, Hodl, Hodl, Hodl, Hodl, Hodl, Hodl, Hodl, Hodl,
Hodl, Hodl, Hodl, Hodl, Hodl, Hodl, Hodl, Hodl, Hodl, Hodl, Hodl,
Hodl, Hodl, Hodl, Hodl, Hodl, Hodl, Hodl, Hodl, Hodl, Hodl, Hodl,
Hodl, Hodl, Hodl, Hodl, Hodl, Hodl, Hodl, Hodl, Hodl, Hodl, Hodl,
Hodl, Hodl, Hodl, Hodl, Hodl, Hodl, Hodl, Hodl, Hodl, Hodl, Hodl,
Hodl, Hodl, Hodl, Hodl, Hodl, Hodl, Hodl, Hodl, Hodl, Hodl, Hodl,
Hodl, Hodl, Hodl, Hodl, Hodl, Hodl, Hodl, Hodl, Hodl, Hodl, Hodl,
Hodl, Hodl, Hodl, Hodl, Hodl, Hodl, Hodl, Hodl, Hodl, Hodl, Hodl,
Hodl, Hodl, Hodl, Hodl, Hodl, Hodl, Hodl, Hodl, Hodl, Hodl, Hodl,
Hodl, Hodl, Hodl, Hodl, Hodl, Hodl, Hodl, Hodl, Hodl, Hodl, Hodl,
Hodl, Hodl, Hodl, Hodl, Hodl, Hodl, Hodl, Hodl, Hodl, Hodl, Hodl,
Hodl, Hodl, Hodl, Hodl, Hodl, Hodl, Hodl, Hodl, Hodl, Hodl, Hodl,
Hodl, Hodl, Hodl, Hodl, Hodl, Hodl, Hodl, Hodl, Hodl, Hodl, Hodl,
Hodl, Hodl, Hodl, Hodl, Hodl, Hodl, Hodl, Hodl, Hodl, Hodl, Hodl,
Hodl, Hodl, Hodl, Hodl, Hodl, Hodl, Hodl, Hodl, Hodl, Hodl, Hodl,
Hodl, Hodl, Hodl, Hodl, Hodl, Hodl, Hodl, Hodl, Hodl, Hodl, Hodl,
Hodl, Hodl, Hodl, Hodl, Hodl, Hodl, Hodl, Hodl, Hodl, Hodl, Hodl,
Hodl, Hodl, Hodl, Hodl, Hodl, Hodl, Hodl, Hodl, Hodl, Hodl, Hodl,
Hodl, Hodl, Hodl, Hodl, Hodl, Hodl, Hodl, Hodl, Hodl, Hodl, Hodl,
Hodl, Hodl, Hodl, Hodl, Hodl, Hodl, Hodl, Hodl, Hodl, Hodl, Hodl,
Hodl, Hodl, Hodl, Hodl, Hodl, Hodl, Hodl, Hodl, Hodl, Hodl, Hodl,
Hodl, Hodl, Hodl, Hodl, Hodl, Hodl, Hodl, Hodl, Hodl, Hodl, Hodl,
Hodl, Hodl, Hodl, Hodl, Hodl, Hodl, Hodl, Hodl, Hodl, Hodl, Hodl,
Hodl, Hodl, Hodl, Hodl, Hodl, Hodl, Hodl, Hodl, Hodl, Hodl, Hodl,
Hodl, Hodl, Hodl, Hodl, Hodl, Hodl, Hodl, Hodl, Hodl, Hodl, Hodl,
Hodl, Hodl, Hodl, Hodl, Hodl, Hodl, Hodl, Hodl, Hodl, Hodl, Hodl,
Hodl, Hodl, Hodl, Hodl, Hodl, Hodl, Hodl, Hodl, Hodl, Hodl, Hodl,
Hodl, Hodl, Hodl, Hodl, Hodl, Hodl, Hodl, Hodl, Hodl, Hodl, Hodl,
Hodl, Hodl, Hodl, Hodl, Hodl, Hodl, Hodl, Hodl, Hodl, Hodl, Hodl,
Hodl, Hodl, Hodl, Hodl, Hodl, Hodl, Hodl, Hodl, Hodl, Hodl, Hodl,
Hodl, Hodl, Hodl, Hodl, Hodl, Hodl, Hodl, Hodl, Hodl, Hodl, Hodl,
Hodl, Hodl, Hodl, Hodl, Hodl, Hodl, Hodl, Hodl, Hodl, Hodl, Hodl,
Hodl, Hodl, Hodl, Hodl, Hodl, Hodl.

Hodl, Hodl, Hodl, Hodl, Hodl, Hodl, Hodl, Hodl, Hodl,
Hodl, Hodl, Hodl, Hodl, Hodl, Hodl, Hodl, Hodl, Hodl, Hodl, Hodl,
Hodl, Hodl, Hodl, Hodl, Hodl, Hodl, Hodl, Hodl, Hodl, Hodl, Hodl,
Hodl, Hodl, Hodl, Hodl, Hodl, Hodl, Hodl, Hodl, Hodl, Hodl, Hodl,
Hodl, Hodl, Hodl, Hodl, Hodl, Hodl, Hodl, Hodl, Hodl, Hodl, Hodl,
Hodl, Hodl, Hodl, Hodl, Hodl, Hodl, Hodl, Hodl, Hodl, Hodl, Hodl,
Hodl, Hodl, Hodl, Hodl, Hodl, Hodl, Hodl, Hodl, Hodl, Hodl, Hodl,
Hodl, Hodl, Hodl, Hodl, Hodl, Hodl, Hodl, Hodl, Hodl, Hodl, Hodl,
Hodl, Hodl, Hodl, Hodl, Hodl, Hodl, Hodl, Hodl, Hodl, Hodl, Hodl,
Hodl, Hodl, Hodl, Hodl, Hodl, Hodl, Hodl, Hodl, Hodl, Hodl, Hodl,
Hodl, Hodl, Hodl, Hodl, Hodl, Hodl, Hodl, Hodl, Hodl, Hodl, Hodl,
Hodl, Hodl, Hodl, Hodl, Hodl, Hodl, Hodl, Hodl, Hodl, Hodl, Hodl,
Hodl, Hodl, Hodl, Hodl, Hodl, Hodl, Hodl, Hodl, Hodl, Hodl, Hodl,
Hodl, Hodl, Hodl, Hodl, Hodl, Hodl, Hodl, Hodl, Hodl, Hodl, Hodl,
Hodl, Hodl, Hodl, Hodl, Hodl, Hodl, Hodl, Hodl, Hodl, Hodl, Hodl,
Hodl, Hodl, Hodl, Hodl, Hodl, Hodl, Hodl, Hodl, Hodl, Hodl, Hodl,
Hodl, Hodl, Hodl, Hodl, Hodl, Hodl, Hodl, Hodl, Hodl, Hodl, Hodl,
Hodl, Hodl, Hodl, Hodl, Hodl, Hodl, Hodl, Hodl, Hodl, Hodl, Hodl,
Hodl, Hodl, Hodl, Hodl, Hodl, Hodl, Hodl, Hodl, Hodl, Hodl, Hodl,
Hodl, Hodl, Hodl, Hodl, Hodl, Hodl, Hodl, Hodl, Hodl, Hodl, Hodl,
Hodl, Hodl, Hodl, Hodl, Hodl, Hodl, Hodl, Hodl, Hodl, Hodl, Hodl,
Hodl, Hodl, Hodl, Hodl, Hodl, Hodl, Hodl, Hodl, Hodl, Hodl, Hodl,
Hodl, Hodl, Hodl, Hodl, Hodl, Hodl, Hodl, Hodl, Hodl, Hodl, Hodl,
Hodl, Hodl, Hodl, Hodl, Hodl, Hodl, Hodl, Hodl, Hodl, Hodl, Hodl,
Hodl, Hodl, Hodl, Hodl, Hodl, Hodl, Hodl, Hodl, Hodl, Hodl, Hodl,
Hodl, Hodl, Hodl, Hodl, Hodl, Hodl, Hodl, Hodl, Hodl, Hodl, Hodl,
Hodl, Hodl, Hodl, Hodl, Hodl, Hodl, Hodl, Hodl, Hodl, Hodl, Hodl,
Hodl, Hodl, Hodl, Hodl, Hodl, Hodl, Hodl, Hodl, Hodl, Hodl, Hodl,
Hodl, Hodl, Hodl, Hodl, Hodl, Hodl, Hodl, Hodl, Hodl, Hodl, Hodl,
Hodl, Hodl, Hodl, Hodl, Hodl, Hodl, Hodl, Hodl, Hodl, Hodl, Hodl,
Hodl, Hodl, Hodl, Hodl, Hodl, Hodl, Hodl, Hodl, Hodl, Hodl, Hodl,
Hodl, Hodl, Hodl, Hodl, Hodl, Hodl, Hodl, Hodl, Hodl, Hodl, Hodl,
Hodl, Hodl, Hodl, Hodl, Hodl, Hodl, Hodl, Hodl, Hodl, Hodl, Hodl,
Hodl, Hodl, Hodl, Hodl, Hodl, Hodl, Hodl, Hodl, Hodl, Hodl, Hodl,
Hodl, Hodl, Hodl, Hodl, Hodl, Hodl, Hodl, Hodl, Hodl, Hodl, Hodl,
Hodl, Hodl, Hodl, Hodl, Hodl, Hodl.

Hodl, Hodl, Hodl, Hodl, Hodl, Hodl, Hodl, Hodl, Hodl,
Hodl, Hodl, Hodl, Hodl, Hodl, Hodl, Hodl, Hodl, Hodl, Hodl, Hodl,
Hodl, Hodl, Hodl, Hodl, Hodl, Hodl, Hodl, Hodl, Hodl, Hodl, Hodl,
Hodl, Hodl, Hodl, Hodl, Hodl, Hodl, Hodl, Hodl, Hodl, Hodl, Hodl,
Hodl, Hodl, Hodl, Hodl, Hodl, Hodl, Hodl, Hodl, Hodl, Hodl, Hodl,
Hodl, Hodl, Hodl, Hodl, Hodl, Hodl, Hodl, Hodl, Hodl, Hodl, Hodl,
Hodl, Hodl, Hodl, Hodl, Hodl, Hodl, Hodl, Hodl, Hodl, Hodl, Hodl,
Hodl, Hodl, Hodl, Hodl, Hodl, Hodl, Hodl, Hodl, Hodl, Hodl, Hodl,
Hodl, Hodl, Hodl, Hodl, Hodl, Hodl, Hodl, Hodl, Hodl, Hodl, Hodl,
Hodl, Hodl, Hodl, Hodl, Hodl, Hodl, Hodl, Hodl, Hodl, Hodl, Hodl,
Hodl, Hodl, Hodl, Hodl, Hodl, Hodl, Hodl, Hodl, Hodl, Hodl, Hodl,
Hodl, Hodl, Hodl, Hodl, Hodl, Hodl, Hodl, Hodl, Hodl, Hodl, Hodl,
Hodl, Hodl, Hodl, Hodl, Hodl, Hodl, Hodl, Hodl, Hodl, Hodl, Hodl,
Hodl, Hodl, Hodl, Hodl, Hodl, Hodl, Hodl, Hodl, Hodl, Hodl, Hodl,
Hodl, Hodl, Hodl, Hodl, Hodl, Hodl, Hodl, Hodl, Hodl, Hodl, Hodl,
Hodl, Hodl, Hodl, Hodl, Hodl, Hodl, Hodl, Hodl, Hodl, Hodl, Hodl,
Hodl, Hodl, Hodl, Hodl, Hodl, Hodl, Hodl, Hodl, Hodl, Hodl, Hodl,
Hodl, Hodl, Hodl, Hodl, Hodl, Hodl, Hodl, Hodl, Hodl, Hodl, Hodl,
Hodl, Hodl, Hodl, Hodl, Hodl, Hodl, Hodl, Hodl, Hodl, Hodl, Hodl,
Hodl, Hodl, Hodl, Hodl, Hodl, Hodl, Hodl, Hodl, Hodl, Hodl, Hodl,
Hodl, Hodl, Hodl, Hodl, Hodl, Hodl, Hodl, Hodl, Hodl, Hodl, Hodl,
Hodl, Hodl, Hodl, Hodl, Hodl, Hodl, Hodl, Hodl, Hodl, Hodl, Hodl,
Hodl, Hodl, Hodl, Hodl, Hodl, Hodl, Hodl, Hodl, Hodl, Hodl, Hodl,
Hodl, Hodl, Hodl, Hodl, Hodl, Hodl, Hodl, Hodl, Hodl, Hodl, Hodl,
Hodl, Hodl, Hodl, Hodl, Hodl, Hodl, Hodl, Hodl, Hodl, Hodl, Hodl,
Hodl, Hodl, Hodl, Hodl, Hodl, Hodl, Hodl, Hodl, Hodl, Hodl, Hodl,
Hodl, Hodl, Hodl, Hodl, Hodl, Hodl, Hodl, Hodl, Hodl, Hodl, Hodl,
Hodl, Hodl, Hodl, Hodl, Hodl, Hodl, Hodl, Hodl, Hodl, Hodl, Hodl,
Hodl, Hodl, Hodl, Hodl, Hodl, Hodl, Hodl, Hodl, Hodl, Hodl, Hodl,
Hodl, Hodl, Hodl, Hodl, Hodl, Hodl, Hodl, Hodl, Hodl, Hodl, Hodl,
Hodl, Hodl, Hodl, Hodl, Hodl, Hodl, Hodl, Hodl, Hodl, Hodl, Hodl,
Hodl, Hodl, Hodl, Hodl, Hodl, Hodl.

Hodl, Hodl, Hodl, Hodl, Hodl, Hodl, Hodl, Hodl, Hodl,
Hodl, Hodl, Hodl, Hodl, Hodl, Hodl, Hodl, Hodl, Hodl, Hodl, Hodl,
Hodl, Hodl, Hodl, Hodl, Hodl, Hodl, Hodl, Hodl, Hodl, Hodl, Hodl,
Hodl, Hodl, Hodl, Hodl, Hodl, Hodl, Hodl, Hodl, Hodl, Hodl, Hodl,
Hodl, Hodl, Hodl, Hodl, Hodl, Hodl, Hodl, Hodl, Hodl, Hodl, Hodl,
Hodl, Hodl, Hodl, Hodl, Hodl, Hodl, Hodl, Hodl, Hodl, Hodl, Hodl,
Hodl, Hodl, Hodl, Hodl, Hodl, Hodl, Hodl, Hodl, Hodl, Hodl, Hodl,
Hodl, Hodl, Hodl, Hodl, Hodl, Hodl, Hodl, Hodl, Hodl, Hodl, Hodl,
Hodl, Hodl, Hodl, Hodl, Hodl, Hodl, Hodl, Hodl, Hodl, Hodl, Hodl,
Hodl, Hodl, Hodl, Hodl, Hodl, Hodl, Hodl, Hodl, Hodl, Hodl, Hodl,
Hodl, Hodl, Hodl, Hodl, Hodl, Hodl, Hodl, Hodl, Hodl, Hodl, Hodl,
Hodl, Hodl, Hodl, Hodl, Hodl, Hodl, Hodl, Hodl, Hodl, Hodl, Hodl,
Hodl, Hodl, Hodl, Hodl, Hodl, Hodl, Hodl, Hodl, Hodl, Hodl, Hodl,
Hodl, Hodl, Hodl, Hodl, Hodl, Hodl, Hodl, Hodl, Hodl, Hodl, Hodl,
Hodl, Hodl, Hodl, Hodl, Hodl, Hodl, Hodl, Hodl, Hodl, Hodl, Hodl,
Hodl, Hodl, Hodl, Hodl, Hodl, Hodl, Hodl, Hodl, Hodl, Hodl, Hodl,
Hodl, Hodl, Hodl, Hodl, Hodl, Hodl, Hodl, Hodl, Hodl, Hodl, Hodl,
Hodl, Hodl, Hodl, Hodl, Hodl, Hodl, Hodl, Hodl, Hodl, Hodl, Hodl,
Hodl, Hodl, Hodl, Hodl, Hodl, Hodl, Hodl, Hodl, Hodl, Hodl, Hodl,
Hodl, Hodl, Hodl, Hodl, Hodl, Hodl, Hodl, Hodl, Hodl, Hodl, Hodl,
Hodl, Hodl, Hodl, Hodl, Hodl, Hodl, Hodl, Hodl, Hodl, Hodl, Hodl,
Hodl, Hodl, Hodl, Hodl, Hodl, Hodl, Hodl, Hodl, Hodl, Hodl, Hodl,
Hodl, Hodl, Hodl, Hodl, Hodl, Hodl, Hodl, Hodl, Hodl, Hodl, Hodl,
Hodl, Hodl, Hodl, Hodl, Hodl, Hodl, Hodl, Hodl, Hodl, Hodl, Hodl,
Hodl, Hodl, Hodl, Hodl, Hodl, Hodl, Hodl, Hodl, Hodl, Hodl, Hodl,
Hodl, Hodl, Hodl, Hodl, Hodl, Hodl, Hodl, Hodl, Hodl, Hodl, Hodl,
Hodl, Hodl, Hodl, Hodl, Hodl, Hodl, Hodl, Hodl, Hodl, Hodl, Hodl,
Hodl, Hodl, Hodl, Hodl, Hodl, Hodl, Hodl, Hodl, Hodl, Hodl, Hodl,
Hodl, Hodl, Hodl, Hodl, Hodl, Hodl, Hodl, Hodl, Hodl, Hodl, Hodl,
Hodl, Hodl, Hodl, Hodl, Hodl, Hodl, Hodl, Hodl, Hodl, Hodl, Hodl,
Hodl, Hodl, Hodl, Hodl, Hodl, Hodl.

Hodl, Hodl, Hodl, Hodl, Hodl, Hodl, Hodl, Hodl, Hodl,
Hodl, Hodl, Hodl, Hodl, Hodl, Hodl, Hodl, Hodl, Hodl, Hodl, Hodl,
Hodl, Hodl, Hodl, Hodl, Hodl, Hodl, Hodl, Hodl, Hodl, Hodl, Hodl,
Hodl, Hodl, Hodl, Hodl, Hodl, Hodl, Hodl, Hodl, Hodl, Hodl, Hodl,
Hodl, Hodl, Hodl, Hodl, Hodl, Hodl, Hodl, Hodl, Hodl, Hodl, Hodl,
Hodl, Hodl, Hodl, Hodl, Hodl, Hodl, Hodl, Hodl, Hodl, Hodl, Hodl,
Hodl, Hodl, Hodl, Hodl, Hodl, Hodl, Hodl, Hodl, Hodl, Hodl, Hodl,
Hodl, Hodl, Hodl, Hodl, Hodl, Hodl, Hodl, Hodl, Hodl, Hodl, Hodl,
Hodl, Hodl, Hodl, Hodl, Hodl, Hodl, Hodl, Hodl, Hodl, Hodl, Hodl,
Hodl, Hodl, Hodl, Hodl, Hodl, Hodl, Hodl, Hodl, Hodl, Hodl, Hodl,
Hodl, Hodl, Hodl, Hodl, Hodl, Hodl, Hodl, Hodl, Hodl, Hodl, Hodl,
Hodl, Hodl, Hodl, Hodl, Hodl, Hodl, Hodl, Hodl, Hodl, Hodl, Hodl,
Hodl, Hodl, Hodl, Hodl, Hodl, Hodl, Hodl, Hodl, Hodl, Hodl, Hodl,
Hodl, Hodl, Hodl, Hodl, Hodl, Hodl, Hodl, Hodl, Hodl, Hodl, Hodl,
Hodl, Hodl, Hodl, Hodl, Hodl, Hodl, Hodl, Hodl, Hodl, Hodl, Hodl,
Hodl, Hodl, Hodl, Hodl, Hodl, Hodl, Hodl, Hodl, Hodl, Hodl, Hodl,
Hodl, Hodl, Hodl, Hodl, Hodl, Hodl, Hodl, Hodl, Hodl, Hodl, Hodl,
Hodl, Hodl, Hodl, Hodl, Hodl, Hodl, Hodl, Hodl, Hodl, Hodl, Hodl,
Hodl, Hodl, Hodl, Hodl, Hodl, Hodl, Hodl, Hodl, Hodl, Hodl, Hodl,
Hodl, Hodl, Hodl, Hodl, Hodl, Hodl, Hodl, Hodl, Hodl, Hodl, Hodl,
Hodl, Hodl, Hodl, Hodl, Hodl, Hodl, Hodl, Hodl, Hodl, Hodl, Hodl,
Hodl, Hodl, Hodl, Hodl, Hodl, Hodl, Hodl, Hodl, Hodl, Hodl, Hodl,
Hodl, Hodl, Hodl, Hodl, Hodl, Hodl, Hodl, Hodl, Hodl, Hodl, Hodl,
Hodl, Hodl, Hodl, Hodl, Hodl, Hodl, Hodl, Hodl, Hodl, Hodl, Hodl,
Hodl, Hodl, Hodl, Hodl, Hodl, Hodl, Hodl, Hodl, Hodl, Hodl, Hodl,
Hodl, Hodl, Hodl, Hodl, Hodl, Hodl, Hodl, Hodl, Hodl, Hodl, Hodl,
Hodl, Hodl, Hodl, Hodl, Hodl, Hodl, Hodl, Hodl, Hodl, Hodl, Hodl,
Hodl, Hodl, Hodl, Hodl, Hodl, Hodl, Hodl, Hodl, Hodl, Hodl, Hodl,
Hodl, Hodl, Hodl, Hodl, Hodl, Hodl, Hodl, Hodl, Hodl, Hodl, Hodl,
Hodl, Hodl, Hodl, Hodl, Hodl, Hodl, Hodl, Hodl, Hodl, Hodl, Hodl,
Hodl, Hodl, Hodl, Hodl, Hodl, Hodl, Hodl, Hodl, Hodl, Hodl, Hodl,
Hodl, Hodl, Hodl, Hodl, Hodl, Hodl, Hodl, Hodl, Hodl, Hodl, Hodl,
Hodl, Hodl, Hodl, Hodl, Hodl, Hodl.

Hodl, Hodl, Hodl, Hodl, Hodl, Hodl, Hodl, Hodl, Hodl,
Hodl, Hodl, Hodl, Hodl, Hodl, Hodl, Hodl, Hodl, Hodl, Hodl, Hodl,
Hodl, Hodl, Hodl, Hodl, Hodl, Hodl, Hodl, Hodl, Hodl, Hodl, Hodl,
Hodl, Hodl, Hodl, Hodl, Hodl, Hodl, Hodl, Hodl, Hodl, Hodl, Hodl,
Hodl, Hodl, Hodl, Hodl, Hodl, Hodl, Hodl, Hodl, Hodl, Hodl, Hodl,
Hodl, Hodl, Hodl, Hodl, Hodl, Hodl, Hodl, Hodl, Hodl, Hodl, Hodl,
Hodl, Hodl, Hodl, Hodl, Hodl, Hodl, Hodl, Hodl, Hodl, Hodl, Hodl,
Hodl, Hodl, Hodl, Hodl, Hodl, Hodl, Hodl, Hodl, Hodl, Hodl, Hodl,
Hodl, Hodl, Hodl, Hodl, Hodl, Hodl, Hodl, Hodl, Hodl, Hodl, Hodl,
Hodl, Hodl, Hodl, Hodl, Hodl, Hodl, Hodl, Hodl, Hodl, Hodl, Hodl,
Hodl, Hodl, Hodl, Hodl, Hodl, Hodl, Hodl, Hodl, Hodl, Hodl, Hodl,
Hodl, Hodl, Hodl, Hodl, Hodl, Hodl, Hodl, Hodl, Hodl, Hodl, Hodl,
Hodl, Hodl, Hodl, Hodl, Hodl, Hodl, Hodl, Hodl, Hodl, Hodl, Hodl,
Hodl, Hodl, Hodl, Hodl, Hodl, Hodl, Hodl, Hodl, Hodl, Hodl, Hodl,
Hodl, Hodl, Hodl, Hodl, Hodl, Hodl, Hodl, Hodl, Hodl, Hodl, Hodl,
Hodl, Hodl, Hodl, Hodl, Hodl, Hodl, Hodl, Hodl, Hodl, Hodl, Hodl,
Hodl, Hodl, Hodl, Hodl, Hodl, Hodl, Hodl, Hodl, Hodl, Hodl, Hodl,
Hodl, Hodl, Hodl, Hodl, Hodl, Hodl, Hodl, Hodl, Hodl, Hodl, Hodl,
Hodl, Hodl, Hodl, Hodl, Hodl, Hodl, Hodl, Hodl, Hodl, Hodl, Hodl,
Hodl, Hodl, Hodl, Hodl, Hodl, Hodl, Hodl, Hodl, Hodl, Hodl, Hodl,
Hodl, Hodl, Hodl, Hodl, Hodl, Hodl, Hodl, Hodl, Hodl, Hodl, Hodl,
Hodl, Hodl, Hodl, Hodl, Hodl, Hodl, Hodl, Hodl, Hodl, Hodl, Hodl,
Hodl, Hodl, Hodl, Hodl, Hodl, Hodl, Hodl, Hodl, Hodl, Hodl, Hodl,
Hodl, Hodl, Hodl, Hodl, Hodl, Hodl, Hodl, Hodl, Hodl, Hodl, Hodl,
Hodl, Hodl, Hodl, Hodl, Hodl, Hodl, Hodl, Hodl, Hodl, Hodl, Hodl,
Hodl, Hodl, Hodl, Hodl, Hodl, Hodl, Hodl, Hodl, Hodl, Hodl, Hodl,
Hodl, Hodl, Hodl, Hodl, Hodl, Hodl, Hodl, Hodl, Hodl, Hodl, Hodl,
Hodl, Hodl, Hodl, Hodl, Hodl, Hodl, Hodl, Hodl, Hodl, Hodl, Hodl,
Hodl, Hodl, Hodl, Hodl, Hodl, Hodl, Hodl, Hodl, Hodl, Hodl, Hodl,
Hodl, Hodl, Hodl, Hodl, Hodl, Hodl, Hodl, Hodl, Hodl, Hodl, Hodl,
Hodl, Hodl, Hodl, Hodl, Hodl, Hodl, Hodl, Hodl, Hodl, Hodl, Hodl,
Hodl, Hodl, Hodl, Hodl, Hodl, Hodl, Hodl, Hodl, Hodl, Hodl, Hodl,
Hodl, Hodl, Hodl, Hodl, Hodl, Hodl, Hodl, Hodl, Hodl, Hodl, Hodl,
Hodl, Hodl, Hodl, Hodl, Hodl, Hodl, Hodl, Hodl, Hodl, Hodl, Hodl,
Hodl, Hodl, Hodl, Hodl, Hodl, Hodl, Hodl, Hodl, Hodl, Hodl, Hodl.

343

Hodl, Hodl, Hodl, Hodl, Hodl, Hodl, Hodl, Hodl, Hodl,
Hodl, Hodl, Hodl, Hodl, Hodl, Hodl, Hodl, Hodl, Hodl, Hodl, Hodl,
Hodl, Hodl, Hodl, Hodl, Hodl, Hodl, Hodl, Hodl, Hodl, Hodl, Hodl,
Hodl, Hodl, Hodl, Hodl, Hodl, Hodl, Hodl, Hodl, Hodl, Hodl, Hodl,
Hodl, Hodl, Hodl, Hodl, Hodl, Hodl, Hodl, Hodl, Hodl, Hodl, Hodl,
Hodl, Hodl, Hodl, Hodl, Hodl, Hodl, Hodl, Hodl, Hodl, Hodl, Hodl,
Hodl, Hodl, Hodl, Hodl, Hodl, Hodl, Hodl, Hodl, Hodl, Hodl, Hodl,
Hodl, Hodl, Hodl, Hodl, Hodl, Hodl, Hodl, Hodl, Hodl, Hodl, Hodl,
Hodl, Hodl, Hodl, Hodl, Hodl, Hodl, Hodl, Hodl, Hodl, Hodl, Hodl,
Hodl, Hodl, Hodl, Hodl, Hodl, Hodl, Hodl, Hodl, Hodl, Hodl, Hodl,
Hodl, Hodl, Hodl, Hodl, Hodl, Hodl, Hodl, Hodl, Hodl, Hodl, Hodl,
Hodl, Hodl, Hodl, Hodl, Hodl, Hodl, Hodl, Hodl, Hodl, Hodl, Hodl,
Hodl, Hodl, Hodl, Hodl, Hodl, Hodl, Hodl, Hodl, Hodl, Hodl, Hodl,
Hodl, Hodl, Hodl, Hodl, Hodl, Hodl, Hodl, Hodl, Hodl, Hodl, Hodl,
Hodl, Hodl, Hodl, Hodl, Hodl, Hodl, Hodl, Hodl, Hodl, Hodl, Hodl,
Hodl, Hodl, Hodl, Hodl, Hodl, Hodl, Hodl, Hodl, Hodl, Hodl, Hodl,
Hodl, Hodl, Hodl, Hodl, Hodl, Hodl, Hodl, Hodl, Hodl, Hodl, Hodl,
Hodl, Hodl, Hodl, Hodl, Hodl, Hodl, Hodl, Hodl, Hodl, Hodl, Hodl,
Hodl, Hodl, Hodl, Hodl, Hodl, Hodl, Hodl, Hodl, Hodl, Hodl, Hodl,
Hodl, Hodl, Hodl, Hodl, Hodl, Hodl, Hodl, Hodl, Hodl, Hodl, Hodl,
Hodl, Hodl, Hodl, Hodl, Hodl, Hodl, Hodl, Hodl, Hodl, Hodl, Hodl,
Hodl, Hodl, Hodl, Hodl, Hodl, Hodl, Hodl, Hodl, Hodl, Hodl, Hodl,
Hodl, Hodl, Hodl, Hodl, Hodl, Hodl, Hodl, Hodl, Hodl, Hodl, Hodl,
Hodl, Hodl, Hodl, Hodl, Hodl, Hodl, Hodl, Hodl, Hodl, Hodl, Hodl,
Hodl, Hodl, Hodl, Hodl, Hodl, Hodl, Hodl, Hodl, Hodl, Hodl, Hodl,
Hodl, Hodl, Hodl, Hodl, Hodl, Hodl, Hodl, Hodl, Hodl, Hodl, Hodl,
Hodl, Hodl, Hodl, Hodl, Hodl, Hodl, Hodl, Hodl, Hodl, Hodl, Hodl,
Hodl, Hodl, Hodl, Hodl, Hodl, Hodl, Hodl, Hodl, Hodl, Hodl, Hodl,
Hodl, Hodl, Hodl, Hodl, Hodl, Hodl, Hodl, Hodl, Hodl, Hodl, Hodl,
Hodl, Hodl, Hodl, Hodl, Hodl, Hodl, Hodl, Hodl, Hodl, Hodl, Hodl,
Hodl, Hodl, Hodl, Hodl, Hodl, Hodl, Hodl, Hodl, Hodl, Hodl, Hodl,
Hodl, Hodl, Hodl, Hodl, Hodl, Hodl.

Hodl, Hodl, Hodl, Hodl, Hodl, Hodl, Hodl, Hodl, Hodl,
Hodl, Hodl, Hodl, Hodl, Hodl, Hodl, Hodl, Hodl, Hodl, Hodl, Hodl,
Hodl, Hodl, Hodl, Hodl, Hodl, Hodl, Hodl, Hodl, Hodl, Hodl, Hodl,
Hodl, Hodl, Hodl, Hodl, Hodl, Hodl, Hodl, Hodl, Hodl, Hodl, Hodl,
Hodl, Hodl, Hodl, Hodl, Hodl, Hodl, Hodl, Hodl, Hodl, Hodl, Hodl,
Hodl, Hodl, Hodl, Hodl, Hodl, Hodl, Hodl, Hodl, Hodl, Hodl, Hodl,
Hodl, Hodl, Hodl, Hodl, Hodl, Hodl, Hodl, Hodl, Hodl, Hodl, Hodl,
Hodl, Hodl, Hodl, Hodl, Hodl, Hodl, Hodl, Hodl, Hodl, Hodl, Hodl,
Hodl, Hodl, Hodl, Hodl, Hodl, Hodl, Hodl, Hodl, Hodl, Hodl, Hodl,
Hodl, Hodl, Hodl, Hodl, Hodl, Hodl, Hodl, Hodl, Hodl, Hodl, Hodl,
Hodl, Hodl, Hodl, Hodl, Hodl, Hodl, Hodl, Hodl, Hodl, Hodl, Hodl,
Hodl, Hodl, Hodl, Hodl, Hodl, Hodl, Hodl, Hodl, Hodl, Hodl, Hodl,
Hodl, Hodl, Hodl, Hodl, Hodl, Hodl, Hodl, Hodl, Hodl, Hodl, Hodl,
Hodl, Hodl, Hodl, Hodl, Hodl, Hodl, Hodl, Hodl, Hodl, Hodl, Hodl,
Hodl, Hodl, Hodl, Hodl, Hodl, Hodl, Hodl, Hodl, Hodl, Hodl, Hodl,
Hodl, Hodl, Hodl, Hodl, Hodl, Hodl, Hodl, Hodl, Hodl, Hodl, Hodl,
Hodl, Hodl, Hodl, Hodl, Hodl, Hodl, Hodl, Hodl, Hodl, Hodl, Hodl,
Hodl, Hodl, Hodl, Hodl, Hodl, Hodl, Hodl, Hodl, Hodl, Hodl, Hodl,
Hodl, Hodl, Hodl, Hodl, Hodl, Hodl, Hodl, Hodl, Hodl, Hodl, Hodl,
Hodl, Hodl, Hodl, Hodl, Hodl, Hodl, Hodl, Hodl, Hodl, Hodl, Hodl,
Hodl, Hodl, Hodl, Hodl, Hodl, Hodl, Hodl, Hodl, Hodl, Hodl, Hodl,
Hodl, Hodl, Hodl, Hodl, Hodl, Hodl, Hodl, Hodl, Hodl, Hodl, Hodl,
Hodl, Hodl, Hodl, Hodl, Hodl, Hodl, Hodl, Hodl, Hodl, Hodl, Hodl,
Hodl, Hodl, Hodl, Hodl, Hodl, Hodl, Hodl, Hodl, Hodl, Hodl, Hodl,
Hodl, Hodl, Hodl, Hodl, Hodl, Hodl, Hodl, Hodl, Hodl, Hodl, Hodl,
Hodl, Hodl, Hodl, Hodl, Hodl, Hodl, Hodl, Hodl, Hodl, Hodl, Hodl,
Hodl, Hodl, Hodl, Hodl, Hodl, Hodl, Hodl, Hodl, Hodl, Hodl, Hodl,
Hodl, Hodl, Hodl, Hodl, Hodl, Hodl, Hodl, Hodl, Hodl, Hodl, Hodl,
Hodl, Hodl, Hodl, Hodl, Hodl, Hodl, Hodl, Hodl, Hodl, Hodl, Hodl,
Hodl, Hodl, Hodl, Hodl, Hodl, Hodl, Hodl, Hodl, Hodl, Hodl, Hodl,
Hodl, Hodl, Hodl, Hodl, Hodl, Hodl, Hodl, Hodl, Hodl, Hodl, Hodl,
Hodl, Hodl, Hodl, Hodl, Hodl, Hodl, Hodl, Hodl, Hodl, Hodl, Hodl,
Hodl, Hodl, Hodl, Hodl, Hodl, Hodl.

Hodl, Hodl, Hodl, Hodl, Hodl, Hodl, Hodl, Hodl, Hodl,
Hodl, Hodl, Hodl, Hodl, Hodl, Hodl, Hodl, Hodl, Hodl, Hodl, Hodl,
Hodl, Hodl, Hodl, Hodl, Hodl, Hodl, Hodl, Hodl, Hodl, Hodl, Hodl,
Hodl, Hodl, Hodl, Hodl, Hodl, Hodl, Hodl, Hodl, Hodl, Hodl, Hodl,
Hodl, Hodl, Hodl, Hodl, Hodl, Hodl, Hodl, Hodl, Hodl, Hodl, Hodl,
Hodl, Hodl, Hodl, Hodl, Hodl, Hodl, Hodl, Hodl, Hodl, Hodl, Hodl,
Hodl, Hodl, Hodl, Hodl, Hodl, Hodl, Hodl, Hodl, Hodl, Hodl, Hodl,
Hodl, Hodl, Hodl, Hodl, Hodl, Hodl, Hodl, Hodl, Hodl, Hodl, Hodl,
Hodl, Hodl, Hodl, Hodl, Hodl, Hodl, Hodl, Hodl, Hodl, Hodl, Hodl,
Hodl, Hodl, Hodl, Hodl, Hodl, Hodl, Hodl, Hodl, Hodl, Hodl, Hodl,
Hodl, Hodl, Hodl, Hodl, Hodl, Hodl, Hodl, Hodl, Hodl, Hodl, Hodl,
Hodl, Hodl, Hodl, Hodl, Hodl, Hodl, Hodl, Hodl, Hodl, Hodl, Hodl,
Hodl, Hodl, Hodl, Hodl, Hodl, Hodl, Hodl, Hodl, Hodl, Hodl, Hodl,
Hodl, Hodl, Hodl, Hodl, Hodl, Hodl, Hodl, Hodl, Hodl, Hodl, Hodl,
Hodl, Hodl, Hodl, Hodl, Hodl, Hodl, Hodl, Hodl, Hodl, Hodl, Hodl,
Hodl, Hodl, Hodl, Hodl, Hodl, Hodl, Hodl, Hodl, Hodl, Hodl, Hodl,
Hodl, Hodl, Hodl, Hodl, Hodl, Hodl, Hodl, Hodl, Hodl, Hodl, Hodl,
Hodl, Hodl, Hodl, Hodl, Hodl, Hodl, Hodl, Hodl, Hodl, Hodl, Hodl,
Hodl, Hodl, Hodl, Hodl, Hodl, Hodl, Hodl, Hodl, Hodl, Hodl, Hodl,
Hodl, Hodl, Hodl, Hodl, Hodl, Hodl, Hodl, Hodl, Hodl, Hodl, Hodl,
Hodl, Hodl, Hodl, Hodl, Hodl, Hodl, Hodl, Hodl, Hodl, Hodl, Hodl,
Hodl, Hodl, Hodl, Hodl, Hodl, Hodl, Hodl, Hodl, Hodl, Hodl, Hodl,
Hodl, Hodl, Hodl, Hodl, Hodl, Hodl, Hodl, Hodl, Hodl, Hodl, Hodl,
Hodl, Hodl, Hodl, Hodl, Hodl, Hodl, Hodl, Hodl, Hodl, Hodl, Hodl,
Hodl, Hodl, Hodl, Hodl, Hodl, Hodl, Hodl, Hodl, Hodl, Hodl, Hodl,
Hodl, Hodl, Hodl, Hodl, Hodl, Hodl, Hodl, Hodl, Hodl, Hodl, Hodl,
Hodl, Hodl, Hodl, Hodl, Hodl, Hodl, Hodl, Hodl, Hodl, Hodl, Hodl,
Hodl, Hodl, Hodl, Hodl, Hodl, Hodl, Hodl, Hodl, Hodl, Hodl, Hodl,
Hodl, Hodl, Hodl, Hodl, Hodl, Hodl, Hodl, Hodl, Hodl, Hodl, Hodl,
Hodl, Hodl, Hodl, Hodl, Hodl, Hodl, Hodl, Hodl, Hodl, Hodl, Hodl,
Hodl, Hodl, Hodl, Hodl, Hodl, Hodl, Hodl, Hodl, Hodl, Hodl, Hodl,
Hodl, Hodl, Hodl, Hodl, Hodl, Hodl, Hodl, Hodl, Hodl, Hodl, Hodl,
Hodl, Hodl, Hodl, Hodl, Hodl, Hodl, Hodl, Hodl, Hodl, Hodl, Hodl,
Hodl, Hodl, Hodl, Hodl, Hodl, Hodl, Hodl, Hodl, Hodl, Hodl, Hodl,
Hodl, Hodl, Hodl, Hodl, Hodl, Hodl, Hodl, Hodl, Hodl, Hodl, Hodl,
Hodl, Hodl, Hodl, Hodl, Hodl, Hodl.

Hodl, Hodl, Hodl, Hodl, Hodl, Hodl, Hodl, Hodl, Hodl,
Hodl, Hodl, Hodl, Hodl, Hodl, Hodl, Hodl, Hodl, Hodl, Hodl, Hodl,
Hodl, Hodl, Hodl, Hodl, Hodl, Hodl, Hodl, Hodl, Hodl, Hodl, Hodl,
Hodl, Hodl, Hodl, Hodl, Hodl, Hodl, Hodl, Hodl, Hodl, Hodl, Hodl,
Hodl, Hodl, Hodl, Hodl, Hodl, Hodl, Hodl, Hodl, Hodl, Hodl, Hodl,
Hodl, Hodl, Hodl, Hodl, Hodl, Hodl, Hodl, Hodl, Hodl, Hodl, Hodl,
Hodl, Hodl, Hodl, Hodl, Hodl, Hodl, Hodl, Hodl, Hodl, Hodl, Hodl,
Hodl, Hodl, Hodl, Hodl, Hodl, Hodl, Hodl, Hodl, Hodl, Hodl, Hodl,
Hodl, Hodl, Hodl, Hodl, Hodl, Hodl, Hodl, Hodl, Hodl, Hodl, Hodl,
Hodl, Hodl, Hodl, Hodl, Hodl, Hodl, Hodl, Hodl, Hodl, Hodl, Hodl,
Hodl, Hodl, Hodl, Hodl, Hodl, Hodl, Hodl, Hodl, Hodl, Hodl, Hodl,
Hodl, Hodl, Hodl, Hodl, Hodl, Hodl, Hodl, Hodl, Hodl, Hodl, Hodl,
Hodl, Hodl, Hodl, Hodl, Hodl, Hodl, Hodl, Hodl, Hodl, Hodl, Hodl,
Hodl, Hodl, Hodl, Hodl, Hodl, Hodl, Hodl, Hodl, Hodl, Hodl, Hodl,
Hodl, Hodl, Hodl, Hodl, Hodl, Hodl, Hodl, Hodl, Hodl, Hodl, Hodl,
Hodl, Hodl, Hodl, Hodl, Hodl, Hodl, Hodl, Hodl, Hodl, Hodl, Hodl,
Hodl, Hodl, Hodl, Hodl, Hodl, Hodl, Hodl, Hodl, Hodl, Hodl, Hodl,
Hodl, Hodl, Hodl, Hodl, Hodl, Hodl, Hodl, Hodl, Hodl, Hodl, Hodl,
Hodl, Hodl, Hodl, Hodl, Hodl, Hodl, Hodl, Hodl, Hodl, Hodl, Hodl,
Hodl, Hodl, Hodl, Hodl, Hodl, Hodl, Hodl, Hodl, Hodl, Hodl, Hodl,
Hodl, Hodl, Hodl, Hodl, Hodl, Hodl, Hodl, Hodl, Hodl, Hodl, Hodl,
Hodl, Hodl, Hodl, Hodl, Hodl, Hodl, Hodl, Hodl, Hodl, Hodl, Hodl,
Hodl, Hodl, Hodl, Hodl, Hodl, Hodl, Hodl, Hodl, Hodl, Hodl, Hodl,
Hodl, Hodl, Hodl, Hodl, Hodl, Hodl, Hodl, Hodl, Hodl, Hodl, Hodl,
Hodl, Hodl, Hodl, Hodl, Hodl, Hodl, Hodl, Hodl, Hodl, Hodl, Hodl,
Hodl, Hodl, Hodl, Hodl, Hodl, Hodl, Hodl, Hodl, Hodl, Hodl, Hodl,
Hodl, Hodl, Hodl, Hodl, Hodl, Hodl, Hodl, Hodl, Hodl, Hodl, Hodl,
Hodl, Hodl, Hodl, Hodl, Hodl, Hodl, Hodl, Hodl, Hodl, Hodl, Hodl,
Hodl, Hodl, Hodl, Hodl, Hodl, Hodl, Hodl, Hodl, Hodl, Hodl, Hodl,
Hodl, Hodl, Hodl, Hodl, Hodl, Hodl, Hodl, Hodl, Hodl, Hodl, Hodl,
Hodl, Hodl, Hodl, Hodl, Hodl, Hodl, Hodl, Hodl, Hodl, Hodl, Hodl,
Hodl, Hodl, Hodl, Hodl, Hodl, Hodl, Hodl, Hodl, Hodl, Hodl, Hodl,
Hodl, Hodl, Hodl, Hodl, Hodl, Hodl.

Hodl, Hodl, Hodl, Hodl, Hodl, Hodl, Hodl, Hodl, Hodl,
Hodl, Hodl, Hodl, Hodl, Hodl, Hodl, Hodl, Hodl, Hodl, Hodl, Hodl,
Hodl, Hodl, Hodl, Hodl, Hodl, Hodl, Hodl, Hodl, Hodl, Hodl, Hodl,
Hodl, Hodl, Hodl, Hodl, Hodl, Hodl, Hodl, Hodl, Hodl, Hodl, Hodl,
Hodl, Hodl, Hodl, Hodl, Hodl, Hodl, Hodl, Hodl, Hodl, Hodl, Hodl,
Hodl, Hodl, Hodl, Hodl, Hodl, Hodl, Hodl, Hodl, Hodl, Hodl, Hodl,
Hodl, Hodl, Hodl, Hodl, Hodl, Hodl, Hodl, Hodl, Hodl, Hodl, Hodl,
Hodl, Hodl, Hodl, Hodl, Hodl, Hodl, Hodl, Hodl, Hodl, Hodl, Hodl,
Hodl, Hodl, Hodl, Hodl, Hodl, Hodl, Hodl, Hodl, Hodl, Hodl, Hodl,
Hodl, Hodl, Hodl, Hodl, Hodl, Hodl, Hodl, Hodl, Hodl, Hodl, Hodl,
Hodl, Hodl, Hodl, Hodl, Hodl, Hodl, Hodl, Hodl, Hodl, Hodl, Hodl,
Hodl, Hodl, Hodl, Hodl, Hodl, Hodl, Hodl, Hodl, Hodl, Hodl, Hodl,
Hodl, Hodl, Hodl, Hodl, Hodl, Hodl, Hodl, Hodl, Hodl, Hodl, Hodl,
Hodl, Hodl, Hodl, Hodl, Hodl, Hodl, Hodl, Hodl, Hodl, Hodl, Hodl,
Hodl, Hodl, Hodl, Hodl, Hodl, Hodl, Hodl, Hodl, Hodl, Hodl, Hodl,
Hodl, Hodl, Hodl, Hodl, Hodl, Hodl, Hodl, Hodl, Hodl, Hodl, Hodl,
Hodl, Hodl, Hodl, Hodl, Hodl, Hodl, Hodl, Hodl, Hodl, Hodl, Hodl,
Hodl, Hodl, Hodl, Hodl, Hodl, Hodl, Hodl, Hodl, Hodl, Hodl, Hodl,
Hodl, Hodl, Hodl, Hodl, Hodl, Hodl, Hodl, Hodl, Hodl, Hodl, Hodl,
Hodl, Hodl, Hodl, Hodl, Hodl, Hodl, Hodl, Hodl, Hodl, Hodl, Hodl,
Hodl, Hodl, Hodl, Hodl, Hodl, Hodl, Hodl, Hodl, Hodl, Hodl, Hodl,
Hodl, Hodl, Hodl, Hodl, Hodl, Hodl, Hodl, Hodl, Hodl, Hodl, Hodl,
Hodl, Hodl, Hodl, Hodl, Hodl, Hodl, Hodl, Hodl, Hodl, Hodl, Hodl,
Hodl, Hodl, Hodl, Hodl, Hodl, Hodl, Hodl, Hodl, Hodl, Hodl, Hodl,
Hodl, Hodl, Hodl, Hodl, Hodl, Hodl, Hodl, Hodl, Hodl, Hodl, Hodl,
Hodl, Hodl, Hodl, Hodl, Hodl, Hodl, Hodl, Hodl, Hodl, Hodl, Hodl,
Hodl, Hodl, Hodl, Hodl, Hodl, Hodl, Hodl, Hodl, Hodl, Hodl, Hodl,
Hodl, Hodl, Hodl, Hodl, Hodl, Hodl, Hodl, Hodl, Hodl, Hodl, Hodl,
Hodl, Hodl, Hodl, Hodl, Hodl, Hodl, Hodl, Hodl, Hodl, Hodl, Hodl,
Hodl, Hodl, Hodl, Hodl, Hodl, Hodl, Hodl, Hodl, Hodl, Hodl, Hodl,
Hodl, Hodl, Hodl, Hodl, Hodl, Hodl, Hodl, Hodl, Hodl, Hodl, Hodl,
Hodl, Hodl, Hodl, Hodl, Hodl, Hodl, Hodl, Hodl, Hodl, Hodl, Hodl,
Hodl, Hodl, Hodl, Hodl, Hodl, Hodl, Hodl, Hodl, Hodl, Hodl, Hodl,
Hodl, Hodl, Hodl, Hodl, Hodl, Hodl, Hodl, Hodl, Hodl, Hodl, Hodl,
Hodl, Hodl, Hodl, Hodl, Hodl, Hodl.

Hodl, Hodl, Hodl, Hodl, Hodl, Hodl, Hodl, Hodl, Hodl,
Hodl, Hodl, Hodl, Hodl, Hodl, Hodl, Hodl, Hodl, Hodl, Hodl, Hodl,
Hodl, Hodl, Hodl, Hodl, Hodl, Hodl, Hodl, Hodl, Hodl, Hodl, Hodl,
Hodl, Hodl, Hodl, Hodl, Hodl, Hodl, Hodl, Hodl, Hodl, Hodl, Hodl,
Hodl, Hodl, Hodl, Hodl, Hodl, Hodl, Hodl, Hodl, Hodl, Hodl, Hodl,
Hodl, Hodl, Hodl, Hodl, Hodl, Hodl, Hodl, Hodl, Hodl, Hodl, Hodl,
Hodl, Hodl, Hodl, Hodl, Hodl, Hodl, Hodl, Hodl, Hodl, Hodl, Hodl,
Hodl, Hodl, Hodl, Hodl, Hodl, Hodl, Hodl, Hodl, Hodl, Hodl, Hodl,
Hodl, Hodl, Hodl, Hodl, Hodl, Hodl, Hodl, Hodl, Hodl, Hodl, Hodl,
Hodl, Hodl, Hodl, Hodl, Hodl, Hodl, Hodl, Hodl, Hodl, Hodl, Hodl,
Hodl, Hodl, Hodl, Hodl, Hodl, Hodl, Hodl, Hodl, Hodl, Hodl, Hodl,
Hodl, Hodl, Hodl, Hodl, Hodl, Hodl, Hodl, Hodl, Hodl, Hodl, Hodl,
Hodl, Hodl, Hodl, Hodl, Hodl, Hodl, Hodl, Hodl, Hodl, Hodl, Hodl,
Hodl, Hodl, Hodl, Hodl, Hodl, Hodl, Hodl, Hodl, Hodl, Hodl, Hodl,
Hodl, Hodl, Hodl, Hodl, Hodl, Hodl, Hodl, Hodl, Hodl, Hodl, Hodl,
Hodl, Hodl, Hodl, Hodl, Hodl, Hodl, Hodl, Hodl, Hodl, Hodl, Hodl,
Hodl, Hodl, Hodl, Hodl, Hodl, Hodl, Hodl, Hodl, Hodl, Hodl, Hodl,
Hodl, Hodl, Hodl, Hodl, Hodl, Hodl, Hodl, Hodl, Hodl, Hodl, Hodl,
Hodl, Hodl, Hodl, Hodl, Hodl, Hodl, Hodl, Hodl, Hodl, Hodl, Hodl,
Hodl, Hodl, Hodl, Hodl, Hodl, Hodl, Hodl, Hodl, Hodl, Hodl, Hodl,
Hodl, Hodl, Hodl, Hodl, Hodl, Hodl, Hodl, Hodl, Hodl, Hodl, Hodl,
Hodl, Hodl, Hodl, Hodl, Hodl, Hodl, Hodl, Hodl, Hodl, Hodl, Hodl,
Hodl, Hodl, Hodl, Hodl, Hodl, Hodl, Hodl, Hodl, Hodl, Hodl, Hodl,
Hodl, Hodl, Hodl, Hodl, Hodl, Hodl, Hodl, Hodl, Hodl, Hodl, Hodl,
Hodl, Hodl, Hodl, Hodl, Hodl, Hodl, Hodl, Hodl, Hodl, Hodl, Hodl,
Hodl, Hodl, Hodl, Hodl, Hodl, Hodl, Hodl, Hodl, Hodl, Hodl, Hodl,
Hodl, Hodl, Hodl, Hodl, Hodl, Hodl, Hodl, Hodl, Hodl, Hodl, Hodl,
Hodl, Hodl, Hodl, Hodl, Hodl, Hodl, Hodl, Hodl, Hodl, Hodl, Hodl,
Hodl, Hodl, Hodl, Hodl, Hodl, Hodl, Hodl, Hodl, Hodl, Hodl, Hodl,
Hodl, Hodl, Hodl, Hodl, Hodl, Hodl, Hodl, Hodl, Hodl, Hodl, Hodl,
Hodl, Hodl, Hodl, Hodl, Hodl, Hodl, Hodl, Hodl, Hodl, Hodl, Hodl,
Hodl, Hodl, Hodl, Hodl, Hodl, Hodl, Hodl, Hodl, Hodl, Hodl, Hodl,
Hodl, Hodl, Hodl, Hodl, Hodl, Hodl, Hodl, Hodl, Hodl, Hodl, Hodl,
Hodl, Hodl, Hodl, Hodl, Hodl, Hodl.

Hodl, Hodl, Hodl, Hodl, Hodl, Hodl, Hodl, Hodl, Hodl, Hodl, Hodl, Hodl, Hodl, Hodl, Hodl, Hodl, Hodl, Hodl, Hodl, Hodl, Hodl, Hodl, Hodl, Hodl, Hodl, Hodl, Hodl, Hodl, Hodl, Hodl, Hodl, Hodl, Hodl, Hodl, Hodl, Hodl, Hodl, Hodl, Hodl, Hodl, Hodl, Hodl, Hodl, Hodl, Hodl, Hodl, Hodl, Hodl, Hodl, Hodl, Hodl, Hodl, Hodl, Hodl, Hodl, Hodl, Hodl, Hodl, Hodl, Hodl, Hodl, Hodl, Hodl, Hodl, Hodl, Hodl, Hodl, Hodl, Hodl, Hodl, Hodl, Hodl, Hodl, Hodl, Hodl, Hodl, Hodl, Hodl, Hodl, Hodl, Hodl, Hodl, Hodl, Hodl, Hodl, Hodl, Hodl, Hodl, Hodl, Hodl, Hodl, Hodl, Hodl, Hodl, Hodl, Hodl, Hodl, Hodl, Hodl, Hodl, Hodl, Hodl, Hodl, Hodl, Hodl, Hodl, Hodl, Hodl, Hodl, Hodl, Hodl, Hodl, Hodl, Hodl, Hodl, Hodl, Hodl, Hodl, Hodl, Hodl, Hodl, Hodl, Hodl, Hodl, Hodl, Hodl, Hodl, Hodl, Hodl, Hodl, Hodl, Hodl, Hodl, Hodl, Hodl, Hodl, Hodl, Hodl, Hodl, Hodl, Hodl, Hodl, Hodl, Hodl, Hodl, Hodl, Hodl, Hodl, Hodl, Hodl, Hodl, Hodl, Hodl, Hodl, Hodl, Hodl, Hodl, Hodl, Hodl, Hodl, Hodl, Hodl, Hodl, Hodl, Hodl, Hodl, Hodl, Hodl, Hodl, Hodl, Hodl, Hodl, Hodl, Hodl, Hodl, Hodl, Hodl, Hodl, Hodl, Hodl, Hodl, Hodl, Hodl, Hodl, Hodl, Hodl, Hodl, Hodl, Hodl, Hodl, Hodl, Hodl, Hodl, Hodl, Hodl, Hodl, Hodl, Hodl, Hodl, Hodl, Hodl, Hodl, Hodl, Hodl, Hodl, Hodl, Hodl, Hodl, Hodl, Hodl, Hodl, Hodl, Hodl, Hodl, Hodl, Hodl, Hodl, Hodl, Hodl, Hodl, Hodl, Hodl, Hodl, Hodl, Hodl, Hodl, Hodl, Hodl, Hodl, Hodl, Hodl, Hodl, Hodl, Hodl, Hodl, Hodl, Hodl, Hodl, Hodl, Hodl, Hodl, Hodl, Hodl, Hodl, Hodl, Hodl, Hodl, Hodl, Hodl, Hodl, Hodl, Hodl, Hodl, Hodl, Hodl, Hodl, Hodl, Hodl, Hodl, Hodl, Hodl, Hodl, Hodl, Hodl, Hodl, Hodl, Hodl, Hodl, Hodl, Hodl, Hodl, Hodl, Hodl, Hodl, Hodl, Hodl, Hodl, Hodl, Hodl, Hodl, Hodl, Hodl, Hodl, Hodl, Hodl, Hodl, Hodl, Hodl, Hodl, Hodl, Hodl, Hodl, Hodl, Hodl, Hodl, Hodl, Hodl, Hodl, Hodl, Hodl, Hodl, Hodl, Hodl, Hodl, Hodl, Hodl, Hodl, Hodl, Hodl, Hodl, Hodl, Hodl, Hodl, Hodl, Hodl, Hodl, Hodl, Hodl, Hodl, Hodl, Hodl, Hodl, Hodl, Hodl, Hodl, Hodl, Hodl, Hodl, Hodl, Hodl, Hodl, Hodl, Hodl, Hodl, Hodl, Hodl, Hodl, Hodl, Hodl, Hodl, Hodl, Hodl, Hodl, Hodl, Hodl, Hodl, Hodl, Hodl, Hodl, Hodl, Hodl, Hodl, Hodl, Hodl, Hodl, Hodl, Hodl, Hodl, Hodl, Hodl, Hodl, Hodl, Hodl, Hodl, Hodl, Hodl, Hodl, Hodl, Hodl, Hodl, Hodl, Hodl, Hodl, Hodl, Hodl, Hodl, Hodl, Hodl, Hodl, Hodl, Hodl, Hodl, Hodl, Hodl, Hodl, Hodl, Hodl, Hodl, Hodl, Hodl, Hodl, Hodl, Hodl, Hodl, Hodl, Hodl, Hodl, Hodl, Hodl, Hodl, Hodl, Hodl, Hodl, Hodl, Hodl, Hodl, Hodl, Hodl, Hodl, Hodl, Hodl, Hodl, Hodl, Hodl, Hodl, Hodl, Hodl, Hodl, Hodl, Hodl, Hodl, Hodl, Hodl, Hodl, Hodl, Hodl, Hodl, Hodl, Hodl, Hodl, Hodl, Hodl, Hodl, Hodl, Hodl, Hodl, Hodl, Hodl, Hodl, Hodl, Hodl, Hodl, Hodl, Hodl, Hodl, Hodl, Hodl.

Hodl, Hodl, Hodl, Hodl, Hodl, Hodl, Hodl, Hodl, Hodl,
Hodl, Hodl, Hodl, Hodl, Hodl, Hodl, Hodl, Hodl, Hodl, Hodl, Hodl,
Hodl, Hodl, Hodl, Hodl, Hodl, Hodl, Hodl, Hodl, Hodl, Hodl, Hodl,
Hodl, Hodl, Hodl, Hodl, Hodl, Hodl, Hodl, Hodl, Hodl, Hodl, Hodl,
Hodl, Hodl, Hodl, Hodl, Hodl, Hodl, Hodl, Hodl, Hodl, Hodl, Hodl,
Hodl, Hodl, Hodl, Hodl, Hodl, Hodl, Hodl, Hodl, Hodl, Hodl, Hodl,
Hodl, Hodl, Hodl, Hodl, Hodl, Hodl, Hodl, Hodl, Hodl, Hodl, Hodl,
Hodl, Hodl, Hodl, Hodl, Hodl, Hodl, Hodl, Hodl, Hodl, Hodl, Hodl,
Hodl, Hodl, Hodl, Hodl, Hodl, Hodl, Hodl, Hodl, Hodl, Hodl, Hodl,
Hodl, Hodl, Hodl, Hodl, Hodl, Hodl, Hodl, Hodl, Hodl, Hodl, Hodl,
Hodl, Hodl, Hodl, Hodl, Hodl, Hodl, Hodl, Hodl, Hodl, Hodl, Hodl,
Hodl, Hodl, Hodl, Hodl, Hodl, Hodl, Hodl, Hodl, Hodl, Hodl, Hodl,
Hodl, Hodl, Hodl, Hodl, Hodl, Hodl, Hodl, Hodl, Hodl, Hodl, Hodl,
Hodl, Hodl, Hodl, Hodl, Hodl, Hodl, Hodl, Hodl, Hodl, Hodl, Hodl,
Hodl, Hodl, Hodl, Hodl, Hodl, Hodl, Hodl, Hodl, Hodl, Hodl, Hodl,
Hodl, Hodl, Hodl, Hodl, Hodl, Hodl, Hodl, Hodl, Hodl, Hodl, Hodl,
Hodl, Hodl, Hodl, Hodl, Hodl, Hodl, Hodl, Hodl, Hodl, Hodl, Hodl,
Hodl, Hodl, Hodl, Hodl, Hodl, Hodl, Hodl, Hodl, Hodl, Hodl, Hodl,
Hodl, Hodl, Hodl, Hodl, Hodl, Hodl, Hodl, Hodl, Hodl, Hodl, Hodl,
Hodl, Hodl, Hodl, Hodl, Hodl, Hodl, Hodl, Hodl, Hodl, Hodl, Hodl,
Hodl, Hodl, Hodl, Hodl, Hodl, Hodl, Hodl, Hodl, Hodl, Hodl, Hodl,
Hodl, Hodl, Hodl, Hodl, Hodl, Hodl, Hodl, Hodl, Hodl, Hodl, Hodl,
Hodl, Hodl, Hodl, Hodl, Hodl, Hodl, Hodl, Hodl, Hodl, Hodl, Hodl,
Hodl, Hodl, Hodl, Hodl, Hodl, Hodl, Hodl, Hodl, Hodl, Hodl, Hodl,
Hodl, Hodl, Hodl, Hodl, Hodl, Hodl, Hodl, Hodl, Hodl, Hodl, Hodl,
Hodl, Hodl, Hodl, Hodl, Hodl, Hodl, Hodl, Hodl, Hodl, Hodl, Hodl,
Hodl, Hodl, Hodl, Hodl, Hodl, Hodl, Hodl, Hodl, Hodl, Hodl, Hodl,
Hodl, Hodl, Hodl, Hodl, Hodl, Hodl, Hodl, Hodl, Hodl, Hodl, Hodl,
Hodl, Hodl, Hodl, Hodl, Hodl, Hodl, Hodl, Hodl, Hodl, Hodl, Hodl,
Hodl, Hodl, Hodl, Hodl, Hodl, Hodl, Hodl, Hodl, Hodl, Hodl, Hodl,
Hodl, Hodl, Hodl, Hodl, Hodl, Hodl, Hodl, Hodl, Hodl, Hodl, Hodl,
Hodl, Hodl, Hodl, Hodl, Hodl, Hodl, Hodl, Hodl, Hodl, Hodl, Hodl,
Hodl, Hodl, Hodl, Hodl, Hodl, Hodl, Hodl, Hodl, Hodl,
Hodl, Hodl, Hodl, Hodl, Hodl.

Hodl, Hodl, Hodl, Hodl, Hodl, Hodl, Hodl, Hodl, Hodl,
Hodl, Hodl, Hodl, Hodl, Hodl, Hodl, Hodl, Hodl, Hodl, Hodl, Hodl,
Hodl, Hodl, Hodl, Hodl, Hodl, Hodl, Hodl, Hodl, Hodl, Hodl, Hodl,
Hodl, Hodl, Hodl, Hodl, Hodl, Hodl, Hodl, Hodl, Hodl, Hodl, Hodl,
Hodl, Hodl, Hodl, Hodl, Hodl, Hodl, Hodl, Hodl, Hodl, Hodl, Hodl,
Hodl, Hodl, Hodl, Hodl, Hodl, Hodl, Hodl, Hodl, Hodl, Hodl, Hodl,
Hodl, Hodl, Hodl, Hodl, Hodl, Hodl, Hodl, Hodl, Hodl, Hodl, Hodl,
Hodl, Hodl, Hodl, Hodl, Hodl, Hodl, Hodl, Hodl, Hodl, Hodl, Hodl,
Hodl, Hodl, Hodl, Hodl, Hodl, Hodl, Hodl, Hodl, Hodl, Hodl, Hodl,
Hodl, Hodl, Hodl, Hodl, Hodl, Hodl, Hodl, Hodl, Hodl, Hodl, Hodl,
Hodl, Hodl, Hodl, Hodl, Hodl, Hodl, Hodl, Hodl, Hodl, Hodl, Hodl,
Hodl, Hodl, Hodl, Hodl, Hodl, Hodl, Hodl, Hodl, Hodl, Hodl, Hodl,
Hodl, Hodl, Hodl, Hodl, Hodl, Hodl, Hodl, Hodl, Hodl, Hodl, Hodl,
Hodl, Hodl, Hodl, Hodl, Hodl, Hodl, Hodl, Hodl, Hodl, Hodl, Hodl,
Hodl, Hodl, Hodl, Hodl, Hodl, Hodl, Hodl, Hodl, Hodl, Hodl, Hodl,
Hodl, Hodl, Hodl, Hodl, Hodl, Hodl, Hodl, Hodl, Hodl, Hodl, Hodl,
Hodl, Hodl, Hodl, Hodl, Hodl, Hodl, Hodl, Hodl, Hodl, Hodl, Hodl,
Hodl, Hodl, Hodl, Hodl, Hodl, Hodl, Hodl, Hodl, Hodl, Hodl, Hodl,
Hodl, Hodl, Hodl, Hodl, Hodl, Hodl, Hodl, Hodl, Hodl, Hodl, Hodl,
Hodl, Hodl, Hodl, Hodl, Hodl, Hodl, Hodl, Hodl, Hodl, Hodl, Hodl,
Hodl, Hodl, Hodl, Hodl, Hodl, Hodl, Hodl, Hodl, Hodl, Hodl, Hodl,
Hodl, Hodl, Hodl, Hodl, Hodl, Hodl, Hodl, Hodl, Hodl, Hodl, Hodl,
Hodl, Hodl, Hodl, Hodl, Hodl, Hodl, Hodl, Hodl, Hodl, Hodl, Hodl,
Hodl, Hodl, Hodl, Hodl, Hodl, Hodl, Hodl, Hodl, Hodl, Hodl, Hodl,
Hodl, Hodl, Hodl, Hodl, Hodl, Hodl, Hodl, Hodl, Hodl, Hodl, Hodl,
Hodl, Hodl, Hodl, Hodl, Hodl, Hodl, Hodl, Hodl, Hodl, Hodl, Hodl,
Hodl, Hodl, Hodl, Hodl, Hodl, Hodl, Hodl, Hodl, Hodl, Hodl, Hodl,
Hodl, Hodl, Hodl, Hodl, Hodl, Hodl, Hodl, Hodl, Hodl, Hodl, Hodl,
Hodl, Hodl, Hodl, Hodl, Hodl, Hodl, Hodl, Hodl, Hodl, Hodl, Hodl,
Hodl, Hodl, Hodl, Hodl, Hodl, Hodl, Hodl, Hodl, Hodl, Hodl, Hodl,
Hodl, Hodl, Hodl, Hodl, Hodl, Hodl, Hodl, Hodl, Hodl, Hodl, Hodl,
Hodl, Hodl, Hodl, Hodl, Hodl, Hodl.

Hodl, Hodl, Hodl, Hodl, Hodl, Hodl, Hodl, Hodl, Hodl,
Hodl, Hodl, Hodl, Hodl, Hodl, Hodl, Hodl, Hodl, Hodl, Hodl, Hodl,
Hodl, Hodl, Hodl, Hodl, Hodl, Hodl, Hodl, Hodl, Hodl, Hodl, Hodl,
Hodl, Hodl, Hodl, Hodl, Hodl, Hodl, Hodl, Hodl, Hodl, Hodl, Hodl,
Hodl, Hodl, Hodl, Hodl, Hodl, Hodl, Hodl, Hodl, Hodl, Hodl, Hodl,
Hodl, Hodl, Hodl, Hodl, Hodl, Hodl, Hodl, Hodl, Hodl, Hodl, Hodl,
Hodl, Hodl, Hodl, Hodl, Hodl, Hodl, Hodl, Hodl, Hodl, Hodl, Hodl,
Hodl, Hodl, Hodl, Hodl, Hodl, Hodl, Hodl, Hodl, Hodl, Hodl, Hodl,
Hodl, Hodl, Hodl, Hodl, Hodl, Hodl, Hodl, Hodl, Hodl, Hodl, Hodl,
Hodl, Hodl, Hodl, Hodl, Hodl, Hodl, Hodl, Hodl, Hodl, Hodl, Hodl,
Hodl, Hodl, Hodl, Hodl, Hodl, Hodl, Hodl, Hodl, Hodl, Hodl, Hodl,
Hodl, Hodl, Hodl, Hodl, Hodl, Hodl, Hodl, Hodl, Hodl, Hodl, Hodl,
Hodl, Hodl, Hodl, Hodl, Hodl, Hodl, Hodl, Hodl, Hodl, Hodl, Hodl,
Hodl, Hodl, Hodl, Hodl, Hodl, Hodl, Hodl, Hodl, Hodl, Hodl, Hodl,
Hodl, Hodl, Hodl, Hodl, Hodl, Hodl, Hodl, Hodl, Hodl, Hodl, Hodl,
Hodl, Hodl, Hodl, Hodl, Hodl, Hodl, Hodl, Hodl, Hodl, Hodl, Hodl,
Hodl, Hodl, Hodl, Hodl, Hodl, Hodl, Hodl, Hodl, Hodl, Hodl, Hodl,
Hodl, Hodl, Hodl, Hodl, Hodl, Hodl, Hodl, Hodl, Hodl, Hodl, Hodl,
Hodl, Hodl, Hodl, Hodl, Hodl, Hodl, Hodl, Hodl, Hodl, Hodl, Hodl,
Hodl, Hodl, Hodl, Hodl, Hodl, Hodl, Hodl, Hodl, Hodl, Hodl, Hodl,
Hodl, Hodl, Hodl, Hodl, Hodl, Hodl, Hodl, Hodl, Hodl, Hodl, Hodl,
Hodl, Hodl, Hodl, Hodl, Hodl, Hodl, Hodl, Hodl, Hodl, Hodl, Hodl,
Hodl, Hodl, Hodl, Hodl, Hodl, Hodl, Hodl, Hodl, Hodl, Hodl, Hodl,
Hodl, Hodl, Hodl, Hodl, Hodl, Hodl, Hodl, Hodl, Hodl, Hodl, Hodl,
Hodl, Hodl, Hodl, Hodl, Hodl, Hodl, Hodl, Hodl, Hodl, Hodl, Hodl,
Hodl, Hodl, Hodl, Hodl, Hodl, Hodl, Hodl, Hodl, Hodl, Hodl, Hodl,
Hodl, Hodl, Hodl, Hodl, Hodl, Hodl, Hodl, Hodl, Hodl, Hodl, Hodl,
Hodl, Hodl, Hodl, Hodl, Hodl, Hodl, Hodl, Hodl, Hodl, Hodl, Hodl,
Hodl, Hodl, Hodl, Hodl, Hodl, Hodl, Hodl, Hodl, Hodl, Hodl, Hodl,
Hodl, Hodl, Hodl, Hodl, Hodl, Hodl, Hodl, Hodl, Hodl, Hodl, Hodl,
Hodl, Hodl, Hodl, Hodl, Hodl, Hodl, Hodl, Hodl, Hodl, Hodl, Hodl,
Hodl, Hodl, Hodl, Hodl, Hodl, Hodl, Hodl, Hodl, Hodl, Hodl, Hodl,
Hodl, Hodl, Hodl, Hodl, Hodl, Hodl.

Hodl, Hodl, Hodl, Hodl, Hodl, Hodl, Hodl, Hodl, Hodl,
Hodl, Hodl, Hodl, Hodl, Hodl, Hodl, Hodl, Hodl, Hodl, Hodl, Hodl,
Hodl, Hodl, Hodl, Hodl, Hodl, Hodl, Hodl, Hodl, Hodl, Hodl, Hodl,
Hodl, Hodl, Hodl, Hodl, Hodl, Hodl, Hodl, Hodl, Hodl, Hodl, Hodl,
Hodl, Hodl, Hodl, Hodl, Hodl, Hodl, Hodl, Hodl, Hodl, Hodl, Hodl,
Hodl, Hodl, Hodl, Hodl, Hodl, Hodl, Hodl, Hodl, Hodl, Hodl, Hodl,
Hodl, Hodl, Hodl, Hodl, Hodl, Hodl, Hodl, Hodl, Hodl, Hodl, Hodl,
Hodl, Hodl, Hodl, Hodl, Hodl, Hodl, Hodl, Hodl, Hodl, Hodl, Hodl,
Hodl, Hodl, Hodl, Hodl, Hodl, Hodl, Hodl, Hodl, Hodl, Hodl, Hodl,
Hodl, Hodl, Hodl, Hodl, Hodl, Hodl, Hodl, Hodl, Hodl, Hodl, Hodl,
Hodl, Hodl, Hodl, Hodl, Hodl, Hodl, Hodl, Hodl, Hodl, Hodl, Hodl,
Hodl, Hodl, Hodl, Hodl, Hodl, Hodl, Hodl, Hodl, Hodl, Hodl, Hodl,
Hodl, Hodl, Hodl, Hodl, Hodl, Hodl, Hodl, Hodl, Hodl, Hodl, Hodl,
Hodl, Hodl, Hodl, Hodl, Hodl, Hodl, Hodl, Hodl, Hodl, Hodl, Hodl,
Hodl, Hodl, Hodl, Hodl, Hodl, Hodl, Hodl, Hodl, Hodl, Hodl, Hodl,
Hodl, Hodl, Hodl, Hodl, Hodl, Hodl, Hodl, Hodl, Hodl, Hodl, Hodl,
Hodl, Hodl, Hodl, Hodl, Hodl, Hodl, Hodl, Hodl, Hodl, Hodl, Hodl,
Hodl, Hodl, Hodl, Hodl, Hodl, Hodl, Hodl, Hodl, Hodl, Hodl, Hodl,
Hodl, Hodl, Hodl, Hodl, Hodl, Hodl, Hodl, Hodl, Hodl, Hodl, Hodl,
Hodl, Hodl, Hodl, Hodl, Hodl, Hodl, Hodl, Hodl, Hodl, Hodl, Hodl,
Hodl, Hodl, Hodl, Hodl, Hodl, Hodl, Hodl, Hodl, Hodl, Hodl, Hodl,
Hodl, Hodl, Hodl, Hodl, Hodl, Hodl, Hodl, Hodl, Hodl, Hodl, Hodl,
Hodl, Hodl, Hodl, Hodl, Hodl, Hodl, Hodl, Hodl, Hodl, Hodl, Hodl,
Hodl, Hodl, Hodl, Hodl, Hodl, Hodl, Hodl, Hodl, Hodl, Hodl, Hodl,
Hodl, Hodl, Hodl, Hodl, Hodl, Hodl, Hodl, Hodl, Hodl, Hodl, Hodl,
Hodl, Hodl, Hodl, Hodl, Hodl, Hodl, Hodl, Hodl, Hodl, Hodl, Hodl,
Hodl, Hodl, Hodl, Hodl, Hodl, Hodl, Hodl, Hodl, Hodl, Hodl, Hodl,
Hodl, Hodl, Hodl, Hodl, Hodl, Hodl, Hodl, Hodl, Hodl, Hodl, Hodl,
Hodl, Hodl, Hodl, Hodl, Hodl, Hodl, Hodl, Hodl, Hodl, Hodl, Hodl,
Hodl, Hodl, Hodl, Hodl, Hodl, Hodl, Hodl, Hodl, Hodl, Hodl, Hodl,
Hodl, Hodl, Hodl, Hodl, Hodl, Hodl, Hodl, Hodl, Hodl, Hodl, Hodl,
Hodl, Hodl, Hodl, Hodl, Hodl, Hodl, Hodl, Hodl, Hodl, Hodl, Hodl,
Hodl, Hodl, Hodl, Hodl, Hodl, Hodl, Hodl, Hodl, Hodl, Hodl, Hodl,
Hodl, Hodl, Hodl, Hodl, Hodl, Hodl, Hodl, Hodl, Hodl, Hodl, Hodl,
Hodl, Hodl, Hodl, Hodl, Hodl, Hodl, Hodl, Hodl, Hodl, Hodl, Hodl,
Hodl, Hodl, Hodl, Hodl, Hodl, Hodl.

Hodl, Hodl, Hodl, Hodl, Hodl, Hodl, Hodl, Hodl, Hodl,
Hodl, Hodl, Hodl, Hodl, Hodl, Hodl, Hodl, Hodl, Hodl, Hodl, Hodl,
Hodl, Hodl, Hodl, Hodl, Hodl, Hodl, Hodl, Hodl, Hodl, Hodl, Hodl,
Hodl, Hodl, Hodl, Hodl, Hodl, Hodl, Hodl, Hodl, Hodl, Hodl, Hodl,
Hodl, Hodl, Hodl, Hodl, Hodl, Hodl, Hodl, Hodl, Hodl, Hodl, Hodl,
Hodl, Hodl, Hodl, Hodl, Hodl, Hodl, Hodl, Hodl, Hodl, Hodl, Hodl,
Hodl, Hodl, Hodl, Hodl, Hodl, Hodl, Hodl, Hodl, Hodl, Hodl, Hodl,
Hodl, Hodl, Hodl, Hodl, Hodl, Hodl, Hodl, Hodl, Hodl, Hodl, Hodl,
Hodl, Hodl, Hodl, Hodl, Hodl, Hodl, Hodl, Hodl, Hodl, Hodl, Hodl,
Hodl, Hodl, Hodl, Hodl, Hodl, Hodl, Hodl, Hodl, Hodl, Hodl, Hodl,
Hodl, Hodl, Hodl, Hodl, Hodl, Hodl, Hodl, Hodl, Hodl, Hodl, Hodl,
Hodl, Hodl, Hodl, Hodl, Hodl, Hodl, Hodl, Hodl, Hodl, Hodl, Hodl,
Hodl, Hodl, Hodl, Hodl, Hodl, Hodl, Hodl, Hodl, Hodl, Hodl, Hodl,
Hodl, Hodl, Hodl, Hodl, Hodl, Hodl, Hodl, Hodl, Hodl, Hodl, Hodl,
Hodl, Hodl, Hodl, Hodl, Hodl, Hodl, Hodl, Hodl, Hodl, Hodl, Hodl,
Hodl, Hodl, Hodl, Hodl, Hodl, Hodl, Hodl, Hodl, Hodl, Hodl, Hodl,
Hodl, Hodl, Hodl, Hodl, Hodl, Hodl, Hodl, Hodl, Hodl, Hodl, Hodl,
Hodl, Hodl, Hodl, Hodl, Hodl, Hodl, Hodl, Hodl, Hodl, Hodl, Hodl,
Hodl, Hodl, Hodl, Hodl, Hodl, Hodl, Hodl, Hodl, Hodl, Hodl, Hodl,
Hodl, Hodl, Hodl, Hodl, Hodl, Hodl, Hodl, Hodl, Hodl, Hodl, Hodl,
Hodl, Hodl, Hodl, Hodl, Hodl, Hodl, Hodl, Hodl, Hodl, Hodl, Hodl,
Hodl, Hodl, Hodl, Hodl, Hodl, Hodl, Hodl, Hodl, Hodl, Hodl, Hodl,
Hodl, Hodl, Hodl, Hodl, Hodl, Hodl, Hodl, Hodl, Hodl, Hodl, Hodl,
Hodl, Hodl, Hodl, Hodl, Hodl, Hodl, Hodl, Hodl, Hodl, Hodl, Hodl,
Hodl, Hodl, Hodl, Hodl, Hodl, Hodl, Hodl, Hodl, Hodl, Hodl, Hodl,
Hodl, Hodl, Hodl, Hodl, Hodl, Hodl, Hodl, Hodl, Hodl, Hodl, Hodl,
Hodl, Hodl, Hodl, Hodl, Hodl, Hodl, Hodl, Hodl, Hodl, Hodl, Hodl,
Hodl, Hodl, Hodl, Hodl, Hodl, Hodl, Hodl, Hodl, Hodl, Hodl, Hodl,
Hodl, Hodl, Hodl, Hodl, Hodl, Hodl, Hodl, Hodl, Hodl, Hodl, Hodl,
Hodl, Hodl, Hodl, Hodl, Hodl, Hodl, Hodl, Hodl, Hodl, Hodl, Hodl,
Hodl, Hodl, Hodl, Hodl, Hodl, Hodl, Hodl, Hodl, Hodl, Hodl, Hodl,
Hodl, Hodl, Hodl, Hodl, Hodl, Hodl, Hodl, Hodl, Hodl, Hodl, Hodl,
Hodl, Hodl, Hodl, Hodl, Hodl, Hodl.

Hodl, Hodl, Hodl, Hodl, Hodl, Hodl, Hodl, Hodl, Hodl,
Hodl, Hodl, Hodl, Hodl, Hodl, Hodl, Hodl, Hodl, Hodl, Hodl, Hodl,
Hodl, Hodl, Hodl, Hodl, Hodl, Hodl, Hodl, Hodl, Hodl, Hodl, Hodl,
Hodl, Hodl, Hodl, Hodl, Hodl, Hodl, Hodl, Hodl, Hodl, Hodl, Hodl,
Hodl, Hodl, Hodl, Hodl, Hodl, Hodl, Hodl, Hodl, Hodl, Hodl, Hodl,
Hodl, Hodl, Hodl, Hodl, Hodl, Hodl, Hodl, Hodl, Hodl, Hodl, Hodl,
Hodl, Hodl, Hodl, Hodl, Hodl, Hodl, Hodl, Hodl, Hodl, Hodl, Hodl,
Hodl, Hodl, Hodl, Hodl, Hodl, Hodl, Hodl, Hodl, Hodl, Hodl, Hodl,
Hodl, Hodl, Hodl, Hodl, Hodl, Hodl, Hodl, Hodl, Hodl, Hodl, Hodl,
Hodl, Hodl, Hodl, Hodl, Hodl, Hodl, Hodl, Hodl, Hodl, Hodl, Hodl,
Hodl, Hodl, Hodl, Hodl, Hodl, Hodl, Hodl, Hodl, Hodl, Hodl, Hodl,
Hodl, Hodl, Hodl, Hodl, Hodl, Hodl, Hodl, Hodl, Hodl, Hodl, Hodl,
Hodl, Hodl, Hodl, Hodl, Hodl, Hodl, Hodl, Hodl, Hodl, Hodl, Hodl,
Hodl, Hodl, Hodl, Hodl, Hodl, Hodl, Hodl, Hodl, Hodl, Hodl, Hodl,
Hodl, Hodl, Hodl, Hodl, Hodl, Hodl, Hodl, Hodl, Hodl, Hodl, Hodl,
Hodl, Hodl, Hodl, Hodl, Hodl, Hodl, Hodl, Hodl, Hodl, Hodl, Hodl,
Hodl, Hodl, Hodl, Hodl, Hodl, Hodl, Hodl, Hodl, Hodl, Hodl, Hodl,
Hodl, Hodl, Hodl, Hodl, Hodl, Hodl, Hodl, Hodl, Hodl, Hodl, Hodl,
Hodl, Hodl, Hodl, Hodl, Hodl, Hodl, Hodl, Hodl, Hodl, Hodl, Hodl,
Hodl, Hodl, Hodl, Hodl, Hodl, Hodl, Hodl, Hodl, Hodl, Hodl, Hodl,
Hodl, Hodl, Hodl, Hodl, Hodl, Hodl, Hodl, Hodl, Hodl, Hodl, Hodl,
Hodl, Hodl, Hodl, Hodl, Hodl, Hodl, Hodl, Hodl, Hodl, Hodl, Hodl,
Hodl, Hodl, Hodl, Hodl, Hodl, Hodl, Hodl, Hodl, Hodl, Hodl, Hodl,
Hodl, Hodl, Hodl, Hodl, Hodl, Hodl, Hodl, Hodl, Hodl, Hodl, Hodl,
Hodl, Hodl, Hodl, Hodl, Hodl, Hodl, Hodl, Hodl, Hodl, Hodl, Hodl,
Hodl, Hodl, Hodl, Hodl, Hodl, Hodl, Hodl, Hodl, Hodl, Hodl, Hodl,
Hodl, Hodl, Hodl, Hodl, Hodl, Hodl, Hodl, Hodl, Hodl, Hodl, Hodl,
Hodl, Hodl, Hodl, Hodl, Hodl, Hodl, Hodl, Hodl, Hodl, Hodl, Hodl,
Hodl, Hodl, Hodl, Hodl, Hodl, Hodl, Hodl, Hodl, Hodl, Hodl, Hodl,
Hodl, Hodl, Hodl, Hodl, Hodl, Hodl, Hodl, Hodl, Hodl, Hodl, Hodl,
Hodl, Hodl, Hodl, Hodl, Hodl, Hodl, Hodl, Hodl, Hodl, Hodl, Hodl,
Hodl, Hodl, Hodl, Hodl, Hodl, Hodl, Hodl, Hodl, Hodl, Hodl, Hodl,
Hodl, Hodl, Hodl, Hodl, Hodl, Hodl, Hodl, Hodl, Hodl, Hodl, Hodl,
Hodl, Hodl, Hodl, Hodl, Hodl, Hodl, Hodl, Hodl, Hodl, Hodl, Hodl,
Hodl, Hodl, Hodl, Hodl, Hodl, Hodl.

Hodl, Hodl, Hodl, Hodl, Hodl, Hodl, Hodl, Hodl, Hodl,
Hodl, Hodl, Hodl, Hodl, Hodl, Hodl, Hodl, Hodl, Hodl, Hodl, Hodl,
Hodl, Hodl, Hodl, Hodl, Hodl, Hodl, Hodl, Hodl, Hodl, Hodl, Hodl,
Hodl, Hodl, Hodl, Hodl, Hodl, Hodl, Hodl, Hodl, Hodl, Hodl, Hodl,
Hodl, Hodl, Hodl, Hodl, Hodl, Hodl, Hodl, Hodl, Hodl, Hodl, Hodl,
Hodl, Hodl, Hodl, Hodl, Hodl, Hodl, Hodl, Hodl, Hodl, Hodl, Hodl,
Hodl, Hodl, Hodl, Hodl, Hodl, Hodl, Hodl, Hodl, Hodl, Hodl, Hodl,
Hodl, Hodl, Hodl, Hodl, Hodl, Hodl, Hodl, Hodl, Hodl, Hodl, Hodl,
Hodl, Hodl, Hodl, Hodl, Hodl, Hodl, Hodl, Hodl, Hodl, Hodl, Hodl,
Hodl, Hodl, Hodl, Hodl, Hodl, Hodl, Hodl, Hodl, Hodl, Hodl, Hodl,
Hodl, Hodl, Hodl, Hodl, Hodl, Hodl, Hodl, Hodl, Hodl, Hodl, Hodl,
Hodl, Hodl, Hodl, Hodl, Hodl, Hodl, Hodl, Hodl, Hodl, Hodl, Hodl,
Hodl, Hodl, Hodl, Hodl, Hodl, Hodl, Hodl, Hodl, Hodl, Hodl, Hodl,
Hodl, Hodl, Hodl, Hodl, Hodl, Hodl, Hodl, Hodl, Hodl, Hodl, Hodl,
Hodl, Hodl, Hodl, Hodl, Hodl, Hodl, Hodl, Hodl, Hodl, Hodl, Hodl,
Hodl, Hodl, Hodl, Hodl, Hodl, Hodl, Hodl, Hodl, Hodl, Hodl, Hodl,
Hodl, Hodl, Hodl, Hodl, Hodl, Hodl, Hodl, Hodl, Hodl, Hodl, Hodl,
Hodl, Hodl, Hodl, Hodl, Hodl, Hodl, Hodl, Hodl, Hodl, Hodl, Hodl,
Hodl, Hodl, Hodl, Hodl, Hodl, Hodl, Hodl, Hodl, Hodl, Hodl, Hodl,
Hodl, Hodl, Hodl, Hodl, Hodl, Hodl, Hodl, Hodl, Hodl, Hodl, Hodl,
Hodl, Hodl, Hodl, Hodl, Hodl, Hodl, Hodl, Hodl, Hodl, Hodl, Hodl,
Hodl, Hodl, Hodl, Hodl, Hodl, Hodl, Hodl, Hodl, Hodl, Hodl, Hodl,
Hodl, Hodl, Hodl, Hodl, Hodl, Hodl, Hodl, Hodl, Hodl, Hodl, Hodl,
Hodl, Hodl, Hodl, Hodl, Hodl, Hodl, Hodl, Hodl, Hodl, Hodl, Hodl,
Hodl, Hodl, Hodl, Hodl, Hodl, Hodl, Hodl, Hodl, Hodl, Hodl, Hodl,
Hodl, Hodl, Hodl, Hodl, Hodl, Hodl, Hodl, Hodl, Hodl, Hodl, Hodl,
Hodl, Hodl, Hodl, Hodl, Hodl, Hodl, Hodl, Hodl, Hodl, Hodl, Hodl,
Hodl, Hodl, Hodl, Hodl, Hodl, Hodl, Hodl, Hodl, Hodl, Hodl, Hodl,
Hodl, Hodl, Hodl, Hodl, Hodl, Hodl, Hodl, Hodl, Hodl, Hodl, Hodl,
Hodl, Hodl, Hodl, Hodl, Hodl, Hodl, Hodl, Hodl, Hodl, Hodl, Hodl,
Hodl, Hodl, Hodl, Hodl, Hodl, Hodl, Hodl, Hodl, Hodl, Hodl, Hodl,
Hodl, Hodl, Hodl, Hodl, Hodl, Hodl, Hodl, Hodl, Hodl, Hodl, Hodl,
Hodl, Hodl, Hodl, Hodl, Hodl, Hodl.

Hodl, Hodl, Hodl, Hodl, Hodl, Hodl, Hodl, Hodl, Hodl,
Hodl, Hodl, Hodl, Hodl, Hodl, Hodl, Hodl, Hodl, Hodl, Hodl, Hodl,
Hodl, Hodl, Hodl, Hodl, Hodl, Hodl, Hodl, Hodl, Hodl, Hodl, Hodl,
Hodl, Hodl, Hodl, Hodl, Hodl, Hodl, Hodl, Hodl, Hodl, Hodl, Hodl,
Hodl, Hodl, Hodl, Hodl, Hodl, Hodl, Hodl, Hodl, Hodl, Hodl, Hodl,
Hodl, Hodl, Hodl, Hodl, Hodl, Hodl, Hodl, Hodl, Hodl, Hodl, Hodl,
Hodl, Hodl, Hodl, Hodl, Hodl, Hodl, Hodl, Hodl, Hodl, Hodl, Hodl,
Hodl, Hodl, Hodl, Hodl, Hodl, Hodl, Hodl, Hodl, Hodl, Hodl, Hodl,
Hodl, Hodl, Hodl, Hodl, Hodl, Hodl, Hodl, Hodl, Hodl, Hodl, Hodl,
Hodl, Hodl, Hodl, Hodl, Hodl, Hodl, Hodl, Hodl, Hodl, Hodl, Hodl,
Hodl, Hodl, Hodl, Hodl, Hodl, Hodl, Hodl, Hodl, Hodl, Hodl, Hodl,
Hodl, Hodl, Hodl, Hodl, Hodl, Hodl, Hodl, Hodl, Hodl, Hodl, Hodl,
Hodl, Hodl, Hodl, Hodl, Hodl, Hodl, Hodl, Hodl, Hodl, Hodl, Hodl,
Hodl, Hodl, Hodl, Hodl, Hodl, Hodl, Hodl, Hodl, Hodl, Hodl, Hodl,
Hodl, Hodl, Hodl, Hodl, Hodl, Hodl, Hodl, Hodl, Hodl, Hodl, Hodl,
Hodl, Hodl, Hodl, Hodl, Hodl, Hodl, Hodl, Hodl, Hodl, Hodl, Hodl,
Hodl, Hodl, Hodl, Hodl, Hodl, Hodl, Hodl, Hodl, Hodl, Hodl, Hodl,
Hodl, Hodl, Hodl, Hodl, Hodl, Hodl, Hodl, Hodl, Hodl, Hodl, Hodl,
Hodl, Hodl, Hodl, Hodl, Hodl, Hodl, Hodl, Hodl, Hodl, Hodl, Hodl,
Hodl, Hodl, Hodl, Hodl, Hodl, Hodl, Hodl, Hodl, Hodl, Hodl, Hodl,
Hodl, Hodl, Hodl, Hodl, Hodl, Hodl, Hodl, Hodl, Hodl, Hodl, Hodl,
Hodl, Hodl, Hodl, Hodl, Hodl, Hodl, Hodl, Hodl, Hodl, Hodl, Hodl,
Hodl, Hodl, Hodl, Hodl, Hodl, Hodl, Hodl, Hodl, Hodl, Hodl, Hodl,
Hodl, Hodl, Hodl, Hodl, Hodl, Hodl, Hodl, Hodl, Hodl, Hodl, Hodl,
Hodl, Hodl, Hodl, Hodl, Hodl, Hodl, Hodl, Hodl, Hodl, Hodl, Hodl,
Hodl, Hodl, Hodl, Hodl, Hodl, Hodl, Hodl, Hodl, Hodl, Hodl, Hodl,
Hodl, Hodl, Hodl, Hodl, Hodl, Hodl, Hodl, Hodl, Hodl, Hodl, Hodl,
Hodl, Hodl, Hodl, Hodl, Hodl, Hodl, Hodl, Hodl, Hodl, Hodl, Hodl,
Hodl, Hodl, Hodl, Hodl, Hodl, Hodl, Hodl, Hodl, Hodl, Hodl, Hodl,
Hodl, Hodl, Hodl, Hodl, Hodl, Hodl, Hodl, Hodl, Hodl, Hodl, Hodl,
Hodl, Hodl, Hodl, Hodl, Hodl, Hodl, Hodl, Hodl, Hodl, Hodl, Hodl,
Hodl, Hodl, Hodl, Hodl, Hodl, Hodl, Hodl, Hodl, Hodl, Hodl, Hodl,
Hodl, Hodl, Hodl, Hodl, Hodl, Hodl, Hodl, Hodl, Hodl, Hodl, Hodl,
Hodl, Hodl, Hodl, Hodl, Hodl, Hodl.

Hodl, Hodl, Hodl, Hodl, Hodl, Hodl, Hodl, Hodl, Hodl,
Hodl, Hodl, Hodl, Hodl, Hodl, Hodl, Hodl, Hodl, Hodl, Hodl, Hodl,
Hodl, Hodl, Hodl, Hodl, Hodl, Hodl, Hodl, Hodl, Hodl, Hodl, Hodl,
Hodl, Hodl, Hodl, Hodl, Hodl, Hodl, Hodl, Hodl, Hodl, Hodl, Hodl,
Hodl, Hodl, Hodl, Hodl, Hodl, Hodl, Hodl, Hodl, Hodl, Hodl, Hodl,
Hodl, Hodl, Hodl, Hodl, Hodl, Hodl, Hodl, Hodl, Hodl, Hodl, Hodl,
Hodl, Hodl, Hodl, Hodl, Hodl, Hodl, Hodl, Hodl, Hodl, Hodl, Hodl,
Hodl, Hodl, Hodl, Hodl, Hodl, Hodl, Hodl, Hodl, Hodl, Hodl, Hodl,
Hodl, Hodl, Hodl, Hodl, Hodl, Hodl, Hodl, Hodl, Hodl, Hodl, Hodl,
Hodl, Hodl, Hodl, Hodl, Hodl, Hodl, Hodl, Hodl, Hodl, Hodl, Hodl,
Hodl, Hodl, Hodl, Hodl, Hodl, Hodl, Hodl, Hodl, Hodl, Hodl, Hodl,
Hodl, Hodl, Hodl, Hodl, Hodl, Hodl, Hodl, Hodl, Hodl, Hodl, Hodl,
Hodl, Hodl, Hodl, Hodl, Hodl, Hodl, Hodl, Hodl, Hodl, Hodl, Hodl,
Hodl, Hodl, Hodl, Hodl, Hodl, Hodl, Hodl, Hodl, Hodl, Hodl, Hodl,
Hodl, Hodl, Hodl, Hodl, Hodl, Hodl, Hodl, Hodl, Hodl, Hodl, Hodl,
Hodl, Hodl, Hodl, Hodl, Hodl, Hodl, Hodl, Hodl, Hodl, Hodl, Hodl,
Hodl, Hodl, Hodl, Hodl, Hodl, Hodl, Hodl, Hodl, Hodl, Hodl, Hodl,
Hodl, Hodl, Hodl, Hodl, Hodl, Hodl, Hodl, Hodl, Hodl, Hodl, Hodl,
Hodl, Hodl, Hodl, Hodl, Hodl, Hodl, Hodl, Hodl, Hodl, Hodl, Hodl,
Hodl, Hodl, Hodl, Hodl, Hodl, Hodl, Hodl, Hodl, Hodl, Hodl, Hodl,
Hodl, Hodl, Hodl, Hodl, Hodl, Hodl, Hodl, Hodl, Hodl, Hodl, Hodl,
Hodl, Hodl, Hodl, Hodl, Hodl, Hodl, Hodl, Hodl, Hodl, Hodl, Hodl,
Hodl, Hodl, Hodl, Hodl, Hodl, Hodl, Hodl, Hodl, Hodl, Hodl, Hodl,
Hodl, Hodl, Hodl, Hodl, Hodl, Hodl, Hodl, Hodl, Hodl, Hodl, Hodl,
Hodl, Hodl, Hodl, Hodl, Hodl, Hodl, Hodl, Hodl, Hodl, Hodl, Hodl,
Hodl, Hodl, Hodl, Hodl, Hodl, Hodl, Hodl, Hodl, Hodl, Hodl, Hodl,
Hodl, Hodl, Hodl, Hodl, Hodl, Hodl, Hodl, Hodl, Hodl, Hodl, Hodl,
Hodl, Hodl, Hodl, Hodl, Hodl, Hodl, Hodl, Hodl, Hodl, Hodl, Hodl,
Hodl, Hodl, Hodl, Hodl, Hodl, Hodl, Hodl, Hodl, Hodl, Hodl, Hodl,
Hodl, Hodl, Hodl, Hodl, Hodl, Hodl, Hodl, Hodl, Hodl, Hodl, Hodl,
Hodl, Hodl, Hodl, Hodl, Hodl, Hodl, Hodl, Hodl, Hodl, Hodl, Hodl,
Hodl, Hodl, Hodl, Hodl, Hodl, Hodl, Hodl, Hodl, Hodl, Hodl, Hodl,
Hodl, Hodl, Hodl, Hodl, Hodl, Hodl.

Hodl, Hodl, Hodl, Hodl, Hodl, Hodl, Hodl, Hodl, Hodl,
Hodl, Hodl, Hodl, Hodl, Hodl, Hodl, Hodl, Hodl, Hodl, Hodl, Hodl,
Hodl, Hodl, Hodl, Hodl, Hodl, Hodl, Hodl, Hodl, Hodl, Hodl, Hodl,
Hodl, Hodl, Hodl, Hodl, Hodl, Hodl, Hodl, Hodl, Hodl, Hodl, Hodl,
Hodl, Hodl, Hodl, Hodl, Hodl, Hodl, Hodl, Hodl, Hodl, Hodl, Hodl,
Hodl, Hodl, Hodl, Hodl, Hodl, Hodl, Hodl, Hodl, Hodl, Hodl, Hodl,
Hodl, Hodl, Hodl, Hodl, Hodl, Hodl, Hodl, Hodl, Hodl, Hodl, Hodl,
Hodl, Hodl, Hodl, Hodl, Hodl, Hodl, Hodl, Hodl, Hodl, Hodl, Hodl,
Hodl, Hodl, Hodl, Hodl, Hodl, Hodl, Hodl, Hodl, Hodl, Hodl, Hodl,
Hodl, Hodl, Hodl, Hodl, Hodl, Hodl, Hodl, Hodl, Hodl, Hodl, Hodl,
Hodl, Hodl, Hodl, Hodl, Hodl, Hodl, Hodl, Hodl, Hodl, Hodl, Hodl,
Hodl, Hodl, Hodl, Hodl, Hodl, Hodl, Hodl, Hodl, Hodl, Hodl, Hodl,
Hodl, Hodl, Hodl, Hodl, Hodl, Hodl, Hodl, Hodl, Hodl, Hodl, Hodl,
Hodl, Hodl, Hodl, Hodl, Hodl, Hodl, Hodl, Hodl, Hodl, Hodl, Hodl,
Hodl, Hodl, Hodl, Hodl, Hodl, Hodl, Hodl, Hodl, Hodl, Hodl, Hodl,
Hodl, Hodl, Hodl, Hodl, Hodl, Hodl, Hodl, Hodl, Hodl, Hodl, Hodl,
Hodl, Hodl, Hodl, Hodl, Hodl, Hodl, Hodl, Hodl, Hodl, Hodl, Hodl,
Hodl, Hodl, Hodl, Hodl, Hodl, Hodl, Hodl, Hodl, Hodl, Hodl, Hodl,
Hodl, Hodl, Hodl, Hodl, Hodl, Hodl, Hodl, Hodl, Hodl, Hodl, Hodl,
Hodl, Hodl, Hodl, Hodl, Hodl, Hodl, Hodl, Hodl, Hodl, Hodl, Hodl,
Hodl, Hodl, Hodl, Hodl, Hodl, Hodl, Hodl, Hodl, Hodl, Hodl, Hodl,
Hodl, Hodl, Hodl, Hodl, Hodl, Hodl, Hodl, Hodl, Hodl, Hodl, Hodl,
Hodl, Hodl, Hodl, Hodl, Hodl, Hodl, Hodl, Hodl, Hodl, Hodl, Hodl,
Hodl, Hodl, Hodl, Hodl, Hodl, Hodl, Hodl, Hodl, Hodl, Hodl, Hodl,
Hodl, Hodl, Hodl, Hodl, Hodl, Hodl, Hodl, Hodl, Hodl, Hodl, Hodl,
Hodl, Hodl, Hodl, Hodl, Hodl, Hodl, Hodl, Hodl, Hodl, Hodl, Hodl,
Hodl, Hodl, Hodl, Hodl, Hodl, Hodl, Hodl, Hodl, Hodl, Hodl, Hodl,
Hodl, Hodl, Hodl, Hodl, Hodl, Hodl, Hodl, Hodl, Hodl, Hodl, Hodl,
Hodl, Hodl, Hodl, Hodl, Hodl, Hodl, Hodl, Hodl, Hodl, Hodl, Hodl,
Hodl, Hodl, Hodl, Hodl, Hodl, Hodl, Hodl, Hodl, Hodl, Hodl, Hodl,
Hodl, Hodl, Hodl, Hodl, Hodl, Hodl, Hodl, Hodl, Hodl, Hodl, Hodl,
Hodl, Hodl, Hodl, Hodl, Hodl, Hodl.

Hodl, Hodl, Hodl, Hodl, Hodl, Hodl, Hodl, Hodl, Hodl,
Hodl, Hodl, Hodl, Hodl, Hodl, Hodl, Hodl, Hodl, Hodl, Hodl, Hodl,
Hodl, Hodl, Hodl, Hodl, Hodl, Hodl, Hodl, Hodl, Hodl, Hodl, Hodl,
Hodl, Hodl, Hodl, Hodl, Hodl, Hodl, Hodl, Hodl, Hodl, Hodl, Hodl,
Hodl, Hodl, Hodl, Hodl, Hodl, Hodl, Hodl, Hodl, Hodl, Hodl, Hodl,
Hodl, Hodl, Hodl, Hodl, Hodl, Hodl, Hodl, Hodl, Hodl, Hodl, Hodl,
Hodl, Hodl, Hodl, Hodl, Hodl, Hodl, Hodl, Hodl, Hodl, Hodl, Hodl,
Hodl, Hodl, Hodl, Hodl, Hodl, Hodl, Hodl, Hodl, Hodl, Hodl, Hodl,
Hodl, Hodl, Hodl, Hodl, Hodl, Hodl, Hodl, Hodl, Hodl, Hodl, Hodl,
Hodl, Hodl, Hodl, Hodl, Hodl, Hodl, Hodl, Hodl, Hodl, Hodl, Hodl,
Hodl, Hodl, Hodl, Hodl, Hodl, Hodl, Hodl, Hodl, Hodl, Hodl, Hodl,
Hodl, Hodl, Hodl, Hodl, Hodl, Hodl, Hodl, Hodl, Hodl, Hodl, Hodl,
Hodl, Hodl, Hodl, Hodl, Hodl, Hodl, Hodl, Hodl, Hodl, Hodl, Hodl,
Hodl, Hodl, Hodl, Hodl, Hodl, Hodl, Hodl, Hodl, Hodl, Hodl, Hodl,
Hodl, Hodl, Hodl, Hodl, Hodl, Hodl, Hodl, Hodl, Hodl, Hodl, Hodl,
Hodl, Hodl, Hodl, Hodl, Hodl, Hodl, Hodl, Hodl, Hodl, Hodl, Hodl,
Hodl, Hodl, Hodl, Hodl, Hodl, Hodl, Hodl, Hodl, Hodl, Hodl, Hodl,
Hodl, Hodl, Hodl, Hodl, Hodl, Hodl, Hodl, Hodl, Hodl, Hodl, Hodl,
Hodl, Hodl, Hodl, Hodl, Hodl, Hodl, Hodl, Hodl, Hodl, Hodl, Hodl,
Hodl, Hodl, Hodl, Hodl, Hodl, Hodl, Hodl, Hodl, Hodl, Hodl, Hodl,
Hodl, Hodl, Hodl, Hodl, Hodl, Hodl, Hodl, Hodl, Hodl, Hodl, Hodl,
Hodl, Hodl, Hodl, Hodl, Hodl, Hodl, Hodl, Hodl, Hodl, Hodl, Hodl,
Hodl, Hodl, Hodl, Hodl, Hodl, Hodl, Hodl, Hodl, Hodl, Hodl, Hodl,
Hodl, Hodl, Hodl, Hodl, Hodl, Hodl, Hodl, Hodl, Hodl, Hodl, Hodl,
Hodl, Hodl, Hodl, Hodl, Hodl, Hodl, Hodl, Hodl, Hodl, Hodl, Hodl,
Hodl, Hodl, Hodl, Hodl, Hodl, Hodl, Hodl, Hodl, Hodl, Hodl, Hodl,
Hodl, Hodl, Hodl, Hodl, Hodl, Hodl, Hodl, Hodl, Hodl, Hodl, Hodl,
Hodl, Hodl, Hodl, Hodl, Hodl, Hodl, Hodl, Hodl, Hodl, Hodl, Hodl,
Hodl, Hodl, Hodl, Hodl, Hodl, Hodl, Hodl, Hodl, Hodl, Hodl, Hodl,
Hodl, Hodl, Hodl, Hodl, Hodl, Hodl, Hodl, Hodl, Hodl, Hodl, Hodl,
Hodl, Hodl, Hodl, Hodl, Hodl, Hodl, Hodl, Hodl, Hodl, Hodl, Hodl,
Hodl, Hodl, Hodl, Hodl, Hodl, Hodl, Hodl, Hodl, Hodl, Hodl, Hodl,
Hodl, Hodl, Hodl, Hodl, Hodl, Hodl, Hodl, Hodl, Hodl, Hodl, Hodl,
Hodl, Hodl, Hodl, Hodl, Hodl, Hodl, Hodl, Hodl, Hodl, Hodl, Hodl,
Hodl, Hodl, Hodl, Hodl, Hodl, Hodl.

Hodl, Hodl, Hodl, Hodl, Hodl, Hodl, Hodl, Hodl, Hodl,
Hodl, Hodl, Hodl, Hodl, Hodl, Hodl, Hodl, Hodl, Hodl, Hodl, Hodl,
Hodl, Hodl, Hodl, Hodl, Hodl, Hodl, Hodl, Hodl, Hodl, Hodl, Hodl,
Hodl, Hodl, Hodl, Hodl, Hodl, Hodl, Hodl, Hodl, Hodl, Hodl, Hodl,
Hodl, Hodl, Hodl, Hodl, Hodl, Hodl, Hodl, Hodl, Hodl, Hodl, Hodl,
Hodl, Hodl, Hodl, Hodl, Hodl, Hodl, Hodl, Hodl, Hodl, Hodl, Hodl,
Hodl, Hodl, Hodl, Hodl, Hodl, Hodl, Hodl, Hodl, Hodl, Hodl, Hodl,
Hodl, Hodl, Hodl, Hodl, Hodl, Hodl, Hodl, Hodl, Hodl, Hodl, Hodl,
Hodl, Hodl, Hodl, Hodl, Hodl, Hodl, Hodl, Hodl, Hodl, Hodl, Hodl,
Hodl, Hodl, Hodl, Hodl, Hodl, Hodl, Hodl, Hodl, Hodl, Hodl, Hodl,
Hodl, Hodl, Hodl, Hodl, Hodl, Hodl, Hodl, Hodl, Hodl, Hodl, Hodl,
Hodl, Hodl, Hodl, Hodl, Hodl, Hodl, Hodl, Hodl, Hodl, Hodl, Hodl,
Hodl, Hodl, Hodl, Hodl, Hodl, Hodl, Hodl, Hodl, Hodl, Hodl, Hodl,
Hodl, Hodl, Hodl, Hodl, Hodl, Hodl, Hodl, Hodl, Hodl, Hodl, Hodl,
Hodl, Hodl, Hodl, Hodl, Hodl, Hodl, Hodl, Hodl, Hodl, Hodl, Hodl,
Hodl, Hodl, Hodl, Hodl, Hodl, Hodl, Hodl, Hodl, Hodl, Hodl, Hodl,
Hodl, Hodl, Hodl, Hodl, Hodl, Hodl, Hodl, Hodl, Hodl, Hodl, Hodl,
Hodl, Hodl, Hodl, Hodl, Hodl, Hodl, Hodl, Hodl, Hodl, Hodl, Hodl,
Hodl, Hodl, Hodl, Hodl, Hodl, Hodl, Hodl, Hodl, Hodl, Hodl, Hodl,
Hodl, Hodl, Hodl, Hodl, Hodl, Hodl, Hodl, Hodl, Hodl, Hodl, Hodl,
Hodl, Hodl, Hodl, Hodl, Hodl, Hodl, Hodl, Hodl, Hodl, Hodl, Hodl,
Hodl, Hodl, Hodl, Hodl, Hodl, Hodl, Hodl, Hodl, Hodl, Hodl, Hodl,
Hodl, Hodl, Hodl, Hodl, Hodl, Hodl, Hodl, Hodl, Hodl, Hodl, Hodl,
Hodl, Hodl, Hodl, Hodl, Hodl, Hodl, Hodl, Hodl, Hodl, Hodl, Hodl,
Hodl, Hodl, Hodl, Hodl, Hodl, Hodl, Hodl, Hodl, Hodl, Hodl, Hodl,
Hodl, Hodl, Hodl, Hodl, Hodl, Hodl, Hodl, Hodl, Hodl, Hodl, Hodl,
Hodl, Hodl, Hodl, Hodl, Hodl, Hodl, Hodl, Hodl, Hodl, Hodl, Hodl,
Hodl, Hodl, Hodl, Hodl, Hodl, Hodl, Hodl, Hodl, Hodl, Hodl, Hodl,
Hodl, Hodl, Hodl, Hodl, Hodl, Hodl, Hodl, Hodl, Hodl, Hodl, Hodl,
Hodl, Hodl, Hodl, Hodl, Hodl, Hodl, Hodl, Hodl, Hodl, Hodl, Hodl,
Hodl, Hodl, Hodl, Hodl, Hodl, Hodl, Hodl, Hodl, Hodl, Hodl, Hodl,
Hodl, Hodl, Hodl, Hodl, Hodl, Hodl, Hodl, Hodl, Hodl, Hodl, Hodl,
Hodl, Hodl, Hodl, Hodl, Hodl, Hodl, Hodl, Hodl, Hodl, Hodl, Hodl,
Hodl, Hodl, Hodl, Hodl, Hodl, Hodl.

Hodl, Hodl, Hodl, Hodl, Hodl, Hodl, Hodl, Hodl, Hodl,
Hodl, Hodl, Hodl, Hodl, Hodl, Hodl, Hodl, Hodl, Hodl, Hodl, Hodl,
Hodl, Hodl, Hodl, Hodl, Hodl, Hodl, Hodl, Hodl, Hodl, Hodl, Hodl,
Hodl, Hodl, Hodl, Hodl, Hodl, Hodl, Hodl, Hodl, Hodl, Hodl, Hodl,
Hodl, Hodl, Hodl, Hodl, Hodl, Hodl, Hodl, Hodl, Hodl, Hodl, Hodl,
Hodl, Hodl, Hodl, Hodl, Hodl, Hodl, Hodl, Hodl, Hodl, Hodl, Hodl,
Hodl, Hodl, Hodl, Hodl, Hodl, Hodl, Hodl, Hodl, Hodl, Hodl, Hodl,
Hodl, Hodl, Hodl, Hodl, Hodl, Hodl, Hodl, Hodl, Hodl, Hodl, Hodl,
Hodl, Hodl, Hodl, Hodl, Hodl, Hodl, Hodl, Hodl, Hodl, Hodl, Hodl,
Hodl, Hodl, Hodl, Hodl, Hodl, Hodl, Hodl, Hodl, Hodl, Hodl, Hodl,
Hodl, Hodl, Hodl, Hodl, Hodl, Hodl, Hodl, Hodl, Hodl, Hodl, Hodl,
Hodl, Hodl, Hodl, Hodl, Hodl, Hodl, Hodl, Hodl, Hodl, Hodl, Hodl,
Hodl, Hodl, Hodl, Hodl, Hodl, Hodl, Hodl, Hodl, Hodl, Hodl, Hodl,
Hodl, Hodl, Hodl, Hodl, Hodl, Hodl, Hodl, Hodl, Hodl, Hodl, Hodl,
Hodl, Hodl, Hodl, Hodl, Hodl, Hodl, Hodl, Hodl, Hodl, Hodl, Hodl,
Hodl, Hodl, Hodl, Hodl, Hodl, Hodl, Hodl, Hodl, Hodl, Hodl, Hodl,
Hodl, Hodl, Hodl, Hodl, Hodl, Hodl, Hodl, Hodl, Hodl, Hodl, Hodl,
Hodl, Hodl, Hodl, Hodl, Hodl, Hodl, Hodl, Hodl, Hodl, Hodl, Hodl,
Hodl, Hodl, Hodl, Hodl, Hodl, Hodl, Hodl, Hodl, Hodl, Hodl, Hodl,
Hodl, Hodl, Hodl, Hodl, Hodl, Hodl, Hodl, Hodl, Hodl, Hodl, Hodl,
Hodl, Hodl, Hodl, Hodl, Hodl, Hodl, Hodl, Hodl, Hodl, Hodl, Hodl,
Hodl, Hodl, Hodl, Hodl, Hodl, Hodl, Hodl, Hodl, Hodl, Hodl, Hodl,
Hodl, Hodl, Hodl, Hodl, Hodl, Hodl, Hodl, Hodl, Hodl, Hodl, Hodl,
Hodl, Hodl, Hodl, Hodl, Hodl, Hodl, Hodl, Hodl, Hodl, Hodl, Hodl,
Hodl, Hodl, Hodl, Hodl, Hodl, Hodl, Hodl, Hodl, Hodl, Hodl, Hodl,
Hodl, Hodl, Hodl, Hodl, Hodl, Hodl, Hodl, Hodl, Hodl, Hodl, Hodl,
Hodl, Hodl, Hodl, Hodl, Hodl, Hodl, Hodl, Hodl, Hodl, Hodl, Hodl,
Hodl, Hodl, Hodl, Hodl, Hodl, Hodl, Hodl, Hodl, Hodl, Hodl, Hodl,
Hodl, Hodl, Hodl, Hodl, Hodl, Hodl, Hodl, Hodl, Hodl, Hodl, Hodl,
Hodl, Hodl, Hodl, Hodl, Hodl, Hodl, Hodl, Hodl, Hodl, Hodl, Hodl,
Hodl, Hodl, Hodl, Hodl, Hodl, Hodl, Hodl, Hodl, Hodl, Hodl, Hodl,
Hodl, Hodl, Hodl, Hodl, Hodl, Hodl, Hodl, Hodl, Hodl, Hodl, Hodl,
Hodl, Hodl, Hodl, Hodl, Hodl, Hodl, Hodl, Hodl, Hodl, Hodl, Hodl,
Hodl, Hodl, Hodl, Hodl, Hodl, Hodl.

Hodl, Hodl, Hodl, Hodl, Hodl, Hodl, Hodl, Hodl, Hodl,
Hodl, Hodl, Hodl, Hodl, Hodl, Hodl, Hodl, Hodl, Hodl, Hodl, Hodl,
Hodl, Hodl, Hodl, Hodl, Hodl, Hodl, Hodl, Hodl, Hodl, Hodl, Hodl,
Hodl, Hodl, Hodl, Hodl, Hodl, Hodl, Hodl, Hodl, Hodl, Hodl, Hodl,
Hodl, Hodl, Hodl, Hodl, Hodl, Hodl, Hodl, Hodl, Hodl, Hodl, Hodl,
Hodl, Hodl, Hodl, Hodl, Hodl, Hodl, Hodl, Hodl, Hodl, Hodl, Hodl,
Hodl, Hodl, Hodl, Hodl, Hodl, Hodl, Hodl, Hodl, Hodl, Hodl, Hodl,
Hodl, Hodl, Hodl, Hodl, Hodl, Hodl, Hodl, Hodl, Hodl, Hodl, Hodl,
Hodl, Hodl, Hodl, Hodl, Hodl, Hodl, Hodl, Hodl, Hodl, Hodl, Hodl,
Hodl, Hodl, Hodl, Hodl, Hodl, Hodl, Hodl, Hodl, Hodl, Hodl, Hodl,
Hodl, Hodl, Hodl, Hodl, Hodl, Hodl, Hodl, Hodl, Hodl, Hodl, Hodl,
Hodl, Hodl, Hodl, Hodl, Hodl, Hodl, Hodl, Hodl, Hodl, Hodl, Hodl,
Hodl, Hodl, Hodl, Hodl, Hodl, Hodl, Hodl, Hodl, Hodl, Hodl, Hodl,
Hodl, Hodl, Hodl, Hodl, Hodl, Hodl, Hodl, Hodl, Hodl, Hodl, Hodl,
Hodl, Hodl, Hodl, Hodl, Hodl, Hodl, Hodl, Hodl, Hodl, Hodl, Hodl,
Hodl, Hodl, Hodl, Hodl, Hodl, Hodl, Hodl, Hodl, Hodl, Hodl, Hodl,
Hodl, Hodl, Hodl, Hodl, Hodl, Hodl, Hodl, Hodl, Hodl, Hodl, Hodl,
Hodl, Hodl, Hodl, Hodl, Hodl, Hodl, Hodl, Hodl, Hodl, Hodl, Hodl,
Hodl, Hodl, Hodl, Hodl, Hodl, Hodl, Hodl, Hodl, Hodl, Hodl, Hodl,
Hodl, Hodl, Hodl, Hodl, Hodl, Hodl, Hodl, Hodl, Hodl, Hodl, Hodl,
Hodl, Hodl, Hodl, Hodl, Hodl, Hodl, Hodl, Hodl, Hodl, Hodl, Hodl,
Hodl, Hodl, Hodl, Hodl, Hodl, Hodl, Hodl, Hodl, Hodl, Hodl, Hodl,
Hodl, Hodl, Hodl, Hodl, Hodl, Hodl, Hodl, Hodl, Hodl, Hodl, Hodl,
Hodl, Hodl, Hodl, Hodl, Hodl, Hodl, Hodl, Hodl, Hodl, Hodl, Hodl,
Hodl, Hodl, Hodl, Hodl, Hodl, Hodl, Hodl, Hodl, Hodl, Hodl, Hodl,
Hodl, Hodl, Hodl, Hodl, Hodl, Hodl, Hodl, Hodl, Hodl, Hodl, Hodl,
Hodl, Hodl, Hodl, Hodl, Hodl, Hodl, Hodl, Hodl, Hodl, Hodl, Hodl,
Hodl, Hodl, Hodl, Hodl, Hodl, Hodl, Hodl, Hodl, Hodl, Hodl, Hodl,
Hodl, Hodl, Hodl, Hodl, Hodl, Hodl, Hodl, Hodl, Hodl, Hodl, Hodl,
Hodl, Hodl, Hodl, Hodl, Hodl, Hodl, Hodl, Hodl, Hodl, Hodl, Hodl,
Hodl, Hodl, Hodl, Hodl, Hodl, Hodl, Hodl, Hodl, Hodl, Hodl, Hodl,
Hodl, Hodl, Hodl, Hodl, Hodl, Hodl, Hodl, Hodl, Hodl, Hodl, Hodl,
Hodl, Hodl, Hodl, Hodl, Hodl, Hodl, Hodl, Hodl, Hodl, Hodl, Hodl,
Hodl, Hodl, Hodl, Hodl, Hodl, Hodl.

Hodl, Hodl, Hodl, Hodl, Hodl, Hodl, Hodl, Hodl, Hodl,
Hodl, Hodl, Hodl, Hodl, Hodl, Hodl, Hodl, Hodl, Hodl, Hodl, Hodl,
Hodl, Hodl, Hodl, Hodl, Hodl, Hodl, Hodl, Hodl, Hodl, Hodl, Hodl,
Hodl, Hodl, Hodl, Hodl, Hodl, Hodl, Hodl, Hodl, Hodl, Hodl, Hodl,
Hodl, Hodl, Hodl, Hodl, Hodl, Hodl, Hodl, Hodl, Hodl, Hodl, Hodl,
Hodl, Hodl, Hodl, Hodl, Hodl, Hodl, Hodl, Hodl, Hodl, Hodl, Hodl,
Hodl, Hodl, Hodl, Hodl, Hodl, Hodl, Hodl, Hodl, Hodl, Hodl, Hodl,
Hodl, Hodl, Hodl, Hodl, Hodl, Hodl, Hodl, Hodl, Hodl, Hodl, Hodl,
Hodl, Hodl, Hodl, Hodl, Hodl, Hodl, Hodl, Hodl, Hodl, Hodl, Hodl,
Hodl, Hodl, Hodl, Hodl, Hodl, Hodl, Hodl, Hodl, Hodl, Hodl, Hodl,
Hodl, Hodl, Hodl, Hodl, Hodl, Hodl, Hodl, Hodl, Hodl, Hodl, Hodl,
Hodl, Hodl, Hodl, Hodl, Hodl, Hodl, Hodl, Hodl, Hodl, Hodl, Hodl,
Hodl, Hodl, Hodl, Hodl, Hodl, Hodl, Hodl, Hodl, Hodl, Hodl, Hodl,
Hodl, Hodl, Hodl, Hodl, Hodl, Hodl, Hodl, Hodl, Hodl, Hodl, Hodl,
Hodl, Hodl, Hodl, Hodl, Hodl, Hodl, Hodl, Hodl, Hodl, Hodl, Hodl,
Hodl, Hodl, Hodl, Hodl, Hodl, Hodl, Hodl, Hodl, Hodl, Hodl, Hodl,
Hodl, Hodl, Hodl, Hodl, Hodl, Hodl, Hodl, Hodl, Hodl, Hodl, Hodl,
Hodl, Hodl, Hodl, Hodl, Hodl, Hodl, Hodl, Hodl, Hodl, Hodl, Hodl,
Hodl, Hodl, Hodl, Hodl, Hodl, Hodl, Hodl, Hodl, Hodl, Hodl, Hodl,
Hodl, Hodl, Hodl, Hodl, Hodl, Hodl, Hodl, Hodl, Hodl, Hodl, Hodl,
Hodl, Hodl, Hodl, Hodl, Hodl, Hodl, Hodl, Hodl, Hodl, Hodl, Hodl,
Hodl, Hodl, Hodl, Hodl, Hodl, Hodl, Hodl, Hodl, Hodl, Hodl, Hodl,
Hodl, Hodl, Hodl, Hodl, Hodl, Hodl, Hodl, Hodl, Hodl, Hodl, Hodl,
Hodl, Hodl, Hodl, Hodl, Hodl, Hodl, Hodl, Hodl, Hodl, Hodl, Hodl,
Hodl, Hodl, Hodl, Hodl, Hodl, Hodl, Hodl, Hodl, Hodl, Hodl, Hodl,
Hodl, Hodl, Hodl, Hodl, Hodl, Hodl, Hodl, Hodl, Hodl, Hodl, Hodl,
Hodl, Hodl, Hodl, Hodl, Hodl, Hodl, Hodl, Hodl, Hodl, Hodl, Hodl,
Hodl, Hodl, Hodl, Hodl, Hodl, Hodl, Hodl, Hodl, Hodl, Hodl, Hodl,
Hodl, Hodl, Hodl, Hodl, Hodl, Hodl, Hodl, Hodl, Hodl, Hodl, Hodl,
Hodl, Hodl, Hodl, Hodl, Hodl, Hodl, Hodl, Hodl, Hodl, Hodl, Hodl,
Hodl, Hodl, Hodl, Hodl, Hodl, Hodl, Hodl, Hodl, Hodl, Hodl, Hodl,
Hodl, Hodl, Hodl, Hodl, Hodl, Hodl, Hodl, Hodl, Hodl, Hodl, Hodl,
Hodl, Hodl, Hodl, Hodl, Hodl, Hodl, Hodl, Hodl, Hodl, Hodl, Hodl,
Hodl, Hodl, Hodl, Hodl, Hodl, Hodl.

Hodl, Hodl, Hodl, Hodl, Hodl, Hodl, Hodl, Hodl, Hodl,
Hodl, Hodl, Hodl, Hodl, Hodl, Hodl, Hodl, Hodl, Hodl, Hodl, Hodl,
Hodl, Hodl, Hodl, Hodl, Hodl, Hodl, Hodl, Hodl, Hodl, Hodl, Hodl,
Hodl, Hodl, Hodl, Hodl, Hodl, Hodl, Hodl, Hodl, Hodl, Hodl, Hodl,
Hodl, Hodl, Hodl, Hodl, Hodl, Hodl, Hodl, Hodl, Hodl, Hodl, Hodl,
Hodl, Hodl, Hodl, Hodl, Hodl, Hodl, Hodl, Hodl, Hodl, Hodl, Hodl,
Hodl, Hodl, Hodl, Hodl, Hodl, Hodl, Hodl, Hodl, Hodl, Hodl, Hodl,
Hodl, Hodl, Hodl, Hodl, Hodl, Hodl, Hodl, Hodl, Hodl, Hodl, Hodl,
Hodl, Hodl, Hodl, Hodl, Hodl, Hodl, Hodl, Hodl, Hodl, Hodl, Hodl,
Hodl, Hodl, Hodl, Hodl, Hodl, Hodl, Hodl, Hodl, Hodl, Hodl, Hodl,
Hodl, Hodl, Hodl, Hodl, Hodl, Hodl, Hodl, Hodl, Hodl, Hodl, Hodl,
Hodl, Hodl, Hodl, Hodl, Hodl, Hodl, Hodl, Hodl, Hodl, Hodl, Hodl,
Hodl, Hodl, Hodl, Hodl, Hodl, Hodl, Hodl, Hodl, Hodl, Hodl, Hodl,
Hodl, Hodl, Hodl, Hodl, Hodl, Hodl, Hodl, Hodl, Hodl, Hodl, Hodl,
Hodl, Hodl, Hodl, Hodl, Hodl, Hodl, Hodl, Hodl, Hodl, Hodl, Hodl,
Hodl, Hodl, Hodl, Hodl, Hodl, Hodl, Hodl, Hodl, Hodl, Hodl, Hodl,
Hodl, Hodl, Hodl, Hodl, Hodl, Hodl, Hodl, Hodl, Hodl, Hodl, Hodl,
Hodl, Hodl, Hodl, Hodl, Hodl, Hodl, Hodl, Hodl, Hodl, Hodl, Hodl,
Hodl, Hodl, Hodl, Hodl, Hodl, Hodl, Hodl, Hodl, Hodl, Hodl, Hodl,
Hodl, Hodl, Hodl, Hodl, Hodl, Hodl, Hodl, Hodl, Hodl, Hodl, Hodl,
Hodl, Hodl, Hodl, Hodl, Hodl, Hodl, Hodl, Hodl, Hodl, Hodl, Hodl,
Hodl, Hodl, Hodl, Hodl, Hodl, Hodl, Hodl, Hodl, Hodl, Hodl, Hodl,
Hodl, Hodl, Hodl, Hodl, Hodl, Hodl, Hodl, Hodl, Hodl, Hodl, Hodl,
Hodl, Hodl, Hodl, Hodl, Hodl, Hodl, Hodl, Hodl, Hodl, Hodl, Hodl,
Hodl, Hodl, Hodl, Hodl, Hodl, Hodl, Hodl, Hodl, Hodl, Hodl, Hodl,
Hodl, Hodl, Hodl, Hodl, Hodl, Hodl, Hodl, Hodl, Hodl, Hodl, Hodl,
Hodl, Hodl, Hodl, Hodl, Hodl, Hodl, Hodl, Hodl, Hodl, Hodl, Hodl,
Hodl, Hodl, Hodl, Hodl, Hodl, Hodl, Hodl, Hodl, Hodl, Hodl, Hodl,
Hodl, Hodl, Hodl, Hodl, Hodl, Hodl, Hodl, Hodl, Hodl, Hodl, Hodl,
Hodl, Hodl, Hodl, Hodl, Hodl, Hodl, Hodl, Hodl, Hodl, Hodl, Hodl,
Hodl, Hodl, Hodl, Hodl, Hodl, Hodl, Hodl, Hodl, Hodl, Hodl, Hodl,
Hodl, Hodl, Hodl, Hodl, Hodl, Hodl, Hodl, Hodl, Hodl, Hodl, Hodl,
Hodl, Hodl, Hodl, Hodl, Hodl, Hodl, Hodl, Hodl, Hodl, Hodl, Hodl,
Hodl, Hodl, Hodl, Hodl, Hodl, Hodl.

Hodl, Hodl, Hodl, Hodl, Hodl, Hodl, Hodl, Hodl, Hodl,
Hodl, Hodl, Hodl, Hodl, Hodl, Hodl, Hodl, Hodl, Hodl, Hodl, Hodl,
Hodl, Hodl, Hodl, Hodl, Hodl, Hodl, Hodl, Hodl, Hodl, Hodl, Hodl,
Hodl, Hodl, Hodl, Hodl, Hodl, Hodl, Hodl, Hodl, Hodl, Hodl, Hodl,
Hodl, Hodl, Hodl, Hodl, Hodl, Hodl, Hodl, Hodl, Hodl, Hodl, Hodl,
Hodl, Hodl, Hodl, Hodl, Hodl, Hodl, Hodl, Hodl, Hodl, Hodl, Hodl,
Hodl, Hodl, Hodl, Hodl, Hodl, Hodl, Hodl, Hodl, Hodl, Hodl, Hodl,
Hodl, Hodl, Hodl, Hodl, Hodl, Hodl, Hodl, Hodl, Hodl, Hodl, Hodl,
Hodl, Hodl, Hodl, Hodl, Hodl, Hodl, Hodl, Hodl, Hodl, Hodl, Hodl,
Hodl, Hodl, Hodl, Hodl, Hodl, Hodl, Hodl, Hodl, Hodl, Hodl, Hodl,
Hodl, Hodl, Hodl, Hodl, Hodl, Hodl, Hodl, Hodl, Hodl, Hodl, Hodl,
Hodl, Hodl, Hodl, Hodl, Hodl, Hodl, Hodl, Hodl, Hodl, Hodl, Hodl,
Hodl, Hodl, Hodl, Hodl, Hodl, Hodl, Hodl, Hodl, Hodl, Hodl, Hodl,
Hodl, Hodl, Hodl, Hodl, Hodl, Hodl, Hodl, Hodl, Hodl, Hodl, Hodl,
Hodl, Hodl, Hodl, Hodl, Hodl, Hodl, Hodl, Hodl, Hodl, Hodl, Hodl,
Hodl, Hodl, Hodl, Hodl, Hodl, Hodl, Hodl, Hodl, Hodl, Hodl, Hodl,
Hodl, Hodl, Hodl, Hodl, Hodl, Hodl, Hodl, Hodl, Hodl, Hodl, Hodl,
Hodl, Hodl, Hodl, Hodl, Hodl, Hodl, Hodl, Hodl, Hodl, Hodl, Hodl,
Hodl, Hodl, Hodl, Hodl, Hodl, Hodl, Hodl, Hodl, Hodl, Hodl, Hodl,
Hodl, Hodl, Hodl, Hodl, Hodl, Hodl, Hodl, Hodl, Hodl, Hodl, Hodl,
Hodl, Hodl, Hodl, Hodl, Hodl, Hodl, Hodl, Hodl, Hodl, Hodl, Hodl,
Hodl, Hodl, Hodl, Hodl, Hodl, Hodl, Hodl, Hodl, Hodl, Hodl, Hodl,
Hodl, Hodl, Hodl, Hodl, Hodl, Hodl, Hodl, Hodl, Hodl, Hodl, Hodl,
Hodl, Hodl, Hodl, Hodl, Hodl, Hodl, Hodl, Hodl, Hodl, Hodl, Hodl,
Hodl, Hodl, Hodl, Hodl, Hodl, Hodl, Hodl, Hodl, Hodl, Hodl, Hodl,
Hodl, Hodl, Hodl, Hodl, Hodl, Hodl, Hodl, Hodl, Hodl, Hodl, Hodl,
Hodl, Hodl, Hodl, Hodl, Hodl, Hodl, Hodl, Hodl, Hodl, Hodl, Hodl,
Hodl, Hodl, Hodl, Hodl, Hodl, Hodl, Hodl, Hodl, Hodl, Hodl, Hodl,
Hodl, Hodl, Hodl, Hodl, Hodl, Hodl, Hodl, Hodl, Hodl, Hodl, Hodl,
Hodl, Hodl, Hodl, Hodl, Hodl, Hodl, Hodl, Hodl, Hodl, Hodl, Hodl,
Hodl, Hodl, Hodl, Hodl, Hodl, Hodl, Hodl, Hodl, Hodl, Hodl, Hodl,
Hodl, Hodl, Hodl, Hodl, Hodl, Hodl, Hodl, Hodl, Hodl, Hodl, Hodl,
Hodl, Hodl, Hodl, Hodl, Hodl, Hodl, Hodl, Hodl, Hodl, Hodl, Hodl,
Hodl, Hodl, Hodl, Hodl, Hodl, Hodl, Hodl, Hodl, Hodl, Hodl, Hodl,
Hodl, Hodl, Hodl, Hodl, Hodl, Hodl.

Hodl, Hodl, Hodl, Hodl, Hodl, Hodl, Hodl, Hodl, Hodl, Hodl, Hodl, Hodl, Hodl, Hodl, Hodl, Hodl, Hodl, Hodl, Hodl, Hodl, Hodl, Hodl, Hodl, Hodl, Hodl, Hodl, Hodl, Hodl, Hodl, Hodl, Hodl, Hodl, Hodl, Hodl, Hodl, Hodl, Hodl, Hodl, Hodl, Hodl, Hodl, Hodl, Hodl, Hodl, Hodl, Hodl, Hodl, Hodl, Hodl, Hodl, Hodl, Hodl, Hodl, Hodl, Hodl, Hodl, Hodl, Hodl, Hodl, Hodl, Hodl, Hodl, Hodl, Hodl, Hodl, Hodl, Hodl, Hodl, Hodl, Hodl, Hodl, Hodl, Hodl, Hodl, Hodl, Hodl, Hodl, Hodl, Hodl, Hodl, Hodl, Hodl, Hodl, Hodl, Hodl, Hodl, Hodl, Hodl, Hodl, Hodl, Hodl, Hodl, Hodl, Hodl, Hodl, Hodl, Hodl, Hodl, Hodl, Hodl, Hodl, Hodl, Hodl, Hodl, Hodl, Hodl, Hodl, Hodl, Hodl, Hodl, Hodl, Hodl, Hodl, Hodl, Hodl, Hodl, Hodl, Hodl, Hodl, Hodl, Hodl, Hodl, Hodl, Hodl, Hodl, Hodl, Hodl, Hodl, Hodl, Hodl, Hodl, Hodl, Hodl, Hodl, Hodl, Hodl, Hodl, Hodl, Hodl, Hodl, Hodl, Hodl, Hodl, Hodl, Hodl, Hodl, Hodl, Hodl, Hodl, Hodl, Hodl, Hodl, Hodl, Hodl, Hodl, Hodl, Hodl, Hodl, Hodl, Hodl, Hodl, Hodl, Hodl, Hodl, Hodl, Hodl, Hodl, Hodl, Hodl, Hodl, Hodl, Hodl, Hodl, Hodl, Hodl, Hodl, Hodl, Hodl, Hodl, Hodl, Hodl, Hodl, Hodl, Hodl, Hodl, Hodl, Hodl, Hodl, Hodl, Hodl, Hodl, Hodl, Hodl, Hodl, Hodl, Hodl, Hodl, Hodl, Hodl, Hodl, Hodl, Hodl, Hodl, Hodl, Hodl, Hodl, Hodl, Hodl, Hodl, Hodl, Hodl, Hodl, Hodl, Hodl, Hodl, Hodl, Hodl, Hodl, Hodl, Hodl, Hodl, Hodl, Hodl, Hodl, Hodl, Hodl, Hodl, Hodl, Hodl, Hodl, Hodl, Hodl, Hodl, Hodl, Hodl, Hodl, Hodl, Hodl, Hodl, Hodl, Hodl, Hodl, Hodl, Hodl, Hodl, Hodl, Hodl, Hodl, Hodl, Hodl, Hodl, Hodl, Hodl, Hodl, Hodl, Hodl, Hodl, Hodl, Hodl, Hodl, Hodl, Hodl, Hodl, Hodl, Hodl, Hodl, Hodl, Hodl, Hodl, Hodl, Hodl, Hodl, Hodl, Hodl, Hodl, Hodl, Hodl, Hodl, Hodl, Hodl, Hodl, Hodl, Hodl, Hodl, Hodl, Hodl, Hodl, Hodl, Hodl, Hodl, Hodl, Hodl, Hodl, Hodl, Hodl, Hodl, Hodl, Hodl, Hodl, Hodl, Hodl, Hodl, Hodl, Hodl, Hodl, Hodl, Hodl, Hodl, Hodl, Hodl, Hodl, Hodl, Hodl, Hodl, Hodl, Hodl, Hodl, Hodl, Hodl, Hodl, Hodl, Hodl, Hodl, Hodl, Hodl, Hodl, Hodl, Hodl, Hodl, Hodl, Hodl, Hodl, Hodl, Hodl, Hodl, Hodl, Hodl, Hodl, Hodl, Hodl, Hodl, Hodl, Hodl, Hodl, Hodl, Hodl, Hodl, Hodl, Hodl, Hodl, Hodl, Hodl, Hodl, Hodl, Hodl, Hodl, Hodl, Hodl, Hodl, Hodl, Hodl, Hodl, Hodl, Hodl, Hodl, Hodl, Hodl, Hodl, Hodl, Hodl, Hodl, Hodl, Hodl, Hodl, Hodl, Hodl, Hodl, Hodl, Hodl, Hodl, Hodl, Hodl, Hodl, Hodl, Hodl, Hodl, Hodl, Hodl, Hodl, Hodl, Hodl, Hodl, Hodl, Hodl, Hodl, Hodl, Hodl, Hodl, Hodl, Hodl, Hodl, Hodl, Hodl, Hodl, Hodl, Hodl, Hodl, Hodl, Hodl, Hodl, Hodl, Hodl, Hodl, Hodl, Hodl, Hodl, Hodl, Hodl, Hodl, Hodl, Hodl, Hodl, Hodl, Hodl, Hodl, Hodl, Hodl, Hodl, Hodl, Hodl, Hodl, Hodl, Hodl, Hodl, Hodl, Hodl, Hodl, Hodl, Hodl, Hodl, Hodl, Hodl, Hodl.

Thank you for being Billionaire !

www.ingramcontent.com/pod-product-compliance
Lightning Source LLC
Chambersburg PA
CBHW071029290526
45795CB00004B/1150